제4판

한국 자본시장론

Capital Markets & Players

김석진 · 김주현 · 우영호 · 이원흠 · 장범식 · 차명준

三 英 社

2017년 4판 서문

2014년 8월에 한국자본시장론 제3판을 개정한 지 3년이 흘렀다. 이번에 제4판을 새롭게 발간하는 데에는 그 동안 수차에 걸친 자본시장법의 개정이 자극이 되었지만, 가장 결정적인 계기가 된 것은 2016년 3월에 제정된 전자증권법이라고 해야 할 것이다. 전자증권법의 공식 이름은 "주식·사채 등의 전자등록에 관한 법률"이다. 동법은 제정되자마자 법 시행이 4년간 유예되어 2020년부터 시행되게 됨으로써 아직 본격적인 전자증권 시대의 도래를 실감하지 못하고 있지만, 전자증권법은 전자증권 시대의 개막을 알리는 중요한 증거가 될 것이다.

이미 알게 모르게 전자증권과 관련된 제도가 도입되거나 준비되고 있다. 전자증권, 전자단기사채, 전자등록, 전자투표, 전자위임장, 전자적 투자조언장치(일명 로보 어드바이저), 핀테크, 블록체인 등과 같은 새로운 제도와 상품이 금융투자업계나 증권시장에 넘쳐나고 있다. 이와 같은 4차 산업혁명, 인공지능(AI), 전자통신기술(ICT)의 변화를 수용하는 의미에서 전자증권법의 제정과 시행은 한국자본시장의 변화에 큰 계기가 되고, 향후 발전에 큰 원동력이 될 것으로 예상된다.

따라서 3장, 4장의 주식 및 채권의 발행시장, 9장 투자자문업, 15장 금융투자 관계기관 중 한국예탁결제원 부분에서 전자증권법 내용을 포함하여, 관련된 자본시장법의 개정 내용들이 대폭 반영되었다.

다음으로 2015년 7월 자본시장법 개정에서 사모펀드에 관한 대대적인 법규개정이 있었다. 사모투자전문회사가 담당하던 헷지펀드에 관한 법률조항들이 전면 폐지하고, 경영참여형사모집합투자기구 및 전문투자형사모집합투자기구에 관한 법령들을 신설하였다. 이에 대한 개정 내용이 5장 펀드시장 및 8장 집합투자업 및 16장 해외금융투자업 부분에서 새롭게 다루어졌다.

셋째로 10장 전문투자자 장에서는 2016년 12월에 새롭게 도입된 투자자보호 제도로서 기관투자자의 수탁자책임 원칙(일명 한국 스튜어드십 코드)의 제정과 시행에 관한 내용이 소개되었다. 또한 기관투자자의 스튜어드십 발휘과정에서 발생할지 모르는 미공개중요정보의 오남용 방지에 관한 내용은 11장 공정공시제도에서, 대량주식보유보고제도와 기관투자자의 스튜어드십 실천과제 사이의 갈등관계는 12장 경영권보호 제도에서 다루었다.

Preface

이번 제4판에서 저자들은 변화하는 금융투자업과 자본시장의 제도와 법규, 시장과 상품에 관한 쟁점과 논의를 담아내려고 노력하였다. 이번 제4판에 대한 저자들의 노력이 우리나라 관련 학계와 업계에 조금이나마 도움이 되었으면 하고 바란다.

마지막으로 새로운 책자를 만들기보다 더 어려운 개정판 작업을 잘 도와준 삼영사 관계자와 한국거래소, 금융투자협회, 한국예탁결제원, 자본시장연구원, 파이낸셜뉴스 등 관계기관 여러분들께 감사말씀을 드린다.

2017년 8월

김석진, 김주현, 우영호, 이원흠, 장범식, 차명준

저자 일동

Contents

Contents

Contents

PART 3 금융투자업

Chapter 7 투자매매업 · 투자중개업 / 313

Contents

PART 4 자본시장 투자자와 제도

Chapter 10 주요 전문투자자와 업무 / 409

Contents

Contents

PART 6 해외 자본시장 및 금융투자업

Contents

PART

1

금융시스템

CHAPTER 1

금융시스템

금융시스템(financial system)은 근대 산업사회가 창출해 낸 중요한 제도 중의 하나로, 자유시장경제 체제를 뒷받침하는 필수적인 부분이다. 하나의 경제체제 안에서 금융시스템은 인체 내의 혈관조직에 비유될 수 있다. 혈관이 막히거나 굴절됨이 없이 혈액을 인체내 구석구석까지 순조롭게 운반할 수 있을 때, 우리는 건강한 육체를 유지할 수 있다. 경제 내 금융의 순환이 막히거나 순조롭지 못하면 경제 활동에 제약이 생기고 결국은 경제성장을 저해하게 된다. 즉, 체계적이고 효율적인 금융시스템의 운용은 경제의 성패를 좌우하는 주요 요인으로 작용한다.

여기서 금융시스템이란 금융시장, 금융기관, 금융회사, 금융상품, 금융 관련법 및 규제, 금융수단 등을 포괄하는 넓은 개념으로, 주식이나 채권을 포함한 여러 종류의 직·간접 증권이 거래되고 이들의 가격이 결정되는 총체적인 금융체제를 일컫는다. 이 중에서도 금융상품, 금융시장, 금융기관과 금융회사가 중요한 역할을 담당한다. 금융상품은 금융거래 당사자간의 권리와 의무를 나타내는 증서로 예탁증서, 주식, 채권 등을 가리킨다. 금융시장은 위의 금융상품들이 거래되는 장소로 수요와 공급에 따라서 금융상품의 가격이나 거래 규모가 결정되는 곳이다. 금융기관에는 각종 금융상품의 개발, 거래에 대한 정보 제공, 거래가 원활하게 이루어지도록 하는 전산시스템의 제공 및 금융 지원을 하는 회사와 금융거래에 대한 감시와 감독 등의 역할을 담당하는 다양한 기관이 있다.

최근엔 정보·통신 기술의 혁명에 힘입어 인터넷과 같은 전자통신망을 통한 전자상거래가 확산되고 이를 뒷받침하는 전자결재·전자화폐의 사용이 빠르게 확산되고 있다.[1] 가상공간을 통하여 금융자원(financial resources)이 자유롭게 국경을 넘나들 날도 멀지 않았다. 이에 따라 금융시스템의 범위도 점차 넓어지고 있다.

금융시스템은 자본 잉여자에게 자본의 축적을 가능하게 하고, 이 축적된 자본을 투자로 연결하는 수단을 제공하는 한편, 자본 부족자에게는 소비나 투자를 위한 재

1) 인터넷시대의 도래로 전자화폐의 실용화가 눈앞으로 다가왔다. 이의 이용이 확산되면 은행을 통하지 않고 기업이나 개인이 직접 네트워크상에서 자금결재를 할 수 있게 되어, 은행의 자금중개기능과 신용창출기능이 축소될 것으로 보인다.

원을 조달할 수 있는 수단을 제공한다. 나아가 재화나 용역의 교역을 위한 지급수단 및 지급경로를 제공하는 것을 주요 기능으로 삼는다. 우리의 경제활동 중에서 저축하고, 투자하고, 자본을 모으고, 차입하는 일이나 금융기관을 이용하여 거래대금을 수수하는 일들이 모두 금융시스템 안에서 일어난다.

본 장에서는 먼저 금융의 정의 및 금융시스템의 역할을 개관해 보고, 둘째 장에서는 금융시스템의 주요 요소인 금융수단과 금융시장의 기능과 구조에 대하여 자세히 살펴본다. 마지막으로 금융회사 및 금융기관의 유형과 그 고유한 기능에 대하여 설명한다.

I 금융시스템 개관

1 금융의 의미

금융(finance)이란 경제주체들 간의 자금의 유통을 가리키는 말로, 흔히 금융거래를 통칭한다. 경제 내의 개별주체들은 각자의 필요에 의하여 금융거래를 하게 된다. 한 단위 경제를 구성하는 경제주체는 크게 가계부문, 기업부문, 정부부문으로 나뉘어진다. 이들은 일상 활동의 거래를 통하여 끊임없이 돈을 지출할 뿐만 아니라 돈을 벌어들이기도 한다. 그러나 이들 경제주체 중에는 평균적으로 소비와 투자를 합한 지출의 크기가 수입으로 벌어들이는 자금의 크기보다 큰 경제주체가 있다. 이를 우리는 적자단위(deficit spending unit : DSU)라고 하며, 이와 반대로 벌어들이는 자금의 크기가 지출의 크기보다 큰 경제주체를 흑자단위(surplus spending unit : SSU)라고 한다.

기업부문은 대개 적자단위로 자금 부족자이다. 기업부문은 재화나 용역의 판매를 통하여 자금을 벌어들이며, 생산 경비의 지출이나 투자활동을 통하여 자금을 지출하게 된다. 성장하는 기업의 경우, 대부분이 경영활동을 통하여 벌어들인 자금의 크기가 투자나 경비 지출을 위한 자금의 크기를 감당하지 못한다. 경제주체 중 주된 흑자단위, 즉 자금 잉여자는 가계부문이다. 가계는 노동이나 토지의 대가로 벌어들인 소득을 모두 소비하지 않는다. 미래를 위하여 소득의 일부를 남겨놓는다. 이 잉여자금은 저축이나 투자의 형태로 모습이 바뀌게 되는데, 이는 금융거래의 원천이 된다.

흑자단위의 가계는 잉여자금을 수익력이 높은 곳에 저축하거나 투자하고 싶어 한다. 반면, 적자단위의 기업부문은 채권이나 주식 등의 증권을 발행하여 자금을 직접 모집하거나 금융회사를 통하여 싼 비용(이자율)으로 자금을 빌리고 싶어 한다. 시장참여자들은 자신에게 편리하고 저렴한 금융수단을 이용하여 거래 욕구를 충족시킨다. 이렇게 금융수단을 통하여 흑자단위의 자금이 적자단위로 이전되는 것을 금융거래라 한다. 즉, 기업부문은 부족한 자금을 공급받고, 가계부문은 잉여자금 대신 예금계좌나 채권, 주식 등을 금융자산으로 보유하게 된다.

1990년 이후 경제부문별 자금잉여주체와 부족주체를 보면([그림 1-1]) 개인 및 비영리법인과 일반정부는 자금잉여주체이고 기업은 자금부족주체이다. 경제의 성장과 더불어 개인 및 비영리법인의 잉여자금이 증가되는 추세를 보이고 있는데, 그 규모는 90조원을 넘어서기도 하였다가 2016년에는 70.5조원으로 줄어들었다[2]. 정부부문도 자금잉여주체인데, 이는 정부의 채무와 부채가 적자를 기록하고 있음에도 불구하고[3], 정부가 조세, 적자채권발행, 연금과 기금 등을 통해 조달한 자금이 정부지출을 초과하기 때문이다.

한편, 기업(비금융법인)의 규모가 커짐에 따라 소요자금의 규모도 점차 커지고 있다. 1990년에 우리나라 기업의 부족자금 규모가 30조원에 육박한 이후, 1995년에 약 59조원까지 증가했다. 이후 글로벌 금융위기가 발행한 2008년에는 99.9조원의 자금부족을 기록했다. 이후 경제가 안정되면서 기업의 자금부족도 줄어들어 2010년의 58조원에서 2016년에는 1.0조원으로 크게 감소하였다. 기업의 자금부족이 최근 들어 크게 감소한 것은, 특히 대기업의 현금성 자금보유의 증가와 기업환경의 변화에 따라 기업들의 투자기회가 크게 늘어나지 못한 것에 기인한다고 할 수 있다.

2) 이러한 가계 및 비영리법인의 자금잉여가 2016년 크게 감소한 것은 장기간의 경기침체와 더불어 소득증가의 둔화와 가계부채의 증가에 따른 이자부담의 증가에서 그 원인을 찾아볼 수 있다.

3) 2016년 말 현재 정부가 현재 이자를 부담하고 있는 국가채무는 645조원이고, 미래에 정부가 부담해야 하는 부채(공무원연금, 군인연금 등의 충당금 포함)는 1,433조원을 기록했다.

▎그림 1-1
경제부문별 순자금조달·운용 규모[1)]

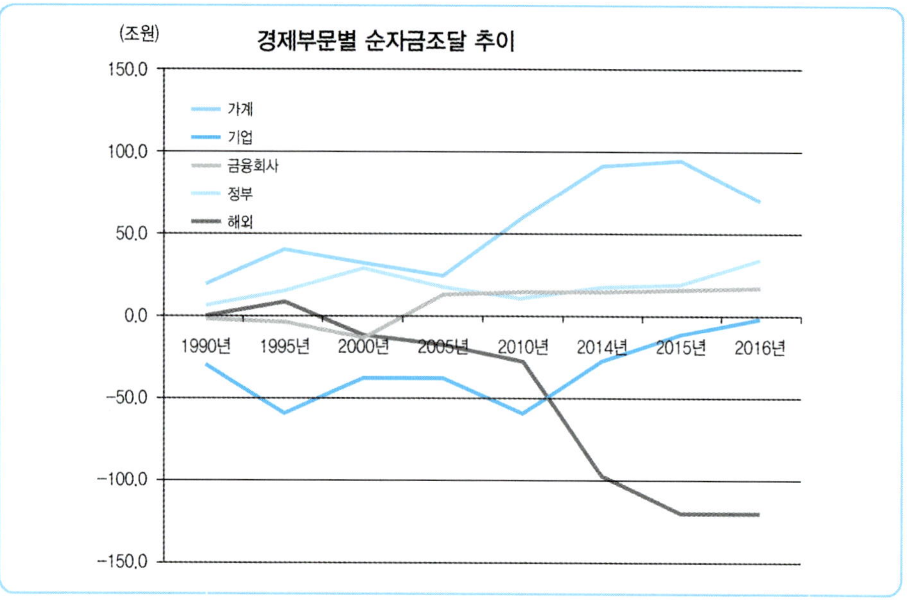

주 1) : 자금운용에서 자금조달을 차감한 수치로 양(+)의 경우 순자금운용(자금운용>자금조달), 음(−)의 경우 순자금조달(자금운용<자금조달)을 의미

2) : 해외부문의 자금과부족에서 부호를 바꾸면 국내부문의 자금과부족을 의미

3) : 잠정치

자료 : 한국은행, 경제통계/자금순환표/금융거래표/운용 및 원천, 한국은행, 2016년 중 자금순환(잠정), 보도자료, 2017.3.29.

이렇듯 경제주체간 자금의 잉여부분과 부족부문을 연결하는 금융거래의 중개기능을 금융회사가 담당하고 있다. 즉, 가계, 기업, 정부 등의 경제주체가 참여하는 금융시장에서 금융회사들은 각자의 금융수단(상품)을 매개로 하여 각자 고유한 금융의 중개기능을 담당하고 있다. 여러 종류의 금융회사와 이에 활용되는 다양한 수단을 요약하면 다음 〈표 1-1〉과 같다.

표 1-1 금융거래의 참가자, 금융회사와 금융수단

참가자	금융회사	금융수단(상품)*
• 가계 • 기업 • 정부	• 은행(일반은행, 특수은행) • 비은행예금취급기관(상호저축은행, 신용협동조합, 새마을금고, 상호금융 등) • 여신전문금융회사(리스사, 신용카드사, 할부금융회사 등) • 금융투자회사(투자매매업자, 투자중개업자, 집합투자업자, 신탁업자, 투자일임업자, 투자자문업자) • 보험회사(생명보험회사, 손해보험회사, 재보험회사, 우체국보험 등)	• 예금 및 대부 계정, CD, CP, RP** 등 • 증권(채무, 지분, 수익, 투자계약, 파생결합 및 증권예탁 증권), 파생상품(장내 및 장외 파생상품) • 보험상품

* 금융수단(financial instruments)이란 금융투자상품과 비금융투자상품을 모두 포함한다.
** CD(certificate of deposit), CP(commercial paper), RP(repurchase agreement)

2 금융시스템의 역할

경제활동이란 재화나 용역의 교환이 이루어지는 수많은 거래의 집합체라고 말할 수 있다. 이러한 거래는 크게 실물거래와 금융거래로 나뉘어진다. 실물거래는 재화나 용역 등 실물자산의 거래를 말하며, 금융거래는 금융수단을 통한 자금의 거래를 일컫는다. 옛날 물물교환 시대부터 실물거래는 존재했으며, 사회가 발달하고 자본축적의 양이 많아지면서 실물거래의 규모도 커지고 이를 뒷받침하는 금융수단이나 거래 형식도 다양화되고 발전하게 되었다. 뿐만 아니라 저축과 투자 위험회피의 수요도 늘어나서 다양한 금융상품이 개발되고 금융거래의 규모도 커지면서 경제 내에서 차지하는 비중도 높아지고 있다.

[그림 1-2]는 자금의 흐름을 기준으로 경제활동을 단순화시켜 놓은 그림이다. 경제활동을 두 경제주체 중 흑자단위인 가계와 적자단위인 기업을 축으로 실물거래와 금융거래로 나누어보았다.

우선 실물거래를 살펴보면, 생산요소를 가진 가계부문은 생산요소 시장을 통하여 생산자인 기업부문에 노동, 토지 등을 제공하고, 임금이나 토지 사용료 등을 그 대가로 받는다. 이 대가는 가계부문의 소득을 형성한다. 그리고 가계부문은 이렇게 벌어들인 소득을 이용하여 상품시장을 통하여 기업이 생산한 상품이나 서비스를 구입·사용하고 그 대금을 지급한다. 이와 같이 가계와 기업간에 생산요소의 교환과 상품이나 서비스의 거래가 이루어진다. 가계부문을 기준으로 임금이나 토지 사용료 등으로 받은 소득액과 상품(재화)이나 서비스(용역)를 위하여 지출하는 소비액을 비교할 때 항상 등식 관계가 성립하지는 않는다. 일반적으로 가계부문은 미래를 생각하여 소득의 일부를 남겨 놓는다. 이 잉여소득은 금융거래를 통하여 저축되거나 투자된다.

금융거래를 살펴보면, 가계부문은 잉여 소득을 금융회사에 예탁하고 예탁증서를 받아 기업에 간접적으로 자금을 제공하거나, 자본시장에서 채권이나 주식 등의 증권 매입을 통하여 기업에 직접적으로 자금을 제공한다. 기업부문은 부족 자금을 가계부문으로부터 직접 조달하거나 금융시장을 통하여 간접금융의 형태로 조달한다. 이 자금을 활용하여 생산 설비를 확충하거나 새로운 사업을 전개하게 된다. 기업부문은 금융회사에서 대출받은 차입자금이나 채권의 형태로 빌려 쓴 자금에 대해선 활용의 대가로 이자를 지급하며, 자본금의 형태로 참여한 투자자금에 대해선 배당금을 지급하게 된다. 금융거래는 대출증서나 투자증권을 거래하는 것이므로, 실물과 화폐의 교환으로 이루어지는 실물거래보다 금융거래의 형식과 절차가 훨씬 복잡하다.

그림 1-2
금융거래 및 실물거래 흐름도

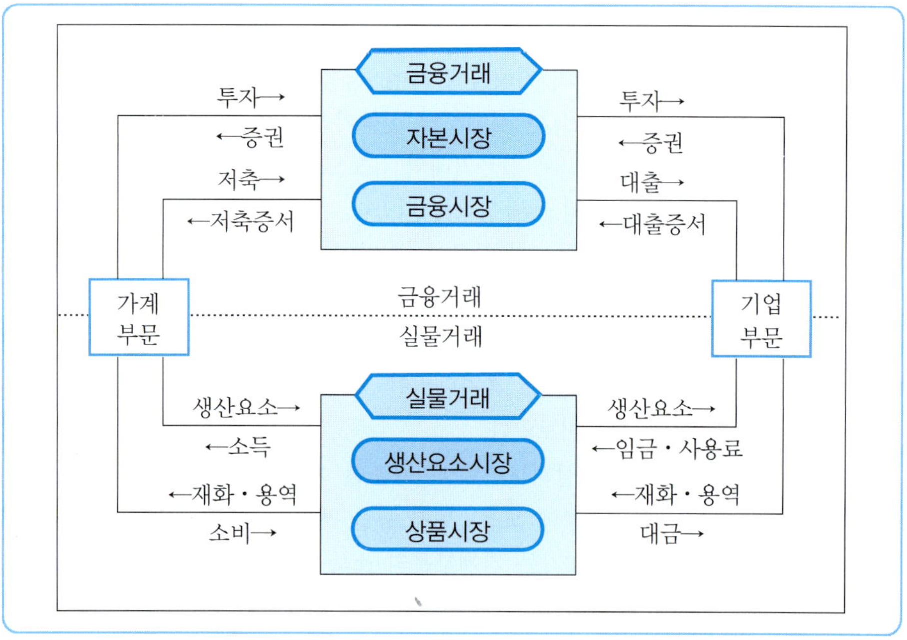

한 금융거래의 종결은 자금을 빌리거나 출자를 받아 사용한 주체가 미래 시점에 이를 자금 제공자에게 되돌려 줄 때 이루어진다. 이들 거래당사자 간의 금융거래를

확실하고 원활하게 하기 위하여 청구권이나 지분을 표시한 증서가 필요하며 이들 증서를 수단으로 하여 금융거래가 일어난다. 금융회사나 금융기관은 이러한 금융수단을 개발하거나 제3자의 입장에서 금융거래가 원활하게 되도록 도와주는 역할을 하는 중개기관이다. 금융시장은 금융회사들이 활동하는 유·무형의 공간을 가리키며, 이곳에서 자금 수요자와 공급자간에 대출에 대한 이자율과 규모가 정해지고 채권, 주식 등 증권의 가격과 양이 결정된다.

자금은 생산의 중요한 요소로서 항상 무한정 얻을 수 있는 것이 아니다. 한정된 자금을 가장 효율적인 곳에 배분하는 것이 금융시스템의 역할이다. 즉, 지출의 양보다 소득의 양이 많은 경제 주체로부터 잉여자금을 모아, 좋은 투자기회를 갖고 있으면서 자금이 모자라는 곳에 자금을 제공해 주는 일이다. 주요 흑자단위인 가계부문의 잉여 자금은 대개 규모가 적고, 단기적인 성격을 가진 자금이다. 이에 비하여 만성적인 적자단위인 기업이 필요로 하는 자금은 규모가 크고 장기적인 성격을 가진다. 금융시스템은 이 같은 자금 수요자와 공급자간의 질적이고 양적인 모순을 다양한 금융수단이나 금융시장의 활성화를 통하여 해결해 주는 역할을 한다.

금융시스템이 경제 전반에 미치는 영향은 다양하다. 금융자원의 효율적인 재분배를 통하여, 기업으로 하여금 저렴한 비용으로 자금을 조달케 하여 확대 재생산을 지원하며, 가계부문의 저축과 투자에 대한 더 큰 보상을 가능하게 하여 경제 전반에 기여하는 바가 크다. 만약 금융시스템이 효율적이지 못하면 기업은 필요한 자금을 구하지 못하거나 비싸게 구하게 되고, 개인은 잉여자금에 대한 적절한 보상을 얻지 못할 뿐만 아니라 때로는 신용을 얻기 어렵게 되어 소비활동이 위축된다. 이는 기업 비용의 상승을 유도하고, 판매 활동의 부진을 가져와 기업 이익을 축소시킨다. 기업의 생산활동이 축소되고 실업률이 증가되어 경제 전반적인 성장이 저하된다. 반대로 금융시스템이 효율적이어서 싸고 손쉽게 자금을 얻을 수 있으면, 투자와 소비가 증가하고 실업률이 줄어들고 경제성장이 촉진된다. 이와 같이 금융시스템은 경제시스템의 중요한 일부이며 따로 분리하여 생각할 수 없는 부분이다.

3 금융의 형태

흑자단위의 잉여자금이 자금을 필요로 하는 적자단위로 옮겨가는 과정은 직접금융과 간접금융의 두 가지 형태로 나누어진다.

직접금융은 기업이나 정부기관, 특별법인 등 자금의 최종 수요자가 자금조달을 위하여 발행한 직접증권(direct securities)을 매체로 이루어진다. [그림 1-3]의 상단에서 보듯이 자금의 최종 수요자가 증권을 발행하고, 자금의 공급자는 증권을 매입함으로써 거래가 이루어진다. 증권의 매매를 중개하는 금융회사, 즉 매매중개기관은 발행된 증권의 형태를 바꾸지 않는 대신 거래를 활발하게 하는 촉진자(facilitator)의 역할을 담당한다. 주식이나 채권 등이 직접금융의 대표적인 증권에 해당한다. 이렇게 직접증권이 거래되는 시장을 자본시장이라 부르며, 이들 시장에서 거래되는 직접증권들을 통칭하여 금융투자상품이라 일컫는다.[4)]

그림 1-3
흑자단위와 적자단위 간의 자금 유통경로

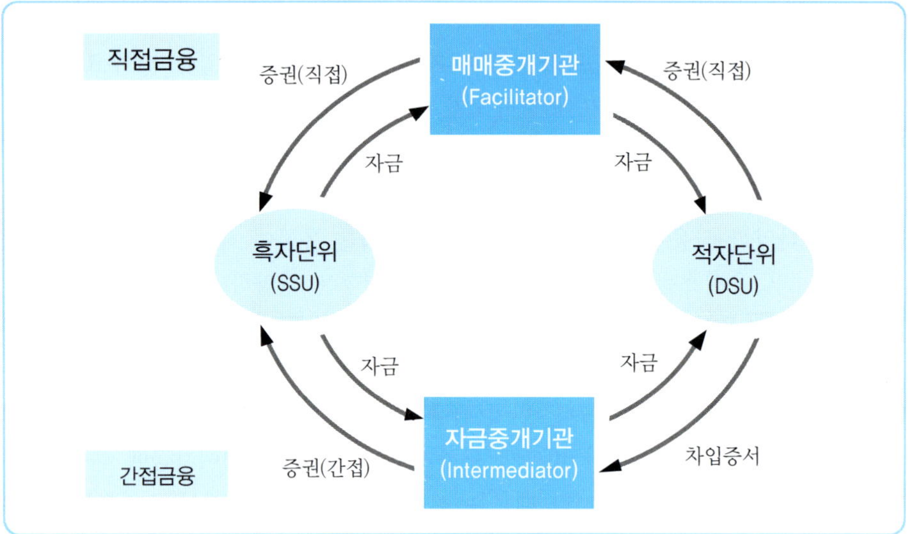

반면에 간접금융은 금융 중개기관이 자신의 계산과 책임 하에 발행한 자신에 대한 청구권인 간접증권(indirect securities)을 매체로 하여 이루어진다. 이때 중개기관은 자금 수요자와 공급자 사이에서 자금중개기관(intermediator)의 역할을 한다. [그림 1-2]의 하단에서 보듯이 금융회사는 간접증권을 발행하여 흑자단위의 잉여자금을 모으고, 이를 다시 대출이나 투자 등의 다른 형태로 변형시켜 자금을 필요로 하는 적자단위의 최종 수요자에게 공급한다. 금융회사가 자금 공급자에게 발행하는 대표적인 간접증권

4) 금융상품은 금융투자상품과 비금융투자상품으로 나뉘며 금융투자상품은 다시 증권과 파생상품으로 나누어진다. 금융투자상품이란 이익을 얻거나 손실을 회피할 목적으로 현재 또는 장래의 특정시점에 금전이나 재산적 가치가 있는 것을 지급하기로 약정함으로써 취득하는 권리로, 예금이나 보험 계약과 대비되는 자본시장의 금융상품을 총칭하는 개념이다.

에는 은행의 예금증서, 보험회사의 보험증서, 투자신탁회사의 수익증권 등이 있으며 자금 수요자로부터 받는 증서에는 차입증서나 투자증서 등이 있다.

(1) 직접금융

직접금융은 자금의 수요자가 증권을 발행하고 이를 자금 공급자의 잉여자금과 직접 교환하는 형태로 [그림 1-4]의 예에서 보듯이 자금 공급자는 자금을 빌려주는 대신 자금 수요자가 발행한 증권(직접증권)을 보유한다. 반면 자금 수요자는 현금이 대변에 증가되고 차변에는 자신이 발행한 증권을 부채 또는 자기자본으로 갖게 된다.

직접증권은 개별 자금의 수요자가 자신의 신용을 담보로 발행되는 것이므로, 금융회사의 신용을 담보로 발행되는 간접증권에 비하여 상대적으로 신용위험 및 시장위험이 높다. 그러나 직접증권은 대부분 양도가 가능하므로 자금 공급자는 자신이 보유한 증권을 자본시장에서 매매를 통하여 자신이 원하는 시기에 자금을 회수할 수 있는 이점이 있으며, 증권의 발행자, 즉 자금 사용자도 이들 증권의 매매와는 관계없이 자금을 사용할 수 있는 이점이 있다. 그 밖에 간접금융에 요구되는 지급준비금, 보험료부담, 자기자본 요건강화 등으로 인한 자금비용 상승요인이 없다는 점에서 최근 직접금융 활성화의 원인을 찾을 수 있다.

그림 1-4 직접금융 시장참여자의 대차 관계

자금의 공급자	
+ 직접증권* – 현　　금	

자금의 수요자	
+ 현　　금	+ 직접증권*

주 : 자금의 공급자에게 직접증권은 채무증권이나 지분증권으로 자산에 해당하며, 자금의 수요(사용)자에게 직접증권은 부채나 자기자본에 해당한다.

(2) 간접금융

간접금융의 경우엔 자금 공급자와 자금 수요자 사이를 맺어주는 중간 매개자를 필요로 하며 이 역할을 금융회사가 한다. 잉여자금을 가진 사람으로부터 자금을 빌려서 이를 필요로 하는 사람에게 다시 빌려주는 중개자의 역할을 한다. 즉, 금융회사의 역할은 [그림 1-5]의 간접금융의 경우에서 보듯 간접증권(예를 들어, 예금)을 통하여 모은 자금을 대출의 형태로 전환시켜 자금을 필요로 하는 사람에게 연결시키는 것이다. 자금의 공급자는 자금을 금융회사에 예금하고 대변에 은행예금이 늘어나게 되고, 자금사용자는 대출을 받으므로 차변에 은행차입금이 생겨난다. 최종적으로 금융회사의 대차대조표는 대변에 대출금과 차변에 간접증권(예수금)만 남게 된다.

예전부터 간접금융의 중요성은 잘 알려져 있다. 기업이 가장 손쉽게 접근할 수 있는 자금원으로 미국을 위시한 일본, 독일 등의 선진국에서 보듯이 기업금융의 큰 부분을 차지하고 있다. 최근 금융의 증권화 추세 확산으로 직접금융이 많이 늘어나고 있다. 하지만 직접금융 시장의 접근이 어려운 기업에게 간접금융은 여전히 중요한 자금조달 창구의 역할을 담당하고 있다. 이는 금융회사를 통한 간접금융을 이용하는 것이, 금융회사에 지불하는 수수료를 상쇄하고도 남을 만한 충분한 이점이 있다는 것을 암시해 주고 있다.

그림 1-5 간접금융 시장참여자의 대차 관계

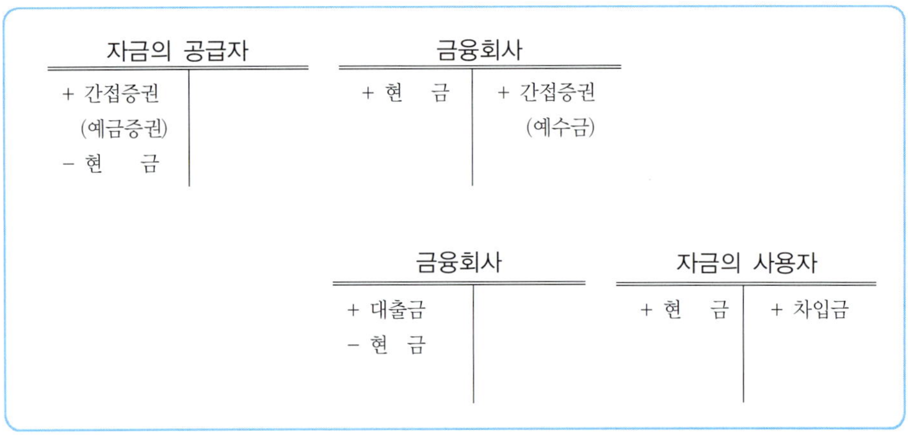

간접금융이 직접금융에 대하여 갖는 이점을 정리해 보면 다음과 같다.

첫째, 소규모 자금을 필요로 하는 이와 소규모 여유자금을 가진 이들에게 자금이용 및 운용의 기회를 제공한다. 예를 들어 소규모의 기업은 알려지지 않은 이름이나 신용도 때문에 직접금융 시장에 접근하기 어렵고, 적은 규모의 자금을 가진 개인은 직접금융시장을 활용하기가 어렵다.

둘째, 정보 수집 및 분석 비용이 적게 들고, 거래 비용 및 보유 비용이 적게 든다. 직접증권 투자 시 필요한 정보 발굴 및 거래관련 비용을 절약할 수 있다.

셋째, 포트폴리오 분산 효과를 얻을 수 있다. 투자위험을 최소화시키기 위하여 분산투자가 필요한데, 간접금융의 경우 중개기관인 금융회사가 투자자를 대신하여 이 역할을 수행한다.

넷째, 간접금융은 높은 유동성을 보장한다. 직접금융이 환금을 위하여 일정한 시간이 필요하고, 시장 상황에 따라 원금을 보장받지 못하는 것에 비하면 간접금융은 필요한 시기에 언제든지 원금을 다시 찾을 수 있어 상대적으로 유동성이 뛰어나다.

2008년부터 2016년까지 기업의 외부자금 조달에서 간접금융과 직접금융의 비중을 보면, 금융시장이 안정적일 경우에는 간접금융의존도가 높으나 2008년 글로벌 금융위기와 2012년 남유럽재정위기와 같은 사태가 발생하면, 위기 시에는 은행의 신용경색을 반영하여 직접금융의 비중이 상대적으로 높아짐을 알 수 있다([그림 1-6] 참조).

그림 1-6 기업의 직접금융과 간접금융 추이

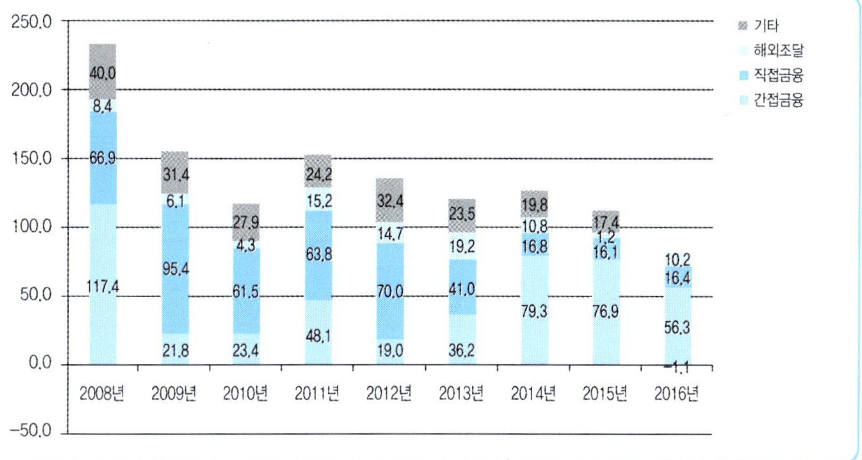

주 : 기업은 비금융법인기업을 의미

외부자금조달은 간접금융, 직접금융, 국외조달, 상거래 신용, 정부차입, 미지급금의 합계

간접금융은 예금취급기관과 기타금융기관을 통한 자금조달

직접금융은 기업어음, 회사채, 공공채, 주식, 출자지분 등 주식과 채권을 포함.

(금융채, ABS, 해외채권발행은 제외)

기타는 상거래 신용, 정부융자 등 2016년의 -1.1조원은 상환을 의미

자료 : 한국은행, 2016년 중 자금순환, 2017.3.29.

다음으로 기업의 직접금융(공모)을 이용한 자금조달을 보면 2010년 이후 연간 120조원대를 유지하고 있다([그림 1-7] 및 [그림 1-8]). 주식발행을 통한 자금조달은 총 자금조달에서 차지하는 비중은 5~10% 미만으로 낮으며, 주식시장의 시황에 직접적으로 영향을 받고 있다. 금융채와 ABS를 제외한 일반 회사채가 직접금융에서

차지하는 비중은 최근 20~30% 수준을 유지하고 있으나, 채권의 발행도 자금시장의 상황에 크게 영향을 받는다고 할 수 있다[5].

그림 1-7
주식발행을 통한 직접금융

그림 1-8
채권발행을 통한 직접금융

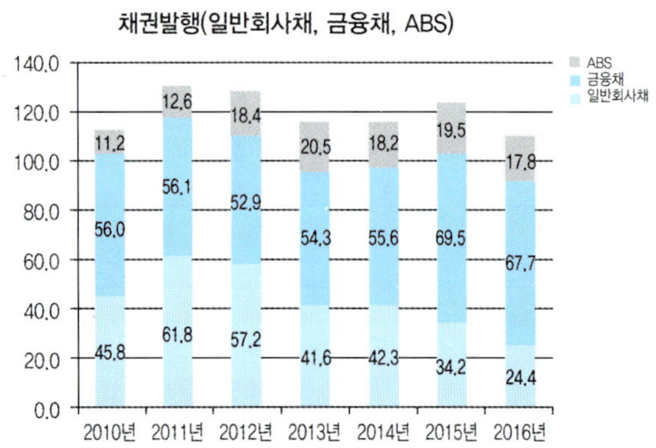

자료 : 금융감독원, 2016년 기업의 직접금융 조달실적, 2017.1.20.

5) 〈표 1-3〉에서의 직접금융 규모와 〈표 1-4〉에서 주식 및 회사채 발행규모 합계에 대한 차이는 자료 발표기관인 한국은행과 금융감독원, 회사채 중 금융채와 ABS의 포함여부에 기인한다.

Ⅱ 금융시장

1 금융시장의 상품

실물경제에 필요한 자금을 공급하는 금융시장은 크게 간접금융시장과 직접금융시장인 자본시장으로 나눈다. 금융시장이 자금의 수요자와 공급자 사이에서 어떤 역할을 하는가를 이해하기 위해선 우선 금융시장의 거래 수단인 금융상품을 이해할 필요가 있다. “자본시장과 금융투자업에 관한 법률”[6]에서는 금융시장에서 생산되고 유통될 수 있는 금융상품을 포괄적으로 규정하고 있다. 이전의 개별법에 의한 열거주의를 탈피하여 각 금융상품을 각각의 특성에 따라 포괄적으로 분류하고 있다([그림 1-5] 참조).

그림 1-5 금융상품의 분류

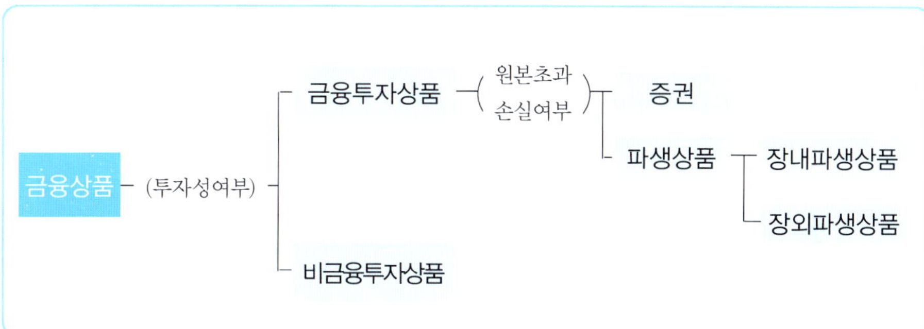

금융상품은 투자성의 여부에 의하여 금융투자상품과 비금융투자상품으로 나눈다. 투자성이란 투자 원본의 손실가능성을 가리키는 것으로, ‘그 권리를 취득하기 위하여 지급하였거나 지급하여야 할 금전 등의 총액이 그 권리로부터 회수하였거나 회수할 수 있는 금전 등의 총액을 초과하게 될 위험’을 말한다. 그러므로 자본시장법 하에서는 일반적으로 비금융투자상품으로 알려진 예금이나 보험상품도 투자성을

6) 이 법률(자본시장법이라 함)은 2007년 7월 3일 국회를 통과하여 8월 3일 공포되었으며, 2009년 2월 4일부로 시행하고 있다. 이는 “증권거래법”, “간접투자자산운용업법”, “선물거래법”, “신탁업법”, “종합금융회사에 관한 법률” 및 “한국증권선물거래소법” 등 6개 자본시장 관련 법률을 통합한 것임

가질 경우엔 금융투자상품으로 분류되며 증권과 관련된 규제를 적용받게 된다.

투자성이 있는 금융투자상품은 다시 원본의 초과손실여부에 따라 증권과 파생상품으로 분류된다. 증권의 경우에는 투자자의 손실이 최대로 커지더라도 증권의 매입금액보다 커지지 않는 반면, 파생상품의 경우엔 기초자산의 가격변화에 따라 추가적인 지급의무를 지게 된다[7]. 금융투자상품 중 증권은 채무증권, 지분증권, 수익증권, 투자계약증권, 파생결합증권 및 증권예탁증권의 6가지로 세분된다. 이 중에서 투자계약증권과 파생결합증권의 개념은 여타 증권의 개념을 포괄하는 개념이어서 6개 증권의 범주가 상호 배타적이지는 않다. 그러므로 특정 증권이 6개 증권 범주 중 반드시 어느 하나에만 속한다고 할 수 없다.

빠르게 성장하고 있는 파생상품은 선도계약, 선물계약, 옵션, 스왑의 네 가지 유형으로 나누어지며, 거래소 시장에서의 거래 여부에 따라 다시 장내파생상품과 장외파생상품으로 나누기도 한다. 최근 금융공학을 이용한 구조화 증권(structured product)이 급속히 늘어남에 따라 파생상품과 파생결합증권의 구분이 어려우나 이들의 구분은 추가지급 의무의 여부로 한다. 예를 들어 옵션과 주식워런트증권을 비교해 보면, 두 상품 모두 행사가격과 만기가 존재하여 유사하지만 옵션의 경우 매노자가 추가지급의 의무를 지지만, 주식워런트증권의 경우엔 투자자에게 추가지급 의무가 없다는 점에서 상이하다. 그러므로 옵션은 파생상품인 반면 주식워런트증권은 증권에 해당한다.

금융상품은 그 외에도 거래되는 시장의 성격에 따라 분류되기도 한다. 거래시장의 성격에 따라 단기금융시장(money market) 상품과 자본시장(capital market) 상품으로 분류할 수 있다.

단기금융시장 상품은 만기가 1년 미만의 증권으로 경제주체 간의 단기적인 자금과부족을 해소하기 위하여 생겨난 상품이다. 그러므로 유동성이 높고 부도 위험이 상대적으로 낮은 특징을 갖고 있다. 이는 주로 금융기관, 기업, 정부에 의하여 발행된다. 대표적인 단기금융 상품으로는 금융기관에서 발행하는 양도성예금증서(certificate of deposit : CD), 환매조건부채권 매매약정(repurchase agreement : RP), 기업

---

7) 파생상품거래에 있어서 증거금제도에 의해 차입투자가 제도적으로 허용된다. 예를 들면 한국거래소의 파생상품거래에서 위탁증거금(initial margin : 개시증거금)률에 따라 레버리지비율이 결정된다. 만일 레버리지 비율이 500%라면, 100만원의 투자원금과 차입자금 400만원을 합해서 최대 500만원까지 투자할 수 있다. 만일 기초자산가격이 예상(상승)과 반대로 30% 움직였다면(하락) 총 손실은 150만원이 되어, 투자원금 100만원은 물론 추가로 차입자금에 대해서도 50만원의 손실을 입게 된다.

어음(commercial paper : CP), 전자단기사채 등이 있다. 선진국에선 대개 단기금융시장이 잘 발달되어 있다. 예를 들어 미국에서는 단기 재정증권(Treasury bills)이나 연방자금(federal funds), 유로달러 예금증서(Eurodollar deposits) 등이 활발히 거래되고 있다.

자본시장 상품은 만기가 1년 이상인 증권과 파생상품을 가리키며, 대개 기업이나 정부기관의 장기적인 자금수요를 충당하기 위하여 생겨난 상품이다. 이에는 정부기관에서 발행하는 각종 장기국채, 지방채 외에 공사채와 장기 금융채를 포함하는 특수채가 있다. 기업체에서 발행하는 것으로는 회사채, 자산유동화증권(ABS), 이중상환청구권부채권(커버드본드) 등의 채무증권과 지분증권인 주식 등이 전형적인 예이다.

이 외에도 금융상품은 투자형태, 자산의 성격, 만기구조 등에 따라 여러 가지 형태로 분류가 가능하다.

2 금융시장의 역할

시장이란 한정된 양의 자원을 효율적으로 배분하기 위하여 만들어진 유·무형의 공간이다. 각각의 경제주체는 상품을 만들거나 서비스를 제공하는 데 필요한 노동력, 원자재, 에너지 및 금융자원 등을 나눠 갖기 위하여 시장이라는 공간을 이용한다. 뿐만 아니라 시장은 만들어진 상품이나 서비스를 유통시키는 통로이기도 하며 상품이나 서비스에 대한 수요자와 공급자가 만나서 가격과 양이 결정되는 곳이다. 예를 들어 공급되는 상품의 양에 비하여 상품에 대한 수요가 많으면 상품의 가격이 올라가게 된다. 이런 현상이 장기화되면 공급자인 기존기업이 생산규모를 늘리거나 신규기업이 진입하여 공급량을 늘리게 된다. 공급이 충분히 늘어나 수요를 충당하게 되면 가격은 다시 하락하여 안정을 찾게 된다.

경제시스템을 구성하는 시장은 크게 실물시장과 금융시장의 2개로 나눈다. 이 중에서 금융시장은 실물시장이 효율적으로 움직이도록 도와주는 중요한 역할을 한다. 금융시장은 잉여자금이 손쉽게 이전될 수 있도록 하는 유·무형의 거래장소이나 거래에 필요한 전산시스템 등의 기반구조를 제공한다. 그리고 자금을 필요로 하는 이들과 잉여자금을 가진 이들을 이어주는 일을 한다. 즉, 거래를 원하는 이들을 한 곳에 모으거나 만날 수 있게 함으로써 일시에 많은 양의 거래가 이루어지게 하며, 다수의 자금공급자와 수요자간의 상이한 기대가격을 조정하여 적정한 가격에 거래가 이루어지게 한다. 뿐만 아니라 금융시장은 거래에 필요한 정보를 끊임없이 만들어내고 이를 공시함으로써 시장참여자들이 적정한 가격을 결정할 수 있도록 도와준다.

금융시장의 다양한 역할을 경제적인 관점에서 정리하면 다음과 같다.

첫째, 저축의 형태로 축적된 잉여자금을 투자로 변화시키는 역할이다. 이를 통하여 기업부문이나 정부부문의 재투자와 신규 투자활동이 가능해지며, 이는 경제성장의 원동력으로 작용한다.

둘째, 금융거래와 관련된 위험을 감소시켜 주는 역할이다. 직접금융의 경우, 증권과 파생상품을 통하여 여러 곳에 분산 투자하거나 투자위험을 줄일 수 있는 길을 열어주며, 간접금융의 경우에는 자금공급자를 대신하여 금융회사가 투자에 따른 위험을 맡아준다. 금융회사는 여러 기업이나 개인에 대출하거나 투자함으로써 포트폴리오를 형성하여 투자의 위험을 감소시킨다.

셋째, 금융시장은 금융거래와 관련된 정보를 제공함으로써 금융거래 비용을 절감시키는 역할을 한다. 금융시장은 시장에 관한 정보와 거래 상대방에 대한 정보를 생산하고 제공하는 기능을 통하여, 개별 잉여자금 주체가 이를 필요로 하는 상대방을 찾고, 이들의 신용도를 분석해야 하는 비용과 위험을 감소시켜 준다.

넷째, 금융시장은 소비활동과 투자활동을 분리시켜 경제적 효용을 증대시키는 역할을 한다. 피셔(Irving Fisher)의 분리이론[8]에 의하면 생산자와 소비자는 금융시장을 이용하여 각각 최적의 의사결정을 할 수 있다는 것이다. 소비자는 금융시장을 이용하여 현재의 소득을 미래에의 소비를 위하여 이연시키거나 혹은 미래의 소득을 담보로 현 소득보다 더 많은 소비를 할 수도 있게 된다. 즉, 금융시장을 통하여 소비자들은 상이한 시차선호(time preference)를 만족시킬 수 있다. 동시에 생산자는 금융시장을 이용하여 자금을 빌리거나 빌려줌으로써 최적의 생산을 할 수 있다. 이처럼 금융시장은 시장참여자들의 효용(utility)을 극대화시키는 역할을 한다. 그러나 이러한 역할을 잘 수행하기 위해서는 금융시장이 우선 효율적인 시장이어야 한다는 전제조건이 있다.[9]

---

8) 피셔의 분리이론(Irving Fisher's separation theorem)은 금융시장을 통하여 생산결정과 소비결정을 분리할 수 있다는 것으로 기업의 경영자는 주어진 금융시장 하에서 생산의 최적점을 찾아 생산하고, 소비자는 자신의 시차선호에 따라 스스로 소비결정을 함으로써 효용을 극대화한다는 것이다. 현대 기업의 소유와 경영의 분리에 대한 이론적 뒷받침을 제공하고 있다.

9) 후생경제학자들에 의하면 자원의 배분이 가장 효율적으로 이루어지는 시장은 완전경쟁상태의 시장으로 여기에선 개별 경제주체들이 추구하는 이윤 극대화의 행위가 후생 극대화와 일치한다고 보았다. 이러한 상태를

3 금융시장의 분류

금융시장은 여러 가지 기준에 따라 달리 분류할 수 있다. 상품의 만기 구조에 따라 1년 미만의 단기금융상품을 거래하는 단기금융시장과 1년 이상의 장기금융상품을 거래하는 자본시장으로 분류할 수 있으며, 금융상품의 유통절차에 따라 발행시장과 유통시장으로 나누기도 한다. 또는 상품이 거래되는 장소에 따라 거래소시장과 장외시장으로 나누기도 한다. 이러한 분류에 따라 취급 금융상품이 상이할 뿐 아니라 시장참여자들도 달라진다. 또한 이들이 시장 내에서 공정한 거래를 할 수 있도록 참여자의 자격, 상품의 종류, 특정 시장의 규율 등을 규제하는 관련법과 규정도 달라지게 된다.

(1) 단기금융시장과 자본시장

단기금융시장은 개인이나 기업, 금융회사 간에 일시적인 자금의 과부족 상태를 해소하기 위하여 1년 미만의 단기 자금거래가 이루어지는 시장이다. 단기금융시장의 자금공급자 중에서 가장 중요한 역할을 하는 금융회사는 은행이다. 기업이나 각종 금융회사 간의 일시적인 자금부족을 메워주는 역할을 주로 담당한다. 은행 외에도 증권회사, 보험회사, 종합금융회사 등의 비은행 금융회사들도 일시적인 잉여자금을 자금이 부족한 이에게 공급하는 역할을 한다. 자금수요자 중에서 중요한 주체는 기업과 정부이다. 기업은 기업어음(CP)이나 전자단기사채 등을 발행하여 운용자금을 조달하며 정부는 통화안정증권이나 재정증권, 외국환평형기금채권 등을 발행하여 필요한 자금을 조달한다.

반면 자본시장은 장기적 성격의 자금을 조달하고 빌려주거나 투자하는 곳이다. 자본시장에서 가장 중요한 역할을 하는 주체는 기업이다. 기업이 조달하는 출자자금이나 장기 차입자금은 주식이나 회사채 등으로 발행되며, 이들은 금융상품으로 자본시장의 거래 수단이 된다. 자본시장의 참여자는 단기금융시장의 경우보다 참여폭이나 전문성 면에서 훨씬 다양하다. 개인이나 기업뿐만 아니라 보험회사, 연기금, 투자신탁회사, 은행의 신탁계정 등도 자본시장에 참여한다.

그러나 이들은 각자 투자자금의 성격에 따라 주식이나 채권 등에 상이하게 투자

파레토 최적(Pareto optimality)으로 볼 수 있다.

한다. 일반적으로 생명보험회사들은 장기 국채나 회사채에 투자비중이 높고, 투자신탁회사나 연기금 등은 회사채나 주식 등에 투자비중이 높다. 반면 은행신탁계정은 다양한 포트폴리오를 구성하는 게 보통이다.

자본시장은 거래되는 상품의 성격에 따라 증권시장과 파생상품시장으로 구분된다. 증권시장에는 채무증권이 거래되는 채권시장과 지분증권이 거래되는 주식시장 등이 대표적인 시장이다. 채권시장은 기업이나 금융기관, 정부기관 등에 의해 발행된 채무증권이 거래되는 시장이다. 즉, 발행자가 채권의 소지자에게 언제까지 정해진 금액의 돈을 지급하겠다는 채무증서가 거래되는 곳이다. 시장은 채권의 수요자와 공급자를 한 곳에 모아 거래를 성사시키고, 가격을 결정하는 기능을 담당한다. 채권은 만기일에 따라 단기채와 중기채, 장기채로 나누어진다. 단기채는 만기가 1년 미만인 채권을 가리키며, 만기가 1년 이상 5년 미만인 채권은 중기채로 분류된다. 장기채는 만기가 5년 이상인 채권을 가리킨다.

주식시장은 기업이 발행한 지분증권을 거래하는 시장이다. 주식은 기업에의 출자지분을 나타내는 증서이다. 기업은 주식을 발행하여 다수의 대중을 상대로 대규모 자본을 모은다. 이 주식을 소유한 이는 이익에 대한 분배권을 가지는 것과 동시에 기업의 재산에 대해서도 일정률의 청구권을 갖게 된다. 주식을 발행한 기업은 채권의 경우처럼 증권 소지자에게 이자를 지급할 필요는 없지만, 경영활동의 결과에 따라 주주에게 배당금을 지급한다. 주식은 파산시 청구절차상 채권보다 뒤에 있으므로 채권에 비하여 상대적으로 위험이 크다. 반면에 자산에 대한 잔여 청구권을 갖고 있어 기업의 경영활동이 좋아지면 이의 직접적인 혜택을 받는 이점도 있다. 주식시장의 주요기능은 주식에 시장성과 유통성을 높여주는 데 있다. 뿐만 아니라 주식의 공정한 가격이 형성되도록 도와주는 기능을 한다.

(2) 발행시장과 유통시장

금융시장은 증권이 발행되어 유통되는 절차에 따라 발행시장과 유통시장으로 나눈다. 발행시장은 1차 시장(primary market)이라고도 하며, 자금을 조달하고자 하는 기업이나 정부기관에서 발행한 신규 채권이나 주식 등의 증권이 최초의 투자자에게로 매매되는 시장을 가리킨다. 이 시장을 통하여 증권의 발행자는 필요한 자금을 조달한다. 그러나 발행시장은 일반인에게는 잘 알려져 있지 않으며, 이 시장의 주요 참여자는 증권인수(underwriting) 업무를 주로 하는 금융회사들이다. 대개의 선진국 발행시장이 총액인수체제를 많이 이용하고 있으므로, 이에 참여하는 금융회사들도 총액인수에 따르는 금융위험을 감내할 수 있고 시장조성 능력이 있는 대형회사들이 대부분이다.

유통시장은 이미 발행된 증권이 투자자들 사이에서 거래되는 시장을 말하며 2차 시장(secondary market)이라고도 한다. 발행시장과는 달리 유통시장의 거래 자체가 기업의 필요한 자금을 조달해 주는 것은 아니다. 그러나 유통시장은 발행된 증권에 유동성을 부여하고, 환금성을 높임으로써 금융시장 전체를 활성화시키는 역할을 한다.

원래 자금을 필요로 하는 기업은 공장 건설이나 기계설비, 연구개발투자 등을 위하여 장기간 사용할 수 있는 자금을 필요로 하나, 자금의 공급자인 가계의 여유자금은 대개 단기자금의 성격을 띠고 있다. 유통시장은 공급자의 여유자금과 이를 필요로 하는 자금 사이의 상이한 특성을 해결해 주는 데 기여한다. 유통시장은 투자자금을 회수하고 싶은 투자자에게 증권을 매각할 수 있는 장을 제공함으로써, 증권을 발행한 기업의 자금운용에 영향을 미치지 않고 자신의 투자자금을 회수할 수 있게 해준다. 뿐만 아니라 유통시장은 발행시장에서의 신규 발행증권의 가격결정을 도와준다. 이미 유통시장에서 거래되고 있는 유사한 증권의 가격과 유통시장의 전반적인 시장상황은 신규 증권의 가격결정에 중요한 요소로 작용한다.

이러한 유통시장은 크게 두 가지 형태로 나누어진다. 증권의 유형에 관계없이 장내시장인 거래소시장과 장외시장으로 구분된다. 거래소시장은 증권을 매도할 사람들과 매수할 사람들이, 더 정확하게는 이들을 대신하는 중개인들이 거래를 할 목적으로 만나는 장소를 말한다. 즉, 증권거래소와 같이 지정된 일정한 장소에서 지속적이고 조직적으로 증권 거래가 이루어지는 곳을 가리킨다. 거래소시장의 예로 우리나라의 한국거래소나 미국의 New York Stock Exchange(NYSE), 영국의 London Stock Exchange(LSE) 등을 들 수 있으며, 각 국가의 대표적인 증권시장은 대부분이 같은 거래소시장을 가리킨다.

장외시장[10]은 거래소 외 시장의 뜻으로, 투자자 상호간의 직접접촉을 통하여 증권이 거래되는 직접매매시장과 증권회사의 창구에서 당사자간의 합의로 이루어지는 시장 등을 포함한다. 장외시장의 특징은 거래소시장과는 달리 일정한 장소나 시설이 없다. 그리고 거래대상 주식, 거래시간, 거래단위 등에 대한 엄격한 제한이 없어, 상대적으로 비정형화·비조직적인 시장이다. 그러나 한국금융투자협회가 운영하는 프리보드(Freeboard)[11]는 거래소시장에 상장이 안된 비등록 장외주식을 거래

10) 장외시장은 증권회사의 창구를 통한 상대매매시장인 '점두(OTC : over-the-counter)시장'과 거래소시장의 상대개념으로서의 '거래소 외(off-the board)시장'이 있다.

하는 장외시장이지만 상대적으로 제도화된 호가서비스를 제공하는 시장이다.

Ⅲ 금융산업과 금융회사

1 금융산업

금융산업은 금융상품과 서비스를 취급하는 산업이라고 정의되고, 금융싱품과 서비스의 수요자인 금융소비자와 금융상품과 서비스를 공급하는 금융기관으로 구성된다. 일반적으로 금융산업은 은행, 증권, 보험을 3대 축으로 구분하는 3분법과, 여기에 여신전문업 등을 추가한 4분법으로 구분한다.

금융산업의 3대 축인 은행업, 증권업, 보험업에서 영위하는 업무를 고유업무, 부수업무 그리고 겸영업무로 구분한다. 그런데 각각의 고유업무를 영위하는 조직형태에 따라서 크게 영미계의 전업주의와 유럽계의 겸업주의로 대별한다.[12] 전업주의는 은행, 증권, 보험의 고유업무를 각각 별개의 조직에서만 영위하는 것을 의미하고(1933년의 미국 Glass-Steagall Act), 전업주의는 하나의 조직 내에서 은행, 증권, 보험의 고유 업무를 내부 겸업으로 모두 영위하는 것을 의미한다([그림 1-6] 참조). 미

11) 프리보드는 2005년 7월에 제3시장(OTC)으로 불리던 것으로 유가증권시장 및 코스닥시장에 상장되지 아니한 비상장주권의 매매거래를 위하여 한국투자금융협회가 '자본시장과 금융투자업에 관한 법률'에 의하여 개설, 운영되는 시장이다.

12) 자유와 평등이라는 사회적 가치체계에서 미국과 영국에서는 자유를 상대적으로 더 중요시 하는 자유민주주의가 보편화되어 있고, 유럽에서는 평등을 상대적으로 더 중요시하는 사회민주주의가 보편화 되어 있다. 이러한 사회적 가치체계는 기업의 소유구조와 지배구조에도 영향을 미쳤다. 영미에서는 주주의 이익을 상대적으로 중요시하는 "주주중심의 자본주의 모델"이 일반화되고, 유럽에서는 기업과 관련되는 주주, 근로자, 은행, 하청회사 등 이해관계자들의 공동 이익을 상대적으로 중요시하는 "이해관계자 중심의 자본주의 모델"이 오랜 역사를 통해 형성되고 유지되어 왔다. 영미계통에서는 주주의 이익을 극대화하기 위한 증권시장의 발달이 필연적이었다. 미국에서는 투자은행을 중심으로 하는 증권산업의 발달에 따라 자연스럽게 은행과 증권업의 업무를 별개의 조직에서 영위하게 되었다. 따라서 영미계에서는 은행, 증권, 보험의 고유 업무를 각각의 조직에서 영위하는 전업주의가 보편화되었다. 한편 유럽에서는 증권시장의 발달이 은행보다 상대적으로 미숙하여 하나의 조직에서 은행, 증권, 보험의 고유업무를 영위하는 겸업주의(Universal Bank)가 정착되었다.

국, 영국, 일본, 한국의 금융산업은 전업주의(또는 분업주의)를 근간으로 하고 있고, 독일, 스위스, 오스트리아, 벨기에, 네덜란드, 룩셈브르크 등의 금융산업은 겸업주의를 근간으로 하고 있다.

그러나 금융기관의 대형화가 진행되고 정보통신기술의 발달로 금융산업의 겸업화가 진전되었다. 예를 들면, 미국의 1999년 금융서비스 현대화법(Financial Services Modernization Act)이라 불리는 Gramm-Leach-Bliley법은 상업은행과 투자은행 간의 고유업무에 대한 분업규제를 완화하였다[13]. 그러다가 2008년 서브프라임 모기지의 부실에서 촉발된 글로벌 금융위기로 도드-프랭크법(Dodd-Frank Wall Street Reform and Consumer Protection Act)은 은행의 자기자본거래(proprietary trading) 규제와 투자대상펀드(covered fund), 즉 헤지펀드, 사모펀드에 대한 투자 및 운용금지 등 겸업주의를 다시 제한하였다.

또한 전업주의를 표방하고 있는 국가들에서도 한국, 미국, 일본 등에서는 금융지주회사의 형태로 은행, 증권, 보험의 업무를 겸영하여 금융산업간의 시너지효과를 추구하고 있으며, 영국에서는 모자회사의 겸업화를 도모하고 있다. 한국의 경우 일부 금융회사는 모자회사의 방식을 채택하고 있다. 금융산업의 겸업형태에 따른 장단점은 〈표 1-5〉에 요약되었다.

그림 1-5 금융의 전업주의와 겸업주의의 비교

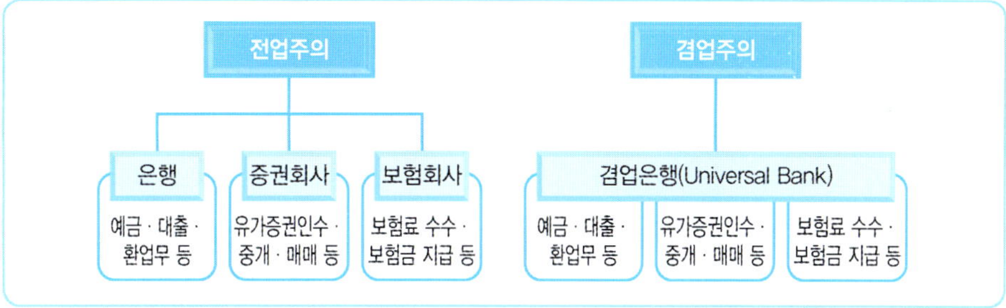

13) Goldman Sachs, Morgan Stanley, Merill Lynch, Bear Stearns 등 IB의 겸영은행전환을 예로 들 수 있다.

표 1-5 금융산업 겸업형태의 장단점

형태	정의	장점	단점
내부경영 방식 (in-house)	하나의 금융기관이 본체내부의 내부조직에서 은행업, 증권업, 보험업 등의 금융업무 중 2개 이상의 금융업무를 직접 겸업하는 형태	단일 지배구조를 통해 복수의 금융업무를 직접 통제, 범위의 경제를 통해 금융기관의 경쟁력을 강화, 금융수요자 편의성 증대	이종 금융업무 취급에 따른 이해상충, 금융수요자 권익침해 가능성
자회사 방식	금융기관이 여타 금융권의 고유업무를 수행하는 자회사를 소유하고 이를 통제	종합금융서비스 제공, 모자회사간 시너지 확대	부분적 겸업화의 이득, 이해상충 및 자회사의 부실이 모회사에 직접 영향을 미침
지주회사 방식	금융지주회사가 복수의 금융기관을 자회사로 보유함으로써 금융지주회사 선도하에 자회사들이 공동 혹은 협조방식으로 시너지 달성	금융기관간 독립성이 높고 위험부담 차단가능, 유연한 합병 전략의 추진이 용이, 효율적인 자원배분 가능, 자금조달 비용 절감	금융지주회사 내에 추가적 인력 요구, 중층적인 지배구조로 인한 경영 비효율 발생, 불공정 경쟁 및 경제력 집중, 이해상충 문제 발생
업무제휴 방식	소유구조와는 관계없이 이종 금융기관들이 공동 혹은 상호보완적인 방식으로 협약을 체결하여 겸업의 이득을 취하는 형태	최소한의 비용으로 겸업의 이득, 비금융회사와 위탁관계 설정에 용이	업무제휴의 범위 제한

자료 : 강영훈·여은정, '금융권간 융합과 경쟁에 관한 연구', 『경제발전연구』, 2013년 12월호.

2 금융회사의 역할

금융회사는 영리를 목적으로 하는 기업이다. 그러나 국민경제상 금융의 중요성으로 인하여 기업성과 더불어 공공성이 요구되고 있다. 이로 인하여 금융회사의 인가 및 등록, 영업 활동과 자산운용 등에 정부의 많은 규제가 뒤따르는 것이 현실이다. 이러한 금융회사의 역할은 다음과 같이 정리될 수 있다.

첫째, 금융회사는 정보생산자로서 금융자원 배분의 효율성을 높이는 역할을 한다. 시장참여자 사이에는 정보의 비대칭(information asymmetry)이 존재한다. 이 상황하에서는 도덕적 해이(moral hazard)나 역선택(adverse selection) 문제가 발생하여 자금의 원활한 거래가 저해될 가능성이 높다. 금융회사는 금융시장 및 증권발행자에 대한 내부정보를 수집·생산·분석하고 이를 내재화시킬 수 있다.[14] 즉, 금융회사는 자금제공자들을 대신하여 우수한 정보의 생산을 촉진시키며, 이를 제공함으로

14) 정보는 공공재에 가까운 특성을 가지고 있어, 경제단위 안에 있는 한 사람에게 정보를 제공하면 다른 사람도 이 정보의 혜택을 같이 보게 된다. 이러한 성격으로 인하여 독자적인 정보생산의욕이 저하된다.

써 자금거래와 관련된 위험을 낮추고, 거래비용을 감소시키는 역할을 한다. 결국 금융시장에서의 자원배분의 효율성을 높이는 데 기여하게 된다.

둘째, 금융회사는 자금의 성격을 변환시킬 수 있는 능력을 가지고 있어 대규모 자금의 거래를 가능하게 한다. 가계부문의 잉여자금과 기업에서 필요로 하는 자금은 규모, 투자 내지 저축기간, 가격이나 이자율 등의 면에서 큰 차이를 보인다. 소규모의 단기성 자금들을 모아서 대규모 장기 투자 자금으로 변환시키는 것이 금융회사의 역할이다.

셋째, 금융회사는 자금공급자를 대신하여 금융자산의 위험을 관리해 준다. 이를 통하여 자신이 투자위험에 대하여 부담하기를 꺼리는 투자자들을 대신하여 위험을 부담함으로써 금융자원의 거래를 활성화시키는 역할을 수행한다. 자금공급자가 갖는 위험에는 포트폴리오 위험과 유동성 위험이 있다. 금융회사는 대출이나 투자 시에 투자 자산을 분산함으로써 자금공급자의 투자 자산이 일부 기업이나 자산에 과도하게 투자되는 포트폴리오 위험을 사전에 줄여준다. 또한 자금공급자가 자금이 필요한 시기에 증권의 매각을 원활하게 하거나, 간접증권을 쉽게 회수할 수 있게 함으로써 유동성 위험을 덜어주는 역할을 한다. 그 외에도 자금공급자를 대신하여 자금사용자에 대한 정보를 제공하고 감시하는 역할까지 담당한다.

3 금융회사의 분류

금융회사는 넓은 의미에서 간접금융을 담당하는 회사와 직접금융의 금융회사까지 포함하나, 좁은 의미로 이야기할 때는 간접금융에 관계된 금융회사만 지칭하기도 한다. 금융회사를 분류하는 기준은 여러 가지이다. 일반적으로 사용되는 기준은 국제통화기금(IMF)의 통화성 기준으로 금융회사의 통화창출 기능의 유무에 기초하고 있다. 이에 따르면 금융회사는 크게 통화금융기관과 비통화금융기관으로 나누어진다.

통화금융기관은 다시 현금통화를 창출하는 중앙은행, 예금통화를 창출하는 은행과 비은행 예금취급기관으로 나누어진다. 은행은 다시 일반은행과 특수은행으로 나누어진다. 일반은행은 은행법에 의하여 설립·영업하는 것으로 시중은행, 지방은행, 인터넷전문은행, 외국은행 국내지점 등이 이에 속한다. 특수은행은 각각의 특수한 목적달성을 위하여 설립된 금융기관으로, 일반은행이 채산성이나 전문성, 은행 재원 등의 제약 때문에 접근하기 어려운 특정 부분에 자금을 공급하여, 일반은행의 취약점을 보완하기 위한 목적으로 세워진 은행이다. 현재 영업 중인 특수은행은 한국산업은행, 한국수출입은행, 중소기업은행, 농업협동조합, 수산업협동조합 등이 있다. 이 중 농·수협은 조합형태의 은행이고 나머지는 정부계 은행이다. 비은행 예금취급기관으로는 저축기관 성격을 가진 상호저축은행과 신용협동조합, 새마을금고, 상호금융을 포괄하는 신용협동기구 및 우체국예금이 있다.

비통화금융기관에는 금융투자회사, 보험회사 및 기타 금융회사가 있다. 금융투자회사는 자금수요자가 발행한 증권을 자금공급자(투자자)와 연결시켜 주는 역할을 하는 금융회사이다. 직접증권을 취급하는 점에서 예금을 받아 간접증권을 발행하는 은행과는 업무의 성격이 다르다. 보험회사에는 생명보험회사를 비롯하여 재보험회사와 보증보험회사를 포함한 손해보험회사, 우체국보험이 이에 포함된다. 기타 금융회사에는 넓은 의미에서 금융중개기능을 수행하거나 금융회사와 관련성이 많은 업무를 수행하는 여신전문금융회사, 자금중개회사, 증권금융회사 등이 있다. 이 중 여신전문금융회사[15)]는 수신기능 없이 여신업무만을 취급하는 금융회사이다. 이들이 취급하는 여신업무는 주로 수요자 금융, 리스, 벤처금융 등이다.

금융의 개방화와 자유화 시대를 맞아 금융산업의 경쟁력을 강화하려는 노력의 일환으로 2007년 7월 자본시장법이 국회를 통과하였다. 이에 따라 건국 이후 금융시장을 산만하게 규율하던 6개의 개별 법률이 폐지되고 금융산업은 “은행법”, “보험업법”, “자본시장법”의 3대 법률로 정비되어 법적으로 금융산업은 은행업, 금융투자업, 보험업의 3대 권역으로 분류하게 되었다. 그러나 금융산업은 세계적인 추세로 보면 분야별 전업주의에서 겸업주의로 옮아가고 있다. 우리나라에서도 고유업무에 대해서는 자회사를 통해서만 상호진출을 허용하지만, 부수 및 주변업무에 대해서는 겸업을 허용하고 있다.

3대 권역에 따라 금융회사를 분류하면, 은행업 관련회사로는 일반은행과 특수은행을 포함하는 은행과 비은행 예금취급기관과 기타 금융회사의 여신전문금융회사인 리스회사, 할부금융회사, 신용카드회사, 신기술사업금융회사 등이 이에 해당한다.

금융투자업은 투자매매업, 투자중개업, 집합투자업, 투자자문업, 투자일임업, 신탁업의 6개 분야로 나눠진다(〈표 1-6〉). 이 중 집합투자업과 신탁업은 금융투자 상

15) 여신전문금융업법은 1997년 8월에 제정되어 신용카드업, 시설대여업, 할부금융업 및 신기술사업금융업을 포괄 규정할 수 있게 되었다. 동법 제정 이전에는 이들 업무가 개별업법에 의하여 규정되어 유사업종임에도 업종간 벽이 높아 금융수요의 변화에 능동적으로 적응하지 못하였다. 특별히 신용카드업의 경우에는 카드의 지급결제기능을 감안하여 금융감독위원회의 허가를 받도록 되어 있다.

품을 만드는 업무를 하며, 나머지 4개 분야는 금융상품을 판매하는 업무를 담당한다. 투자매매업은 자기의 계산으로 금융투자 상품을 발행, 인수, 청약의 권유, 매도·매수하는 업무를 담당하는 것을 말하며, 투자중개업은 타인의 계산으로 금융투자 상품을 매도·매수, 청약의 권유 등의 업을 하는 것을 가리킨다. 집합투자업은 2인 이상에게서 자금을 모아 투자자산의 취득, 처분 등을 통하여 운용하고 이를 투자자에게 배분하는 것을 업으로 하는 것을 말한다. 투자자문업은 투자판단에 관한 자문을 영업으로 하는 것을 말하며, 투자일임업은 투자자로부터 투자판단의 전부 또는 일부를 일임받아 투자자산을 운용하는 것을 영업으로 하는 것을 일컫는다. 신탁업은 신탁을 영업으로 하는 것을 말한다. 보험업관련회사로는 생명보험회사, 외국생명보험회사의 국내지사 및 법인, 손해보험회사, 우체국보험 등이 이에 해당한다.

4 금융회사 현황

한국의 금융회사 현황을 보면, 은행, 증권, 보험의 경우 대형화를 이루고 있어 회사 수가 여타 비은행 예금취급기관이나 여신전문회사의 수보다 적다. 특히 비은

표 1-6 업무 영역별 금융회사 분류

<table>
<tr><th>업무영역</th><th>세부 분류</th><th>관련 금융회사</th></tr>
<tr><td rowspan="4">은행업</td><td rowspan="2">은행</td><td>일반은행 : 시중은행, 지방은행, 인터넷전문은행, 외국은행 국내지점</td></tr>
<tr><td>특수은행 : 한국산업은행, 한국수출입은행, 중소기업은행, 농업협동조합, 수산업협동조합</td></tr>
<tr><td>비은행 예금 취급기관</td><td>상호저축은행, 신용협동조합, 새마을금고, 상호금융, 우체국예금, 종합금융회사</td></tr>
<tr><td>여신전문금융회사</td><td>리스회사, 신용카드회사, 할부금융회사, 신기술사업금융회사</td></tr>
<tr><td rowspan="6">금융투자업</td><td>투자매매업자</td><td rowspan="6">금융투자회사 및 금융투자업을 겸영하는 금융회사</td></tr>
<tr><td>투자중개업자</td></tr>
<tr><td>집합투자업자</td></tr>
<tr><td>투자자문업자</td></tr>
<tr><td>투자일임업자</td></tr>
<tr><td>신탁업자</td></tr>
<tr><td>보험업</td><td>보험회사</td><td>생명보험회사, 손해보험회사, 재보험회사, 보증보험회사, 우체국보험</td></tr>
</table>

행 예금취급기관은 서민 밀착형 금융기관이기는 하나, 숫적인 면에서는 난립해 있는 상황이라고도 할 수 있다. 한국에는 2016년 말 현재 총 3,978개의 금융회사가 영업을 하고 있는데, 이를 1997년 6,650개에 비하면 40% 정도 크게 줄어든 것이다. 이는 1997년 외환위기로 금융기관의 구조조정을 통한 정리와 합병에 기인한다고 하겠다(〈표 1-6〉). 그리고 우리나라의 금융기관별 회사 수에 대한 현황은 〈표 1-7〉에 정리되었다.

표 1-7 우리나라의 금융기관 현황 (회사 수)

구분			1997년	2016년
은 행	시중은행		16	6
	지방은행		10	6
	인터넷전문은행			2[4]
	특수은행		7	
	계		33	19
비은행 예금취급기관	종합금융회사		30	1
	상호저축은행		231	79
	상호금융	신용협동조합	1,666	904
		새마을금고	2,743	1,335
		농협 단위조합	1,539	1,130
		수협 단위조합	86	90
		산림조합	143	137
		소계	6,177	3,596
보험회사	생명보험회사		31	25
	손해보험회사		14	32
증권 관련 기관	투자매매업자[1]		36	62
	집합투자업자[2]		30	165
여신전문금융기관[3]			68	81
합 계			6,650	3,978

주 : 1) 증권회사 및 선물회사
2) 자산운용회사
3) 신용카드사, 리스사, 할부금융사, 신기술사업금융사
4) 케이뱅크(2017년 4월)와 한국카카오뱅크(7월) 영업 개시

자료 : 1) 1997년 통계 : 한국은행, 우리나라의 금융제도, 2005. 12.
2) 2016년 통계 : 금융감독원 금융통계정보시스템/금융회사현황, 새마을금고중앙회(www.kfcc.co.kr)

Ⅳ 금융시스템과 안정

(1) 1997년 외환위기와 2008년 글로벌 금융위기

우리나라는 1997년 외환위기와 2008년 글로벌 외환위기를 겪으면서 금융시스템의 안정이 무엇보다도 중요함을 알았다. 1997년 글로벌 금융위기 시에는 1997년 11월부터 1998년 4월까지 5개월 동안 214억달러의 자금유출이 있었다. 이 내용을 보면 주식투자자금 21억달러 유입, 채권투자자금 16억달러 유출, 단기자금 220억달러 유출(이 중 외국은행 국내지점의 11억달러 유출)이 있었다. 2008년 글로벌 금융위기시에는 2008년 9월부터 2009년 1월까지 단지 4개월 동안 695억달러의 유출이 있었다. 이의 내용을 보면 주식투자자금 74억달러, 채권투자자금 134억달러, 단기차입 487억달러의 유출(이중 외국은행 국내지점 257억달러 유출)이 있었다[16]([그림 1-5]).

그림 1-5 외환위기와 글로벌 금융위기 전후의 자금유출입

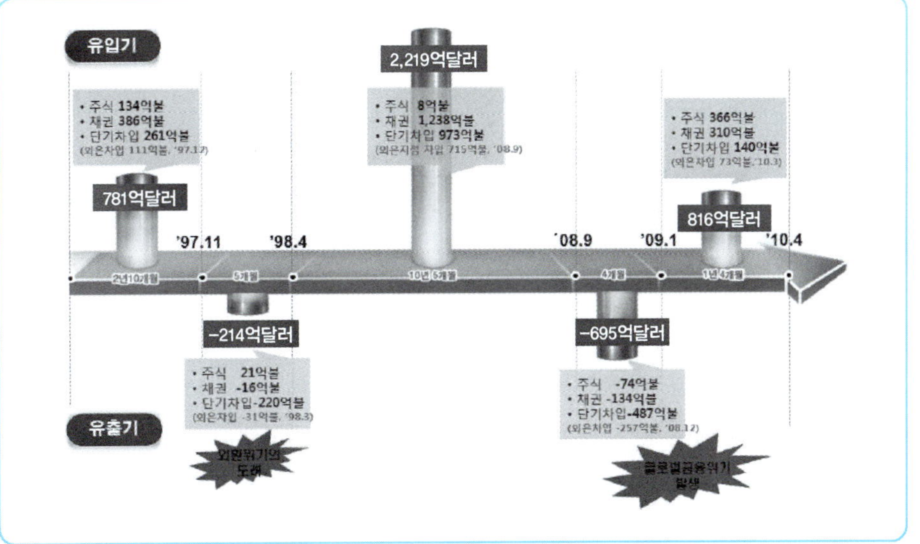

자료 : 한국은행, 글로벌 금융위기 이후 우리나라 자본유출입의 동향 및 특징, 한은금요강좌, 2013.9.13.

16) 당시 외환보유액은 1997년에 204억달러, 2008년에 2012억달러였다. 2008년 당시에는 한국은행과 미국 FRB간의 통화스왑 300억달러가 크게 도움이 되었다.

그런데 두 위기 동안 대규모 단기자금의 유출에서 금융위기가 시작이었다고 해도 과언이 아니다. 이렇게 단기간의 외화유출이 가능했던 것은, 외환위기 전에, 국내외 금리스프레드와 선물환율과 현물환율간의 스프레드를 이용한 차익거래 기회가 발생했었고, 국내 금융기관과 외국은행 국내지점은 국내에 외화를 들여올수록 이 차익거래이익을 추구할 수 있었기 때문이다. 특히 2000년대 들어 당시의 선박회사와 해외펀드를 운용하는 자산운용회사는 원화가 강세되어 환율이 하락하게 되면 환차손을 입게 된다. 그러면 선박회사와 자산운용회사들은 환차손을 피하기 위해 주로 선물환을 은행에 매도한다. 은행은 이 선물환을 매수하는데, 환율하락에 따른 환차손을 헤지하기 위해, 외국은행 국내지점 등을 통해 외화스왑이나 단기차입으로 조달한 달러를 현물시장에 매각한다. 그러면 은행은 달러현물을 매각한 원화자금으로 통화안정증권 등 국내 채권에 투자한다. 외국은행 국내지점도 국내은행들과 통화스왑으로 조달한 원화로 통화안정증권 등의 국내 채권에 투자한다. 이러한 메커니즘에서 선물환율과 현물환율의 스프레드와 국내외 자금조달(달러스왑 금리)과 운용(국내 채권수익률) 스프레드에서 차익거래 이익이 발생한다.([그림 1-6])

| 그림 1-6
외환시장에서의 차익거래 기회와 단기외채 도입 메커니즘

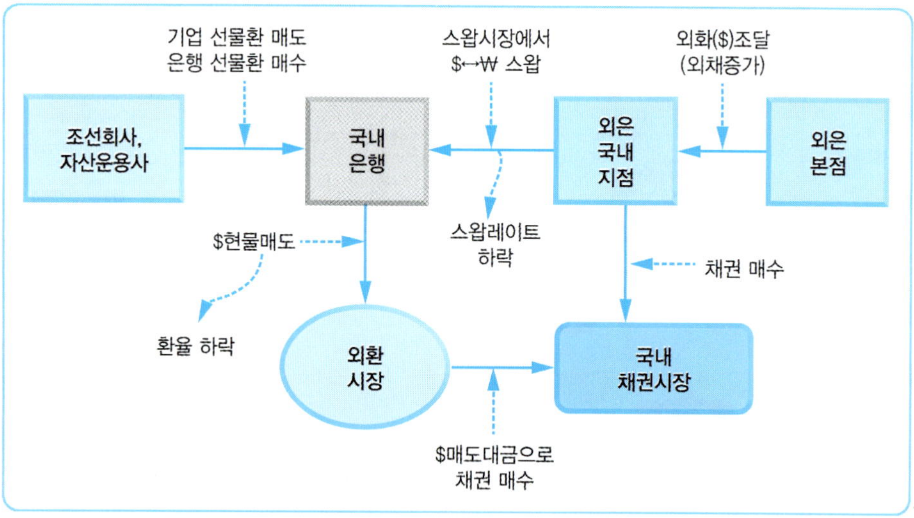

자료 : 한국은행, 우리나라의 외환시장, 한은금요강좌, 2014.6.20.

(2) 외환시장 안정화 조치

당국은 차익거래기회가 단기 외화차입의 원인으로 인정되면서 외환시장 안정대책을 취하게 된다. 첫째로, 국내 은행들의 선물환포지션 한도를 2010년 10월 자기자본의 50%에서 2011년 7월 40%로, 2012년 12월 30%로 축소하고, 외은지점의 선물환포지션 한도를 2010년 10월 250%에서 2011년 7월 200%로, 2012년 12월에는 150%로 축소했다. 둘째로, 2011년 1월부터 외국인 채권투자의 이자소득 과세(2009년 5월 21일 면세조치)를 부활했고, 셋째로, 2011년 8월 거시건전성부담금(소위 은행세)를 도입했다[17].

또한 외환시장불안에 대한 조기경보체제를 구축했다. 경제위기 3단계로 유동성 위기 → 금융시스템 위기 → 실물경기 위기로 이어지는 과정을 4단계로 구분하였다.

Ⅰ단계(파란불)는 CDS 금리 등 위기 관련 프리미엄이 상승(거짓 신호일지라도)하기 시작하는 단계이다.

Ⅱ단계(노란불)는. CDS 금리가 장기평균치에 비해 표준편차의 2배로 급등하고, 외국자금의 순유입이 감소하기 시작하고, 환율이 상승하기 시작하는 단계이다.

Ⅲ단계(주황불)는 CDS 금리가 장기평균치에 비해 표준편차의 4배로 급등하고, 외국자금 순유입 규모가 장기평균치에 비해 2배 이상 감소 또는 순유출세로 전환하고, 환율이 급등세로 전환되는 단계이다[18].

Ⅳ단계(빨간불)는 통화절하 폭이 직전연도에 비해 10%포인트 이상 확대되고, 외환보유액이 감소하고, 실물경기의 침체가 본격화되는 단계이다.

(3) 한국의 금융안정

한국의 금융안정을 위해 통화정책을 담당하고 있는 한국은행은 2011년 9월, "한국은행법"의 제1조 개정을 통해 물가안정을 도모하는 본래의 기능(제1항)에 금융안정 기능(제2항)을 추가하였다. 한국은행은 금융안정 기능을 위해 반기(6월과 12월)마다 『금융안정보고서』를 발표하여, 금융시장의 안정을 점검하고 있다. 한국은행의

17) 한국에서 외환시장과 채권시장에서의 차익거래기회가 사라지자, 국내 금융기관들은 동남아지역에서 차익거래이익을 추구하고 있다. 이러한 현상에 힘입어 2017년 3월 현재 대외순금융자산은 2,365억달러에 달했다. 한국은 2007년 9월 대외순금융자산이 (-)2,139억달러였는데, 2014년 흑자국으로 전환되었다. 한국은 2017년 3월 현재 순대외채권은 4,074억달러를 기록하고 있다.

18) Ⅲ단계에서 일반국민은 경제가 어려워짐을 인식하기 시작한다.

『금융안정 보고서』에는 금융안정지수가 발표되고 있다([그림 1-7]). 금융안정지수가 8.0이면 주의단계를, 20.0이면 위기단계를 의미한다. 2017년 2월 현재 금융안정지수는 6.8로 금융시장이 안정을 유지하고 있음을 보여준다[19].

한편, 우리나라의 외환시장안정에 시금석이 될 수 있는 외환보유액은 꾸준히 증가해서 2017년 5월 현재 3,784.6억달러에 달했다. 그리고 비상시 우리나라가 사용할 수 있는 외환스왑이 있다. 2선의 금융안정자금이라고도 하는 외환스왑액은 2017년 5월 현재 1,190억달러(체결 당시 환율에 의한 금액)이다. 여기에는 한중 통화스왑 560억달러(3,500억위안), CMI(치앙마이 이니셔티브) 384억달러, 한인도네시아 100억달러, 한UAE 54억달러, 한말레이시아 47억달러, 한호주 45억달러 등이 포함된다.

그림 1-7 한국은행의 금융안정 지수

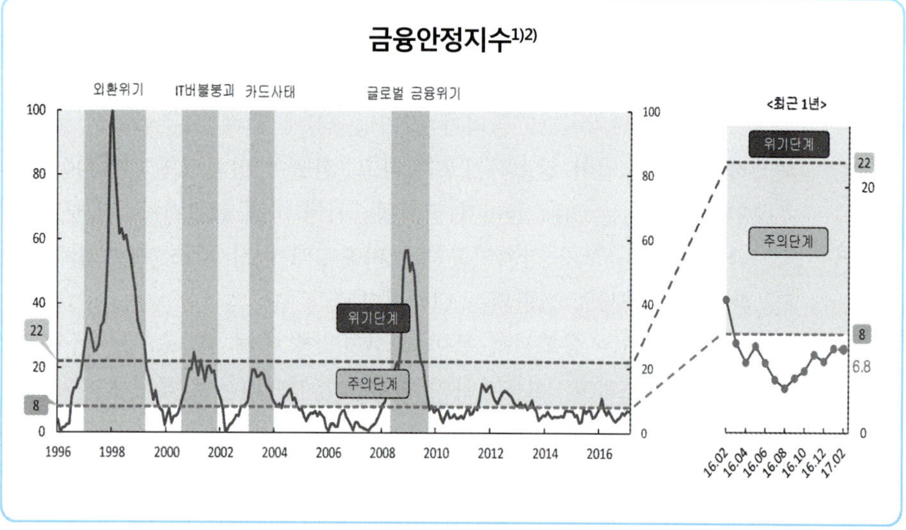

주 : 1) 금융안정 상황에 영향을 미치는 실물 및 금융 6개 부문의 20개 월별 지표를 표준화하여 산출, 금융불안정성이 심화될수록 100에 가까움

2) 주의(8) 및 위기(22) 단계를 구분하는 임계치는 "noise-to-signal ratio" 접근방법(Borio & Drehmann, 2009)을 이용하여 산출(자세한 내용은 2017.4월 금융안정보고서 125쪽 참조)

19) 한국은행, 『금융안정보고서』, 2016.12.27. 및 '금융안정 상황(2017년 3월)'(보도자료), 2017.3.23.

연.습.문.제

1 실물거래와 금융거래의 차이점을 비교 설명하시오.

2 자금의 흑자단위와 적자단위간의 자금의 유통경로를 설명해 보시오.

3 대차 관계를 이용하여 직접금융과 간접금융의 차이점을 비교 설명하시오.

4 간접금융이 직접금융에 비해 갖는 이점을 논의하시오.

5 금융시장의 역할을 경제적 관점에서 설명하시오.

6 금융회사의 역할에 대하여 설명하시오.

7 인터넷전문은행의 출범이 은행산업에 미칠 영향은?

8 한국은행의 금융안정 기능에 대해 토론하시오.

9 대기업과 중소기업의 자금조달상의 차이를 토론하시오

10 금융산업의 겸업주의와 전업주의를 비교하시오.

11 외환시장과 채권시장에서의 차익거래기회와 한국의 단기외채와의 관계를 토론하시오.

12 한국의 금융안정지수를 설명하시오.

CHAPTER 2 자본시장과 자본시장 관련 제도

자본시장은 자금의 수요자와 공급자를 직접 연결하는 직접 금융기능을 담당해 왔다. 은행을 중심으로 한 간접금융이 각 경제주체들의 부족자금 조달의 주경로로 이용되어온 지난 수세기 동안, 직접 금융부문은 꾸준히 그 성장을 지속해 왔다. 정보·통신의 발달은 각국 자본시장의 개방을 가능케 하였으며, 결국 국제 자본시장의 통합을 가져오는 계기가 되었다. 뿐만 아니라 간접금융시장의 위험 증가 및 금융공학의 발달 등은 금융의 증권화 현상을 더욱 가속화 하였다. 이는 곧 금융시장 내에서 직접금융을 담당하는 자본시장 규모 확대 및 역할의 증대를 가져 왔다.

자본시장은 자본주의 시장경제 체제의 성장·발전을 위하여 필수적인 조직이며, 경제적 민주주의를 실현하는 중요한 조직이다. 한국 자본시장의 발달은 경제성장과 맥을 같이 하고 있다. 1956년에 증권거래소의 개장과 함께 자본시장이 시작되었으나, 그 당시 주식을 상장하여 거래할 만큼 제대로 된 기업도 없었고, 국가 전체적으로 주식투자를 할 수 있는 정도의 축적된 자본도 없는 상태였다. 경제발전 초기에 한국의 금융자산 축적 정도는 미미한 상태여서, 1970년대만 하더라도 GNP 대비 금융자산의 비율(금융연관비율)을 보면 2배 수준에 불과하였다.[1)]

그 후 한국의 자본시장은 놀랄만한 성장을 거듭하여, 이제 세계 10대 자본시장을 넘보고 있는 상황이다. 자본시장의 성장은 경제성장과 더불어 기업의 직접 금융시장을 통한 자금조달 수요가 급증하였고, 동시에 민간의 잉여자본 축적도 이에 상응하게 빠르게 늘어나 자본시장을 통한 자금 거래가 활발하였음을 보여주는 결과이다. 1980년대 후반부터 금융자산의 축적이 급격히 늘어났으며 2000년에는 금융연관비율이 6.82배이었으나 2010년에는 8.8배로 높아져 자본시장 발달의 원동력으로 작용했다.

이러한 자본시장의 외형적 성장과 시장의 개방 노력에도 불구하고 세계시장에서의 한국 자본시장의 위상은 초라한 실정이었다. 2010년 기준으로 보면 포천지 선정 세계 500대 기업에 포함된 국내 금융사는 삼성생명 하나로 그나마 316위에 불과하

1) 금융연관비율[금융자산÷실물자산(유형자산+순대외자산)]은 금융산업 발전의 상태를 나타내는 지표로, 각 나라간의 상대적인 비교에 자주 활용된다.

다. 그래서 세계 500대 기업에 10개나 포함되고 세계시장을 주름잡는 한국 제조업의 위상에 걸맞는 금융산업의 발전에 대한 필요성이 고조되고 있다.

영국을 비롯한 선진국들은 일찍부터 금융시스템의 선진화를 통한 금융시장의 경쟁력 강화에 주력해 왔다. 영국은 1986년 금융서비스법의 제정을 통한 금융 빅뱅을 주도하였고, 싱가포르(2001년), 호주(2001년), 홍콩(2002년) 및 일본(2006년) 등이 그 뒤를 이어 금융관련 제도의 선진화를 시도하게 되었다. 한국도 이러한 세계적인 변화에 부응하고 금융산업의 경쟁력 제고와 금융시스템의 선진화를 위하여, 그 동안 자본시장을 규율하던 6개 개별 법률을 폐지하고 단일 법률로 통일하게 되었다. 통합된 자본시장법은 2007년 8월에 공포되어 2009년 2월 4일부터 시행하고 있다. 우리의 자본시장 관련제도도 새로운 금융환경에 맞게 개정되어 금융산업 자본경쟁력 강화의 기반이 될 것으로 보인다. 본 장에서는 우선 자본시장의 역할과 구조에 대하여 살펴보고, 다음엔 한국 자본시장의 변천과정을 고찰해 본다. 마지막으로 자본시장관련 제도를 간략하게 정리해 본다.

I 자본시장의 역할과 구조

1 자본시장의 역할

자본시장은 넓은 의미로는 직접금융상품의 발행과 유통을 취급하는 시장이다. 좁은 의미로는 국공채, 회사채, 주식 등 만기 1년 이상의 장기 금융상품을 취급하는 시장을 일컫는다. 이에 상응하는 시장으로는 단기금융시장이 있으며, 이는 CD, CP, 단기국채 등 1년 미만의 상품을 취급하는 금융시장이다. 단기금융시장이 단기 투자자금의 조달에 활용된다면 자본시장은 주로 장기 투자자금을 조달하는 데 활용된다.

자본시장이 국민경제에서 차지하는 중요성은 이미 오래전부터 인식되어, 정부차원에서는 자본시장의 육성을 위하여 많은 노력을 기울여 왔다. 자본시장의 역할은 크게 자금조달 측면, 자산운용 측면, 소유권분산 측면, 시장효율성 측면, 경제정의 측면으로 나누어 살펴볼 수 있다.

(1) 자금조달 측면 : 상이한 자금 공급 및 수요 욕구를 만족시킨다

기업은 생존·성장하기 위하여 지속적으로 새로운 자본을 필요로 한다. 경영활동을 통하여 축적한 내부 유보금으로는 막대한 자금수요를 감당하기 어렵다. 자본시장은 이러한 기업의 부족한 자금을 공급하는 주경로이다. 기업은 필요한 자금을 작은 단위의 증권으로 나누어 발행하고, 이를 잉여자금을 가진 경제주체를 상대로 판매한다. 즉, 소액의 단기자금을 가진 일반대중으로부터 기업이 필요로 하는 거대한 장기 산업자금을 조달한다.

자본시장을 통한 자금조달에는 주식이나 채권이 주로 이용된다. 특히 주식발행을 통한 자기자본 조달은 기업의 재무구조를 개선하여 재무위험을 감소시키는데 기여하며, 채권발행을 통한 타인자본의 조달 경우는 장기간의 안정적인 자금을 조달할 수 있어 현금흐름의 위험을 감소시킬 뿐 아니라 금융비용을 절감하는 효과를 가져다준다.

(2) 자산운용 측면 : 다양한 투자 욕구를 충족시킨다

자본시장은 투자자 입장에서 보면 금융자산의 운용을 위한 투자시장으로써 중요한 역할을 한다. 국민소득이 높아지고 경제가 안정될수록 금융자산에 대한 투자 수요가 늘어나며, 투자가의 욕구 또한 점차 다양화되는 양상을 보인다. 금융시장 상품은 유동성과 안전성이 뛰어난 은행예금에서부터 수익성과 위험도가 높은 기업이 발행하는 유가증권에 이르기까지 다양한 형태가 존재한다. 자본시장은 주식, 채권, 파생금융상품 등을 제공하여 이들 직접투자를 원하는 투자가들의 다양해진 욕구에 부응하고 있다.

전 세계적으로 금융의 증권화 현상이 확산되면서 금융자산의 운용 측면에서 직접금융상품의 비중이 높아지고 있다. 이는 자본시장의 기능 확대에 기인한 바 크다.

(3) 소유권분산 측면 : 소유와 경영의 분산 및 투자의 분산을 가능케 한다

자본시장 중 주식시장은 주식의 발행을 통하여 기업의 소유권을 불특정 다수의 투자가에게 손쉽게 이전할 수 있게 한다. 즉, 기업가의 특정기업에 대한 투자위험을 다른 여러 주주와 나누어 갖게 하며, 동시에 기업가로 하여금 여러 기업에 분산투자를 가능하게 한다.

기업의 규모가 커짐에 따라 기업가는 해당기업에 자신의 부의 많은 부분을 투자하게 되어 투자의 편중을 초래하며 투자 자산 전체의 포트폴리오 위험을 높이게 된다. 주식시장은 주식거래를 통하여 여러 기업의 주식에 다양하고 손쉽게 분산투자하게 함으로써 이러한 투자위험을 낮출 수 있게 해준다.

위험분산 욕구가 아니어도 기업이 대형화되면서 소유권의 분산은 자연스럽게 이루어진다. 기업의 창업 초기단계에는 창업주가 모든 경영을 직접 지휘하며 소유와 경영이 일원화되어 있다. 그러나 기업이 성장하면서 막대한 자금수요를 충족시키기 위하여 외부자본의 조달이 필요하게 된다. 새로운 자본의 조달은 자연스럽게 소유권의 분산을 가져오며, 기업 소유권의 분산은 창업주의 경영권 유지를 어렵게 한다. 또한 기업의 규모가 커지면서 경영이 복잡해지고 전문화되면서 전문경영인이 필요하게 된다. 이같이 기업의 성장과 주식시장을 통한 자본의 조달은 소유와 경영의 분리를 촉진시키는 계기가 되었다.

(4) 시장효율성 측면 : 시장내 정보의 비대칭성을 줄이고 시장의 효율성을 높인다

자본시장은 자금의 수요자와 공급자가 한자리에 모여 거래할 수 있는 장소를 제공하여 경제시스템 안에서 자금의 효율적인 수급을 도와준다. 뿐만 아니라 자본시장 내에서도 투자 자금이 위험대비 수익성이 높은 상품으로 모이게 하여, 시장 경쟁에 의한 금융자원의 배분이 자연스럽게 이루어지게 한다.

또한 자본시장을 통하여 자금 조달과 운용을 하는 기업은 경영에 대한 끊임없는 정보를 공급하게 되어 시장참여자 간의 정보 비대칭을 줄여준다. 이는 곧 시장 경쟁에 의한 증권가격의 형성을 가능하게 하며, 금융시장 전체를 효율적인 시장으로 만드는 데 기여한다. 특히 선물시장은 미래 특정시점의 이자율, 환율, 주가지수 및 각종 원자재에 대한 가격을 정확하게 예측하는 데 기여한다. 또한 미래에 대한 예측능력을 높여 정책 당국자로 하여금 정책의 시행오차를 줄이거나 경기 대처능력을 높여주는 기능을 한다.

(5) 경제정의 측면 : 경영참여 및 이익배분을 통하여 경제 민주주의의 확산에 기여한다

개인은 경제 주체로서 경제활동을 통하여 국가경제발전에 기여한다. 각자가 직접 제공한 생산요소에 대하여 임금, 지대, 이자 등의 형태로 보상을 받는다. 주식시장은 요소 비용을 지급하고 남은 잉여이익을 분배하는 중요한 매개수단이다. 주주는 자본에 참여함으로써 자본소득에 대한 재분배권을 갖는다. 설사 일부 대기업이 경제성장의 혜택을 독점할지라도 만약 소유 분산이 잘 되어 있다면, 이의 성과는 많은 주주가 나누어 가질 수 있다. 그러므로 대부분의 국가가 경제력집중 해소보다는 소유집중 완화에 더 관심을 갖게 된다.

많은 자본주의 국가가 주식분산을 통한 소유집중 완화를 위하여 노력하고 있으며, 우리나라도 이를 위하여 소유구조 분산 우량기업에 대하여 여신규제를 해제하는 등 법적인 혜택을 주면서 이를 권장하고 있다. 종업원 지주제도나 국민주의 보급 등도 이러한 맥락에서 그 의의를 찾을 수 있을 것이다. 이와 같이 주식시장은 투자자에게 적은 자본으로도 기업경영에 참여하고, 잉여이익 배분에 참여할 수 있는 길을 제공하여 경제 민주주의의 실현을 촉진시키는 역할도 한다.

2 자본시장의 구조

넓은 의미로 직접금융 상품의 거래가 행하여지는 자본시장은 발행되어 유통되는 절차에 따라 발행시장과 유통시장으로 구분되며, 두 시장은 서로 보완적인 관계에 있다. 발행시장은 기업이나 정부기관에서 발행한 채권이나 주식 등의 증권이 최초의 투자자에게로 매매되는 시장을 말하며, 이는 유통시장에서의 증권의 자유로운 유통을 전제로 활성화 된다. 유통시장은 이미 발행된 증권이 투자자들 사이에서 거래되는 시장을 말하며, 이는 발행시장으로부터의 순조로운 증권의 공급을 필요로 한다.

(1) 발행시장의 구조

발행시장은 자금의 수요자가 발행된 신규증권과 투자자의 투자자금이 교환되는 일련의 과정을 가리키는 추상적인 시장이다. 증권 발행시장의 참여자는 발행주체인 발행자와 발행관련 업무를 담당하는 인수기관과 분배기관으로 구성된 발행 중개기관 그리고 투자자로 구성된다.

발행시장에서 증권을 발행하는 형태는 발행 사무절차에 따라 직접발행과 간접발행의 두 가지로 나눌 수 있다.[2] 직접발행은 증권의 발행주체가 직접 발행업무를 수

2) 증권의 발행시 증권을 소화시키는 방법에 따라 공모발행(public offering)과 사모발행(private placement)으로 나눈다. 공모발행은 일반투자자들을 대상으로 발행가격과 공모시기를 동일하게 하여 공개적으로 발행·모집하는 방법이다. 사모발행은 특정 개인이나 법인을 대상으로 증권을 발행하는 것으로 발행시간을 단축하

행하는 형태이지만 증권발행업무의 전문성 때문에 대개 전문 중개기관을 이용하는 간접발행의 방법을 이용한다. 발행 중개기관의 이용은 증권발행 실무절차의 복잡성뿐만 아니라, 발행시장에 대한 정보수집 능력, 시장조성 능력, 발행증권이 소화되지 않을 경우의 위험부담 능력 면에서 전문성을 가지고 있기 때문이다. 중개기관은 유가증권의 인수, 매출 또는 모집을 주선할 수 있는 허가를 받은 법인으로 이에는 금융투자회사, 은행, 종합금융회사 등이 있다.

(2) 유통시장의 구조

유통시장은 이미 발행된 증권이 투자자들 사이에서 거래되는 시장을 말한다. 발행시장이 자금을 조성하는 역할을 하는데 비하여 유통시장은 투자자금에 환금성을 부여하여 자본시장을 활성화시킨다. 투자자의 투자기간에 상관없이 증권을 통하여 조성된 자금을 기업에서 장기투자에 사용할 수 있는 것도 이러한 유통시장의 덕분이다.

유통시장은 증권의 유형에 관계없이 장내시장인 거래소시장과 장외시장으로 구분된다. 우리나라 자본시장법 제9조 제13항에서는 거래소가 개설하는 유가증권시장, 코스닥시장, 파생상품시장을 금융투자상품 거래시장이라 규정하고 있다. 동법 제386조에 의하면 거래소가 아닌 자는 위의 시장 또는 유사한 시설을 개설하거나 유사한 시설을 이용하여 증권 또는 장내파생상품의 매매거래를 못하도록 정하고 있다.

Ⅱ 자본시장 관련 제도 및 기관의 개황

1 자본시장법의 개황

급변하는 금융환경은 시대에 맞는 금융제도를 필요로 하고 있다. 세계 금융시장은 하나의 세계시장으로 통합되는 추세에 있고, 이에 따라 세계 각국은 자국의 금융시장 또는 금융산업이 대외경쟁력을 갖추어가도록 금융시스템의 개혁을 추진하고

고 발행경비를 절약할 수 있는 이점이 있다.

있다. 우리도 1997년 외환위기를 겪으면서 과거의 보호·육성 위주의 지도, 감독의 틀안의 유약한 금융기관이 아니라, 글로벌 경쟁력을 갖춘 금융회사에 대한 필요성이 높아졌다. 즉, 이러한 금융회사를 통하여 우리 금융산업의 국제경쟁력을 강화하고 금융제도의 국제적 적합성을 높여야 하는 시대적 요청에 직면하게 된 것이다.

한국 증권시장에 관련된 법령으로는 "상법"을 비롯하여, 금융투자업에 관한 기본법으로 2009년 2월부터 실시된 "자본시장과 금융투자업에 관한 법률(Capital Market Consolidation Act, 이하 자본시장법)"이 있다.

자본시장법의 특징은 자본시장의 규제개혁과 투자자보호의 강화를 기본 방향으로 하여, 할 수 있는 업무와 금융상품을 광범위하고 추상적으로 규정하며, 취급할 수 없는 업무만을 나열하는 포괄주의를 채택했고, '동일 기능·동일 규제'를 원칙으로 했다는 점이다. 동법의 주요 내용은 금융투자회사는 예금이나 보험 상품을 제외한 모든 투자상품을 설계·판매할 수 있으며, 또한 금융투자회사는 증권, 선물, 자산운용, 투자일임 투자자문, 신탁업 등 자본시장과 관련된 모든 업무를 담당하고, 송금, 결제, 외국환업무 등도 취급한다. 나아가 증권, 부동산, 실물, 파생상품 등 모든 자산에 자유롭게 투자할 수 있는 펀드를 운용한다.

그리고 투자자를 일반투자자와 전문투자자로 구분하고, 투자자보호가 강화되었다. 금융회사나 대규모 법인 또는 거래경험이나 금융자산이 많은 일부 개인투자자들은 전문투자자로 지정되어 일반투자자만큼 철저한 보호를 받지 못한다. 대신 일반투자자 보호는 한층 강화되었다. 금융투자회사는 일반투자자에게 금융상품을 판매할 때 자격을 가진 펀드판매 권유자가 상품 내용과 위험 등에 대해 설명하고 반드시 고객의 서명을 받아야 한다([그림 2-1]).

자본시장법은 전통적인 금융상품의 개념을 추상적으로 다시 정의하고 분류한다. 금융상품의 명칭과 형태를 불문하고 원본 손실이 발생할 가능성(투자성) 있는 모든 금융상품을 '금융투자상품'으로 정의하고, 이를 다시 원본 초과손실이 발생할 수 있는지를 기준으로 증권(일반금융상품)과 파생상품(위험금융상품)으로 구분하였다. 투자원본을 초과하는 손실이 발생할 수 있는 위험금융상품(예 : 장외파생상품)에 대해서는 강한 투자자 보호 규제를 적용(일반투자자 상대 거래 제한, 강한 진입요건 적용 등)하였다. 그리고 증권과 파생상품도 포괄적으로 정의하고 기초자산의 개념도 넓게 정의하였다. 증권은 추가 지급의무가 없어 최대 투자원금까지만 손실이 발생한다는 점에서 파생상품과 구분되며 파생상품은 거래장소에 따라 장외파생상품과 장내파생상품으로 구분하였다.

그림 2-1 자본시장법의 개요

자본시장의 규제 개혁 + 투자자 보호의 강화

기능별 규율 체제 도입

- 금융투자업, 금융투자상품, 투자자를 경제적 실질에 따라 각각 재분류
- 취급 금융기관을 불문하고 경제적 실질이 동일한 금융기능을 동일하게 규율
  - 금융기능=금융투자업+금융투자상품+투자자

포괄주의 규율체제로 전환

- 금융투자상품 개념을 추상적으로 정의하여 향후 출현할 모든 금융투자상품을 법률의 규율대상으로 포괄
  - 금융투자업자의 취급가능 상품과 투자자 보호 규율의 대상을 대폭 확대

자본시장 관련 법률을 단일 법률로 통합

업무범위의 확대

- 모든 금융투자업
  - 상호간 겸영 허용
  - 매매업, 중개업, 자산운용업, 투자일임업, 투자자문업, 자산보관관리업
- 모든 부수 업무의 영위 허용
- 판매권유자 제도의 도입
- 금융투자업 관련 모든 외국환업무 허용

투자자 보호제도 선진화

- 투자 권유 규제 도입
  - 설명의무 신설, 적합성원칙 도입 등
- 이해상충 방지체제 마련
- 발행공시의 적용 범위 확대
  - 은행채, 간접투자증권, 수익증권 등

금융투자회사는 포괄주의에 의해 투자성[3] 있는 모든 금융상품을 자유롭게 취급할 수 있다. 과거 증권거래법 등에서는 금융기관이 취급할 수 있는 유가증권을 국채·회사채·주식·수익증권 등 21종을 열거하고 파생상품의 경우 기초자산을 유

3) 이익획득 또는 손실회피 목적으로 권리를 취득하기 위하여 지급하였거나 지급하여야 할 금전 등의 총액이 그로부터 회수하였거나 회수할 수 있는 금전 등의 총액을 초과하게 될 위험, 즉 원본손실 위험이 있는 것을 투자성으로 본다.

가증권·통화·일반상품·신용위험의 4종으로 제한했었다.

그러나 자본시장법은 금융투자상품을 원본손실이 발생할 수 있는 금융상품으로 정의하고 파생상품의 기초자산 범위도 전통적인 위험상품 외에 모든 경제·자연·환경적 위험을 포괄하도록 확장하였다. 그리고 자산운용 대상을 재산적 가치가 있는 모든 재산으로 확대하였고, 투자대상 자산을 특정하지 않는 이른바 혼합자산 집합투자기구를 허용하여 간접투자의 활성화를 도모하도록 하였다.

그리고 금융상품에 포괄주의를 도입하고 상품을 추상적으로 정의한다는 취지에서 증권의 경우 회사채·주식 등과 같은 전통적 증권을 채무증권·지분증권 등으로 재정의하였다. 그리고 집합투자증권·구조화증권과 같은 신종증권을 포괄할 수 있는 투자계약증권·파생결합증권 등 새로운 증권 개념을 도입하였다.

2 자본시장 관련기관

금융시장의 발달로 인하여 국제 금융시장에서의 국가 간 장벽은 점차 의미가 없어지고, 금융상품 및 금융기법이 발달함에 따라 금융시장은 더욱 다양화되고 복잡하여 지고 있다. 이 같은 급변하는 금융환경의 변화에 맞게 금융회사, 투자자, 이해관계자들을 보호하고, 점차 공정한 게임의 룰을 보장할 필요성이 높아지고 있다. 한국 금융시장의 규제 및 감독체계도 새로운 글로벌 금융환경의 변화에 맞게 끊임없이 변화하고 있다.

넓은 의미의 자본시장(증권시장) 및 금융투자업과 관련된 기관을 시장의 규제체계에 따라 분류해 보면, 크게 법적 규제기관과 자율 규제기관으로 나눌 수 있다. 법적 규제기관은 자본시장의 공정성과 건전성을 유지하는 것을 목적으로 하는 법적 구속력을 가진 타율 규제기관이다. 자율 규제기관은 유사한 업무영역에 속한 기관들간의 자발적인 모임으로, 건전한 거래질서와 상도덕을 확립하고, 금융투자업의 발전을 도모하고, 이를 보호하기 위하여 설립된 기관이다. 자본시장은 한국의 경제성장과 함께 비교적 짧은 시간에 세계적인 대규모 시장 및 산업으로 성장하였다. 이 과정에서 특히 자본시장은 경제성장을 지원하기 위하여 정부에 의하여 적극적으로 육성되어 왔다. 이로 인하여 자본시장에는 타율규제가 규제체계를 주도해 왔다고 해도 과언이 아니다. 그러나 최근 전세계적인 금융의 자율화, 개방화 추세에 힘입어 자율규제의 중요성이 확산되고 있는 실정이다.

금융시장 및 금융산업의 감독 및 규제 체제는 기획재정부, 금융위원회, 금융감독원으로 구성되어 있다. 기획재정부는 금융투자업 관련 법률제정 및 개정 권한을 가지며, 금융위원회는 금융기관의 설립 및 경영에 관련된 인・허가권과 증권 및 선물시장에 대한 관리감독권을 가진다. "금융감독기구 설치 등에 관한 법률"(1997년 12월 31일 제정)로 금융위원회(당시 금융감독위원회)와 증권선물위원회, 금융감독원이 설치되었다. 증권선물위원회는 증권, 선물시장의 불공정 거래를 조사 감독하고, 금융위원회가 심의 의결하는 증권, 선물시장의 관리・감독 및 감시와 관련된 주요사항을 사전 심의하는 기능을 갖는다. 금융감독원은 무자본 특수법인으로 1999년 1월 1일부터 발족하여 과거에 은행, 증권, 보험감독원으로 분리 운영되던 업무를 통괄하여 감독하게 되었다. 주요 업무는 금융위원회와 증권선물위원회의 지시를 받아 금융기관에 관한 검사・감독업무를 수행한다.

자율규제기관으로 대표적인 것은 한국거래소, 금융투자협회 등이 있다. 한국거래소는 자본시장법(제7편, 법 제373조~제414조)에 의하여 설립된 증권유통의 중심기관으로, 유가증권의 공정한 가격형성과 안정적이고 원활한 거래를 목적으로 설립되었다. 원래의 한국증권선물거래소에서 2009년 2월 4일 자본시장법의 발효와 함께 개명하였다. 현재 한국거래소에는 유가증권시장, 코스닥시장, 코넥스시장, 파생상품시장 및 원유, 금 등의 상품시장이 있다. 그리고 금융투자협회는 금융투자업자들의 공동출자에 의하여 운영되는 자율규제기관이다. 금융투자협회는 금융투자업자들로 구성된 이익대표기관이나 자본시장법(법 제283조~제293조)에서 인정된 자율규제기관이다. 이 협회는 금융투자회사 상호간의 친목과 질서를 유지하고 유가증권의 매매거래를 공정하게 하며, 투자자보호와 증권에 관한 조사연구를 통하여 증권시장을 건전하게 발전시키는 것을 목적으로 설립되었다. 기존의 증권업협회와 자산운용협회, 선물협회가 통합되어 발족한 기관이다.

자본시장법 제6편에서는 금융투자업 관계기관을 규정하고 있다. 금융투자업 관계기관으로는 예탁결제원(법 제294조~제323조), 증권금융회사(법 제324조~제335조), 종합금융회사(법 제336조~제353조), 자금중개회사(법 제355조~제259조), 단기금융회사(법 제360조~제264조), 명의개서대행회사(법 제365조~제369조), 신용평가회사(법 제335의 2~15), 금융투자관계단체(법 제370조~제372조), 코스닥협회(민법 제32조) 등이 있다.

3 정보통신기술의 발달과 금융시장

(1) 4차산업혁명과 핀테크의 개념

2000년대 들어서 정보통신기술(ICT : Information Communication Technology)의 발달은 금융시장에 커다란 변화를 가져오고 있다. 이러한 변화는 거시 경제적 관점과 미시적 금융시장의 관점에서 금융시장의 변화에 접근하느냐에 따라 정의와 해석이 달라진다. 거시 경제적 입장에서는 "4차산업혁명"이라는 개념 하에서 금융시장의 변화를 설명하고, 미시적 금융시장의 관점에서는 "핀테크(Fintech)라는 개념하에서 금융시장의 변화를 설명한다[4].

거시 경제적 입장에서 4차 산업혁명[5]은 21세기 초반 이후 인공지능(Artificial Intelligence)과 소프트웨어의 지능에다 빅데이터, 사물인터넷(IoT), 클라우드 컴퓨팅[6] 등의 정보를 융합한 지능정보기술혁명을 의미한다. 4차 산업혁명은 제조업과 정보통신기술(ICT : Information, Communication and Technology, 또는 IT)을 융합하여 산업 경쟁력을 높이는 차세대 산업혁명이라고도 할 수 있다. 2016년 다보스 포럼에서는 4차 산업혁명을 모든 것이 연결되고 보다 지능적인 사회로의 진화로 표현하기도 했다.

핀테크[7]는 금융(Finance)과 ICT[8]의 기술(Technology)을 융합한 용어로, 기술접목을 통한 금융서비스의 혁신을 의미한다. 핀테크는 금융서비스와 ICT(또는 IT)의 결합 주체에 따라 두 가지로 구분된다. 먼저 기술측면을 강조하면 "금융을 등에 업은

4) 또 다른 관점으로는 ICT의 시작을 1980년대 디지털 기술인 PC의 등장에서부터 보는 관점에서는 "디지털 혁신"이라 부르기도 한다. 디지털 혁신의 관점에서는 2000년대에 디지털기술인 스마트폰의 등장과 더불어 핀테크 혁신이 시작되었다고 보기도 한다(한국은행, 디지털 혁신과 금융서비스의 미래 : 도전과 과제, 2017. 1.18.)

5) 1차 산업혁명은 18세기 영국에서 시작된 증기기관에서 비롯된 기계화 혁명을 의미한다. 2차 산업혁명은 19세기부터 20세기 초까지 전기에너지에서 비롯된 대량생산 혁명을 의미한다. 3차 산업혁명은 20세기 후반에 컴퓨터와 인터넷에 기반을 둔 지식정보혁명을 뜻한다.

6) 클라우드 컴퓨팅(Cloud Computing)은 특정 금융서비스의 기반기술로 직접 활용되기보다는 IT 관련 초기 투자비용 및 유지비용 경감 등을 통해 기업의 스타트업을 용이하게 함으로써 핀테크 전반의 혁신을 촉진시키는 기술이다.

7) 핀테크 개념은 2005년부터 상용화된 개념인데, 2008년 금융위기를 계기로 금융시스템에 대한 불신의 반작용으로 활성화 되었다. 2010년대에 들어서는 모바일 기기의 보급으로 핀테크 산업의 발달이 가속화 되었다.

8) ICT 또는 IT의 본질은 네트워크 연결만 되면 어디서나 활용할 수 있어 국경이 필요 없고, 동종상품간 비교가 용이하여 결국 독과점 업체만 살아남고, 규모의 경제가 작용하는 수확체증의 법칙이 적용된다.

IT를", 즉 IT 기업이 금융기관과 제휴 등을 통해 금융서비스를 제공하는 것을 의미한다. 다음으로 금융을 강조하면 "IT를 등에 업은 금융"을, 즉 금융기관이 IT 기술을 적극 도입하여 금융서비스를 제공하는 것을 의미한다. IT를 기존 금융서비스와 융합하여 고객의 금융서비스에 대한 접근성을 확대하여 지급결제, 송금, 자산관리, 투자, 여신서비스의 거래비용 절감 등을 가져올 수 있다. 또한 금융회사의 서비스를 고도화하여 상품개발을 통한 금융회사 서비스 품질 향상, 비용절감, 수익성 제고를 가져올 수 있다. 금융부문에서 IT의 활용이 심화됨에 따라 기술을 보유한 비금융회사의 역할이 확대되고 있다.

핀테크는 전자금융(Electronic Finance)과 구별되는 개념이다[9]. 전자금융이 전자적(electronic) 채널을 통해 금융상품 및 서비스를 고객에게 제공하는 것을 의미하는데 반해 핀테크는 IT가 핵심요소로 작용하는 금융서비스의 혁신을 의미한다. 전자금융이 고객에게 금융인프라를 지원하는 것인 반면에, 핀테크는 기존의 금융인프라를 대체하여 고객에게 금융서비스를 직접 제공한다. 전자금융의 수단으로는 홈뱅킹, 폼뱅킹, PC뱅킹 등이 있는 반면에, 핀테크는 지급결제, 외환송금, 클라우드 펀딩, 자산운용, P2P대출, 인터넷은행 등이다.

(2) ICT 핵심 내용과 금융시장

금융시장의 관점에서, 4차 산업혁명의 개념이나 핀테크의 핵심적인 ICT는 AI, Big Data, IoT(Internet of Things : 사물인터넷), Block Chain, Biometric Verification(바이오 인증), Chatbot(챗봇) 등이다([그림 2-2]). 금융과 기술이 융합되어 소비자에게 제공할 수 있는 금융서비스는 모바일 지급, 거래정보 분산기록, 생체정보를 이용한 금융거래 인증, Robo-Advisor 그리고 클라우드 펀딩과 P2P(Peer to Peer)[10] 등이 있다. FSB(금융안정위원회)가 분류하는 핀테크 혁신의 종류에는 지급, 청산 및 결제, 여・수신 및 자금조달, 시장관련 정보 및 서비스제공과 투자자산 관리 등이 있다.

9) 문영배(NICE평가정보), 금융혁신과 핀테크, IT융합이 불러온 변화와 향후 과제, 2016.8.26. 세미나 발표자료
10) 인터넷에서 개인과 개인이 직접 연결되어 파일을 공유하는 것을 의미한다. 기존의 서버와 클라이언트 개념이나 공급자와 소비자 개념에서 벗어나 개인 컴퓨터끼리 직접 연결하고 검색함으로써 모든 참여자가 공급자인 동시에 수요자가 되는 형태이다.

그림 2-2 ICT와 금융서비스의 관계

주 : 1) FSB(금융안정위원회)의 분류 체계 인용
자료 : 한국은행(디지털혁신과 금융서비스의 미래, 2017.1.18.)를 수정

① 빅데이터와 AI

Big Data란 디지털 환경에서 생성되는 데이터로, 그 규모가 방대(volume)하고, 생성 주기도 짧고(velocity), 형태도 수치 데이터뿐 아니라 문자와 영상 데이터를 포함하는 다양(variety)한 대규모 데이터[11]를 의미한다. 인공지능[12]의 특징은 사고(thinking), 학습(learning), 자기계발(self-developing)로 요약될 수 있다.

빅데이터는 금융시장에서 보통 AI와 융합되어 활용된다. 예를 들면 핀테크 현황에서 로보어드바이저 자산운용, 리서치 분석, 인공지능 상담, 시장감시, 개인신용평가 등 영역[13]에 활용되고, 자금조달 영역에서는 클라우드펀딩, P2P대출과 같은 비대면 프로세스를 통해 여러 분야에 적용되고 있다

(가) 로보 어드바이저 자산운용은 AI개념을 응용하여 ⅰ) 알고리즘 트레이딩 등 퀀트전략 등을 직접 수행하고, ⅱ) 개인의 투자성향과 상품의 위험수준을

11) 빅데이터는 1990년 인터넷기업의 등장으로 생긴 용어로, 단순히 대용량 데이터 그 자체만을 지칭하는 것이 아니라, 그 데이터를 효과적으로 처리하고 분석할 수 있는 기술에 초점을 두고 있다.

12) 1950년 튜링이 컴퓨터 기계와 지능(Computing Machinery and Intelligency)이라는 논문에서 모방게임(imitation game)을 발표한 것이 인공지능 연구의 시초이다. 이후 인공지능 기술은 신경망 이론, 자연언어 처리, 영상 및 음성 처리, 이론 증명 등 다양한 분야에 활용되었으나 2000년대 초반까지 발전 속도는 다소 정체되었었다(자본시장연구원, 이효섭, AI가 금융투자업에 미치는 영향 및 대응 과제, 2016.9.8. 한국증권법학회-자본시장연구원 공동세미나 발표자료)

13) 자본시장연구원, AI가 금융투자업에 미치는 영향 및 대응과제, 2016.9.8. 세미나 자료에서 인용

파악하여 포트폴리오를 구성하고 리밸런싱하는 사후관리도 수행한다.

(나) 리서치분석을 통해 기업공시, 회계정보, 기타 뉴스 등 주가에 대한 영향을 자연언어 처리 기반의 심화학습(deep learning)을 통해 현 시점에서 최적의 투자전략, 자산배분을 제시한다.

(다) 시장 감시 기능을 수행하는데, 과거 시세조종, 내부자거래 패턴뿐만 아니라 평상시의 주문, 체결, 공시의 주가반영효과를 학습한 후 이상주문과 체결, 이상 주가반영이 관찰될 경우 비정상 주문 또는 비정상체결로 판단한다.

(라) 이상한 금융거래도 탐지하는데, 결제, 송금을 수행하는 IP, 시간, 오류 횟수, 취소 횟수 등의 패턴을 학습하여, 통계적으로 정상거래 범주를 벗어난 거래를 탐지하여 적발한다.

(마) 개인신용평가를 수행하기 위해 개인의 소득, 직업, 연체 이력, 소비 패턴 등 빅데이터를 활용한다. 카드회사, 은행, 증권 등 금융회사로부터 직업, 소득, 연체 이력, 소비 패턴 등의 개인정보를 취합한 뒤 자연언어 처리 기술을 활용하여 개인의 종합적인 신용 상태를 점수로 평가하는 기능을 수행한다[14].

(바) 결제, 송금, 투자 등 개인의 재무비서(Financial Assistants) 업무를 수행한다. 자연언어 처리 기반의 인공지능(AI) 메신저 서비스를 통해 현재 시점의 은행 및 증권 계좌 잔액, 공과금 납부 상태, 실시간 이체 업무 등을 대신 수행하는 서비스를 제공하기도 한다.

(사) 증권회사, 은행 창구에서 금융상담 업무를 수행한다[15].

② 블록체인

블록체인(block chain)은 원래 비트코인, 이더리움, 리플 등 가상화폐로 거래할 때 발생할 수 있는 해킹을 막는 공공거래 장부의 기술을 의미한다. 데이터를 분산해서 처리하는 데이터베이스의 한 형태로, 거래에 참여하는 모든 사용자와 거래 내역을 공유해 데이터의 위조를 막는 방식을 사용한다. 블록체인은 글로벌 금융회사와 IT 기업 중심으로 거래정보의 기록이 수반되는 해외송금, 자금이체, 증권 발행 및 거래 등 다양한 분야의 금융서비스에 적용되고 있다. 핀테크를 통해서 시장관련 정보

14) 또한 Social Network 정보를 개인의 신용 평가 모형에 활용하기도 한다. Facebook, LinkedIn 등 SNS상의 정보를 종합적으로 판단해 개인의 신용평가(Credit Scoring)를 행하기도 한다.

15) 일본 미즈호 그룹은 인공지능 로봇 "페퍼(Pepper)"를 증권회사, 은행 점포에 설치해 각 지점에 방문한 고객에게 맞춤형 상담 기능을 제공하고 있다. 일본 미쓰이스미토모은행 등 주요 은행은 인공지능 기반의 음성 인식 소프트웨어를 개발하여 직접 상담을 수행하는 질의응답 솔루션을 제공하고 있다.

및 서비스를 제공한다[16].

③ 무선통신기술 및 사물인터넷[17]

무선통신기술은 스마트폰의 급속한 확산과 함께 글로벌 IT기업 중심으로 모바일 간편결제, 간편송금 등의 영역에서 금융서비스를 제공하는 데 활용되고 있다. 사물인터넷(IoT)의 경우 금융부문에서는 아직 도입 초기 단계이다. 손해보험의 경우 IoT를 이용해 가전제품 관리를 통한 맞춤형 보험료 산정 등 서비스에 적용되고 있다.

④ 바이오인증[18]

바이오인증기술은 비밀번호 등 기존 인증수단에 비해 상대적으로 높은 편리성과 안전성을 바탕으로 국내외에서 ATM, 인터넷뱅킹, 지급서비스 등 비대면 금융거래 인증에 폭넓게 활용되고 있다.

⑤ 챗봇

챗봇(Chatbot, 또는 chatterrobot)은 '채팅(Chatting) 로봇(Robot)'의 줄임말로 인공지능을 통해 인간과 대화를 나누고 정보를 제공하는 일종의 소프트웨어다. 방대한 자료를 수집, 분석, 처리하는 빅데이터를 기반으로, 챗봇은 사람의 대화에서 발생 가능한 경우의 수를 모두 만들어 놓고 사람의 질문에 적합한 대답을 한다. 챗봇은 로보어드바이저와 같이 24시간 시장관련 정보 및 서비스 제공이 가능하고, 투자자의 자산관리에 대한 조언도 가능하다.

⑥ 클라우드 컴퓨팅과 클라우드 펀딩

클라우드 컴퓨팅(Cloud Computing)은 특정 금융서비스의 기반기술로 직접 활용되기보다는 IT 관련 초기 투자비용 및 유지비용 경감 등을 통해 기업의 스타트업을 용이하게 함으로써 핀테크 전반의 혁신을 촉진시키는 기술이다. 클라우드 펀딩은 기존 중개기관을 거치지 않고 온라인 플랫폼을 통해 다수의 개인으로부터 직접 자금을 조달하는 금융서비스로 투자형(증권형), 대출형(P2P대출), 후원·기부형으로 구분된다. 국내에서 투자형 클라우드 펀딩은 2016년 1월부터 법제화되어 운영 중이다.[19]

16) 국내 금융권에서도 핀테크 업체와 제휴하여, 업권별 컨소시엄 구성 등을 통해 활용 방안을 연구 중이며 해외송금, 인증 등 일부 업무에서는 사업모델을 출시하였다.

17) 한국은행, 디지털혁신과 금융서비스의 미래(2017.1.18.)에서 인용

18) 한국은행(2017.1.18.).

19) P2P대출중개는 아직 법제화 되지는 못했으나 시장의 확장성은 크다(한국은행(2017.1.18.)

(3) 핀테크와 금융시장 미래

핀테크의 혁신이 진화되더라도, 금융의 근본적인 기능, 즉 은행의 예대업무와 지급결제, 증권회사의 위탁중개와 자산운용, 보험회사의 사람과 재해와 관련된 리스크관리 등 본질이 바뀌지는 않을 것이다. 다만, 다양한 기술의 발달이 금융이라는 본질에 어떻게 녹아들어 금융의 효율성과 편의성에 영향을 미치고 있는 것만은 확실하다. 인류의 역사는 의·식·주의 역사다. 원시시대부터 오늘에 이르기까지, 문명과 문화의 발달에 따라 의·식·주의 모습은 변해왔다. 1차 산업혁명의 기계생산이나 2차 산업혁명의 대량생산으로 인류의 의·식·주 중 어느 하나가 없어진 것이 아니다. 다만 의·식·주의 모습이 바뀌었고, 인류가 거기에 익숙해져 있다고 생각할 수 있다.

가까운 미래에는 기술혁신으로 그 동안 금융회사가 담당하던 소비자금융, 자금이체 및 결제, 투자 및 자산관리 등의 영역에서 기술을 보유한 비금융회사의 역할이 확대되고, 금융시장의 고용구조가 달라지게 될 것이다. 그리고 IT기술혁명에 입각한 금융업의 세분화, 금융시장인프라 운영기관의 역할 변화에 따라 금융서비스가 탈집중화(decentralization)와 탈중개화(disintermediation)를 통해 기존 금융시스템의 변화가 가속화될 수도 있다. 그리고 금융기관간의 생존을 위한 영역 다툼과, 소비자와 시장을 보호한다는 명분 아래 금융당국의 시장참여와 규제에 대한 시장과의 논란은 앞으로도 지속될 것이다. 다른 한편으로 기술에 의한 금융시장 변화에 따른 인간의 존엄과 윤리라는 문제가 대두되고, 고용시장의 구조변화가 기술혁명의 내용과 속도에 영향을 미칠 것으로 예상된다.

부록

1. 글로벌 금융위기 이전 한국 자본시장의 변천사

전 세계적으로 볼 때 자본시장의 발달은 자본주의의 발달과 그 맥을 같이 해왔다. 근대 자본주의의 본산인 영국은 17세기 말경에 증권시장이 형성되었으며, 미국도 19세기 초에 근대적 의미의 증권거래소가 설립되었다. 이들 거래소를 중심으로 본격적인 자본시장의 성장이 시작되었다고 할 수 있다. 우리나라에 근대적 의미의 증권거래소가 개설된 것은 지금으로부터 불과 40여 년 전인 1956년 3월이었다. 그러나 한국에서 증권이 최초로 발행된 시기를 기준으로 하면 100여년의 역사를 더듬을 수 있다.

이하에서는 우리나라 증권시장의 발달을 중심으로 자본시장의 성장 과정을 살펴보고자 한다. 한국 증권시장의 발달과정을 준비 단계(1956년 이전), 초기 단계(1956-1967년), 제도정비 단계(1968-1972년), 발전 단계(1973-1990년), 국제화 초기 단계(1991-1997년), 국제화 단계(1998~2008년), 글로벌 금융위기 극복기(2008~2012년), 그리고 소비자 중심 패러다임 확립과 기술혁명 도입기(2013년~현재) 등의 단계로 구분하여 살펴보기로 한다.

1 준비 단계(1956년 이전)

준비 단계 시기는 한국에서 최초로 증권이 발행된 때로부터 정식으로 거래소가 설립(1956년 3월)되기 전까지의 기간을 가리킨다. 한국에서 최초로 주식이 발행된 때는 '천일은행'(현 우리은행)이 주식회사로 설립된 1899년이다. 그러나 발행시장이 미발달된 상태여서 발기인이 발행주식을 전량 인수하였다. 최초의 채권은 1905년에 정부가 국고증권 조례에 의하여 발행한 국채이다. 이 국채는 일반투자자에게 매매되기보다는 중앙은행의 역할을 하던 제일은행에 의하여 전액 인수되었다.

한국에서 증권거래가 처음으로 시작된 것은, 한말 일본인들이 진출하기 시작하면서부터이다. 일본인들에 의한 증권거래는 1908년에 개업한 위탁매매상 성격의 '유가증권 문옥'(門屋)을 통하여 시작되었다. 그 후 증권거래 여건이 호전됨에 따라 1919년 8월엔 '경성유가증권현물문옥'조합을 결성하였다. 그러나 이들은 조직적인 시장으로 발달되지는 못하고 유가증권 중개점 정도의 역할을 담당하였다.

1920년에 조직적인 거래기관의 필요성에 의하여 전조선상업회의소를 중심으로 '현물취인(取引)시장'을 설립하기에 이르렀다. 그 후 일본은 증권자본의 육성을 꾀하기 위하여 1931년 5월에 조선취인소(取引所)령을 제정하여 유가증권 및 일반상품의 매매에 대한 체계적인 바탕을 만들었다. 동령에 의하여 서울의 '현물취인시장'과 인천의 '미두(米豆)취인소'를 합하여 '조선취인소'를 설립하였다. 본점인 서울의 '조선취인소'에서는 유가증권의 매매를 담당하였다. 일본은 증권시장의 활성화를 위하여 1943년 7월에 새로운 조선증권취인소령을 제정하여 '조선취인소'를 '조선증권취인소'로 개편하였다. 동년 9월에는 종래 자유업의 성격이던 증권업을 면허제로 바꾸고 부정방지를 위한 일련의 법적 장치도 마련되었다.

해방과 함께 조선증권취인소는 해산되고 6·25전쟁이 끝날 때까지 일부 증권관계자들을 중심으로 한 사조직형태의 증권시장이 형성된 정도였다. 1949년에 최초로 설립된 증권회사인 '대한증권주식회사' 등 몇몇 증권회사는 일본인이 남긴 귀속기업체 주식을 중심으로 거래의 명맥을 유지하고 있었다. 환도와 함께 1953년 11월 조직적인 공동시장의 건립을 위하여 증권업자들은 '대한증권업협회'를 설립하였다. 협회의 주관하에 준거래소 성격의 증권매매조합이라는 시장기구를 만들게 되었다. 그때까지 상대매매 중심의 거래를 집중적인 매매거래 형태로 바꾸는 계기가 되었다.

2 초기 단계(1956~1967년)

초기 단계의 증권시장은 발행시장이 발달되지 못하고 유통시장만이 존립하면서 여러 가지 부작용을 일으켜 국민에게 증권시장에 대한 불신감을 준 비정상적인 증권시장이었다고 할 수 있다. 우리나라 근대적 의미의 증권시장은 1956년 3월 '대한증권거래소'의 개장과 함께 시작하였다. 당시에는 국민소득수준이 매우 낮아서 일반대중의 증권투자 여력이 거의 없었을 뿐만 아니라 일반대중을 상대로 공모를 실시할 만큼 신용도가 높은 기업체들이 별로 없었기 때문에 발행시장은 전혀 발달할 수가 없었다. 또한 제1차 경제개발 5개년계획을 추진하는 과정에서 소요자금의 조달을 외국차관이나 은행차입 등의 간접금융에 의존하였기 때문에 증권시장이 발전할 수 있는 여건이 제대로 조성되지 못하였다.

증권거래소가 개장된 당시에는 시중은행주와 한국전력주 등 불과 12개사의 주식만이 상장되었고, 이들 주식의 대부분이 정부에 귀속된 채 일반투자자에게 분산이 되지 않아 주식거래는 극히 미미하였으며, 단지 정부의 자금조달을 위하여 첨가 소화방식으로 발행된 건국국채 위주의 거래가 이루어졌을 뿐이었다. 이러한 상태에서 1958년 1월에는 '국채파동'을 겪었으며, 1962년 5월에는 청산거래제도를 악용한 이른바 '증권파동'이 일어나 그 후 증권시장은 장기간 침체상태로 빠지게 되었다.

이 기간 중에는 증권시장기능을 위한 기구로서 증권거래소 이외에 기존 한국 연합증권금융주식회사와 49개의 증권회사가 비교적 소자본으로 존재하였으며, 거래방법에 있어서는 실물거래와 청산거래로 구분하여 거래가 이루어졌다. 비록 1956~1967년 사이의 초기 단계에서는 많은 혼란과 문제점이 제기되기도 하였지만, 이 기간 중에 24개의 기업이 공개(공모금액은 461억원)되었으며, 1962년 1월에는 증권거래법을 제정하여 증권시장의 발전을 위한 법적 기틀을 마련하였다. 또한 1963년 5월에는 증권거래소를 주식회사 형태에서 공영제로 변경하여 증권거래의 공정성을 도모하고자 하는 노력이 이루어졌다.

3 제도정비 단계(1968~1972년)

정부는 지속적인 경제발전을 도모하기 위해서 국내자본의 필요성을 느끼게 되었다. 즉, 간접금융 채널을 통한 국내저축의 동원 및 해외저축의 유치가 한계에 부딪치게 됨에 따라 국내자본 동원을 도모하지 않을 수 없게 된 것이다. 이에 따라 정체 속에 머물고 있는 증권시장을 개발·육성함으로써 국내자본 동원체제를 확립하는 것이 시급한 시대적 요청이었다. 정부는 적극적인 증권시장 육성지원책을 마련하였고, 비로소 경제의 기형아로 방치되었던 자본시장은 오랜 침묵 속에서 벗어나 생동하기 시작하였다. 1968~1972년 중에는 비록 짧은 기간이었지만 "자본시장 육성에 관한 법률"의 제정을 비롯하여 증권시장의 근간을 이루는 법률과 제도가 정비된 기간이라고 할 수 있다.

이 기간 중에 이루어진 중요한 변화를 살펴보면 다음과 같다.

첫째, "자본시장 육성에 관한 법률"의 제정(1968년 11월)을 들 수 있다. 이 법률은 정부의 증권정책을 종합적으로 집약·입법화한 최초의 법률로서 한국 자본시장에 획기적인 전환점을 마련한 이정표가 되었다. 주요 골자는 공개법인에 대한 법인세율우대, 특별상각 인정 등을 통하여 기업공개를 적극 유인하고, 주식의 분산을 촉진하고 투자여건을 조성하기 위해 상장법인의 민간주주에 대해서 일정률 이상의 배당을 인정하고 상장법인의 주주에 대한 소득세 과세특례를 인정한 것과 한국투자공사의 설립 등이다.

둘째, 발행시장의 형성을 들 수 있다. 한국에 증권발행시장이 형성된 것은 한국투자공사가 출범하게 된 이후부터라 할 수 있다. 물론 1968년 이전에도 극히 제한된 의미에 있어서의 발행시장이 존재하였으나 1968년 이전의 증권발행시장이란 주로 정부재정의 적자보전수단으로서 국공채 발행시장이 중심이 되었고 그것도 강제인수 내지 첨가소화의 방법에 의존하였다.

1969년 2월 증권업협회의 주선으로 내쇼날프라스틱이 보통주 5천만원의 공모발행에 성공하였으며, 4월에는 한국투자공사가 제일스레트의 보통주 4천8백만원과 대한전선 보통주 1억원의 공모발행에 성공하였다. 특히 1972년에는 대한전선, 동아제약 등의 회사채가 공모발행됨으로써 증권발행시장은 주식발행을 통한 자기자본의 조달은 물론 사채발행을 통한 타인자본의 조달 등 다양한 면모를 갖추게 되었다.

셋째, 청산거래제도의 폐지 등 유통시장의 정비가 이루어진 점을 들 수 있다. 1969년에는 증권거래제도의 개혁을 통하여 종래의 투자위주의 청산거래제도를 폐지하고 보통거래제도를 도입하였다.

넷째, 각종 새로운 제도의 개발을 들 수 있다. 1969년에는 "증권투자신탁업법"을 제정·공포하여 1970년 5월에 한국투자공사가 1억원의 규모로 투자신탁제도를 운용하게 됨으로써 한국 최초의 투자신탁이 출범하게 되었다. 1972년엔 한국투자공사에 의하여 증권저축제도가 개발되었다.

4 성장 단계(1973~1990년)

1973~1980년 기간 중에는 기업공개의 활성화가 이루어져 증권시장의 저변이 크게 확대된 시기이다. 정부는 1973년 1월에 "기업공개 촉진법"을 제정하여 기업공개를 통한 재무구조 개선 및 기업자금 조달체제를 직접금융으로 유도하였다. "기업공개 촉진법"은 보다 적극적으로 공개대상법인을 심사·선정하여 기업의 공개를 명하고, 공개명령을 받은 법인이 이를 이행하지 않을 경우에는 세법상의 불이익을 부과하는 동시에 금융지원을 제한하는 등 강력한 공개촉진정책을 규정한 것이다.

1974년 5월 정부는 기업공개와 건전한 기업풍토의 조성을 위하여 공개법인을 우선 지원하고 비공개법인에 대한 여신관리를 강화하여 기업의 과도한 간접금융 의존현상을 시정하도록 하였다. 이에 따라 총액인수 체제의 확립, 주식의 분산촉진과 위장분산의 방지, 투자신탁, 증권저축 등의 확대·개발을 골자로 한 자본시장 수용태세 확립대책을 수립하고 이를 통하여 자본시장의 기능강화를 위한 재정비작업에 착수하였다.

한편 1976년 12월에는 증권거래법을 전면 개정하여 증권시장의 안정성장을 촉진하였다. 그 주요내용을 요약하면 다음과 같다.

첫째, 기업공개의 예비단계로서 기업으로 하여금 소정의 자격을 갖추어 등록하도록 하였다. 이러한 기업등록제도가 도입됨으로써 그 동안의 정부강권에 의한 기업공개유도방식이 선별적 공개유도방식으로 전환되었다.

둘째, 공개매수제도의 도입과 대량주식소유 및 의결권대리행사에 관한 규정을 명시함으로써 상장회사 경영권의 안정확보를 위한 법적 근거를 마련하였다.

셋째, 상장법인에 대한 재무관리기준의 설정과 반기보고서 제출의 법제화 등을 통해 상장법인의 사후관리를 강화시켰다.

넷째, 내부자거래의 제한, 상장회사 상호주 보유제한, 증권회사 임직원의 매매거래 제한 등을 명문화하여 공정거래제도의 확충을 꾀하였다.

다섯째, 증권회사의 업무를 직능제로 분화하여 증권업무의 전문화를 기함과 동시에, 증권관리위원회와 그 집행기관인 증권감독원을 신설하여 증권행정의 일원화를 이룩하였다.

1977년 2월에는 증권관리위원회와 증권감독원이 한국의 자본시장발전을 도모할 포괄적인 증권관리기관으로 발족하였다. 이 기간은 주식과 회사채의 두 부문에서 급속한 성장을 보임으로써 자본시장 본연의 기능이 정착된 시기라고 말할 수 있다.

1981년 1월에는 한국 자본시장 자유화를 위한 4단계 조치를 발표하여 무역 및 경상외환거래의 자유화와 더불어 자본거래의 자유화도 단계적으로 추진할 것을 발표하였다. 이에 따라 1981년 11월에 한국투자신탁과 대한투자신탁으로 하여금 각각 1,500만달러 합계 3천만달러의 외국인 전용 수익증권을 발매하여 한국 자본시장 발전의 역사적인 첫 발을 내딛었다. 또한 1984년 6월에 자본금 6천만달러 규모의 코리아 펀드가 뉴욕시장에 상장된 이후 계속 높은 주가를 유지하고 있다.

이와 함께 1985년 12월에는 삼성전자가 2천만달러 규모의 해외전환사채를 룩셈부르크 시장에 상장하게 되었다. 한편 외국 증권회사의 국내사무소 설치가 허용되었으며 국내 증권회사도 해외사무소를 설치하게 되었다. 뿐만 아니라 근로자 증권저축 등 소액투자자의 투자수요개발과 우리사주조합의 활성화 등으로 증권투자의 저변이 크게 확대되었다. 특히 1988년부터 실행된 정부의 국민주 보급계획은 주식투자 인구확대에 커다란 기여를 하였다.

아울러 한국의 증권시장은 외국인의 국내증권투자의 단계적 허용, 국내증권의 해외발행 또는 해외증권시장의 상장 등 자본유입면의 자유화와 더불어 내국인의 해외투자, 외국증권의 국내 증권시장의 국제화와 개방화가 계속 추진되었다. 더 나아가 한국 증권시장이 국제 금융시장에서 차지하는 비중도 계속 증대되었으며, 국제 자본시장으로 발전하기 위한 기초가 마련된 시기였다.

5 국제화 초기 단계(1991~1997년)

1990년대 우리 증권시장의 가장 두드러진 특징은 증권시장의 국제화이다. 증권산업의 개방화 및 주식투자의 투명성 제고, 파생금융상품 거래의 도입 등 선진국형 증권시장으로의 발전을 도모하였다. 1992년 1월부터 외국인의 국내 주식투자가 최초로 허용되었다. 초기 외국인의 국내 주식투자한도는 10%에 그쳤으나 이후 5차례의 외국인 투자한도 확대조치로 1997년 8월 현재 23%까지 소유할 수 있게 되었다. 외국인의 국내 주식투자와 그 한도 확대에 따라 개방 초년도인 1992년 외국인 주식투자자금 순유입액이 20억7천만달러에서 1997년 3월말 현재 168억8천만달러로 무려 7배 이상 증가하였다. 이에 따라 외국인투자의 비중(거래대금 기준)도 1992년 1.8%에서 1996년에는 6.0%를 차지하였다.

한편, 1991년 6월 산업증권설립과 함께 5개 투자금융의 증권사 전환, 합작증권사 설립 및 외국 증권사의 지점설립 등 증권산업의 개방화가 착실히 진행되었다. 이에 따라 국내증권사는 1990년대 25개사에서 합작사 4개사를 포함하여 총 36개사로 늘었으며, 외국증권사 지점 및 사무소도 22개사에 이르고 있다. 1993년 8월 12일에는 금융실명제가 전격적으로 실시됨으로써 모든 금융거래 및 증권투자의 투명성을 제고하였다.

1996년 5월 3일 국내 최초로 파생증권상품인 주가지수 선물거래가 실시되었으며, 약 1년 뒤 1997년 7월 7일에는 주가지수 옵션거래가 시작됨으로써 명실상부한 선진국형 증권산업으로의 질적·양적 성장을 지속하고 있다. 특히, 주가지수 선물의 경우 최근 거래대금이 주식거래대금을 상회함으로써 파생상품시장의 발전이 순조롭게 진행되고 있다. 한편, 1996년 7월에는 장외 자동매매 체결시스템인 KOSDAQ이 개설됨으로써 중소기업 및 벤처기업의 직접금융조달의 창구도 열어놓았다. 지난 1996년 말 한국은 OECD에 가입하고 1997년 말에 외환위기를 맞으면서 본격적으로 자본시장을 개방하게 되었다.

6 국제화 단계(1998~2008년)

원래 2000년까지 단계적으로 시장을 개방하려던 목표를 앞당겨 1998년 7월 1일부로 외국인의 국내 유가증권취득을 완전 자유화하였다. 공기업의 주식을 제외한 모든 주식 및 채권의 취득에 관한 제한을 없앴다. 1999년 11월부터는 외국인에 대한 신용공여 제한을 완화하고, 외국인의 장외거래 허용범위를 확대하여 외국인이 직접투자로 취득한 주식을 장외에서 거래할 수 있게 하였다. 2003년 연말의 시가 총액 기준으로 볼 때, 외국인이 보유한 주식 규모가 전체 시장의 40%에 달하여 국내 시장에 외국인의 투자가 급증하고 있다.

이 시기 자본시장의 규모 확대와 더불어 거래 상품도 다양화되었는데, 가장 큰 변화는 파생상품시장과 펀드시장의 성장과 함께 이루어졌다. 1999년에 부산에 한국선물거래소가 개설된 이후 최초에 CD금리선물, 미달러선물, 금선물과 미국달러옵션으로 시작하여 이어서 3년국채선물, 3년국채선물옵션, 주식옵션 등이 소개되었다. 2006년에는 엔과 유로 등 주요 통화에 대한 선물시장이 모두 개설되었으며 2007년엔 주요 개별주식에 대한 선물이 소개되었다. 2008년엔 돈육선물이라는 상품선물까지 상장시키게 되었다.

이러한 시장개방에 맞추어 증권산업의 개방도 함께 이루어졌다. 1998년 11월부터 외국 증권사 지점의 인원 및 시설에 대한 신고의무와 영업기금에 대한 보고의무를 폐지하는 등 국내 영업에 관한 규제를 완화하고 동시에 한국 증권사의 외국에서의 증권업 영업에 대한 규제도 완화하여 자유로운 영업활동을 보장하고 있다. IMF 외환위기 이후 개방된 자본시방은 명실공히 세계화된 시장의 모습을 갖추게 되었다.

자본시장과 금융산업의 개방에 발맞추어 관련 법과 제도도 선진화의 과정을 걷게 되었다. 외환위기 이후 1998년부터 금융기관의 통합감독기구로 금융감독위원회와 증권선물위원회 및 금융감독원이 신설되어 기업경영의 투명성 제고와 소수주주권을 강화하고 불공정거래행위에 대한 규제를 강화하며 M&A를 활성화하는 조치를 취하게 된다. 2002년 전세계적인 기업회계 부정문제로 공정공시에 관한 관심이 높아져, 증권시장에 공정공시(fair disclosure)제도가 도입되었고 금융감독 측면에서는 불공정거래에 대한 처벌을 강화하고, 증권선물위원회의 조사기능과 증권업계의 자율규제기능을 강화하였다.

2003년에는 간접투자 관련법의 대규모 개정이 이루어졌다. 금융의 발달과 함께 투자형태와 수단이 다양화되고 복잡해짐에 따라 투자자를 보호하고 공정한 게임의 룰을 제정할 필요성이 높아졌다. 증권투자신탁업법과 증권투자회사법을 통합하여 새로운 "간접투자자산운용업법"을 제정하였다. 그리고 동년 12월 31일에 개정된 "증권거래법"은 기업회계 및 경영의 투명성 제고를 위하여 공시서류에 대한 대표이사의 확인, 서명을 의무화하고 증권시장의 건전성 유지를 위하여 불공정 증권거래행위의 신고자에 대한 보호 및 포상제도를 도입하였다. "주식회사의 외부감사에 관한 법률"에서도 회계의 투명성을 높이고 국내외 신뢰를 얻기 위하여 감사업무를 수행하는 회계법인을 주기적으로 교체하도록 규정화하였다. 또한 "한국증권선물거래소법"도 2003년 말에 통과되었다.

한편, 2005년 2월에는 증권시장과 선물시장에서의 거래비용을 절감하고 이용자 편의를 제고하여 자본시장과 국민경제의 발전을 도모하는 것을 목표로 이 법이 제정됨에 따라 곧 증권거래소, 코스닥증권시장, 선물거래소가 합병된 단일 운영주체로 한국증권선물거래소가(현 한국거래소) 설립되었다. 2005년 12월에는 근로자의 노후 대책을 위한 "퇴직연금" 펀드 판매가 개시되었다.

그 후 자본시장관련 금융법을 통합하려는 시도가 이어지다 2007년에 결실을 보았다. 과거에 분산된 증권거래법, 선물거래법, 자산운용업법, 신탁업법, 종금법, 증권선물거래소법의 6개 법률을 통합한 자본시장법이 7월 3일 국회에서 통과되어 자본시장을 규율하는 단일법이 탄생하였다. 2009년 2월 4일부터 시행된 자본시장법은 과거 칸막이식의 겸업제한 해소를 통한 업무영역의 확대, 취급 가능한 금융상품에 대한 제한 철폐 등 금융투자업과 관련된 제도적 제한을 제거하게 되었다. 이를 통하여 자본시장을 하나의 시장으로 통합할 뿐 아니라 네거티브 규제를 통하여 미래에 등장할 어떠한 상품도 금융투자상품의 영역에서 벗어나지 못하게 하였다. 이를 통하여 한국의 금융시장 및 산업이 세계적인 금융시장 및 금융회사로 발전할 수 있는 기틀을 마련하였다.

2006년 4월에 '전자금융거래법'이 제정되었다(2007년 1월 시행). 동 법은 컴퓨터, ATM, 전화기 등 전자적 장치로 이루어지는 금융거래를 규율하는 거래법이면서, 동시에 전자금융업의 영위와 감독에 대한 사업법이다. 동 법의 제정으로 전자자금이체, 전자화폐 등에 의한 금융거래가 가능하게 되었고, 통신회사 등 비금융기관 사업자의 전자금융업에 대한 진출이 허용되어, 핀테크(Fintech) 및 인터넷뱅킹 등이 활성화되었다. 그리고 비(非)서면성・비(非)대면성 등 새로운 금융상품 판매에도 변화를 가져오게 되었다.

다른 한편으로, 2002년 발생한 카드대란 이후 감사원의 2004년 상반기 특감이 이루어졌고, 이를 계기로 우리나라의 금융감독체제에 대한 논의가 다시 불거졌다. 그러다가 2008년 2월 이명박 정부의 출범과 더불어 금융위원회와 금융감독원을 분리하는 '금융위원회의 설치 등에 관한 법률'이 제정 및 시행되었다.

7 글로벌 금융위기 극복기(2008~2012)

2007년 상반기 이후 미국에서 서브프라임 모기지 부실이 급속하게 확산되면서, 이들 모기지를 취급하던 금융기관들의 부실이 급격히 늘어났다. 2007년 8월 프랑스 은행인 BNP Paribas 산하 헤지펀드가 투자자의 환매를 감당하지 못하여 그 요청을 거부하자 국제 금융시장은 신용경색이 심화되고 확산되었다. 각국의 정부들은 통화정책을 통한 유동성 공급을 확대 했으나, 이미 심화된 신용경색을 해결하기에는 역부족이었다.

국제 금융시장의 유동성 문제가 심각해지던 중, 2008년 9월 15일 미국의 대형 투자은행의 하나인 리먼부러더스의 파산에 이어서 글로벌 5대 투자은행들의 파산과 상업은행들의 건전성 악화로 인한 글로벌 금융위기는 전 세계로 확산되었고, 우리나라도

이 충격에서 예외가 되지 못했다[1]. 금융위기 즉시 금융당국은 2008년 9월 리먼브러더스 뱅크하우스 서울지점 등에 대한 영업 일부를 정지시켰다. 이후 정부는 국내 금융시장의 안정을 위해 연말까지 미국 FRB와 300억달러, 일본은행과 200억달러, 중국 인민은행과 38조원(약 560억달러)의 통화스왑을 각각 체결하였다.

미국의 프라임 모기지 부실에서 촉발된 글로벌 금융위기가 전 세계로 확산되는 것을 막기 위해 국제적인 금융 공조가 이루어졌다. 기존의 G7[2] 체제로는 한계를 인정하고, 한국이 포함된 G20[3]로 확대된 체제에서 국제금융시장 안정을 위한 금융질서 개편을 주도하게 되었다. G20은 2008년 11월 미국 워싱턴에서 첫 정상회의를 개최하였다. 이어 2009년 4월 런던에서 개최된 정산회의에서는 글로벌 금융 규제 개혁의 주체로 기존의 금융안정포럼(Financial Stability Forum : FSF)을 금융안정위원회(Financial Stability Board : FSB)로 확대 개편하였다. 2009년 9월 미국 피츠버그 정상회의에서는 시스템적으로 중요한 금융기관(systemically important financial institution : SIFI) 규제에 대한 논의가 있었다.

이러한 맥락에서 2009년 3월 정부는 바젤은행감독위원회(BCBS) 및 금융안정위원회(FSB)에 가입하여 국제적인 금융한정 노력에 동참하였다. 그리고 글로벌 단기자금의 급속한 유출입으로 인한 금융시장의 변동성 확대를 완화하기 위해 2011년 8월부터 금융회사 비예금외화부채 잔액에 대해 거시건전성 부담금(소위 은행세)을 부과하겠다고 발표하였다. 2011년 10월에 적격기관투자자(Qualified Institutional Buyer : QIB) 제도를 도입하여 '투자은행 활성화를 위한 회사채 발행시장 개선방안' 마련하였고, 동년 11월에는 공모가 산정절차 정비, 기관투자자 감독 강화 등 '시장건전화 및 투자자보호를 위한 IPO제도 개선방안'이 발표되었다. 2012년 5월에 금융감독원 내 소비자보호 전담 준독립기구로 '금융소비자보호처'가 신설되었다. 2013년 1월 15일부터 기업어음(CP)의 대안으로 "전자단기사채 등의 발행 및 유통에 관한 법률"에 의거하여 전자단기사채 제도가 시행되었다.

---

1) 2008년 9월부터 2009년 1월까지 단지 4개월에 695억달러의 자금유출이 이루어졌고, 이에 따라 환율도 동기간에 1,000원/$에서 1,550원/$까지 급등하였고, 코스피지수도 1,850P대에서 980P대로 47%나 하락하였다. 2008년 4/4분기 실질 GDP성장률이 -3.3%를 기록하여 실물경제도 침체국면을 맞았다.

2) 미국, 독일, 일본, 영국, 프랑스, 이탈리아, 캐나다 등 서방 7개국

3) G7국가에 한국, 중국, 인도, 인도네시아, 호주, 남아프리카공화국, 러시아, 터키, 멕시코, 브라질, 아르헨티나, 사우디아라비아 그리고 유럽연합 의장국으로 구성되었다. .

8 소비자중심 금융패러다임 확립과 기술혁명 도입기(2013~현재)

글로벌 금융위기를 거치면서 투자손실을 본 개인투자자를 중심으로 한 투자자보호에 대한 인식이 새롭게 부각되었다. 그리고 IT, 빅데이터 등의 발달로 금융정보에 대한 중요성이 확산되면서 개인정보 보호와 보이스피싱으로 인한 피해자에 대한 관심이 사회적으로 높아지면서 금융소비자 중심의 패러다임이 확립되기 시작했다. 특히 최근 4차 산업혁명의 급속한 진전에 따라 핀테크의 활성화, 인공지능(artificial intelligence : AI)이 금융시장과의 융합이 급속도로 진행되고 있다. 우리 정부도 이에 대응하여 여러 가지 필요한 제도와 규제 개혁을 추진하고 있다.

2012년 5월 금융감독원 내 '금융소비자보호처'의 신설 이후 금융소비자를 보호하기 위한 일련의 조치들이 강구되었다. 2013년 5월 금융회사의 위법·부당한 업무처리로 금융소비자의 이익이 침해될 경우 금융감독원에 검사를 청구하는 '국민검사청구제도'가 도입되었다. 이어 7월에는 금융시장 안정을 저해하거나 소비자피해를 유발하는 위험요인을 조기에 감지·대응하기 위한 '금융리스크 사전인지시스템'이 금융감독원 내 구축되었고, 아울러 다수 소비자피해를 초래할 수 있는 민원유형을 조기에 파악·대처하기 위해 '민원 사전인지시스템'이 도입되었다. 그리고 8월에는 주가조작 투자자피해 근절을 위해 '특별조사국'이 금융감독원 내 설치되었고, 10월에는 금융상품에 대한 불완전판매신고센터 등으로 구성된 '투자피해자 지원 T/F'이 설치되었고, 12월에는 불건전영업행위 상시감시시스템'이 금융감독원 내에 구축되었다.

다음해 2014년 3월에는 '금융분야 개인정보 유출 재발방지 종합대책'이 마련되고, 4월에는 국민의 알권리 충족 및 이용편의성 제고를 위해 금융통계정보의 대외공개 대폭 확대 및 개방형 정보제공 서비스(Open API)가 실시되었다. 2015년 7월에는 '소비자보호 실태평가제도'의 도입방안이 발표되고, 2016년 6월에는 '개인신용정보 보호 및 관리 관행 개선방안'과 아울러 '정보3.0 공시정보제공' 서비스를 개시하였다. 그리고 2015년 4월에 '민생침해 5대 금융악 척결 특별대책'과 5월에 '국민체감 20대 금융관행 개혁방안'이 발표되었다. 2016년 3월에는 국민 재산증식 지원을 위한 국민통장 'ISA(개인종합자산관리계좌)' 출시되어 은행, 증권, 보험회사가 경쟁적으로 영업하게 되었다. 이어 9월부터는 「국민체감 20대 금융관행개혁」의 일환으로 금융생활에 필요한 모든 정보를 제공하는 파인(Financial Information NEtwork : FINE)을 금융감독원 홈페이지에 개설하였다. 2017년 1월에는 특히 고령(70세 이상) 투자자를 위해 고위험상품인 ELS 등에 대해 보다 강화된 금융회사의 상품조사·숙지의무 가이드라인을 마련했다.

연.습.문.제

01 미국, 일본, 한국의 금융연관비율을 찾아보고 금융산업의 발전 수준을 비교 설명해 보시오(한국은행, 일본은행, 미국FRB 홈페이지 자료 참고)

02 자본시장의 역할에 대하여 설명하시오.

03 자본시장의 구조를 발행시장과 유통시장으로 나누어 설명하시오.

04 자본시장법의 기본 방향과 특징에 대하여 설명하시오.

05 한국의 자본시장은 선진화를 위하여 지속적인 변화를 해왔다. 1997년 외환위기 이후 자본시장 변화의 두드러진 특징은 무엇인가?

06 한국의 증권산업이 글로벌 금융위기를 극복하는 과정을 개략적으로 평가하시오

07 금융소비자를 보호하기 위해 도입된 일련의 조치들을 설명하시오

08 핀테크의 내용을 간단히 설명하고, 자본시장에 미치는 영향을 설명하시오

09 AI가 금융투자업에 미치는 영향을 설명하시오

10 초대형 투자은행 육성을 위한 여러 가지 조치들을 평가하시오

11 초대형 IB와는 별도로 한국의 중소형 증권사들의 생존을 위한 전략을 강구해보시오.

PART

2

자본시장

CHAPTER 3 주식시장

I 주식시장[1]

1 주식의 개념

자본시장법에서 지분증권의 하나로 정의되는 주식(share, stock)이란 주식회사의 물적 기반이 되는 자기자본에 대한 출자 지분권(equity)을 나타내는 유가증권이다. 주식은 회사에 대해 출자를 했다는 증거를 나타내고, 출자에 의해 주주의 권리를 나타내는 증권이다.[2] 주주란 주식을 신주발행을 통해 취득하거나 매수 또는 상속을 통해 취득함으로써 주식이 가지고 있는 권리·의무의 주체가 되는 자를 말한다. 주주의 자격에는 제한이 없어 자연인은 물론이고 법인 또는 무능력자나 외국인도 주주가 될 수 있다. 주주의 권리는 주주평등의 원칙에 의해 소유 주식 수에 비례해서 정해진다. 그러나 회사의 정관에 따라 각기 권리의 내용을 달리해서 발행될 수 있다. 상법에서는 주식회사의 자금조달의 편의를 위하여 정관의 규정에 의한 주주평등의 원칙의 예외를 인정하고 있는데 우선주, 전환주식, 상환주식, 의결권 없는 주식 등의 발행을 들 수 있다.

이러한 주식이 거래되는 시장이 주식시장이다. 주식시장은 크게 발행시장과 유통시장으로 구분된다. 발행시장은 새로운 증권이 발행되어 발행주체가 장기적인 자본을 조달하는 시장이며, 유통시장은 이미 발행된 유가증권을 수단으로 투자자들 사이에서 상호간에 거래가 이루어지는 시장을 의미한다.

---

1) 본 장은 금융투자협회의 『증권시장의 이해』(2007)와 차명준·정무권의 『증권투자』(2009, 한티미디어)에서 부분 인용.

2) 주식회사는 대규모 기업의 형태에 적합하고, 필요한 자금을 회사채 발행을 통해 조달할 수 있어 자본주의 경제 시스템에 적합한 기업형태라고 할 수 있다.

2 주식의 종류

한국 상법에서 주식은 자본구성단위(상법 제329조)와 주주의 지위로서의 의미를 지닌다. 따라서 출자단위로서의 주식은 자본금을 산출하는 기초로서 금액이 표시되는 액면주식만이 인정되고 있다. 1주의 금액은 100원 이상으로서 균일하여야 하며(상법 제329조 제3항 및 제4항), 발행주식의 액면총액이 회사의 자본금이 된다.[3] 한국에서 법률상 발행이 허용되고 있는 주식의 종류는 다음과 같다.

(1) 보통주

보통주(common stock)는 가장 기본적인 자기자본을 표상하는 주식으로서 주주평등의 원칙에 따라서 이익이나 이자의 배당, 잔여재산의 분배에 관하여 표준이 되는 만기가 없는 주식을 의미한다. 보통주의 주주는 기업경영에 직접 참가할 임원을 선출하는 의결권을 가짐으로써 기업경영에 간접적으로 참여하게 된다.

보통주는 여러 가지 기준에 따라 분류할 수 있다.

주권에의 기명여부에 따라	:	기명식주식, 무기명식주식
주권에의 액면표기여부에 따라	:	액면주식, 무액면주식
의결권의 부여여부에 따라	:	의결권주, 무의결권주
발행시점에 따라	:	구주, 신주
증자 시 주금납입 여부에 따라	:	유상주, 무상주.

(가) 의결권주

의결권주(voting stock)는 주주총회에 상정되는 여러 안건에 대한 의결권이 부여된 주식을 의미한다. 의결권은 회사의 경영에 참가하고 그 지배권을 획득·유지하는 기본적 권리이다. 1주에 하나의 의결권이 부여되는 것이 일반적이다.

3) 개정상법 이전에는 주식의 액면은 5,000원이었으며, 다만 벤처기업의 주식에 대해서만 상법규정에도 불구하고 1주의 금액을 100원 이상으로 할 수 있었다[벤처기업육성에 관한 특별조치법(1997), 제10조(주식의 권면액에 대한 특례)] 규정사항.

(나) 무의결권주

무의결권주는 의결권이 주어지지 않은 주식을 의미한다. 보통은 우선주에 한하여 의결권이 없는 것으로 할 수 있다. 무의결권우선주라 하며 발행주식총수의 4분의 1을 초과하지 않는 범위 내에서 발행할 수 있다(상법 제344조의 3).[4] 주주총회에서 의결권이 없다는 점에서 사채와 유사하나 확정이자가 아닌 이익배당을 받는다는 점에서 사채와 구별된다. 우선배당을 전제하므로 우선배당이 없는 때에는 의결권이 부활한다.[5]

(다) 보통주와 기업지배권

보통주는 1주 1의결권을 가지는 것이 일반적이다.[6] 주주는 주주총회에서 이사회를 구성하고, 이사회는 기업의 대표이사(chief executive officer : CEO)와 집행이사(executive director)를 선임하여 기업의 경영을 맡긴다. 따라서 보통주는 기업의 지배구조와 지배권에 중요한 영향력을 미친다. 주주가 이사를 선임하는 방법에는 다수투표제(majority voting)와 집중투표제(cumulative voting)[7]가 있다. 다수투표제가 가지고 있는 소액주주의 불리한 점을 시정하기 위해서 소액주주권리보호 운동의 맥락에서 집중투표제가 도입되었다.

그런데 보통주의 추가발행은 기업의 지배권과 자본구조에 영향을 미치므로 경영자는 경영권에 위협을 느낄 때는 기업의 지배권과는 관계없으나, 이자지불이라는 비용이 드는 회사채 발행을 통한 자금조달도 고려할 수 있다. 따라서 보통주의 추가발행으로 인한 지분의 감소를 대비하기 위해 자신을 포함한 기존주주에게 신주인수권을 부여하기도 한다.

---

4) 단, 자본시장법 규정에 따라서 거래소 및 코스닥상장법인이 해외증권 발행방식으로 무의결권주식을 발행하고자 하는 경우에는 발행주식 총수의 2분의 1까지도 발행이 가능하다(자본시장법 제165조의15 제2항).

5) 이외에도 의결권이 인정되는 경우로는 무의결권주식에 대하여 손해를 미치게 되는 정관변경이나 합병과 같은 경우, 주식의 양도를 제한하는 정관변경의 경우, 회사창립총회의 경우, 회사분할의 경우, 전체주주의 동의를 필요로 하는 경우 등이 있다.

6) 적대적 M&A의 위협에서 경영권을 방어하기 위한 방법으로는 보통주 1주당 10~1,000표를 부여하는 차등의결권(dual class share), 단 한 주라도 기업의 주요 의사결정에 거부권이나 승인권을 가지는 황금주(golden share), 대주주들을 강력하게 보호하는 유럽식 제도로 일반주주의 의결권 한도제한 등의 방법이 있다.

7) 집중투표제에 의하면, 이사선임에 소액주주의 의견이 최대한으로 반영될 수 있다. 이는 소액주주의 보유주식수에 선임되는 이사의 수를 곱한 투표권을 행사할 수 있기 때문이다. 예를 들어 10명의 이사를 선임하는 경우 100주를 소유한 소액주주는 1,000표까지 주권을 행사할 수 있어 자신이 원하는 이사를 최소 1명이라도 선임할 수 있게 된다.

(2) 우선주

우선주(preferred stock)이익이나 이자의 배당, 잔여재산의 분배 등에 관하여 보통주에 비하여 우선적 조건이 인정되는 주식을 의미한다.[8] 우선주는 회사채의 성격과 보통주의 성격이 합쳐진 증권이라 볼 수 있다. 기업이 해산될 때의 잔여재산청구권과 기업에 대한 이익청구권의 우선순위가 사채보다는 낮으나 보통주보다는 높은 증권이 우선주이다. 대개의 경우 우선주의 잔여재산청구권의 한도는 그 우선주의 액면가에 한하게 된다. 우선주의 배당은 보통주에 우선하나, 우선주를 발행한 기업에 강제적인 부담을 주는 것은 아니다. 우선주는 법률상이나 회계상으로는 자기자본으로 처리되지만, 확정배당금은 고정적인 재무비용이므로 그 성격은 회사채와 유사하다.

우선주에 의한 자금조달은 사채발행에 비해서는 융통성이 있는 자금조달이라는 장점이 있다. 즉, 배당금을 지급하지 않아도 법적으로 채무불이행이 되지 않으며, 수익성이 악화되거나 기업의 재무상태가 좋지 않으면 배당을 연기 또는 취소할 수 있다. 사채나 차입금을 통한 자금조달은 기업의 운영상태와는 관계없이 이자를 지급하여야 하나, 우선주의 배당은 미래의 기업상태에 따라 변경될 여지가 있다. 우선주를 통한 자금조달의 또 다른 장점은 만기가 없다는 점이다. 다시 말하여 영구적 자금조달이라는 것이다. 또한 기업의 입장에서 보면 우선주는 자기자본이기 때문에 자본구조를 건전하게 한다. 물론 우선주의 비용은 사채의 비용보다 높지만 이러한 이점들 때문에 우선주를 발행하게 된다. 우선주의 종류는 다음과 같다.

(가) 참가적 우선주

참가적 우선주(participating preferred stock)는 우선배당률만큼의 우선배당을 받고 다시 잔여이익이 있으면 이에 참가할 수 있는 우선주를 의미한다. 일반적으로 배당률에 제한이 없는 보통주가 우선주보다 고율의 배당을 받는 경우에 보통주와 우선주의 배당액 차액에 참가하는 경우를 의미한다.

(나) 비참가적 우선주

비참가적 우선주(non-participating preferred stock)는 한정우선주라고도 하며 우선배당률이 동시에 배당의 최고한도가 되어 잔여이익이 아무리 많아도 이에 참가할

8) 우선주 발행시에는 정관에 의거하여 최저배당률을 정하여야 한다(상법 제344조의 2).

수 없는 우선주를 말한다. 따라서 보통주의 배당액이 우선주보다 높은 경우에도 보통주와 우선주의 배당액차액에 대한 참여가 불가능하다.

(다) 누적적 우선주

누적적 우선주(cumulative preferred stock)는 특정 영업년도의 배당이 소정의 우선배당률에 달하지 못하는 경우에 그 부족분을 다음 영업년도에 추가로 받을 수 있는 우선주를 말한다.

(라) 비누적적 우선주

비누적적 우선주(uncumulative preferred stock)는 누적적 우선주와는 달리 그 부족분에 대한 추징권이 없는 우선주를 의미한다.

(마) 신형우선주

신형우선주는 최저 배당률과 존속기간이 정해져 있다는 점에서 기존의 우선주와 구별된다. 존속기간 경과 후에는 보통주로 전환되며 최저배당률이 있다는 점에서 회사채형 우선주라고도 하며, 주주권리행사에 따라서 보통주로 전환되는 전환주식과는 구별된다.

(바) 상환주식

상환우선주는 우선주에 한하여 인정된다. 발행시부터 일정기간 후에 회사의 이익으로써 소각될 것이 예정되어 있는 특별한 종류의 주식으로 우선적 내용이 있는 종류의 주식에 대하여 인정하고 있다(상법 제345조). 증권의 존속기간이 제한되어 있다는 점에서는 사채와 비슷하나, 배당 가능한 이익으로서만 상환되며 반드시 소각된다는 점에서 사채 및 여타 주식(예컨대, 전환주식 등)과 구별된다.

(3) 기타 주식의 종류

(가) 후배주

후배주(deferred stock)는 열후주 또는 후취주라고도 하며 이익이나 이자의 배당, 잔여재산의 분배 등에 있어 타종의 주식에 비해 불리한 조건이 인정되는 주식을 말한다. 후배주는 배당순위에서만 불리하며 고율의 배당률을 유지할 수도 있다. 저율배당 혹은 무배당 등 후배주는 보통주의 배당에 영향을 미치지 않는다는 자금조달상의 특성이 있지만, 현재 한국에서는 거의 사용되고 있지 않다.

(나) 혼합주

혼합주(mixed stock)는 이익이나 이자의 배당과 잔여재산의 분배에 있어 각각 어떤 권리에 있어서는 우선적이나 다른 권리에 있어서는 불리한 주식을 말한다. 후배주와 마찬가지로 한국에서는 거의 사용되고 있지 않다.

(다) 전환주식

우선주에 주로 발행되며 회사가 종류 주식을 발행하는 경우 발행당시에 결정한 일정 요건이 구비되면 다른 종류의 주식으로 전환할 수 있는 주식이다. 전환을 청구하면 기존 전환주식이 소멸하고 다른 종류의 신주가 발행된다(상법 제346조~제351조).

Ⅱ 주식발행제도

1 주식발행 형태

주식이 발행되는 형태를 보면 주식회사의 설립에 의한 주식발행과, 기업공개에 의한 주식발행, 그리고 증자에 의한 주식발행 등으로 구분할 수 있다.

첫째, 주식회사의 설립에 의한 주식발행이다. 주식회사가 설립되기 위해서는 3인 이상의 발기인이 필요하며 발기인은 정관(charter)을 작성하고 설립등기를 해야 한다. 정관에는 상법에 규정된 여러 가지 사항을 규정하고 설립되는 회사의 주식발행에 관한 사항을 규정해야 한다. 회사를 창업할 때 발행하는 주식의 규모는 회사에서 발행할 수 있는 주식총수(수권주식수)의 4분의 1 이상이어야 하며, 나머지 미발행 주식은 회사의 설립 이후 필요하다고 생각될 때 이사회의 의결에 의하여 수시로 발행할 수 있다.

둘째, 기업공개란 일정한 요건을 갖춘 기업이 새로운 주식을 발행하여 일반투자자들에게 균일한 조건으로 공모하거나, 개인이나 소수의 주주에게 집중되어 있는 주식을 일반투자자에게 널리 분산시키기 위하여 매출하는 것을 기업공개를 통한 주식발행이라 한다.

셋째, 증자에 의한 주식발행이다. 기업이 증자할 때는 실질적으로 투자자들이 출자를 함으로써 자본금이 증가하는 유상증자와, 형식적으로는 회사의 자본금이 증가하여도 여기에 상당하는 실질적인 현금유입을 가져오지 않는 무상증자가 있다. 무상증자란 형식적으로는 자본금을 증가시켜 발행주식수가 늘어나지만 실질적으로는 기업의 자본금과 자산이 증가되지 않는 증자형식이다. 유상증자란 수권자본금의 범위 내에서 이사회의 결의에 따라 신주를 발행하여 추가적으로 자금을 조달하는 것을 말한다.

2 주식발행시장의 기능

주식의 발행시장은 우선 자금조달기능을 가지고 있다. 주식발행을 통해 광범위한 투자자로부터 거액의 장기자금을 일시에 조달할 수 있게 하여 기업자본의 대규모화를 가능하게 하고, 이러한 자금 공급에 따라 창출되는 부가가치를 배당 또는 이자 등의 형태로 투자자들에게 적절히 배분하는 기능을 하게 된다. 따라서 불특정 투자자로부터 증권을 매개로 하여 자금의 수요자에게 자본을 집중시켜 주는 역할을 한다. 그리고 신규로 발행되는 증권의 최초 분산을 가능하게 하여 기업의 소유구조를 분산시키게 된다. 또한 정부는 증권시장에서 공개시장조작 등을 통해 통화를 조정하여 물가안정, 금리안정 등을 꾀하여 경기를 조절하는 등 경제안정 기능을 한다. 마지막으로 투자자는 주식을 매입함으로써 기업에 자금을 제공하고 배당을 받는다. 따라서 주식발행은 투자자 등에게 투자수단을 제공한다.

3 주식발행 방법

주식유가증권의 발행은 일반적으로 발행증권의 수요자를 구하는 방법에 따라 공모발행(public offering)과 사모발행(비공모, private placement)으로 나누어지며, 발행에 따른 위험부담과 발행모집사무절차를 누가 부담하느냐에 따라 직접발행과 간접발행으로 나누어진다. 이 중 공모발행의 경우 주로 간접발행의 형태로 이루어지게 된다.

(1) 공모발행과 사모발행

사모발행은 주식발행기업이 직접 특정 소수(자본시장법 제9조 제8항, 동 시행령 제11조에 의해 50인 이하)의 투자자에게 모집 이외의 방법으로 주식을 매각하는 방법이다. 사모의 경우 감독기관에 유가증권신고서 등을 제출하지 않아도 되기 때문에 신속하게 발행할 수 있다는 이점이 있다. 그러나 보통의 경우 사모는 공모가 어려운 경우에 대안으로 택하는 방법으로 대부분 직접발행의 형태를 취한다.

공모발행은 50인 이상의 불특정 다수의 투자자를 대상으로 주식을 모집·매출[9] 하는 방법이다. 50인의 산정에 있어서 최대주주, 5% 이상 주주, 임원, 계열회사와 임원, 비상장법인의 주주와 우리사주조합원, 발기인, 기관투자자 등 기업 내용을 잘 알 수 있는 자의 경우에는 제외된다(시행령 제11조 제1항). 공모발행은 대부분의 발행주체가 간접발행의 형태를 취하게 된다. 공모를 통해 증권을 모집·매출하는 경우는 금융위원회에 증권신고서를 제출해야 한다(동 법 및 시행령 제3편).

(2) 직접발행과 간접발행

(가) 직접발행

직접발행은 발행주체가 스스로 발행위험을 부담하고 발행모집사무를 직접 행하여 증권을 발행하는 방법이다. 만약 모집 부족액이 발생하면 주식의 경우 그 부분이 미발행되거나 다시 재소화시켜야 하며, 채권의 경우에는 발행자체가 성립되지 않는다. 직접발행을 공모로 하는 경우 별도로 직접공모라 하는데, 그 인수위험부담과 발행사무부담을 직접 부담하여 증권을 발행하는 것을 말한다. 이 경우는 직접발행이므로 "증권의 발행 및 공시 등에 관한 규정"의 적용대상이 되며, 간접발행을 대상으로 하는 "증권인수업무 등에 관한 규정"은 적용받지 않는다.

(나) 간접발행

간접발행은 기업이 직접발행에 따른 사무처리의 번잡을 피하고 직접모집능력의 부족과 인수위험부담의 해소를 위하여 발행주체가 발행기관(중개인)의 도움을 받아

9) 자본시장법 제9조 제7~9항과 동 시행령 제11조에 의하면 모집이란 50인 이상의 투자자에게 새로 발행되는 증권의 취득을 권유하는 것을 의미하고, 매출이란 50인 이상의 투자자에게 이미 발행된 증권의 매도청약을 하거나 매수의 청약을 권유하는 것을 의미하고, 사모란 새로 발행되는 증권의 취득의 청약을 권유하는 것으로서 모집에 해당되지 않는 것을 의미한다고 정의하고 있다.

간접적으로 발행하는 방법이다. 이 경우 "증권인수업무 등에 관한 규정"의 적용을 받게 되며, 발행기관은 전문적인 지식과 조직을 갖춘 증권회사 등의 금융기관이 되어 통상 발행 및 모집사무를 담당한다. 여기에 발행위험부담방법에 따라 위탁모집, 잔액인수, 총액인수 방법으로 나누어진다. 인수는 증권을 모집·사모·매출하는 경우 제3자에게 그 증권을 취득시킬 목적으로 그 증권의 전부 또는 일부를 취득하거나(총액인수) 그 증권의 전부 또는 일부에 대해서 이를 취득하는 자가 없을 때에 그 나머지를 취득하는 것(잔액인수)을 의미한다(동 법 제9조 제11항).

① **위탁모집(모집주선, best-efforts basis)** : 유가증권 모집에 관한 사무절차와 모집자체를 제3자인 발행기관에 위탁하는 방법으로서 발행주체가 스스로 인수위험을 부담하고 발행 및 모집사무는 전문기관(발행기관)에 위탁하여 발행하는 방법이다. 모집 후 소화되지 않은 증권은 발행주체(발행자)에게 되돌려 주게 되며, 잔량의 증권은 발행자가 처리하게 된다.

② **잔액인수(standby agreement)** : 발행 및 모집사무와 인수위험을 분리하여 발행기관에 위임하는 방법으로서 일단 전문기관에 발행 및 모집사무를 위탁하고 일정 매출기간동안 모집을 한 다음 그 기간 경과 후 모집부족액이 발생하였을 경우 그 잔량에 대해서만 이미 맺은 대표주관계약에 따라 잔량을 인수기관에 인수시키는 방법이다.[10] 또한 모집수탁기관과 인수기관은 다를 수도 있다. 이 경우 발행증권을 일반투자자들로부터 모집하고 만약 응모총액이 모집총액에 미달할 경우 잔액인수기관이 자기의 책임과 계산으로 당초 정해진 발행가액으로 인수하여야 한다.

③ **총액인수(전액인수, firm commitment)** : 대표주관회사가 구성한 인수기관들의 집단인 인수단이 공모증권 발행총액의 전액을 자기의 책임과 계산 하에 인수하고 이에 따른 발행위험과 발행 및 모집사무 모두를 담당하는 방법으로서 인수매출이라고도 한다. 따라서 불리한 가격변동에 따른 손해 등 모든 위험은 발행기업으로부터 인수단으로 이전되며 인수단은 인수를 위하여 많은 자금을 필요로 할 뿐 아니라 매출하기까지의 기간동안 매출잔량을 보유하여야 하므로 발행증권의 가격변동에 따른 모든 위험을 부담하게 된다. 간접발행의 대부분은 이 총액인수방식으로 공모발행되고 있다.

---

10) 한국금융투자협회의 증권 인수업무 등에 관한 규정(구, 유가증권 인수 업무에 관한 규칙 제3조의 개정)에 의거 종래 주간사계약은 대표주관계약, 주간사회사는 대표주관회사, 간사회사는 주관회사로 변경되었다.

4 주식발행시장의 구조

주식발행시장은 자금의 수요자인 발행주체, 자금의 공급자인 투자자 및 여기에 증권발행의 사무절차를 주도하고 대행하는 기능과 발행위험을 부담하는 기능을 하는 전문기관인 발행기관으로 구성된다. 유통시장은 시장참가자들이 서로 동일한 자격으로 수평적인 구조를 가지는 데 반해, 발행시장은 시장참가자들이 증권과 자금의 이동을 축으로 하여 청약과 납입, 인수와 매출에 의한 수직적인 구조를 가진다.

(1) 발행주체

발행주체(issuer)는 자금조달의 주체로서 발행시장에서 유가증권을 발행하는 자이며 증권의 공급자인 동시에 자금의 수요자로서 기업, 국가 및 공공단체, 특별법에 의해 설립된 특수법인이 여기에 해당된다.

(2) 투자자

투자자는 발행시장에서 모집 또는 매출에 응하여 최종적으로 유가증권을 취득하여 발행주체에 자금을 공급하고 이것을 다시 유통시장에서 매각하는 자를 말한다. 투자자는 발행주체에 대해 자금의 공급자가 되며 유통시장에서의 최초 투자자가 된다. 자본시장법에서는 투자자를 전문투자자와 일반투자자로 구분한다. 한국의 주요 기관투자자는 전문투자자로 구분되고(법 제9조 제5항), 일반투자자는 전문투자자 이외의 투자자를 의미한다(법 제9조 제6항).

(3) 발행기관

발행기관은 발행시장을 구성하는 구성원 중 가장 중요한 역할을 하고 있으며 금융투자회사(증권회사) 고유업무(위탁매매, 딜링업무, 인수업무) 중 하나인 넓은 의미의 인수업무(underwriting)를 수행하는 기관들의 집단이다.

발행기관은 증권의 발행주체와 투자자 사이에서 증권과 자금이 적절하게 배분될 수 있도록 증권발행에 따른 사무처리를 하고, 유가증권의 모집, 인수, 매출, 딜링업무를 수행하는 등의 여러 가지 위험을 부담하는 기관으로서 증권발행에 관한 지식과 경험 및 자금이 풍부하고 금융·자본시장의 사정에 정통하여야 효율적인 업무

수행이 가능하다. 이러한 책임과 위험을 분산하고 발행증권의 매출을 원활히 하기 위해 여러 발행기관이 공동으로 하나의 증권발행에 참여하는 것이 보통인데, 이러한 발행기관의 집단을 넓은 의미의 인수단(syndicate)이라 하며 발행기관은 주관회사, 좁은 의미의 인수단, 청약회사로 그 역할을 달리하고 있다.

(가) 주관회사(lead underwriter)

증권의 발행자와 투자자 사이에서 증권이 원활하게 이동·배분될 수 있도록 인수단을 구성하고 증권발행에 따른 사무처리, 발행자에 대한 조언 및 사무절차를 대행하는 기관이다. 역할에 따라 대표주관회사, 주관회사가 있으며 투자금융업의 인수업무가 여기에 해당된다. 따라서 주관회사의 자격을 가지는 회사는 금융투자회사와 종합금융회사만이 해당된다.[11)]

(나) 좁은 의미의 인수단(underwriting syndicate)

발행기관의 기능 중 가장 중요하고 큰 기능을 하는 발행기관의 집단으로서 증권을 발행자로부터 직접 매입하는 인수기능을 하는 기관이다. 이 기능 때문에 발행주체는 일시에 거액의 자금을 조달할 수 있게 된다. 인수단의 자격을 가지는 회사는 위의 주관회사그룹의 자격을 가지는 회사 및 집합투자업자와 은행의 신탁계정이 해당된다.

(다) 청약기관(selling group)

일반적으로 불특정다수인을 대상으로 모집하여 청약을 대행해 주는 기관으로서 자기의 책임과 계산 없이 단순히 청약만 대행하며 모집내역을 집계하여 인수단에 직접 청약을 하게 된다. 그러므로 여기에는 특별한 자격이 없으며 불특정 다수인을 모집할 수 있는 기관이면 청약단의 자격이 가능하다. 실제로는 금융투자회사 청약단의 역할을 대행하고 있다.

---

11) 최근에 종합금융회사가 주식발행시 주관회사 역할을 수행한 경우는 거의 없다. 은행 중에서는 산업은행이 유일하게 회사채에 한하여 주관회사의 자격을 가지고 있다. 한국의 경우 실무적으로는 대표주관회사와 공동 대표주관회사가 인수단의 기능을 겸하고 있다.

5 기업공개제도

(1) 기업공개의 의의

기업공개(initial public offering, going public : IPO)란 주식회사가 발행한 주식을 일반대중에게 널리 분산하고 재무내용을 공시함으로써 명실상부한 주식회사의 체제를 갖추는 것을 말한다. 형식상으로는 주식회사가 주식을 일반대중에게 분산시킴으로써 기업공개요건을 갖추는 것을 지칭하나, 실질적으로는 소수의 대주주가 소유한 주식을 일반 대중에게 분산시켜 증권시장을 통하여 자유롭게 거래될 수 있게 함으로써, 기업 자금조달의 원활화를 기하고 기업 내용을 일반대중에게 공시하여 공적 기업으로서 다시 탄생하는 것을 말한다.

소유를 분산시키기 위해 자본시장법 등의 규정에 따라 주식회사가 구주주의 신주인수권을 전액 배제한 공모증자나 대주주 소유주식의 일부매출을 통해 일반대중에게 청약을 받아 공개 후 주식수의 일정부분(예 : 30%) 이상을 분산시키는 것이다. 공모한 주식은 시장성과 유동성을 확보하기 위해 한국거래소에 상장하게 된다. 즉, 원칙적으로 기업공개와 상장은 같은 개념이 아니고 기업의 공개를 원활히 하기 위해서 상장이라는 수단을 사용하게 되는 것이다.[12)]

한국에서는 1972년 기업공개촉진법이 제정되어 기업공개명령제도가 도입되면서 기업공개와 상장이 혼용되어왔다. 그러다가 1999년 발행제도를 정비하여 증권시장을 활성화하고 기업의 자금조달을 활성화하기 위해 기업공개와 상장을 분리하였다. 기업공개와 상장을 구분하면 다음 〈표 3-1〉과 같다.

12) 미국의 경우 기업공개는 기업이 주식을 최초로 공모하는 것을 의미하며 기업공개후 대부분 Nasdaq시장에서 상장되어 거래되거나 NYSE와 AMEX 등 증권거래소의 상장절차를 거쳐 상장되고 있다. 일본의 경우 기업공개란 동경 증권거래소에 상장하거나, 혹은 오사카거래소 JASDAQ시장에 상장함을 의미하며 상장요건을 충족하기 위하여 공모를 실시하는 것이 일반적이다.

표 3-1 기업공개와 상장의 구분

구 분	기업공개	상 장
시 장	발행시장	유통시장
목 적	기업의 자금조달	유가증권의 원활한 유통, 공정한 가격형성
성 격	주식분산의 한 형태	거래적격 유가증권의 선별
규제취지	공시주의(발행당사자)	규제주의(상장 적격성여부 심사)
특 성	발행기업과 청약자의 이해조화 발행물량의 소화를 중시	공익과 투자자보호, 기업의 계속성, 시장성 중시

(2) 기업공개의 필요성

(가) 사회적 측면

현대사회의 기업은 단순히 이윤만을 추구하는 경영자 개인의 점유물이 아니라 전 국민이 참여하고 이익을 함께 향유하여야 하는 사회적 공기업으로서의 성격을 가지고 있다. 주식분산을 통해 일반대중으로부터 조달한 자금을 효율적으로 운용하고 그 과실을 사회에 환원함으로써 기업의 사회적 책임을 구현하고 증권자본주의를 실현하여야 할 필요성이 있다.

(나) 자금조달의 측면

기업의 초기단계에 있어서는 기업주 개인의 재력이나 간접금융에 의존하여 사업을 영위할 수 있으나, 기업이 대형화되고 국제경쟁이 격화되면서 기업이 소요로 하는 막대한 자금을 그러한 수단에 의존하는 것은 한계가 있을 수밖에 없다. 그러므로 유상증자 및 회사채발행, 해외증권발행 등 자금조달수단을 다양화하고 장기 안정적인 자금조달을 통한 기업의 재무체질을 개선하여야 한다.

(다) 기업성장의 측면

기업의 소유와 경영을 분리하여 우수한 전문 인력을 확보하고 자본배분을 효율화하여 경영합리화를 기하고 발전을 도모할 수 있으며 기업 내용을 공시함으로써 공신력도 제고할 수 있다.

(라) 다양한 투자수단의 제공

주식이 거래소에 상장되면 환금성이 높은 자산운용수단의 대상이 된다. 따라서 투자자들에게 새로운 투자수단을 제공한다.

(3) 기업공개의 효과

(가) 자금조달능력의 확대

신주모집에 의한 기업공개의 경우 기업공개 자체가 유상증자의 일종이므로 증권시장을 통하여 필요자금을 일시에 대량으로 조달할 수 있으며 공개 후에도 유상증자, 사채발행, 해외증권발행 등에 있어 비상장기업에 비해 훨씬 유리하여 자본시장을 통한 직접자금조달이 적시에 가능하다.

(나) 경영합리화 도모

공개기업이 되면 회사의 중요한 재무 및 경영내용이 공시되어 타 상장 경쟁사와의 경영실적 비교가 용이해지고 주가라는 지표를 통해 객관적으로 평가받게 된다. 또한, 회사와 대외적인 이해관계자가 많아지게 되어 효율적인 조직이 필요하게 된다. 따라서 자연히 회사는 경영합리화를 도모하여 재무구조 건실화와 매출증대, 조직합리화 등에 힘쓰게 된다.

(다) 기업의 홍보효과

공개기업이 되면 명실 공히 공기업으로서 일반대중 및 외부기관 등으로부터 많은 주목을 받게 된다. 따라서 기업정보가 언론기관, 증권관계기관 등의 매체를 통해 국내외에 전달되며 최근에는 기업자신이 투자자를 대상으로 투자설명회 등을 개최하여 많은 홍보효과를 거두고 있다.

(라) 기업의 신용도향상 및 공신력제고

공개기업은 증권시장을 통해 유상증자와 같이 손쉽게 낮은 비용으로 적시에 다양한 자금조달이 가능하여 기업의 안정성이 증가하고 재무구조의 건실화를 통한 신용도가 향상된다. 높은 주가 등을 통한 대외적인 신인도가 증가하여 공신력을 확보하게 되어 해외진출이나 합작투자 등의 경우에 국제적인 신뢰도를 쉽게 확보할 수 있다.

(마) 대주주의 재산운용수단

공개기업의 주식은 거래소에 상장되어 활발하게 매매가 이루어짐으로써 높은 유동성과 환금성을 가지게 되며 그 담보력 또한 증대되어 담보대출, 보증금, 공탁금 등으로의 활용이 가능하다. 납세절차 및 양도양수가 간편하고 많은 세제혜택이 있으며 주가의 등락을 이용한 저렴하고 손쉬운 상속 및 증여가 가능하다. 더욱이 1997년 이후부터는 상장주식의 취득제한이 없어져 누구나 얼마든지 사고 팔 수가 있어 경영권을 유지하는 범위 내에서 지분을 매각하여 M&A 등과 같은 다양한 재산운용수단을 사용할 수 있게 되었다.

(4) 기업공개의 혜택

(가) 세제상의 혜택

① **주식양도시 양도차익 비과세** : 상장주식의 양도차익, 기업공개를 위한 구주매출 및 장외거래방식에 의한 취득분의 양도차익은 비과세된다. 단, 발행 주식 총수의 100분의 5 이상 또는 보유주식의 시가총액이 50억원 이상에 상당하는 경우에는 양도소득세는 과세대상이다. 비상장주식의 경우에는 양도차익의 20%[13)]가 과세된다(소득세법 제94조, 동 시행령 제157조 제4항).

② **주주의 배당소득세 부담 경감** : 코스닥시장 상장법인으로부터 받은 배당은 비상장법인으로부터 받은 배당에 비하여 세 부담이 경감된다. 1년이상 보유한 경우에 한하여, 종목별로 액면가 기준 3천만원까지 비과세되며, 3천만원~1억원까지는 5% 분리과세하고 있다. 소액주주가 받는 배당소득은 원천 분리 과세되며, 대주주는 다른 소득과 합산하여 종합 과세된다. 일반법인이라 하더라도 우리사주조합원으로서 소액주주해당자는 분리과세하고 있다(조세특례제한법 제88조의 4).[14)]

③ **증권거래세 탄력세율적용** : 비상장법인의 주식을 양도하는 경우에는 0.5%의 고정 증권거래세율이 적용되지만 유가증권시장을 통하여 주식을 양도하는 경우에는 0.15%의 세율이 적용되고, 코스닥시장 및 코넥스시장을 통하여 양도하는 경우에는 0.3%의 세율이 적용된다(증권거래세법 제8조, 동법 시행령 제5조).

④ **상속 및 증여재산에 대한 시가평가** : 비상장법인의 경우에는 상속세 및 증여세법에서 정한 산식으로 평가하여 과세하지만, 상장법인의 경우에는 상속개

---

13) 중소기업의 경우에는 10%, 중소기업 이외의 법인의 주식을 소유한 대주주로서 1년 미만 보유시에는 30%가 과세된다.

14) 소득세법상 상장주식을 보유한 소액주주가 1년 이상 보유한 주식에 대하여는 10%의 배당소득세율이 적용되며, 보유한 주식의 액면가액이 1천8백만원 미만일 경우에는 배당소득이 비과세된다(조세제한특례법 제88조의4 제14항).

시일 또는 증여일(평가기준일) 전・후 각각 2개월간 최종시세의 평균액을 기준으로 평가하여 과세한다(상속 및 증여세법 제63조 및 동법 시행령 제53조).[15)]

(나) 법률상 혜택

① **무의결권주 발행한도 확대** : 의결권없는 주식의 발행한도를 상법의 규정에도 불구하고 발행주식 총수의 1/2까지 확대할 수 있다. 즉, 상장법인이 외국에서 발행한 주식, 해외전환사채, 해외신주인수권부사채, 기타 주식과 관련된 증권 또는 증서의 권리행사로 발행하는 의결권 없는 주식은 발행한도에 포함되지 않는다(자본시장법 제165조의 15).

② **주식배당의 특례** : 주식배당은 상법에 의해 이익배당총액의 1/2에 상당하는 금액을 초과하지 못하나 상장법인의 경우 이익배당총액에 상당하는 금액까지 주식배당을 할 수 있다(자본시장법 제165조의 13).

③ **신종사채의 발행** : 상장법인은 전환사채와 신주인수권부사채외에도 이익참가부사채, 교환사채, 기타 신종사채의 발행이 가능하다. 특히, 상장법인은 보유유가증권 및 자기주식을 기초로 일반 사채에 비하여 발행금리가 상대적으로 낮은 교환사채를 발행할 수 있으므로 유리한 조건의 자금조달이 가능하다. 자기주식을 교환대상으로 교환사채를 발행할 경우에는 전환사채와는 달리 새로이 신주를 발행하지 않고 보유자기주식과 교환할 수 있어서 다른 주주의 이익을 침해하지 않는다는 장점이 있다.

④ **사채발행한도의 특례** : 상장법인이 발행하는 전환사채, 신주인수권부사채 중 주식으로 전환 또는 신주인수권의 행사가 가능한 분에 해당하는 금액은 상법에 의한 사채발행한도의 제한을 받지 않는다.

⑤ **자기주식의 보유** : 상장법인은 자기주식을 취득하여 종업원에게 상여금으로 지급하거나 주가안정 또는 일정한 지분을 확보하는 목적으로 사용할 수 있다. 다만, 자기주식 취득금액은 상법상의 이익배당가능 금액에서 사외유출금과 법정준비금을 제외한 금액을 한도로 취득할 수 있다. 상장법인이 보유하는 자기주식의 의결권은 제한되며 무상증자와 배당을 받을 권리가 없다.

---

15) 상속세 및 증여세법에 의한 비상장주식의 1주당 가치는 순손익가치와 순자산가치중 높은 가액으로 평가된다. 순손익가치는 최근 3년간 주당 순손익액의 가중평균액을 기획재정부령이 정하는 이자율로 나눈 것을 의미한다[순손익액=(상속개시 직전연도 1주당 순손익액×3+상속개시 2년전 1주당 순손익액×2+상속개시 3년전 1주당 순손익액×1)/6]. 순자산가치는 당해 법인의 순자산가액을 발행주식총수로 나눈 값을 의미한다.

⑥ **주주총회 소집절차의 간소화** : 원래 주주총회의 소집통지를 서면으로 하게 되어 있으나 상장법인의 1% 이하 소액주주에 대해서는 주주총회일 2주전에 2개 이상의 신문에 각각 2회 이상 공고로써 주주총회의 소집통지를 갈음할 수 있다(상법 제542조의 4).

⑦ **일반공모증자 발행의 용이** : 상장법인은 정관이 정하는 바에 따라 이사회의 결의만으로 주주의 신주인수권을 배제하고 불특정 다수인을 대상으로 신주를 모집할 수 있다(일반공모증자)[16]. 이외에도, 상장법인의 경우에는 장부열람 및 등사청구와 관련하여 소수주주로 하여금 거증책임을 부여하도록 함으로써 권리남용을 제한하도록 하는 제도를 일정기간 운용하기도 하였다.

⑧ 소수주주권 행사 완화: 상장법인에 대하여는 상법상 소수주주권 및 집중투표제 행사요건(1%) 등이 완화되어 적용된다(상법 제542조의 6, 상법 제542조의 7).

(5) 발행가액(공모가액)의 결정과 배정

주관회사는 발행회사가 속한 산업의 동향, 발행회사의 재무상태 및 영업실적, 주식시장상황, 공모규모 등 주식가치에 영향을 미치는 중요사항을 고려하여 발행회사의 주식에 대한 평가를 실시하며, "증권인수업무 등에 관한 규정"에 따라 수요예측(bookbuilding)의 결과를 감안하여 발행회사와 협의한 후 자율적으로 공모가격을 결정한다(증권인수업무 등에 관한 규정 제5조).[17]

(가) 수요예측

수요예측이란 공모가격을 결정하기 위하여 공모주 청약을 정식으로 받기 전에 기관투자자와 일반투자자분을 대표하는 증권회사들로부터 사전수요를 조사・확인한 후에 당해 발행회사의 적정 공모가격을 결정하는 방법을 말한다. 대표주관회사는 수요예측 시 대표주관회사를 포함한 인수회사의 공모희망가액과 발행회사의 공모희망가액을 제시하여야 하며, 제시되는 공모희망가액이 추정 적정가격의 일정범위를 벗어나지 않도록 책정하여야 한다. 주관회사는 과도하게 높거나 낮은 참여가

16) 자본시장법 제165조의 6

17) 단, 공모예정금액이 50억원 미만인 경우에는 i) 인수회사와 발행회사가 협의하여 정한 단일가격, ii) 대표주관회사가 사전에 정한 방법에 따라 청약자로부터 경매의 방식으로 청약을 받은 후 일정가격 이상의 청약에 대해 배정하는 경우에는 당해 청약자의 청약가격, iii) 대표주관회사가 사전에 정한 방법에 따라 청약자로부터 경매의 방식으로 청약을 받은 후 산정한 단일가격 중의 방식 중에서 선택하여 공모가격을 결정할 수 있다.

격에 대하여는 공모가격 결정시 배제하거나 낮은 가중치를 부여할 수 있다(금융투자협회, '대표주관업무 모범기준'). 대표주관회사는 각 기관투자자 별로 법령 등에 의한 투자한도 잔액 범위 내에서의 수요예측참가신청서를 접수하여야 한다. 이때, 증권회사는 일반청약자를 대신하여 수요예측에 참가할 수 있으며, 이 경우에 배정받은 공모주식을 인수가액으로 일반청약자에게 배정하여야 한다.

(나) 청약과 물량배정

대표주관회사는 유가증권신고서를 금융감독원에 제출 후 청약일전까지의 기간 중에 신고서와 함께 제출한 간이사업설명서의 내용에 따라 발행회사, 주관회사, 인수회사 및 청약사무취급회사 전원의 연명으로 청약 안내광고를 한다. 일반적으로 청약은 유가증권신고서 효력발생 이후 2일간 대표주관회사 및 판매대행 금융투자회사(청약회사)에서 실명확인의 절차를 거쳐 접수하며 사전에 공시한 청약기준에 따라 청약을 접수하게 된다. 또한, 청약의 불이행을 방지하기 위하여 대표주관회사 및 판매대행 금융투자회사(청약회사)는 청약자로부터 일정률의 청약증거금을 받으며, 청약증거금률은 시장상황, 공모주식수 등에 따라 자율적으로 정하고 있다. 청약증거금은 발행회사별로 청약증거금임을 표시하여 증권금융회사 또는 은행에 별도로 예치하여야 하며 담보로 제공할 수 없다. 납입금을 초과하는 청약증거금은 지체없이 환불하도록 되어있지만, 실무에 있어서는 납입기일 전일부터 환불하고 있다.

청약이 완료되면 대표주관회사는 청약결과를 집계하여 자체 배정기준에 따라 배정한다. 각 판매대행회사는 청약마감일로부터 3일 이내에 청약단위별집계표와 청약증거금 잔액증명서를 대표주관회사에 제출하고 대표주관회사는 제출된 서류와 자체청약결과를 종합하여 이중청약자를 선별하고 판매대행회사별 배정내역을 점검한다.

6 유상증자제도

증자는 회사가 자본을 증가시키는 것을 말하며, 자본을 증가시키는데 신주의 발행이 따르므로 증자를 신주의 발행이라고도 한다. 기업이 필요로 하는 자금수요는 일상적인 경영활동을 위한 유동성 자금과 시설투자나 R&D투자 등의 장기적 투자자금으로 구분할 수 있는데, 대부분의 경우 유동성 자금은 은행차입금 등의 단기자금원에서 조달하고 장기적 자금수요는 채권이나 주식의 발행을 통한 장기자금원에 의해 조달하는 것이 보통이다. 이 중 주식발행에 의한 자금조달은 기업이 외부에서 자금을 조달할 수 있는 방법 중에서 기업재무구조의 개선을 위해 가장 바람직한 방법이다.

수권자본제도를 채택하고 있는 현행 상법은 회사가 발행할 수 있는 주식의 총수를 정관에 기재하도록 하고 있으며, 신주발행은 정관에 기재된 수권자본금의 범위 내에서만 할 수 있도록 되어 있다. 증자에는 주식자본의 증가와 함께 실질적인 재산의 증가를 가져오는 유상증자와 주식자본은 증가하지만 실질재산은 증가하지 않는 무상증자의 두 가지 형태가 있다.

유상증자의 경우 신주발행에 따른 주금납입으로써 회사의 주식자본이 증가되는 것이고, 무상증자는 준비금의 자본전입 등에 의해 주식자본을 증액시키고 그 금액만큼의 신주를 발행하여 주주에게 무상으로 할당하기 때문에 주금의 납입에 의한 회사의 재산증가가 없는 경우이다. 유상증자는 신주의 발행가격과 배정방식에 따라 다음과 같은 종류로 구분할 수 있다.

(1) 발행가격에 따른 분류

신주의 발행가격은 구주주의 재산권과 관련하여 매우 민감한 문제이다. 새로 발행되는 주식이 구주주 이외의 투자자들에게 배정되고 발행가격이 기업의 진정한 가치와 차이가 있는 경우에는 소위 희석효과(dilution effect)가 생겨서 구주주의 재산권에 침해가 있거나 반대로 구주주들에 의한 일반투자자의 재산침해가 생길 수가 있다.

(가) 액면발행

액면발행은 유상증자 시 구주의 시가와 관계없이 액면가로 신주를 발행하고 해당주금을 납입받는 방법이다. 대륙법계의 상법을 채택하고 있는 한국은 주식에 액면이 표기되며 이 액면가가 신주발행시의 납입주금이 되는 방법이다. 미국과 같이 무액면주가 보편화되어 있는 나라에서는 찾아볼 수 없는 방식이며 뒤에서 다루는 구주주배정에 의한 신주발행방법이 많이 사용되고 있는 나라에서 흔히 찾아볼 수 있는 방식이다.

(나) 시가발행

신주의 발행가격이 액면가와 상관없이 기존주식의 주식시장 거래시가에 의해 결정되는 방식을 말한다. 영미계의 무액면주가 보편화되어 있는 나라에서 흔히 찾아

볼 수 있는 방법이며, 미국의 경우에는 구주주배정에 의한 신주발행의 경우에도 시가발행이 일반적이다. 실제로는 시가발행이라 하더라도 발행에 따르는 인수업자의 수수료와 투자자들에 대한 투자유인의 제공 등을 위해 시가에서 일정한 할인율을 감한 가격으로 신주발행이 이루어지는 경우가 일반적이며 한국과 같이 그 할인율이 상당한 경우(평균 20~30%)에는 특히 시가할인발행이라고 부를 수 있다.

한국의 경우도 상장법인의 경우 재무구조의 건실화를 도모한다는 취지 아래 금융위원회의 증권의 발행 및 공시 등에 관한 규정(제5장, 제5-18조)에 의해 시가발행에 의한 유상증자를 할 수 있도록 되어 있다.

(2) 신주의 배정방식에 따른 분류

유상증자는 50인 이상의 불특정 다수인을 대상으로 한 공모와 특정 소수인을 대상으로 한 사모로 크게 나눌 수 있고 공모의 경우 대상 다수가 특정 다수인가 불특정 다수인가에 따라 일반공모와 구주주배정 증자, 주주우선 공모증자, 그리고 제3자 배정 증자로 다시 나눌 수 있다("증권의 발행 및 공시 등에 관한 규정" 제5-16조).

(가) 일반공모증자(general cash offer)

일반공모는 불특정다수의 일반투자자를 대상으로 공정한 가격으로 신주를 발행하는 방법이다. 이는 구주주의 신주인수권을 인정하지 않는 형태로 미국에서는 일반화되어 있으며, 한국에서는 정관에 구주주의 신주인수권에 대한 제한 규정이 있어야 가능하며, 그러한 규정이 없으면 주주총회의 특별결의에 의해 정관을 변경하여야 한다. 일반공모의 경우는 인수업자의 역할이 매우 중요하며 인수업자는 발행의 사무를 대행할 뿐만 아니라 발행주식의 판매를 보장하는 역할을 담당하게 된다.

(나) 주주배정 유상증자(direct rights offer)

주주배정증자는 기존주주에게만 신주인수권을 부여하는 방법으로 신주를 발행하는 방법이다. 이는 현행 상법체제(상법 제418조 제1항)에서 한국에서 가장 흔한 유상증자의 방법이다. 신주가 주주 이외의 자에게 할당됨에 따라 주주의 지위 특히 의결권의 비례적 지위에 변동을 가져오는 것을 막을 수 있고, 신주의 발행가격이 시가와 차이가 있는 경우에 주주의 재산상의 피해를 막을 수 있으며 일반공모에 비해 발행비용이 적게 들고 절차가 비교적 간단하다는 장점이 있는 반면에, 발행금액이 대규모인 경우에는 적당한 방법이 되지 못한다는 단점이 있다. 정관에 다른 정함이 없으면 상법에 따라 회사의 주주는 그가 가진 주식의 수에 따라 신주의 배정을 받을 권리를 가진다. 다만, 전환사채(CB)의 전환, 신주인수권부사채(BW)의 행사, 흡수합병 등의 경우는 예외이다.

(다) 주주우선공모(standby rights offer)

주주우선공모란 주주우선 배정 후 일반공모의 줄인 말로써, 인수단(대표주관회사 등)이 유상증자분을 총액인수한 후 기존주주와 우리사주조합에게 우선 청약권을 준 다음 청약미달분(소위 실권주)에 대해서는 발행기업의 이사회의 결의로 일반공모에 붙이는 방법이다. 이는 일반공모방법과 주주배정 유상증자의 혼합된 형태로 실권주 청약 후 잔여주식이 있을 경우 인수기관이 인수를 하기 때문에 발행기업의 입장에서는 신주의 발행에 따르는 위험을 부담하지 않는다는 장점이 있다. 우리사주조합, 구주주, 공모를 3개의 배정그룹으로 본다.

(라) 제3자 배정 유상증자

제3자 배정은 발행회사가 주주의 신주인수권을 배제하고 특정의 연고자, 즉 회사의 임원, 종업원, 거래처, 거래은행, 대리점 등의 제3자 중에서 특정한 자에(당해 법인의 주주를 포함한다) 대하여 신주인수권을 주어 신주를 인수하게 하는 방법으로서 그리 흔한 형태의 증자는 아니며 한국에서는 우리사주 제도가 대표적인 예에 속한다고 할 수 있다. 특별법, 회사의 정관, 주주총회 특별결의 등에 의해 특정의 제3자에게 신주인수권을 부여하는 경우로서 정부, 합작선, 거래선 등 회사와 특별한 관계에 있는 자 등에게 신주인수권을 부여하는 경우가 많다. 이 방법은 회사의 경영권 및 이해관계와 밀접하게 연관되어 주주총회 특별결의 등 엄격한 규제를 가하고 있다. 그리 흔한 형태의 증자는 아니며, 우리사주조합의 우선배정, 실권주 처리 등도 넓게는 여기에 해당한다.

(마) 사모(private placement)

사모란 50인 이하의 특정의 소수인과의 교섭을 통해 신주를 발행하는 형태로 거래당사자가 소수이기 때문에 발행인의 등록 또는 유가증권신고 등의 증권거래법상의 의무가 면제되는 신주의 발행이다. 상장회사의 유가증권의 경우에는 이러한 형태를 찾아볼 수가 없고 비공개 미등록 주식회사의 유상증자에서나 이루어질 수 있는 방법이다. 이상에서 살펴본 유상증자방법의 장·단점을 요약하면 다음 〈표 3-2〉와 같다.

Ⅰ표 3-2 유상증자 방법의 장·단점 비교

고려 요소		주주배정	주주우선공모	일반공모	제3자 배정
주주의 재산권	부	○	△	×	×
	의결권	○	△	×	×
발행위험	가격변동 위험	○	△	×	×
	발행실패 위험	×	△	○	○
발행 비용		○	×	×	○
자금조달의 신속성		△	×	○	×

주 : ○ : 좋음, △ : 중간, × : 나쁨

(3) 유상증자 발행가액의 결정

(가) 시가발행제도

시가발행이란 신주의 발행가격을 주식시장에서 형성되는 같은 종류의 주식의 가격에 근접한 가격으로 하는 유상증자를 말한다. 이는 발행회사에 증자프리미엄의 사내유보에 따라 자금조달 비용을 줄이고 재무구조를 개선하며, 신주를 시가(時價)와 연결하여 발행함으로써 액면발행제도 하에서와 같이 주가와의 괴리현상이 나타나지 않게 되어 주가의 급격한 변동을 방지하는 효과가 있다.

시가발행제도는 1983년 12월 도입 이후 여러 차례의 개선을 거쳐 1987년 8월 이후 원칙적으로 모든 상장법인에 대하여 시가발행 증자를 하도록 하고 있다. 그러나 실제로는 시가발행이라 하더라도 발행에 따르는 인수업자의 수수료와 투자자들에 대한 투자유인의 제공 등을 위해 시가에서 일정한 할인율을 감한 가격으로 신주발행이 이루어지는 경우가 일반적이며, 1991년 6월부터는 종전에 30% 이내로 시가할인을 규제해 오던 것을 자율화하였다. 현재 시가발행에 대해서는 금융위원회의 "증권의 발행 및 공시 등에 관한 규정"에서 규정하고 있다.

시가발행제도는 액면발행제도와 비교해 볼 때 다음과 같은 장점을 가지고 있다. ① 자기자본의 충실화로, 기업이 자금을 시가발행에 의하여 조달하게 될 경우 액면발행의 경우보다 주식발행초과금 부분만큼 자금을 더 많이 조달할 수 있고 주식발행초과금이 자본준비금으로 계상되어 자기자본의 충실화를 기할 수 있다. ② 자금조달 비용의 절감으로, 시가발행의 경우 동일한 발행비용으로 액면발행의 경우보다 주식발행초과금 만큼 더 많은 자금을 조달할 수 있어 주식을 적게 발행하더라도 필요자금의 조달이 가능하므로 상대적으로 자금조달 비용이 절감되고 향후 배당압박도 경감된다. ③ 증권시장의 안정화 도모로 액면발행은 증자 전후에 주가의 급등·락을 초래하여 증자자체가 주가변동 요인이 됨에 따라 투기성이 조장되어 유통시장의 안정성을 해치는 경우가 있었으나, 시가발행은 주가상승기에는 증자의 증가로 주식의 공급이 증가하여 주가의 과열에 제동기능을 하게 되고 주가하락기에는 증자가 감소됨에 따라 주식 공급의 감소로 하락했던 주가의 회복력을 증진시키는 등 시장의 자동수급 조절기능이 수행될 수 있다. ④ 자본이득의 해외유출 방지로 한국의 주가수준은 선진국에 비해 상대적으로 낮은 상태로서 자본시장의 개방과 더불어 자본이득이 해외로 유출될 소지가 크므로, 이를 방지함과 동시에 자본시장의 국제화에 부응하여 주식발행 제도도 국제적 증자관행에 맞추어 나감으로써 발행시장의 선진화를 도모할 수 있다.

(나) 유상증자 발행가액의 결정

"증권의 발행 및 공시 등에 관한 규정" 제5-18조에 따라 주권상장법인의 유상증자는 기준주가(조정주가)가 액면가액 이하인 경우 외에는 시가발행을 하여야 하는데, 이때 발행가액은 이론권리락주가 또는 기준주가에 할인율을 적용하여 산정한다. 다만, 일반공모방식으로 하는 유상증자의 경우에는 그 할인율을 100분의 30 이내로 정하여야 하며, 제3자배정증자방식으로 하는 유상증자의 경우에는 그 할인율을 100분의 10 이내로 정하여야 한다. 일반공모방식과 제3자배정방식의 경우에는 청약일 전 과거 제3거래일부터 제5거래일까지의 가중산술평균주가(그 기간 동안 증권시장에서 거래된 해당 종목의 총 거래금액을 총 거래량으로 나눈 가격)를 기준주가로 하여 주권상장법인이 정하는 할인율을 적용하여 발행가액을 산정한다. 주주배정방식과 주주우선공모방식의 경우에는 자율적으로 발행가액을 산정하고 있다.[18)]

---

18) 주주배정방식과 주주우선공모 진행시 기준가격 산정은 자율화되었지만, 실무적으로는 "구, 증권의 발행 및 공시등에 관한 규정" 제57조에 의거한 발행가액 산정방식이 여전히 사용되고 있으며, 다음과 같다.

(가) 1차 발행가액의 산정 : 주주배정방식 및 주주우선공모방식

① 기준주가의 산정 : 신주배정기준일(주주우선공모인 경우 주주확정일)전 제3거래일을 기산일로 하여 기산일로부터 소급한 1개월 평균종가, 1주일 평균종가, 최근일 종가를 산술평균하여 산정하되 그 산정가액이 최근일 종가를 상회하는 경우에는 최근일 종가를 기준주가로 한다. 이때 평균종가는 거래량으로 가중평균하여 계산하며 구주의 거래형성이 없는 때에는 신주중 거래량이 가장 많은 신주의 종가를 구주의 종가로 한다. 제3자배정 시 기준주가는 청약일전 3거래일의 가중산술평균주가로 한다.

② 발행가액 산정 :

7 무상증자제도

(1) 무상증자의 의의

회사에 실질적인 자본금의 증가가 이루어지지 않는 증자를 무상증자라 한다. 즉, 무상증자는 이사회 또는 주주총회의 결의로 법정준비금[이익준비금, 자본준비금(주식발행초과금, 감자차익, 합병차익, 주식의 포괄적 교환·이전으로 인한 차익, 분할차익, 자기주식처분이익 등 기타자본거래에서 발생한 잉여금)]을 자본에 전입하고 증가된 자본금에 해당하는 만큼의 신주를 발행하여 구주주에게 소유주식수에 비례하여 무상으로 배정·교부하는 방법이다. 무상증자는 자금조달을 목적으로 하지 않고 자본구성의 시정, 사내유보의 적정화 또는 주주에 대한 자본이득의 환원을 목적으로 총자산의 변화 없이 재무제표상의 항목변경을 통해 신주를 발행하는 것이다.[19]

$$\text{이론권리락주가(조정주가)} = \frac{\text{기준주가} + \text{발행가액} \times \text{유상증자비율}}{1 + \text{증자비율}} \quad \cdots\cdots\cdots\cdots\cdots ⓐ$$

$$\text{발행가액} = \text{이론권리락주가} \times (1 - \text{할인율}) \cdots\cdots\cdots\cdots\cdots\cdots\cdots\cdots\cdots\cdots\cdots\cdots ⓑ$$

위의 ⓐ, ⓑ 두 산식으로부터 ⓑ식을 대입하면 아래와 같은 산식이 도출된다.

$$\text{이론권리락주가} = \frac{\text{기준주가}}{1 + \text{유상증자비율} \times \text{할인율}}$$

따라서

$$\therefore \text{1차 발행가액} = \frac{\text{기준주가} \times (1 - \text{할인율})}{1 + \text{유상증자비율} \times \text{할인율}}$$

이 된다.

(나) 2차 발행가액의 산정 : 주주배정방식 및 주주우선공모방식

① 기준주가의 산정 : 2차 발행가액의 산정시 기준주가는 청약일전 제3거래일로부터 소급한 1주일 평균종가 및 최근일종가를 산술평균하여 산정하되 그 산정가액이 최근일종가를 상회하는 경우에는 최근일종가를 기준으로 한다.

② 발행가액의 산정 : 2차 발행가액=기준주가×(1−할인율)이 된다.

(다) 최종 발행가액 : 주주배정방식 및 주주우선공모방식

최종 발행가액 = Min[1차발행가액, 2차발행가액]이다.

19) 법정준비금은 법률의 규정에 의하여 적립이 강제된 준비금으로 자본의 결손보전과 자본전입으로만 사용이 가능하다 : 이익준비금(상법 제458조), 자본준비금(상법 제459조), 임의준비금은 법정준비금의 적립 후 여유가 있는 때에 적립이 인정되며 적립의 목적에 따라서 나누어진다. 임의준비금은 적립목적을 위하여 우선적으로 사용되어야 하며, 결손의 전보나 이익배당의 재원으로 사용할 수 있다. 원칙적으로는 법정준비금만 전입대상이지만, 임의준비금도 법정준비금으로 항목 변경하는 주주총회 결의가 있을 경우에는 전입이 가능하다 : 재평가적립금, 재무구조개선적립금.

(2) 주식배당

무상증자는 자본잉여금 및 법정준비금의 자본전입인데 반해, 주식배당은 기업의 영업성과에 따라 발생한 이익잉여금의 자본전입을 의미한다. 즉, 회사의 이익을 주주에게 현금으로 배당하는 대신 신주를 발행하여 배당하는 것으로서 사외유출될 자금을 자본화시켜 주식으로 지급하기 때문에 자산이 그만큼 유보되어 '이익의 자본화'라고도 한다. 주주에 대한 배당으로 간주되어 배당소득세를 원천징수하여야 한다. 상법상의 한도는 이익배당총액의 1/2 이내이나(상법 제462조의2 제1항), 상장법인에 대하여는 위 상법상의 규정에도 불구하고 시장에서 형성된 시가가 액면가액을 초과하는 경우에 한하여 이익배당의 전부를 주식배당으로 할 수 있다. 상장법인은 주식배당 예정내용(배당할 주식의 종류, 배당률 등)을 당해 사업연도말 15일전까지 이사회에서 결정하여 금융감독원장에게 신고하여야 한다. 또한 주식배당을 결의한 때에는 사유 발생즉시 당일 공시하여야 한다.

Ⅲ 주식유통시장 및 제도

1 주식유통시장의 기능과 특징

주식의 유통시장은 이미 발행된 주식이 투자자 상호간에 매매 거래되는 시장을 말한다. 즉 유통시장은 투자자가 소유하고 있는 주식을 매각하여 투자자금을 회수하거나 이미 발행된 주식을 취득하여 금융자산을 운용하는 시장이다. 유통시장은 발행된 주식의 시장성과 유통성을 높여 일반투자자의 투자를 촉진시킴으로써 발행시장에서의 장기자본조달을 원활하게 해줄 뿐만 아니라 유통시장에 의한 유가증권의 시장성과 유통성은 유가증권의 담보력을 높여준다. 또한 유통시장은 다수의 투자자가 참여하는 자유경쟁시장이므로 주식의 공정한 가격을 형성할 뿐만 아니라 유통시장에서 형성되는 가격은 앞으로 발행할 새로운 증권의 가격을 결정하는 역할을 한다.

주식의 유통시장은 제1차적 시장(primary markets)에서 발행된 주식이 투자자 상호간에 끊임없이 매매가 이루어지는 제2차적 시장(secondary markets)으로 다음과 같은 특징을 가지고 있다.

① 유통시장은 거래가 경쟁적이다. 발행시장에서는 매도측이 1인 또는 소수의 집단이며, 매수측은 보통 다수의 투자자인데 비하여 유통시장은 매도측이나 매수측이 모두 다수로 구성되어 거래가 경쟁적인 시장이다.

② 유통시장은 구체적이고 조직적이며 계속적 시장이다. 발행시장은 일반적으로 구체적인 시장시설에 의하여 이루어지지 아니하기 때문에 추상적 시장이라고 할 수 있으며 유통시장은 일반적으로 한국거래소시장을 의미하므로 구체적, 조직적 시장이고 거래가 반복적으로 이루어지는 계속적 시장이다.

③ 유통시장과 발행시장은 상호 보완적이다. 발행시장에서의 증권발행에 대한 규모, 조건, 시기 등에 따라 유통시장의 시황에 많은 영향을 미치게 된다. 또한 유통시장에서 거래가 활발하게 되어야 그 시장성과 환금성이 보장되며 유가증권의 수요, 공급이 조절되고 공정한 가격이 형성된다. 유통시장의 시황에 따라 발행조건이 결정되고 그 발행조건에 따라 직접 발행비용에 영향을 미치게 된다. 즉, 발행규모가 증가하면 유통시장이 침체되어 시황이 나빠지고 그렇게 되면 증권발행이 어려워져 발행조건이 나빠지게 된다. 시중자금사정이 좋아 증권발행규모가 축소되고 반면에 증권수요는 많아져 증권의 가격이 상승하면 발행자는 좋은 조건으로 증권을 발행할 수 있게 된다. 그러면 다시 발행규모가 증가하는 메커니즘이 계속 반복되어 균형에 도달하며 적정한 주식가격이 형성되는 것이다.

주식의 유통시장이 증권유통의 원활화라는 기능을 잘 수행하기 위해서는 ① 거래대상이 되는 주식의 발행물량이 많아야 하고, ② 발행된 주식이 다수의 투자자에게 분산 소유되어야 하며, ③ 주식의 매매, 유통이 효율적이어야 하는 등의 요건구비가 필요하다.

2 주식유통시장의 구조

주식의 유통시장은 크게 거래소시장과 장외시장으로 나누어진다. 거래소시장은 구체적으로 일정한 건물과 장소를 갖추고, 일정한 자격을 갖춘 매매당사자들이 일정한 시간에 모여서 공개적으로 계속적이며 조직적인 매매거래를 수행하는 시장을 의미한다. 거래소나 코스닥시장에서 매매되는 증권은 상장증권이라야 하며, 경쟁매매를 원칙으로 일정한 매매거래제도에 따라 증권거래가 이루어지고 있다. 한국거래소는 유가증권시장과 코스닥시장 및 코넥스시장으로 구분된다. 유가증권시장에서는 주식, 채권, 수익증권 등이 거래되고 코스닥시장과 코넥스시장에서는 주식만이 거래된다.

상장 유가증권만을 집중적으로 거래하고 있는 거래소 시장과는 달리, 조직적인 거래소가 아닌 다른 곳에서 증권이 매매되는 비조직적인 시장을 포괄적인 의미에서의 장외시장(over the counter market : OTC market)이라고 한다.

(1) 거래소 기능

증권의 실질적 유통을 담당하기 위해 조직화되고 상설적인 거래소(한국거래소)의 주요기능은 다음과 같다.

① 상설적 수요공급의 집중기관으로서의 기능
② 공정가격형성 기능
③ 가격보험 기능
④ 산업자금조달 기능
⑤ 자본수요의 동향 내지 수급조절 기능
⑥ 상장증권에 대한 시장성 부여 기능
⑦ 상장심사에 의한 상장증권의 투자 및 거래의 안정성
⑧ 담보성 부여에 의한 담보가치의 기준 및 담보가치를 높이는 기능
⑨ 재산평가의 기준을 제공하는 기능
⑩ 경기지표로서의 기능과 선행적인 기능
⑪ 가격평등 기능
⑫ 가격조정 기능
⑬ 공황방지 기능

증권거래소를 일종의 시장이라는 관점에서 본다면, 이상에서 열거한 기능 가운데 ①의 상설적 수요공급의 집중기관으로서의 기능과 ②의 공정가격 형성의 기능이 증권거래소의 기본적 기능이라고 볼 수 있으며, 이하의 기능은 위 두 가지 기능에서 파생된 기능이라 할 수 있다.

(2) 주식장외시장

(가) 장외시장의 의의

장외시장이란 거래소 시장(유가증권시장, 코스닥시장 및 코넥스시장) 이외의 장소에서 유가증권거래가 형성되는 시장을 말한다(off board market).[20] 좁은 의미에서는 금융투자회사(증권회사)의 창구에서 고객과 금융투자회사간, 금융투자회사와 금융투자회사간의 점두시장을 의미한다(over-the-counter market).

(나) K-OTC시장

K-OTC시장이란 증권시장에 상장되지 아니한 주권의 장외매매거래를 위하여 협회가 운영하는 금융투자상품시장을 말한다.[21]

2000년 3월 한국금융투자협회(당시 한국증권업협회)는 증권거래소나 코스닥시장의 상장요건을 충족시키지 못하여 제도권시장에 진입하기 어려운 기업들이 발행하는 주식이나, 상장이 폐지된 주식에 대하여 유동성을 부여하는 시장으로서 장외호가중개시스템(OTC Bulletin Board : OTCBB)을 개설하였다. 제3시장이라고도 불리웠던 이 시장[22]은 2005년 7월 시장명칭이 프리보드(Free-Board)로 변경되었다. 비상장주식의 거래를 집중함으로써 거래의 편의성과 가격의 공정성을 제고하며, 장외주식거래시에 발생하는 불공정거래나 사기행위로부터 투자자를 보호하는 기능을 수행한다. 프리보드는 자본시장법과 동 시행령에 근거하여 개설되었고, 특히 벤처기업이 발행한 주식의 유통을 활성화 하여 벤처자금의 선순환을 도모하는 벤처중심의 시장이

---

20) 한국에서의 유가증권시장은 유가증권의 매매거래를 위하여 자본시장법 제373조의 규정에 의하여 설립된 한국거래소가 개설하는 시장을 의미한다. 광의의 장외시장(off board markets) 명칭은 당초 뉴욕증권거래소(Big Board) 명칭과 대칭적인 의미에서 유래되었다.

21) 한국거래소는 비상장 스타트업기업 장외시장인 'KSM(스타트업 마켓, KRX Startup Market)'을 2016년 11월 14일 부터 개설운영하고 있다. 크라우드펀딩에 성공한 스타트업 등의 상장을 지원하는 것을 목적으로 한다. 코넥스 · 코스닥 등 정규 주식시장 상장을 위한 인큐베이팅 역할도 수행하면서, 창업기업 주식을 투자자가 직접 거래할 수 있도록 한국거래소가 직접 설립하여 운영하는 장외시장이다. 비상장 대기업 · 중견기업 위주로 운영되는 K-OTC 및 K-OTCBB와 달리 창업기업의 거래에 초점을 두고 있다. 참고로, 미국 NASDAQ거래소의 경우 비상장주식 중개업체인 Sharespost와 공동투자를 통해 NPM(Nasdaq Private Market)을 설립하여 비상장기업에 대한 자금조달과 주식유통 및 제반서비스기능을 수행하고 있다. 2015년 10월에는 비상장주식거래 전용시스템인 Secondmarket을 흡수합병함과 동시에 Sharespost지분 전량을 매입하여 적극적으로 비상장거래주식시장에 참여하고 있다.

22) 엄밀한 의미에서 제3시장(the third market)이란 거래소 밖에서, 동 거래소에 상장된 주식을 거래하는 것을 의미한다.

다. 그러나, 당초 개설취지와는 달리, 프리보드시장은 거래 대상기업이 소수의 중소기업 위주로 한정되어 있고 거래 및 운영실적이 기대에 부응하지 못했다는 지적을 받았으며, 2014년 8월 25일부터 기능이 대폭 확대된 K-OTC(Korea-Over The Counter)로 개편되었다. K-OTC 시장은 자본시장법에 근거해 개설·운영되는 시장으로서, 종래 프리보드시장과 달리 시장운영주체인 금융투자협회가 비상장주식을 거래종목으로 지정할 수 있다(임의지정제도 신설).[23] K-OTC시장의 개편으로, 중소기업 위주의 시장에서 벗어나 비상장주식을 투명하고 원활하게 거래할 수 있는 실질적인 장으로서의 기능행사가 가능해졌으며, 비상장 중견·대기업 주식의 거래 활성화를 기대하고 있다.[24]

2015년 4월 27일부터, 금융투자협회는 최소한의 유통조건(예탁지정)을 갖춘 기타 모든 비상장법인 주식이 유통 가능하도록 K-OTCBB 호가게시판을 개설·운영하고 있다. 금융투자회사가 신청할 경우 비상장주권의 장외거래의 호가 및 매매체결내용 등이 공표되는 전산시스템이다.

또한, 한국금융투자협회는 전문투자자를 대상으로한 비상장주식 거래 플랫폼인 K-OTC PRO(Korea Over-The-Counter Professional)를 개설 운영하고 있다. 2017년 7월 17일 개설된 K-OTC PRO는 거래 대상을 찾기 어려운 비상장기업투자의 문제점을 해결하기 위한 목적으로 설립되었다. 일정자격요건을 충족한 벤처캐피탈, 사모펀드, 은행 등 전문투자자를 투자자회원으로, 금융투자회사는 비상장기업인 기업회원을 연결하는 중개회원으로 참여하는 비공개회원제로 운영된다. 혁신 중소·벤처기업에 대한 민간투자를 활성화할 것으로 기대하고 있다.

(다) 다자간매매체결시스템(ATS: alternative trading system, 다자간매매체결회사, 대체거래시스템)

다자간매매체결회사는 정보통신망이나 전자적 방법으로 동시에 다수의 자를 거

23) 사업보고서 제출법인으로서 공모실적이 있는 법인을 금융투자협회가 직권으로 지정할 수 있는 제도

24) K-OTC시장은 등록기업부와 지정기업부 시장으로 구성되어 있다(금융투자협회, K-OTC 시장운영규정 제4조). 등록기업부는 기업의 신청에 따라 금융투자협회가 매매거래대상으로 등록한 비상장주식을 발행한 기업으로 구성되며, 지정기업부는 금융투자협회가 매매거래대상으로 지정한 비상장주식을 발행한 기업으로 구성된다. 지정기업은 K-OTC시장에서 공시를 하지 않으며, 금융투자협회는 금융감독원 전자공시시스템, 예탁결제원 증권정보포털 등에 공개된 지정기업 정보에 따라 시장조치 등을 취한다. 일반투자자들은 상장주식처럼 증권사방문이나 전화 등을 사용해서 거래가 가능하며, 홈트레이딩시스템(HTS)을 통해서 온라인 매매거래가 가능하다. 거래 첫날 기준가는 주당 순자산가치로 산정된다. 다만, 장외주식 거래가격을 제대로 반영하기 어려운 현실을 감안해서 거래 첫날에는 호가범위를 30~500%까지 인정하고 있다(K-OTC 시장운영규정 시행세칙 제7조).

래 상대방 또는 각 당사자로 하여 일정한 매매가격의 결정방법으로 상장주권 등의 매매 또는 중개·주선·대리 업무를 수행하는 투자매매업자 또는 중개업자를 의미한다(자본시장법 제8조의2 제5항). 시장 참여자의 다양한 매매체결 수요에 부응하면서, 별도의 상장기능 없이 일반 거래소의 매매체결에 해당하는 기능만을 제공하는 형태의 매매체결시스템을 포괄적으로 다자간매매체결시스템이라 부른다. 2013년 8월 자본시장법 개정을 통해서 한국시장에 정식으로 도입되었으며, 다양한 형태로 존재해왔다.

ATS의 가장 대표적인 형태는 전자장외중개시스템(ECN : electronic communications network)이다. ECN은 조직화된 시장외 매매거래의 편의를 제공하기 위한 목적으로 화면상에 표시된 거래의사와 거래정보를 대상으로 거래참가자가 직접 교섭하여 상대방과 직접 거래하는 전자거래시스템을 의미한다. 전자거래시스템은 본래 기관투자자 등 전문투자자의 매매주문을 연결하여 컴퓨터로 거래를 체결시켜주는 사설거래시스템(PTS : proprietary trading system)으로 출발하였다. 거래관련 정보가 공개된다는 점에서 'lit pool'이라고도 불리우는 ECN은 인터넷의 보급과 함께 급속한 성장세를 보였으며 정보통신기술의 발달과 기관투자자의 다양한 거래기법 및 시간외 매매의 확산 등과 더불어 서비스를 강화해나가고 있는 중이며 급속한 성장이 기대되고 있는 시장이다.[25] 'dark pool(다크풀)'은 효율적 대량매매를 원하는 기관투자자를 중심으로 하는 형태의 ATS다. 거래관련 정보가 공개되지 않거나 제한적으로만 공개되는 '익명성'의 장점을 가진 반면 투명성이 약하다는 단점이 있다. 2000년대 중반 이후 활발한 설립 움직임과 거래량 증가를 보이고 있으며, 미국주식시장의 경우에는 2013년 기준으로 전체 거래량의 35%를 차지할 정도로 급속한 성장세를 보이고 있다. 최근, 다크풀은 헤지펀드, 뮤추얼펀드, 고빈도매매자 등 다양하면서도 고도의 매매거래기술을 사용하는 기관위주의 시장참가자들이 적극 활용하고 있다.

우리나라 자본시장법은 무분별한 ATS 설립을 방지하기 위하여 200억원의 최소자기자본을 설립요건으로 규정하고 있다. 주식소유의 경우, 1인당 소유한도를 15%로 하되, 금융기관 또는 외국 ATS는 금융위원회의 승인을 받아 30%까지 소유가 가능하도록 하고 있다. 매매거래방식으로는 경쟁매매방식과 증권시장에서 형성된 매매가격을 이용하는 방법을 허용하고 있다. 다만, 경쟁매매방식에 의한 거래의 경

25) 우리나라 최초의 ECN은 정규거래시간 이후의 추가적 거래수요에 부응할 목적으로 2001년 설립된 한국ECN증권(주)이 있다. 한국 ECN증권은 장종료후 16:30-21:00 동안 당일 종가 또는 30분간 임의종료 단일가 매매방식으로 매매거래를 처리하였으나, 수차례 제도개선에도 불구하고 유동성 부족으로 2005년 청산되었다.

우, ATS의 6개월간 평균 거래규모가 증권시장 전체 평균거래량의 15%를 초과할 수 없도록 규정하고 있다. 개별 종목별 평균거래량은 30%를 초과할 수 없도록 규정하고 있으며, 거래규모요건을 초과할 경우 거래소로 전환할 것을 의무규정하고 있다. ATS의 청산 및 시장감시는 한국거래소가 담당하고 있으며, 결제업무는 한국예탁결제원이 수행하고 있다. 자본시장법에 의한 다자간매매체결회사의 도입과 함께, 거래소 설립주의 원칙이 허가제로 변경되었으며 국내거래소시장 분할(fragmentation)의 법적토대가 마련되었다.

3 상장제도

(1) 거래소 상장제도

(가) 상장의 의의 및 효과

상장(listing)이란 일정한 요건을 구비한 특정 유가증권을 대상으로 증권거래소 시장에서 거래될 수 있는 자격을 부여하는 것을 말하며 증권가격을 보장하는 것을 의미하지 않는다. 매매거래의 대상물로 인정된 유가증권을 상장증권이라고 하며, 상장증권을 발행한 회사를 상장회사라고 한다.[26]

상장은 상장회사와 투자자에게 다음과 같은 효과를 가진다. 상장회사의 입장에서는 소유주식의 분산을 촉진하는 계기로 활용할 수 있으며, 당해 상장기업 및 생산제품을 홍보할 수 있고, 시장성의 증대로 향후 직접금융시장을 통한 자금조달이 용이하며, 상장회사로서 대외적 신인도를 제고할 수 있는 계기가 될 수 있다. 또한, 투자자 측면에서는 상장주식을 보유함으로써 환금성과 높은 담보가치를 유지할 수 있으며, 신뢰성 있는 투자자료의 입수와 함께, 공정한 가격형성 등을 기대할 수 있는 효과가 있다. 상장주식이 가지는 이러한 중요성에 비추어 한국거래소에서는 상장에 관하여 여러 가지 제도를 마련하여 규제하고 있으며 상장주식에 관한 관리를 수행하고 있다.[27]

26) 한때, 한국에서는 공개요건과 상장요건을 동일하게 운영함으로써 공개와 상장을 동일한 개념으로 이해하는 경우가 있었으나, 공개는 상장을 위한 전단계로 주식분산에 중점이 있는 것으로서 상장과는 별개의 개념이다.

27) 증권의 상장은 자본시장법(제390조 상장규정)에 의해 한국거래소가 규정한 "유가증권시장 상장규정"과 "코스닥시장 상장규정" 및 "코넥스시장 상장규정"에 의한다.

(나) 상장의 종류

상장은 신청유무에 따라 상장신청에 의한 상장과 명령에 의한 상장이 있으나 전자가 일반적인 상장에 해당된다. 또한, 유가증권의 종류에 따라서는 주권, 채권, 신주인수권증권, 수익증권 상장으로 구분되기도 하는데 주권의 상장내용은 다음과 같다(한국거래소 유가증권시장(코스닥시장)상장규정).[28)]

① 신규상장

신규상장은 증권거래소에 주권이 상장되어 있지 아니한 주권의 발행인이 기업을 공개하여 일반에게 주식을 매각한 후 처음으로 주권을 상장하는 것을 말한다. 신규상장은 상장법인이 모집 또는 매출을 통해 상장하는 공모상장과 이미 분산요건을 충족한 기업이 예비상장 심사 후 공모절차 없이 주권을 상장하는 직상장(유통상장)으로 구분된다.

② 신주상장

신주상장이란 기상장된 주권의 발행인이 유상 또는 무상증자, 기업합병, 전환사채권 등의 권리행사, 주식배당, 예탁증서 발행 등의 경우에 새로이 주권을 발행하여 상장하는 것을 말한다. 이때 신주인수권 증권, 신주인수권부 사채권, 전환사채권의 권리행사로 인한 발행예정 총주식에 대하여 최초로 권리행사가 있는 경우에는 신주일괄상장의 신청이 가능하다.

③ 변경상장

변경상장은 당해 주권의 종목(상호), 종류(우선주, 보통주), 액면금액, 수량(자본감소, 병합 등으로 주식수 감소) 등을 변경한 후 새로이 발행한 주권을 상장하는 것을 말한다.

④ 재상장

재상장은 상장폐지된 법인이 상장폐지 후 일정기간동안 자구노력을 기울여 회사가 정상적으로 갱생하였을 경우에 이 회사에 대하여 신규상장요건보다는 완화된 요건을 적용하여 보다 용이하게 다시 상장하는 것을 말한다. 재상장 신청시기는 상장폐지된 날로부터 5년 이내로 제한하고 있다. 또한, 주권상장법인의 분할 또는 분할합병(분할합병의 상대방회사가 주권상장법인인 경우에 한함)에 의하여 설립된 법인이나 주권상장법인간의 합병에 의하여 설립된 법인이 상장하는 경우를 의미한다.

28) 현재, 한국거래소에서 직상장은 코스닥상장법인이 공모없이 유가증권시장으로 시장이전하는 경우에만 인정된다.

(2) 상장절차[29]

(가) 선행요건

거래소에 신규상장 하고자 법인은 상장요건상 최근 사업연도의 감사의견이 적정(직전 2사업연도의 경우 한정의견도 가능)이어야 하고, 회사설립 후 3년이 경과한 경우에는 상장예비심사 청구시 최근 3사업연도의 재무제표에 대한 감사인의 감사보고서를 제출해야 하므로, 최소한 3사업연도에 걸쳐 외부감사인으로부터 감사를 받아야 한다. 또한 당해 사업연도의 반기종료후 45일이 경과한 경우에는 반기재무제표에 대한 감사인의 검토보고서를 제출하여야 하므로 동재무제표에 대해서도 외부감사인의 검토를 받아야 한다(한국거래소의 「유가증권시장상장규정」 제21조).[30]

(나) 상장 준비단계

① 대표주관회사계약 체결

주관회사는 유가증권을 인수함에 있어서 인수회사를 대표하여 발행회사와 인수조건 등을 결정하고 인수 및 청약업무를 총괄하는 업무 등을 수행하는 회사이고, 대표주관회사는 발행회사로부터 유가증권의 인수를 의뢰받은 회사로서 주관회사를 대표하는 회사를 말한다. 신규상장을 추진하는 법인이 기업공개를 위한 주식의 인수를 의뢰하고 신규상장에 관련된 제반업무를 원활하게 진행하기 위해서는 통상 대표주관회사를 선정하고 대표주관회사계약을 체결하게 된다(한국거래소의 "유가증권시장상장규정" 제12조, 금융투자협회의 "증권인수업무 등에 관한 규정" 제2조 및 제3조).

② 정관의 정비

상장기업으로서의 법적 요건을 갖추고 제반 주식관련사무를 원활하게 처리하기 위해서는 주권을 거래소에 상장하기 전에 한국상장회사협의회가 제정한 표준정관을 참고하여 다음 사항에 관한 정관의 내용을 정비할 필요가 있다.

(a) 수권주식수의 조정 : 신주공모 또는 기타의 증자로 발행주식수의 증가가 예정되어 있어 정관상의 수권주식수가 부족할 것으로 예상되는 경우 상장 전에 정관을 변경하여 수권주식수를 늘려야 한다.

(b) 회사가 발행할 주식의 종류 : 상장기업이 되면 여러 가지 종류의 주식을 발행

29) 상장절차는 금융투자협회의 『증권시장의 이해』에서 인용했으며, 여기에서는 유가증권시장의 상장절차를 중심으로 설명한다.

30) 자본시장법에서는 과거에 증권발행인은 금융위원회에 등록해야하는 규정이 폐지되었다.

하여 자금을 조달할 수 있게 된다. 그러나 회사가 보통주식 이외에 의결권이 없는 우선주 등 다양한 종류의 주식을 발행하기 위해서는 정관에 회사가 발행할 수 있는 각종 주식의 내용과 수를 정하여야 한다. 또한 이익배당에 관하여 우선적 내용이 있는 종류의 주식에 대해서는 정관으로 최저배당률을 정하여야 한다.

(c) 1주의 금액 : 상법상 주식 1주의 금액은 100원 이상으로 정할 수 있도록 되어 있어 금액상의 제한은 없다고 할 수 있다(상법 제329조). 그러나 1주의 금액이 지나치게 높을 경우 상장 후 주식의 유동성에 문제가 있을 수 있기 때문에 유동성을 높이고 투자자의 거래 편의를 위해 미리 주식을 분할할 수 있다. 상장신청인이 1주의 금액이 5,000원 미만인 주식을 발행할 경우 권면액은 100원, 200원, 500원, 1,000원, 2,500원이 가능하다.

(d) 신주인수권의 배제 및 제약에 관한 조항 : 신주인수권은 주주의 기본적인 권리로서 정관에 다른 정함이 없으면 주주는 신주가 발행될 경우 소유주식수에 비례하여 신주를 배정받을 권리를 가진다. 따라서 신주를 공모하고 우리사주조합에 신주를 우선배정하기 위해서는 정관에 주주의 신주인수권을 배제하는 조항이 있어야 한다.

(e) 주주총회의 소집공고에 관한 사항 : 상법상 주주총회의 소집을 위해서는 회의일 2주간 전에 회의의 목적사항을 기재하여 주주에게 서면으로 통지하여야 한다. 그러나 상장법인은 자본시장법에 의하여 의결권있는 발행주식총수의 1% 이하의 주식을 소유하는 주주에 대해서는 정관에서 정하는 바에 따라 회의일 2주간 전에 총회를 소집하는 뜻과 그 목적사항을 2개 이상의 일간신문에 각각 2회 이상 공고함으로써 소집통지에 갈음할 수 있기 때문에 정관으로 주주총회의 소집통지와 공고에 관한 사항을 규정할 필요가 있다.

(f) 명의개서대행제도의 채용에 관한 조항 : 유가증권시장상장규정에서 주권신규상장법인은 명의개서업무에 관하여 명의개서대행회사와 계약을 체결하도록 정하고 있다. 따라서 거래소에 주권을 상장하고자 하는 법인은 정관으로 명의개서대리인에 관한 사항을 정할 필요가 있다.

(g) 신주의 배당기산일에 관한 사항 : 거래소는 주식의 종류별로 배당기산일이 다를 경우 그 사유가 해소될 때까지 당해 주권의 상장을 유예하고 있다. 따라서 유상증자, 무상증자 및 주식배당에 의하여 신주를 발행할 경우 신주에 대해 구주와 동일한 배당기산일이 적용되도록 이에 관한 조항을 정관에서 정하

여야 한다.

③ 명의개서대행계약

상장법인이 되면 주주수가 많아지고 주식의 매매거래가 빈번해짐에 따라 주주명부 및 주권의 관리 등 주식사무의 양이 방대해지므로 주식명의개서 및 주권발행업무 등 주식사무를 전문적으로 대행하는 명의개서대행회사에 위임할 필요가 있다. 명의개서대행회사를 선임하는 경우에는 상장에 앞서 이사회결의를 거쳐 명의개서대행회사를 선정하고 명의개서대행계약을 체결하여야 한다.[31]

④ 우리사주조합 결성 및 지주관리위탁계약

우리사주조합은 종업원이 자기 회사 주식을 취득·관리하기 위하여 조직한 자율적인 단체이다. 그러므로 종업원의 자유로운 의사에 따라 조합에 가입·탈퇴할 수 있고 우리사주조합은 당해 회사 및 지주관리회사(한국증권금융)와 대등한 입장에서 종업원지주제도의 운영에 관한 사항을 협의·약정하고 그 관리운영의 주체가 된다. 우리사주조합은 기업의 공개여부에 관계없이 어느 기업이든지 자율적으로 전종업원을 대상으로 결성할 수 있으나 상장하고자 하는 법인의 경우에는 자본시장법에 의하여 반드시 결성하도록 되어 있다. 주식의 배정에 있어서 상장하고자 하는 법인의 우리사주조합원은 당해 법인이 모집 또는 매출하는 주식총수의 20% 범위 안에서 우선적으로 배정받을 권리가 있다. 그러나 조합원이 소유하는 주식수가 신규로 발행되는 주식과 이미 발행된 주식 총수의 20%를 초과하는 경우에는 적용되지 않는다. 그리고 비상장법인의 경우는 우선배정을 의무화하지는 않지만 정관의 규정에 따라 구주주의 신주인수권을 제한하여 조합원에게 우선 배정할 수 있다. 비상장법인의 경우에는 증자시 우리사주조합원에 대한 배정비율에 제한이 없다(다만, 비상장법인이 자본시장법에 따라 공모하는 경우에는 20%까지 배정할 수 있다).

⑤ 이사회(또는 주주총회)의 결의(상법 제416조)

모집의 경우는 주권을 신규로 상장하기 위하여 신주를 발행하는 경우, 정관에 규정이 없으면 이사회(정관으로 주주총회에서 결정하기로 정한 경우에는 주주총회)가 신주의 종류와 수, 신주의 발행가액과 납입예정기일, 신주의 인수방법, 우리사주조합에 대한 우선배정에 관한 사항, 구주주의 신주인수권 배제에 관한 사항, 공모일정 및 기타사항 등에 대해 결정하여야 한다. 매출의 경우 구주의 매출을 통해 주권을 상장하는 경우에는 최대주주로부터 매출주식수 및 매출가격 등 구주매출에 관한 세

31) 거래소 상장을 위해서는 한국예탁결제원, 국민은행, 하나은행 중에서 선택하여 명의개서대행계약을 체결하도록 하고 있다.

반사항에 대한 위임을 받아 이사회 결의에 따라 공모를 하게 된다.

(다) 상장단계

① 예비접촉

주권을 상장하고자 하는 법인은 거래소와 미리 접촉하여 상장신청절차와 상장예비심사청구시기 및 상장일정 등에 관하여 협의하는 것이 도움이 된다. 거래소는 상장과 관련하여 문의 또는 협의를 받거나 접촉을 한 경우 당해 법인에 불리한 영향을 미칠 수 있는 사항에 대해서 철저하게 비밀을 유지한다.

② 대표주관회사의 주식분석

대표주관회사가 재무요건 등 상장요건 충족여부 및 재무자료, 경제동향, 산업동향 및 업계에서의 회사의 지위 등을 감안하여 당해 주식의 가치를 분석하여야 한다. 주식분석의 결과는 공모예정가격을 산출하는 근거자료로도 활용될 수 있다. 주식분석보고서는 상장예비심사청구서를 제출하는 날의 전일을 기준으로 작성하여야 한다. 분석기준일 이후에 분석에 중대한 영향을 줄 수 있는 사항이 발생한 경우에는 그 사항이 발생한 날을 기준으로 하여야 한다.

③ 상장예비심사청구서 제출

주권을 신규상장하고자 하는 법인은 신규상장 신청전에 거래소에 상장예비심사청구서를 제출하여 상장적격여부에 대해 심사를 받아야 한다. 신규상장신청인이 한국거래소에 상장예비심사청구서를 제출하면, 거래소는 주식의 분산요건 등을 제외한 상장요건의 충족여부를 심사한다. 상장예비심사청구서의 제출이 가능한 시기는 12월 결산법인의 경우 결산확정, 외부감사보고서의 제출 및 주주총회의 일정을 감안하여야 하며, 신청시기가 당해 사업연도의 6월이 경과한 때에는 반기재무제표에 대한 외부감사인의 검토보고서의 제출을 역시 감안하여야 한다. 분산요건은 신규상장 신청일을 기준으로 판단하며, 공모 후 신규상장 신청시에 충족 여부를 확인한다(유가증권시장 상장규정 제29조).

④ 증권선물위원회에 대한 감리요청

거래소는 주권상장예비심사청구서를 접수하면 먼저 상장기준 중 재무요건에 관한 사항을 심사하여 일정요건에 해당하면 증권선물위원회에 신규상장신청인의 최근 2사업연도 재무제표에 대한 감사인의 감사보고서에 대한 감리를 요청할 수 있으며 상장예비심사에 그 감리결과를 반영한다. 감리를 요청할 수 있는 경우는 신규상장신청인의 매출액, 자기자본이익률이 신규상장심사요건의 1.3배 이하인 경우이다(유가증권시장 상장규정 제29조 4항).

⑤ 상장예비심사결과의 통지

거래소의 상장예비심사결과는 유가증권시장 상장위원회의 심의를 거쳐 확정된다. 거래소는 상장심사결과를 심사청구일로부터 45일(영업일 기준) 이내에 신규상장신청인과 금융위원회에 문서로 통지한다. 한국거래소로부터 적격의 상장예비심사결과를 통지받은 신규상장신청인은 금융위원회에 유가증권신고서를 제출하고 공모절차를 진행한다(유가증권시장 상장규정 제22조).

⑥ 증권신고서의 제출

증권신고서제도는 지분증권, 지분증권과 관련된 증권예탁증권, 파생결합증권 등 증권의 모집·매출에 대한 공시제도로 발행시장공시의 핵심을 이루는 제도이다. 기업이 주식과 사채 등을 발행할 경우 상법상의 주식청약서나 사채청약서만으로는 공시가 불충분하기 때문에 투자자보호를 위하여 상세하고 사전적이며 예방적인 공시를 하도록 하여 공정한 모집·매출을 보장하려는데 그 취지가 있다(자본시장법 제119조, 증권의 발행 및 공시 등에 관한 규정). 한국거래소로부터 적격의 상장예비심사결과를 통지받은 신규상장신청인이 증권을 모집 또는 매출하기 위해서는 증권신고서를 금융위원회에 제출하고 동신고서가 수리되어 효력이 발생되어야 한다. 그러나 증권의 모집가액 또는 매출가액의 총액이 일정금액(10억원) 미만인 경우에는 증권신고서를 제출하지 않고 모집·매출을 할 수 있다.

⑦ 간이투자설명서 제출

증권을 모집·매출하고자 하는 법인은 증권신고서가 수리된 후 그 효력이 발생되기 전에 간이투자설명서를 작성하여 당해 증권의 매도의 청약 또는 매수의 청약을 권유하는데 사용할 수 있다. 예비투자설명서를 사용하는 경우에는 증권신고서를 제출할 때 함께 제출하여야 한다(자본시장법 제123조~제124조, 시행령 제133조~제134조).

⑧ 투자설명서 제출

투자설명서는 증권의 청약을 권유할 때 일반투자자에게 제공하는 일종의 투자권유문서인데 증권신고서의 내용을 보다 알기 쉽고 이해하기 쉽도록 작성하여 일반투자자에게 제시해 줌으로써 올바른 투자판단을 할 수 있도록 하는 공시서류이다. 투자설명서에는 증권신고서에 기재된 내용과 상이한 내용을 표시하거나 그 기재사항을 누락하여서는 안되며 증권신고의 효력이 발생하면 발행인은 투자설명서를 작성하여 효력발생일에 금융위원회, 발행회사의 본·지점, 청약취급처, 거래소 또는 금융투자협회에 비치하여야 하며 증권을 취득하고자 하는 자가 투자설명서의 교부를 요구하는 경우에는 반드시 이를 교부하여야 한다. 투자설명서의 내용이 예비투자설명서의 내용과 같은 경우에는 증권신고의 효력발생 후 예비투자설명서의 표지를 투자설명서의 표지로 교체하여 투자설명서로 사용할 수 있다(자본시장법 제123조, 동법 시행령 제131조 제4항).

⑨ 수요예측 및 공모가격 결정

수요예측은 주식을 공모함에 있어 인수가격을 결정하기 위하여 대표주관회사가 당해 기업의 공모희망가격을 제시하고, 그에 대한 수요상황(가격 및 수량)을 파악하는 것이다. 이 제도는 발행가격이 시장의 수요를 반영하여 시장원리에 따라 결정되도록 하기 위하여 도입되었다. 공모가격은 대표주관회사가 실시한 수요예측의 결과를 감안하여 인수회사와 발행회사가 협의하여 결정하도록 하고 있으나, 공모예정금액이 50억원 미만인 경우에는 수요예측의 방법에 의하지 않고 경매 등의 방식을 거쳐 공모가격을 결정할 수 있다. 현재 수요예측의 방법 및 절차에 대해서는 대표주관회사가 자율적으로 정하여 증권신고서에 기재하도록 하고 있다.

⑩ 청약 및 납입

(a) 청약 : 주식의 모집·매출에 대한 청약은 증권신고서의 효력이 발생한 후 보통 2일간 청약기간을 정하고 일반투자자, 기관투자자, 우리사주조합 등 청약자의 청약을 받아 공모주식을 배정하게 된다. 청약은 보통 대표주관회사와 인수회사에서 하게 된다. 이 경우 청약자는 대표주관회사 및 인수회사가 자율적으로 정한 비율에 따라 청약증거금을 납부하게 되는데 보통 일반투자자에게는 공모가격의 50%를 청약증거금으로 징수하고, 기관투자자 및 우리사주조합에게는 100%의 청약증거금을 징수하고 있다. 기관투자자는 청약기간 전에 대표주관회사가 실시한 수요예측에 참여한 수량만큼 청약을 하는 것이 보통이다.

(b) 배정 : 청약자로부터 청약을 받은 대표주관회사는 "증권인수 업무 등에 관한 규정"에서 정하는 청약배성비율 범위내에서 청약경쟁률에 따라 각 청약자에게 배정하게 된다. 배정의 방법에 대해서는 금융위원회에 제출하는 증권신고서에 기재하도록 하고 있다.

(c) 납입 : 대표주관회사는 청약증거금을 배정된 주식에 대한 납입금액으로 대체시키게 된다. 청약증거금이 납입금액에 미달하는 경우에는 납입기일 전일까지 청약자에게 그 미달금액을 추가로 납입하도록 하고 있으며, 미납입된 청약분은 인수주관회사가 자기의 계산으로 인수한다. 청약증거금이 납입금액을 초과하는 경우에는 그 초과금액을 보통 납입기일의 전일에 청약자가 지정한 계좌에 입금시켜 환불하고 있다. 그리고 배정된 주식은 상장일 전에 지정된 계좌에 입고시키고 있다.

| 그림 3-1
증권시장의 공모상장흐름도

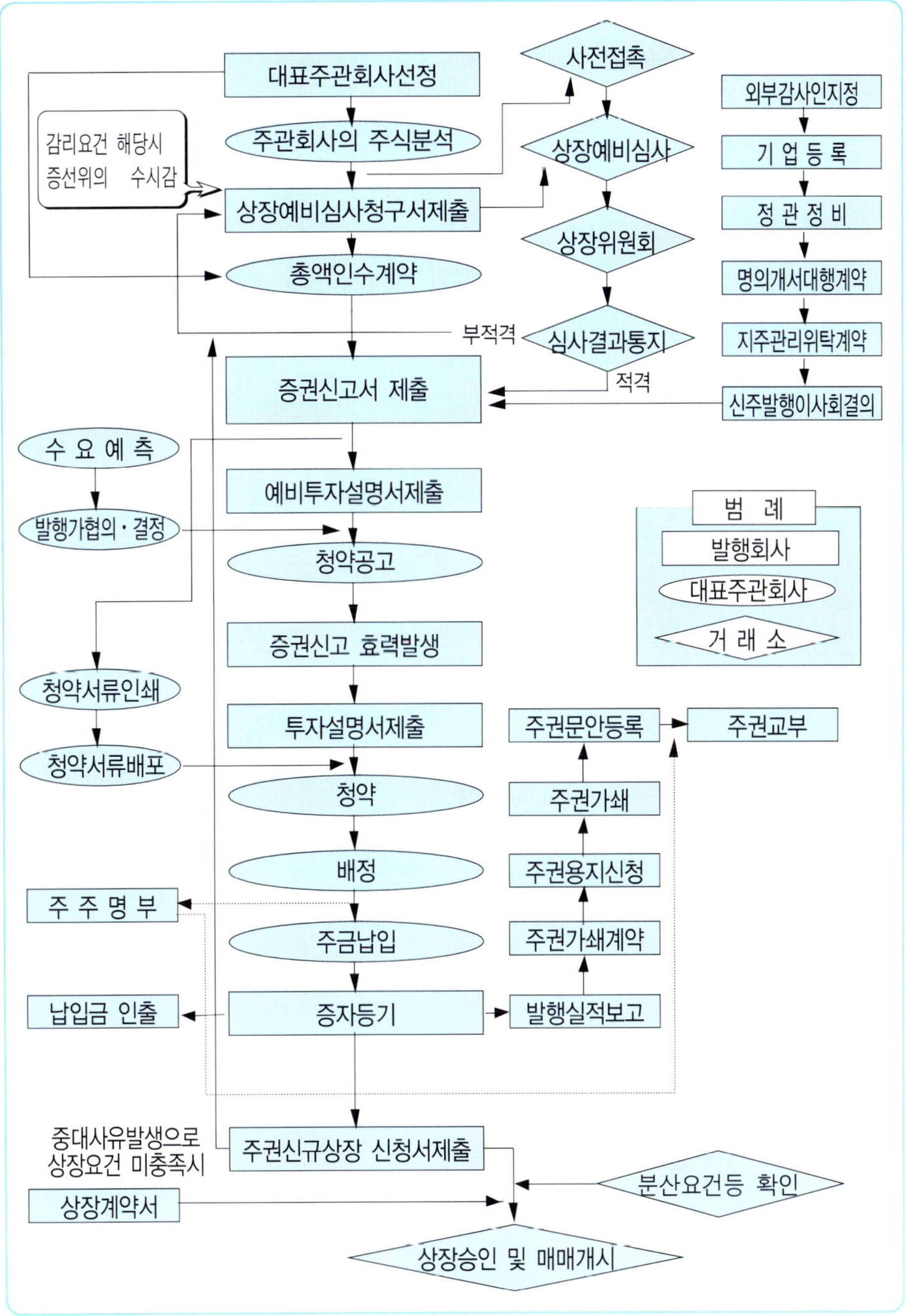

자료 : 금융투자협회, 『증권시장의 이해』.

(d) 증자등기 및 주금수령 : 주금납입이 완료되면 발행회사는 납입은행이 발행한 납입증명서와 인수단의 주식청약서(인수단의 등기부등본 포함), 총액인수・잔액인수 또는 모집・매출주선계약서, 정관 및 이사회의사록 등을 첨부하여 증자등기를 하고, 그 등기부등본을 주금납입처에 세시한 후 주금을 수령한다. 그러나 구주매출인 경우에는 증자등기가 불필요하며 주금납입이 완료되면 바로 주금을 수령할 수 있다.

⑪ 증권발행실적 보고

주식의 발행이 완료되면 발행회사는 금융위원회에 증권발행실적보고서를 제출하여야 하며, 증권발행실적보고서 사본을 거래소에도 제출해야 한다. 동보고서에는 증권발행인의 명칭 및 주소, 주관회사의 명칭, 청약에 관한 사항, 공시이행에 관한 사항, 증권의 교부일, 상장일 및 증자등기일, 유상증자 전후의 주요주주의 지분변동상황, 신주인수권증서의 발행내역, 주주가 청약하지 않은 주식의 처리내역 등을 기재하여야 한다(자본시장법 제128조, 증권의 발행 및 공시 등에 관한 규정 제2-19조).

⑫ 주권의 발행 및 교부

배정주식수가 확정되면 주권의 권종별 소요량을 산출할 수 있으므로 곧 주권발행절차가 개시되어야 한다. 따라서 명의개서대행회사는 증권예탁결제원에 주권용지 사용신청을 하고, 상장신청회사는 지정된 인쇄소와 가쇄계약을 체결하고 주권문안을 작성하여, 거래소에 문안등록을 한다. 주권문안등록시에는 등기부등본, 문안, 정관 및 이사회의사록을 거래소에 제출하여야 한다. 신주의 발행일은 납입일의 익일이 된다.

⑬ 주권신규상장신청서 제출

거래소로부터 적격의 상장예비심사결과를 통보받아 증권신고서를 제출하고 청약과 납입까지의 모든 공모절차를 마친 신규상장신청인은 모집 또는 매출의 완료(납입기일)까지 주권신규상장신청서를 거래소에 제출하여야 한다(유가증권시장상장규정 제28조). 신규상장신청인은 발행에 장기간이 소요되는 주권의 견양을 제출하기보다는 증권예탁결제원이 발행하는 예탁자계좌부기재확인서를 발급받아 제출함으로써 상장일을 앞당길 수 있다.

⑭ 상장승인 및 매매개시

거래소는 주권신규상장신청서를 접수한 후 1주일 내에 신규상장승인 여부를 신규상장신청인에게 통보한다. 주권의 신규상장일은 신규상장신청인의 의사를 최대한 반영하여 거래소가 결정한다.

(3) 상장요건

거래소 상장요건은 기업공개 대상기업의 주식이 유가증권시장에서 원활히 유통될 수 있기 위한 최소한의 요소를 제시한 것이다. 상장요건은 다양한 사항이 포함되어 있지만 크게 나누어 기업의 규모, 재무내용, 유통성, 건전성 및 공익과 투자자보호에 관한 요건을 충족할 것을 요구하고 있다. 한편 우회상장[32]의 요건을 강화하기 위해서 우회상장의 경우도 신규상장에 준하는 규모 및 재무요건을 준수하도록 하여 재무건전성이 낮은 기업의 우회상장을 방지하고 있다. 예를 들면 장외기업이 상장기업의 흡수합병을 통해 우회상장을 하기 위해서는, 설립 후 3년 이상이 경과한 상태에서 계속 영업활동이 이루어지고 있어야하며, 최근 사업연도에 영업이익·법인세비용차감전계속사업이익·당기순이익이 있어야 한다. 또한, 최근 사업연도 재무제표에 대한 감사의견이 적정이어야 하며, 최근 사업연도의 직전 2사업연도에 대하여는 적정 또는 한정이어야 한다. 현행 규정상의 상장요건을 간략히 설명하면 〈표 3-3〉~〈표 3-5〉와 같다.

▌표 3-3 유가증권시장 신규 상장 요건

상장요건		세부내용 : 일반회사	세부내용 : 지주회사
규모요건 (모두)	기업규모	• 자기자본 300억원 이상	좌동
	상장주식수	• 100만주 이상	좌동
분산 요건 (모두)	주식수	• 다음중 하나만 충족하면 됨 ① 일반주주소유비율 25% 이상 또는 500만주 이상(다만, 상장예정주식수 5천만주 이상 기업은 상장예정주식수의 10% 해당 수량) ② 공모주식수 25% 이상 또는 500만주 이상(다만, 상장예정주식수 5천만주 이상 기업은 상장예정주식수의 10% 해당 수량) ③ 자기자본 500억원 이상 법인은 10% 이상 공모하고 자기자본에 따라 일정규모 이상 주식 발행	좌동

32) 우회상장이란 장외기업이 유가증권시장이나 코스닥시장에 상장된 기업과의 합병을 통해, 상장을 위한 심사나 공모주청약 등의 절차를 밟지 않고 곧바로 상장되는 것을 말하며 '백도어리스팅(back door listing)'이라고도 불린다. 기존 장외기업들의 경우 자금의 여유는 있으나 현시점에서 상장 심사 요건을 충족시키지 못하는 경우, 대주주의 지분율이 낮은 거래소(코스닥) 기업 가운데 자금에 어려움을 겪고 있는 기업을 대상으로 A&D(인수후 개발)나 M&A(인수합병)를 한다. 이때 주식 맞교환이나 현금으로 지분을 인수한 후 상장 기업과 합병을 통해 상장요건이 되지 않는 기업이 우회 상장하는 형태로 백도어리스팅이 이루어진다.

	주식수	– 자기자본 500억~1,000억원 또는 기준시가총액 1,000억~2,000억 : 100만주 이상 – 자기자본 1,000억~2,500억원 또는 기준시가총액 2,000억~5,000억 : 200만주 이상 – 자기자본 2,500억원 이상 또는 기준시가총액 5,000억 이상 : 500만주 이상 ④ 국내외동시공모법인은 공모주식수 10% 이상 & 국내공모주식수 100만주 이상	좌동
	주주수	• 일반주주 700명 이상	좌동
	양도제한	• 발행주권에 대한 양도제한이 없을 것	좌동
경영 성과 요건 (택1)	매출액 및 이익 등	• 최근 매출액 1,000억원 이상 및 3년 평균 700억원 이상 & • 최근 사업연도에 영업이익, 법인세차감전계속 사업이익 및 당기순이익 각각 실현 • 다음 중 하나를 충족하면 됨 ① ROE : 최근 5% & 3년합계 10% 이상 ② 이익액 : 최근 30억원 & 3년합계 60억원 이상 ③ 자기자본1천억원이상법인 : 최근 ROE 3% 또는 이익액 50억원 이상이고 영업현금흐름이 양(+)일 것	좌동 (지주회사 매출액 + 자회사매출액×지분율) (연결재무제표 기준)
	매출액 및 기준시가총액	• 최근 매출액 1,000억원 이상 & • 기준시가총액 2,000억원 이상 * 기준시가총액 = 공모가격 × 상장예정주식수 (시장이전기업 또는 2차상장 외국기업의 경우 증권시장 시세)	좌동 (지주회사 매출액 + 자회사매출액×지분율)
	기준시가총액 및 이익액	• 기준시가총액 2,000억원 이상 & • 최근 이익액 50억원 이상	
	기준시가총액 및 자기자본	• 기준시가총액 6,000억원 이상 & • 자기자본 2,000억원 이상	
안정성 및 건전성 요건	영업활동기간	설립후 3년 이상 경과 & 계속적인 영업활동(합병 등이 있는 경우 실질적인 영업활동기간 고려)	좌동 (주요자회사의 실질적인 영업활동기간 고려)
	감사 의견	최근적정, 직전2년 적정또는한정(감사범위 제한에 따른 한정의 건 제외)	좌동 (개별 및 연결재무제표)
	매각제한 (보호예수)	– 최대주주등 소유주식 & 상장예비심사신청전 1년 이내 최대주주등으로 부터 양수한 주식 : 상장후 6월간 – 상장예비심사신청전 1년 이내 제3자배정 신주 : 발행일로부터 1년간. 단, 그날이 상장일로부터 6월 이내인 경우에는 상장후 6월간	좌동 (금융지주회사의 경우 최대주주등 소유주식 매각제한 제외)

주 : 세부사항은 한국거래소 "유가증권시장 상장규정", www.krx.co.kr 참조

표 3-4 코스닥시장 신규상장 요건							
구분		세부내용		비고			
		테슬라	일반	대형법인	벤처기업	기술성장기업	성장성특례
대상기업		모든 기업		규모가 큰 기업	중소기업으로 벤처기업 or 이노비즈인증 있는 기업	중소기업으로 기술력과 성장성 인정되는 기업	중소기업으로 상장주선인이 성장성을 평가하여 추천한 기업
설립후 경과연수		3년 이상		3년 이상	–	–	
규모 (택일)	자기자본	30억		1,000억	15억	10억	
	시가총액	90억		2,000억	90억	90억	
주식분산 (택일)		① 소액주주 00명 이상(상장신청일 기준) & (a) or (b) (a) 소액주주 25미만 소유시(청구일 기준) : 공모 10% 이상 & 소액주주 지분이 25% 이상 (b) 소액주주 25% 이상 소유시(청구일 기준) : 공모 5% 이상(10억원 이상) ② 소액주주 500명 이상(상장신청일 기준) & 공모 10% 이상 % 공모주식수가 일정주식수 이상) ③ 소액주주 500명(상장신청일 기준) & 공모 25% 이상 ④ 소액주주 500명(상장신청일 기준) & 국내외 동시공모 20% 이상 & 국내공모주식수 30만주 이상 ⑤ 청구일 기준 소액주주 500명 & 모집에 의한 소액주주지분 25%(or 10% 이상 & 공모주식수가 일정주식수 이상)						
자본상태		자본잠식 없을 것		–	자본잠식 없을 것	자본잠식률 10% 미만	
경영성과 및 이익규모 등 (택일)		–	계속사업이익시현 (필수)	–	계속사업이익시현 (필수)		
		*①~② 중 택일 ① 시총 500억 & 매출 30억 & 최근 2사업연도 평균 매출증가율 20% 이상(벤처도 동일) ② 시총 500억 & 공모(매출만하는 경우 제외) 후 자기자본대비 시총 비율 200% 이상(벤처도 동일)	*①~④ 중 택일 ① ROE 10%(벤처 : 5%) ② 당기순익 20억(벤처 : 10억) ③ 시총 300억 & 매출 100억(벤처 : 시총 300억 & 매출 50억) ④ 매출증가율 20% & 매출 50억(벤처도 동일) (예외) * 우량대형법인(국내기업 & 최근매출액 1,000억 이상 & 당기순이익 200억 이상) : 경영성과 및 이익규모 등 & 기업의 계속성 면제				
감사의견		최근 사업연도 적정					
기타요건		주식양도제한 없음					
지배구조		상법상 상근감사, 사외이사 요건					
질적요건		기업의 계속성, 경영의 투명성 및 안정성, 기타 투자자 보호, 코스닥시장의 건전한 발전, 업종별 특성, 고용창출효과 및 국민경제적 기여도 등을 종합 고려					
평가서 등		–				전문평가기관의 기술 등에 대한 평가서(평가결과 A등급 이상) & 상장주선인의 시장성의견서	상장주선인의 성장성 보고서(상장주선인의 시장성의견서 면제)

* 연결재무제표 작성대상법인의 경우에는 연결재무제표상 자기자본(자본금)을 기준으로 하되 비지배지분은 제외

** 재화의 판매 및 용역의 제공에 한함 (단, 지주회사는 연결재무제표 기준)

주1) ROE(자기자본이익률) = 당기순이익 / 자기자본 × 100
주2) 기술성장기업: 전문기관 기술평가(복수) 결과 A & BBB 등급 이상인 기업
주3) 대형법인 : 자기자본 1,000억원 또는 기준시가총액 2,000억원 이상 기업(상장예비심사청구일 현재)
주4) 세부사항은 "코스닥시장 상장규정", www.krx.co.kr 참조

표 3-5 코넥스 시장의 신규상장 요건 (외형요건)

상장요건	세부내용	비고
지정자문인	지정자문인 1사와 선임계약을 체결할 것	특례상장은 예외
주권의 양도제한	정관 등에 양도제한의 내용이 없을 것 * 다만, 타 법령에 의해 제한되는 경우로서 그 제한이 코넥스시장에서의 매매거래를 저해하지 않는다고 인정되는 경우에는 예외	
감사의견	최근 사업연도 감사의견이 적정일 것	
중소기업여부	중소기업기본법 제2조에 따른 중소기업에 해당될 것	
액면가액	100원, 200원, 500원, 1,000원, 2,500원, 5,000원 중 하나일 것	액면주식에 한함

주1 : 세부사항은 한국거래소 "코넥스시장 상장규정", www.krx.co.kr 참조
주2 : 코넥스시장은 아직 실적이 가시화되지 않은 성장 초기 중소·벤처기업이 원활하게 코넥스시장에 상장할 수 있도록 매출액·순이익 등의 재무요건을 적용하지 않고, 증권의 자유로운 유통과 재무정보의 신뢰성 확보를 위한 최소한의 요건만 적용하고 있음.

(4) 상장유가증권 관리

상장유가증권관리란 상장기업이 주식을 상장한 후 영업활동을 하는 가운데 상장 시 충족되었던 요건에 미달하여 계속상장이 부적합한 경우가 발생하거나 또는 기업내용의 변동으로 유가증권의 가치나 권리내용이 변화하였을 때, 증권시장 관리기관이 상장 유가증권의 상장요건 충족여부와 기업내용의 적시 공시 실시여부를 계속 파악하여 부실 유가증권의 유통을 방지하고 투자자에게 정확한 투자정보를 제공함으로써 증권시장의 건전한 발전을 도모하고자 하는 일련의 과정을 말한다. 상장유가증권관리에는 매매거래정지, 관리종목 지정, 상장폐지 등이 있다.

(가) 매매거래 정지 및 해지

당해 상장법인의 주권에 중대한 영향을 미칠 사유(주권상장폐지기준 해당 등)가 발생할 경우 동 사실을 투자자에게 충분히 주지시켜 선의의 투자자를 보호할 필요가 있을 때, 매매거래를 정지시킬 수 있다. 일반적으로 매매거래 재개는 중단사유에 대한 조회결과를 공시한 시점부터 30분이 경과한 때에 시작되지만, 14시 30분 이후에 공시하는 경우에는 다음날부터 매매거래가 재개된다. 한편, 당해 풍문 등이 공시 후에도 해소되지 않거나 공시내용이 상장폐지기준에 해당하는 경우 및 관리종목 지정사

유에 해당하는 경우에는 매매거래의 재개를 연기할 수 있다. 매매거래 정지사유에 따른 매매정지기간은 〈표 3-6〉와 같다(유가증권시장 상장규정 제153조, 유가증권시장 업무규정 제26조, 유가증권시장 공시규정 제40조, 유가증권시장 공시규정 시행세칙 제16조).

표 3-6 매매거래 정지사유 및 정지 기간

구분	매매거래 정지사유	매매거래 정지기간
상장규정	• 주권상장폐지 기준에 해당	• 당해 매매거래정지 사유 해소시까지
	• 주권 관리종목 사유에 해당	• 매매일 기준 1일간. • 사업보고서, 반기보고서 또는 분기보고서의 미제출로 인하여 관리종목으로 지정된 경우에는 당해 사업연도 사업보고서 제출일까지. 단 필요시 매매거래정지를 해제하지 아니할 수 있음
	• 상장유가증권 중 위조 또는 변조 유가증권이 발생	• 매매일 기준 1일간
	• 주식의 병합 또는 분할, 주식교환 또는 주식이전 등을 위하여 주권의 제출을 요구	• 당해 매매거래정지 사유 해소시까지
	• 공익과 투자자보호 및 시장관리를 위하여 거래소가 필요하다고 인정하는 경우	• 당해 매매거래정지 사유 해소시까지
공시규정	• 조회공시 불이행	• 조회공시 요구에 응하여 답변공시하는 시점까지
	• 공시번복, 중요한 내용의 공시변경 등으로 불성실공시법인으로 지정	• 지정일 당일 1일간
	• 풍문 또는 보도 등과 관련하여 주가 또는 거래량이 급변하거나 급변이 예상되는 경우	• 공시시점부터 30분, 다만 매매거래 정지시점부터 매매거래 종료시점까지 그 기간이 60분 미만인 경우에는 그 다음 매매거래일에 매매재개 • 다만, 공시시점이 정규시장 매매거래 개시시간이전인 경우에는, 매매거래개시시점으로부터 30분.
	• 주가 또는 거래량에 중대한 영향을 주는 공시사항 발생	

(나) 관리종목 지정 및 상장폐지

관리종목이란 상장회사가 부도발생 등으로 인한 은행거래정지, 회사정리절차개시, 부정적인 감사의견 또는 영업활동정지 등의 사유로 주권이 상장폐지기준에 해당되면 증권거래소가 일반투자자에게 주의를 환기시켜 투자에 참고하도록 이들 기업의 주식을 별도로 관리해 거래를 시키는 종목을 의미한다. 관리대상종목은 신용거래가 불가능할 뿐더러 코스닥시장의 경우 관리종목의 가격결정은 30분단위의 단일가격으로 처리된다. 다만, 유가증권시장 관리종목은 일반종목과 동일한 방법으로 매매거래를 체결하고 있다(유가증권시장 상장규정 제47조, 유가증권시장 상장규정시행세칙 제46조, 코스닥시장 상장

규정 제28조, 코스닥시장 상장규정 시행세칙 제26조)(코스닥시장 업무규정 제23조, 코스닥시장 업무규정 시행세칙 제28조).

상장폐지라고 함은 일단 상장된 증권에 대하여 증권시장에서 매매거래대상이 될 수 있는 적격성을 상실시키는 조치를 의미한다. 상장폐지를 유형별로 살펴보면, 당해법인의 신청에 의하는 경우도 있으나(신청폐지), 거래소의 직권(상장폐지기준)에 의하여 상장폐지하는 경우(직권폐지)가 일반적이다. 신청폐지의 경우 상장회사의 폐지신청에 대해서 거래소는 거부할 수 있다(유가증권시장 상장규정 제48조).

절차상으로 상장폐지기준에 해당하는 주권에 대하여는 관리종목으로 먼저 지정한 후 일정기간의 유예기간을 거쳐 상장공시위원회의 심의를 받게 된다. 일단 상장폐지결정이 내려지면 당해 주권의 정리매매를 종료한 후 최종적으로 상장폐지가 이루어지게 된다. 또한, 거래소는 특정 상장주식이 상장폐지기준에 이르기 전에 상장폐지기준 해당 우려를 예고함으로써 관련투자자를 사전에 보호하고 있다. 즉, 상장폐지기준 중에서 감사의견, 자본전액잠식, 주식분산요건 미달상태에 해당될 우려가 있는 경우에는 상장폐지기준 해당우려가 있음을 예고해 주고 있다. 구체적인 상장폐지 기준은 다음 〈표 3-7〉~〈표 3-9〉와 같다.

표 3-7 유가증권 시장 관리 종목지정 및 상장폐지 기준

구분	관리종목 지정 (유가증권시장 상장규정 제47조)	상장폐지 기준 (유가증권시장 상장규정 제48조)
정기보고서 미제출	- 법정제출기한(사업연도 경과 후 90일) 내 사업보고서 미제출 - 법정제출기한(분·반기 경과 후 45일 이내) 내 반기·분기보고서 미제출	- 사업보고서 미제출로 관리종목 지정 후 법정제출기한부터 10일 이내 사업보고서 미제출 - 반기·분기보고서 미제출로 관리종목 지정 후, 법정제출기한까지 사업·반기·분기보고서미제출
감사인 의견 미달	- 감사보고서상 감사의견이 감사범위제한 한정인 경우(연결감사보고서 포함) - 반기 검토보고서상 검토의견이 부적정 또는 의견거절인 경우	- 최근사업연도 감사보고서상 감사의견이 부적정 또는 의견거절인 경우(연결감사보고서 포함) - 2년 연속 감사보고서상 감사의견이 감사범위 제한 한정인 경우
자본잠식	- 최근사업연도 사업보고서상 자본금 50% 이상 잠식 *자본잠식률=(자본금-자본총계)/자본금 ※ 종속회사가 있는 경우 연결재무제표상 자본금, 자본총계(외부주주지분 제외)를 기준으로 함	- 최근사업연도 사업보고서상 자본금 전액 잠식 - 자본금 50% 이상 잠식 2년 연속
주식분산 미달	- 최근사업연도 사업보고서상 일반주주수 200명 미만 또는 - 최근사업연도 사업보고서상 일반주주 지분율 10% 미만. 다만, 200만주 이상인 경우 해당되지 않는 것으로 간주	- 일반주주수 200명 미만 2년 연속 - 지분율 10% 미만 2년 연속. 다만, 200만주 이상인 경우 해당되지 않는 것으로 간주

거래량 미달	- 반기 월평균거래량이 반기말 현재 유동주식수의 1% 미만	- 2반기 연속 반기 월평균거래량이 유동주식수의 1% 미만
지배구조 미달	- 사외이사수가 이사 총수의 1/4 미만등(자산총액 2조원이상 법인의 경우 사외이사 3인 이상, 이사 총수의 과반수 미충족) - 감사위원회 미설치 또는 사외이사수가 감사위원의 2/3 미만등(자산총액 2조원 이상 법인만 해당)	- 2년 연속 사외이사수 미달 또는 감사위원회 미설치 등
공시의무 위반	- 최근 1년간 공시의무위반 누계벌점 15점 이상	- 관리종목 지정 후 최근 1년간 누계벌점이 15점 이상 추가 - 관리종목 지정 후 고의, 중과실로 공시의무 위반(상장적격성 실질심사)
매출액 미달	- 최근사업연도 50억원 미만(지주회사의 경우 연결매출액 기준)	- 2년 연속 매출액 50억원 미만
주가/시가총액 미달	- 주가가 액면가의 20% 미달 30일간 지속 - 시총 50억원 미달 30일간 지속	- 관리종목 지정 후 90일 이내 관리지정사유 미해소
회생절차	- 회생절차 개시신청	- 회생절차기각, 취소, 불인가 등 - 기업의 계속성 등 상장법인으로서의 적격성이 인정되지 않는 경우 (상장적격성 실질심사)
파산신청	- 파산신청	- 법원의 파산선고 결정
기타 즉시퇴출 사유		- 최종부도 또는 은행거래정지 - 법률에 따른 해산사유 발생 - 주식양도에 제한을 두는 경우 - 당해법인이 지주회사의 완전자회사가 되고 지주회사의 주권이 신규상장되는 경우 - 우회상장시 우회상장 기준 위반
상장적격성 실질심사		- 주권의 상장 또는 상장폐지와 관련한 제출서류의 내용 중 중요한 사항의 허위기재 또는 누락내용이 투자자보호를 위하여 중요하다고 판단되는 경우 - 기업의 계속성, 경영의 투명성, 기타 공익과 투자자보호 등을 종합적으로 고려하여 상장폐지가 필요하다고 인정되는 경우 • 유상증자나 분할 등이 상장폐지요건을 회피하기 위한 것으로 인정되는 경우 • 당해 법인에게 상당한 규모의 재무적 손실을 가져올 것으로 인정되는 횡령・배임 등과 관련된 공시가 있거나 사실 등이 확인된 경우 • 외감법 제13조 제3항(분식회계)의 중대한 위반이 확인된 경우 • 주된 영업이 정지된 경우 • 자본잠식에 따른 상장폐지기준에 해당된 법인이 자구감사보고서를 제출하여 상장폐지사유를 해소한 경우 • 거래소가 투자자보호를 위해 상장폐지가 필요하다고 인정하는 경우

자료 : 세부사항은 한국거래소 "유가증권시장 상장규정 및 업무규정", www.krx.co.kr 참조

표 3-8 코스닥시장 관리 종목 지정 및 상장폐지 기준

구분	코스닥시장 상장폐지 기준	
	관리종목지정 기준	상장폐지 기준
매출액	최근년 30억원 미만 (지주회사는 연결기준) *기술성장기업은 상장후 5년간 미적용	2년 연속
*법인세비용 차감전 계속 사업손실	자기자본 50% 이상(&10억원 이상)의 법인세비용 차감전계속사업손실이 최근 3년간 2회 이상(& 최근 연도계속사업손실) *기술성장기업은 상장후 3년간 미적용	관리종목 지정후 자기자본 50% 이상(& 10억원 이상)의 법인세비용차감전계속사업손실 발생
장기영업손실	최근 4사업연도 영업손실(지주회사는 연결기준) *기술성장기업(기술성장기업부)은 미적용	5년 연속시
**자본잠식/자기자본	• (A)사업연도(반기)말 자본잠식률* 50% 이상 • (B)사업연도(반기)말 자기자본 10억원 미만 • (C)반기보고서 제출기한 경과후 10일내 반기검토(감사)보고서 미제출 or 검토(감사)의견 부적정 · 의견거절 · 범위제한한정 *자본잠식율 = (자본금−자기자본)÷자본금×100	• 최근년말 완전자본잠식 • A or C후 사업연도(반기)말 자본잠식률 50% 이상 • B or C후 사업연도(반기)말 자기자본 10억원 미만 • A or B or C후 반기말 반기보고서 기한 경과후 10일내 미제출 or 감사의견 부적정·의견거절·범위제한한정
***감사의견	−	감사보고서 부적정, 의견거절, 범위제한한정 *계속기업불확실성에 의한 경우 사유해소 확인시반기말까지 퇴출 유예
시가총액	보통주시가총액 40억원 미만 30일간 지속	관리종목 지정후 90일간 "연속 10일 & 누적 30일간 40억원 이상"의 조건을 미충족
거래량	분기 월평균거래량이 유동주식수의 1%에 미달 * 월간거래량 1만주, 소액주주 300인 이상이 20% 이상 지분 보유 등은 적용배제	2분기 연속
지분분산	소액주주 200인 미만 or 소액주주지분 20% 미만 * 300인 이상의 소액주주가 유동주식수의 10% 이상으로서 100만주 이상을 소유하는 경우는 적용배제	2년 연속
불성실공시	• 유동성공급 계약 체결되어 있는 경우 미적용 • 1년간 불성실공시 벌점 15점 이상	(실질심사대상)
공시서류	• (A)분기, 반기, 사업보고서미제출 • (B)정기주총에서 재무제표 미승인 or 정기주총 미개최	• 2년간 3회 분기,반기, 사업보고서미제출 • 사업보고서 제출기한후 10일내 미제출 • A(미제출상태유지) or B후 다음회차에 A or B
사외이사등	• 시외이시/감사위원회 요건 미충족, • 감사위원회 미구성 경우	2년 연속
회생절차/파산신청	• 회생절차 개시 신청 • 파산신청	(실질심사대상) 개시신청기각, 결정취소, 회생계획불인가등
기타(즉시퇴출)	기타 상장폐지 사유 발생	• 최종부도 또는 은행거래정지 • 해산사유(피흡수합병, 파산선고) • 정관 등에 주식양도제한 두는 경우 • 유가증권시장 상장의 경우 • 우회상장시 우회상장관련 규정 위반시(심사종료전 기업결합완료 및 보호예수 위반 등)

* 연결재무제표 작성대상법인의 경우, 연결재무제표상 법인세비용차감전계속사업손실 및 자기자본 기준
**연결재무제표 작성대상법인의 경우, 연결재무제표를 기준으로 하되 자기자본에서 비지배지분을 제외
***연결재무제표 작성대상법인의 경우, 연결재무제표에 대한 감사의견을 포함
주 : 세부사항은 한국거래소 '코스닥시장 상장규정 제28조, 제38조 및 업무규정", www.krx.co.kr 참조

표 3-9 코넥스 시장의 상장폐지 기준

구분	내용
특례상장기업의 지정자문인 미선임	• 특례상장 후 일정기간 경과시까지 지정자문인 계약 미체결(상장공시위원회의 심의를 거쳐 1년 연장 가능): 스타트업기업부 소속기업의 경우 2년, 크라우드펀딩기업부 소속기업의 경우 3년
감사의견	부적정, 의견거절, 범위제한 한정
공시서류 미제출	• 사업보고서 미제출 • 정기주총 재무제표 미승인 또는 미개최
즉시상장폐지	• 부도/은행 거래정지 • 해산사유(피흡수합병, 파산선고 등) • 지정자문인 선임계약 해지후 30영업일내 미체결 • 주식의 양도제한 • 유가증권시장 혹은 코스닥시장 상장위해 상장폐지신청의 경우
기업설명회 미개최	2반기 연속, 3년내 4회이상 미개최
상장적격성 실질심사	• 불성실공시(누계 15점 이상) • 회생절차개시신청 • 상장관련서류의 허위기재 또는 누락 • 횡령·배임, 회계부정, 주된 영업정지 등

주 : 세부사항은 한국거래소 "코넥스시장 상장규정 제28조 및 업무규정", www.krx.co.kr 참조
* 코넥스시장의 상장폐지기준은, 초기 중소·벤처기업의 작은 규모, 취약한 재무상태 및 높은 경영성과 변동성 등을 고려하여 재무상태 및 경영성과와 관련한 상장폐지 요건은 적용하지 않는 대신, 지정자문인이 해당 기업의 상장유지가 곤란하다고 판단하는 경우 지정자문인 선임계약 해지를 통해 부실기업 등이 신속히 퇴출되도록 유도하고 있음.

(5) 외국법인의 국내상장

상장외국법인은 외국주권의 발행인이나, 유가증권시장에 상장된 주식이나 혹은 주식예탁증서(depository receipts)의 원주식의 발행인을 말한다. 상장외국법인은 유가증권의 모집·매출·공시 등과 관련하여 국내에 주소를 둔 자로서 당해 외국법인을 대리할 권한을 가진 자를 선임할 수 있다. 거래소는 외국주권 또는 외국주식예탁증서를 상장하는 것이 공익과 투자자보호상 필요하다고 인정되는지의 여부에 관하여 다음과 같은 사항을 상장심사요건으로 정하고 있다. 즉, 설립후 3년 이상

경과된 기업으로서 자기자본금 총계가 300억원 이상이어야한다(코스닥상장의 경우에는 자본잠식이 없어야 한다). 국내발행 예정 외국주식 또는 외국주식예탁증서의 규모도 100만주(코스닥상장의 경우에는 30만주 또는 30만 증서) 이상으로 규정함으로써 시장성요건을 충족시킬 수 있도록 하고 있다. 매출액, 수익성, 감사요건은 국내상장기업과 기본적으로는 동일한 적용을 받는다.

다만, 수익성 측면에서 최근 사업연도의 영업이익이 있고, 법인세비용차감전 계속사업이익 및 당기순이익을 실현할 것을 요구하고 있다. 또한, 최근 3사업연도의 평균매출액이 700억원 이상이며 최근 사업연도의 매출액은 1000억원 이상일 것과, 최근 사업연도에 대한 감사의견이 적정의견일 것과 최근 사업연도의 직전 2사업연도에 대하여는 적정 또는 한정일 것을 요구하고 있다. 합병・소송 등 경영에 중대한 영향을 미칠 수 있는 사항이 진행 중이어서는 안 되며, 외국주권 또는 외국주식예탁증서를 발행한 법인이 원주식의 양도에 관하여 제한을 두지 않도록 요건을 설정하고 있다.

외국법인의 경우에는, 다음 요건을 충족할 경우에 질적 심사요건을 적용하지 않으며, 경영성과 요건의 경우 매출액과 수익성 요건만을 적용 한다: ①적격 해외증권시장에 상장한 후 5년 이상이 지났거나,[33] ②상장예비심사 신청일 현재 적격 해외증권시장에 상장된 외국주권 등의 기준시가총액이 2조원 이상인 경우, ③경영성과 요건 중 매출액이 최근 사업연도에 2조원 이상이고, 최근 3사업연도(1사업연도가 1년 미만인 경우에는 3년으로 간주) 평균 1조원 이상일 경우, 그리고 이익액이 최근사업연도에 3천억원 이상이고, 최근 3사업연도의 합계가 7천억원 이상인 경우, ④ 마지막으로 최근 3년 이내에 상장된 해외증권시장이나 본국의 감독기관, 거래소 등으로부터 제재 조치 등을 받은 사실이 없는 경우.

상장 외국기업의 상장폐지에 대하여는 원칙적으로 국내기업의 상장폐지절차를 준용하고 있다. 다만 본국법의 규정에 따라서 필요하다고 인정되는 경우를 제외하고는, 외국주권 또는 외국주식예탁증서를 상장한 법인이 외국주식의 양도에 관하여 제한을 한 경우에는 상장폐지를 할 수 있다. 또한 상장된 외국주식예탁증서의 수가 10만 증서 이하인 경우나, 외국주권상장법인 또는 외국주식예탁증서상장법인이 당

---

33) NYSE(New York Stock Exchange), 나스닥증권시장(NASDAQ Stock Market), 유로넥스트(Euronext), 동경증권거래소(Tokyo Stock Exchange), 런던증권거래소(London Stock Exchange), 독일거래소(Deutsche Borse AG), 홍콩거래소(Hong Kong Exchanges and Clearing), 싱가폴거래소(Singapore Exchange), 호주증권거래소(Australian Securities Exchange), 캐나다증권거래소(Toronto Stock Exchange)

해 국가에서 상장폐지된 경우에도 상장을 폐지할 수 있다.

4 매매거래제도

(1) 매매거래의 종류

유가증권의 매매거래는 매매쌍방간의 매매거래조건에 따라 다양하게 이루어진다. 일반적으로 매매거래는 매매계약의 결제방법과 결제기한에 따라 구분되며, 한국거래소에서는 이를 구분하여 채택·시행하고 있다(〈표 3-10〉).

표 3-10 매매거래의 종류

구 분		내 용
결제방법	실물결제	결제기한에 현실적으로 증권의 수도를 이행하고 대금을 수수하는 방법
	차금결제	수도결제기일 전에 반대매매를 하여 차액을 수수함으로써 결제하는 방법
결제기한	즉시거래	매매계약 체결 후 즉시(통상적으로 당일) 계약을 이행하는 매매거래 형태로서 매수측과 매도측이 현금과 증권을 동시에 교환하는 일반적인 방법
	선물거래	매매계약을 체결한 때와 그 계약을 이행하는 데는 시간적인 차이가 있어서 기간동안 다시 매입하거나 매도할 수 있는 거래로서 청산거래라고도 함(실물결제와 차금결제).
	보통거래	실물결제거래와 선물거래를 절충한 것으로서 절충형거래라고도 함. 증권매매 계약일로부터 3일째 되는 날에 반드시 현물결제로서 현금과 증권이 서로 교환되지만, 투자자는 결제기간 이전에 증권을 매도할 수 있으며 결제대금을 받기 이전에 결제대금을 차용하여 다른 증권을 매입할 수도 있음(미국과 일본 및 영국의 보통거래는 결제기한이 4일이며, 독일의 경우는 3일).
신용여부	현금거래	증권시장에서 매매거래의 결제를 함에 있어서 신용공여를 받지 않고 결제하는 방법
	신용거래	매매거래의 결제에 필요한 금전이나 유가증권을 증권회사로부터 융자 또는 대주의 방법으로 신용을 공여받아 결제하는 방법

(2) 매매거래의 수탁

유가증권시장에서 매매를 할 수 있는 자는 금융위원회의 금융투자업허가를 받은 금융투자회사로서 거래소의 회원인 자에 한한다. 따라서 일반투자자가 거래소시장에서 유가증권을 매매하고자 할 경우에는 거래소의 회원인 금융투자회사에 위탁하여야 하며, 위탁을 받은 증권회사는 고객의 주문을 당해 회사의 시장대리인을 통해 매매거래를 행하게 된다. 회원은 본점·지점 기타의 영업소 이외의 장소를 유가증권시장에서의 매매거래의 수탁장소로 사용할 수 없다.

(가) 계좌의 설정

회원(금융투자회사)이 위탁자(고객)로부터 위탁을 받은 매매거래를 처리하고자 할 때에는 위탁자와 사전에 매매거래계좌를 설정하여야 하는데, 동계좌를 설정하고자 할 경우에는 사전에 회원과 매매거래계좌설정계약을 체결하여야 한다. 거래소의 회원사가 주권상장법인으로부터 자기주식매매거래의 위탁을 받아 이를 처리하고자 할 때에는 주권상장법인과 자기주식매매거래계좌를 별도로 설정하여야 한다. 고객이 도장, 주민등록증, 현금 또는 유가증권을 가지고 증권회사에 가서 계좌개설 신청을 하면 금융투자회사는 증권카드(ID) 또는 통장을 교부한다.

(나) 매매거래의 수탁

매매거래계좌가 설정되면 증권회사는 고객으로부터 매매거래에 관하여 주문을 받게 되는데 여기에는 문서에 의한 경우와 전화에 의한 경우가 있으며,[34] 최근에는 무선통신이나 인터넷을 통한 HTS(home trading system)거래가 일반화되어 있다(한국거래소 유가증권업무규정시행세칙 제109조 제5항). 금융투자회사는 공익과 투자자보호 또는 거래질서의 안정을 위하여 수탁을 거부할 수 있다. 수탁을 거부한 때에는 주문표에 거부이유를 표시하여야 한다. 내부자거래·미공개정보를 이용한 매매거래·시세조종 등 불공정거래행위를 함으로써 거래법을 위반하거나 위반할 가능성이 있는 경우에 주문의 수탁을 거부할 수 있다.

(다) 위탁매매의 우선

회원이 위탁자로부터 매매거래의 위탁을 받을 때에는 그 위탁받은 매매거래를 행하기 전에 자기가 직접 또는 간접으로 이해관계를 가지는 계산으로 매매거래를 할 수 없다(front running 금지라고도 함).

(라) 위탁증거금의 징수

회원은 결제이행을 위한 담보를 확보함으로써 거래의 안정을 도모하기 위하여,

34) 전화 또는 전신에 의하여 매매거래의 위탁을 받은 때에는 주문의 접수자는 위탁자 본인임을 확인한 후 주문표를 작성하고 당해 주문표에 기명날인하여야 한다. 당해 매매거래가 성립된 경우에는 그 사실을 지체없이 위탁자에게 통지(전화, 전신에 의한 통지도 가능)하고 당해 주문표에 통화내용을 기록한 후 기명날인하여야 한다. 또한, 녹음 등의 방법을 이용하여 주문사항을 입증할 수 있는 자료를 일정기간 보존하여야 한다.

회원이 위탁자로부터 매매거래의 위탁을 받은 때에는 위탁자로부터 위탁증거금을 징수하고 있다. 당일 결제거래에 있어서는 수탁시에 매수대금전액 또는 당해 매도증권전부를 위탁증거금으로 징수하며, 보통거래에 있어서는 수탁시에 매수의 경우에는 현금, 매도의 경우에는 당해 매도증권 또는 현금을 위탁증거금으로 징수한다(유가증권시장 업무규정 제87조).

(마) 위탁수수료의 징수

회원은 위탁자로부터 매도 또는 매수의 위탁을 받아 매매가 성립되었을 때에는 결제시 위탁자로부터 위탁수수료를 징수하며, 그 징수율은 회원이 자율적으로 결정할 수 있도록 되어 있다. 위탁수수료 징수기준은 위탁자가 사전에 알 수 있도록 공표되어야하며, 회원이 징수율을 정하거나 또는 변경할 때에는 적용일 5일 이내에 거래소에 신고하여야 한다(유가증권시장 업무규정 제100조, 유기증권시장 업무규정 시행세칙 제125조).

(3) 매매거래의 기준

(가) 시장의 구분 및 개폐

시장은 주식시장, 상장지수집합투자기구 집합투자증권시장, 신주인수권증서시장, 신주인수권증권시장, 수익증권시장 및 채권시장으로 구분된다. 또한 시장은 매매시간에 따라 정규시장 이외에 시간외시장으로 나뉘며, 정규시장과 시간외시장의 매매거래시간은 거래소가 따로 정하도록 하고 있다. 거래소는 전산시스템의 장애가 발생하거나, 연초 개장일 등 거래소가 필요하다고 인정하는 경우에는 매매거래시간을 변경할 수 있다(〈표 3-11〉).

(나) 호가 및 매매거래의 단위

고객은 시장에서 매매하고자 하는 종목의 가격과 수량을 제시하여야 하는데, 이때의 가격표시의 최소단위를 호가단위라 하며 매매할 수 있는 최저단위의 수량을 매매수량단위라 한다. 호가는 당일에만 유효하며 시간외시장에서는 효력을 상실한다. 또한, 호가의 취소나 정정은 호가접수순에 따라 매매거래가 성립되지 않은 호가 또는 잔량에 한하여 가능하다. 현재 한국거래소에서 적용하고 있는 매매수량단위는 주권의 경우 1주, 외국주식예탁증권 1증권, 상장지수집합투자기구 집합투자증권(ETF) 1주, 신주인수권증서는 1증서, 신주인수권증권 1증권, 주식워런트증권(ELW)

표 3-11 유가증권 시장과 코스닥시장의 매매 및 결제제도

구 분	유가증권시장 / 코스닥시장
매매거래 시 간	전후장 구분없이 단일장 09 : 00-15 : 30 장개시전 1시간 30분 및 장종료 후 2시간 20분간 시간외 매매가능 단, 시간외종가매매 및 경쟁대량매매는 07:30~08:30(1시간) 매매가능
매매단위	1주 단, 시간외 매매에서 단주거래 가능 코스닥시장은 1주
매매방법	단일가매매 및 접속매매, 시간외매매제도, 시간외 대량매매, 시장가 주문, 조건부지정가 주문 등
증 거 금	자율화, 당일매매 가능
신용거래	허용
체결원칙	가격우선, 시간우선, 위탁매매우선, 수량우선
증권회사 수 수 료	자율화
증 권 거래세등	증권거래세 : 양도가액의 0.15%(탄력세율) 농어촌특별세 : 양도가액의 0.15%(증권거래세 비과세일 경우 비과세) 코스닥시장의 증권거래세 : 양도가액의 0.3%(탄력세율)
결 제 일	매매일로부터 3일째(T+2)
가격제한폭	정율제(기준가격대비 30%)

주 : www.krx.co.kr 참조

10증권, 수익증권의 경우 1좌이다(유가증권시장 업무규정 시행세칙 제32조).

코스닥 시장의 경우 매매수량단위는 주권은 1주로 하며, 외국주식예탁증권은 1증권, 신주인수권증권은 1증권, 신주인수권증서는 1증서로 하고 있다(코스닥시장 업무규정 시행세칙 제18조).

① 호가의 구분

매매거래를 하기 위한 매도 또는 매수의 의사표시로서 호가는 다음과 같이 구분된다.

(a) 지정가호가 : 상장유가증권의 종목, 수량 및 가격을 지정하는 호가로서, 회원이 지정한 가격이나 그 보다 유리한 가격으로 매매거래를 하고자 하는 호가를 말한다. 매매체결가격에 중요성을 두는 호가이다. 매수호가의 경우 지정된 가격이나 그 보다 낮은 가격, 매도호가의 경우 지정된 가격이나 그 보다 높은 가격이면 매매거래가 가능하다.

(b) 시장가호가 : 종목, 수량은 지정하되 가격은 지정하지 아니하는 호가로서, 현 시점에서 가장 유리한 가격조건 또는 시장에서 형성되는 가격으로 매매거래

를 하고자 하는 호가를 말한다. 시장가호가는 지정가호가에 우선하여 매매체결이 이루어진다. 특히, 시장가호가는 매매체결가능성을 중시하는 호가이므로 가격제한폭이 없거나 유동성이 낮은 종목의 경우에는 예상치 못한 가격으로 매매체결이 이루어질 수 있어서, 신주인수권증서, 신주인수권증권, 수익증권 및 채권의 경우에는 시장가호가를 허용하지 않고 있다.

(c) 조건부 지정가호가 : 장 종료시의 가격을 단일가격에 의한 개별경쟁매매의 방법으로 결정하는 경우 시장가호가로 전환할 것을 조건으로 하는 호가이다. 매매체결가격을 중시하는 지정가호가와 매매체결가능성에 중점을 두는 시장가호가를 절충한 호가라고 할 수 있다. 지정가호가로 매매에 참여하다가 종가결정을 위한 호가접수시간 개시(14 : 50)전까지 전량이 체결되지 않는 경우, 미체결잔량이 종가결정을 위한 호가접수시간 개시시점(14 : 50)에 자동으로 시장가호가로 전환되는 호가를 말한다. 주권 및 외국주식예탁증서의 경우 지정가호가, 시장가호가 또는 조건부지정가호가를 사용할 수 있다.

(d) 최유리 지정가호가 : 종목 및 수량은 지정하되 가격은 매도의 최유리 지정가호가의 경우 당해호가의 접수시점에서 가장 높은 매수호가의 가격이 된다. 단, 매수호가가 없는 때에는 가장 낮은 매도호가의 가격보다 1호가가격단위 낮은 가격으로 하고 매도호가와 매수호가가 없는 때에는 직전의 가격으로 한다. 매수의 최유리지정가호가는 당해호가의 접수시점에서 가장 낮은 매도호가의 가격을 의미한다. 매도호가가 없는 경우에는 가장 높은 매수호가의 가격보다 1호가가격단위 높은 가격(상한가를 한도로 함)으로 하고, 매도호가와 매수호가가 없는 때에는 직전의 가격으로 한다.

(e) 최우선 지정가호가 : 종목 및 수량은 지정하되, 매도의 최우선지정가호가의 경우 가장 낮은 매도호가의 가격으로 하며, 매도호가가 없는 때에는 직전의 가격으로 한다. 매수의 최우선지정가호가의 경우에는 가장 높은 매수호가의 가격으로 매매거래를 하되, 매수호가가 없는 때에는 직전의 가격으로 매매하고자 하는 호가를 의미한다.

② 호가의 방법

매매체결과정의 전면적인 전산화와 더불어, 회원이 호가를 제출하기 위해서는 회원시스템을 통해 호가내용을 거래소가 운영하는 전산시스템으로 전송하여야 한다. 즉, 회원이 매매거래를 하고자 할 때에는 종목, 수량, 가격, 위탁매매와 자기매매, 매도와 매수, 호가유형 등을 각각 구분하여 거래소의 시스템에 입력한다.

③ 호가의 제한

(a) 호가의 효력제한 : 일단 유효하게 접수된 호가에 대하여, 특정한 경우에 그 효력을 인정하지 않거나 제한하는 경우를 말한다. 시장이 임시 정지되거나, 주식시장의 매매거래중단(circuit breakers) 또는 종목별 매매거래가 중단된 경우 당해 중단 또는 정지기간 중 입력된 호가에 대하여는 그 효력을 인정하지 않는다. 다만, 취소에 대하여는 호가를 유효하다고 본다. 또한, 시가기준가종목(신규상장종목, 재상장종목, 주식병합된 종목 등과 같이 일정 범위내에서 매도·매수호가를 접수하여 결정된 최초가격을 당일의 기준가격으로 하는 종목)의 경우에는 최초가격결정에 참여한 호가 중 최초가격 결정후 상한가를 초과하거나 하한가에 미달하는 호가는 그 효력을 인정하지 않는다(유가증권시장 업무규정 시행세칙 제13조).

(b) 호가제출의 금지 : 호가의 효력제한과는 달리 호가자체를 제출할 수 없도록 하는 경우를 말한다. 즉, 호가접수시점을 기준으로 그 유효성여부를 판단하여 호가입력의 제한에 해당하는 경우에 호가접수를 거부하게 된다. 신규상장종목의 기준가격결정시의 최저호가가격에 미달하거나 최고호가가격을 초과하는 호가,[35] 신규상장법인이 발행한 주권이 2종목 이상인 경우로서 기준가격결정시 종류별로 모집·매출실적이 있는 종목 중 배당 산입기간이 가장 긴 종목 이외의 종목의 호가제출은 금지되어 있다. 또한, 주권 등에 대한 호가수량이 상장주식수의 5%에 해당하는 경우·상장주식수가 5만주 미만인 종목으로서 상장주식수의 3분의 1에 해당하는 수량의 호가제출은 금지되어 있다. 단, 신고대량매매, 시간외대량매매 또는 시간외바스켓매매를 위한 호가는 호가제출 금지 대상에서 제외하고 있다(유가증권시장 업무규정 시행세칙 제14조).

(c) 시장가 및 조건부지정가호가의 제한 : 가격제한이 있는 차입공매도호가시, 상장폐지결정에 따라 일정기간매매거래가 허용된 경우(정리매매), 매매거래가 일시중단된 경우 시장재개전까지, 시장임시정지의 경우, 그리고 거래소가 시장관리상 필요하다고 인정될 경우에 시장가 및 조건부지정가호가는 허용되지 않는다. 조건부지정가호가의 경우 종가결정시에 시장가호가로 전환되기 때문

35) 신규상장종목 등의 매매시에는, 평가가격의 90~200%에 해당하는 가격을 최저·최고호가가격으로 해서 동시호가시간동안(7 : 30~9 : 00)에 매도 및 매수호가를 접수하여 단일가로 최초의 가격을 결정하고, 당해가격을 기준으로 하여 일반종목과 동일하게 매매거래를 계속한다(유가증권시장 업무규정 시행세칙 별표 1 개정사항, 2016.4.22.).

에 종가결정을 위한 호가접수시간에는 조건부지정가호가는 의미가 없어진다. 따라서, 종가결정시에는 조건부지정가호가가 허용되지 않고 있다. 이밖에, 신규상장종목 등 시가기준가종목의 최초가격결정시에도 시장가호가 및 조건부지정가호가를 제출할 수 없도록 하고 있다. 당해종목의 적정가치에 대한 시장의 평가가 이루어지지 않은 상태에서 가격이 없는 시장가호가로 인한 왜곡을 방지하고자 하기 때문이다.

(d) 최유리지정가호가, 최우선지정가호가 및 특정조건이 부여된 호가의 제한 : 호가접수시점에서 호가한 수량중 일부에 대하여 매매계약을 체결할 수 있는 경우에는 매매거래를 성립시키고 매매계약이 체결되지 아니한 수량은 취소하는 조건이나, 혹은 호가 접수시점에서 호가한 수량의 전부에 대하여 매매계약을 체결할 수 있는 경우에는 매매거래를 성립시키고 그러하지 아니한 경우에는 당해수량의 전부를 취소하는 조건이 첨부되어 있는 경우에 최유리지정가호가·최우선지정가호가를 제출할 수 없다. 단일가격에 의한 개별경쟁매매로 가격이 결정되는 단일가매매 참여호가 접수시간대에도 최유리지정가호가 및 최우선지정가호가는 제출할 수 없다.

(e) 공매도호가의 가격제한 : 회원이 주식을 소유하지 않은 상태에서 주식을 매도하거나 차입한 주식을 매도하는 것을 공매도라고 한다. 공매도시에는 직전의 가격보다 낮은 가격으로 호가할 수 없다. 단, 지수차익거래매도, 회원이 차입한 증권으로 결제를 하고자 하는 위탁자로부터 매매거래의 위탁을 받아 매도하는 경우, 회원이 차입한 증권으로 결제를 하고자 매도하는 경우에는 예외로 하고 있다.

④ 호가수량단위

호가수량단위는 호가를 위한 대상증권의 단위수량으로서 호가가격단위를 산정할 때의 계산기준이 되는 수량을 의미한다. 주권은 1주, 외국주식예탁증서의 경우 1증서, 상장지수펀드의 경우 1주(상장지수투자신탁수익증권의 경우 1좌), 신주인수권증권의 경우 1증권, 신주인수권증서의 경우 1증서, 수익증권은 1좌로 하며 호가가격단위는 아래 〈표 3-12〉과 같다. 호가가격단위란 가격대별로 호가를 할 수 있는 최소단위의 가격을 말한다. 호가가격단위는 거래를 표준화하고 가격협상을 용이하게 하기 위하여 설정하고 있다.

36) 코스닥 시장의 경우, 50,000원 이상인 주권의 호가가격단위는 100원이다. 여타 가격범위에 대한 호가가격단위는 거래소와 동일하다.

표 3-12 호가가격 단위[34]

구 분	호가가격단위	
	유가증권시장	코스닥시장
주권(1주), 신주인수권증서(1증권), 수익증권(1좌) 가격이		
·1,000원 미만	1원	1원
·1,000원 이상 5,000원 미만	5원	5원
·5,000원 이상 10,000원 미만인 종목	10원	10원
·10,000원 이상 50,000원 미만인 종목	50원	50원
·50,000원 이상 100,000원 미만인 종목	100원	100원
·100,000원 이상 500,000원 미만인 종목	500원	-
·500,000원 이상인 종목	1,000원	-

(4) 매매계약의 체결

(가) 매매계약의 체결방법

거래소가 시장에서 유가증권 수급의 경쟁관계를 결합하여 매매거래를 체결시키는 방법에는 다음의 세 가지가 있는데, 현재 한국에서는 경쟁매매를 채택하고 있다.

① 경쟁매매 : 매도자와 매수자 쌍방이 복수인 경우의 매매거래
② 경 매 매 : 매도자 또는 매수자 한쪽이 단수인 경우의 매매거래
③ 상대매매 : 매도자와 매수자가 모두 단수인 경우

경쟁매매에는 매도수량과 매수수량이 합치하는 가격에서 매매가 성립되는 집단경쟁매매(격탁매매)와 개별경쟁매매(포스트매매)가 있다. 개별경쟁매매는 다시 집중매매방식의 단일가격에 의한 개별경쟁메매와 계속적 매매방식의 복수가격에 의한 개별경쟁매매로 나눌 수 있다.

(나) 개별경쟁매매의 원칙

거래소시장에서 매매체결시 적용되는 경쟁요소에는 가격, 시간, 수량이 있는데, 각각의 요소에 따라 적용되는 원칙이 확립되어 있다.

① **가격우선의 원칙** : 저가의 매도호가는 고가의 매도호가에 우선하고 고가의 매수호가는 저가의 매수호가에 우선한다.
② **시간우선의 원칙** : 동일한 가격호가의 경우에는 호가가 행하여진 시간의 선후에

따라 먼저 접수된 호가가 뒤에 접수된 호가에 우선한다.

③ **수량우선의 원칙** : 동일가격의 호가간에 그 시간의 선후가 분명하지 않은 경우에는 수량이 많은 호가가 적은 호가에 우선한다. 이 원칙은 동시호가의 경우에만 적용되는 원칙이다.

④ **위탁매매우선의 원칙** : 고객의 위탁매매호가가 금융투자회사 자기매매호가보다 우선한다. 즉, 동일가격의 동시호가 매매체결에 있어서 고객분이 전량 처리된 후에야 금융투자회사의 자기매매분이 처리된다.

(다) 매매계약의 체결방법

한국의 매매체결방식은 집중매매방식의 단일가격에 의한 개별경쟁매매와 계속적 매매방식의 복수가격에 의한 개별경쟁매매방식으로 구분하여 운영한다.

① 단일가격에 의한 개별경쟁매매

단일가매매는 일정시간 동안 접수한 호가를 하나의 가격으로 매매체결시키는 방법으로 수요와 공급을 집중시켜 하나의 가격으로 체결시키기 때문에 매도·매수세력을 감안한 균형가격을 발견하는데 효율적이다. 단일가매매가 적용되는 경우는 매매체결방법의 특성상 주로 수요와 공급을 집중시켜 시장의 균형가격을 도출할 필요성이 큰 경우(시가, 시장의 중단/정지후 재개, 종가, 정리매매종목 등)에 이용된다.

단일가매매의 가격결정방법은 단일가매매는 접수된 호가 중 가장 낮은 매도주문과 가장 높은 매수주문간에 순차적으로 체결하여 거래가 가장 많이 이루어질 수 있는 하나의 가격으로 매매체결이 이루어진다. 매매방법은 다음의 조건을 충족시킴과 동시에 거래가 가장 많이 이루어질 수 있는 가격(합치가격)으로 매매체결한다(유가증권시장 업무규정 제23조).

(a) 합치가격에 미달하는 매도호가와 합치가격을 초과하는 매수호가의 전수량

(b) 합치가격의 호가에서는 매도호가 또는 매수호가의 어느 일방의 전수량

(c) 타방의 호가수량 중 당해 종목의 매매수량단위 이상의 수량

② 복수가격에 의한 개별경쟁매매(접속매매)

접속매매의 개념은 단일가매매방식이 적용되는 시점 이외의 시간동안에 거래소에 제출되는 주문에 의해서 체결가능한 조건이 형성될 때마다 가격 및 시간우선의 원칙에 의하여 즉시 매매체결시키는 방식을 의미한다. 동 매매체결방식은 매매거래시간 중에 계속적으로 복수의 가격이 형성되기 때문에 '접속매매'라고도 한다. 이러한 접속매매가 적용되는 시기는 단일가매매에 의하여 시가가 결정된 직후부터 종가결정을 위한 호가접수시간 개시 전까지의 가격결정에 적용된다.

접속매매의 가격결정방법은 매도호가와 매수호가의 경합에 의하여 가장 낮은 매도호가와 가장 높은 매수호가가 합치되는 경우 선행호가의 가격으로 하며, 가격 및 시간우선의 원칙에 따라 합치되는 호가간에 매매거래를 성립시킨다.

(라) 동시호가

단일가매매를 위하여 접수된 호가중 일정한 경우에 시간의 선·후를 구별하지 않는 호가를 동시호가라 한다. 시간우선의 원칙대신 위탁매매우선의 원칙과 수량우선의 원칙이 적용된다. 시장 개시가격결정을 위한 단일가매매에 참여한 호가 중 시가가 상한가나 하한가로 체결되는 경우, 상한가호가(시장가호가 포함) 및 하한가호가(시장가호가 포함)는 동시호가로 간주되고 당해호가간에는 시간우선의 원칙이 배제된다. 즉, 상한가 매수호가 또는 하한가 매도호가의 경우에는 당해수량 전량이 매매될 때까지 시간의 우선순위를 두지 않는다. 반면, 시가가 상·하한가 이외의 가격으로 결정되는 경우에는 시간우선의 원칙이 적용된다. 신규상장종목의 최초가격결정시에 당해가격이 최고호가가격이나 혹은 최저호가가격으로 결정되는 경우에도 동시호가가 적용된다. 또한, 매매거래중단후 재개시 최초가격을 결정하기 위하여 단일가매매에 참여한 호가의 경우에도 시가결정에 참여한 호가와 동일하게 적용된다. 즉, 매매거래중단(circuit breakers)의 발동, 전산장애 또는 풍문 등의 사유로 매매거래가 중단된 이후, 매매거래 재개시의 최초가격이 상한가나 하한가로 체결된 경우에는 시간우선의 원칙이 배제된 동시호가가 적용된다. 유의해야될 점은, 단일가매매에 참여한 호가의 경우라도 정리매매종목의 가격결정 또는 종가결정을 위한 단일가매매에 참여한 호가간에는 시간우선의 원칙이 적용된다는 점이다. 동시호가 처리시의 수량배분 순위는 다음 〈표 3-13〉과 같다(유가증권시장 업무규정 시행세칙 제34조).

표 3-13 동시호가 처리시의 수량배분 순위

전산매매	소액채권
-주문호가별 수량배분	
① 매매수량단위의 100배	① 1,000만원
② 매매수량단위의 500배	② 5,000만원
③ 매매수량단위의 1000배	③ 1억원
④ 매매수량단위의 2000배	④ 3억원
⑤ 잔량의 1/2	⑤ 5억원
⑥ 잔량	⑥ 잔량

유가증권, 코스닥시장 동일기준

(5) 매매계약체결의 특례

(가) 대량매매

① 장중 대량매매/바스켓매매: 금융투자회사가 고객으로부터 위탁받은 주문수량이 대량이어서 적정한 시간내에 적정한 가격으로 집행하기 어려운 경우에 그 주문을 원활하게 집행하기 위해 거래소가 정한 특정 방법으로 매매를 체결시키는 방법을 대량매매라고 한다.

정규시장 장중대량매매는 종목, 수량 및 가격이 동일한 매도호가와 매수호가에 대하여 회원이 매매거래를 체결시키고자 신청하는 경우 당해종목의 매매거래를 성립시키는 방법이다(유가증권시장 업무규정 제31조).[37] 요건은 매도호가와 매수호가 중 어느 일방은 단일회원의 호가로서, 호가수량은 매매수량단위의 5000배 이상 또는 수량과 금액을 곱한 금액이 1억원에 해당하는 수량 이상이어야 한다. 장중대량매매를 위한 호가가격은 당해 호가의 접수직전까지 정규시장에서 형성된 최고가격과 최저가격의 범위 이내에서 결정된다.

② 경쟁 대량매매(A-Blox): 익명거래를 원하는 투자자를 대상으로, 일정규모 이상의 대량호가를 정규시장 호가와는 별도로 집중시켜서 매수·매도 호가 간에 거래를 체결시키는 매매제도이다. 우리나라에는 2010년 11월 29일 도입되었으며, 주식과 외국주식예탁증권 및 상장지수집합투자기구 집합투자증권에 한하여 사용되고 있다. 경쟁대량매매에 참여하는 호가의 우선순위는 먼저 접수된 주문부터 전량을 체결하는 시간우선의 원칙을 적용하며, 상대주문이 있는 경우 즉시 매매를 체결하는 연속매매방식을 채택하고 있다. 경쟁대량매매에 참여하는 호가는 호가수량에 해당 종목의 기준가격을 곱한 금액이 5억원에 해당하는 수량 이어야하며, 매매수량단위는 100주로 하고 있다. 경쟁 대량매매를 위한 호가가격은 경쟁대량매매거래의 성립 후부터 장종료시까지 정규시장에서 성립된 해당 종목의 매매거래를 기준으로 산출한 거래량가중평균가격으로 결정된다. 시간외 경쟁대량매매의 경우에는 거래당일 성립된 전체 매매거래를 기준으로 결정하되 거래량가중 평균가격이 없는 경

37) 실무적으로, 장중대량매매의 신청은 정규시장의 매매거래시간동안 대량매매등네트워크(대량매매 및 바스켓매매의 협의, 협상내용의 통보 및 확인 등을 위하여 거래소가 별도로 운영하는 전산시스템으로서, 현재 거래소는 K-Blox를 사용하고 있음)를 통하여 매도 및 매수 쌍방당사자간의 협의에 의하여 결정된 종목, 수량 및 가격 등의 협상내용을 회원시스템 및 거래소시스템에 통보하고 회원은 그 내용대로 호가하는 방식을 사용한다(유가증권시장 업무규정시행세칙 제49조). 종래 사용되었던 신고대량매매제도는 장중대량매매 및 시간외대량매매제도의 도입으로 실효성이 상실되어 폐지되었다(2006.8.28.).

우에는 당일의 종가를 사용하고 있다. 현재, 거래량가중평균가격은 총거래대금을 총거래량으로 나눈 가격을 의미한다.

경쟁대량매매 호가의 수량 및 체결정보는 장중에는 공개되지 않는다. 다만, 종목별로 경쟁대량매매를 위한 매수·매도호가 유·무 정보는 최소한의 거래정보로서 매매거래가 진행되는 정규시장 중에 한하여 공개하고 있다.

장중대량매매와 경쟁대량매매, 시간외 대량매매 및 시간외 바스켓매매의 형태별 특징을 비교하면 다음과 같다(〈표 3-14〉).

(나) 시간외 매매

시간외 매매란 정규매매거래시간 이전 또는 이후 일정시간 동안 주문을 접수하여 정규시간매매와는 별도의 방법으로 매매거래하는 제도로서, 당일 종가로 주문을 처리하기 위한 시간외 대량매매, 상대매매방법에 따라 기관투자자 등의 대량주문을 처리하기 위한 시간외 대량매매 및 다수의 종목을 일괄하여 매매거래하는 시간외 바스켓매매 등이 있다. 시간외 매매는 정규매매시간중 매매거래의 기회를 갖지 못한 투자자에게 추가적인 매매거래기회를 부여하고 대량매매와 같이 일반경쟁매매를 통해 수용하기 어려운 매매수요에 대해 정규매매시간중의 매매거래와는 다른 형태의 매매체결 수단을 제공한다는 기능을 갖는다. 시간외 매매는 1991년 미국 뉴욕증권거래소가 시간외매매시장(crossing session)을 도입한 이후 동경, 프랑스 등 세계 주요증권시장에 도입되었으며, 한국의 경우도 1996년 매매체결시스템 재구축과 함께 증권거래소에 도입되었다.

① **시간외 종가매매** : 시간외 종가매매는 정규매매시간 개시전(7:30~8:30) 혹은 종료후 일정시간(15:30~ 16:00) 동안 매도·매수주문을 받아 당일종가로 접수순(시간우선원칙)에 따라 매매를 체결하는 제도이다. 매매수량단위는 상장주권 전종목을 대상으로 1주를 원칙으로 한다. 정규매매시간중의 종가가 결정된 이후 당해 가격이 모든 투자자에게 공시될 수 있는 시간적 여유를 주기 위해 정규매매시장 종료 이후 10분 후부터 매매거래가 시작된다. 특히, 매매거래시간과 호가접수시간을 분리하여 장종료시점 직후부터 호가를 제출할 수 있도록 규정개편이 이루어져, 시간외시장 개시전에 호가를 취소하고자 하는 증권회사의 불편을 해소하고 있다. 따라서, 시간적으로 우선하기 위하여 장종료 직후에 호가를 제출하였으나 종가가 불리하게 결정되었을 경우에는 장개시시점전에 취소할 수 있다(〈표 3-15〉).

시간외매매가 개시되기 전까지 종가가 결정되지 않은 경우는 종가가 결정되

| 표 3-14 대량매매의 형태별 특징

구분	장중대량매매/ 장중바스켓매매	시간외 대량매매	시간외 바스켓매매	경쟁 대량매매
1.대상증권	– 주권, ETF, ETN, 외국주식예탁증권 – 다만, 당일 실제거래가 이루어지지 않은 종목은 불가	– 주권, ETF, ETN, 외국주식예탁증권 – 다만, 당일 실제거래가 이루어지지 않은 종목은 불가	– 주권, ETF, ETN, 외국주식예탁증권 – 다만, 매매 거래 정지 종목은 불가	– 주권, ETF, ETN, 외국주식예탁증권 – 단, 관리종목과 정리매매종목은 제외
2.정정,취소	– 매매체결전까지 가능	– 매매체결전까지 가능	– 매매체결전까지 가능	
3.매매시간	– 정규 매매거래시간 (09 : 00~15:30)	– 시간외매매 시간중 (07:30~09:00, 15:40~18:00)	– 시간외매매 시간 중 (07:30~09:00, 15:40~18:00)	– (시간외시장) : 07:30~08:30, – (정규시장) : 09:00~15:00
4.거래요건	– 장중대량매매: 매매수량단위의 5000배 (ETF: 500배) 또는 1억원 이상 – 장중바스켓매매 : 5종목 이상 그리고 10억원 이상	– 매매수량단위의 5000(ETF, ETN : 500배)배 또는 1억원 이상	– 5종목 이상 그리고 10억원 이상	– 5억원 이상(당일기준가격×호가수량) – 매매수량단위 100주
5.주문유형	– 주문내용이 일치하는 매도·매수 쌍방주문	– 주문내용이 일치하는 매도·매수 쌍방주문	– 주문내용이 일치하는 매도·매수 쌍방주문	– 상대주문이 있는 경우 즉시매매를 체결하는 접속매매방식 – 시간우선원칙
6.주문가격	– 당해호가접수직전까지 형성된 최고가격·최저가격 범위 내	– 당일 상·하한가 범위 이내 – 자기주식매도의 경우 종가대비± 5% 범위내 가격과 상하한가 범위	– 당일 가격제한폭 범위 이내	
7. 회원요건	– 매도·매수 중 어느 일방은 단일회원	– 매도·매수 중 어느 일방은 단일회원	– 매도·매수는 각각 단일 회원	
8.체결가격	– 매도·매수 쌍방 당사자간 협상가격	– 당일 상·하한가내 매도·매수 쌍방 당해호가간 주문가격으로 체결	– 매도·매수 쌍방 당해 호가간 주문가격으로 체결	– 시간외시장: 당일 거래량가중평균가격* – 정규시장: 체결시점 직후부터의 거래량가중평균가격**, 거래량미형성시 당일종가
9.거래공시	– 종목별 거래내역 공시	– 종목별 거래내역 공시	– 바스켓 전체의 매매 내역만 공개 – 개별종목의 거래 내용은 비공개	– 정규시장: 호가의 수량 및 체결정보 미공개 – 다만, 종목별로 매수·매도 호가의 유무정보는 정규시장에 한하여 공개

주 : 유가증권시장 업무규정 제31조, 제32조, 제35조, 제36조, 제30조의2, 제34조의3
유가증권시장 업무규정 시행세칙 제49조, 제50조, 제52조, 제53조, 제48조의2, 제51조의3

*정규시장 개시 시점부터 장종료시까지의 총거래대금÷총거래량

**체결시점부터 장종료시까지의 총거래대금÷총거래량

는 시점에 기접수된 호가간에 매매가 이루어지며, 시간외매매시간 종료시까지 종가가 결정되지 않는 경우에는 시간외매매시간 종료후 종가결정시점에 즉시 매매체결이 이루어진다. 시간외종가매매는 당일중 매매거래가 형성되지 않은 종목 또는 기세로 종가가 결정된 종목의 경우에는 매매거래가 허용되지 않는다. 종가에 의한 매매체결이 이루어지기 때문에 제출된 호가에 대한 가격정정은 허용되지 않고 매매체결전까지 수량정정 및 호가의 취소는 가능하다.

시간외단일가매매는 투자자에게 추가적인 매매거래기회를 제공하기 위하여 장종료후 일성시간농안 10분 단위 단일가매매를 통하여 당일종가의 상하 10% 이내(다만, 당일 상하한가 이내)의 가격으로 매매거래를 성립시키는 제도다.

표 3-15 시간외매매 시장 구분

구 분	매매거래시간	호가접수시간	매매거래유형
장개시전 시간외시장	07 : 30~09 : 00	07 : 30~09 : 00	시간외대량, 시간외바스켓매매
	07 : 30~08 : 30	07 : 30~08 : 30	시간외종가매매
장종료후 시간외시장	15 : 40~16 : 00	15 : 30~16 : 00	시간외종가매매
	15 : 40~18 : 00	15 : 40~18 : 00	시간외대량, 시간외바스켓매매
	16 : 00~18 : 00	16 : 00~18 : 00 (10분 단위 주기적 단일가매매)	시간외단일가매매

주) : 매매수량단위는 1주, 거래대상 종목은 상장주권, ETF, ETN, 외국주식예탁증권임

② **시간외 대량매매** : 일정수량 이상의 매도·매수 쌍방호가(coupled order)에 대하여 회원의 신청이 있는 경우에는 당해호가간에 우선적으로 매매를 체결시켜 주는 매매제도이다. 단, 종가가 기세로 형성되는 경우에는 매매거래를 성립시키지 않고 있다. 시간외 대량매매를 하고자하는 회원은 호가전에 시간외 대량매매 신청서를 거래소에 제출하여야 하며, 신청서 내용과 호가한 내용이 다른 경우에는 매매체결을 성립시키지 않는다. 또한 장중대량매매와 같이 매도·매수중 어느 일방은 단일회원이어야 한다.

매매체결가격은 당일의 상한가·하한가범위내에서 이루어진다. 다만, 시간외 대량매매방식으로 자기주식을 매도하고자하는 경우에는 당일 종가를 기준으로 상하 5% 범위내의 가격을 모두 만족하는 가격을 사용하고 있다. 시간외 경쟁대량매매의 경우에는 정규시장에서 형성된 거래량가중평균가격 중 매도·매수 쌍

방이 합의한 가격이 사용된다. 한편, 정부·한국은행·예금보험공사·한국산업은행·중소기업은행·한국수출입은행 및 정부가 납입자본금의 50% 이상을 출자한 법인으로부터 자기주식을 매수하는 경우, 공정경쟁촉진 및 공기업 민영화 등 정책목표 달성을 위하여 감독당국으로부터 허가받은 주권상장법인이 자기주식을 매수하고자 하는 경우에는 시간외 대량매매방식을 사용할 수 있다. 정부 및 예금보험공사로부터 자기주식을 매수하고자 하는 경우에는 가격의 제한을 받지 않는다.

③ **시간외 바스켓매매** : 바스켓매매는 일정 수 이상의 다수종목으로 구성된 포트폴리오에 대하여 일시에 매매거래를 성립시키는 매매방식을 의미한다. 동 제도의 도입 이전에도 차익거래 등 프로그램매매를 통하여 다수의 종목을 일괄적으로 매매하는 제한된 형태의 바스켓매매가 존재하였지만, 프로그램에 따라 개별종목별로 매매주문을 내고, 이들 종목간에 매매거래가 이루어지는 형태로서 명목상으로는 각 종목별로 매매거래하는 방식이라고 할 수 있다. 시간외 바스켓매매는 선물·옵션거래의 만기시 차익거래의 반대매매집중에 따라 나타나는 현물시장의 가격변동성과 이로 인한 시장충격을 완화해주는 기능을 수행하고 있다.

시간외 바스켓매매는 시간외 시장의 매매거래시간동안 바스켓을 구성하는 각각의 종목에 대하여 수량 및 가격이 동일한 매도호가 및 매수호가(쌍방호가)로 회원이 매매거래를 성립시키는 제도를 말한다. 호가제출시 바스켓매매임을 표시하고, 구성종목별 가격·수량을 입력하고 매도·매수호가는 각각 단일 회원의 호가이어야 한다. 거래가격은 바스켓 각 구성종목에 대하여 상·하한가 한도 이내여야 하며 각 구성종목의 가격은 호가가격단위에 따라 이루어져야 한다.

시간외 바스켓매매를 하기 위해서는 장외에서 매매거래조건에 대해 합의한 매도·매수자가 시간외 바스켓매매신청서를 거래소에 제출하여야 한다. 다만, 바스켓 거래내용이 상세히 알려지는 경우, 거래주체가 알려질 수 있어 투자자의 익명성이 훼손될 수 있으므로 바스켓거래의 총건수, 총거래량, 총거래대금만 공표하고 각 바스켓의 구성종목의 내용은 공표하지 않고 있다. 각 구성종목의 총거래내용(거래량, 거래대금)은 시간외거래내용에 반영되나 체결가격은 익일 기준가격에 반영되지 않는다.

(다) 상장법인의 자기주식의 매매

거래소 상장법인 혹은 코스닥상장법인은 유가증권시장을 통해서 이익배당을 할 수 있는 한도 안에서 자기주식의 취득이 가능하다(상법 제341조, 제462조 제1항, 증권의 발행 및 공시등에 관한 규정 제5-11조). 자기주식취득은 자본충실의 저해 등을 초래한다는 문제점도 있기 때문에 취득 재원 등을 엄격히 유지하고 있으며, 시세조종행위 등의 불공정거래 방지 및 주주평등의 원칙을 유지하기 위해 매수방법을 제한하는 등 엄격히 규제하고 있다. 거래소상장법인 혹은 코스닥상장법인이 자기주식을 취득하거나 처분하고자 하는 경우에는 자기주식취득 관련사항을 금융위원회와 거래소에 제출해야 한다.

회원이 상장법인으로부터 자기주식매매거래를 위탁받을 경우에는 취득 또는 처분 전일 정규시장 종료후부터 18 : 00시까지 주권상장법인 자기주식매매신청서를 접수하여 거래소에 제출하여야 한다. 매수주문가격은 당해종목의 전일종가(단, 주문당일이 권리락, 배당락, 주식분할 또는 주식병합되는 경우에는 그 기준가)를 기준으로 5% 높은 가격 범위 이내로 하며, 매도주문일 경우에는 전일종가와 전일종가보다 2호가 가격단위 낮은 가격 범위 이내에서 호가하여야 한다(유가증권시장 업무규정 제39조).

하루 중 매수주문수량은 총 발행주식수의 1%를 초과하지 않는 범위 이내에서, 취득신고주식수의 100분의 10에 해당하는 수량과 자기주식 취득을 이사회에서 결의한 날의 전일을 기산일로 하여 소급한 1개월간의 일평균거래량의 100분의 25에 해당하는 수량 중 많은 수량 이내로 한정되어 있다. 다만, 그 많은 수량이 발행주식총수의 100분의 1에 해당하는 수량을 초과하는 경우에는 발행주식총수의 100분의 1에 해당하는 수량 이내에서 취득이 가능하다(유가증권시장 업무규정 시행세칙 제57조). 주권상장법인의 자기주식매매 관련하여 제출된 호가는 취소할 수 없다.

(6) 매매거래의 관리

한국거래소는 공정거래질서를 확립하고 투자자를 보호하며, 유가증권시장의 효율성을 제고하기 위하여 각종 제도적 장치를 마련하고 있다. 이중에서도 매매거래와 직접적으로 관련된 관리수단으로는 가격폭제한, 매매거래의 중단 및 재개, 예납조치, 관리 및 감리대상종목의 지정 그리고 배당락·이자락 및 권리락 조치 등이 있다.

(가) 가격폭 제한

한국거래소는 유가증권의 공정한 가격형성과 급격한 시세변동에 따른 투자자의 피해방지 등 거래질서를 확립하기 위하여 하루에 변동할 수 있는 증권가격의 상하폭을 일정한 범위로 제한하고 있다. 가격제한폭을 적용할 경우에는 원칙적으로 전일종가를 기준으로 하며 전일종가가 없는 경우에는 최근 매매거래일의 종가를 기준가격으로 사용한다. 다만, 신규상장과 재상장종목, 변경상장종목, 상장지수집합투자기구 집합투자증권 또는 상장지수증권, 자본금감소증권, 배당락·권리락종목, 증권투자회사발행주권, 주식분할 및 병합종목, 신주상장종목 등의 경우에는 예외로 하고 있다(유가증권시장 업무규정 시행세칙 제30조).

현재 한국에서 적용하고 있는 가격제한폭은 주식, 상장지수집합투자기구 집합투자증권, 상장지수증권, 외국주식예탁증서 및 수익증권의 경우 기준가격의 30%를 곱한 금액에 해당된다. 이 때, 동 금액이 호가가격단위 미만인 경우에는 절사한다. 정리매매종목·신주인수권증서·신주인수권증권 및 채권의 경우에는 가격제한폭을 두지 않고 있으며, 장기 휴장 이후 최초로 매매거래를 재개하는 경우와 시장상황급변 등으로 가격제한폭을 변경할 필요가 있는 경우에는 가격제한폭을 변경할 수 있다.[38)]

한편, 가격폭 제한의 기준가격은 다음과 같이 결정된다.

① **일반종목의 경우** : 전일종가(기세[39)] 포함)

② **신규상장종목의 경우** : 단일가매매를 위한 호가접수시간 동안 평가가격[40)]의 90~200%에서 매도·매수호가를 접수하여 결정된 최초의 가격을 기준가격으로 한다.

③ **재상장종목 및 변경상장종목** : 단일가매매를 위한 호가접수시간 동안 평가가격의 50~200%에서 매도·매수호가를 접수하여 결정된 최초의 가격을 기준가격으로 한다.

④ **주식분할 또는 액면병합으로 인한 거래정지 후의 거래재개** : 주식분할 또는 액면병합된 종목의 기준가격은 전일종가에 분할 또는 병합의 비율을 곱한 가격이 된다.

⑤ **배당락 기준가격** : 주식배당의 경우에는 배당 전·후의 1주당 가치를 일치시

38) 2014년 9월 1일부터, 한국거래소는 단기이상 급등락에 따른 투자자 피해를 막기 위해서 주식과 ETF를 대상으로 종목별 변동성완화장치(Volatility Interruption: VI)를 도입했다. 종목별 변동성완화장치는 직전체결가격과 잠정체결가격을 비교하여 일정 수준 이상으로 급등락시 2분간 단일가매매로 전환시키는 제도다.

39) 기세는 주식의 거래가 성립되지 않았을 때의 매도·매수호가의 가격으로서 전일종가에 비해 가장 낮은 매도호가 또는 가장 높은 매수호가이다.

40) 평가가격은 모집·매출에 의한 신규상장의 경우 모집·매출시의 발행가액(보통 공모가액), 코스닥상장종목의 신규상장의 경우 코스닥시장에서의 최종거래일 종가, 분할에 의한 재상장종목의 경우 분할전 회사의 시가총액을 분할후 회사에 이전된 순자산비율과 주식수를 감안하여 산정한 가격을 의미한다.

키는 방법으로 배당락 기준가격을 조정한다.

기준가격 = (배당부종가×배당전주식수)/배당후주식수

⑥ **권리락가격** : 신주인수권이 소멸된 주식에 새로이 형성되는 가격으로서, 권리락 이전의 주식가치와 증자로 인한 권리락 이후의 주식가치가 같아지도록 주식가치를 조정한 가격. 무상증자의 경우에는 신주납입금액을 "0"으로 간주한다.

$$\text{권리락기준가격} = \frac{(\text{권리부종가} \times \text{증자전주식수} + \text{신주납입금액})}{\text{증자후 주식수}}$$

⑦ **신주상장** : 동일종류의 기상장종목의 전일종가

(나) 매매거래의 중단 및 재개

거래소는 가격이 급변할 경우에 투자자에게 시장상황을 냉정하게 판단할 수 있는 시간을 제공함으로써 무분별한 매매에 따른 피해를 최소화하려는 목적 하에서 가격연속성을 저해하지 않는 범위 내에서 일시적으로 매매거래를 중단하는 제도를 운용하고 있다. 즉, 한국종합주가지수의 수치가 직전 매매거래일의 최종 수치보다 8%, 15%, 20% 이상 하락한 경우 매매거래 중단의 발동을 예고할 수 있으며, 이 상태가 1분간 지속되는 경우에는 주식시장 및 신주인수권시장의 모든 종목의 매매거래를 중단할 수 있다(circuit breakers).[41]

거래 시작후 장중 한국종합주가지수가 전일종가대비 8% 이상 하락한 경우 1단계 매매거래중단이 발동되며, 1단계 매매거래중단 발동 이후 한국종합주가지수가 직전 매매거래일 종가대비 15% 이상 하락하고 1단계 발동지수대비 1% 이상 추가하락한 경우 2단계 매매거래중단이 발동된다. 1단계와 2단계 매매거래중단이 발동되면 20분 동안 시장내 호가접수와 채권시장을 제외한 현물시장과 연계된 선물·옵션시장도 호가접수 및 매매거래를 중단하게 된다. 매매거래 중단시간 중에는 신규호가의 제출은 불가능하나 매매거래중단전 접수한 호가에 대해 취소주문을 제출하는 것은 가능하다.

각 단계별로 발동은 1일 1회로 한정하고 당일종가결정시간 확보를 위해 장종료 40분전 이후에는 중단하지 않아도 된다.

한편, 2단계 매매거래중단 발동 이후 한국종합주가지수가 전일종가대비 20% 이상 하락하고, 2단계 발동지수대비 1% 이상 추가하락한 경우 당일 발동 시점을 기

41) 1987년 10월 19일 소위 Black Monday 이후 NYSE가 최초로 도입하였으며, 한국에서는 주식(선물)은 1998년 12월 17일(1996년 5월 3일) 도입하였다. 도입이후 3회(2000.4.17, 2000.9.18, 2001.9.12.)발동되었다.

준으로 유가증권시장의 모든 매매거래를 종료하도록 되어있다. 20% 기준에 의한 당일 매매거래중단이 발동된 경우 취소호가를 포함한 모든 호가접수가 불가능하다. 3단계 매매거래중단은 40분전 이후에도 발동이 가능하다(유가증권시장 업무규정 제25조, 유가증권시장 업무규정시행세칙 제39조). 매매거래의 재개시 최초의 가격은 재개시점부터 10분동안 호가를 접수하여 단일가매매방법에 의하여 결정하며, 그 이후에는 접속매매방식으로 매매를 체결한다.

또한, 거래소는 투자자보호와 시장관리상 필요하다고 인정하는 경우에 해당종목의 매매거래를 일시적으로 중단할 수 있다. 즉, 매매거래가 폭주하여 신속한 매매거래가 성립할 수 없다고 인정되는 종목이나, 매매 중에 풍문 등과 관련하여 주가 및 거래량이 급변하거나 매매개시 전에 풍문 등과 관련하여 주가 및 거래량의 급변이 예상되는 종목에 대하여 매매거래를 중단할 수 있다. 특히, 매매거래가 폭주하여 신속하게 매매거래를 성립시킬 수 없다고 인정될 때에는 매매거래를 중단할 수 있다.[42)]

한편, 풍문 등과 관련하여 매매거래가 중단된 종목에 대하여는 이후 중단사유에 대한 조회결과를 공시한 후 30분이 경과한 때부터 매매거래를 재개할 수 있다. 다만, 공시시점이 14시 30분 이후인 경우에는 그 다음 매매거래일부터 매매거래를 재개할 수 있다. 시장 단기과열로 매매거래가 중단된 경우에는 그 다음 매매거래일부터 매매가 재개되며, 매매거래의 폭주와 관련하여 매매거래가 중단된 경우에는 호가상황 및 매매거래 상황을 감안하여 매매거래를 재개할 수 있다. 또한, 당해 풍문 등이 공시 후에도 해소되지 않거나 공시내용이 상장폐지기준에 해당하는 경우 및 관리종목 지정사유에 해당하는 경우에는 매매거래의 재개를 연기할 수도 있다(유가증권시장 업무규정 제26조, 유가증권시장 업무규정시행세칙 제40조).

(다) 시장경보제도

거래소는 주가 및 거래량 등과 관련하여 투기적이거나 불공정거래 개연성이 있는 종목의 경우 투자자의 주의를 환기시키기 위한 목적으로 시장경보제도를 운영하고 있다. 주가가 단기간 동안에 비정상적으로 급등할 경우 그 급등세를 진정시켜 주가의 안정을 도모하고, 해당종목의 투자시에는 신중을 기하도록 함으로써 불공정거래의 확산을 사전에 차단시키는 효과가 있다. 시장경보제도는 투자주의종목,

42) 매매중단조치가 특정종목의 매매상황에 문제가 발생하였을 경우에 이루어지는 조치임에 비하여, 매매정지조치는 상장법인 자체에 문제가 발생하였을 경우에 이루어지는 조치를 말한다.

투자경고종목, 투자위험종목 지정의 3단계로 구성된다. 이때 사용하는 주가상승・하락률, 매수・매도관여율, 주가지수상승률은 아래와 같이 계산한다(시장감시규정 제5조의 2, 시장감시규정 시행세칙 제3조~제3조의 7).

i) 주가상승・하락률=(비교시점의 종가－기준시점의 종가)÷기준시점의 종가

ii) 매수・매도관여율=(특정기간의 특정계좌・지점의 매수・매도수량÷특정기간의 전체 거래량)

iii) 주가지수상승률=(비교시점의 주가지수－기준시점의 주가지수)÷기준시점의 주가지수

① **투자주의종목의 지정** : 거래소는 주권, 증권예탁증권, 상장지수투자집합기구집합투자증권, 상장지수증권 및 주식워런트증권이 소수지점 거래집중 종목과 소수계좌 거래집중 종목 및 투자자의 주의환기가 필요한 종목에 해당할 경우 그다음 매매거래 1일간 투자주의종목으로 지정할 수 있다.[43] 또한, 장종료시의 가격결정시 형성된 가격이 직전가격 대비 5% 이상 상승 또는 하락한 경우로서, 당일 거래량이 3만주 이상이고 장종료시의 가격결정시 거래량이 당일 총거래량의 5% 이상인 종목, 당일 장종료시 상한가호가의 미체결 수량이 10만주 이상이면서 미체결 수량 상위 10개 계좌의 미체결수량 합계가 전체 미체결수량의 90% 이상인 종목, 특정 계좌의 순매수・순매도 수량이 상장주식수 대비 각각 2% 이상이면서 주가가 5% 이상 각각 상승 혹은 하락하였을 경우에도 투자주의종목으로 지정한다. 이외에도 15일간 소수계좌 매수관여 과다종목이나, 15일간 예방조치요구 과다종목과 특정계좌군 매매관여 과다종목의 경우에도 투자주의종목으로 지정한다. 특정계좌군 매매관여 과다종목이란 최근 3일간 주가상승률이 15% 이상이고 특정계좌 또는 연계계좌군의 시세영향력을 고려한 매수관여율이 5% 이상인 일수가 2일 이상일 것과 일평균 거래량이 30,000주 이상인 종목을 의미한다. 투자경고종목의 지정예고요건에 해당하는 종목, 투자경고종목의 지정해제요건에 해당하는 종목이나 시장감시위원장이 투자자보호를 위하여 필요하다고 인정하는 종목에 대하여

43) 주권 등의 경우, 소수지점거래집중종목이란 최근 3일간 ① 주가상승・하락률이 15% 이상, ② 특정 지점의 매수・매도관여율이 20% 이상이거나 혹은 5개 지점의 매수・매도관여율이 40% 이상, ③ 일평균거래량이 30,000주 이상, ④ 매수(매도)관여율이 가장 높은 시점의 매수(매도)관여일 수가 2일 이상에 모두 해당하는 종목을 의미한다. 소수계좌거래집중종목은 최근 3일간, ① 주가상승・하락률이 15% 이상, ② 매수・매도관여율 각각 상위 10개 계좌의 관여율이 40% 이상, ③ 매수・매도관여율 각각 상위 10개 계좌 중 5개 이상의 계좌의 관여일수가 2일 이상, ④ 일평균 거래량이 30,000주 이상에 모두 해당되는 종목을 의미한다(시장감시규정 시행세칙 제3조).

는 투자주의종목으로 지정이 가능하다.[44)]

② **투자경고종목의 지정예고 및 지정** : 최근 5일간 주가상승률이 60% 이상이고 당일의 주가가 최근 15일 중의 최고주가(종가를 기준으로 함)이며 최근 5일간 주가상승률이 동기간 주가지수상승률의 5배 이상인 종목은 투자경고종목으로 지정할 수 있다(단기급등의 경우). 또한, 분석당일을 기준으로 최근 15일간 주가상승률이 100% 이상이고 당일의 종가가 최근 15일중 최고주가이며 최근 15일간 주가상승률이 동기간 주가지수상승률의 3배 이상인 경우에도 투자경고종목으로 지정한다(중장기 상승의 경우). 마지막으로, 최근 15일간 투자주의종목으로 5회 이상 공표된 종목으로서 동기간 주가상승률이 75% 이상이며 당일의 종가가 최근 15일중 최고주가이며 동기간 동안 주가상승률이 주가지수상승률의 3배 이상인 경우에 투자경고종목으로 지정이 가능하다(투자주의종목 공표가 반복되는 경우).

투자경고종목으로 지정된 이후에는, 해당종목을 매수할 경우 위탁증거금을 100% 납부하여야 하며, 신용융자로 해당종목을 매수할 수 없게 된다. 또한, 해당종목은 대용증권으로 인정되지 않으며(단, 코넥스주권은 제외), 주가가 추가적으로 급등할 경우 매매거래정지 및 투자위험종목으로 지정될 수 있다.

한편, 당일의 주가가 최근 15일 중 최고가이면서, 최근 5일간의 주가상승률이 60% 이상인 경우, 최근 15일간의 주가상승률이 100% 이상인 경우, 최근 15일간 5회 이상 투자주의종목으로 지정되고 동 기간동안의 주가상승률이 75% 이상인 경우에는 당해종목이 투자경고종목으로 지정될 우려가 있다는 사실을 예고할 수 있다(시장감시규정 제5조의 3, 시장감시규정 시행세칙 제3조의 3). 투자경고종목으로서 지정된 이후, 특정일의 주가가 지정일 전일 및 직전 매매거래일의 주가보다 높으며, 연속 2일간 주가상승률이 40% 이상(코넥스시장 20% 이상)인 종목에 대하여는 그 다음 매매거래일 1일간 매매거래를 정지한다(매매거래정지 예고종목에 한함). 투자경고종목으로 1일간 매매거래가 정지된 종목에 대하여는 투자경고종목의 지정이 해제되기 전까지 매매거래정지 적용을 배제한다.

44) 다음의 경우에는 투자주의종목 지정에서 제외된다: ① 투자경고종목 또는 투자위험종목으로 지정된 종목, ② 정리매매종목, ③ 코넥스시장 상장종목으로서 신규상장일로부터 20일 이내인 종목의 경우에는 소수지점거래집중종목, 소수계좌거래집중종목, 단일계좌거래량 상위종목, 15일간 소수계좌 매수관여 과다종목, 특정계좌군 매매관여 과다종목의 기준을 적용하지 않는다.

③ **투자위험종목의 지정예고 및 지정** : 투자경고종목으로 지정되거나 지정이 해제된 이후에도 일정 기간 이내에 주가가 다시 급등하는 종목의 경우에는 투자위험종목지정을 예고할 수 있다. 특히, 투기적인 매매거래나 시장의 불안을 야기할 정도의 주가가 지속적인 상승현상을 보일 경우에는 투자위험 종목으로 지정할 수 있다.

즉, 투자경고종목으로 지정된 종목의 당일 주가가 최근 15일 중 최고가이면서 당초 투자경고종목 지정사유를 반복하였을 경우 그 다음 매매거래일에 투자위험종목으로 지정 예고할 수 있다. 또한 투자위험 종목 지정 예고일 부터 기산하여 10일 이내에 당일 종가가 단기·중장기 급등이나 상승에 해당할 때에는 투자위험종목으로 지정한다: (i) 당일의 종가가 3일 전날의 종가보다 45% 이상 상승하고(초단기급등), 최근 15일 종가 중 가장 높은 가격이며, 최근 3일간 주가상승률이 같은 기간 종합주가지수 상승률의 5배 이상인 경우 (ii) 당일의 종가가 5일 전날의 종가보다 60% 이상 상승하고(단기급등), 최근 15일 종가 중 가장 높은 가격이며, 최근 5일간 주가상승률이 같은 기간 종합주가지수 상승률의 5배 이상인 경우 (iii) 당일의 종가가 15일 전날의 종가보다 100% 이상 상승하고(중장기급등), 최근 15일 종가 중 가장 높은 가격이며, 15일 전날을 기준으로 같은 기간 종합주가지수 상승률의 3배 이상인 경우 (iv) 당일의 종가가 5일 전날의 종가보다 45% 이상 상승하였으며(단기상승), 최근 15일 종가 중 가장 높은 가격이며 불건전요건[45] 중 어느 하나에 해당된 경우 (v) 당일의 종가가 15일 전날의 종가보다 75% 이상 상승하고(중장기상승), 최근 15일 종가 중 가장 높은 가격이며, 불건전요건[46] 중 어느 하나에 해당된 경우(시장감시규정 시행세칙 제3조의 4).

주가의 급격한 변동으로 투자위험종목으로 지정된 종목은 지정일로부터 기산하여 10일 이후의 날로서 단기급등 이나 중장기급등 등 지정사유에 해당되

45) 1) 최근 5일 중 전일대비 주가가 상승하고 동일계좌가 일중 전체 최고가 매수 거래량의 10% 이상을 매수한 일수가 2일 이상, 2) 최근 5일 중 특정계좌(군)의 시세영향력을 고려한 매수관여율이 5% 이상인 일수가 2일 이상, 3) 최근 5일간 일중 특정계좌의 매수 거래량과 매도 거래량이 98% 이상 일치하는 계좌수(거래량 5천주 이상) 비중이 전체 거래 계좌수의 5% 이상

46) 1) 최근 15일 중 전일대비 주가가 상승하고 동일계좌가 일중 전체 최고가 매수 거래량의 10% 이상을 매수한 일수가 4일 이상, 2) 최근 15일 중 특정계좌(군)의 시세영향력을 고려한 매수관여율이 5% 이상인 일수가 4일 이상, 3) 최근 15일간 일중 특정계좌의 매수 거래량과 매도 거래량이 98% 이상 일치하는 계좌수(거래량 5천주 이상) 비중이 전체 거래 계좌수의 5% 이상

지 않을 경우에, 또는 상장폐지기준에 해당되거나 시가기준종목을 적용하기 위하여 매매거래가 정지된 경우에 투자위험종목지정을 해제한다(시장감시규정 시행세칙 제3조의 4).

투자위험종목으로 지정되면 다음과 같은 제약을 받게 된다. 즉, 신용거래종목에서 제외되며, 위탁증거금은 100%를 징수해야 된다. 또한 투자위험종목의 경우 대용증권사용이 불가능하며 투자위험종목 지정일 후의 날로서 특정일의 주가가 3일간 연속하여 지정일 전일의 주가 및 당일의 직전 매매거래일의 주가보다 높은 경우에는 다음 매매거래일 1일간 매매거래를 정지할 수 있다. 투자위험종목 지정 당일에도 지정과 동시에 1일간 매매거래가 정지된다(시장감시규정 시행세칙 제3조의 6).

(라) 배당락, 권리락 등의 조치

① **배당락** : 주식회사는 매 사업연도가 종료된 후에 결산을 확정하고 이익잉여금을 처분하기 위하여 정기주주총회를 개최하게 되는데, 이때 주주총회에서의 주주권을 확정하기 위하여 권리확정일을 매 사업연도 최종일로 하며, 그 다음 날부터 주주총회종료일까지 주주명부를 폐쇄하고 주권의 명의개서를 금지하게 된다. 따라서 사업연도가 끝난 날의 다음날 이후에 주권을 매수하는 자는 전 사업연도의 결산에 의한 이익배당을 받을 권리가 소멸되므로 거래소는 이날부터 당해 주권에 대하여 배당락을 취함으로써 주가가 합리적으로 형성되도록 관리한다. 현재 거래소에서의 매매거래는 보통거래로서 3일째 결제되므로 실제로는 사업연도 종료일 전일 매매분부터 배당락 조치를 취하게 된다. 즉, 사업연도 종료일 이틀 전까지 배당부가 된다.

② **권리락** : 주식회사가 증자를 하는 경우에 신주인수권을 확정하기 위하여 신주배정기준일을 정하는데, 이때 그 기준일의 익일 이후에 결제되는 주권에는 신주인수권이 없어진다. 따라서 거래소에서는 배당락시와 마찬가지로 신주배정기준일 전일에 실제로 당해 종목에 권리락 조치를 취함으로써 주가가 합리적으로 형성되도록 관리한다. 즉, 신주배정기준일 이틀전까지 권리부가 되어 인수권을 가진다.

③ **배당락, 권리락의 조치일** : 기준일의 직전일로 한다. 단, 기준일이 휴장일 또는 명의개서 정지기간 중인 경우에는 최초 휴장일 또는 명의개서 정지개시일의 직전일을 기준일로 본다. 그리고 공휴일 중 연초 휴장일 및 그 최종휴장일 후 2일 이내인 경우 연초개장일을 기준일로 한다. 연말 휴장일(최초 휴장일 제

외)인 경우에는 익년 연초개장일을 기준일로 한다.

(마) 공매도 제한

공매도는 유가증권을 소유하지 않고 매도하거나(매도 후 지체없이 당해 유가증권을 제공할 수 있는지의 여부가 불분명한 경우 포함 : 무차입공매도 : naked short sale) 차입한 증권으로 결제하고자 하는 매도(차입공매도 : covered short sale)를 말한다. 결제 안정성을 담보함으로써 결제불이행으로 인한 시장의 불안정성을 방지하고, 주가가 급락할 경우 투기목적의 공매도 집중으로 인한 시장변동성과 시장충격을 완화하기 위해서 공매도를 엄격히 제한하고 있다. 현행 자본시장법은 무차입공매도는 엄격히 금지하되 결제불이행의 우려가 없는 매도에 대하여는 공매도로 간주하지 않음으로써 공매도의 적용범위를 명확히 하고 있다(자본시장법 제180조 및 동 시행령 제208조).

일반적으로 거래소는 공매도에 의해 주가 하락이 가속화되지 않도록 위탁매매와 자기매매 모두에 대하여 직전가격 이하로는 공매도를 할 수 없도록 규제하고 있다. 다만, 지수차익거래 · 상장지수펀드매도 · 주식예탁증서차익거래 · 상장지수펀드차익거래 및 유동성공급자의 헤지거래 등을 위하여 매도하는 경우에는 원활하게 균형가격이 발견될 수 있도록 가격제한에 대한 규제를 하지 않는다.

거래소의 회원은 제한되는 매도호가 또는 가격제한에 위반하는 공매도호가에 해당하는 매도주문의 수탁을 거부하여야 한다.

사전규제로는 공매도의 호가시 일반주문과 구분하여 주문표 및 호가표에 당해 호가가 공매도임을 표시하도록 하고 있는데, 이는 당해 호가가 공매도임을 명확히 함으로써, 공매도호가 규제의 실효성을 확보하기 위한 것이다. 사후관리방안으로 거래소는 시장관리상 회원에게 필요한 경우 공매도 거래내역을 요구할 수 있으며, 거래내역에는 공매도한 종목의 수량, 가격, 일자 등이 포함된다.

5 매매거래의 결제

결제는 증권시장에서 성립된 매매거래의 종결이며 매매계약의 이행행위이다. 증권시장에서의 결제는 매매거래와 마찬가지로 다수의 매매쌍방에 의하여 이루어지고 그 종목수나 수량에 있어서도 다양하기 때문에 고도로 정형화된 결제방법을 가지고 있지 않으면 안된다. 따라서 증권시장에서의 매매거래에 대한 결제의 책임을 지고 있는 거래소에서는 결제방법, 결제시한 등 결제와 관련된 주요내용을 구체적으로 정하고 있다.

매매후 업무처리(back office)는 매매대조·확인(confirmation), 착오정정(correcting)을 거쳐 당사자간에 결제하여야 할 채권·채무의 내용이 확정되는 바 이러한 과정을 청산(clearing)이라 한다. 청산과정에서는 유가증권시장에 참여하는 거래참여자의 수많은 확정된 거래에 대하여 결제 수를 대폭 감소시키거나 단순화하기 위해 거래상대방별로 단일의 포지션을 산출하며 이를 차감(netting)이라 한다.

(1) 결제방법의 종류

(가) 수도결제와 차금결제

수도결제는 결제증권과 결제대금을 결제일에 실질적으로 수수하여 결제하는 방법으로 실물거래에 적용되는 결제방법이고, 차금결제는 실물거래외에 적용되는 결제방법으로 반대매매에 의한 매매차금만을 수수하여 결제하는 방법이다.

(나) 전량결제와 차감결제

전량결제는 한 회원의 결제대금 또는 결제증권을 매도·매수별로 전량 결제하는 방법이고, 차감결제는 거래원별로 매도와 매수를 차감한 잔액 또는 잔량만을 가지고 결제하는 방법이다.

(다) 집중결제와 개별결제

집중결제는 매매거래의 결제업무를 거래소의 결제기구에서 집중적으로 취급하는 방법이고, 개별결제는 매매당사자간 또는 거래소가 지정하여 주는 상대방과 결제하는 방법이다. 이와 같은 형태로 구분하여 볼 때, 현재 한국에서는 실물거래인 당일결제거래와 보통거래만이 인정되고 있기 때문에 당연히 수도결제가 이루어지고 있고, 회원별 매매거래의 종류별로 매도증권과 매수대금을 각각 차감하여 결제하므로 차감결제를, 그리고 거래소의 결제기구를 통하여 결제하므로 집중결제를 채택하고 있다.

(라) 한국의 매매거래 형태

① **당일결제거래** : 매매계약을 체결한 당일에 수도결제하는 것으로서, 채권의 거래에만 가능하다.

② **익일결제거래** : 매매계약을 체결한 날의 다음 날에 결제하는 매매거래 방법이다.[47)]

③ **보통거래** : 매매계약을 체결한 날로부터 3일째 되는 날(공휴일은 제외)에 수도 결제하는 것으로서, 일반적인 주권거래에 적용되고 있다.

한국의 주권거래는 모두 즉시거래이며 실물결제거래이다. 보통거래와 익일결제거래의 경우 결제기한의 일수를 계산할 때에는 매매거래일을 기준으로 한다. 즉, 공휴일, 근로자의 날, 토요일 및 연말 휴장일은 결제기한의 일수계산에 포함되지 않는다. 예컨대, 목요일 매매분의 경우에는 토요일과 일요일을 제외하고 매매일부터 2매매거래일 이후인 월요일에 결제를 하게 되며, 12월 30일 매매분은 연말휴장일인 12월 31일과 휴일인 1월 1일을 제외하고 2매매거래일 후인 1월 3일에 결제하게 된다.

(2) 결제의 관리

(가) 결제장소

매매거래의 결제는 거래소의 결제기구를 통하여야 하는데, 거래법에 의한 한국예탁결제원이 회원으로부터 유가증권을 집중예탁받아 계좌대체를 한 경우에는 거래소의 결제기구를 통한 것으로 본다.

(나) 결제의 위임금지

회원은 매매거래를 결제함에 있어 거래소가 지정한 거래법에 의한 증권금융회사를 제외하고는 이를 제3자에게 위임할 수 없다.

(다) 결제시한

매매거래의 결제시한은 당일결제일의 16 : 00시로 한다. 단지, 거래소가 필요하다고 인정하는 경우에는 이 결제시한을 변경할 수 있다.

(라) 결제대용증에 의한 결제

보통거래의 결제에 있어 회원이 사정상 결제시한까지 매도증권의 납부가 불가능한 경우에는 매수회원의 동의를 얻어 한국예탁결제원이 발행하는 결제대용증으로 납부에 갈음할 수 있는데, 이 경우에는 당해 증권을 납부할 때까지 당해 매도대금

47) 국채지표종목 및 비지표종목인 채권의 국채딜러간 매매거래의 경우에는 매매계약을 체결한 다음 날에 결제가 이루어지는 익일결제거래 방식을 채택하고 있다.

의 지급을 유예한다. 결제대용증으로 납부한 회원은 주식의 경우 1일에 당해 매도대금의 0.02%, 국채의 경우에는 0.01%에 해당하는 지체보상금을 거래소를 통하여 매수회원에게 지급해야 한다.

이와 같은 결제대용증으로 납부한 회원은 결제대용증을 발행받은 날로부터 기산하여 3일 이내에 당해 매도증권을 거래소의 결제기구에 납부하여야 한다.

(마) 사고증권의 처리

거래소의 결제기구는 회원이 납부한 매도증권에 하자가 있다고 인정하는 경우에는 그 회원에 대하여 당해 매도증권의 교환을 청구할 수 있다. 한국 거래소시장에서의 매매거래의 결제는 거래소의 결제기구를 통하여야 하므로 자본시장법에 의한 한국예탁결제원에 의하여 거래원의 구좌간에 대체결제가 이루어지는 경우에는 이를 결제기구를 통한 것으로 본다.

대체결제제도는 증권의 매매나 기타의 거래를 함에 있어서 미리 투자자, 금융투자회사, 금융기관 등이 소유하는 증권을 일정한 계좌관리기관인 한국예탁결제원에 집중적으로 예탁하여 계좌를 개설하고, 그 후에 매매거래에 따른 주권의 수수는 계좌 상호간의 이체에 의하여 결제한다. 예탁자는 자기가 소유하고 있는 유가증권과 고객으로부터 예탁받은 유가증권을 고객의 동의를 얻어 한국예탁결제원에 예탁할 수 있다. 이때 한국예탁결제원은 예탁자계좌부를 작성·비치하되 예탁자의 자기소유분과 고객예탁분이 구분될 수 있도록 하여야 하며, 예탁유가증권은 종류·종목별로 혼합하여 보관할 수 있다. 그리고 고객으로부터 예탁받은 유가증권을 한국예탁결제원에 다시 예탁하는 예탁자는 고객계좌부를 작성·비치하여야 한다.[48]

48) 현재 한국에서 대체결제업무를 수행하고 있는 기관은 한국예탁결제원이며, 대체결제업무 중에도 유가증권시장에서의 매매거래에 따른 결제업무는 거래소로부터 위임받아 행하고 있다.

연.습.문.제

1 공모발행(public offering)과 사모발행(private placement)에 대해서 설명하시오.

2 간접발행의 종류에 대해서 설명하시오.

3 거래소 시장과 장외시장 및 ATS의 차이에 대하여 설명하시오.

4 코스닥시장의 역할에 대해서 설명하고, 코스닥시장과 코넥스시장의 차이에 대하여 논의하시오.

5 한국증권시장에서 온라인거래가 급속히 성장한 배경에 대하여 논의하시오.

6 기업공개의 의의에 대해서 설명하시오.

7 증자에 대해서 설명하시오.

8 신주의 배정방식에 따른 유상증자(seasoned equity offering)의 종류를 설명하시오.

9 무상증자와 주식배당에 대해서 설명하시오.

10 개별경쟁매매의 원칙에 대해서 설명하시오.

11 관리종목과 투자경고종목, 투자위험종목에 대해서 설명하시오.

12 배당락과 권리락에 대해서 설명하시오.

13 매매거래중단제도(Circuit Breakers)에 대해서 설명하시오.

연.습.문.제

14 한국거래소 및 세계증권거래소 웹사이트를 활용하여 지난 30년 동안 한국 주식유통시장의 현황과 세계 주식시장에서 한국시장의 위치를 비교하시오.

15 금융감독원 『금융통계월보』 및 거래소 웹사이트를 활용하여 지난 30년간 자본시장을 통해 조달된 상장기업의 주식발행실적을 기업공개, 유상증자, 코스닥시장공모 등으로 구분하여 비교 분석하시오.

16 금융감독원 · 한국은행 웹사이트를 활용하여 (i)지난 20년간 한국자본시장에서의 외국인투자동향을 파악하고, (ii)외국인주식투자한도 확대에 따른 외국인주식투자 변천과정과, (iii)주식투자주체별(외국인, 기관, 개인) 주식순매수(도)일의 코스피 등락률의 추이를 비교분석하시오.

CHAPTER 4 채권시장

I 채권시장의 기능

채권(Bond)은 자금이 필요한 정부기관이나 기업, 혹은 금융기관이 자금을 빌리는 경우에 발행하는 채무증서이다. 자금이 필요한 기업이나 정부는 채권시장이 건전하고 효율적으로 운영되어야 다양한 자금조달 수단을 가질 수 있다. 그리고 채권을 매입함으로써 자금을 투자하는 투자자는 채권시장이 효율적이어야 투자위험을 잘 분산시킬 수 있는 수단을 가질 수 있다.

정부는 국공채시장을 통하여 재정수요를 충당하고, 통화를 조절하며, 특정사업의 수행에 필요한 재원을 조달한다. 그리고 더 나아가 사회보장, 공해문제해결을 위한 재원도 조달한다. 따라서 효율적인 채권시장의 존재는 경제전반에 걸친 균형적 발전을 위해 필수적이다. 기업은 새로운 투자, 자본구조의 적정화 그리고 특별한 목적으로 자기자본 이외의 타인자본이 필요한데, 채권시장은 이러한 기업목표의 달성을 위한 자본조달을 용이하게 한다. 한편 투자자에게 적절한 투자수단을 제공하기 위해서는 공정한 가격으로의 거래가 보장되어야 하는데, 이를 위해서도 효율적 채권시장이 필수적이다.

일반적으로 채권시장이 건전하고 효율적이기 위해서는 다음과 같은 세 가지 전제조건이 기본적으로 충족되어야 한다. 첫째, 투자자에게 유동성을 제공하기 위하여 채권발행시장에서 양질의 채권이 다량으로 공급되어야 하며, 또한 다수의 투자자가 시장에 참여할 수 있어야 한다. 둘째, 유동성을 제고하기 위해 유통시장에서 자율경쟁에 의해 공정하게 형성된 시장가격으로 항시 거래할 수 있도록 거래비용, 세금 등의 시장마찰요인들을 충분히 낮게 유지해야 한다. 셋째, 이미 발행된 채권의 가격을 공정하게 형성시켜 줄 수 있는 시장운영체계가 정립되어야 하는데, 이를 위해서는 채권매매에 있어 거래의 투명성, 가격정보에 대한 접근 용이성 등이 보장될 수 있도록 규제 및 시장의 하부구조가 정비되어야 한다.

이 장에서는 먼저 한국 채권시장에서 발행되고 있는 채권의 종류를 살펴본 후,

한국 채권시장의 특징에 대해 알아본다.

II 채권의 종류

채권은 그 내용이나 형식이 다양하여 간단히 분류하기는 어렵지만 일반적으로 발행주체, 이자지급방법, 보증유무, 상환기간, 모집방법, 발행목적 등에 따라 다음과 같이 분류할 수 있다.

1 발행주체에 의한 분류

(1) 국 채

국채란 국가가 공공적 목적을 수행하기 위하여 필요한 자금을 조달하기 위해 국채법에 따라 발행하는 채권이다. 국채법에 따르면 국채는 공공자금관리기금의 부담으로 기획재정부장관이 발행한다.[1] 다만, 다른 법률에 규정이 있는 경우에는 그 법률에 따라 회계, 다른 기금 또는 특별계정의 부담으로 국채를 발행할 수 있다(국채법 제3조). 국채는 기획재정부장관이 각 부처의 발행수요를 취합하여 예산안과 함께 헌법 제58조에 의거 국회의 동의를 얻어 발행한다. 국채발행에 관하여 필요한 사항은 법령에 특별한 규정이 있는 경우를 제외하고는 총리령으로 정하며, 국채의 사무는 특별한 규정이 있는 경우를 제외하고는 한국은행이 관장하도록 되어 있다(국채법 제8조).

한국에서의 국채의 효시는 1949년에 발행된 건국채권으로 정부수립 후 계속된 재정적자를 보전하기 위하여 발행하였다. 현재 한국에서 발행될 수 있는 주요 국채는 국고채권, 재정증권, 물가연동국고채권, 외국환평형기금채권, 국민주택채권 등이 있다.[2]

1) 정부는 재정융자 등 공공목적에 필요한 자금을 확보・공급하고 국채의 발행 및 상환 등을 효율적으로 관리하기 위하여 공공자금관리기금을 설치하고 있다(공공자금관리기본법 제2조).

(가) 국고채권

우리나라 국채의 대표라고 할 수 있는 국고채권은 정부의 예산회계나 각종 기금의 부족재원을 조달하기 위해서 발행하는 채권으로 현재 3년, 5년, 7년, 10년, 20년, 30년, 50년 만기 채권이 발행되고 있다.[3] 정부는 그간 금융시장에서 채권시장의 중요성을 인식하여 꾸준히 국채의 종류를 단순화시켜 왔다. 그리고 2002년 3월부터는 국채의 발행기간을 6개월로 통합하여 유통물량의 확대를 도모하였고, 이에 따라 이자지급기간도 종래의 3개월에서 6개월로 변경하였다.[4]

(나) 재정증권

재정증권은 종전에 예산회계법 및 재정증권법에 의거 국고금의 출납과 금융통화신용정책을 효율적으로 수행하기 위해 발행한 단기국채로, 재정증권법이 2002년 12월 30일에 폐지된 이후 국고금관리법에 의거 발행되고 있다.

재정증권의 발행주체는 기획재정부장관이며 발행기관은 한국은행이 된다. 재정증권의 발행액은 각 회계(일반회계와 특별회계) 및 계정별로 국회의 동의를 얻은 금액을 초과하지 못하며, 발행 전에 금융통화운영위원회의 자문을 거쳐야 한다. 재정증권의 발행은 공개시장에서 모집, 매출 또는 입찰의 방법으로도 할 수 있으나, 필요하다고 인정하는 경우에는 금융기관, 정부출자기업체, 증권회사 및 증권금융, 종합금융회사 등을 대상으로 매각할 수 있다.

재정증권의 발행조건은 시장상황에 따라 변동하지만 만기는 1년을 초과할 수 없다. 만기 364일의 채권이 주종이며, 순수할인채(pure discount bond)로 발행된다. 현재로는 국고출납목적의 재정증권의 발행유인이 거의 없어 자주 발행되지는 않는 실정이다.

(다) 물가연동국고채권

물가연동국고채(Inflation-Linked KTB)는 국채의 원금 및 표면이자를 물가에 연동

---

2) 1999년 말까지는 양곡기금증권도 국채에 포함되었다. 양곡기금증권은 양곡증권법에 의거 양곡관리특별회계 또는 양곡관리기금의 부담으로 농림부장관의 요청에 의해 기획재정부장관이 발행하였다. 이 채권은 농업협동조합중앙회가 이 채권의 매출 및 상환에 관한 업무를 관장하였지만, 2000년부터는 양곡기금증권이란 이름은 없어지고 국고채권으로 통합되어 발행하고 있다.

3) 과거에는 국채관리기금이 부담하여 국채관리기금채권으로 불리었으나 1998년 11월부터 국고채권이라고 부르고 있다. 국채관리기금의 채권은 2000년부터 공공자금관리기금이 모두 승계하였다.

4) 국고채 중에서 이자와 원금을 분리하여 매매할 수 있는 스트립(STRIPS)제도는 뒤에서 별도로 한다.

시켜 국채투자에 따른 물가변동에 대한 위험을 제거한 것이다. 만기는 10년으로 발행되고 있다. 물가연동국고채는 2007년부터 발행을 시작했는데 아직 그 발행물량은 많지 않은 편이나 물가와 연동되기 때문에 실질구매력이 보장된다는 이점이 있다.

(라) 외국환평형기금채권

외국환평형기금채권(외평채)은 외국환관리법 제14조에 의거하여 외화자금의 매입 및 해외부문의 통화관리를 목적으로 기획재정부장관이 발행하며, 발행기관은 한국은행이다. 외평채의 발행방법은 재정증권과 유사하지만 그 액면금액을 외국통화로 표시하여 발행할 수 있는 특징이 있다. 외평채의 상환기한은 5년 이내로 하여야 하는데 만기 3년, 3개월 단위 복리로 발행되는 것이 보통이다.

기획재정부장관은 외평채를 한국은행, 외국환은행, 증권회사 및 증권금융회사, 종합금융회사, 투자신탁, 보험회사 등에게 인수하게 할 수 있다. 한 가지 특기할 사항은 1992년 7월 외국환관리법시행령의 개정으로 외국환평형기금채권의 상환기한을 3년 이내에서 5년 이내로 하여 장기채발행의 근거를 마련하였다는 점이다. 그리고 2003년 11월부터는 국고채로 통합해서 발행되고 있다.

표 4-1 국채의 발행조건 및 발행 목적(예시)

채권명	발행방법	만 기	표면금리	이자지급방법	원금상환	발행목적
국고채권	액면	3~50년	시장 실세금리	6개월 단위 복리 후급	만기 일시상환	각 회계, 기금의 부족 재원을 조달
재정증권	액면	1년	시장 실세금리	할인발행	만기 일시상환	정부회계의 일시적으로 부족한 자금조달 및 통화관리
국민주택 1종	액면	5년	5%	연단위 후급	만기 일시상환	국민주택 건설촉진을 위한 재원조달
국민주택 2종	액면	10년	0%	연단위 후급	만기 일시상환	

자료 : 기획재정부, 『재정금융통계』.

(마) 국민주택채권

국민주택채권은 주택건설촉진법 제15조에 의거하여 국민주택건설에 필요한 자금을 조달하기 위하여 발행되는데, 건설교통부장관의 요청에 의하여 기획재정부장관이 발행한다. 발행기관은 국민은행이며, 국민은행이 없는 소재지에서는 농업협동조합중앙회가 발행기관이 된다. 이러한 국민주택채권에는 1종과 2종이 있다.

국민주택채권 1종은 만기가 5년이며, 부동산 등기, 식품·숙박·목욕탕 등의 영업허가, 건설업 면허, 국가 또는 정부투자기관과의 공사도급계약 등의 경우 일정수량의 국민주택채권 1종을 매입할 의무를 부여하고 있다. 전체 발행액의 80% 이상은 부동산을 등기할 때 강제로 매출(첨가소화)되고 있다.

국민주택채권 2종은 만기가 국채 중 장기인 20년 채권이 발행되었으나 2006년 11월부터는 만기 10년 표면이율 0%로 변형되어 발행되고 있다.

(2) 지방채

지방채는 지방자치단체가 지방재정법의 규정에 따라 특수한 사업에 필요한 자금을 조달하기 위해서 발행하는 채권이다. 지방채는 국채보다 발행액수가 적고 그 신용도가 국채에 비해 비교적 떨어져 유동성이 낮은 편이다. 현재 각 지방자치단체가 특정사업의 재원을 조달하기 위해서 발행하고 있는 도시철도채권, 상수도공채, 도로공채, 지역개발채권 등이 대표적인 지방채이다.

(가) 도시철도채권

도시철도채권은 도시철도법에 의거하여 지하철건설자금을 조달하기 위하여 지방자치단체가 발행한다. 현재 서울, 부산, 인천, 대구, 광주, 대전에서 발행되고 있으며, 서울시 도시철도채권의 만기는 7년이고 원금은 만기에 일시 상환되지만 다른 도시철도채권의 경우에는 만기 5년에 일시 상환된다. 원금에 대한 이자는 5년 연복리로 계산되는데, 서울시 도시철도채권의 경우 최초 5년은 복리이자를 지급하고 마지막 2년은 단리로 계산된다.

(나) 지역개발공채 등

지방자치법, 지방공기업법, 지역개발기금설치조례, 지역상수도공채조례 등에 의거하여 발행되는 채권들도 많다. 이 중 지역개발채권은 각 지방자치단체가 발행주체가 되며, 발행기관은 지방자치단체의 금고업무를 맡고 있는 금융기관이 된다. 이들 채권은 5년 만기로 발행되며 이자가 연단위로 지급되는 복리채이다.

이들 공채는 주로 첨가소화형태로 인수되고 있는데, 각 지방자치단체가 지방재정을 위한 재원조달을 목적으로 각 지역특성에 부합되는 사업의 인·허가시 일정액을 의무적으로 매입하도록 하고 있다. 예를 들어 차량등록, 급수허가, 도로공사 시공계약, 물품납품, 도축허가, 이전·신규등록 등의 경우에 일정액을 매입하도록 하고 있다.

표 4-2 지방채의 발행조건 및 발행 목적(예시)

채권명	발행방법	만기	표면이율	이자지급방법	원금상환방법	발행목적
서울시 도시 철도채권	액면	7년	2.5%	최초 5년 중에는 연복리 지급, 이후 연단위 단리지급	만기 일시상환	지하철 건설재원 조달
도시철도채권 (부산, 인천, 대구, 광주 등)	액면	5년	2.5%	연복리	만기 일시상환	지하철 건설재원 조달
지역개발채	액면	5년	2.5%	연복리	만기 일시상환	지방재정 재원조달

자료 : 기획재정부, 『재정금융통계』 등

(3) 특수채

특수채는 한국토지주택공사, 한국전력공사, 한국기술개발주식회사, 한국도로공사 등 특별법에 의하여 설립된 법인이 발행하는 사채의 형태이나 명시적으로나 묵시적으로 정부가 보증을 하는 채권이므로 회사채와는 그 성격이 다르다.

(가) 토지개발채권

한국토지주택공사가 발행할 수 있는 토지채권에는 토지개발채권과 토지상환채권이 있다. 토지개발채권은 한국토지주택공사법 제10조에 따라 한국토지주택공사가 이사회의 의결을 거쳐 발행하는 채권을 말한다. 토지개발채권은 대부분 토지 피수용자에게 소화되고 있다.

(나) 한국전력공사채권/한국가스공사채권

한국전력공사채권은 한국전력공사법 제16조에 의해 한국전력공사가 전력공급 확대를 위한 시설자금 재원조달을 목적으로 발행하여 인수매출하는 3~5년 만기 채권으로 회사채와 비슷한 수익률 및 유통구조를 가지고 있다.

이와 유사한 채권으로는 한국가스공사법 제14조에 의거하여 1992년부터 발행되는 한국가스공사채권 등이 있다.

(다) 도로공사채권

한국도로공사법 제15조에 의거하여 발행되는 도로공사채권은 이표채로 발행되는 3년 만기 채권으로 인수매출되어 회사채와 유사하게 매매되고 있다. 이 채권은 주로 도로건설, 아파트건설 등과 관련하여 건설업체를 대상으로 첨가소화되고 있다. 도로공사채권은 지방자치법이나 지방재정법에 의해 발행되는 도로공채(지방채)와는 구분된다.

(라) 예금보험기금채권

예금자보호법 제26조의2에는 예금보험공사가 예금자보호 및 신용질서의 안정을 위하여 필요한 자금을 조달하기 위해서 예금보험위원회의 의결을 거쳐 예금보험기금의 부담으로 예금보험기금채권을 발행할 수 있도록 규정하고 있다. 이 채권으로 조달된 자금은 주로 예금자 보호를 위한 보험금 지급에 사용된다.

(4) 금융채

금융채는 통화조절을 위해 한국은행에서 발행하는 통화안정증권과 은행이 발행하는 금융채가 있다.

(가) 통화안정증권

통화안정증권은 1961년 예금금리 인상 및 대출최고한도제 실시 등에 따라 발생한 금융기관의 여유자금을 흡수하기 위하여 동년 11월에 제정된 "한국은행통화안정증권법" 및 "동법 시행규정"에 따라 예금은행을 대상으로 최초로 발행되었다.

통화안정증권은 통화량을 조절하기 위하여 한국은행법 제92조에 의거 한국은행이 발행하는 특별 유통증권으로 특수채의 일종이다. 선진국과는 달리 채권시장의 발전이 미흡하고 공개시장조작 대상증권이 부족하기 때문에 중앙은행인 한국은행이 직접 자신의 채무증서를 발행하여 이를 대상으로 공개시장조작을 원활히 수행하기 위해 발행된다. 한국은행법 제92조에는 한국은행이 통화량의 흡수가 필요하다고 인정되는 통화팽창기에는 공개시장에서 통화안정증권을 발행할 수 있으며, 통화량의 증가가 필요하다고 인정되는 통화수축기에는 동 증권을 환매하거나 만기일 전에 추첨상환하여 통화량을 조절할 수 있도록 규정하고 있다.

이러한 통화안정증권의 법적 성격은 소지인 출납식 무기명증권이며, 소멸시효는 3년이다. 이 채권은 민법상의 공시최고에 관한 규정(민법 제521조)의 적용이 배제되어 현금과 같은 강력한 유동성을 부여하고 있다.

통화안정증권의 권종은 1백만원, 5백만원, 1천만원, 5천만원, 1억원 등의 5종이 있으며, 액면 또는 할인방법으로 발행가능하나 현재는 발행시에 할인료를 액면가액에서 공제하고 발행하는 할인방법으로만 발행하고 있다. 현재 발행되고 있는 통화안정증권은 63일, 91일, 182일, 364일, 371일, 392일, 546일물 등 7종으로 이 중에서 364일물이 대부분을 차지하고 있다.

(나) 은행발행 금융채

산업은행법, 중소기업은행법, 수출입은행법에 의거하여 이들 은행에서 발행하는 채권도 금융채로 분류한다. 산업금융채권은 1955년부터 산업은행이 투융자재원을 조달하기 위하여 발행하기 시작하였으나 그 발행액이 미미하다가 1969년부터 본격적으로 발행되기 시작하였다. 이 밖에 중소기업은행은 중소기업금융채를 발행하고 있으며, 1997년부터는 일반은행의 금융채발행도 허용되고 있다.[5)]

은행이 발행하는 금융채의 발행방법은 인수매출과 일반매출이 있다. 인수매출시에는 인수수수료율을 조정하여 실세금리에 맞추어 발행한다. 이 경우 증권회사가 세금우대소액채권 편입용으로 인수하거나 기타 금융기관이 자금운용을 위해 증권회사를 통해 인수하는 것이 대부분이다. 일반매출은 개인과 법인을 대상으로 하여 발행금리로 매출하는 경우이다.

금융채는 순수할인채, 복리채, 이표채로 구분되어 발행되며 유통시장에서는 순수할인채 및 복리채가 매매되고 있다. 일반적으로 매출은 전월 발행일 익일부터 당월 발행일까지 1개월간 매출되는데, 산업금융채의 경우 전월 27일부터 익월 26일까지 매출하고 있다.

표 4-3 금융채의 발행조건 및 발행목적 (예시)

채권명	발행방법	만기	표면금리	이자지급방법	원금상환	발행목적
통화 안정증권	할인・액면	14・28・63 91・182・140 364・371・546일	시장 실세금리	발행시 선이자	만기 일시상환	한국은행의 통화조절
산업금융채권	할인・액면	1~10년	시장 지정금리	할인, 복리, 이표식	1~10년 만기액면 상환	주요 산업 개발자금
중소기업 금융채권	할인・액면	1~5년	시장 지정금리	할인, 복리, 이표식	1~5년 만기액면 상환	중소기업 자금지원

자료 : 기획재정부, 『재정금융통계』

5) 1980년부터 장기신용은행이 장기신용채권을 발행하였으나 1998년 국민은행에 합병되었다.

(5) 회사채

회사채는 상법상 주식회사가 일반대중으로부터 자금을 조달하고 회사가 채무자임을 표시해 발행하는 유가증권이다. 현재 한국 채권시장의 주종을 이루고 있으며 3년 만기 은행보증 회사채 수익률은 실세금리로 사용된다. 회사채를 보유한 자는 일반적으로 매 3개월마다 이자를 지급받고 원금은 만기에 상환받으며 회사채는 보통 3년에서 5년 사이의 만기로 발행된다.

보증 및 담보의 유무에 따라 보증담보부, 일반사채로 구별하며 사채권자에게 특수한 권리가 부여된 내용에 따라 전환사채, 교환사채, 신주인수권부사채, 옵션부사채 등 여러 가지로 분류할 수 있다.[6)]

전환사채(convertible bond : CB)는 사채권자의 청구에 의하여 일정한 조건(전환조건)에 따라 발행회사의 주식으로 전환할 수 있는 권리(전환권)가 부여된 사채이다. 전환권의 행사로 사채를 주식으로 전환하면 사채권자는 주주로서의 권리를 취득하는 동시에 사채권자로서의 권리는 잃게 된다.

한국에서의 전환사채는 1963년에 쌍용양회(주)가 최초로 연이자율 10%, 만기 6년이라는 조건 하에 발행하였다. 그 이후 전환사채발행은 주식시장의 여건 미비, 투자자 및 발행기업의 인식부족 등으로 활성화되지 못하였으나, 1980년대 중반 이후 주식시장이 활황을 보임에 따라 활성화되기 시작하였다. 그러나 주식시장이 침체로 접어든 1990년 이후 전환사채시장도 급격히 위축되었다.

신주인수권부사채(bond with warrants : BW)는 사채발행 후 일정기간에 사채권자가 일정가격으로 일정수량(혹은 금액)의 신주발행을 발행회사에 청구할 수 있는 권리(신주인수권)가 부여된 사채로, 권리행사시에는 추가로 자금을 납부하여 신주를 인수해야 하므로 권리행사 후에도 사채권자로서의 권리를 보유하게 된다. 신주인수권부사채는 주식시장이 활황이던 1988~1989년 기간 동안 발행되다가 주식시장의 침체와 더불어 1990년 이후부터는 발행실적이 없다. 신주인수권부사채는 사채권과 신주인수권을 분리하여 양도가 가능한 분리형과 분리하여 양도할 수 없는 비분리형으로 구분할 수 있다. 현재 주권상장법인에 대해서는 분리형의 발행을 금지하고 있다.

교환사채(exchangeable bond)는 사채권자가 특정기간 내에 사전에 합의한 교환조

6) 2013년 5월 자본시장법 개정으로 신주인수선택권증권(warrant)을 도입하여 기존의 CB나 BW처럼 회사채에 부가되는 형태 이외에 주식에도 부여할 수 있도록 하였다.

건에 따라 발행회사가 보유한 유가증권으로 교환할 수 있는 권리(교환권)가 부여된 채권을 말한다. 교환사채의 발행조건은 사채발행조건 등에 관한 기준에 의하여 정해진다. 이 형태의 채권은 자기주식과 교환하지 않으므로 자본금의 증가가 필요없다는 점에서 앞의 전환사채나 신주인수권부사채와 차이가 있다.

이익참가부사채(participating bond)는 사채권자가 이자의 지급뿐만 아니라 발행회사의 이익배당에도 참가할 수 있는 사채이다. 이 형태의 사채는 상장법인만 발행할 수 있고, 이익배당을 못받을 경우 다음 연도로 권리가 이월되는지의 여부에 따라 누적적 또는 비누적적 이익참가부사채로 구분한다.

옵션부사채(bond with imbedded option)는 사채발행 시에 일정한 조건이 충족되면 발행회사가 만기일 전이라도 사채의 원리금을 상환할 수 있다고 단서조항이 첨부된 사채이다. 이 채권의 발행회사는 매수청구권(call option)을 행사하여 조기상환할 수 있고, 투자자도 조기에 투자원금을 회수할 수 있는 상환청구권(put option)을 행사할 수 있다.

위에서 언급한 채권들 중 순수한 채권의 성격이 아닌 주식과 연관된 전환사채, 교환사채, 신주인수권부사채 등이 있는데, 이들을 통칭하여 메자닌(mezzanine) 채권이라고 부르기도 한다.

(6) 국제채(아리랑 본드 및 김치 본드)

국제금융시장에서 발행되는 국제채권(international bond)은 외국채(foreign bond)와 유로채(Euro bond)로 구분된다.

외국채란 채권 발행자가 자기 나라가 아닌 다른 나라에서 그 나라의 통화로 그 나라의 규제에 따라 발행하는 채권을 말한다. 따라서 외국기업이 우리나라에서 원화(Korean Won)로 발행하는 채권이 외국채에 해당하는데, 이를 통칭 아리랑 본드(Arirang Bond)라고 부른다. 외국채는 발행지 국가에 따라 명칭이 다른데, 미국에서는 Yankee Bond, 중국에서는 Panda Bond, 일본에서는 Samurai Bond, 영국에서는 Bulldog Bond, 그리고 네덜란드에서는 Rembrandt Bond 등으로 불린다.

그동안 아리랑 본드는 주로 국내기업의 외국 현지법인이 주로 발행했었는데, 2017년 5월 세계 최대 투자금융회사인 골드만 삭스가 200억 원 상당의 20년 만기 아리랑 본드를 발행함으로써 한국 채권시장이 국제금융시장의 일원이 되는 새로운 이정표를 남겼다. 골드만 삭스는 사모로 동 채권을 발행하였으며, 발행 1년 이후부터 조기상환할 수 있는 조항을 첨부하였다. 발행 주관회사는 국내 금융회사가 맡았다.

한편, 유로채는 채권 발행자가 (국내기업 또는 외국기업) 자기 나라가 아닌 특정 국가에서 그 국가의 통화가 아닌 외화표시로 발행하는 채권인데, 이 경우 우리나라에서 발행되는 외화표시채권을 김치본드(Kimchi Bond)라고 부른다. 김치본드는 2006년 미국의 베어스턴스가 달러표시채권을 발행한 것이 시초인데, 그 이후로 외국기업은 물론 국내기업의 해외법인이 외화자금을 조달하기 위해 김치본드를 발행하였다.

2 이자지급방법에 따른 분류

(1) 이표채(Coupon Bond)

이표채는 채권의 권면에 이표가 붙어 있어, 이자지급일에 이표를 떼어 이자를 지급받을 수 있는 채권이다. 현재 회사채의 대부분이 이러한 이표채로 발행되고 있으며, 3개월마다 이자를 지급한다.

(2) 순수할인채(Pure Discounted Bond 혹은 Zero Coupon Bond)

순수할인채는 액면금액에서 상환일까지의 이자를 단리로 미리 할인한 금액으로 발행하는 채권이다. 대표적인 순수할인채로는 통화안정증권, 재정증권, 금융채 중에서 일부가 이에 속한다. 한국 채권시장에서는 이표채 다음으로 순수할인채의 발행비중이 높으며, 거래도 활발하게 이루어지고 있다.

우리나라도 국고채 중에서 이표채의 원금과 이표를 분리하여 각각을 별개의 무이표 채권(zero coupon bond)으로 매매할 수 있도록 하는 스트립(separate trading of registered interest and principal of securities : STRIPS) 제도를 도입하고 있다. 우리나라는 2006년 1월에 국고채 스트립 제도를 도입하였다. 국고채 스트립은 2006년 이후부터 발행되는 만기 5년 이상의 국고채를 대상으로 하며, 스트립된 채권의 경우 다시 원금과 이자의 재결합도 가능하다. 다만, 물가연동 국고채의 경우에는 스트립의 대상이 아니다. 국내 최초의 스트립은 2007년 4월 만기 20년 국고채를 대상으로 발행한 것이다.

(3) 복리채

복리채는 이자지급 기간 동안 이자가 복리로 재투자되어, 만기 상환시에 원금과 이자를 동시에 지급하는 채권이다. 대표적인 복리채로는 국민주택채권 1·2종, 지역개발채권, 금융채 중 일부가 있다.

3 상환기간에 따른 분류

통상 상환기간이 1년 이하인 채권을 단기채라고 하며, 통화안정증권(182일물, 364일물 등), 재정증권, 금융채(1년 만기) 등이 이에 속한다. 중기채는 상환기간이 1년 초과 5년 이하인 채권을 말하는데 국민주택채권(1종), 회사채, 금융채 등이 있다. 장기채는 상환기간이 5년 이상인 채권으로 국민주택채권(2종), 도시철도채권 등이 이에 속한다.

그리고 상환기간이 없어 영구히 이자를 지급하는 채권을 영구채(perpetual bonds)라고 한다. 현재로는 영국에서 발행된 British Consol과 미국에서 발행된 TVA 공채가 대표적인 사례이다. 우리나라에서는 엄격한 의미로서의 영구채는 발행된 적이 없다.

그러나 2012년 10월 한국기업으로서는 최초로 두산인프라코어가 영구채를 발행하였다는 기록이 있다. 두산인프라코어가 발행한 채권은 만기가 30년이지만 발행회사인 두산인프라코어가 만기를 임의로 연장할 수 있는 조건이 있는데다가, 5년후 발행자인 두산인프라코어가 콜옵션을 행사할 수 있고, 만약 두산인프라코어가 콜옵션을 행사하지 않으면 투자자가 풋옵션을 행사할 수 있는 조건이 붙어 있다. 따라서 이는 만기를 계속 연장할 수가 있다는 점에서는 영구채의 성격이 있으나, 엄격한 의미에서는 영구채가 아닌 후술하는 조건부자본증권에 해당한다. 실제로 두산인프라코어는 2017년 옵션을 행사하여 원금을 조기에 상환하였으므로 실질 만기는 5년에 불과하였다.

4 보증유무에 따른 분류

(1) 보증채

보증채에는 정부보증채와 일반보증채가 있는데 정부보증채는 보증의 주체가 정부로서 국채가 이에 속한다. 일반보증채는 시중은행이나 금융기관이 지급을 보증하는 채권으로 1997년 말 금융위기 이전 우리나라에서 발행되던 보증사채(保證社債)가 일반보증채의 대표적인 형태이다. 보증사채의 이율은 1988년 12월 5일 사채발행금리가 자유화됨에 따라 발행회사가 자율적으로 결정한다.

(2) 무보증채

무보증채는 원리금의 상환에 대한 금융기관의 보증이나 담보의 제공없이, 발행주체의 신용에 의하여 발행되는 채권이다. 무보증사채의 경우 투자자의 입장에서는 보증사채나 담보부사채보다 안정성이 적기 때문에 신용도가 우수한 회사에게만 발행이 허용된다. 그러나 투자자보호를 위하여 발행회사의 대주주 또는 운영지배권자에게 원리금상환에 대하여 연대책임을 지도록 하는 것이 보통이다.

(3) 담보부사채

담보부사채는 채권을 발행하는 기업이 소유하고 있는 부동산 등을 담보로 발행하는 회사채이다. 한국기업의 경우, 담보로 제공할 수 있는 재산이 대부분 은행담보로 제공되어 있으므로 담보부사채로 발행되는 경우는 매우 드물다.

5 모집방법에 의한 분류

(1) 사모채

사모채는 채권발행기관이 인수기관에 대하여 일정조건의 인수계약을 체결하고, 그 발행총액을 인수기관이 전액 인수함으로써 발행되는 채권이다. 보통 중개인 또는 대리인을 통하지 않고 발행기관이 제반 절차를 직접 수행하는 직접발행의 형태를 취한다.

일반적으로 회사채의 발행규모가 적을 때, 비상장기업인 경우에는 회사채발행여건이 악화된 경우 자금조달의 신속성이 요구될 때 사모사채가 발행된다. 한국의 사모사채 인수업무는 산업은행, 장기신용은행, 중소기업은행 등 특수은행과 일부 생명보험회사가 취급하였으며, 1990년 9월 이후 시중은행 및 지방은행에 대해 사모사채 인수업무가 허용되면서 사모사채의 발행규모가 급속히 증가하고 있다.

(2) 공모채

공모채는 발행주체가 불특정 다수인에게 채권을 발행·매각하는 방법으로 직접발행과 간접발행의 두 종류가 있다.

직접발행은 발행자가 투자자로부터 직접 자금을 조달하는 방법인데, 직접모집과 매출발행이 있다. 직접모집은 채권발행액을 미리 정하고 발행자가 직접 채권투자자를 모집하여, 채권발행에 따르는 모든 사무절차를 이행하는 방법이다. 이 경우 발행예정액보다 채권응모총액이 적을 경우 미발행채권으로부터 발생하는 위험을 발행자 자신이 부담해야 한다. 매출발행은 발행총액을 확정하지 않고 일정기간을 정하여 그 기간 내에 응모자의 신청에 따라 매출된 금액만 발행한다.

간접발행은 발행자가 채권발행업무를 전문기관에 대행시켜 간접적으로 자금을 조달하는 방법이다. 이 경우 발행사무를 신속하고 효율적으로 처리할 수 있고 일반대중으로부터 자금을 쉽게 조달할 수 있으나, 수수료 등 비용이 많이 소요된다. 간접발행에는 위탁모집, 총액인수, 잔액인수 등 세 가지 방법이 있다. 위탁모집은 채권발행인이 수탁회사에 모집 또는 매출만을 위탁하고 발행위험을 발행자가 부담하는 것이다. 총액인수는 인수인이 발행자와의 계약에 의하여 채권의 발행총액을 포괄적으로 인수하는 방법이다. 그리고 잔액인수는 응모액이 모집총액에 미달할 경우 수탁회사가 그 잔액을 인수하는 방법이다.

6 발행목적에 따른 분류

(1) 자산유동화증권(ABS)

자산유동화증권(asset-backed securities : ABS)이란 단어 그대로 자산을 유동화 하여 발행한 증권을 말한다. 일반적으로 자산유동화증권은 기업 혹은 금융기관이 보유하고 있는 자산을 표준화하고 특정 조건별로 집합하여 이를 유동화전문회사에 양도하고, 그 자산의 현금흐름과 신용도에 기초하여 유동화전문회사가 발행하는 증권을 의미한다.[7] 발행되는 유동화증권의 종류에는 채권(ABS채권), 기업어음(ABCP),

7) 이에 대응하여 금융회사가 보유하고 있는 채권을 유동화전문회사에 매각하지 않고 보유하고 있는 채권 등을

수익증권, 유동화전문회사의 출자증권 등이 있는데 대부분 채권의 형태로 발행된다. 기업의 경우 보유하고 있는 외상매출금과 같은 자산을 당해 회사의 파산위험으로부터 분리하여 자금을 조달할 수 있다는 이점이 있고, 금융기관의 경우 위험자산을 매각하므로 자기자본비율(BIS비율)을 개선할 수 있는 효과를 얻을 수 있다. 현재 자동차할부채권, 리스채권, 은행의 기업 및 개인대출, 담보부 부실채권, 기업토지 등 다양한 자산이 유동화 되고 있다.

우리나라에서는 1998년 9월 국회에서 "자산유동화에 관한 법률"이 통과되고, 동년 11월에 자산유동화에 관한 금융위원회의 규정이 제정됨에 따라 자산유동화를 위한 제도가 마련되었다. 자산유동화에 관한 법률에서는 유동화자산에 대한 제한을 하고 있지 않지만, 1999년 주택근저당채권의 유동화를 위해 특별히 "주택저당채권유동화회사법"을 제정하여 주택저당채권담보부채권 및 주택저당증권의 발행이 가능하게 되었다. 주택저당권을 기초자산으로 하여 발행한 유동화증권을 MBS(mortgage backed securities)라고 한다.

자산유동화증권은 자산을 보유하고 있던 자가 그 자산을 유동화전문회사에 매각하기 때문에 자산보유자의 신용도와는 독립적이 된다는 특성이 있다. 그러나 유동화증권은 기초자산의 현금흐름과 신용도에 근거하여 발행되므로 기초자산의 신용도가 유동화증권의 신용도에 가장 큰 영향을 미친다. 따라서 필요에 따라 다양한 수단을 동원하여 신용도를 제고시켜 채권시장에서 유통이 가능한 상품으로 만든다.

한편 1997년 외환위기 이후 기업의 회사채 발행이 매우 어려워지자 이를 해소하기 위해 2000년 6월에 자산유동화 기법을 이용하여 발행시장에서 신규로 발행된 회사채를 기초로 채권담보부증권(collateral bond obligation : CBO)을 발행하는 제도를 도입하였다. 이를 발행시장 CBO(primary CBO)라고 하는데, 이는 기업이 신규로 발행하는 B 내지 BBB 등급의 회사채를 증권회사가 먼저 인수하여 유동화전문회사에 매각한 후 유동화전문회사가 이를 기초로 하여 발행하는 유동화증권이다. 반면에 유통시장에서 거래되는 회사채를 기초로 하여 발행한 ABS채권은 유통시장 CBO(secondary CBO)라고 한다.

이와 유사한 방법으로 금융기관의 대출채권을 기초자산으로 발행하는 자산유동화증권을 대출채권담보부증권(collateral loan obligation : CLO)이라고 하는데, 마찬가지로 신규 대출채권을 기초로 하는 발행시장 CLO와 무수익 대출채권 등을 포함한

기초자산으로 직접 발행하는 채권은 커버드 본드(covered bond)라고 한다. 이는 2008년 미국의 서브프라임 모기지 위기 이후 MBS 문제의 해결을 위해 대안으로 제안된 것이다.

기종 대출채권을 기초로 하는 CLO가 있다. 그리고 회사채, 대출채권 등 채권형 자산의 집합을 기초로 발행하는 유동화증권을 종합적으로 자산담보부증권(collateral debt obligation : CDO)이라고 한다.

(2) 이중상환청구권부채권(커버드본드)

(가) 개념

커버드본드(Covered Bond)란 회사채 중 담보부 사채의 하나이지만 특별한 일면을 가진다. 즉, 커버드본드의 투자자는 발행기관이 파산할 경우 담보자산에 대한 우선변제권을 보장받으며, 상환재원이 부족하면 발행기관의 다른 자산으로부터도 변제받을 수 있어 이중상환청구권(dual recourse)이 보장된다. 우리나라는 2014년 1월 14일 "이중상환청구권부 채권발행에 관한 법률"을 제정하고 동년 4월 15일부터 아시아 최초로 시행하고 있다.

커버드본드는 유동화증권(MBS), 담보부사채 등과 유사한데 이들과 구별되는 주요 특징은 다음과 같다. 첫째, 발행기관이 파산한 경우 담보로 제공된 집합자산(Cover Pool)에 대한 우선변제권으로 모두 변제받지 못한 경우 발행기관의 다른 자산에 대한 선순위청구권을 행사할 수 있으나, MBS는 발행기관에 대한 청구권이 없으며, 담보부사채는 담보자산에 대한 우선변제권이 제한적으로만 인정된다.

둘째로, 커버드본드의 담보자산은 발행기관의 다른 자산과 법적으로는 절연되지만 대차대조표상으로는 장부내(on-Balance) 상태를 유지한다. 반면에 유동화증권은 자산보유자의 대차대조표에서 장부외(off-Balance) 상태가 된다.

셋째로, 발행기관은 최초 발행시 기초집합자산을 구성하는 담보자산의 규모를 확정한 후, 정기적인 자산 건전성 점검을 통해 자산을 교체·추가하여 만기까지 기초집합자산의 담보력을 유지한다. 그러나 일반적으로 유동화증권, 담보부사채의 경우는 담보자산의 변경이 없다.

(나) 기대효과

커버드본드를 허용함으로써 기대되는 효과는 먼저 발행자 측면에서는 ① 위기시 무보증은행채 등 다른 조달수단에 비해 상대적으로 안정적인 스프레드(가산금리)의 유지가 가능하다는 점, ② 커버드본드는 발행기관의 신용도를 상회하는 신용등급으로 발행할 수 있으므로 조달비용을 절감할 수 있다는 점, ③ 국내은행의 자금조달 만기가 장기화되어 장기·고정금리대출 재원 확보가 용이하다는 점 등을 들 수 있다.

투자자 측면에서는 ① 커버드본드의 발행으로 고(高)신용도·초우량상품의 투자기회가 제공된다는 점과 ② 커버드본드는 고유동성자산에 포함되어 은행권의 규제 준수가 용이해진다는 점 등이 도움이 될 수 있다. 그리고 금융시장 측면에서는 ① 통상 만기 5년 이상으로 발행되어 최근 증가하는 보험사 등의 국내 장기채권 수요를 충족할 수가 있고, ② 안정적인 장기·저금리 자금조달 확대로, 장기·고정금리 대출을 활성화할 수 있을 것이다.

(다) 적격발행기관 등 관련 규제

금융회사의 경우 기관 요건과 건전성 요건을 모두 충족하여야 커버드본드를 발행할 수 있는 적격 발행기관이 될 수 있다. 기관요건으로는 은행, 주택금융공사, 정책금융공사 또는 이에 준하는 기관으로서 대통령령으로 정하는 기관이어야 한다. 정부는 우선 신뢰확보 및 투자자보호를 위해 은행 및 정책금융기관만 발행을 허용하되, 향후 시장여건에 따라 확대해 나갈 계획이다. 적격성 요건은 자본금(1,000억원 이상), 자본비율(BIS자기자본비율 10% 이상), 리스크 관리 시스템의 적정성 등을 갖춰야 한다.

커버드본드의 담보로 제공되는 기초자산 집합은 최소담보비율 105% 이상이어야 한다. 기초 자산은 대출비율(LTV)이 70% 이하인 주택담보대출, 국가·공공기관 대출채권, 국·공채, 선박·항공기 담보채권, 안정적 현금흐름을 갖는 우량자산이 포함된다. 그리고 기초자산집합의 10% 내에서 현금, 정기예금증서(CD), 3개월 이내 현금화 가능한 유동자산이 포함될 수 있다. 기타 기초자산으로부터의 회수금, 자산의 관리·운용·처분에 따라 취득한 재산 등도 포함된다.

커버드본드 발행시 발행계획과 기초자산집합에 관한 사항을 금융위원회에 등록하여야 한다. 등록을 마친 적격 발행기관은 총자산의 8% 범위에서 대통령령이 정하는 한도 내에서 커버드본드 발행이 가능한데 현재로는 발행기관 총자산의 4%로 정하되, 발행기관의 건전성 등을 감안하여 금융위원회가 2%로 제한할 수 있도록 대통령령으로 규정하고 있다.

그리고 발행기관은 커버드본드의 발행 및 상환과 관련한 리스크 관리 시스템을 별도로 구축하고, 미상환 커버드본드의 총액 및 만기, 리스크를 감안한 기초자산집합의 현재가치, 주택담보대출 채무자에 대한 혜택 여부 등을 분기별 1회 이상 점검하고, 그 결과를 인터넷 홈페이지에 공시해야 한다. 금융위원회는 투자자 보호를 위해 필요시, 자료제출 요청 및 조사를 할 수 있고, 업무개선명령도 가능하다.

지방채를 발행하고자 할 때 행정안전부장관이 정하는 기준에 따라 지방채발행 계획안을 제출해야 한다. 지방의회의 의결을 거쳐 기채의 방법, 이자율, 상환방법, 발행한도 등을 결정하여 행정안전부장관의 승인을 얻은 후 발행조건을 공고하여 매출한다.

(3) 특수채

특수채는 종류별로 발행법인의 설립을 규정하고 있는 법규에 의거하여 발행되고 있다. 거의 모든 채권에 대하여 정부가 채권의 원리금 상환을 보증하고 기획재정부장관의 발행승인을 받아야 한다. 구체적 절차는 다음과 같다.

① 발행법인은 당해 연도에 발행할 채권총액에 대하여 그 해가 개시되기 전 채권발행 및 원리금 상환에 대한 정부보증 신청서를 기획재정부장관에게 제출한다.
② 기획재정부장관은 동 신청서에 대한 국무회의 심의 및 대통령의 승인을 거쳐 국회의 동의를 얻은 다음, 정부가 채권을 보증한다는 것과 채무보증단위에 대해 발행법인에게 통지한다.
③ 발행법인은 승인된 범위 내에서 연간 채권발행계획을 수립하고 기획재정부장관의 승인을 얻어 채권을 발행한 후, 발행실적을 기획재정부장관에게 보고한다.

(4) 금융채

과거에는 금융채의 종류별로 기획재정부에서 연간 한도를 정하며, 연간 한도 내에서 인수 모집하는 부분에 대해서만 기채조정협의회에서 매월 말일 승인 여부를 결정하고, 이에 따라 월간 한도 내에서 월 중 발행기관이 적합하다고 생각하는 날짜에 발행하였다. 그러나 1998년 초부터 금융채의 발행은 자유화된 상태이다.

(5) 회사채

회사채를 발행할 회사는 먼저 사채의 종류, 발행가액, 이자율, 이자지급방법, 상환방법 및 기간 등을 이사회에서 결의해야 한다. 회사채의 발행은 상장법인 및 등록법인으로 제한되기 때문에 미등록기업은 주간사계획서 제출 전까지 금융위원회에 기업등록을 해야 한다. 기업은 회사채를 직접 발행할 수 있으나, 보통 증권회사를 통한 간접발행을 이용한다.

간접발행의 경우 절차는 다음과 같다.

① 대표주관회사를 결정하고, 유가증권 인수를 의뢰받은 대표주관회사는 유가증권 신고서 제출예정일이 속하는 월의 전월 20일까지 주관회사계획서를 한국금융투자협회에 제출한다.

② 발행회사는 보증기관과 원리금 지급보증계약을 체결하고, 원리금지급 대행계약을 은행과 체결한다.

③ 대표주관회사는 채권의 인수단을 구성하여 발행회사와 매출계약을 체결한다.

④ 발행회사는 유가증권신고서를 작성한 후 금융감독원에 제출한다.

⑤ 발행회사는 이미 확정된 사채납입 은행의 취급 지점에 납입일 전일까지 납입의뢰서를 발송하고, 대표주관회사는 사채발행을 신문에 공고한다.

⑥ 사채의 청약이 완료되면 인수기관은 납입일에 청약금액을 지정은행에 납입하고, 사채의 납입이 완료되면 발행회사는 즉시 금융위원회에 유가증권 발행실적보고서를 제출해야 한다.

2 채권의 발행조건 및 소화방법

(1) 국 채

국채의 발행금리는 1993년 11월 제2단계 금리자유화 조치로 자유화되었다. 금리자유화 이전에는 정부가 국채발행 금리를 정하고 금액별로 금융기관에 할당·배정하여 국채를 소화하였다. 그러나 금리자유화 이후부터 시장원리에 따른 국채발행방식을 도입하기 위해 국공채 인수업무를 허가받은 금융기관으로 구성된 국채인수단[9]을 구성하여 운영하다가, 1999년 7월부터는 국고채전문딜러[10]를 선정하여 국채인수에 우선권을 부여함과 동시에 유통시장 조성을 의무화하였다.

경쟁입찰 절차를 보면 우선 입찰실시일 일주일전에 발행종목, 발행조건, 발행규

9) 인수단은 기획재정부장관으로부터 인수업무를 취급할 수 있도록 허용된 금융기관 중 인수단 참여를 희망하는 기관과 "국채인수 등에 관한 약정"을 체결하여 구성하였다. 그리고 인수단 구성원 중에서 각 금융기관의 대표를 선정하여 인수대표단을 구성하였다. 인수대표단은 1년 동안 국채발행조건협의 등 간사회사로서의 역할을 수행하고, 국채인수 등에 관한 약정의 유효기간은 1년 단위로 하되 별도 통보가 없는 경우는 1년씩 자동 연장되었다. 국채인수단의 구성원을 대상으로 전액 경쟁입찰방식으로 국채를 발행하였으며, 미낙찰분의 경우는 배정비율에 따라 각 금융권에 배정되었다.

10) 국고채전문딜러에 대한 보다 자세한 설명은 바로 3 "발행시장의 특성"에서 설명한다.

모, 입찰방법 등의 내용을 공고한다. 입찰일은 발행일 2영업일 전으로 고정하고, 최저수익률 제시분부터 입찰예정액에 달할 때까지 순차적으로 낙찰자를 결정한다.

(2) 지방채

지방채의 경우는 대부분 시중실세 금리보다 낮은 금리로 발행되고 있으며, 첨가소화의 방식으로 지방자치단체인 시・군・구의 공채매출 창구에서 매출되고 있다.

(3) 특수채

특수채 중 토지개발채를 제외한 대부분의 채권이 시장실세금리로 발행되고 인수・매출방법으로 소화되고 있다. 토지개발채는 일반토지와 비업무용 토지의 종류에 따라 차별적 금리로 발행되고 있으며 토지피수용자에게 교부발행하고 있다.

(4) 금융채

1993년 금리자유화 조치로 해당 발행기관이 유통수익률을 감안하여 발행수익률을 자율적으로 결정할 수 있다. 금융채는 인수매출과 창구매출로 이루어지고 있다. 과거에는 인수매출의 경우 기채조정협의회의 물량조절을 받았지만, 현재는 발행물량에 제한이 없다. 인수방식의 경우 발행수익률과 유통수익률의 차이는 인수수수료로 보전한다.

(5) 회사채

회사채의 발행금리는 1993년 2단계 금리자유화와 함께 2년 미만 회사채 발행금리가 자유화됨으로써 완전자유화 되었다.[11] 회사채 발행금리는 한국금융투자협회가 공시하는 대표수익률을 기준으로 발행회사와 주관회사가 협의하여 결정한다. 회사채는 인수방식과 매출에 의해 기관투자자 및 일반에게 소화되고 있다.

---

11) 과거에는 회사채 발행금리의 결정방식은 유통수익률에 따라 '사채발행 실무협의회'에서 전일 최종호가수익률로 당일 발행되는 채권의 발행수익률을 매일 고시하였다.

3 발행시장의 특성

(1) 국채 발행시장

(가) 국채발행의 단순화

최근에는 국채의 종류를 단순화하려는 노력으로 인하여 국채가 거의 국고채권으로 단순하게 발행되고 있다. 국채의 만기구조도 10년 및 20년 만기의 국고채권을 발행할 수 있도록 하여 다양화하였으며, 전반적으로 점차 단기채 중심에서 벗어나 다양한 만기의 수요를 충족시키고 있다.

국채의 발행종목이 단순화되어 종목당 발행규모가 증가함으로써 국채의 유동성이 제고되어 거래의 활성화로 기준금리의 형성이 용이해지는 등 국채시장의 성장여건이 변화하고 있다. 2002년 10월부터 국채 지표종목의 장내거래 의무화 조치 이후 장내시장 거래비중이 증가하면서 지표종목 중심의 매매수익률을 채권시장의 기준지표로 활용할 수 있게 되었다.

(나) 국고채전문딜러 제도

국고채전문딜러 제도는 1999년 7월부터 발행시장에서의 원활한 인수와 유통시장의 활성화를 위해, 미국의 Primary Dealer 제도를 참고하여 도입하였다. 국고채 발행부처 장관은 국채딜러중[12]에서 국고채전문딜러를 심사하여 지정하고, 지정된 금융회사만이 국고채 발행시 독점적으로 경쟁입찰에 참여할 수 있다.[13] 2017년 4월 현재 국고채전문딜러로 지정된 금융회사는 은행 9개사와 금융투자회사 10개사로 총 19개사이다.

국고채전문딜러는 국고채 발행시 독점적으로 경쟁입찰에 참여하는 권한 이외에, 비경쟁인수권한도 가진다. 즉 경쟁입찰 시행일 이후 3일간 금리변동에 관계없이 입찰된 금리로 국고채를 매수할 수 있는 권리를 가진다. 그리고 국채 금융을 지원받을 수 있는데 콜금리보다 싼 금리로 국고여유자금을 빌릴 수 있다. 마지막으로 국고채 전문딜러 협의회에 참여하여 국채 발행정보의 수집은 물론 국고채 제도 개선과 관련한 건의를 할 수 있다.

국고채전문딜러는 이러한 권한에 상응하여 다음과 같은 의무도 가진다. 먼저 국

12) 자본시장법에 의거 국채에 대한 투자매매업 (인수업 포함) 허가를 받은 자
13) 국고채권의 발행 및 국고채전문딜러 운영에 관한 규정 참조

고채전문딜러는 만기별 지표종목[14] 발행액의 10% 이상을 인수해야 한다. 그리고 유통시장에서 지표종목의 장내시장 활성화를 위해 지표종목별로 매수-매도 호가를 지속적으로 제시해야 하는 의무를 가진다. 동시에 장외시장에서도 고객이 거래를 요구할 경우 매수-매도 호가를 제시하여야 한다. 또한 은행과 증권회사 국고채전문딜러별로 최소 거래량 기준을 충족해야 할 의무를 가진다. 이와 더불어, 정해진 규모 이상의 국고채를 보유하고 있어야 하며(예 : 1조원 이상), 10년 국채선물 거래에 일정 기준 이상 참여해야 하고(예 : 전체 전문딜러의 평균 거래량의 200% 이상), 정부정책에 잘 협조해야 한다는 등의 의무가 있다.

(다) 국채통합발행제도

통합발행(fungible issue)이란 일정기간 내에 발행하는 채권의 만기와 표면금리 등 발행조건을 동일하게 하여 발행하는 제도를 말한다. 채권은 본질적으로 만기와 표면금리 등 발행조건이 다르면 모두 다른 상품이 된다. 따라서 통상 매번 발행조건이 다르게 되면 충분한 유동성을 가지는 상품이 될 수가 없다. 결국 채권의 유동성을 확보할 수 있을 정도로 규모를 확보하기 위해서는 통합발행이 한 방법이다.

국고채는 발행단계에서부터 유동성 제고, 발행비용의 절감 및 안정적인 지표금리의 형성을 위해 만기 3년의 경우에는 매년 6월 10일과 12월 10일, 만기 5년은 매년 3월 10일과 9월 10일을 발행일로 정하고 있다. 즉, 6개월 단위로 정하여 만기일과 표면금리를 단일화하여 통합발행하고 있다. 그리고 장기채인 10년 만기는 매년 6월 10일과 12월 10일, 20년 만기의 경우에는 매년 9월 10일, 30년 만기는 매년 3월10일이 발행일로 1년 단위로 통합발행하고 있다. 최근 50년 만기 국고채는 2016년 9월 10일을 기준일로 하여 2017년에 발행되는 것도 통합발행을 하고 있다.

(라) 국고채 종목 명칭

다양한 국고채의 종목명칭은 '국고채의 표면금리-만기연월'로 표기하는 것이 일반적이다. 예를 들어 2009년 3월에 발행된 5년 만기의 국고채의 경우 표면금리가 4.00%일 경우에는 '국고채권0400-1403'으로 표시된다. 국고채의 표면금리는 새로 발행할 때 낙찰된 금리를 반올림하여 0.25%의 배수가 되도록 한다. 즉, 4.14%에 낙찰될 경우 표기는 4.25%로 한다.

---

14) 만기별 지표종목은 3년, 5년, 10년, 20년, 30년물 국고채와 10년 만기 물가연동국고채이다.

(2) 지방채 발행시장

1988년 마련된 지방자치법과 지방재정법에 근거하여, 현재 한국의 지방채발행과 관련된 지방자치단체의 의사결정은 중앙정부에 의해서 엄격히 규제되고 있다.

지방채 발행계획을 포함하는 지방자치단체의 예산안이 상위 지방단체와의 협의를 거쳐 행정안전부로 올라오고, 행정안전부는 다시 관련 중앙부처와의 협의를 거치고 동의를 얻어 결정사항을 당해 지방자치단체에 통지하여 예산수립에 필요한 절차를 밟게 된다. 기획재정부는 지방채발행의 전체규모나 해외자금차입 등 전반적인 계획에 대해 검토하고 지방채를 통한 조달자금의 용도에 따라 관련 부처와 협의하게 된다. 지방자치단체는 실질적으로 중앙정부에 의해 보증을 받고 있다고 인식되고 있기 때문에, 지방자치단체의 독자적인 신용에 의한 지방채의 발행은 아직 한국에는 존재하지 않는다고 할 수 있다.

중앙정부가 지방채발행을 통제함으로써 지방자치단체 재정의 건전성을 유지하거나 지역간의 균형발전을 기한다는 목적은 쉽게 달성할 수 있을 것이다. 그러나 이로 인하여 지방자치단체의 독자적인 공공사업수행의 효율성이 낮아지고, 조세저항이 적으며 수익자부담원칙에 의한 지방채발행을 포기해야 하는 경제적 비용이 발생한다. 이러한 비용은 지방자치제도 자체의 효율성 저하로 나타날 것이므로, 지방자치단체 재정의 건전성이나 지역간 균형발전을 위한 자금조달을 원활하게 할 수 있는 별도의 방법이 모색되어야 할 것이다.

미국의 지방채시장은 한국과는 달리 지배적인 부분을 증권발행의 형태에 의존하고 있다. 대부분의 투자자는 지방채에서 발생하는 소득에 연방소득세가 면제된다는 유인에 이끌려 투자하게 된다. 미국 지방채의 가장 큰 특징은 당해 지방자치단체의 완전한 자율적 결정에 의해 발행된다는 점이다. 투자자들도 지방채에 투자할 때 회사채의 대안으로서 채권 스스로의 조건과 지방자치단체의 신용도에 대한 평가에 입각하여 투자한다. 미국의 지방채 발행시장이 완전히 자율적으로 운영되는 것은 확립된 지방자치제도의 영향을 받은 바 크지만, 이를 현실적으로 가능하게 하는 것은 Standard & Poor's나 Moody's 등의 공신력 있는 신용평가회사의 신용평가제도의 힘이 크다고 할 수 있다.

(3) 특수채 발행시장

특수채는 한국전력, 토지개발공사 등과 같이 특별한 법률에 의해 설립된 기관이 특별법에 의하여 발행한다. 토지개발채권은 "한국토지주택공사법" 제22조, 한국전력공사채권은 "한국전력공사법", 도로공사채권은 "한국도로공사법", 가스공사채권은 "한국가스공사법"에 의거하여 발행된다. 발행조건은 토지개발채권의 경우 기업의 업무용 및 개인의 토지를 한국토지주택공사가 매입하고 그 매입대금 대신 채권으로 지급하는 교부발행방법을 취하며, 여타의 다른 특수채의 경우는 회사채 발행방법과 동일하거나 또는 비슷하다. 이는 공채와 사채의 성격을 모두 갖추고 있으며, 안전성과 수익성이 비교적 높다.

(4) 금융채 발행시장

현재 한국의 금융채는 한국은행에서 유동성 조절 및 통화관리 목적으로 발행하는 통화안정증권 외에 은행이 발행하고 있다. 주로 발행되는 채권의 만기기간은 1~5년까지이며 이자지급방법은 할인 · 복리 · 이표채로 구분되어 있다.

(가) 통화조절용 채권

현재 한국은행은 통화조절을 목적으로 자체부담의 통화안정증권을 발행하고 있으나, 통안증권 이자부담만큼 통화증발요인으로 작용하므로 이자율 및 물가에 미치는 영향이 크며, 자율적인 통화정책의 운용 측면에서나 금융시장의 발전을 저해하는 요인으로 작용한다. 외국의 경우 중앙은행 부담으로 통화조절용 채권을 발행하는 사례는 없으며 예외 없이 단기국채인 정부단기증권을 발행함으로써 정부가 부담주체가 되어 있다. 즉, 통화조절용 채권으로 미국은 T-bill, 일본은 정부단기증권 및 단기국채, 독일은 단기할인국채를 발행하고 있다.

표 4-4 선진국의 공개시장 조작 대상 채권(예시)

구분	미국	일본	영국	독일
대상채권	T-bill, T-note, T-bond (단기채인 T-bill에 의한 조작이 대부분)	국채, 지방채, 정부단기증권(장기국채, 정부 단기증권의 조작이 대부분)	장기국채, 재정증권, 지방채(적격상업어음의 조작이 대부분)	만기 8~12년 장기국채, 1년 이내 만기도래채권 (RP 매매조작이 대부분)
주매매기관	primary dealer : 37개사	국공채 : 도시은행, 증권회사 단기증권 : 6개 단자회사	할인상사 : 10사 국채딜러 : 19사	국채 : 90개 은행 환매채 : 200~300개 은행

(나) 여타 금융채

금융채란 금융기관이 장기융자를 위한 자금을 흡수하려고 발행하는 채권을 말한다. 일반 금융기관의 예금은 주로 단기융자를 위한 자금을 흡수하는 수단으로 통용되나, 금융채의 발행은 장기융자를 위한 자금을 흡수하는 수단으로 이용된다는 점에 차이가 있다. 금융채의 경우 각 발행금융기관별로 만기구조가 상이하고 이자지급방법도 복리채, 이표채, 순수할인채로 다양하다.

(5) 회사채 발행시장

회사채 발행시장에 있어서 만기구조를 살펴보면 이제까지 중・장기채권발행이 부진하고 단기채권의 발행이 중심이다. 이와 같이 중・장기채권 발행의 부진요인은 다음과 같다.

첫째, 발행자 측면에서 고정채무의 장기화에 따른 금리위험 노출 증가로 인해 장기채권의 발행을 회피하여 왔다. 둘째, 중・장기채권에 대한 수요계층이 형성되어 있지 않은데다 수요계층의 개발노력도 부족했다. 셋째, 그간 한국이 고도성장국면에서 만성적인 인플레이션과 토지 등 실물자산투자의 높은 수익달성 등으로 투자자들이 채권에 대한 장기투자를 기피했다.

(6) 자산유동화증권 발행시장

(가) 발행구조

자산유동화증권(ABS)의 발행구조는 [그림 4-1]과 같다. 기본적으로 자산유동화는 유동화전문회사가 자산보유자로부터 매출채권과 같은 유동화 대상자산을 매입하고 이를 바탕으로 증권을 발행하여 투자자에게 매각하는 과정이다.

자산유동화증권을 발행하기 위해서는 그림에서 보는 바와 같이 자산보유자(originator), 유동화전문회사(issuer), 수탁관리기관(trustee) 및 자산관리자(servicer) 등 여러 기관이 기능과 역할을 분담한다.

자산보유자는 유동화 대상자산을 보유한 기업이나 금융기관으로 자산을 유동화하여 현금화할 수 있다. 자산유동화증권의 발행에 있어 자산보유자의 신용과 자산의 신용은 구분되지만, 결국 자산의 현금흐름이 자산보유자의 경영능력 등과 무관하지 않으므로 유동화 대상자산의 분석에는 자산보유자에 대한 분석도 중요한 부분이 된다. 우리나라의 경우에는 법률에서 자산보유자의 자격을 제한하고 있다.

그림 4-1
자산유동화 증권의 발행구조

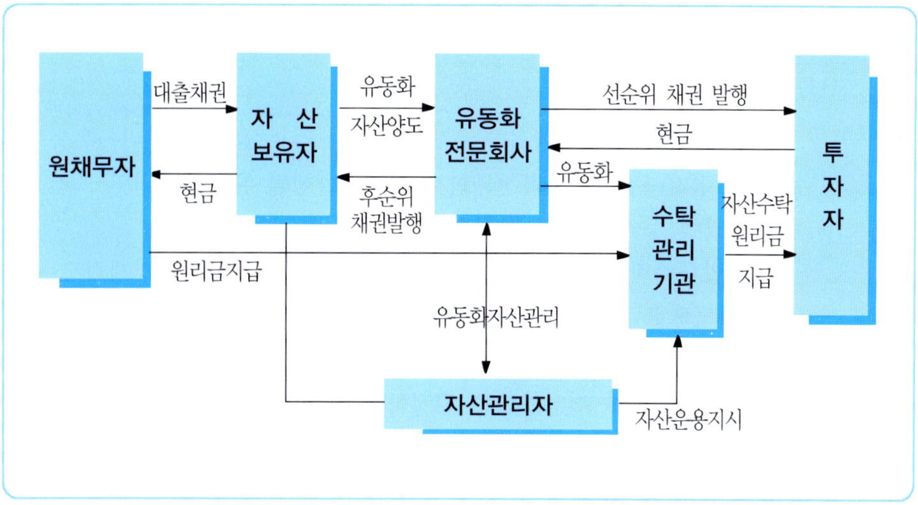

자료 : 증권연수원, 「자산유동화증권과정」, 2003, p. 72.

유동화전문회사는 자산유동화 과정에서 가장 핵심적인 기관이다. 유동화전문회사는 자산보유자로부터 자산을 매입하는 형태로 자산을 분리하고 유동화증권의 발행을 위해 설립하는 특별한 목적을 가지는 서류상의 회사(paper company)이다. 우리나라 법률에서 유동화전문회사는 자본금 1천만원 이상의 설립절차가 간편한 유한회사로 설립하도록 되어 있다. 유동화전문회사는 자산유동화계획에 따라 유동화증권의 발행, 유동화증권 상환에 필요한 제반업무 등을 수행한다. 유동화전문회사는 서류상의 회사이기 때문에 전반적인 업무는 자산관리자 혹은 수탁관리기관에 위탁하여 수행한다. 이들은 자산관리업무 이외에도 유동화전문회사의 결산, 회계감사, 기장, 세무 등의 업무를 대행한다.

수탁관리기관은 투자자를 대신하여 자산관리업무 전반을 감시하며, 유동화자산의 상환에 따른 현금관리와 계좌관리를 담당하고, 자산관리자의 운용지시에 따라 사전에 약정된 방식으로 재투자업무도 하고 유동화증권의 상환을 대행하기도 한다.

자산관리자는 유동화 대상자산과 그로부터 발생하는 현금흐름의 관리를 책임진다. 즉, 유동화 대상자산의 청구, 상환, 채권추심 등 실질적인 자산관리업무를 수행하며, 자산관리와 관련된 각종 정보의 제공 및 보고 의무를 지는 등 유동화증권의 상환과 관련된 주요 업무를 담당한다. 일반적으로 자산관리자는 자산보유자가 담당하는데, 이 외에 자산관리만 전담하는 기관이 존재하는 경우도 있다. 자산관리자가 정상적으로 업무를 수행하지 않을 경우 수탁관리기관은 대체자산관리자를 선임할 수 있다.

(나) 발행절차

자산유동화증권의 발행절차는 발행타당성 검토 등 발행준비→유동화 대상자산의 선정 및 평가→자산유동화전문회사 설립→발행될 유동화증권의 조건 결정→유동화증권의 발행 등의 단계로 구분할 수 있다.

먼저 발행준비 단계에서는 보유자산을 유동화하는 것이 경제적으로 타당성이 있는지, 법적으로 유동화 대상자산이 되는지 등의 판단과 대표주관회사, 자산관리자, 수탁관리기관 등 발행관계자의 선정 및 용역계약과 함께 발행일정 등을 수립한다.

다음으로 유동화 대상자산을 선정하여 자산의 양도가액을 결정하기 위한 실사와 평가를 한다. 자산유동화증권의 발행한도는 평가액 혹은 양도가 한도 내이어야 하므로 발행한도는 평가에 따라 결정된다.

평가액이 결정되면 자산보유자의 양도가액을 결정할 수 있으므로 유동화전문회사를 설립하여 이 대상자산을 양도한다. 유동화전문회사는 유동화증권만을 발행하기 위해 설립되는 특수한 회사이므로 특별목적회사(special purpose company : SPC)라고 말하기 한다. 일반적으로 유동화전문회사는 유동화증권과 관련한 기관에서 일부 또는 전부를 출자하여 설립한다. 유동화전문회사에 자산을 양도함으로써 자산보유자가 파산하는 경우에도 자산유동화증권 투자자들은 피해를 입지 않는다.

유동화전문회사에 자산을 양도하고 난 후에는 발행될 유동화증권의 조건을 결정하게 된다. 가장 중요한 조건은 신용보강 정도를 결정하는 것이다. 신용보강에 따라 신용등급이 낮은 자산을 신용등급이 높은 자산으로 변환시킬 수 있다. 신용보강의 방법은 유동화 대상자산의 예상되는 현금흐름의 특성에 따라 다르지만 보통 보증기관이 보증을 하는 방법과 후순위채권을 발행하는 방법이 이용된다. 여기서 후순위채권을 발행하는 방법이란 선순위채권과 후순위채권의 비율을 결정하여 후순위채권은 다시 자산보유자 등이 매입함으로써 신용을 보강하는 방법을 말한다. 그리고 대상자산으로부터 발생하는 현금흐름을 그대로 유동화증권의 투자자에게 돌려주는 형태로 지급할지(pass-through) 혹은 현금흐름을 새로 균일하게 조정하여 다르게 지급할지(pay-through) 등의 구조도 선택을 해야 한다.

이러한 사전 준비가 완료되면, 금융감독원에 자산유동화계획 등록 서류를 제출하고 유동화증권의 발행에 들어간다. 발행서류에는 회계법인의 실사 및 평가의견서, 자산유동화 계획서, 자산양도계약, 자산관리계약, 수탁계약, 유가증권신고서, 사채모집 위탁계약, 양수도계약의 법률의견서 등이 포함된다. ABS채권은 보통 실물을 인쇄하지 않고 예탁결제원의 전자장부에 등록하고 발행한다.

IV 채권유통시장제도

1 거래제도

채권의 유통시장은 채권이 거래소에 상장되어 거래소 내에서 거래되는 거래소시장과 거래소 이외의 장외에서 거래되는 장외시장으로 구분된다. 따라서 채권유통시장에서의 거래제도를 거래소시장에서의 장내거래와 장외시장에서의 장외거래로 구분하여 살펴보고자 한다.

표 4-5 거래소시장과 장외시장의 특성 비교

구 분	거 래 소 시 장	장 외 시 장
거래 형태	경쟁매매	상대매매
시장의 성격	조직적 · 체계적 공적시장	기본적으로 사적 자율시장
시장의 특징	- 가격발견 및 가격안정화에 기여 - 유동성제고로 시장충격효과 최소화 - 딜러의 인위적인 가격조작이 불가능하고 일물일가로 가격의 불만족 해소	- 비표준물 등 다양한 채권의 유통 원활화 기능 - 딜러가 가격결정에 결정적 역할 - 일물다가의 발생 가능성으로 가격의 불만족 상시 내재

(1) 장내거래제도

채권의 장내거래는 거래소라는 지정된 장소에서 집단적으로 행하여지며, 매매거래의 대상이 되는 채권은 거래소에 상장되어 있는 종목으로 한정된다. 현재 한국거래소에서 운영 중인 장내거래제도는 크게 국채전문유통시장과 통합채권시장으로 대별할 수 있다.

(가) 국채전문유통시장

국채전문유통시장은 국채딜러간 매매거래 및 국고채의 금융투자회사를 통한 위탁매매를 위하여 한국거래소가 개설한 시장을 말한다. 이 시장은 1999년 3월 국채딜러간 지표채권의 경쟁매매를 위하여 구축된 전산시스템으로 개설되었으나 2002년 10월부터는 비딜러기관의 위탁매매 형태의 참여도 허용되었다. 국채전문유통시장에 참여하는 국채딜러는 국채에 관한 자기매매업의 허가를 받은 금융기관들이다.

국채전문유통시장에서의 매매는 각 딜러가 호가하는 매도 및 매수주문이 전산시스템에 집중되어 공시되고 체결되는 구조이다. 이 과정에서 각 딜러의 익명성이 보장된다. 이 시장에서 거래되는 지표채권의 가격은 지표금리로 이용되어 정부도 이 시장의 금리를 통해 재정정책을 원활하게 수행할 수 있다.

국채전문유통시장에서 거래되는 채권은 국고채권뿐만 아니라 통화안정증권과 예금보험기금채권도 포함된다. 국고채권은 시장조성을 위해 특별하게 취급되는 지표종목과 비지표종목으로 구분할 수 있다. 지표채권은 국고채권 중 만기별로 가장 최근에 경쟁입찰을 통해 발행된 채권으로 풍부한 유동성을 보유할 수 있어 시장에서 지표금리가 될 수 있는 종목을 말한다.

국채전문유통시장에서의 호가단위는 일반채권시장과 같은 1원이며 지정가 방식을 채택하고 있다. 호가는 액면 10,000원을 기준으로 하여 액면 10억원의 정수배로 매매주문을 한다.

국채전문유통시장에서의 결제는 다자간 차감 집중결제방식이며 익일결제방법이 적용되고 있다. 거래대금은 한국은행의 BOK-Wire를 통해 결제되고, 증권결제는 예탁결제원에서 계좌간 대체방식을 통해 이루어진다.

(나) 통합채권시장

한국거래소 채권시장은 2014년 3월 3일부터 기존의 일반채권시장과 소매채권시장의 구분을 폐지함으로써 단일시장으로 통합하였다. 통합시장은 모든 상장채권을 대상으로 매매수량단위는 액면 1,000원으로 단일가 혹은 복수가 경쟁매매의 체결방법을 도입하고 있다.

종전의 일반채권시장은 소매채권, 소액국공채, 전환사채나 신주인수권부채권과 같은 주식관련사채 등을 거래하는 시장을 말하는데, 이 중에서 소액국공채(당월물과 전월물)와 전환사채를 매매하고자 할 경우 반드시 거래소시장을 통해야 했었다. 그리고 소매채권시장은 개인 혹은 일반법인 투자자들이 호가수량 50억원 미만의 소규모 채권을 쉽고 간편하게 매매할 수 있도록 하기 위해 개설한 시장이다. 소매채권시장에는 거래소가 지정한 소매전문딜러가 시장조성을 하였었다.

소액국공채시장은 일반국민들이 의무적으로 매입한 국공채의 환금성을 제고시켜 국민들의 편의를 제고하기 위해 도입된 시장이다. 거래소로 집중되는 채권에는 각종 인·허가 때에 의무적으로 구입하는 제1종 국민주택채권, 도시철도채권, 지역개발채권 등이 있으며 매매일 기준으로 당월 및 전월에 발행된 채권으로 호가수량이 1천만 원 이하인 경우를 말한다. 소액국공채시장에서는 의무적으로 매수호가를 제출하고 신고수익률을 제시하는 소액채권 매수전담회원이 존재한다.

거래소의 회원이 아닌 일반투자자는 주식을 거래할 때와 마찬가지로 증권회사에 위탁계좌를 개설하여 시장에 참가할 수 있다. 채권시장에서의 매매거래에 대해서는 매매를 한 당일에 결제를 하는 당일결제방법을 적용하고 있다. 일반투자자가 매매거래를 하고자 할 경우 거래하고 싶은 채권의 주문을 금융투자회사를 통해 거래소에 전달한다. 기준가격이나 가격제한폭은 없으며 호가유형은 지정가이어야 한다.

(2) 장외거래제도

채권 장외시장은 비상장채권은 물론 거래소에 상장된 채권을 금융투자회사 또는 채권자기매매업자간중개회사를 통하여 거래하는 시장을 말한다. 채권의 유통시장은 장외거래의 비중이 높고, 주로 자기매매의 형태로 거래가 이루어지고 있다.

채권은 주식에 비해서 상대적으로 매매금액이 크고, 각 매매상대방의 자금스케줄과 밀접한 관련이 있으므로 사전에 상대방의 자금력과 채권보유 여부를 확인한 후에 매매가 이루어지는 것이 보통이다. 따라서 대부분이 금융기관이나 법인 등 기관간의 대량매매가 이루어지고, 개별 경쟁매매보다는 상대매매에 의해 매매가 이루어진다.

장외매매는 거래소를 통하지 않고 금융투자회사 창구를 통해 매매상대방과의 합의에 의해 개별적으로 이루어지거나 자기매매업자간중개회사(inter-dealer broker : IDB)를 통해 이루어진다.

(가) 증권회사를 통한 장외거래

증권회사는 고객의 채권 매수 혹은 매도주문을 접수할 경우 이 주문가격에 맞는 거래상대방을 찾아서 거래를 성사시켜 주고 중개수수료를 받거나, 자신이 보유하고 있는 채권을 투자자와 직접 거래함으로써 운용수익을 올리기도 한다. 전자의 경우에도 증권회사가 채권을 사서 판매하는 형태가 대부분으로 채권 장외거래는 자기매매거래 형식으로 거래된다.

장외거래에 따른 결제는 매매 쌍방이 협의하여 매매계약일 이후 30영업일 이내에 할 수 있으나 보통 익일에 결제한다. 증권회사와 금융기관 간 채권의 장외거래에 따른 결제는 채권과 대금을 동시에 결제하는 것을 원칙으로 한다. 이 경우 채권은 한국예탁결제원의 예탁자계좌부상의 계좌간 대체로 처리하고, 대금은 한국은행 금융망 혹은 은행의 당좌계정으로 이체한다.

(나) 채권자기매매업자간중개회사(IDB)를 통한 장외거래

우리나라 채권자기매매업자간중개회사(IDB)는 2000년 6월 설립된 한국자금중개회사와 동년 8월에 설립된 케이아이디비채권중개주식회사 2개사가 있다. IDB는 중개회사로 자체적으로는 채권을 보유하지 아니하고 거래대상기관 간에 채권매매의 중개만을 전문적으로 수행한다.

IDB의 도입 초기에는 거래대상기관을 채권의 자기매매업을 수행하는 기관만을 대상으로 하였으나, 영업의 한계로 대상기관을 비딜러 금융기관으로 확대하였다. IDB를 통한 매매거래는 거래시간에 대한 특별한 제한이 없지만 보통 영업시간인 오전 8시 30분부터 오후 3시 30분까지 거래가 이루어지고 있다. 채권의 결제는 IDB가 매도자와 매수자의 거래상대방이 되어 당사자간 익명으로 동시결제가 이루어진다. 채권은 한국예탁결제원을 통해 계좌간 대체로 이루어지고, 자금은 한국은행의 금융망을 통해 이체된다.

(3) 장외거래제도의 변화

(가) 채권 장외거래전용시스템(FreeBond) 가동

① 배 경

우리나라 채권시장에서도 다른 나라와 마찬가지로 장외에서 전화로 협상하여 거래하는 전통적인 상대매매를 해왔으나, IT기술의 급속한 발전과 함께 신속한 의사소통과 협상내역 저장 등이 편리한 메신저를 협상수단으로 활용하기 시작했다. 메신저에 의한 거래는 과거보다 신속하게 거래가 체결되는 등 우리나라 채권 유통시장 발전에 크게 기여하였다.

그러나 사설메신저를 통한 거래도 과거와 마찬가지로 효율적인 가격발견이 어렵고 메신저가 작동하지 않는 경우 우리나라 채권시장 전체가 일시적으로 마비되는 현상이 발생하는 경우도 있었다. 또한 사설메신저는 채권 거래만을 위한 시스템이 아니기 때문에 시스템 개선에 대한 채권시장 참여자의 다양한 요구가 반영되지 못한다는 구조적인 문제도 가지고 있었다.

이러한 문제점을 개선하고 장외거래의 투명성을 확보하기 위하여 금융당국은 업계 전문가들과 함께 2009년 3월부터 연구를 해온 결과 2009년 10월에 채권거래 전용시스템 도입을 주요 내용으로 하는 채권 유통시장 제도개선 방안을 발표하였고 한국금융투자협회는 이 방안에 따라 2010년 4월부터 채권 장외거래전용시스템(FreeBond)을 운영하고 있다.

주요국들은 1990년대 후반부터 IT기술을 이용하여 채권 장외시장에서도 거래소시스템의 대체시스템이란 의미의 대체거래시스템(Alternative Trading System : ATS)을 도입하여 운영하고 있다. 그러나 우리나라의 경우에는 거래소가 아니면 거래소와 유사한 시설의 개설을 금지하는 법조항에 따라, 다른 국가처럼 완전한 형태의 ATS를 도입하기 어려운 실정이다.[15)]

② 채권 장외거래전용시스템의 개념 및 구성

금융투자협회가 운영하는 채권 장외거래전용시스템인 FreeBond는 금융투자회사 또는 주요 시장참여자간 채권의 매매 혹은 중개를 위한 호가 탐색과 거래상대방과의 협상을 지원하는 시스템이다. 여기서 시장참여자란 금융투자회사의 채권거래 브로커, 딜러, 매니저, 트레이더 등 채권거래에 특화된 시장참여자들로 협회에 시스템 사용을 신청하고 협회가 이를 승인한 자를 의미한다. 이 시스템은 협회가 운영하기 때문에 사설 메신저에 비해 시장참여자들과의 지속적인 커뮤니케이션을 통해, 항상 다양한 시장의 요구를 반영할 수 있다.

[그림 4-2]에서 보는 바와 같이, 채권 장외거래전용시스템은 트레이딩보드(Trading Board)와 전용 메신저 등 2개의 요소로 구성되어 있다. 전용메신저 내에는 일반 사설메신저와 달리 대화방 기능이 포함되어 있다.

트레이딩보드는 시장참여자들이 채권거래를 위해 필요한 호가탐색, 주문, 협상, 매매확정 등을 시행하는 다양한 매매기능과 분석 및 조회화면을 제공하며, 전용메신저는 현재 채권거래에 이용되는 사설메신저를 대체하는 것으로, 사설메신저의 일반적인 기능 외에 대화방 기능, 1 : N 대화창, 1 : 1 대화창, 자동저장 기능 등 채권거래에 필요한 다양한 기능이 제공된다. 전용메신저는 호가정보들을 금융투자협회의 호가집중시스템(BQS)에 전송하는 기능도 한다. 집중된 호가정보는 협회 채권정보센터(BIS) 및 일반 정보벤더들을 통해 시장에 실시간으로 공시된다.

---

15) 자본시장법 제386조 제②항 : 거래소가 아닌 자는 시장(유가증권시장 등) 또는 이와 유사한 시설을 개설하거나 동 시설을 이용하여 증권 또는 장내 파생상품의 매매거래를 하지 못한다.

그림 4-2 채권 장외거래 전용시스템 업무흐름도

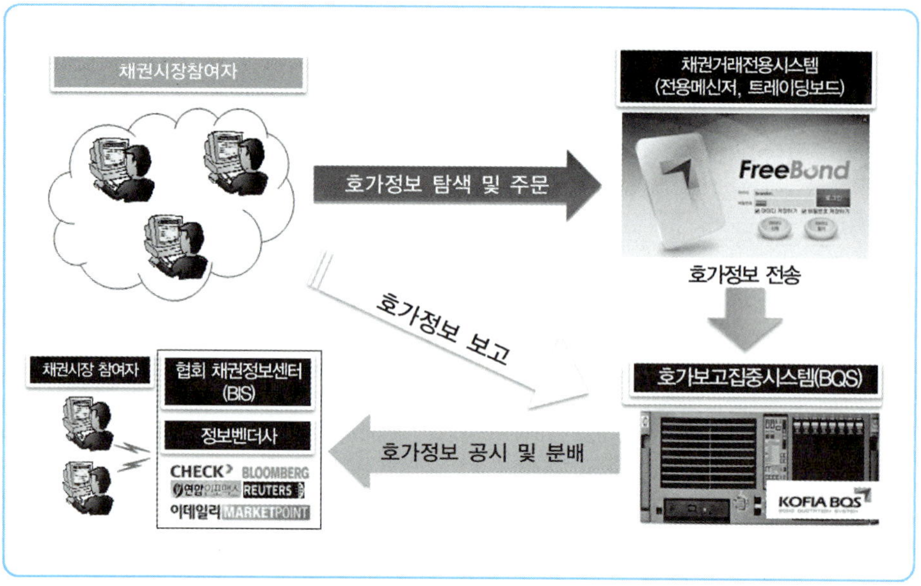

출처 : 한국금융투자협회

(나) 소액채권 판매정보 집중시스템

① 배경

최근 우리나라에서도 인구의 고령화와 저금리시대가 도래하면서 개인 등 소액투자자의 회사채 등 고금리 채권에 직접투자를 하려는 투자계층의 관심이 증가하고 있다. 그러나 이들의 투자수요에 부응할 수 있는 소액 채권시장이 채권의 종류, 발행회사, 신용등급별로 특화된 개별 증권회사만을 중심으로 분할되어 형성되고 있기 때문에 활성화되지 못하고 있었다. 이러한 애로사항을 개선하기 위해 금융당국과 업계에서는 투자자의 과도한 시장탐색비용을 절감하기 위한 방안을 마련하였고, 금융투자협회는 2010년 2월부터 증권회사의 소액채권 판매정보를 한 곳에 집중해서 서로 비교 가능한 인터넷사이트(www.bondmall.or.kr)인 채권몰(Bondmall)을 가동했다.

② 주요내용 및 기대효과

채권몰의 정식 명칭은 소액채권 판매정보 집중시스템으로 분산된 소액채권 판매정보를 한곳에 집중시킴으로써, 투자자의 시장탐색비용을 획기적으로 절감하고 증권회사 간 경쟁을 유발하여 투자자 편익을 제고하는 것을 목적으로 하고 있으며 주요내용은 [그림 4-3]과 같다.

채권몰 운영을 통해 투자자는 분산된 정보의 집중을 통한 시장탐색비용의 절감, 증권회사간 경쟁 활성화를 통한 거래비용을 절감할 수 있다. 또한 채권이 가깝고 손쉬운 투자대안이 될 수 있어 채권거래의 대중화를 선도할 수 있을 것이다. 한편, 증권회사는 채권투자 대중화를 통한 소매와 도매시장에서의 새로운 사업 확대의 기회가 주어지고 채권 소매영업과 관련해서는 마케팅비용을 절감하는 효과를 거둘 수 있다.

그림 4-3 채권몰의 구조

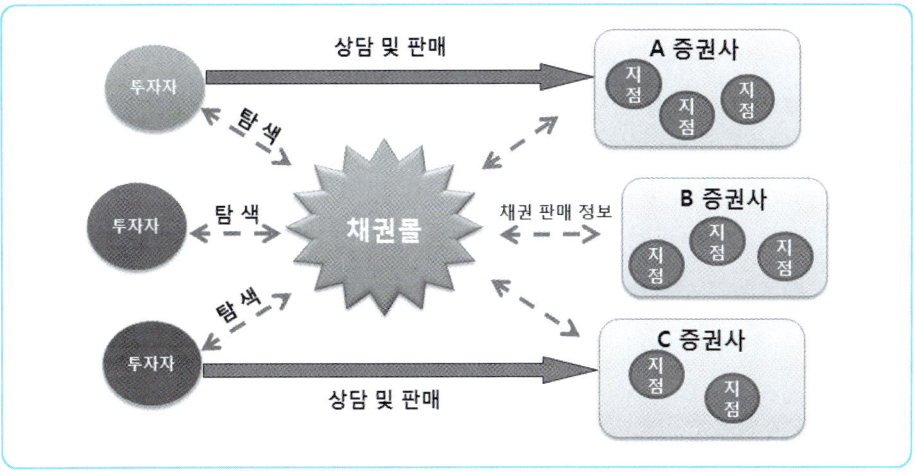

출처 : 한국금융투자협회

채권 발행회사 측면에서는 채권에 대한 신규수요층이 형성됨으로써 원활하게 채권을 발행할 수 있게 되고, 채권몰에 자사 채권의 게시를 통해 회사의 광고효과 증대 등의 효과도 거둘 수 있을 것이다.

2 결제 및 예탁제도

현재 대부분의 채권거래가 당일결제거래를 채택하고 있으며 주식관련사채(CB, BW 등)의 장내거래시에는 보통결제로도 매매가 가능하다. 1974년까지는 채권매매시 당일 결제방법에 의하여 매매를 체결한 당일에 현물과 채권의 수도가 이루어졌고, 1975년부터는 주식과 마찬가지로 보통결제방법을 취하였다. 그러나 채권매매의 장내매매유도와 특수성을 감안하여 1982년 3월부터 당일결제제도를 도입하여 보통

결제와 병행하여 사용하고 있다.

법인세법 시행령 제23조의 3에 해당하는 모든 기관투자자들은 보유채권을 집중예탁해야 한다. 현물채권의 경우 한국예탁결제원 본·지점을 이용하여 집중예탁하고, 등록채권은 명의이전방식에 의한 집중예탁을 한다. 한국예탁결제원은 예탁대상채권의 경우에는 혼합보관하고, 기타채권의 경우에는 별도로 구분하여 보관한다.

등록채권이란 채권발행시점에서 예탁결제원 명의로 일괄하여 등록함과 동시에, 예탁원 채권예탁자 계좌부에 수량이 증가한 것으로 기장함으로써 채권발행에 갈음하는 채권을 말한다. 예탁결제원에 집중예탁된 현물채권은 예탁결제원 명의로 등록기관이 일괄등록함으로써 실물관리의 합리화를 기하고 있다. 채권의 등록방식에는 두 가지가 있는데, 기존에 등록기관이 지정되어 있는 채권은 당해 등록기관에 예탁결제원 명의로 일괄등록하는 것(방식)과 지정된 등록기관이 없는 채권은 예탁결제원을 채권등록기관으로 지정하여 등록하는 것(방식)이다. 이러한 등록제도를 이용할 경우 채권등록에 따른 실물이동 현상을 배제할 수 있고, 채권등록 업무를 원활하게 수행할 수 있어 사고채권을 즉시 식별할 수 있다.

3 공시제도

채권수익률은 투자자에게 채권투자의 지표로서 의사결정의 기준이 되며, 발행자에게는 투자자로부터 자금을 조달할 때의 지표로서 중요하다. 장내거래에서는 실시간으로 가격이나 수익률이 공시되지만, 장외거래에 대해서는 금융투자협회가 보고받는 매매정보를 기초로 하여 각종 채권의 대표수익률과 최종호가수익률을 채권정보센터(www.ksdabond.or.kr)를 통해 발표하고 있다. 그리고 2007년 12월부터는 실시간으로 호가정보를 장외호가집중시스템(www.bqs.or.kr)을 통하여 공시하고 있다.

대표수익률은 표준물로 선정된 채권에 대하여 증권회사 등 전체 채권매매기관이 기관투자자 또는 일반투자자를 대상으로 한 실제 체결수익률을 거래대금으로 가중평균하여 산출한 것으로 전체 장외시장의 평균적인 수익률을 종합적으로 표시하는 지표라고 할 수 있다. 증권회사 등과 채권매매중개전문회사는 장외시장에서 고객과 채권을 거래한 경우 관련된 매매거래 및 중개거래 내역을 계약 체결 후 15분 이내에 금융투자협회에 보고하여야 한다.

최종호가수익률이란 장외시장을 대표하는 표준물로 선정된 채권에 대하여 증권업협회가 지정한 증권회사 등이 최종거래수익률 또는 호가수익률을 금융투자협회로 통보하면 협회가 이를 산술평균하여 발표하는 수익률을 말한다. 최종호가수익률은 각종 채권의 가격평가 기준으로 사용되고 채권 발행금리를 결정하는 기준수익률로써도 이용된다.

금융투자협회는 장외시장에서 거래되는 모든 채권의 호가정보를 메신저를 통해 실시간으로 통보받아 이를 공시하고 있다. 호가정보에는 종목명, 수량 및 수익률 등 매도 매수의 의사표시와 관련된 일체의 정보를 포함한다. 보고대상 채권은 장외시장에서 거래되는 호가수량 50억원 이상의 모든 채권이다. 장외거래를 하는 증권회사와 채권매매중개전문회사는 채권의 장외거래 혹은 장외거래 중개에 따른 호가정보와 거래내역을 지체없이 금융투자협회에 보고해야 하며 금융투자협회는 이를 공시한다.

4 채권 시가평가제도

(1) 시가평가의 의의

채권의 시가평가란 채권을 현재 시장에서 팔려고 한다면 그 가격이 얼마인지를 평가하는 것을 말한다.[16] 채권은 기업이나 국가가 필요하면 언제든지 다른 형태로 발행할 수 있기 때문에, 본래 그 종류가 너무나 다양하여 모든 채권이 시장에서 거래되지는 않는다. 따라서 여러 가지 채권을 편입하고 있는 펀드(과거 투자신탁상품)의 경우 현재의 가치를 평가하기 위해서는 현재 거래되고 있지 않은 채권의 가치도 알아야 한다. 이를 위해서는 현재의 가치를 추정하여 평가할 수밖에 없다.

채권의 가격은 거래가 될 경우에는 이미 시장에 알려져 있는 경우도 있고, 거래가 되지 않을 경우에는 추정을 해야 하는 경우가 있다. 유동성이 부족하거나 거래형성 자체가 경쟁적 매매를 통하지 않은 경우에는 적절한 시장가격이 형성되지 않기 때문에 이 경우에는 채권의 공정한 가치(fair value)를 추정하여야 한다.

채권의 시가평가는 대부분 만기수익률을 이용하여 계산한다. 채권 시가평가의 절차를 개략적으로 살펴보자. 먼저 채권시장에서 거래의 표준이 되는 국채와 같은 지표채권(benchmark bond)을 기준으로 하여 평가대상 채권의 특성에 따라 만기수익률의 스프레드를 결정한다. 이때 평가대상 채권의 특성으로는 만기, 신용도, 유동

16) 채권의 시가평가를 주요 업무로 하는 회사에 대한 자세한 내용은 제16장을 참조하기 바람.

성, 표면금리 등이 있다. 기준채권의 만기수익률에 개별 채권의 특성에 따라 결정된 스프레드를 더하여 대상 채권의 만기수익률을 계산하고, 이를 이용하여 대상 채권의 가격을 결정한다.

(2) 시가평가제도의 실시배경

과거에는 투자신탁상품인 수익증권의 기준가격 산정방식이 금리변동에 따라 변동하는 시가를 반영하지 않고 표면금리를 안분하는 장부가격 방법을 채택하였었다. 이 방법에 따르면 금리 상승기에는 수익증권 기준가격이 현재가치보다 높아 중도환매가 증가하며, 미매각 수익증권을 보유함에 따른 투자신탁회사의 손실이 가중된다. 반대로 금리 하락기에는 수익증권 기준가격이 현재가치보다 낮아 투자신탁회사로 자금이 집중되면서 저율 채권의 편입비율이 증가하고 자금흐름이 왜곡된다.

투자신탁회사의 정상적인 경영과 고객 신탁재산 운용의 건실화를 위해서는 수익증권의 기준가격이 현재가치와 같아야 한다. 이는 채권의 시가평가와 이를 이용한 기준가격의 계산을 통해서만 가능하다. 장부가격에 의한 평가 때문에 투자신탁회사의 경영정상화가 계속 어렵게 되고 이에 따라 금융구조조정이 지연되는 것을 차단하기 위하여 2000년 7월부터 모든 신규 투자신탁(현재는 펀드상품)에 대해 시가평가를 실시하기로 한 것이다.

(3) 시가평가제도의 효과

우리나라 채권시장이 그 규모는 크지만 유통시장이 제대로 형성되지 못한 이유 중의 하나가 채권의 시가평가 때문이었다. 투자신탁의 펀드매니저로서는 일단 매입한 채권을 금리의 변동이나 기타 금융환경이 변화하더라도 시장에서 매매할 동기가 없다. 발행시장에서 한번 거래된 채권은 그대로 만기까지 보유하는 것이 관례가 되었다. 따라서 채권의 시가평가는 곧바로 채권 유통시장의 활성화로 이어질 것으로 예상된다.

또한 채권 시가평가는 국제적 채권실무에 부합되는 제도이다. 국내 채권에 투자하고 싶은 많은 외국 기관투자자의 경우 채권의 시가평가가 안되면 자산의 현재가치를 계산하여 고객에 공시하기 어려우므로, 이는 곧바로 매매에 장애가 되어 국내투자에 가장 큰 걸림돌 중의 하나로 작용하였다. 채권의 시가평가는 유동성의 증대와 함께 외국인의 채권투자도 촉진할 것으로 예상된다.

회사형 투자신탁인 투자회사(뮤추얼 펀드)의 가치를 평가하는 순자산가치(Net Asset Value) 계산을 위해선 반드시 시가평가가 이루어져야 가능하다. 특히 개방형 투자회사가 허용된 지금은 환매를 위해 매일매일 순자산가치가 결정되어야 하므로 반드시 채권의 시가평가가 필요하다.

그 외에도 채권의 시가평가는 채권 선물거래와 채권 대차제도 도입의 전제 조건이며, 채권의 주요 수요처인 금융기관의 재무제표 신뢰도 제고에 필수적이라고 할 수 있다.

V 채권시장의 현황

1 채권의 발행현황

우리나라 채권의 발행잔액에 대한 통계는 간접적으로 한국거래소에 상장된 채권의 잔액을 통해 알 수 있다. 한국거래소에 상장된 채권을 살펴보면, 1991년에는 상장종목 8,358종목, 상장잔액 61조원 수준에서 금융위기가 시작된 1997년에는 상장종목 15,887종목, 상장잔액 224조원으로 증가하였다. 1998년 금융위기 이후 상장종목 수는 줄어들었지만 상장잔액은 계속 증가하여 2015년 말 현재 1,557조원 수준으로 성장하였다.

채권발행시장의 변화 추이를 살펴보면, 1970년대까지는 한국 채권발행시장에서는 국공채의 발행이 전체 채권발행액의 절반 이상을 차지하였다. 그 이후 1980년대에 들어와서는 재정팽창억제와 금융긴축 강화로 국공채의 발행은 줄어들고, 기업의 회사채발행이 증대하여 1985년까지는 회사채가 채권시장의 중심이 되어 왔다. 그리고 1986년 이후에는 국제수지 흑자로 인해 해외부문에서의 통화가 증발하자, 정부는 과잉유동성을 흡수하기 위해 대량의 통화조절용 채권을 발행하였는데, 이로부터 통화채 중심의 채권시장으로 바뀌게 된다.

(단위 : 십억원)

표 4-6 채권의 상장잔액(연도말 현재)

연도	국공채		회사채		채권계	
	종목수	잔액	종목수	잔액	종목수	잔액
1996	5,808	102,419	8,762	73,120	14,570	175,540
1997	7,717	138,092	8,170	86,024	15,887	224,117
1998	7,090	214,600	6,500	119,435	13,590	334,034
1999	5,701	253,298	4,054	111,121	9,755	364,419
2000	5,030	296,806	2,436	127,878	7,466	424,684
2001	5,585	363,506	2,306	141,224	7,891	504,730
2002	3,776	353,768	4,787	210,175	8,563	563,944
2003	3,826	401,513	5,095	203,057	8,921	604,570
2004	3,722	482,108	4,913	175,903	8,635	658,011
2005	3,728	553,149	4,616	167,761	8,344	720,910
2006	3,702	593,315	4,439	184,917	8.141	778,232
2007	3,959	620,781	4,556	207,454	8,515	828,235
2008	4,515	635,532	4,768	228,407	9,283	863,939
2009	4,487	750,122	5,031	263,626	9,518	1,013,748
2010	4,583	844,990	4,931	269,834	9,514	1,114,824
2011	4,505	900,214	5,278	300,980	9,783	1,201,194
2012	4,610	960,048	5,606	330,855	10,216	1,290,903
2013	5,020	1,050,351	6,235	345,765	11,255	1,396,116
2014	5,172	1,107,000	6,678	349,199	11,850	1,456,199
2015	5,341	1,200,091	7,021	357,155	12,362	1,557,246

주 : 외화표시채권 및 원화표시외국채권은 산출대상에서 제외함.
자료 : 금융감독원 (원 출처 : 한국거래소)

그러다가 1989년 이후 당국은 회사채발행 활성화를 통한 기업자금조달을 원활히 하기 위해 투자신탁회사 이외에 은행·보험·기금 등의 회사채인수단 참여 허용, 만기가 3년 이상인 회사채의 발행수익률 자유화 등의 조치를 하였고, 이에 따라 회사채 발행 비중은 급격히 증가하였다. 그러나 1998년 금융위기 이후로는 국채의 발행이 증가하여 최근에 이르기까지 회사채 발행액이 국공채 발행액에 비해 현저히 비중이 줄어들고 있다.

1990년 이후부터 무역수지 적자로 인해 통화조절용 채권의 발행이 축소됨으로써 국공채시장의 규모가 다소 정체를 보였으나, 1998년 이후 금융 및 기업구조조정에 필요한 자금조달이 많아지면서 급격하게 증가하는 등 채권시장이 변화하고 있다. 특히 2002년 이후에는 정부의 국채시장 육성의지가 반영되면서 국채시장과 관련한 다양한 정책 수행의 결과 그 규모가 상당수준 증가하였다.

한편 기업의 자금조달수단인 회사채의 발행규모를 종류별로 살펴보면, 1990년대 들어 무보증채의 발행액이 증가하기는 했으나 보증채의 발행비중이 훨씬 컸다. 특히 1996년도에는 다시 보증채의 발행이 전체 회사채 발행액의 약 91.6%를 차지할 정도로 보증채가 한국 채권시장의 중심이었다. 그러나 1997년 말부터 시작된 금융위기 이후 금융기관의 보증여력이 없어지자 1999년에는 전체 회사채 발행액의 90% 이상이 무보증채로 발행되었고 그 이후 보증채의 발행은 거의 없어지고 있다.

표 4-7 회사채 종류별 발행액

(단위 : 십억원)

연도	보증채(A)			무보증채(B)				담보부	총계
	일반	전환[1]	소계	일반	전환[1]	자산담보부ABS	소계		
1996	27,080	299	27,379	2,005	521	–	2,526	–	29,905
1997	28,953	236	29,188	4,240	894	–	5,134	–	34,322
1998	17,264	250	17,514	37,476	915	–	38,391	96	56,000
1999	1,186	93	1,279	22,364	2,531	4,445	29,339	54	30,671
2000	1,457	5	1,462	15,526	616	40,994	57,136	65	58,663
2001	668	750	1,418	40,607	5,451	39,619	85,677	100	87,195
2002	798	47	845	44,873	2,838	29,026	76,737	–	77,582
2003	399	–	399	31,115	2,464	27,674	61,253	105	61,758
2004	224	–	224	33,788	177	16,190	50,174	–	50,379
2005	235	–	235	30,460	585	16,823	47,868	–	48,103
2006	237	–	237	27,289	213	13,939	41,441	–	41,678
2007	175	–	175	34,358	857	9,750	45,075	20	45,270
2008	324	–	324	64,580	850	8,357	74,410	–	74,116
2009	105	–	105	93,132	2,665	19,140	114,936	–	115,041
2010	160	–	160	100,808	598	11,123	112,529	230	112,979
2011	223	–	223	116,228	1,442	12,598	130,269	–	130,491
2012	50	–	50	109,172	1,024	18,447	128,643	–	128,693
2013	65	–	65	94,571	866	20,497	115,935	295	116,295
2014	40	–	40	97,421	303	18,236	115,960	72	116,072
2015	35	–	35	102,981	474	19,467	122,922	145	123,102

1) 전환채는 전환사채, 교환사채 및 신주인수권부사채도 포함.
자료 : 금융감독원

2 채권유통시장의 현황

1972년 이전에는 국채와 금융채만 거래소시장에 상장되어 있었으나, 1972년부터 회사채가 상장되기 시작한 이후부터 상장채권이 다양화되기 시작하였으며, 채권의 상장규모나 거래규모도 급격히 증가되었다. 지속적인 제도정비로 1982년부터 당일결제제도를 도입하여 채권의 환금성을 높였으며, 1984년에는 장외시장의 제도화를 도모하여 장외거래의 방법, 장소, 결제방법, 수수료 등을 정비하였다.

그리고 장외시장이 비대해짐에 따라 체계적인 장외거래 공시제도의 도입을 위해 1993년 5월 1일부터는 증권전산 단말기를 통해 장외거래수익률을 실시간으로 조회할 수 있는 시스템이 개발되었다.

표 4-8 거래소시장 거래상황

(단위 : 십억원)

연도	국채	지방채	특수채	회사채	합계
2002	43,767	1,986	246	1,011	47,010
2003	211,745	2,372	330	916	215,363
2004	376,656	5,252	1,135	1,066	384,109
2005	357,012	3,871	878	2,038	363,799
2006	289,100	3,262	701	1,869	294,933
2007	342,118	3,692	2,318	3,267	351,395
2008	362,728	4,608	3,444	3,227	374,007
2009	498,431	3,902	3,173	4,687	510,194
2010	555,971	12,200	11,981	5,054	585,206
2011	801,581	5,463	11,390	6,393	824,827
2012	1,346,336	6,317	16,465	7,247	1,376,365
2013	1,296,067	5,550	13,741	6,631	1,321,989
2014	1,372,282	6,473	11,156	4,982	1,394,893
2015	1,771,952	8,570	8,422	3,289	1,792,233
2016	3,229,393	7,009	5,568	3,034	3,245,004

주 : 원화표시 외국채권은 산출대상에서 제외함.
자료 : 한국거래소

1999년 국채전문유통시장이 개설됨에 따라 국채거래는 꾸준히 늘어 2012년에는 1,331조 원의 거래가 있었다. 특히 2002년 10월부터 시행된 국채 지표종목의 장내거래 의무화 조치 이후 국채거래 규모가 상당히 증가하고 있다. 한편 일반채권시장에서의 거래는 국채거래에 비교하면 소규모이지만 계속 성장하고 있다.

채권거래를 시장별로 살펴보면, 1970년대 중반까지만 해도 거래소시장을 중심으로 이루어졌으나, 1970년 후반부터 장외시장이 발달하여 현재는 장외거래가 장내거래를 크게 상회하고 있다. 장외거래가 시작된 1977년 장내거래와 장외거래의 구성비는 45 : 55로 장내거래 비중이 적지 않았지만, 1984년에는 5 : 95로 장외거래의 비중이 압 도적으로 많아졌다.

그러나 1984년 11월 이후 장외거래의 비중이 다소 낮아져, 1987년에는 장내외 거래의 비율이 37 : 63으로 장내거래의 비중이 다시 확대되었다. 1990년대 이후부터는 다시 장외거래의 비중이 높아졌고, 1996년 이후에는 장내거래의 비율이 1% 이하를 나타내는 등 장내거래는 극히 저조한 상황이다. 1994년 3월부터 상장 전환사채의 거래가 1995년 10월부터는 소액국공채의 거래가 거래소시장으로 집중 의무화되면서 장내거래의 절대규모가 점점 증가하여 장내거래 규모도 비례하여 증가하였다. 최근 추이를 살펴보아도 장내거래 의무화가 되어 있는 국채의 거래가 증가하면 장내거래 비중도 증가한다는 것을 알 수 있다.

표 4-9 장내 및 장외 채권 거래량 추이 및 비중

(조원, %)

구 분		2013년		2014년		2015년		2016년	
		거래량	비중	거래량	비중	거래량	비중	거래량	비중
국 채	장내	1,282.5	26.2	1,332.2	31.5	1,742.0	37.3	3,105.1	55.2
	장외	3,611.2	73.8	2,903.4	68.5	2,931.3	62.7	2,521.5	44.8
지방채	장내	5.0	25.1	4.3	22.6	8.8	34.1	3.9	24.4
	장외	14.9	74.9	14.7	77.4	17.0	65.9	12.1	75.6
특수채	장내	0.3	0.1	0.4	0.1	0.3	0.1	0.1	0.0
	장외	341.4	99.9	311.4	99.9	288.3	99.9	265.2	100.0
통안채	장내	13.2	0.9	10.5	0.9	8.1	0.6	5.2	0.5
	장외	1,386.7	99.1	1,208.3	99.1	1,257.9	99.4	1,130.1	99.5
금융채	장내	2.5	0.5	1.5	0.3	0.5	0.1	0.2	0.0
	장외	528.3	99.5	572.7	99.7	588.1	99.9	609.4	100.0
회사채	장내	4.5	2.1	3.5	1.9	2.8	1.9	2.8	2.4
	장외	206.6	97.9	184.9	98.1	148.5	98.1	114.8	97.6
합 계	장내	1,308.0	17.7	1,352.4	20.7	1,762.4	25.2	3,117.5	39.9
	장외	6,089.1	82.3	5,195.5	79.3	5,231.1	74.8	4,686.4	60.1

출처 : 금융투자협회

부록

전자단기사채제도의 도입과 성장

1 전자단기사채의 도입

2013년 1월 15일부터 "전자단기사채 등의 발행 및 유통에 관한 법률"에 의한 전자단기사채 제도가 시행되었다. 전자단기사채는 기존에 기업에서 단기자금조달을 목적으로 사용해왔던 기업어음(Commercial Paper : CP)이 가지고 있는 불편함을 개선시켜 발행 및 유통의 편리성을 제고하고, 기업어음이 가지고 있는 규제적용의 문제와 발행 및 유통정보의 불투명성을 해소하는 목적에서 도입되었다.[1)]

전자단기사채는 법에서 정한 여섯 가지 조건을 모두 갖추고 전자적 방식으로 등록된 사채권을 말한다. 첫째, 각 사채의 금액이 1억 원 이상이어야 한다. 둘째, 만기가 1년 이내이어야 한다. 셋째, 사채 금액을 한번에 납입해야 한다. 넷째, 만기에 원리금 전액을 한번에 지급한다는 취지가 정해져 있어야 한다. 다섯째, 사채에 전환권, 신주인수권, 그 밖의 다른 증권으로 전환하거나 다른 증권을 취득할 수 있는 권리가 부여되지 않아야 한다. 마지막으로, 사채에 "담보부사채신탁법" 제4조에 따른 물상담보가 없어야 한다.

기업어음은 의무적으로 실물을 발행해야 하기 때문에 발행 이후 지급까지 약 2영업일이 소요되고, 권면액 이하의 경우 분할 양도가 불가능하며, 실물과 대금이 분리되어 결제되는 등 유통상 불편이 많다. 반면에 전자단기사채는 전자등록으로 발행을 신속히 할 수 있고, 증권과 대금의 동시결제가 가능하며, 권면분할 양도가 가능하다. 또한 전자단기사채의 경우 발행정보를 한국예탁원에서 일괄적으로 상시 관리하므로, 정보가 불투명한 기업어음과 달리 정보가 투명해진다.

그리고 전자단기사채는 일반 사채나 기업어음과는 달리 발행한도를 이사회에서 결정하고, 그 한도내에서 대표이사에게 발행권한을 위임할 수 있도록 하여 가능한 한 신속한 발행이 가능하도록 제도화하였다. 전자단기사채를 기존의 기업어음과 회사채와

---

1) 기업어음은 어음법상 약속어음인 동시에 자본시장법상 증권에 해당하여 이중적 법적 지위를 가지고 있다.

비교하면 다음 표와 같다.

전자단기사채 기업어음 회사채의 비교

구 분	전자단기사채	기업어음	회사채
법적 성격	사채권	약속어음 채무증권	사채권
발행 한도	이사회 결의	제한 없음	제한 없음
실물발행여부	전자등록발행 의무	실물발행 의무	실물 등록발행 중 선택
최저 발행금액	1억원 이상	제한 없음	제한 없음
만기 제한	1년 이내	제한 없음	제한 없음
담보 제공	불가	별도 정의 없음	가능
분할 양도	최저금액 이상 가능	불가	가능
양도 방법	계좌대체	실물 배서 및 교부	실물교부 또는 계좌대체
신고서 제출여부	공모발행시 의무	필요 없음[주)]	공모발행시 의무

주 : 2013년 5월 5일부터는 만기 1년 이상에 대해서는 의무사항
출처 : KDB 산업은행

2 전자단기사채시장의 성장

한국예탁결제원에 따르면 2013년 1월 15일 시행된 전자단기사채의 2013년 발행금액은 58조원, 발행건수는 2,367건이며 발행금액의 경우 기업어음의 약 13% 수준이다. 제도가 도입된 이후 전자단기사채 발행금액은 꾸준히 증가하여 2013년 12월에는 일평균 발행금액이 8,678억원을 기록할 정도로 성장하고 있다.

이와 같은 전자단기사채제도의 조기 정착은 단기금융시장에서 기업어음(CP)의 대체재로 인정을 받기 시작한 것으로 해석된다. 그러나 많은 부분은 단기전자사채시장을 육성하려는 정부정책에 의존한 바 크다. 예를 들면, 2013년 11월 금융위원회가 단기자금시장 개편방안에 따라 증권사의 콜시장 참가를 제한하였으므로 증권회사는 초단기 자금조달의 대체수단으로 전자단기사채를 활용하고 있다. 이는 2013년 11월 이후 증권회사의 초단기 전자단기사채(7일물 이내)의 신규 발행액은 8조 6,000억원으로 11월 이전 발행액 8,000억원에 비해 급격하게 늘어났다. 또한 2013년 4월 전자단기사채제도 활성화 관련 자본시장법 시행령 개정과 동년 5월 기업어음 규제강화 방안 시행 이후부터 기업어음 수요가 전자단기사채로 급속히 이전되었다. 이 방안의 시행 이전 총 5건, 410억원에 불과했던 전자단기사채의 발행 규모가 이후 한달 동안 총 64건, 1조

2,011억원으로 급증한 것을 보면 알 수 있다.

발행 기간별로 보면 전자단기사채는 3개월물 이내, 초단기물(7일물 이내) 위주로 발행된 것으로 나타났다. 증권신고서 면제기간(3개월 이내)을 고려해 대부분 3개월물 이내로 발행됐으며, 초단기물(7일물 이내)의 경우 카드회사, 캐피탈회사 및 유통회사 위주로 발행됐다. 그리고 발행량이 많은 AB전자단기사채는 증권신고서 면제를 적용받기 위해 3개월 단위로 차환 발행하는 형태가 일반적인 것으로 나타났다.

전자단기사채제도의 도입 이래 2016년까지 4개년 동안 누적발행금액은 총 2,562조원에 달하였다. 이는 전자단기사채의 발행이 기업의 단기자금 조달수단으로 안정적으로 잘 정착되었음을 의미한다. 또한 2016년에는 외화표시 전자단기사채가 최초로 발행되었고 3개월 뒤에 차환됨으로써 시장의 영역이 확대되고 있음도 알 수 있다.

연.습.문.제

1 과거(1997년 말 외환위기 이전) 한국 기업들은 금융기관이 원리금의 지급을 보증하는 회사채를 주로 발행하였으나, 최근엔 무보증 회사채를 더 발행하고 있다. 이러한 변화가 우리 채권시장에 미친 영향에 대해 논의하시오.

2 1997년 12월 외환위기 이후 한국 채권시장은 거의 개방을 완료하였다. 그러나 아직 외국인투자가 주식시장에 비해서는 활발하지 못한데 그 이유는 무엇인지 논의하시오.

3 1980년 이래 우리나라에서는 계속적으로 채권시장의 발전방안이 발표되었다. 그런데 아직 우리 채권시장은 세계금융시장에서 뒤떨어진 상태이다. 근본적으로 어떤 문제점들이 해결되어야 채권시장이 선진화될 수 있겠는가?

4 국고채권의 경쟁입찰방법과 절차에 대해 설명하시오.

5 자산유동화증권(ABS)의 구조와 발행절차에 대해 설명하시오.

6 아직 우리나라에서 발행되는 회사채는 5년 이상의 장기채권이 거의 없다. 과거 회사채 발행실적을 살펴보고 이런 현상이 왜 있는지 논의해 보시오(금융감독원 www.fss.or.kr 금융통계정보 부속사이트에서 금융통계월보 자본시장 참조).

CHAPTER 5 펀드시장

I 펀드시장의 발달

1 펀드시장의 개념과 역사

투자는 직접투자와 간접투자로 구분된다. 직접투자는 투자자가 여유자금을 자신의 판단과 책임하에 주식, 채권 그리고 이들 증권에서 파생된 파생상품 및 부동산과 같은 실물상품에 투자하는 것을 의미하고, 간접투자는 자신의 여유자금을 전문투자자에게 맡겨 운용하게 하는 것을 의미한다. 전문투자자는 여러 개인투자자, 기업, 여타 기관의 자금을 모아(pooling) 여러 가지 투자대상상품에 다양한 방법으로 투자하여 수익을 추구하고, 이 투자수익을 운용과 관련된 수수료를 제외하고 투자자들에게 돌려준다. 여기에서 투자를 위해 모아진 자금을 펀드(fund)라고 한다. 이렇듯 간접투자의 형태로 조성된 펀드가 투자되는 시장을 넓은 의미의 펀드시장이라 한다.

"자본시장과 금융투자업에 관한 법률"(2007년 8월 3일 공포, 2009년 2월 4일 시행, 이하 자본시장법)에서는 집합투자기구(제5편 제181조~제282조)를 규정하고 있다. 그리고 집합투자를 "2인 이상에게 투자권유를 하여 모은 금전 등 또는 '국가재정법' 제81조에 따른 여유자금을 투자자 또는 각 기금관리주체로부터 일상적인 운용지시를 받지 아니하면서 재산적 가치가 있는 투자대상재산을 취득·처분 그 밖의 방법으로 운용하고 그 결과를 투자자 또는 각 기금관리주체에게 배분하여 귀속시키는 것을 말한다."(동 법 제6조)고 정의하고 있다. 따라서 여기에서 집합투자기구는 투자자에게 익숙한 간접투자를 수행하는 펀드를 의미한다. 일반적으로 펀드는 자금을 모아 운영하는 전문투자자가 투자자에게 투자계약의 증서로 수익증권을 발행하는 투자신탁의 형태와, 모아진 자금으로 투자회사를 설립하여 투자자를 투자회사의 주주로 참여시키는 투자회사의 형태로 대별된다.[1)]

조직화되고 체계화된 펀드시장은 14세기 이후 영국에서 신탁업의 형태로 발생하였다. 영국 국민들은 사람이 사망하면 그가 소유했던 토지를 교회에 기부하는 관습이 있었다. 토지가 주요 재산이었던 당시에 토지의 교회헌납으로 봉건영주들이 연공을 받을 수 없게 되는 경우가 발생하자, 리차드 2세(1377~1399)가 "몰수법"을 제정(1391년)하여 교인이 사후 개인 토지를 포함한 재산을 교회에 헌납하는 것을 금지하였다[2]. 그러나 이 몰수법을 피하기 위해 토지소유자가 제3자에게 자기 토지 관리를 맡겨 거기에서 생기는 수익을 교회에 헌금하는 제도가 고안되었다. 이 제도는 '유스'(Use)[3]라고 불리었다. 그러나 헨리 8세(1491~1547)는 "유스 금지법"(1529년)을 제정하는 한편, 교회와 수도원의 재산을 강제로 몰수하였다. 그러나 유스 몰수법을 피해 '유스'가 그 후 여러 가지 형태로 발전되었고, 명칭도 '트러스트'(Trust)라 부르게 되었으며, 오늘날의 투자신탁(Trust)으로 발전하여 신탁제도의 기원이 되었다[4].

신탁의 하나인 유가증권을 대상으로 한 투자신탁은 1868년 영국에서 최초로 시작되었다. 당시 영국은 산업혁명으로 이미 상당한 부가 축적되어 있었고, 영국 국채의 금리가 낮아 사람들은 다른 유리한 투자대상을 찾고 있었다. 한편 유럽제국은 18~19세기에 걸쳐 프랑스 혁명, 나폴레옹 전쟁 등으로 인한 전후복구비 등 막대한 자금이 필요하였다. 또한 미국은 당시 개척시대여서 철도부설, 통신시설 등으로 자금의 수요도 많고 금리도 높아, 영국의 투자자들은 축적된 자본을 미국에 투자하였다. 그 중에서도 중소투자자들은, 가능한 한 위험을 회피하면서 이익을 얻을 수 있

---

1) 한국에서 투자회사의 형태는 소위 뮤추얼펀드로 불려지고 있다. 그리고 자본시장법에서는 펀드, 즉 집합투자기구개념을 넓은 의미로 정의하여 수익증권과 뮤추얼펀드 이외에 은행의 신탁과 보험회사의 변액보험 등 간접투자 개념에 속하는 모든 금융상품을 포괄한다.

2) 다른 문헌에서는 12세기 후반에 헨리 3세(1216~1272)가 "몰수법"이라는 법률을 제정하여 토지의 교회기부를 금지했다고도 한다.

3) Use는 "To A to the use of B"에서 비롯되었다. 즉 양도인이 지정하는 목적에 따라 토지를 관리 또는 처분하게 하는 계약을 Use라 불렀다.

4) 신탁의 기원은 고대 로마시대에서 찾아볼 수 있다. 고대 로마에서는 로마시민으로서 법정상속인만이 상속을 받을 수 있었다. 그래서 재산소유자(양도인)가 자기가 죽은 후 상속을 받을 수 없는 자에게 재산을 물려주는 방법으로, 믿을 수 있는 제3자에게 재산을 양도하고, 당해 재산의 수익을 원하는 사람(양수인)에게 돌아가게 하였다. 이러한 양도인과 제3자간의 계약이 오늘의 신탁(양도담보계약)과 같은 형태라고 할 수 있다. 또한 중세 독일 게르만 민족이 행하던 잘만(Salmann)이란 관습도 신탁의 기원이라 할 수 있다. 잘만이란 재산보관자라고도 하는데 토지소유자로부터 토지를 양도받아 양도인의 지시에 따라 관리 또는 처분을 하던 게르만 민족의 관습법에서 발달한 제도다. 이러한 잘만은 전쟁에 출정한 자가 전사하거나 또는 성지순례차 떠난 자가 도중에 병사한 경우에는 잘만에게 양도한 재산을 교회에 기부하도록 하고, 살아서 돌아오면 재산을 반환받는 일종의 유언에 의한 재산의 처리와 같은 기능을 하였다(금융투자협회, "알기 쉬운 신탁상품 이야기", 2012. 2).

는 방법을 모색하게 되었고, 여기에서 투자신탁이 시작되었다. 이러한 경제적인 배경 하에서 영국은 유럽제국과 미국 그리고 식민지의 국공채·철도채권 등을 매입함으로써 자본을 수출하였으며, 투자신탁은 하나의 투자수단이 되었다.

이렇듯 영국에서 시작된 투자신탁은 20세기에 미국에서 현대적인 모습으로 계승 발전되었다가, 제2차 세계대전 이후 전 세계로 확산되었다. 한국에서는 1970년대 이후 자본시장의 발전과 더불어 펀드를 중심으로 하는 간접투자가 질과 양적인 면에서 급격한 발전을 이루고 있다(〈표 5-1〉).

표 5-1 세계 및 한국의 펀드시장 발전

구분	시 기	주요 내용
세계	1868년	영국, 최초의 투자신탁 펀드(외국 및 식민지 정부의 증권에 투자하는 펀드)
	1924년	미국, 뮤추얼 펀드
	1949년	미국, 헤지펀드(펀드매니저인 Alfred W. Jones)
	1960년대 말	미국, 사모펀드(PEF)
	1971년	미국, Wells Fargo 은행의 인덱스펀드
	1990년대 이후	세계, 벤처투자펀드, M&A펀드, 부동산펀드, 국부펀드 등 펀드전성시대
한국	1969년	증권투자신탁업법 제정·공포
	1970년	최초의 투자신탁펀드(한국투자공사의 '안정성장 1호', 현재 하나UBS 자산운용사 운용 중)
	1996년	투자신탁운용회사의 운용과 판매업무 분리
	1998년	증권투자회사법(뮤추얼펀드) 제정(9월) 부동산신탁, 시가평가형 금전신탁(11월) 폐쇄형 뮤츄얼펀드(12월, 박현주 1호 등 펀드)
	1999년	하이일드, CBO 등 고수익 펀드(11월)
	2000년	펀드 시가평가제(5월), 주식형 사모펀드 허용(6월)
	2001년	증권회사의 랩어카운트(1월), 개방형 뮤추얼펀드(2월), 변액보험 및 REITs(7월)
	2002년	상장지수펀드(ETF, 4월)
	2004년	간접투자자산운용업법 시행으로 실물펀드, 파생상품펀드, 적립식펀드 등의 출현으로 펀드 전성시대
	2005년	퇴직연금(12월) 실시
	2007년	자본시장과 금융투자업에 관한 법률 공포(2007년 8월 3일)
	2009년	자본시장과 금융투자업에 관한 법률 시행(2009년 2월 4일)
	2012년	한국형 헤지펀드 판매(2012년 1월 자산운용사, 2016년 6월 증권사)

2 펀드 르네상스와 펀드자본주의 대두

14세기 영국에서 투자신탁이 발달한 이래 간접투자수단의 하나인 펀드산업은 세계 금융시장의 한 축을 이루며 발전해왔다. 20세기 후반 세계 금융시장이 직접금융에서 간접금융으로 그 시스템이 전환되면서 각종 펀드상품의 다양화와 더불어 뮤추얼펀드, 사모펀드, M&A펀드, 헤지펀드 등의 시장이 급속하게 성장하였다. 세계 펀드시장은 순자산 기준 2016년 말 현재 33.5조달러에 달했다. 펀드시장의 천국이라 할 수 있는 미국의 경우 펀드시장 규모는 16.3조달러로 세계 펀드시장의 48.7% 정도를 차지하고, 미국 GDP(2016년말 18.6조 달러)의 87.6%를 차지하고 있다. 한국의 경우도 1970년대 본격적으로 시작된 펀드시장이 2016년 말 현재 순자산 462조원(3,498억달러로 세계 13위)에 이르는 시장으로 급성장했다.[5]([그림 5-1] 및 [그림 5-2]). 한국의 펀드시장은 글로벌 금융위기가 발생한 2008년의 경우 펀드순자산규모가 펀드설정액보다 70조원정도 적은데, 이는 글로벌 금융위기로 인한 자산가격의 하락에 의한 펀드 평가손을 의미한다. 그러나 2016년까지 자산시장(특히 주식시장)의 회복으로 그 갭이 현저히 줄어들었으나, 아직도 펀드 순자산 규모가 설정규모보다 7조원 정도 적어 시장 전체로는 (–)의 평가수익률을 보이고 있다.

그림 5-1
세계 펀드 순자산 추이

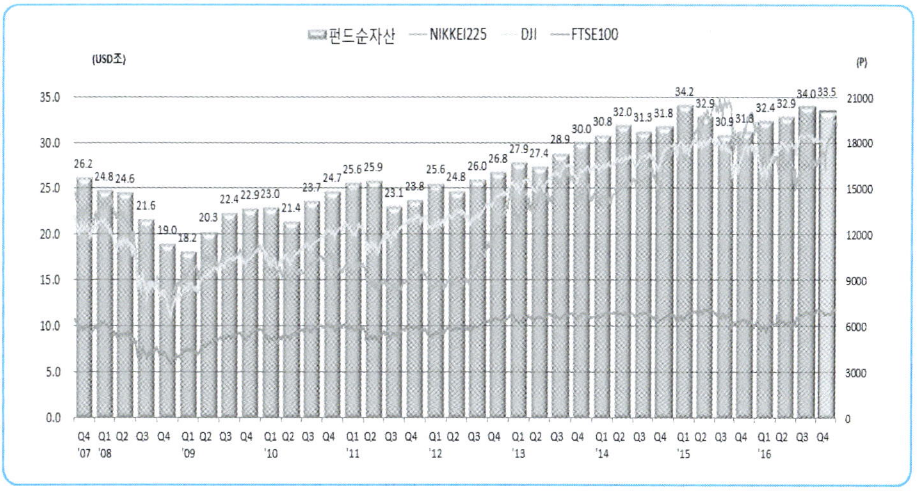

자료 : 금융투자협회, 2016년 4분기 세계 펀드시장동향, 보도자료, 2017.4.12.

---

5) 금융투자협회, 세계펀드산업 동향(www.kofia.or.kr), 분기별 보도자료 참조.

┃그림 5-2
한국의 펀드 설정액 및 순자산 추이(조원)

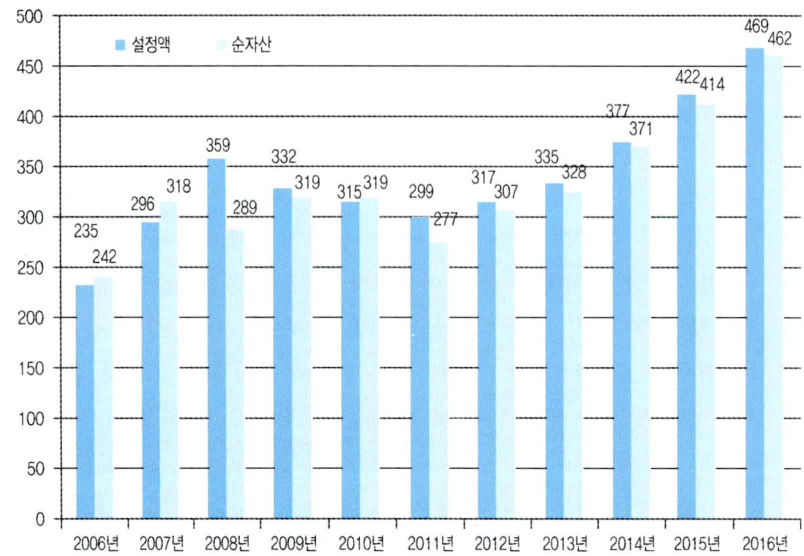

펀드자본주의는 세계 금융시장 및 자산의 양적 확대에 따라서 나타난 현상에서 유래되었다. 펀드자본주의 이전의 단계를 전문경영인이 큰 권력을 가졌던 "경영자 자본주의"라 한다. 경영자 자본주의에 대해서 19C후반~1920s(대공황 이전)의 서구 경제를 "금융자본주의"라 한다. 금융자본주의는 원래 막시스트에 의해 사용되었다. 막시스트는 금융자본을 실물생산에 종속된 경제시스템으로 변증법적 부산물로 이해하였다.

그러다가 1980년대 이후 현재까지 금융이 실물산업을 보조하고 지원하던 차원을 넘어서, 금융자체가 경제 전반에 대한 영향력을 확대하고 있는 현대의 경제시스템을 신금융자본주의라 부르게 되었다. 금융의 영향력 확대 배경으로는 금융발전이 실물경제발전을 견인한다는 이론적 실증(예를 들면 자금조달이 되어야 기술개발이 가능), 금융의 기업에 대한 영향력 확대(M&A 등), 금융이 사회 모든 분야에서 해결사 역할을 수행(환경보전을 위한 자금 조달), 금융시장의 급속한 세계화 진전(각국의 자본시장법 개혁 추세) 등을 들 수 있다.

펀드자본주의는 ① 뮤추얼펀드, 사모펀드, 헤지펀드, 국부펀드, 연기금 등의 펀드화, ② 금융시장의 증권화, 겸업화, 파생상품화, IT화 등으로 나타내지는 금융상품 복합화, ③ 금융시장의 개방, 규제완화, 아시아머니 및 오일머니 등의 활성화에 따른 글로벌화를 3대 특징으로 한다. 뮤추얼펀드, 사모펀드, 헤지펀드, 국부펀드, 연기금과 투자은행(Investment Bank : IB)들이 금융시장에 주요 플레이어(player)로 등장하게 됨으로써 촉진되었다. 그리고 펀드는 포트폴리오와 주주권 행사 비용을 감내하는 정도에 따라 수익성 확보 수단으로 경영개입을 하게 되었다. 즉, 펀드가 과거에는 투자한 기업의 경영에 관여하지 않는 소극적 태도(소위 "Wall Street Rule[6]")에서 기업의 경영에 적극적으로 개입해서 기업경영의 투명성 확보는 물론 투자펀드의 수익을 극대화하려는 행동주의 투자자로 전환하였다. 이러한 펀드자본주의 현상은 주주행동주의, 기관투자자의 의결권행사 등으로 설명된다[7].

Ⅱ 펀드의 종류

1 펀드의 형태에 따른 분류

일반적으로 간접투자의 수단인 펀드는 조직형태, 중도에 자금회수(환매)의 가능여부, 추가자금설정 여부, 거래소에 상장 여부 등의 기능 및 형태에 따라 다음과 같이 분류된다[8](〈표 5-2〉).

(1) 계약형과 회사형

일반적으로 간접투자를 조직형태에 따라 계약형(contractual type)과 회사형(corporate type)으로 구분한다. 계약형인 투자신탁은 신탁재산을 운용하는 위탁회사, 신탁재산을 보관·관리하는 수탁회사, 상품을 판매하는 판매회사 그리고 일반투자자인 수익자로 성립된다. 위탁회사와 수탁회사가 체결한 신탁계약에 의하여 발행되

6) "Sell a stock rather than try to change the company's policies".
7) 이에 대해서는 제10장 전문투자자에서 상세히 설명된다.
8) 여기에서의 형태에 따른 펀드의 분류는 자본시장법에서 정의되는 펀드의 분류가 아니라 일반적으로 펀드산업에서 분류하는 방법에 따른 것이다.

표 5-2 형태에 따른 집합투자기구의 분류

구 분	형 태	내 용
조 직	계 약 형	수익자, 위탁자, 신탁자 등의 계약형태(투자신탁)
	회 사 형	주식회사로서 조직, 투자자가 주주가 되는 형태 (투자회사)
환매가능	개 방 형	언제라도 현금화(환매)가 가능한 형태
	폐 쇄 형	계약기간 내에 현금화가 불가능한 형태
추가설정	추 가 형	추가로 펀드의 자금을 증액하여 설정이 가능한 형태
	단 위 형	추가로 자금을 증액할 수 없는 형태
운용대상의 변경	고 정 형	최초 설정 당시 투자종목이 정해지면 계약 종료 때까지 변경하지 못하는 방식
	융 통 형	투자대상의 변경을 운용자의 재량에 맡기는 형태
상 장	상 장 형	수익증권 또는 주식이 거래소에 상장되어 거래되는 형태
	비상장형	수익증권 또는 주식이 거래소에 상장되지 않고 장외에서 거래되는 형태
투자지역	국내투자형	모집된 자금을 국내에서 발행된 유가증권 등에 투자하는 형태
	해외투자형	모집된 자금을 해외에서 발행된 유가증권 등에 투자하는 형태
	혼 합 형	모집된 자금을 국내 및 해외에서 발행된 유가증권 등에 투자하는 형태

는 수익증권을 판매회사를 통해 수탁자가 취득하게 된다. 투자신탁은 법인격이 없어 투자신탁 계약에 의해 펀드가 설정되며, 수익분배는 운용실적에서 신탁보수 등의 비용을 공제한 후 전액을 분배한다. 투자신탁의 법률관계는 신탁계약에 의한다.

회사형인 투자회사는 간접증권투자를 영업목적으로 하는 주식회사를 설립하여 그 주식을 투자자가 취득하는 형태이다. 신탁재산에 법인격이 부여되는 회사형태로, 펀드가 회사법에 의해 설정되며, 수익의 분배는 비용공제 후의 이익을 주주에게 배당형태로 분배한다. 법률관계는 정관에 의한다. 계약형의 신탁약관은 회사형의 정관, 수익자는 주주, 수익증권은 주권, 추가설정은 증자(增資), 일부해지는 감자(減資)에 각각 해당된다.

(2) 단위형과 추가형

간접투자기구는 당초 설정한 펀드의 원본에 추가로 투자재산을 추가하느냐의 여부에 따라 단위형과 추가형으로 구분된다. 단위형은 일단 펀드의 규모가 설정되면 추가로 해당 펀드에 대한 투자가 원칙적으로 불가능한 펀드이다. 단위형(예를 들면 은행신탁계정의 단위금전신탁)은 일정한 간접투자기간이 정해져 있어 중간에 투자자금을 회수하는 환매가 불가능하며, 각 펀드마다 각기 상이한 특징을 가진 수익률,

신탁보수, 중도해지, 상환규정을 적용하는 것이 일반적이다. 대개 신규설정 후 단기간 내에 간접투자증권이 전액 매각되고, 그 이후에는 기존 투자자가 중도에 환매한 부분에 한해서 펀드 추가가 가능하다.

추가형(기금형이라고도 함)은 펀드 설정에 따라 발행될 간접투자증권(수익증권 또는 주식)이 투자자에게 모두 매출된 경우 일정 한도 내에서 원본액을 추가로 증액하여 간접투자증권의 발행이 가능한 펀드이다. 펀드의 추가설정은 주식회사의 유상증자에 해당된다.

(3) 개방형과 폐쇄형

투자자(투자신탁의 수익자 또는 투자회사의 주주)가 투자기간이 만료되기 전에 투자자금의 전부 또는 일부를 회수하는 것을 환매라 한다. 환매의 가능 여부에 따라 개방형과 폐쇄형으로 구분된다. 개방형(open-end)은 간접투자기간 중 투자자가 간접투자증권의 발행자에게 자유로이 환매가 인정되는 펀드이다. 보통 환매가격은 간접투자재산의 순자산가치로 산정된 기준가격에서 환매수수료를 차감하여 계산한다. 개방형은 통상적으로 추가설정을 할 수 있는데 이를 완전한 개방형이라고 하고, 제한적인 환매가 가능하나 추가설정은 허용되지 않는 형태를 준(semi)개방형이라고 한다. 개방형의 대표적인 펀드는 미국의 뮤추얼펀드이다. 한국에서 채권형은 대개 추가형과 개방형이다.

폐쇄형(closed-end)은 간접투자기간 중 투자자의 사망, 천재지변 등 소정의 사유 발생시에 한하여 환매가 인정되는 펀드이다. 환매가 인정되지 않는 대신에 폐쇄형 간접투자증권의 유동성을 기하기 위하여 간접투자증권이 거래소에 상장되어 거래되기도 한다.

이 밖에도 간접투자기구는 첫째, 최초 펀드가 설정되면 투자기간이 종료될 때까지 운용대상 상품을 변경하지 못하느냐에 따라 고정형과 융통형으로 구분한다.[9] 둘째, 간접투자증권이 거래소에 상장되어 거래되느냐에 따라 상장형과 비상장형으로 구분한다. 셋째, 모집된 간접투자재산을 국내 또는 해외의 간접투자기구에 투자하는가에 따라 국내형, 해외형, 혼합형으로 구분한다.

일반적으로 펀드 형태의 결합은 실물형 펀드는 회사형-폐쇄형-단위형-상장형-고정형으로 짝지워지고, 증권형 펀드는 계약형-개방형-추가형-비상장형-융통형으

9) 예를 들면 은행 신탁계정의 특정금전신탁은 고정형이고, 불특정금전신탁은 융통형이다.

로 짝지워진다. 예를 들면 1,000억 상당의 오피스빌딩(고정형)에 투자하는 부동산펀드는 일정한 투자자금(단위형)이 필요하다. 그런데 어느 투자자가 투자자금(1억원)을 회수하려 할 경우 환매가 현실적으로 어렵다(폐쇄형). 그래서 투자자가 자금을 회수할 수 있는 길을 열어주기 위해 수익증권(회사형의 경우 주식)을 거래소에 상장시킨다(상장형).

2 투자대상에 의한 분류

(1) 투자대상에 따른 펀드의 종류

증권을 대상으로 하는 집합투자기구는 증권의 종류에 따라 주식형(지분증권형), 채권형(채무증권형), 혼합형으로 구분된다. 주식형은 펀드자산을 주로 주식으로 운용하는 펀드로, 투자자의 위험선호도에 따라 안정형, 성장형, 원금보장형 등으로 구분한다. 채권형은 펀드자산을 주로 국공채 및 회사채로 운용하는 펀드이다. 혼합형은 주식과 채권에 분산하여 투자하는 펀드로, 시장상황에 따라 주식과 채권에 대한 투자비율을 결정한다는 의미에서 밸런스형 펀드 또는 자산배분형 펀드라고도 한다. 그리고 일반적으로 채권형 수익증권에는 단위형은 허용되지 않고, 주식형은 단위형 및 추가형을 병행 운용하고 있다.

그런데 주식형과 채권형의 구분은 국가마다 주식과 채권의 편입비율에 따라 달라진다. 한국의 경우는 주식과 채권의 편입비중이 각각 60% 이상이면 주식형과 채권형으로 분류한다. 미국과 영국의 경우는 주식과 채권의 편입비중이 각각 80% 이상이면 주식형과 채권형으로 구분한다. 다만 일본의 경우는 주식형과 채권형에 대한 정확한 구분의 기준이 없이 펀드의 상당 비중이 채권에 주로 투자되는 채권형의 경우 주식에 대한 투자가 금지된다.

(2) 투자기간과 투자방법에 따른 펀드의 종류

펀드의 투자기간과 방법에 따른 펀드의 종류는 다음과 같이 구분된다(〈표 5-4〉). 투자기간에 따라 단기투자펀드와 장기투자펀드로 구분되고, 투자 방법에 따라 투자기간 및 투자금액을 정하지 않고 자유로이 입출금이 가능한 임의식, 투자금액을 일정기간 이상 투자하여 매월 정기적으로 이자를 인출할 수 있는 거치식, 투자기간 및 투자금액을 미리 정하여 일정 투자기간동안(보통 연단위 이상) 매월 투자하는 적립식 등이 있다.

표 5-3 투자 기간과 방법에 따른 펀드의 종류

분 류	종 류	내 용
투자기간	단기형	보통 6개월 미만의 단기투자, 펀드의 명칭 앞에 단기라는 용어를 사용
	장기형	보통 6개월 이상의 중・장기자금 운용에 유리한 투자신탁 상품, 수익증권 명칭 앞에 장기라는 용어를 사용(예 : 근로자 장기저축 채권형)
투자방법	임의식	투자기간 및 투자금액을 정하지 않고 자유로이 입출금이 가능한 방식(은행의 보통예금과 유사)
	거치식	투자금액을 일정기간 이상 투자하여 매월 정기적으로 이자를 인출할 수 있는 상품(은행의 정기예금과 유사)
	적립식	투자기간 및 투자금액을 미리 정하여 투자기간동안 매월 투자하는 방식(은행의 정기적금과 유사), 투자기간은 보통 6개월 또는 1년 이상 2년(기간범위 내에서 월단위로 자유롭게 선택)

(3) 펀드의 투자자금 모집방법에 따른 종류

펀드의 판매방법에는 매각식과 모집식이 있다. 매각식은 먼저 집합투자업자(위탁자)의 고유재산인 현금이나 유가증권으로 신탁규모를 설정한 후 펀드를 발행하여 투자자에게 매각하는 방식인데, 국내 투자신탁은 대부분 매각방식을 채택하고 있다. 모집식은 집합투자업자가 불특정 다수인으로부터 균일한 조건으로 투자자금을 모집하고 신탁 설정일에 동 자금을 납입하여 모집된 투자자금으로 신탁을 설정하는 방법이다.

(4) 투자자금의 모집대상 수에 따른 펀드의 종류

집합투자펀드는 모집방법에 따라 공모(public offering)와 사모(private offering)로 구분된다. 공모는 자본시장법상 50인 이상의 불특정 다수의 투자자를 대상으로 모집하는 것을 의미한다. 그런데 자본시장법(제9조 제7항)에서는 "모집"이란 대통령령으로 정하는 방법에 따라 산출한 50인 이상의 투자자에게 새로 발행되는 증권의 취득의 청약을 권유하는 것으로 정의하여 공모를 "모집"이라 정의하였다. 그리고 "사모"란 새로 발행되는 증권의 취득의 청약을 권유하는 것으로서 모집에 해당하지 아니하는 것으로 정의한다(제8항). 공모에 의해 모집된 공모집합투자기구의 운용은 금융위원회의 감독을 받는다. 예를 들면 펀드 총액의 25% 이상을 동일 종목에 투자할 수 없고, 특정회사가 발행한 주식 총수의 10% 이상을 투자할 수 없다.

사모집합투자기구의 운용에 있어서 여러 가지 특례가 인정되고 있다(법 제249조, 동 시행령 제271조). 즉, ① 집합투자재산의 운용에서 증권에 대한 투자한도 제한, 외국 집합투자증권투자한도 제한에 대한 규제를 받지 않음(제81조), ② 자산운용보고서를 3개월마다 투자자에게 보고하지 않아도 됨(제88조), ③ 수시공시를 인터넷에 공시하지 않아도 됨(제89조), ④ 집합투자재산에 관한 영업보고서를 매분기 금융위에 보고하지 않아도 됨(제90조), ⑤ 장부 및 서류를 인터넷에 공시하지 않아도 됨(제91조), ⑥ 파생상품에 대한 투자비중이 자산총액의 20% 이상인 경우에도 인터넷에 공시하지 않아도 됨(제93조), ⑦ 환매금지펀드를 증권시장에 상장하지 않아도 됨(제230조 제3항), ⑧ 집합투자재산의 평가 및 기준가격을 공고나 게시하지 않아도 됨(제238조 제7항), ⑨ 결산서류를 펀드판매회사에 송부하지 않아도 됨(제239조 제3항 내지 제5항), ⑩ 집합투자재산의 회계처리에서 회계감사인에게 회계감사를 받지 않아도 됨. 그리고 이 경우 회계감사인의 손해배상 책임도 없음(제240조 및 241조), ⑪ 신탁업자의 집합투자재산의 운용에 대한 감시가 면제됨(제247조), ⑫ 신탁업자의 집합투자재산의 보관과 관리에 대한 보고서작성이 면제된다(제248조).

(5) 재간접펀드

투자자들로부터 모은 펀드의 투자자금을 증권이나 실물자산에 직접 투자할 수 있고, 다른 펀드에 간접적으로 투자할 수도 있다. 다른 펀드(집합투자기구)가 발행한 집합투자증권(수익증권, 투자회사 주식 및 외국법령에 의해 발행된 증권으로서 집합투자증권의 성질을 가진 것 포함)에 펀드재산의 40% 이상을 투자하는 펀드를 재간접펀드(Fund of Funds)[10]라 한다. 예를 들어 사모펀드인 해외 헤지펀드의 경우 최소투자규모의 제약[11]으로 일반 개인 투자자들이 접근하기 어려우나, 헤지펀드에 투자하는 펀드에 투자함으로써 간접적으로 헤지펀드에 투자할 수 있다. 그리고 해외 주식이나 채권에, 또는 해외 원자재 등 상품에 일반 개인 투자자가 투자하는 데는 현실적인 어려움이 있으므로, 이러한 해외 증권이나 상품에 투자하는 펀드에 투자할 수 있다.

10) 간접투자자산운용업법에서는 법적 펀드종류로 분류되었으나 자본시장법에서는 별도의 펀드종류로 구분하지 않았다.

11) 미국 헤지펀드에 대한 개인투자자의 최소 투자단위는 헤지펀드에 따라 다르나, 2만 5천달러 정도이다.

재간접펀드에 대한 투자 절차와 수익구조를 보면, 투자자(1, 2, 3, 4)가 재간접펀드(OO자산운용회사의 재간접펀드)에 투자하고, 재간접펀드는 사전에 정해진 각각의 다른 펀드(A, B, C, D 등)에 투자하여 수익을 추구한다. 예를 들면 투자자 1은 해외헤지펀드에 투자하기 위해 OO자산운용회사의 재간접펀드에 투자할 수 있다. 각 펀드(A, B, C, D) 수익률은 각각 다르다. 재간접펀드에서는 최종적으로 어느 개별펀드에 투자하느냐에 따라 수익률이 각각 결정된다([그림 5-3]).

그림 5-3
재간접펀드의 구조

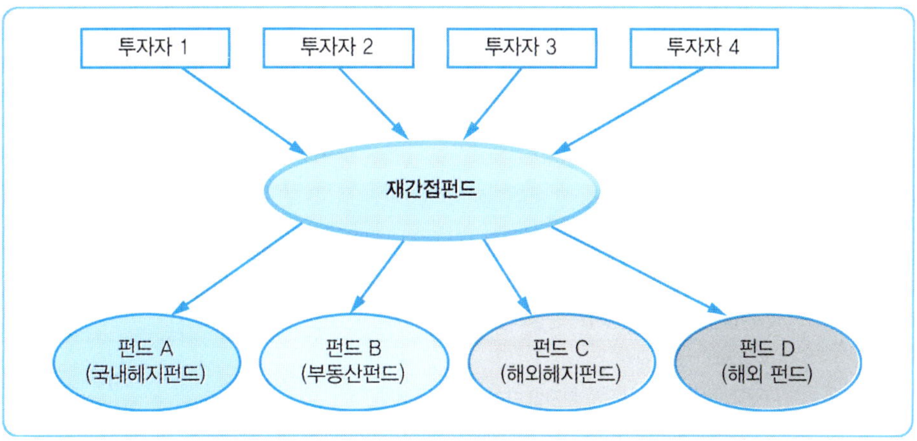

재간접펀드는 펀드 자금을 모두 다른 펀드에 투자해야 하는 것이 아니다. 다른 여러 펀드에 분산투자할 수 있고, 나머지 자금을 직접 증권이나 실물상품에 투자할 수 있다. 집합투자증권 이외의 투자증권에도 투자할 수 있으므로 재간접펀드의 펀드매니저는 다른 펀드에 대한 투자비중을 결정하고, 다른 펀드에 투자하고 남은 자금에 대한 자산배분 내지 포트폴리오를 결정한다.

재간접펀드는 시장에서 검증된 여러 펀드에 분산투자해 위험을 최소화하면서 수익을 추구한다. 분산투자를 통해 투자 위험을 줄일 수 있는 장점이 있다. 더구나 시장에서 검증된 펀드만 선별하여 가입할 수 있어 펀드 운용의 안정성이 상대적으로 높다. 하지만 재간접펀드는 가입한 펀드가 또 다른 펀드에 투자하는 이중구조의 상품이므로 수수료가 다소 비싸다는 단점이 있다.

한편, 이미 시행되고 있는 공모펀드에 투자하는 공모재간접펀드에 추가하여, 2017년 5월 개정된 자본시장법 시행령(제80조, 동 규정 제4-521의 2)에서 일반투자자도 사모펀드[12]에 간접적으로 투자할 수 있도록 사모투자 공모재간접펀드를 도입하였다. 즉, 공모펀드를 통해 사모펀드에 투자할 수 있게 되었다. 여기서의 사모펀드는 국내 자산운용사와 증권회사가 운용하는 헤지펀드와 부동산, 특별자산 등 실물 상품에 투자하는 사모재간접펀드를 의미한다.

공모펀드에 재투자하는 공모재간접펀드와 사모 재간접펀드에 대한 운용규제(법 제 81조 제1항 제3호 마목)를 보면(〈표 5-4〉), ① 동일 운용사 집중제한에서는 공모의 20%에 비해 사모는 50%로 완화되고, ② 동일 운용사 집중 제한에서는 각각 20%로 동일하고, ② 재간접펀드가 한 펀드에 투자할 수 있는 최대 비중을 20%로 제한되고, ③ 재간접펀드가 다른 재간접펀드에 투자하는 복층 재간접투자는 공모 및 사모 모두 금지되고, ④ 사모펀드에 대해서는 공모는 투자할 수 없으나 사모는 규제가 없다. ⑤ 타 펀드 지분 보유비중에서 공모는 20%로, 사모는 50%로 제한된다[13].

표 5-4 재간접펀드의 운용 규제

재간접펀드 운용규제 내용	공모 재간접펀드	사모투자 재간접펀드
① 동일운용사 집중 제한 재간접펀드가 한 운용사가 운용하는 펀드에 투자할 수 있는 최대 비중	50%	100%
② 동일펀드 집중 제한 재간접펀드가 한 펀드에 투자할 수 있는 최대 비중	20%	20%
③ 복층재간접구조 투자 재간접펀드가 재간접펀드에 투자하는 구조	금지	금지
④ 사모펀드 투자	제한	100%
⑤ 타 펀드 지분 보유비중 제한 재간접펀드가 피투자펀드 지분총수 중에서 최대로 취득할 수 있는 비중	20%	50%

※ 자산배분펀드(Target Date Fund) 경우는 복층재간접펀드규제 일부 완화
자료 : 금융위원회, 「초대형 투자은행 육성방안」 및 「공모펀드 시장 활성화」를 위한 자본시장법 시행령 및 금융투자업규정 개정, 보도자료, 2017.5.2.

---

12) 2015년 10월 개정된 자본시장법과 시행령에서 사모펀드(헤지펀드)에 대한 최소투자금액(레버리지 200% 이하시 1억원, 초과시 3억원) 규제로 인해 일반투자자는 사모펀드에 대한 직접 투자가 제한되었었다. 이번의 규제완화로 사모투자재간접 공모펀드 투자시에는 최소 500만원 이상을 투자하도록 하여 일반투자자의 신중한 투자를 유도하고 있다.

13) 펀드재산의 20%까지 단일 종목 펀드에 투자하고, 50%까지 동일 자산운용사의 펀드에 투자할 수 있으므로, 최소한 5개의 펀드, 2개 이상의 운용사 조합으로 구성하는 등 운용제한만을 두고 있다.

3 자본시장법에 의한 펀드의 종류

(1) 집합투자기구의 종류

자본시장법(제229조, 동 시행령 제240조)은 집합투자재산의 운용대상에 따라 투자신탁과 투자회사가 운용할 수 있는 투자펀드의 다섯 가지 유형을 다음과 같이 구분하고 있다(〈표 5-5〉).

표 5-5 투자대상에 따른 집합투자기구 (법 제229조)

구 분	내 용
증권집합투자기구	집합투자재산의 50% 이상을 채무증권, 지분증권, 수익증권, 투자계약증권, 파생결합증권, 증권예탁증권 등과 이들 증권을 기초자산으로 하는 파생상품에 투자하는 펀드. • 재간접투자펀드(Fund of Funds) 포함 • 외국 집합투자증권 포함 • 부동산, 부동산의 사용과 관련된 지상권, 전세권, 임차권 등의 상품, 부동산투자회사가 발행한 주식, 선박투자회사가 발행한 주식 등은 제외
부동산집합투자기구	집합투자재산의 50% 이상을 부동산, 부동산을 기초자산으로 하는 파생상품, 부동산개발과 관련된 법인에 대한 대출, 부동산과 관련된 증권에 투자하는 펀드 (예 : 부동산개발회사, 부동산 유동화자산, 주택저당채권 등)
특별자산집합투자기구	집합투자재산의 50% 이상을 증권과 부동산을 제외한 특별자산에 투자하는 펀드 (예 : 사회기반시설에 대한 투자)
혼합자산집합투자기구	집합투자재산의 운용에서 증권집합투자기구, 부동산집합투자기구, 특별자산집합투자기구에 대한 규정의 제한을 받지 않는 펀드
단기금융집합투자기구	집합투자재산의 100%를 6개월 미만의 CD, 1년 미만의 국채 및 회사채, 기업어음증권, RP 등에 투자하는 펀드(MMF, CMA)

자본시장법에 의하면 집합투자기구(펀드) 종류별 투자대상 재산에 대한 규제가 완화되어 MMF를 제외한 모든 펀드가 다양한 투자대상에 운용할 수 있다. 즉 집합투자기구의 주요 투자대상 재산(펀드자산의 50% 초과 투자재산)을 기준으로 증권펀드, 부동산펀드[14], 특별자산펀드, 단기금융펀드로 구분한 다음, 각 펀드별 주요 투자대

14) 최근 외국관광객의 급증에 따라 서울지역의 호텔부족 현상이 두드러지자 기관투자자들이 부동산펀드와 리츠의 형식을 통해 서울지역에 비즈니스호텔 건립 또는 리모델링에 적극적으로 투자하고 있다. 2011년~2013년 기간에 부동산펀드 8개에 1조 969억원이, 리츠 5개에 3,813억원이 조성되어 투자되었다(하나금융경영연구소, 기관투자자의 비즈니스호텔 투자 확대, 2014.3.31)

상 자산에 해당 기초자산 관련 파생상품을 포함시킴으로써 파생상품펀드를 별도로 구분하지 않고 있다. 그리고 주요 투자대상 자산을 특정하지 않고 언제나 어떤 자산에 자유롭게 운용할 수 있는 혼합자산집합투자기구를 신설하였다. 다만 MMF는 증권상품만을 운용할 수 있다(〈표 5-6〉).

표 5-6 집합투자기구의 종류와 투자대상 펀드의 종류

구분	증권펀드	부동산펀드	특별자산펀드	혼합자산펀드	MMF
증권	○	○	○	○	○
파생상품	○	○	○	○	×
부동산	○	○	○	○	×
특별자산1)	○	○	○	○	×

주 1) : 특별자산은 PEF지분, 보험지급청구권, 금융기관의 금전채권, 어음, 신탁 수익권, (영화 등의) 특정 사업으로부터 발생하는 수익권 등을 포함

자료 : 기획재정부, "자본시장과 금융투자업에 관한 법률안 설명자료", 2006. 12. 28.

(2) 증권집합투자기구(자본시장법 제229조, 시행령 제240조)

자본시장법상(법 제4조)에서 증권은 금융투자상품으로 투자자가 취득과 동시에 급한 금전 등 외에 어떠한 명목으로든지 추가로 지급의무를 부담하지 않는 것으로 정의된다. 증권집합투자기구는 채무증권, 지분증권, 수익증권, 투자계약증권, 파생결합증권, 증권예탁증권 등과 이들 증권을 기초자산으로 하는 파생상품에 투자하는 펀드를 의미한다. 여기에는 재간접펀드, 해외펀드 등이 포함된다.

자본시장법(법 제5조)상 파생상품은 i) 기초자산이나 기초자산의 가격·이자율·지표·단위 또는 이를 기초로 하는 지수 등에 의하여 산출된 금전 등을 장래의 특정시점에 인도할 것을 약정하는 계약(선도거래, 선물거래), ii) 당사자 어느 한쪽의 의사표시에 의하여 기초자산이나 기초자산의 가격·이자율·지표·단위 또는 이를 기초로 하는 지수 등에 의하여 산출된 금전 등을 수수하는 거래를 성립시킬 수 있는 권리를 부여하는 것을 약정하는 계약(옵션), iii) 장래의 일정기간 동안 미리 정한 가격으로 기초자산이나 기초자산의 가격·이자율·지표·단위 또는 이를 기초로 하는 지수 등에 의하여 산출된 금전 등을 교환할 것을 약정하는 계약(스왑) 등으로 정의된다.

파생상품펀드 운용에 대한 규제에는 i) 동일종목에 대한 투자한도로 동일 증권에 대해서는 30% 이상을, 파생결합증권(ELS 등)에 대해서도 30%를 초과하여 투자

할 수 없다. ii) 장외파생상품에 대해서는 적격요건을 갖추지 못한 자와 장외파생상품 거래를 할 수 없는데, 이는 공모형과 사모형 파생상품펀드에 모두 적용된다. iii) 파생상품 매매에 따른 위험평가액이 공모펀드의 경우는 순자산총액의 100%를 초과할 수 없고, 사모파생상품펀드는 400%를 초과할 수 없다[15].

(3) 실물자산집합투자기구(자본시장법 제229조, 시행령 제240조)

부동산, 특별자산, 혼합자산 등에 투자하는 펀드를 실물펀드라 한다. 이들 펀드는 투자 중 자금을 회수할 경우 펀드의 운용에 어려움을 줄 수 있어 일정기간 동안 투자자금을 찾아가지 못하는 것을 원칙으로 하는 환매금지형펀드로 허용된다.

부동산펀드는 집합투자재산의 50% 이상을 부동산 또는 다음의 자산에 투자하는 집합투자기구로, 환매금지형(폐쇄형) 펀드로 설정되고, 90일 이내에 거래소에 상장되어야 한다. 자금은 현금납입이 원칙이나 투자자 전원 동의 시 부동산도 납입도 가능하다. 투자대상 상품 및 방법으로는 i) 부동산의 취득 및 매각, ii) 부동산을 기초자산으로 하는 파생상품, iii) 부동산개발과 관련된 법인에 대한 대출, iv) 부동산 개발, 관리 및 개량, 임대, 지상권·지역권·전세권·임차권 등 부동산 관련 권리 취득, 기업구조조정촉진법에 의한 채권금융기관이 부동산을 담보로 한 금전채권, v) 부동산 관련 증권 등이다. 부동산 관련 증권에는 부동산을 담보로 한 지상권, 임차권 등의 여러 가지 금전채권, 부동산투자회사가 발행한 주식, 부동산개발회사가 발행한 증권, 부동산 관련 자산을 기초로 한 자산유동화증권의 유동화자산가액이 70% 이상인 유동화 증권, 주택저당담보부증권 또는 주택저당증권, 부동산투자목적회사가 발행한 지분증권 등이 있다

부동산펀드 관련 운용규제가 완화(2016년 5월 시행령 개정)되어 비교적 안전자산인 부동산 운영권, 부동산 담보 대출채권에 대한 투자가 보다 용이하게 되었다. 예를 들면 펀드가 취득한 부동산(호텔 등)을 펀드가 직접 운영하고, 부동산펀드가 설립한 SPC의 부동산 담보대출채권에 투자가 가능하고, 부동산펀드의 해외 부동산담보대출 채권에 대한 투자도 가능하게 되었다. 그리고 부동산펀드 및 실물자산펀드는 부동산, SOC 등 펀드의 주목적 사업을 위해 금융기관에서 차입도 가능하고, 아울러 부동산 및 실물자산에 대출도 가능하게 되었다.

---

15) 아직 법제화 되지 않은 파생상품의 위험평가 산정산식 개선방안에 대해서는 "국민재산 증식을 지원하기 위한 펀드상품 혁신 방안"(금융위원회, 2016.5.30.)을 참조

특별자산펀드는 집합투자재산의 50% 이상을 증권과 부동산을 제외한 특별자산(실물자산인 일반 상품, 선박, 항공기, 미술품, 악기, 문화콘텐츠, 지적재산권, 어업권, 탄소배출권, 보험지급청구권 등)에 투자하는 펀드이다. 혼합자산펀드는 집합투자재산의 운용에서 증권집합투자기구, 부동산집합투자기구, 특별자산집합투자기구에 대한 규정의 제한을 받지 않는 펀드로 투자대상, 투자한도, 투자비율 등 제한이 없다[16].

(4) 단기금융집합투자기구(법 제229조, 시행령 제241조)

① MMF

MMF(money market fund)는 1971년 미국의 투자회사인 Reserve Fund에 의해 창설된 펀드로 초창기에는 투자자의 관심을 끌지 못하다가, 1974년 1차 오일파동 이후 인플레이션이 심화되자 각광을 받기 시작하였다. 미국에서 MMF는 잔존기간 1년 미만의 T-bill, CD 및 BA(은행 인수어음), CP 등 단기금융상품을 투자대상으로 하는 개방형 신탁의 일종이다. 이 MMF는 단기금융상품의 수익률이 예금금리를 크게 상회하는 경우, 수익성·안정성·유동성에 있어서 다른 투자신탁상품보다 유리하다. MMF가 등장하여 투자자들로부터 인기를 얻자 시장금리연동부 정기예금 상품인 MMC(money market certificate) 같은 대체상품과, CMA(cash management account) 같은 응용상품이 등장하였다.

한국에서는 집합투자업자가 MMF를 운용하고 금융투자회사가 판매하고 있다. 실적배당 단기 투자신탁상품이면서도 현금등가물로 취급되는 특수한 펀드이다. 1997년 7월부터 제4단계 금리자유화가 실시된 후 은행권은 MMDA(money market deposit account)를 판매하기 시작하였다. 2004년부터는 MMF의 자산가치를 안정적으로 유지하고 신용위험을 최소화하기 위해 MMF 전체 가중평균잔존기간을 120일에서 90일로 축소하고, 동일자산 투자한도를 신탁재산의 10%로 제한하고, 편입채권 중 CP의 경우 투자등급을 A3에서 A2 이상으로 상향하였다. MMF를 개인형과 법인형으로 구분하였고, MMF의 해지 경우 가격은 과거가격(전일종가)에서 미래가격(금일종가)으로 바꾸었다. 유동성 보강을 위해 일정 범위 내에서 RP도 허용하였다.

---

16) 주식과 채권을 제외한 모든 상품에 투자하는 펀드를 대체투자펀드라 한다. 대체투자펀드(Alternative Investment Fund)는 2000년 이후 저금리시대의 진입에 따라 다양한 투자전략의 대안으로 각광을 받게 되었는데, 부동산 및 부동산관련 자산(부동산펀드, REITS, SOC 투자펀드 등), 헤지펀드, 벤처펀드, 원자재투자펀드, PEF, 기업구조조정펀드 등을 총칭하는 펀드이다.

② CMA

CMA는 예탁금을 어음이나 CD(양도성 예금증서), 단기국채 등 단기채권에 투자하여 그 수익을 고객에게 돌려주는 단기 실적배당 금융상품으로 어음관리계좌 또는 종합자산관리계정이라고도 한다. 과거에는 투자금융회사와 종합금융회사에서 취급하던 대표적인 단기금융상품이나 2005년 6월부터 증권회사에서도 취급한다. 종합금융회사의 CMA는 예금자보호법에 따라 해당 업체가 부도가 나더라도 최고 5,000만 원까지 보호받을 수 있다. CMA는 은행의 보통예금처럼 입출금이 자유롭다. 하루를 예치해도 이자율을 적용받아 이자가 지급된다. 그리고 자동납부·급여이체 등의 서비스 기능이 있고, 주식청약 자격도 주어진다.

(5) 집합투자기구의 종류별 현황

2016년 말 현재 펀드 순자산은 462조원인데, 이 중 증권펀드가 178조원으로 47.8%를 차지하고, 다음으로 단기상품인 MMF가 105조원으로 22.7%를 차지하였다. 다음으로 파생펀드, 특별자산펀드, 부동산펀드의 순이다. 그런데 증권형펀드의 비중은 2009년 63.5%에서 지속적으로 감소하는 추세를 보이는데, 이는 주식형펀드의 순자산 감소와 저금리 현상에 따른 대체펀드에 대한 투자 증가에 기인한다고 할 수 있다. 한편 증권형펀드 중에서는 채권형펀드가 104조원으로 47.2%를 차지하고 주식형펀드는 37조원으로 30.5%를 차지했다. 주식형펀드와 채권형펀드는 순자산은

표 5-7 펀드유형별 순자산 추이

(단위 : 10억원, %)

연도 말	증권	MMF	파생형	부동산	특별자산	PEF	합계
2009	203,369	72,425	17,946	11,559	13,185	1,699	320,214
2010	202,228	67,669	19,055	14,131	15,690	2,378	321,191
2011	167,648	53,883	21,322	16,429	18,059	2,552	279,893
2012	170,344	63,986	31,640	19,901	21,722	2,313	309,905
2013	178,580	67,090	32,211	24,249	26,316	3,166	331,612
2014	194,414	83,234	32,999	29,741	31,003	3,219	371,392
2015	211,210	94,073	30,602	35,908	39,644	3,999	413,613
2016 (%)	221,050 (47.8)	104,995 (22.7)	36,751 (8.0)	47,162 (10.2)	47,607 (10.3)	2,776 (0.6)	462,436 (100.0)

자료 : 금융투자협회, 펀드정보One-Click시스템/펀드통계/펀드산업/펀드유형별기간

2009년에 비해 역전되어 채권형펀드의 비중이 주식형보다 많았는데, 이는 펀드시장에서 개인투자 비중이 감소함에 따라 법인투자 중심으로 펀드시장이 개편된 데 기인한다고 하겠다(〈표 5-7〉 및 〈표 5-8〉, [그림 5-4]).

표 5-8 증권펀드 유형별 순자산 추이

(단위 : 10억원, %)

연도 말	주식	혼합주식	혼합채권	채권	재간접	증권소계
2009	115,044	12,464	18,424	46,933	10,504	203,368
2010	102,912	12,040	21,217	53,378	12,682	202,228
2011	87,464	10,645	18,044	45,310	6,185	167,648
2012	86,262	9,315	19,455	47,251	8,061	170,344
2013	80,056	9,823	22,936	56,115	9,649	178,580
2014	73,439	10,243	27,726	71,820	11,186	194,414
2015	75,187	7,936	30,431	85,835	11,819	211,210
2016 (%)	67,498 (30.5)	7,828 (3.5)	26,320 (11.9)	104,006 (47.2)	15,398 (7.0)	221,050 (100.0)

자료 : 금융투자협회, 펀드정보One-Click시스템/펀드통계/펀드산업/펀드유형별기간

펀드 유형별 순자산 추이를 보면, 최근 채권형펀드가 꾸준한 성장을 보이고 있는 반면에 주식형펀드는 지속적으로 감소하고 있음을 알 수 있다. 이는 거의 5년간 주식시장이 Box권에서 움직인 것과, 안전자산 선호 경향에 따른 채권 선호와 대기성 자금인 MMF의 큰 폭 증가에 기인한다고 하겠다. [그림 5-4]에서 보는 바와 같이 2013년을 기점으로 주식형펀드 순자산과 채권형펀드 순자산의 역전이 이루어졌다.

실물펀드시장에서는 부동산펀드와 특별자산 펀드 순자산가치도 꾸준히 성장하고 있다. 2015년 10월 사모펀드 제도개편 이후, 저금리 기조 아래 수익성이 높은 부동산 펀드 등에 대한 대체투자가 활성화되고 있는데, 이는 기관투자자들의 실물형 펀드 투자확대에 기인한다고 하겠다.

다음으로 펀드 투자자 비중을 보면, 개인투자자는 지속적으로 감소하는 반면, 법인투자자 중심으로 개편되고 있음을 알 수 있다. 2016년 경우 기관투자자인 금융기관의 61%와 법인의 14%를 합하면 75%를 법인투자자가 차지하였다([그림 5-5]). 이렇듯 펀드시장의 기관화 현상은 개인투자자의 주요 투자 대상인 주식형펀드 시장의 박스권내 정체와 공모시장(IPO)의 투자매력 저하에 따른 개인투자자 비중의 감소와 2015년 10월 사모펀드시장 제도 개편 후, 투자자요건의 일부 완화(최소투자규모

1억원)와 실물펀드의 포트폴리오 다변화에 따른 사모시장의 확장과 운용사의 적극적 투자유치 노력 등으로 법인투자자의 투자가 증가한 데 기인한다고 할 수 있다[17].

그림 5-4
펀드유형별 순자산 규모 추이

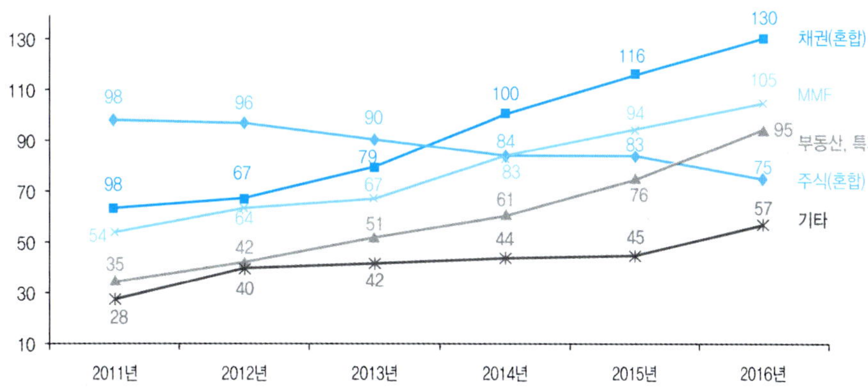

자료 : 금융감독원, 2016년 펀드시장 동향과 시사점, 2017.2.27.

그림 5-5
펀드 투자자 비중 추이 (펀드판매 잔액 기준)

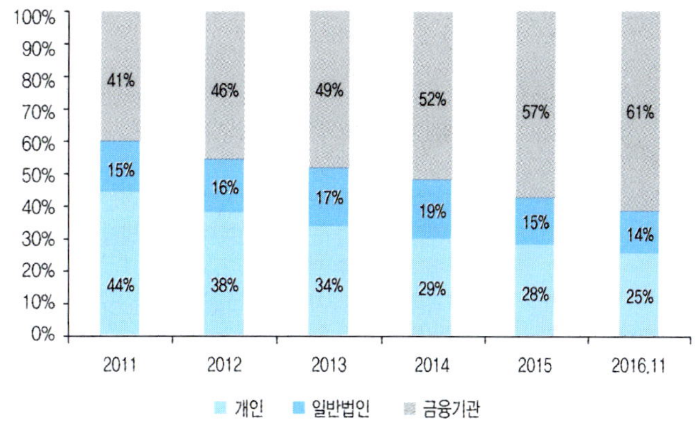

자료 : 금융감독원, 2016년 펀드시장 동향과 시사점, 2017.2.27.

17) 2016년 경우, 사모펀드의 93.6%가 법인투자자이며, 사모펀드 제도개편 이후 투자다변화로 실물펀드 등 대체투자가 크게 성장(연평균 31.7% 성장)하였다.

4 특수한 형태의 집합투자기구

(1) 특수한 형태의 집합투자기구 개요

자본시장법 제230조 내지 제234조, 동 시행령 제242조 내지 제252조에서는 펀드시장의 활성화를 도모하기 위하여 여러 가지 특수한 집합투자기구를 정의하고 있다(〈표 5-9〉).

표 5-9 특수한 형태의 집합투자기구

구 분	내 용
환매금지형집합투자기구 (법 제230조)	투자신탁, 투자유한회사, 투자합자회사, 투자조합 및 투자익명조합 등이 설립하는 부동산집합투자기구, 특별자산집합투자기구, 혼합자산집합투자기구의 경우는 투자기간동안 환매가 금지됨. • 투자신탁의 집합투자업자 또는 투자회사는 별도의 환금성을 정하지 않은 경우 집합투자증권을 최초로 발행한 90일 이내에 증권을 증권시장에 상장해야 함
종류형집합투자기구 (법 제138조)	집합투자기구에 부과되는 보수 및 수수료, 그리고 제반 비용의 차이에 따라 기준가격이 다른 여러 종류의 집합투자증권을 발행하는 펀드(multiple class fund : ClassA는 수수료선취, ClassB는 수수료후취, ClassC는 수수료면제 등)
전환형집합투자기구 (법 제232조)	각 집합투자기구의 투자자가 보유하고 있는 집합투자증권을 다른 집합투자기구의 집합투자증권으로 전환할 수 있는 권리를 투자자에게 부여하는 펀드(한 집합투자업자가 운용하는 모든 펀드집합으로 펀드간 전환이 가능한 펀드) (umbrella fund, fund family, series fund, fund complex)
모자형집합투자기구 (법 제233조)	집합투자업자 등이 다른 집합투자기구(모집합투자기구)가 발행하는 집합투자증권을 취득하는 구조의 집합투자기구(자집합투자기구)를 설정 또는 설립하는 펀드(master-feeder fund). • 자집합투자기구의 집합투자업자는 모집합투자기구의 집합투자업자와 동일하여야 함 • 자집합투자기구는 모집합투자기구가 발행하는 집합투자증권외의 다른 집합투자증권을 취득할 수 없음. • 각각의 집합투자펀드는 독립적으로 운영되나, 수익률은 모집합투자기구의 수익률에 의해 결정됨
상장지수집합투자기구 (법 제234조)	증권시장 또는 해외 증권시장에서 거래되는 증권 종목의 가격수준을 종합적으로 표시하는 지수의 변화에 연동하여 운용하는 것을 목표로 하는 펀드(예를 들면 exchange traded fund : ETF 등) • 수익증권 또는 투자회사 주식의 환매가 가능하고, 펀드 설정일 이후 30일 이내에 증권시장에 상장 • 상장지수집합투자기구는 추가설정, 신주발행, 집합투자증권의 환매가 가능

(2) 환매금지형 집합투자기구(법 제 242조, 시행령 제242조)

일부의 경우에는 환매금지형 집합투자기구를 의무화하고 있다[18](법 제230조와 동 시행령 제242조). 예를 들면 존속기간을 정한 펀드에 대해서만 환매금지형으로 설정·설립할 수 있도록 하되, 펀드재산의 현금화가 곤란한 사정 등을 고려한 경우에만 환매금지형 집합투자기구로 설정·설립할 것을 의무화하였다.

(3) 종류형 집합투자기구(법 제231조, 시행령 제 243조)

집합투자기구에 부과되는 보수 및 수수료와 제반 비용의 차이에 따라 기준 가격이 다른 여러 종류의 집합투자증권을 발행하는 펀드를 의미한다. 펀드의 판매수수료를 징수하는 방법에 따라 펀드 가입 시 펀드판매회사가 판매수수료를 징수하는 수수료를 선취수수료, 환매 시 징수하는 수수료를 후취수수료라 한다. 펀드의 명칭에 수수료의 종류, 수수료 유무 등이 표시된다. 예를 들면 Class A는 선취수수료, Class B는 후취수수료, Class C는 수수료 면제, Class D는 선취 및 후취수수료 펀드를 의미한다.

(4) 전환형 집합투자기구(법 제232조, 시행령 제 244조)

전환형펀드(umbrella fund, fund family, series fund, 또는 fund complex)는 공모펀드의 경우에 시장상황에 따라 다양한 선택기회가 부여(환매수수료 없음)되어, 자유로운 전환을 통해 투자자자산의 효율적 운용이 가능한 펀드다. 그러나 투자신탁, 투자회사, 투자유한회사, 투자합자회사, 투자조합, 투자익명조합, 경영참여 PEF 간에는 전환이 불가능하다. 전환형펀드는 시장상황에 따라 다양한 선택기회를 부여하고, 환매수수료 없이 자유로운 전환을 통해 투자자자산을 효율적으로 운용할 수 있다[19].

전환형펀드의 한 형태로 판매되고 있는 자산배분형 펀드에서는 주된 투자자산을 최소 50%(주식혼합형·채권혼합형) 또는 60%(주식형·채권형) 이상 편입해야 한다는 규정 때문에 운용에 제약을 받고 있다. 그래서 2012년 8월부터 증권펀드 및 혼합자산펀드에서 '비율조정형' '비율고정형'의 두 가지로 구분되는 자산배분펀드가 판매되기 시작

18) 과거에는 환매금지형펀드 설정을 임의화 하되, 부동산펀드·실물펀드는 환매금지형으로만 설정할 것을 의무화하였었다.

19) 미국의 뮤추얼펀드는 대부분 전환형펀드이다.

했다. 비율조정형은 주된 투자대상 자산은 두 개로 제한되나 각 자산별 투자비중을 25~75% 범위 내에서 조정할 수 있다. 반면에 비율고정형은 증권펀드의 경우 주식과 채권에 각각 50%씩 배분하든가, 주식, 채권, 특별자산에 각각 33%씩 배분할 수 있다. 그리고 혼합자산펀드의 경우는 증권과 특별자산에 각각 50%씩 배분하고, 증권, 부동산, 특별자산에 각각 33%씩 투자할 수 있다[20](〈표 5-10〉).

표 5-10 자산배분펀드 분류

구분	비율 조정형(스윙펀드)	비율 고정형
허용대상	증권펀드 및 혼합자산펀드	증권펀드 및 혼합자산펀드
허용기준	• 투자비율 : 자산별 25~75% • 주된 투자대상 자산 : 2개 • 허용 펀드 수 : 회사별 신규펀드 3개 이내	• 증권펀드 : 주식, 채권 각 50% 주식, 채권, 특별자산 각각 33% • 혼합자산펀드 : 증권, 특별자산 각 50% 증권, 부동산, 특별자산 각 33%
투자자 보호	펀드의 특징을 투자설명서에 기재	

자료 : 금융감독원, 신규수요창출을 위한 자산배분펀드허용, 2012.8.2.

금융위원회는 고령화, 금융상품의 복잡화와 장기화 추세 등으로 수수료가 낮은 자산배분펀드에 대한 수요가 증가할 것으로 전망하고, 퇴직연금과 개인연금을 염두에두고 Target Date Fund(TDF)의 도입과 자산배분펀드에 대한 규제를 대폭완화하였다.

2017년 5월 2일 시행된 개정 시행령(자본시장법 시행령 제 80조)에서 개정 시행령의 시행 이후 신규로 도입되는 자산배분펀드[21]는 자산배분 운용을 크게 제약하는 규제(동일운용사 집중제한 규제, 복층 재간접펀드 투자금지 등)를 완화하였다.

이러한 규제완화를 공모재간접펀드와 자산배분펀드에 대한 규제와 비교하면, ① 간접펀드가 한 운용사가 운용하는 펀드에 투자할 수 있는 최대 비중을 공모재간접펀드는 50%인데 자산배분펀드는 100%로 완화되고, ② 간접펀드가 한 운용사가 운용하는 펀드에 투자할 수 있는 최대 비중은 공모재간접펀드와 자산배분펀드 모두 20%로 동일하게 규제하고, ③ 재간접펀드를 다시 재간접펀드에 투자하는 복층 재간접구조 투자는 공모 경우는 금지되나, 자산배분은 일부 완화되고, ④ 사모펀드 투자는 모두 제한되고, ⑤ 재간접펀드가 피투자펀드 지분총수 중에서 최대로 취득

20) 비율고정형 및 비율 조정형의 자산배분펀드의 설정액은 2016년 4월말 현재 1.8조원으로 공모 펀드 226조원의 0.8%를 차지했다.

21) 상이한 투자대상과 투자전략을 가진 복수의 펀드에 분산투자하고, 주기적으로 대상펀드 비율을 변경하는 펀드

할 수 있는 비중을 가각 20%로 제한하였다.

자산배분펀드의 주요 유형으로는 Target Date Fund(TDF)와 Target Risk Fund (TRF 또는 Life Style Fund : LSF)가 있다. TDF는 근로자의 은퇴시점을 Target Date로 하여 연령에 따라 운용방법이 자동으로 변경되는 펀드로 미래 예상 퇴직시점을 설정하여 타겟데이트가 가까워짐에 따라 투자성향과 자산배분을 공격적인 운영에서 보수적으로 조정한다[22]. TRF는 근로자 은퇴 시까지 기간이 긴 경우 투자자의 투자성향(보수적, 중립적, 공격적)에 따라, 펀드의 리스크 성향을 매치시켜, 공격적 투자성향에는 리스크가 높은 펀드를 추천한다. 그리고 시간이 지나도 펀드의 리스크 성향이 바뀌지 않는 특징이 있다(〈표 5-11〉).

표 5-11 터겟데이트 펀드와 타깃리스크 펀드의 구분

구 분	TDF	TRF
동의어	Lifecycle Fund	Lifestyle Fund
의미	특정 목적을 가진 투자자를 위해 시간 프레임에 따라 자동으로 포트폴리오의 자산구성을 재설정하는 혼합형 펀드	투자자의 나이, 위험감내도, 투자의 목적, 투자기간 등 다양한 투자자의 목적을 반영하는 혼합형 펀드
특징	타겟시점이 다가올수록 자산배분을 보수적으로 변경하여 운용	• 사전에 투자성향을 보수적・중립적・공격적 타입으로 분류 • 시간이 지나도 펀드의 투자성향과 자산배분이 조정되지 않음
운용예시	투자자 연령 및 투자성향과 관계없이 시간이 경과하여 타겟데이트가 다가옴에 따라 운용전략이 점차 보수적으로 변경	투자성향이 공격적 타입인 경우 20대 투자자를, 보수적 타입인 경우 50대 투자자를 타겟으로 함

자료 : KB금융지주경영연구소, 타깃데이트펀드의 이해와 시사점, 2015.1.5.
자본시장연구원, 미국 TDF 시장의 성장사례 및 시사점, 자본시장포커스, 2017.3.27

(5) 모자형집합투자기구(법 제233조, 시행령 제 245조)

모자형펀드는 자펀드를 통해 투자자의 자금을 모아 모펀드에 투자하는 방식의 펀드이다. 모펀드는 자펀드로부터 모은 자금을 통합하여 실질적으로 운용하고, 자

22) 미국에서는 2016년까지 TDF가 12,450억달러가 설정되었고, 2020년까지 2조달러가 넘어설 것으로 전망되고 있다. 우리나라에서 일부 자산운용회사들도 TDF펀드를 운용하고 있다. 한편, 한국에서 목표전환형 펀드가 판매되고 있는데, 이 펀드는 설정 당시 만기와 수익률을 정해놓고, 사전에 설정한 목표수익률을 달성하면 보유주식을 처분하고 채권, 유동성 자산 등 안전 자산으로 전환해 안정적인 수익 확보를 추구하는 펀드이다. 2017년 3월 현재 펀드 수 82개에 3,234억원이 설정되어 있는데, 펀드의 80% 이상이 소규모펀드이다.

펀드는 모펀드의 수익증권을 편입하여 운용할 수도 있다. 자펀드는 주식이나 채권 등에 직접 투자하는 것이 아니라 모펀드에 투자하고, 모펀드가 운용하여 획득하는 수익을 가져가게 된다. 따라서 모든 자펀드의 수익률은 모펀드와 동일하게 된다. 자펀드에서 자금을 모아 모펀드에서 운용을 하면 규모의 경제를 도모하여 펀드운용의 효율성을 제고할 수 있다. 예를 들면, 2014년 3월 7일부터 판매되기 시작한 소득공제장기펀드[23] 경우도, 투자자는 은행, 증권, 보험 등 금융기관을 통해 소득공제장기펀드(자펀드)에 가입하면, 자산운용회사는 이 자금을 모아 모펀드로 운용할 수 있다. 따라서 투자자는 여러 자산운용회사의 모펀드 중 수익률이 좋은 모펀드에 각 금융기관이 판매하는 자펀드에 가입할 수 있다(그림 5-6).

그림 5-6
모자펀드의 구조

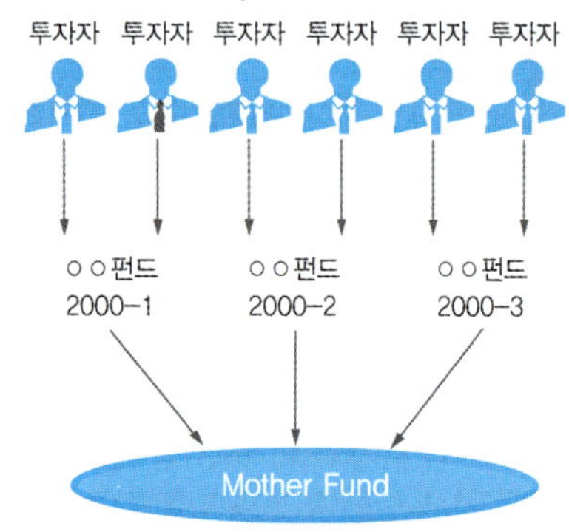

모자펀드는 소규모펀드를 정리하는데 활용될 수 있다. 개정된 자본시장법(2013년 5월 28일)과 동시행령(8월 27일)에서는 소규모펀드(지분증권 잔액이 50억원 미만)의 모자형펀드로의 전환을 유도하기 위해 소규모펀드의 모자형펀드로의 구조전환 요건을 명확화하고 절차를 간소화(수익자총회 면제 등)하였고, 2015년 10월 23일 개정된 시행령에서는 현재 소규모 펀드간에만 허용된 합병 특례를 소규모펀드와 대형펀드 간에도 적용하여 이미 설정되어 있는 모펀드에 소규모펀드를 자펀드로 직접 편입할 수 있도록 허용였다(시행령 제245조의 ⑤). 이러한 조치로 자산운용회사는 소규모펀드

23) 장기소득공제펀드는 근로자 재형저축을 돕기 위해 2014년 3월 17일부터 2015년 말까지 한시적으로 판매된 장기적립식펀드로, 연 5천만원 이하의 근로자가 가입하였고 계약기간은 10년 이상이고, 10년간 납입액의 40%를 소득공제해주는 혜택이 있다.

정리 활성화 차원에서 펀드 수를 늘리지 않고 통합적으로 운용할 수 있게 되었다.

그런데 모자형펀드와 재간접펀드(Fund of Funds)와의 차이점은 모자형펀드가 펀드운용의 효율성 및 합리성의 차원에서 도입되었다면, 재간접펀드는 펀드운용능력을 아웃소싱한다는 차원에서 도입되었다. 그리고 모자형펀드는 자펀드에 투자자가 투자하는데 반해, 재간접펀드는 그 펀드 자체에 투자자가 투자하는 것이다. 또한 모자형펀드는 자산운용회사가 동일하나, 재간접펀드는 자산운용회사가 동일하지 않은 경우가 대부분이다[24].

(6) 상장지수집합투자기구(법 제234조, 시행령 제 246조~252조)

상장지수펀드(exchange traded fund : ETF)는 특정지수를 추적하는 개방형 인덱스펀드를 거래소에 상장시켜 주식처럼 거래하는 일종의 인덱스펀드다. ETF는 한국의 펀드시장에서 많은 관심을 받는 펀드여서, 본 장 제4절에서 상세히 설명된다.

5 해외펀드

금융위원회에 등록된 한국 국적의 자산운용회사는 제약없이 해외펀드를 운용할 수 있다. 그런데 외국금융기관으로써 국내에서 자금을 모아 해외펀드에 투자하려는 외국 금융기관은 금융위원회에 등록하여야 한다(법 제 279조). 그리고 해외펀드 운용사의 등록요건으로는 ⅰ) 최근 사업연도 말 현재의 운용자산규모가 1조원 이상일 것, ⅱ) 최근 사업연도 말 현재 자기자본이 납입자본금을 초과할 것, ⅲ) 최근 3년간 업무정지 이상에 해당되는 행정처분, 벌금형 이상의 형사처벌을 받은 사실이 없을 것, ⅳ) 적격 연락책임자(집합투자업자, 투자매매·중개업자, 법무법인, 회계법인)를 국내에 두어야 한다.

해외펀드는 해외의 유가증권이나 실물자산에 투자하는 펀드를 총칭한다. 해외펀드는 국내 금융기관이 투자자금을 모아 직접 해외에 투자하기도 하고, 펀드 오브 펀드(FoFs) 또는 모자형집합투자펀드의 형태로 외국 투자기관이 판매하는 펀드에 투자하기도 한다. 피델리티나 슈로더 등 유명 외국 투신운용사가 운용(판매는 국내 증권사가 대행하기도 함)하는 '해외뮤추얼펀드'와 국내 집합투자회사(외국투자운용사가

---

24) 특수한 펀드의 하나인 ETF는 절을 달리하여 설명한다.

자문)가 판매, 운용하는 '해외투자펀드'가 대표적인 해외펀드이다.

해외펀드는 투자대상국가에 대한 제한이 있다. 투자대상 국가는 OECD에 가입되어 있는 국가 또는 홍콩, 싱가포르 러시아 등이고, 인도, 대만, 중국[25] 등 이머징마켓 국가에 관한 사항은 총리령에서 별도로 정한다(개정 시행령 제301조 1항). 공모 해외펀드가 외국 채권에 투자하는 경우 OECD국가와 중국이 발행한 국채에 대해서는 펀드자산의 30%까지 투자가 가능하다(2015년 9월 시행). 각종 보수와 수수료 등 투자자가 부담하는 비용에 관한 사항이 명확히 규정되어 있고, 지나치게 높은 금액이 아니어야 하고, 투자자의 요구에 따라 직접적 또는 간접적으로 환매가 가능 한 개방형펀드에 투자할 수 있다. 또한 금융위원회가 정하는 요건을 충족하는 해외펀드 적격기준을 충족시켜야 한다(동 시행령 제301조 제2항).

해외투자펀드는 해외에만 투자하는 펀드와 해외와 국내에 매칭해서 투자하는 펀드로 구분된다. 국내외투자펀드도 해외에 투자자금의 60% 이상과 30% 이상을 투자하는 펀드로 나누어진다. 2016년 말 해외펀드 설정잔액은 81.4조원인데 순자산은 78.5조원으로 2.9조원의 평가손실을 보고 있다. 이중 국내외 매칭펀드는 설정액이 12.5조원인데, 순자산은 12.4조원으로 여전히 평가손을 보고 있다. 2008년 글로벌 금융위기 이후 해외펀드는 순자산이 설정액보다 적어, 평가손을 기록했다. 해외펀드 설정액 추이를 보면, 글로벌 금융위기 이후 다소 감소하다가, 2011년부터는 위기 이전 수준을 회복하였다. 그런데 2016년에는 해외펀드 설정규모가 16.4조원으로 전년대비 26%나 증가했다. 이는 세계 경기의 회복에 따른 주가상승, 국내 기관투자자들의 실물상품을 중심으로 하는 대체투자상품에 대한 투자가 크게 증가한데 기인한다고 하겠다(〈표 5-12〉).

해외펀드의 단점은 환리스크에 취약하다는 태생적인 한계를 가지고 있는 점이다. 해외펀드는 원화가 아닌 달러나 유로화 등 외화로 표시되는 금융자산에 투자하는 상품이기 때문에 환율의 변동에 따라 평가수익이 달라진다. 예를 들면, 원달러환율이 하락하면 펀드수익률이 변하지 않더라도 평가수익률은 하락한다. 따라서 해외펀드 투자권유 시 환헤지 범위와 방식을 추가로 설명해야 한다(표준투자권유준칙 15, 외

25) 중국의 주식은 A주식, B주식, 홍콩 H주식으로 구분된다. 먼저 H주식은 홍콩거래소에 상장된 중국 기업의 주식으로, 홍콩달러로 거래되며, 중국인도 거래할 수 있다. 중국 본토의 A주식은 상하이거래소와 선진거래소에서 중국인만이 참여해서 위안화로 거래된다. 그리고 중국 본토의 B주식은 상하이와 선전거래소에서 중국인과 외국인이 거래할 수 있는 주식으로 상하이에서는 달러화로, 선진에서는 홍콩달러로 거래된다. 따라서 중국 주식에 대한 투자는 홍콩의 H주식과 중국의 B주식에 대한 투자를 의미한다.

(단위 : 억원)

표 5-12 해외펀드 설정액 및 순자산 추이

연도	해외투자펀드			국내외혼합투자펀드		
	펀드수	설정잔액	순자산	펀드수	설정잔액	순자산
2009	761	417,709	350,075	697	314,695	258,264
2010	892	389,033	350,049	689	248,815	223,021
2011	1,049	409,872	316,912	733	156,503	124,029
2012	1,138	472,692	412,846	736	106,175	100,957
2013	1,558	496,111	453,369	735	85,357	83,847
2014	1,953	534,975	513,490	749	92,325	92,179
2015	2,466	646,284	607,125	606	93,790	93,251
2016	2,709	814,466	784,891	548	125,416	124,205

자료 : 금융투자협회, www.kofia.or.kr/펀드통계/펀드/주제/해외투자펀드현황/ 해외투자펀드 설정규모

화증권 등의 설명의무 특칙). 환헤지 비율의 최대치가 설정된 환헤지 비율(예 : 50~70%), 환헤지 대상 통화, 주된 환헤지수단과 방법 등에 대한 설명을 추가해야 한다.

한편 해외펀드에 대한 과세는 국내 펀드에 대한 과세제도와 달리[26] 매매차익이나 환차익에 대해서는 과세를 원칙으로 하고 있다. 그런데 2007년부터는 매매차익에 대해서는 비과세해오고 있다. 2015년의 세법개정에서는 2016년부터 2년간, 1인당 3천만원 한도 내에서 가입한 해외펀드에 대해서는 10년간(2025년까지) 매매 및 평가차익과 환차익에 대해서도 비과세하기로 하였다[27].

26) 국내 펀드에 대한 과세는 펀드단계(펀드에 포함된 주식의 배당소득이나 채권의 이자소득 등에 대해서는)에서는 과세하지 않고, 투자자단계에서 배당소득이나 신탁소득으로 보아 과세(주민세 포함 15.4%)하고 있다(제13장 증권세제 참조).

27) 이 비과세제도 전에 가입한 해외펀드는 종전대로 환차익은 과세 대상이다. 물론, 투자자는 이 한시적 해외펀드 비과세 조치를 적용받는 투자자는 해외펀드 환매 시 배당이익에 대해 15.4%(주민세 포함)를 내야 한다. 그리고 해외펀드의 배당수익은 금융소득이 2천만원 이상인 경우 적용되는 금융소득종합과세의 대상이다.

Ⅲ 한국의 사모펀드 제도와 시장

1 한국의 사모펀드 제도의 발전과 종류

한국에서 사모펀드는 전문투자자를 제외한 50인 미만의 투자자로부터 사모방식으로 자금을 모아 운용하는 집합투자기구를 의미한다(자본시장법 제9조). 사모펀드를 운용하는 회사를 사모투자회사라 하고, 사모투자회사는 주식회사(SPC 포함), 투자유한회사, 투자합자회사의 형태로 이루어진다.

공모펀드와 사모펀드의 설정액 추이를 보면, 2015년까지는 공모펀드 설정액이 사모펀드설정액보다 많았는데, 2016년 6월에는 사모펀드의 순자산규모가, 9월에는 설정액규모가 공모펀드를 추월하였다. 이는 2015년 10월 사모펀드 제도개편 후, 안정성이 높은 채권형펀드와 부동산·특별자산 등 실물대체 펀드에 대한 투자수요의 증가로 사모펀드에 자금유입이 증가하여 펀드시장의 성장을 견인한데 기인한다고 할 수 있다([그림 5-7]). 그리고 공모펀드에서 비중이 높은 주식형펀드와 MMF 중에서 주식형펀드의 순자산은 감소하는 추세를 보였기 때문이다.

그림 5-7 공모펀드 및 사모펀드 설정액 추이

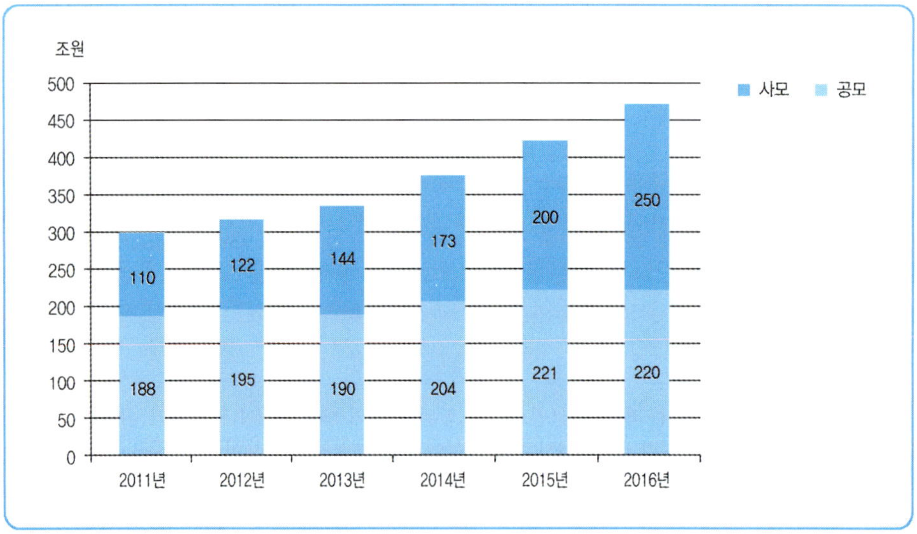

자료 : 금융투자협회, 펀드통계에서 작성

2015년 7월 24일 자본시장법 제7장(사모집합투자기구에 대한 특례) 제249조가 개정되기 이전에는 사모펀드를 법적형태, 설립목적, 규제수준 등에 따라 크게 일반사모펀드(1998년 9월 도입), 전문사모펀드(소위 헤지펀드로 2011년 12월 도입), 사모투자전문회사(Private Equity Fund, PEF), 그리고 2016년 10월까지 한시적으로 운용된 기업재무안정 PEF 등의 4가지 유형으로 구분하여 규율하였다[28].

개정된 자본시장법 제9조(그 밖의 용어)의 19항에서 "사모집합투자기구"란 집합투자증권을 사모로만 발행하는 집합투자기구로서 투자자 총수가 49인 이하로 하고(법 제9조의 ⑦), 경영권 참여, 사업구조 또는 지배구조의 개선 등을 위하여 지분증권 등에 투자・운용하는 투자합자회사인 사모집합투자기구(이하 "경영참여형 사모집합투자기구"라 한다)와 경영참여형 사모집합투자기구(법 제7장 제2절 제249조의11~23, 동 시행령 제271조의14~28)를 제외한 사모집합투자기구(이하 "전문투자형 사모집합투자기구"라 한다)로 구분하였다(법 제7장 제1절 제249조~제249조의10, 동 시행령 제271조~제271조의13)[29].

2 전문투자형 집합투자기구의 제도와 시장

(1) 한국형 헤지펀드 제도 도입

한국에서 헤지펀드에 대한 투자는 간접투자의 형태로 가능하며, 헤지펀드의 설립도 가능하다. 2008년 글로벌 금융위기 이전에는 국내 기관투자가들도 해외 헤지펀드 투자에 적극적이었다. 자산운용업계에 따르면 일부 자산운용회사(한국, 한화, 대투 등) 등 국내 기관의 투자액은 2007년 2조원대에 달했던 것으로 추정된다. 하지만 금융위기로 수익률이 급락하고 위험이 증가하면서 대부분 환매했고 2010년 말 현재 한국투자공사(KIC) 등 일부만 투자하였다. 국내 개인투자자들은 사실상 헤지펀드에 직접 투자할 방법이 없다. 다만 일부 자산운용사가 사모펀드 형태로 헤지펀드에 간접투자하는 재간접 헤지펀드(Fund of Hedge Funds)에 투자할 수 있다.

---

28) 금융위원회, 사모펀드제도 개편방안, 2013.12.4.

29) 개정된 제7장 제1절은 동법 개정 전의 일반 사모펀드와 전문사모펀드(헤지펀드)를 통합하여 "전문투자형 사모집합투자기구(헤지펀드)"를 규정하고, 제2절은 개정 전의 사모투자전문회사(Private Equity Fund, PEF)와 기업재무안정 PEF를 "경영참여형 집합투자기구"로 확대하여 규정한 것이다. 이어 2015년 10월 23일에는 동 시행령이 개정 발표되고, 25일부터 헤지펀드와 PEF에 대한 개정된 제도가 시행되었다.

정부는 2008년부터 국내 헤지펀드 도입계획을 논의하기 시작한 이래, 2009년 11월 '적격투자자 대상 사모집합투자기구'에 대한 자본시장법 시행령과 금융투자업 규정 및 시행세칙을 개정하여 한국형 헤지펀드의 도입을 제도적으로 마련하였다[30].

(2) 한국형 헤지펀드와 프라임 브로커의 역할

헤지펀드의 기본운용구조에서 프라임 브로커(PB : Primary Broker, 전문사모펀드 전문중개업자)는 헤지펀드 관련 다양한 서비스를 제공하는 중요한 기관이다. PB의 기능과 제공하는 서비스 내용을 요약하면 다음 [그림 5-8]과 〈표 5-13〉과 같다.

그림 5-8
헤지펀드와 PB의 기능

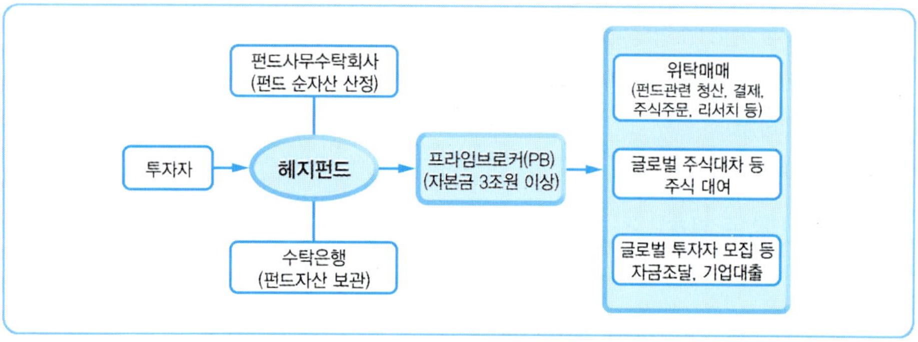

30) 한국형 헤지펀드 도입을 위한 2009년의 제도개선의 주요 내용은 다음과 같다. 첫째, 헤지펀드 가입자 범위를 확대하여 기존, 은행, 보험사, 금융투자업자, 연기금, 공제법인 등 일부 전문투자자와 5억원 이상 투자하는 개인의 투자를 허용하였다. 둘째, 자산운용의 자율성과 창의성을 제고하기 위해 구조조정기업에 대한 의무투자비율 50%를 폐지하고, 헤지펀드가 공매도 및 레버리지를 이용할 수 있도록 금전차입 한도는 펀드재산의 400%로, 파생상품 거래제한 비율은 펀드 재산의 400%로 하였다. 셋째, 헤지펀드 운용업무를 위한 별도의 인가단위로 '혼합자산펀드'를 신설하되, 자기자본, 운용경험, 전문인력 등을 갖춘 자산운용사, 증권사, 투자자문사에 한하여 운용을 허용하였다. 헤지펀드 자산운용업을 영위하기 위한 진입 요건을 보면, 종합자산운용업자의 경우 수탁고 기준이 폐지(종전에는 10조원 이상 수탁고)되고, 증권전문 자산운용사 경우 수탁고가 1조원(신설됨) 이상, 증권회사의 경우 자회사형태로 헤지펀드 운용업에 진출하기 위해서는 자기자본이 5,000억원(종전에는 1조원) 이상, 투자자문회사는 투자일임수탁고가 2,500억원(종전에는 5,000억원) 이상이어야 한다. 넷째, 운용상 규제완화에 상응하여 필요한 감독상 보고의무 등이 강화되었다. 시스템리스크를 방지하기 위한 세부보고사항 등을 구체화 했고, 주된 운용전략, 투자대상 자산의 종류, 차입 및 파생상품현황 등을 분기별로 보고해야 한다. 투자자 모집을 위해 운용성과, 투자전략 등을 직접·간접으로 광고하는 행위는 제한된다.

표 5-13 한국 PB의 서비스 내용

서비스		주요 내용
주식대여		공매도를 위한 주식 대여
레버리지 제공		거래 증거금 등 레버리지 제공(기업대출)
위탁매매, 펀드 청산		위탁매매, 펀드관련 청산(체결, 거래 결제)
기타	보관 및 보고	펀드자산 보관 및 성과 보고
	위험관리	위험관리 보고(VaR, 유동성 등)
	자본조달	헤지펀드 투자자 주선
	초기지원	법률, 회계, 사무, 행정지원 등

자료 : 우리금융경영연구소, 프라임브로커리지 서비스(PBS) 시장 동향 및 주요 이슈, 주간 금융경제 동향, 2013.9.25

(3) 전문투자형 집합투자기구의 제도

자본시장법 제249조에서 전문투자형 집합투자기구(헤지펀드)나 경영참여형 집합투자기구(Private Equity Fund)에 투자할 수 있는 투자자를 적격투자자라고 정의한다. 동 법 제249조의 2와 동 시행령 제271조에 규정된 전문투자형 사모펀드에 투자할 수 있는 적격투자자에는 모든 금융회사(외국 포함), 금융공공기관, 주권상장법인 등의 전문투자자가 해당된다. 그런데 헤지펀드 중 레버리지가 200%이하인 헤지펀드에는 1억원 이상 자금을 투자하는 일반 투자자가, 레버리지가 200%초과하는 헤지펀드에는 3억원 이상 자금을 투자하는 일반투자자도 적격투자자[31)]가 된다(법 제249조의 2, 동 시행령 제271조).

전문투자형 사모펀드를 운영하는 집합투자업자(운용사)를 "전문사모집합투자업자"로 명명하고 인가가 아닌 "등록"만으로 진입을 허용하였다. 따라서 심사요건 중 사업계획 타당성 심사가 없어, 요건만 갖추면 누구나가 헤지펀드를 운용할 수 있게 되었다. 그러나 운용사로 등록하기 위해서는 ① 자기자본이 최소 20억원[32)], ② 최소 3인의 전문인력 중 1인은 공모펀드 운용역, 2인은 전문투자형 사모펀드 운용역[33)]을 담당해야 하고, ③ 물적설비 요건으로 공모펀드 자산운용사와 유사하게 설

31) 일반사모펀드에 대한 적격투자자에 대한 규제가 없어 일반 투자자가 참여할 수 있었고, 헤지펀드의 경우는 전문투자자와 5억원 이상의 개인 및 법인 투자자가 참여할 수 있었다.

32) 개정 전의 헤지펀드(60억원) 및 모든 자산에 대한 전문투자자 대상 운용업(40억원)보다 낮아졌다.

33) 운용역은 금융회사 등(외국포함)에서 3년 이상 근무하고, 금융투자협회가 주관하는 펀드 운용 관련 교육을 이수한 전문인력을 의미한다.

정하되, 외부 위탁 범위를 폭넓게 인정하여 진입 장벽을 완화하였다(법 제249조의 3, 동 시행령 제271조의 2). 그리고 법 249조의 전면 개정 전에는 헤지펀드 운용인력은 여타 펀드(공모, 일반 사모), 일임, 신탁 재산 운용 업무를 겸직할 수 없고, 운용 관련 정보를 다른 운용역과 공유하는 것도 금지되었었다. 그러나 공모펀드·일반사모펀드·일임·신탁 재산 등의 운용역은 상호 겸직 및 정보 공유가 가능한 것처럼, 해외사례, 여타 이해상충방지장치 등을 감안하여 전문투자형 사모펀드 운용인력의 겸직 제한 및 정보공유 금지 의무가 폐지되었다.

사모펀드는 소수 전문가에게만 판매된다는 특성을 감안하여 사모펀드 운용사는 운용상품을 투자매매업이나 투자중개업의 인가가 없이도 직접 판매할 수 있다. 사모펀드를 판매하는 금융투자업자(증권회사)에 대해서는 펀드 판매 시 적합성·적정성 원칙의 적용이 면제되고, 투자광고가 허용된다. 사모펀드에 대한 광고 시(법 제249조의 5), 금융투자업자는 법 제57조 제3항 및 시행령 제60조 제2항에 따라 서면, 전화, 전자우편 그 밖에 금융위원회가 정하여 고시하는 매체를 통하여 전문투자자 또는 투자광고를 하는 날 전날의 금융투자상품 잔고(투자자예탁금 잔액을 포함)가 1억원 이상인 일반투자자를 대상으로 광고할 수 있다.

헤지펀드의 운용에 있어서 한 펀드 내에서 부동산·증권 등 다양한 자산에 투자를 허용한다. 그런데 헤지펀드가 그 자산을 운용함에 있어서 순자산(총자산에서 부채를 차감한)의 400% 이내에서 ① 파생상품에 투자하는 경우 그 파생상품의 매매에 따른 위험평가액, ② 채무보증액 또는 담보목적물의 가액, ③ 금전차입 등을 할 수 있다. 그리고 부동산에 투자하는 경우 해단 부동산을 취득한지 1년 이내에 매각할 수 없다(법 제249조의 7, 시행령 271조의 10). 사모펀드에 대한 관리, 감독에 있어서, 사모펀드에 대해서도 공모펀드와 동등하게 펀드 재산을 신탁업자에게 보관하게 하여 사모펀드 운용회사의 사모펀드재산 유용 및 투자자의 의사에 반하는 자산인출 행위 등은 금지된다(법 제249조의 10).

한편, 2017년 5월 「공모펀드 시장 활성화」를 위한 자본시장법령 및 거래소상장 규정 개정을 통해 사모펀드의 재간접펀드를 도입하였다(자본시장법 시행령 제80조, 한국거래소 규정 제4조-521의2). 헤지펀드에 대한 투자자를 적격투자자로 한정하여 일반투자자의 경우 투자금액이 1억원 이상이 되어야 헤지펀드에 투자할 수 있다. 일반투자자도 사모(헤지)펀드에 간접적으로 투자할 수 있도록 사모펀드에 투자하는 공모 재간접펀드를 도입하였다. 그러나 사모투자재간접 공모펀드 투자시에는 최소 500만원 이상을 투자하도록 하여 일반투자자의 신중한 투자를 유도하였다.

(4) 한국의 헤지펀드 현황

2011년 말 자산운용회사에게 헤지펀드 취급을 허용함으로써 출범한 한국형 헤지펀드 시장은 2015년 10월 자본시장법을 개정하여 전문투자형 집합투자기구 제도를 도입하고 2016년 6월부터 증권회사에게 사모형 헤지펀드 운용이 허용된 이후 급성장세를 보이고 있다. 2011년에서 2015년 상반기까지 헤지펀드 수가 20~30개에 불과하였으나, 2015년 4/4분기 이후 급격이 증가해 연말 46개로 증가한 이후, 2016년 말에는 250개로 5배나 급증했다. 헤지펀드 설정규모도 2014년 하반기까지는 정체현상을 나타내다가 2015년 10월 이후 급성장세를 시현했다. 2015년 9월 말 3조 1,683억원 규모에서 2016년 말 6조 6,293억원으로 5분기 동안 두 배 이상 증가했다([그림 5-9]).

그림 5-9 한국 헤지펀드 설정규모 추이(억원)

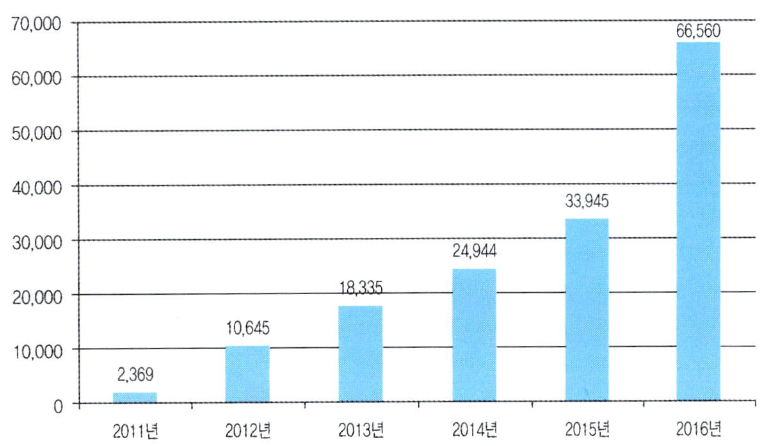

자료 : 자본시장연구원, 자본시장리뷰, 2017년 봄호.

그리고 자본시장법이 정한 혼합자산펀드를 운용하는 한국형 헤지펀드의 투자전략 유형별 설정규모를 보면 2016년 말 현재 펀더멘털전략이 40%, 멀티전략이 34%로 주종을 이루고 있다. 이어 채권차익거래(17%), 이벤트 드리븐(5%), 퀀트(3%), 글로벌 매트로(1%)의 순이었다[34]. 2015년 10월 자본시장법 개정 이후 펀더멘털전략의

34) 펀더멘털전략은 투자자산의 본질가치의 평가에 기인한 투자전략을 의미한다. 예를 들면 상대적으로 저평가

비중이 감소하고 멀티투자전략과 채권차익거래의 비중이 빠르게 증가하고 있다([그림 5-10]).

그림 5-10
투자전략별 설정액 추이 및 비중

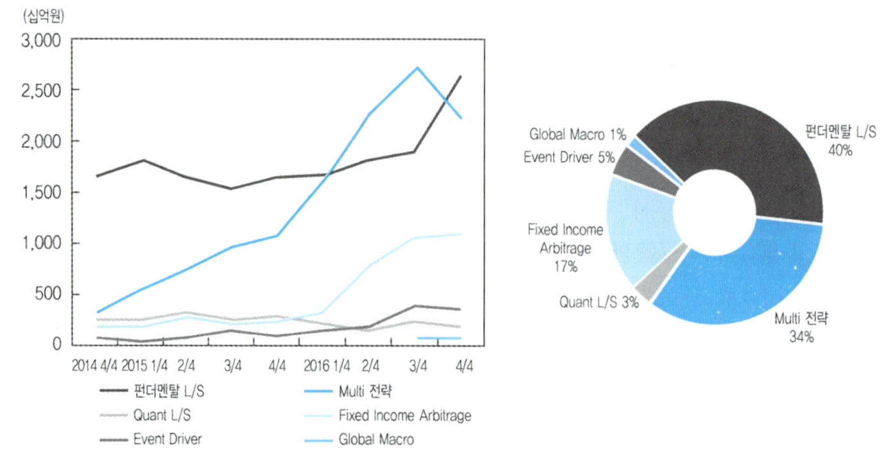

자료 : 자본시장연구원, 자본시장리뷰, 2017년 봄호.

헤지펀드시장에서 중요한 역할을 하는 프라임브로커(PB)로는 2017년 6월 현재 NH투자증권, 삼성증권, 미래에셋대우증권, 한국투자증권, KB증권의 5개 회사가 있다[35]. 이들 대형 증권사들은, 당국의 초대형 투자은행 육성을 위한 종합금융투자사업자 제도 개선방안(2016.8.2.)과 초대형 투자은행 육성방안」 및 「공모펀드 시장 활성화」를 위한 자본시장법 시행령 및 금융투자업규정 개정(2017.5.2.) 등의 조치에 따라 헤지펀드시장의 발전은 물론, 증권사들의 수익원 다변화에도 기여할 것으로 전

된 자산은 매수하고 상대적으로 고평가된 자산을 동시에 매도하는 소위 Long/Short 전략이 대표적이다. 채권차익거래는 다양한 종류의 채권(국채, 주식연계채권, 하이브리드채권 등)의 가격불균형을 이용하여 차익거래이익을 추구하는 전략을 의미하고, Event driven전략은 인수합병, 구조조정, 공개매수 등 기업과 관련된 수익기회를 극대화하는 전략으로 적대적 M&A, 기업 경영간섭, 부실채권 매입 등이 있다. 퀀트전략은 예를 들면 컴퓨터를 이용해 알고리즘에 의한 투자전략을 구사하는 것으로, High Frequency Trading, 차익거래모형 등이 있다. Global Macro전략은 글로벌 시장의 불균형상태, 예를 들면 금융위기, 외환위기, 원자재 가격 급등락, 국가의 디폴트 위기 등에 의한 주식, 채권, 외환, 원유 등 실물상품의 가격변동성을 통해 이익을 추구하는 전략을 의미한다.

35) 2016년말 PBS들의 실적을 보면, NH투자증권이 22,794억원으로 34%의 시장점유율을, 삼성증권이 15,366억원(23%), 미래에셋대우가 13,492억원(20%), 한국투자증권이 9,549억원(15%), KB증권이 5,359억원(8%)의 순이었다.

망된다.

3 경영참여 집합투자기구의 제도와 시장

(1) 한국의 기업구조조정과 사모펀드

1997년 외환위기 이전에는 기업의 구조조정과 관련한 사모펀드로 기업구조조정증권투자회사(CRF), 기업인수증권투자회사(사모M&A펀드) 등이 있었다. 그러나 이러한 사모펀드에 대한 규제는 원칙적으로 공모펀드와 동일하고 일부 규제만 면제 또는 완화되어 사모펀드는 주로 M&A보다 단순투자 목적으로 운용되었다. 외환위기 이후 금융기관의 부실채권을 줄이고 기업의 구조조정을 촉진하기 위해 별도의 법에 의한 기업구조조정투자회사(CRV), 기업구조조정조합, 창업투자조합 등이 도입되었고, 간접투자자산운용업법에 의해 사모펀드투자전문회사(PEF)[36]가 추가로 도입되었다.

외환위기 이후 해외 사모펀드의 국내진출이 급증하였으나 국내펀드들은 공모 중심의 법제로 인해 투자가 자유롭지 못했다. 외국펀드들이 국내 은행과 기업을 싸게 매수했다가, 은행과 기업이 정상화된 후 매각하여 막대한 단기차익을 남기는 투자행태가 국내기업의 장기적인 성장성을 약화시키고 산업발전을 저해한다는 비판이 제기되었다. 이에 대해 국내 M&A시장에 진출할 소위 '토종자본'을 육성하여 구조조정시장의 활성화를 도모하기 위하여 미국·영국 등과 같이 자유로운 투자가 가능한 PEF제도를 국내에 도입할 필요가 제기되었다. 이에 따라 2004년 12월 6일 PEF 제도가 시행되었고, 12월 10일 PEF 감독규정이 마련되어 사모투자펀드(PEF) 설립이 가능하게 되었다[37]. PEF는 일반 사모펀드와 달리 단순히 수익성을 추구하는 것이 아니라 M&A를 통해 경영권에 참여한 후 관련기업을 통해 수익을 창출하고 수익금을 투자자들에게 배당하는데 목적을 두고 있는 펀드였다.

과거 국내법상으로 M&A나 기업구조조정과 관련된 기구로는 자본시장법상의 기업재무안정 PEF와 「산업발전법」의 투자조합형식의 기업구조조정조합과 「중소기업창업지원법」의 창업투자조합 등이 있다. 기업재무안정 PEF는 2010년 6월 부실기업

36) 이 사모M&A펀드는 자본시장법의 PEF에 흡수되었다

37) 이에 따라 2004년 12월 27일 우리은행(2,100억원)과 맵스자산운용(1,000억원)이 PEF 업무를 시작하였다

의 증권취득을 통한 재무구조개선을 주요 목적으로 하여 도입되었는데, 2016년 11월까지 한시적으로 운용되었다.

자본시장법 제7장(사모집합투자기구에 대한 특례) 제249조의 제2절과 동 시행령 제271조의 14~28이 각각 2015년 7월과 10월에 전면 개정・시행되면서 종전의 사모투자전문회사(PEF)의 명칭이 경영참여형 사모집합투자기구(PEF)로 변경되었다. 새로운 명칭의 PEF는 경영권 참여, 사업구조・지배구조 개선 등을 위해 지분증권 등에 투자・운용하는 사모집합투자기구로, ① 집합투자증권을 사모로만 발행하며, 투자자 총수가 49인 이하이고, ② 투자기업에 대한 적극적인 경영권 참여 및 구조개선 등을 통해 기업가치를 제고하는 Buy-out 성격의 펀드이며, ③ 무한책임사원과 유한책임사원으로 구성되는 인적회사(partnership)이고, ④ 상근 임원을 두거나 직원을 고용하지 아니하고, 본점 외 영업소를 설치하지 않는 서류상 회사(paper company)라는 특징을 가진다[38].

경영참여형 PEF의 종류로는 일반 PEF, 기업재무안정 PEF, 창업・벤처전문 PEF로 구분된다. 기업재무안정 PEF는 재무구조개선기업(부실징후기업, 재무구조개선약정 체결기업 등)에 투자・운용하는 PEF이고, 창업・벤처전문 PEF는 창업・벤처기업, 기술・경영혁신형 중소기업 등에 투자・운용하는 PEF이다.

(2) 경영참여 PEF의 형태와 투자자

한국의 PEF는 해외 PEF들이 일반적으로 취하고 있는 합자회사(limited partnership)[39] 형태로 설립된다. 합자회사 형태는 출자자간의 Partnership 계약을 통해 다양한 형태의 손익분배, 지분계약 등이 가능하다. PEF의 지배구조는 단순 투자자인 유한책임사원(limited partner : LP)과 투자 및 운용을 겸하는 무한책임사원(general partner : GP)으로 구성된다. GP는 투자금액만큼만 책임을 지는 LP와 달리 M&A와 기업경영에 주도적으로 참여하며 M&A과정에서 발생하는 채권・채무관계와 사후손실보장 등에 책임을 지므로써 PEF 투자결과에 무한책임을 진다. 이는 일반 펀드처럼 투자금액 만큼만 책임을 지도록 하면 M&A 등의 계약에서 책임성이 떨어져 계약

38) 한국의 사모펀드의 발전과정과 경영참여형 PEF에 대해서는 금융감독원의 『PEF Handbook』(2016.12.28.)에 상술되어 있다.

39) 해외 PEF는 Limited Partnership 외에 주식회사(Corporation), 합명회사(Partnership) 등 다양한 형태를 취하고 있으나 일반적으로 유한책임사원 모집 가능, 이중과세 방지 등을 이유로 합자회사를 선호한다.

이 성사되기 어렵기 때문이다. GP 중에서 PEF의 재산운용을 담당하는 업무집행사원을 선임한다. PEF는 또 다른 회사의 무한책임사원이 될 수 있으며(복층구조), 무한책임사원의 겸업이 허용되는 등 상법상 제한되는 사항들이 허용된다([그림 5-11]).

LP는 출자금액 범위 내에서만 책임을 지는 소수의 고액 개인투자자 및 기관투자자들로서 이들의 출자내역은 비공개된다. 유한책임 투자조합(LP) 형태의 PEF는 미국의 헤지펀드와 같은 성격의 사모펀드이다. LP는 법적으로 조합형태이면서 투자자들이 지분만큼 유한책임을 지게 돼 신분을 덜 노출시킬 수 있다. 따라서 대규모 투자자금을 유치하기에 적합하다. LP는 상법상의 회사 형식이 아니어서 공정거래법상 금융·비금융사의 동시 소유를 금지하는 지주회사 규정도 피할 수 있다. 그러나 GP는 펀드를 설립하여 투자와 운용을 책임지며 자산운용회사, 은행 등이 참여한다. 그리고 GP는 투자대상기업의 채무에 대하여 직접·연대·무한책임을 진다. 현 PEF는 기존 사모펀드와 달리 자산운용회사 외에 타 금융기관 및 창투사, 개인 등도 설립이 가능하다.

그림 5-11 경영참여 PEF의 기본 운용구조

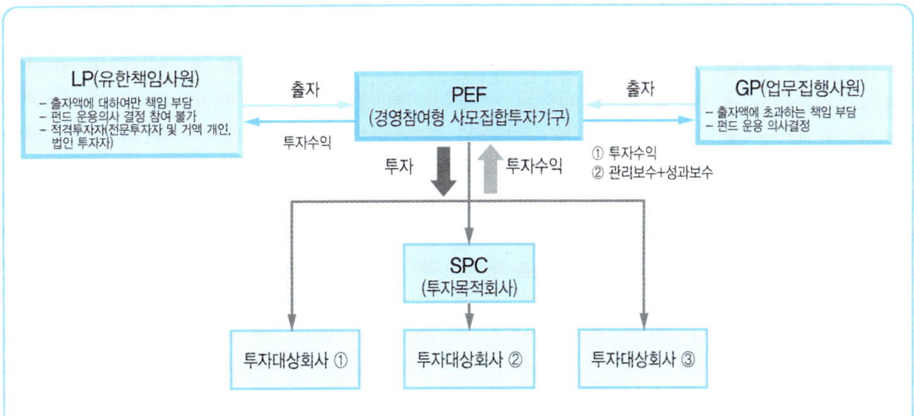

자료 : 금융감독원, PEF Handbook, 2016.12.28.

PEF의 구체적인 운용구조를 보면([그림 5-12]), PEF는 GP나 LP로부터 자금으로 모집하여 투자대상기업에 직접투자를 하거나, 경우에 따라서는 SPC를 설립하고, 이를 통해 투자대상기업에 지분참여 등으로 투자할 수 있다. 그리고 GP는 투자한 기업의 경영에 참여하여, 기업가치를 제고한 후, 지분을 매각하여 투자를 종료하게 된다.

그림 5-12 PEF 투자과정

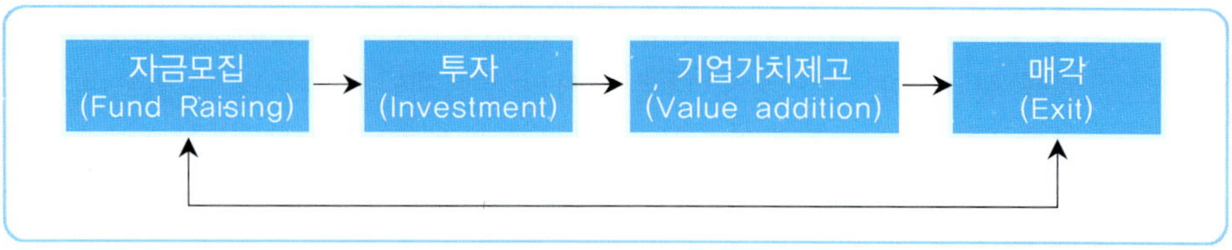

(3) PEF의 제도

(가) PEF 지배구조

PEF를 설립하기 위한 법적 절차는 동법 제249조의 10과 영 제271조의 13에 규정되어 있다. PEF의 지배구조는 단순 투자자인 유한책임사원(재무적 투자자)과 투자 및 운용을 겸하는 무한책임사원(GP)으로 구성된다. 먼저 사원을 보면 ① PEF의 사원은 1인 이상의 무한책임사원과 1인 이상의 유한책임사원으로 하되, 사원의 총수는 49명 이하로 한다. ② 제1항의 사원 총수를 계산할 때 다른 집합투자기구가 그 PEF의 지분을 10% 이상 취득하는 경우에는 그 다른 집합투자기구의 투자자 수를 합하여 계산하여야 한다[40].

PEF에 대한 사원의 출자 방법은 특별한 경우를 제외하고는 금전에 한정한다. 다만, 객관적인 가치평가가 가능하고 사원의 이익을 해칠 우려가 없는 경우로서 다른 모든 사원의 동의가 있는 경우에는 증권으로 출자할 수 있다. PEF에 대한 사원의 출자금을 보면, 전문투자자나 개인은 3억원(general partner의 임원이나 운용역은 1억원) 이상의 자금을 출자할 수 있다[41]. 투자금액에 제한이 없는 유한책임사원[42]은 PEF의 집합투자재산인 주식 또는 지분의 의결권 행사 및 대통령령으로 정하는 업무집행사원의 업무에 관여할 수 없다(영 271조의 14). 동일 상호출자제한기업집단 소

40) 본 조항은 재간접펀드를 통해 사모PEF에 투자하는 경우를 규정한 것인데, 예를 들면, A라는 펀드 10% 이상의 지분을 투자한 투자자가 3명이 있는 경우, 이 펀드가 재간접펀드의 형태로 B라는 사모PEF에 투자하는 경우는 A펀드에 10% 이상을 투자한 3인을 B사모PEF 투자자 수에서 3인으로 간주한다는 의미다.

41) 법 개정 전의 기업재무안정을 위한 사모펀드(Private Equity Fund)에서는 전문투자자와 개인은 10억원 이상, 법인은 20억원 이상 투자하는 투자자가 설립할 수 있었다. 따라서 이번의 PEF의 설립에 관한 조치는 규제가 크게 완화되었다.

42) PEF의 유한책임사원은 시행령 제10조의 ② 및 ③에 규정되었는데, 국가, 한국은행, 은행, 증권, 보험, 여신전문기관, 상호저축은행, 새마을금고, 신협, 외국 금융기관, 상장법인, 예금보험공사, 한국예탁결제원, 거래소, 금융투자협회, 지방자치단체, 금융투자상품 100억원 이상을 보유하고 있는 법인이나 단체 등 포함되어, 사실상 개인은 제외된다.

속 금융회사에 대해서는 PEF 출자총액의 30%를 초과하는 출자는 금지된다(영 제271의 14 ⑧). 다만, 투자대상기업이 오로지 외국법령에 따라 설립된 회사인 경우에는 30% 이상 출자가 가능하다(영 제271의 14 ⑨).

PEF의 무한책임사원은 출자한 지분을 타인에게 양도할 수 없다. 다만, 정관으로 정한 경우에는 사원 전원의 동의를 받아 지분을 분할하지 아니하고 타인에게 양도할 수 있다. PEF의 유한책임사원은 무한책임사원 전원의 동의를 받아 출자한 지분을 분할하지 아니하고 타인에게 양도할 수 있다. 무한책임사원과 유한책임사원은 PEF의 사원 총수가 49명을 초과하지 아니하는 범위에서는 지분을 분할하여 양도할 수 있다. 그러나 PEF는 다른 회사(다른 PEF 포함)는 합병할 수 없다(법 제249조의 17)

(나) PEF 운용

PEF의 운용방법(법 제249조의 12, 영 제271조의 15)을 보면, PEF는 다른 회사의 의결권 있는 발행주식 총수 또는 출자총액의 100분의 10 이상 투자할 수 있고, 자산의 30% 이내에서 증권투자도 할 수 있다. 그러나 PEF가 투자한 기업은 5년 이내에 그 지분을 처분해야 한다. 가격변동위험과 환위험을 회피하기 위한 헤지투자나 투자목적회사의 지분증권 등에 제한없이 투자할 수 있다. 구조조정 여부와 관계없이 투자대상기업의 부동산·금전채권에 투자할 수 있다. 그리고 여유 자금을 단기대출이나 금융회사에 예치할 수 있고, 순자산 100% 이내에서 채무보증을 할 수 있고, 투자회사에 대출할 수 있다. 순자산 30% 이내에서 다른 PEF에 투자할 수 있으나 이 경우 6개월 이내에는 지분을 처분할 수 없다. 국내자산에 30% 이상 투자한 외국회사에 대한 PEF에 대해서는 투자할 수 없다.

PEF에서는 정관으로 1억원 이상 투자한 무한책임사원(개인이나 법인) 중 1인 이상을 업무집행사원으로 정하여야 한다. 이 경우 그 업무집행사원은 회사의 업무를 집행할 권리와 의무를 가진다(법 제249조의 14). 업무집행사원은 손익의 분배 또는 손익의 순위 등에 관한 사항, 집합투자재산의 운용 및 보관·관리, PEF의 지분의 판매 및 환매 등에 대한 업무를 수행한다. 그러나 업무집행사원은 PEF와 거래하는 행위(사원 전원의 동의가 있는 경우는 제외), 원금 또는 일정한 이익의 보장을 약속하는 등의 방법으로 사원이 될 것을 부당하게 권유하는 행위, 사원 전원의 동의 없이 사원의 일부 또는 제3자의 이익을 위하여 PEF가 소유한 자산의 명세를 사원이 아닌 자에게 제공하는 행위 등은 할 수 없다. 한편, 경영참여형 PEF의 업무집행사원으로 PEF의 집합투자재산 운용업무를 영위하려는 자는 1억원 이상을 투자하고 전문운용인력의 자격을 보유해야 하고, 금융위원회에 등록해야 한다(법 제249조의 15)

PEF는 정기적으로 펀드 운용상황을 금융위원회에 고시해야 하는데, 그 기준일은 집합투자재산 총액이 100억원 이상인 PEF 경우는 매년 6월 30일 및 12월 31일까지, 그리고 집합투자재산 총액이 100억원 미만인 PEF 경우는 매년 12월 31일 금융위원회에 보고해야 한다(제271조의 17). 그리고 PEF가 상법상의 투자목적회사(SPC)의 형태일 경우에도, 계약형의 형태인 투자신탁에 대한 규제를 원용하여 적용한다(법 제249조의 13). 그리고 복층의 SPC설립도 허용된다. 이러한 조치로 복층 SPC를 통해 기업 인수 시 인수 금융 확대[43] 등 다양한 투자구조 설계와 SPC·투자대상기업간 합병[44] 등이 용이해졌다.

(다) 금융전업그룹의 PEF 투자

금융전업그룹이 PEF를 통해 투자하는 경우, 공정거래법상 상호출자제한기업집단으로 지정됨에 따라 발생하는 PEF 운영과 관련 불합리한 일부 규제를 완화하였다(법 제249조의18). 예를 들면 ① PEF 투자대상 회사에 대한 의결권 행사를 금지에서 허용으로, 공정거래법상 기업집단 현황 공시에 대한 규제도 PEF의 LP에 대해서는 면제해 주었다. 또한 PEF가 투자한 기업에 대한 5년 내 처분의무를 원칙적으로 7년간 보유할 수 있고, 경우에 따라서는 3년을 추가로 더 보유하는 것이 가능하다. ② 전략적 투자자는 PEF가 설립한 SPC[45] 주주로 참여하여 M&A를 할 수 있다. 이러한 규제 완화는 PEF의 회수 가능성을 제고하고, 투자대상기업의 빠른 경영 정상화 및 전문 경영진과의 협업 등을 추구하는 최근 PEF 투자 경향을 감안한 것이다[46]. ③ M&A를 통한 해외진출 활성화를 위해 상호출자제한기업집단 소속 PEF에 대해 재무적투자자(LP)로 참여하는 출자 관련 계열사의 참여를 제한하는 규제도 완화하였다. ④ 경영참여형 사모펀드의 운용 규제 완화 바이아웃(Buy-out)투자라는 주목적 투자 규제는 유지하되, 여타 운용규제는 주목적 투자를 원활하게 할 수 있도록 합리적으로 개선하였다.

---

43) 은행은 통상 SPC 자기자본의 50% 정도를 인수금융으로 제공한다. 다중 SPC는 SPC별 차입이 가능해 인수금융 규모를 확대하는 것이 가능해졌다. 그러나 총 차입한도 300%는 동일하게 유지된다.

44) 다중 SPC를 사용할 경우 SPC와 투자기업간 합병이 용이하고 잔존 SPC를 통해 추가자금 조달 등이 가능해진다.

45) PEF 자체는 차입이 불허되어, 대부분의 PEF는 차입을 위하여 SPC를 설립한다.

46) 그러나 재무적 투자자가 규제회피 등을 목적으로 전략적 투자자로 우회하여 SPC에 투자하는 행위 등의 부작용 방지 장치가 마련되어야 한다.

(라) 기업재무안정 PEF

경영참여형 PEF 중에서도 기업재무안정을 위한 PEF에 대해서는 특례가 규정되었다(제 249조의 22, 기업재무안정 경영참여형 사모집합투자기구 등에 대한 특례). 기업재무안정을 위한 경영참여 PEF의 투자대상기업에는 금융기관은 제외되고 부실징후기업, 법원에 회생절차개시를 신청한 기업, 금융기관과 재무구조개선을 위한 약정을 체결한 기업, 계열사를 포함하여 합병·전환·정리 등에 의해 구조조정 또는 재무구조개선 등을 하려는 기업 등이 포함된다. 기업재무안정 경영참여형 PEF가 그 재산을 운용할 때에는 사원이 출자한 날부터 6개월 이상 5년 이내의 기간 동안에 출자한 금액의 50% 이상을, 재무구조개선기업이 발행한 증권의 매매, 재무구조개선기업이 채무자인 대출채권 등 채권, 이에 수반되는 담보권 및 그 밖의 권리의 매매, 재무구조개선기업이 보유하고 있는 부동산, 영업권 등 경제적 가치가 있는 자산의 매매, 순자산의 범위내에서 재무구조개선기업에 대한 자금의 대여 및 지급의 보증, 투자목적회사의 지분증권에 대한 투자 등으로 운용할 수 있다. 그리고 기업재무안정 경영참여형 PEF가 금전 차입, 채무보증을 할 수 있다. 이 경우 차입금액 및 채무보증액의 합계는 기업재무안정 경영참여형 사모집합투자기구의 순자산의 200%를 초과하지 못한다.

(마) 증권회사의 PEF 투자

다른 한편으로 증권회사의 사모 헤지펀드에 대한 투자관련 규제도 완화되었는데, 종전에는 고유재산운용부서에서만 헤지펀드에 대한 seeding업무[47]가 가능하고 Prime Brokerage Service(PBS)업무를 담당하는 전담중개 부서에 대해서는 금지되었었다. 그러나 2015년 10월 25일부터 시행되는 동 법 시행규칙에서는 PBS사업부에서도 사모펀드에 대한 Seeding투자를 수행할 수 있도록 허용하였다. 따라서 PBS 부서가 초기 헤지펀드의 설정·설립부터 성장까지 인큐베이팅할 수 있는 여건이 마련되었다. 그리고 증권사의 기업금융부서도 PEF GP로서 고유재산 투자 업무를 수행하는 것이 허용되었음에도 불구하고, LP로서 투자하는 행위는 정보교류 차단장치로 인해 금지되었었다. 그러나 이번의 규제완화로 기업금융부서에서도 LP로서 PEF에 투자하는 업무를 허용하여 증권회사의 모험자본 공급기능을 활성화하도록

47) 시딩(seeding) 펀드 또는 시딩 비즈니스는 초기 운용을 시작하는 신생 헤지펀드에 시드머니를 제공해 투자 후 발생하는 운용성과 및 수익을 펀드투자자에게 분배하는 것을 목적으로 한다. 미국에서 헤지펀드에 대한 Seeding투자는 PBS 업무의 핵심이며 프라임브로커의 주요한 수익 창출원이다.

유도하였다.

(4) PEF 현황

2016년 말 기준 경영참여형 사모집합투자기구(PEF)는 총 383사로 자본시장법이 시행된 2009년(110사) 대비 3.5배의 성장을 기록했다. 투자자가 PEF에 출자를 약정한 금액('약정액')은 62.2조원으로 2009년(20.0조원) 대비 3.1배 증가했다([그림 5-12]). 그런데 이러한 약정액 중에서 투자자가 PEF에 출자를 이행한 금액('이행액')은 43.6조원으로 2009년(12.8조원) 대비 3.4배 증가하였다. PEF를 운용하는 GP 현황을 보면, 2016년말 기준 PEF의 업무집행사원(GP)은 190사(전년 대비 23개사 증가)였고, 업무집행사원 유형별 비중은 전문운용사가 115사로 60.5%, 금융회사가 41사로 22.6%, 창투계 회사가 34사로 17.9%를 차지하였는데, 2009년 이후 전문운용사의 비중이 지속적으로 증가하는 추세를 보이고 있다[48].

PEF는 블라인드 PEF와 프로젝트 PEF로 구분되는데, 블라인드 PEF는 설립 시 투자대상을 정하지 않고 GP의 운용능력을 기초로 투자자를 모집한 후 투자대상을 선정하는 PEF를 의미하고, 프로젝트 PEF는 투자대상을 사전에 정하고 설립하는 PEF를 의미한다. 2016년 신설 PEF 중 프로젝트 PEF는 77사(70.6%)로 블라인드 PEF(32사, 29.4%)보다 높은 비중을 차지했다. 이는 기관투자자 등이 운용전문성이 검증되지 않은 신설 GP에 투자하는 경우, GP 당사자 플레이어보다는 프로젝트를 중시하는 보수적 투자 경향이 높기 때문이라고 할 수 있다.

48) 삼성전자가 세계 300대 사모펀드(PEF) 운용사에 이름을 올렸다. 글로벌 PEF업계 전문지인 프라이빗에쿼티 인터내셔널(PEI)이 매년 집계하는 2017 세계 300대 사모펀드 명단에서 275위를 차지했다. PEI에 따르면 삼성전자는 지난 5년간 11억달러 규모의 PEF를 조성했는데, 이는 IMM프라이빗에쿼티(PE), 스카이레이크, 스틱인베스트먼트 등 국내 중대형 PEF와 비슷한 규모다. 삼성전자는 PEF형태로 삼성넥스트와 삼성오크홀딩스라는 해외 투자회사를 설립했다. 삼성넥스트는 삼성전자가 해외 신기술과 벤처기업을 인수합병(M&A)하기 위해 세운 투자 지주회사. 미국 기술기업의 심장인 실리콘밸리에 2013년 설립한 글로벌이노베이션센터(GIC)를 통합·재편한 것이다. 스마트폰 간편결제 서비스인 '삼성페이' 원천기술사인 루프페이와 사물인터넷 플랫폼인 스마트싱스 등이 GIC가 발굴·인수한 업체들이다. 2017년 1월 1억5000만달러 규모로 조성한 삼성넥스트펀드는 두 달만에 해외 스타트업 기업 15곳을 인수하고 50곳 이상에 투자했다. 삼성오크홀딩스는 반도체와 디스플레이, 전장부품 관련 기술기업을 사들이기 위해 2016년 6월 캘리포니아에 설립한 회사다. 그리고 삼성전자의 미국법인인 전략혁신센터(SSIC)는 2013년 1억달러 규모의 삼성촉진펀드를 만들었고, 2016년 말 삼성전자의 하만 인수(9조4000억원)를 담당했다(한국경제, 2017년 5월 26일자 참조).

그림 5-13
PEF 현황과 추이

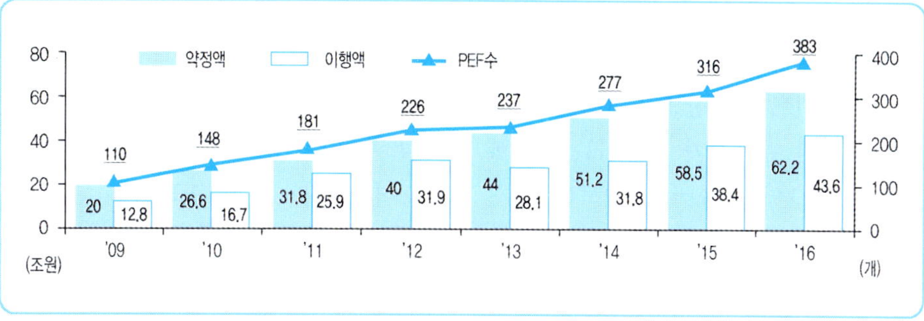

자료 : 금융감독원, 2016년 PEF 동향 및 시사점, 보도자료, 2017.5.10.

4 사모투자 공모 재간접펀드 도입

(1) 전문투자형 사모펀드에 대한 공모 재간접펀드

사모펀드의 최소투자금액(레버리지 200% 이하시 1억원, 초과시 3억원) 규제로 인해 사실상 일반투자자는 사모펀드에 대한 직접 투자가 제한되었다. 소액의 자금을 투자하려는 개인투자자에게도 사모펀드에 투자할 수 있는 기회를 주기 위해 2017년 5월 2일부터 자본시장법의 개정 시행령(제80조) 및 시행규칙(제4-521의 2)을 개정하였다. 즉, 500만원(최초에는 납입금액 기준, 투자 후에는 잔고 기준) 이상을 투자하려는 일반투자자도 사모펀드에 간접적으로 투자하는 공모 재간접펀드제도가 도입되었다. 환매의 경우에는 투자자 잔고가 법령상 기준금액(500만원)을 초과 시 초과금액에 대해서 제한 없이 환매가 가능하고, 기준금액 이하인 경우에는 전부 환매해야 한다(환매청구 시점의 잔고를 기준으로 판단). 추가 설정의 경우 최초 투자금액이 500만원 이상인 경우 금액제한 없이 가능하다.

사모투자재간접펀드 또는 부동산·특별자산투자재간접펀드가 전문투자형 사모펀드(헤지펀드)의 지분을 10% 이상 취득하더라도, 헤지펀드 투자자수 산정 시 사모투자재간접펀드 또는 부동산·특별자산투자 재간접펀드의 투자자수를 합산하지 않는다. 사모투자재간접펀드는 다양한 유형의 전문투자형 사모펀드에 투자할 수 있으므로 법 제229조에 따른 투자가능 공모펀드 유형에 증권, 부동산, 특별자산, 혼합자산펀드가 모두 포함된다. 기존 공모재간접펀드와 동일하게 사모투자재간접펀드가 펀드재산의 50%를 초과하여 헤지펀드에 투자한 경우, 남은 펀드자산은 다른 투자대상자산에 투자할 수 있다.

사모투자재간접펀드는 기존 재간접펀드와 비교하여 동일 운용사 집중제한, 사모펀드 투자한도, 타펀드 지분 보유비중 등의 운용규제가 완화되었다. 재간접펀드가 한 운용사가 운용하는 펀드에 투자할 수 있는 최대 비중을 공모재간접펀드에서는 50%로 제한되나 사모펀드에는 100% 허용된다. 재간접펀드가 피투자펀드 지분총수 중에서 최대로 취득할 수 있는 비중을 공모펀드는 20%, 사모펀드는 50%로 완화되었다. 그러나 재간접펀드가 한 펀드에 투자할 수 있는 최대 비중은 공모와 사모재간접펀드 모두 20%로 제한되고, 재간접펀드가 재간접펀드에 복층 재간접펀드는 공모와 사모 경우 모두 금지된다.

(2) 실물자산 투자에 특화된 공모 재간접펀드 제도 도입.

개인투자자의 실물자산 간접투자 활성화를 위해 부동산, SOC 등 실물자산 투자에 특화된 공·사모펀드에 투자하는 공모 재간접펀드 제도를 도입했다(시행령 제80조). 부동산 및 특별자산펀드에 펀드 재산의 80%를 초과 투자하는 경우, 실물자산의 매매 특수성을 감안하여 공모펀드 운용규제를 일부 완화했는데, ① 실물펀드는 주로 사모펀드인 점을 감안, 사모펀드에 100%까지 투자 허용하고, ② 한 운용사가 운용하는 펀드에 대한 최대 투자 가능비중은 50%에서 100%로 완화되었다. 부동산·특별자산투자 재간접펀드는 일반투자자의 실물투자 접근성을 제고시키기 위하여 도입된 취지로서, 부동산·특별자산투자 재간접펀드 재산의 80%를 초과하여 i) 공모 부동산 펀드, ii) 공모 특별자산 펀드, iii) 부동산 또는 특별자산에 펀드재산의 50%를 초과하여 투자하는 헤지펀드에 투자해야 한다.

Ⅳ 한국의 주요 펀드상품

1 주식 및 지수 연계 상품

(1) ETF

① ETF 개요

상장지수펀드(exchange traded fund : ETF)는 증권시장 또는 해외증권시장에서 거래되는 증권 전체 또는 특정 증권의 가격 수준을 종합적으로 표시하는 지수 또는 특정지수의 변화에 연동하여 운용하는 것을 목표로 하는 펀드이다(법 제234조). 주가지수를 추적하는 개방형 인덱스펀드를 거래소에 상장시켜 주식처럼 거래하는 일종의 인덱스펀드(즉, 매매형 인덱스펀드)이어서, 일반적으로 투자수익률은 주식, 채권, 상품과 관련된 지수를 추종한다[49]. 이러한 ETF는 수익증권 또는 투자회사 주식처럼 환매가 가능하고(개방형), 설정일 이후 30일 이내에 증권시장에 상장해야 하고(상장형), 추가설정이 가능하여(추가형) ETF 신주발행이 가능한 펀드이다.

ETF는 특정지수 구성종목의 자산을 바스켓으로 구성하여 수탁은행에 납입하고, 위탁회사가 이를 근거로 발행한 증권이다. 자산운용사와 법인투자자는 ETF의 발행자(설정자)가 될 수 있다[50]. 자산운용사가 ETF를 발행하는 경우를 먼저 보자. 자산운용사는 주식바스켓을 구성하여, 이를 신탁회사에 위탁(납입)하고, 이를 기초자산으로하여 ETF를 발행한다[51]. 납입된 바스켓의 구성내용을 PDF(Portfolio Deposit File)라 하고, 이 PDF의 시장가치를 CU(creation unit : 좌)단위로 나누어 구성한다. CU 단위(금액, ETF주식수)는 정배수로 이루어진다[52]. CU 단위는 ETF 발행시장에서 투자자(발행자)와 자산운용회사간의 거래단위다. 따라서 ETF를 추가로 발행할 경우 CU단위로 추가발

49) 1993년 최초의 ETF인 SPDRs(spiders라 칭함)가 미국 AMEX에 상장되었다.

50) 개인투자자는 ETF 발행자가 될 수 없다.

51) 이러한 의미에서 ETF는 주식은 아니고, 기초자산에서 파생된 상품이다.

52) ETF 발행시장에서는 편의상 10억원에 100,000좌를 CU 1단위로 설정하나, 상품과 자산운용사에 따라 CU 1단위의 금액과 좌수가 달라진다. ETF의 종류와 PDF가 비슷한데, 거래소에서 거래되는 ETF의 시장가격이 다른 것은, 자산운용회사가 한 ETF의 가치를 얼마로 정하느냐에 따라 다르다. 따라서 ETF 시장가격이 비싸다고 하여, 그 ETF의 수익률이 높다는 것을 의미하지는 않는다(시가총액 = 주가 × 발행주식수).

행하고, ETF 환매 시에도 CU단위로 이루어진다. 자산운용회사는 ETF 1좌의 기본가치를 정하는데, 주식의 경우 1좌는 10,000원, 채권의 경우 1좌는 100,000원으로 정하는 거이 일반적이다. 따라서 ETF 발행 좌수는 설정총액을 1좌 가치로 나누어 산출한다[53]. 자산운용회사는 발행된 ETF를 30일 이내에 거래소에 상장시킨다. 그리고 자산운용회사는 배당금 및 분배금의 지급규모를 결정한다[54].

다음으로 법인투자자가 ETF를 발행하는 경우를 보자. 법인투자자는 자신이 보유하고 있는 상품(예를 들면, 증권회사의 경우 랩어커운트의 주식이나 채권, 금융기관이 보유한 금융상품, 일반 법인이 보유한 금이나 원자재 등의 실물)을 기초자산으로 하여, 법인투자자와 자산운용사 사이에서 ETF의 설정과 환매업무를 담당하는 지정참가회사(Authorized Participants : AP, 인가를 받은 증권회사가 담당)에게 ETF 발행을 의뢰한다. 그러면 AP는 의뢰받은 기초자산을 신탁회사에 위탁하여 관리하게 하고 자산운용회사에 ETF의 발행을 의뢰한다[55]. 그리고 자산운용회사는 이렇게 발행된 ETF를 발행 후 30일 이내에 거래소에 상장시킨다([그림 5-14]).

그림 5-14
법인투자자의 ETF 설정 과정

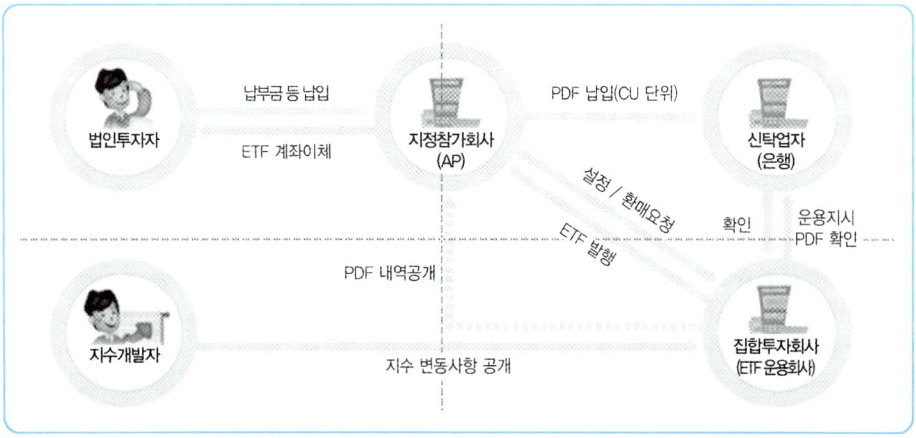

53) 만일 ETF 설정규모가 100억원이라면, 이 경우 ETF 발행 수는 100만좌가 된다.

54) 배당금은 보유 주식에서 받는 배당을 의미하고, 분배금은 자산운용회사가 ETF 투자자에게 돌려주는 수익금을 의미한다. 배당금 지급은 ETF 종류에 따라 다른데, 주식형 ETF의 경우 1년에 1월, 4월, 7월, 10월, 12월 말 중에, 분배금 지급 여력이 있는 경우에 한해서 지급한다.

55) 실제로는 AP의 의뢰로 자산운용회사가 ETF를 발행한다. AP가 자산운용사에 위탁한 PDF에 주식이 포함된 경우, 이 주식에 대한 의결권행사는 AP가 한다.

그런데 주가지수를 기초자산으로 하는 ETF, 원자재를 기초자산으로 하는 ETF, Leveraged ETF, Inverse ETF 등과 같이 실물이나 구성종목을 위탁하는 것이 곤란한 경우는 동등한 가치의 현금을 납입하여 ETF를 설정한다.

한편, ETF 시장에서 투자자간에 ETF 매매가 원활하게 이루어질 수 있도록 유동성공급 업무를 담당하는 유동성공급자(Liquidity Provider : LP)가 지정된다. AP 중에서 1개 회사 이상이 LP기능을 수행할 수 있다. LP가 ETF 매매거래시간 중 제시하는 호가스프레드비율이 국내 기초자산 추적 시 2% 이내, 해외 기초자산 추적 시 3%이내 범위를 초과하지 않아야 한다. 만일 호가 범위가 지정 범위를 벗어나면 5분 이내 다른 호가를 제시해야 한다. 그리고 매수 및 매도 호가는 100주 이상 제시해야 한다.

법인투자자가 ETF를 환매하려고 하는 경우, CU 단위로 환매해야 하며, AP에게 환매를 통보한다. 그러면 AP는 자산운용회사에 환매를 신청하고, 자산운용회사가 환매를 승인하면, 자산을 관리하던 신탁회사는 신탁자산을 출고하여 매각하고(신탁자산이 유가증권인 경우 자산운용회사가 직접 매각) ETF를 소각하면 ETF 환매절차가 끝난다([그림 5-15]).

그림 5-15 법인투자자의 ETF 환매 과정

ETF 발행과 환매 등의 과정에 자산운용회사, 법인투자자, 신탁회사, AP, LP 이외에 지수산출기관과 일반사무관리회사가 참가한다. ETF가 특정 시장지수를 추종하는 매매형 인덱스펀드이기 때문에, 최초의 PDF구성 내용에 의한 수익률 흐름과 추정지수의 수익률 흐름이 일치하지 않을 수 있다. 이러한 ETF 기초자산의 주가흐름을 지수로 산출하고, 시장지수와의 연동성을 체크(추적오차율 또는 괴리율 산출)하는 기관을 지수산출기관이라 한다. 지수산출기관이 이러한 추적오차를 자산운용회사에 통보하면, 자산운용회사는 PDF를 재구성(rebalancing)한다. 우리나라에서는 매경FnGuide 및 KIS Pricing 두 회사가 지수산출기관의 기능을 담당하고 있다. 그리고 일반사무관리회사는 실제적인 ETF 발행과 해지 등의 업무를 담당하고, ETF 1좌의 매일매일의 NAV(net asset value)[56]를 계산하여, 익일의 NAV 기준가를 제시한다. 그리고 NAV와 ETF 설정 및 환매에 따른 정산금액을 산출해 공시한다.

ETF의 투자수익률은 ETF의 수익률과 투자분배금으로 이루어진다. 투자분배금은 ETF를 구성한 주식에서 받는 배당금과 대차거래에서 주식대여에 대한 수수료 등으로 구성된다. 따라서 ETF는 시장수익률 이외에 배당금과 수수료의 초과수익을 추구할 수 있다는 이점이 있다. 그러나 ETF는 인덱스펀드와는 달리 ETF가 거래소에 상장되어 있기 때문에 NAV와 ETF의 시가와의 차이에서 투자수익률이 영향을 받을 수 있다.

② ETF 시장의 발달과 현황

한국에서는 2002년 10월 KOSPI200, KOSPI50 등을 기초자산으로 하는 4개의 ETF가 판매되기 시작했다. 한국의 KODEX200과 KOSEF 등의 상장지수펀드는 KOSPI 200 지수의 구성종목을 지분비율대로 신탁업자에 납입하고 이를 담보로 발행된 증권으로 거래소시장에 상장되어 개별주식처럼 거래되는 개방형펀드이다. 시장개설 초기 4개의 시장대표지수 ETF로 시작한 한국 ETF시장은 2006년 섹터ETF, 2007년 스타일ETF와 해외ETF의 상장으로 다양한 투자수요를 충족하는 아시아 최고의 ETF시장으로 성장하게 되었다. 그리고 해외 섹터ETF, 펀드 오브 펀드형태의 해외 ETF도 판매되고 있으며, 삼성투신의 KODEX200은 2007년 11월 19일부터 일본 도쿄증권거래소에 상장되어 거래되기 시작했다.[57]

ETF시장은 효율적인 분산투자수단으로 다양한 투자전략을 구사할 수 있는 ETF의 장점이 부각되면서 ETF 투자자의 수가 급증했고, 투자자의 다양한 투자수요를 충족시키기 위해 여러 가지 ETF 상품이 출시되고 있다. 예를 들면 2009년 상반기에 Inverse ETF, 하반기에 금ETF, 2010년 상반기에 Leveraged ETF[58]와 적립식

56) ETF의 이론가치는 벤치마크지수에 지수승수를 곱한 값이다. KOSPI200지수를 기초자산으로 하는 ETF의 지수승수는 100이다.

57) 한국에서 KODEX는 1주 단위로 거래되는데, 일본에서는 100주 단위로 거래된다.

58) Leveraged ETF는 ETF에 선물, 옵션, 스왑이 가미되어 +α의 수익률을 추구하는 ETF이다

ETF가 출시되었다.

국내 ETF 시장은 상장종목 수와 순자산총액이 급격한 성장을 보임에 따라 2017년 5월 2일 개정된 자본시장법 시행령개정을 통해 지수대비 초과수익 실현을 목표로 하는 액티브 ETF가 출시될 수 있도록 지수 복제의무[59], 상장폐지 요건 등을 완화하였다(제88조, 동 규정 제4-65, 거래소규정 제11조). 액티브 ETF는 패시브 ETF와는 달리 운용에 대한 재량권을 부여하고 있으므로 자산운용 규제를 일반펀드와 동일하게 적용하였다. 즉 i) 액티브 ETF의 동일종목 투자비중을 30%에서 10%로 완화했고, ii) 액티브 ETF의 피투자기업에 대한 지분보유비중을 20%에서 10%로 낮추었고, iii) 공모펀드의 액티브 ETF에 대한 투자비중을 30%에서 20%로 완화했다[60].

한국 ETF 시장규모를 보면 2016년 말 현재 13개 회사 256개 ETF 상품에 대해 25.1조원이 설정되었다. 주식을 기초자산으로 하는 ETF 시장규모는 여타 펀드상품에 비해 급속히 커지고 있어 2016년 경우 주식형펀드에 대한 비중이 37.2%나 되었다(〈표 5-14〉, 〈표 5-15〉).

표 5-14 ETF 순자산 추이

(단위, 조원, 개, %)

구분	2007	2008	2009	2010	2011	2012	2013	2014	2015	2016
순자산	2.4	3.4	3.8	6.1	9.9	14.7	19.4	19.6	21.6	25.1
상장종목 수	21	37	50	64	106	135	146	172	198	256
ETF운용사	4	7	11	12	13	16	16	16	16	13
주식형펀드비중	1.9	4.4	3.6	6.4	12.4	18.5	24.3	26.7	28.8	37.2

자료 : 금융투자협회(www.kofia.or.kr)/펀드통계/특정유형펀드현황/ETF

59) 개정 전의 거래소 상장규정(제11조)에 의하면, 증권의 지수변화에 연동하는 패시브 ETF의 경우 시가총액 기준 지수구성종목의 95%, 종목수 기준 50% 이상을 편입하여야 했다.

60) 2017년 상반기, 액티브 ETF는 4개 운용사의 8개 종목의 상장이 추진되었다(약 1.6조원 규모).

표 5-15 ETF유형별 상장종목 수 및 순자산

(단위 : 억원, %, 개)

구 분		상장종목수	2015	(비중)	2016	(비중)
국내	주식	121	128,824	59.6	139,625	55.6
	시장대표	29	99,758	46.1	108,830	43.4
	업종섹터	42	9,724	4.5	9,657	3.8
	전략	46	18,721	8.7	20,666	8.2
	규모(대/중/소형)	4	621	0.3	472	0.2
	채권	20	45,695	21.1	50,570	20.1
	통화	2	338	0.2	911	0.4
	혼합자산	8	315	0.1	1,225	0.5
	레버리지/인버스	33	25,722	11.9	40,451	16.1
	소 계	184	200,894	92.9	232,782	92.7
해외	주식	43	7,104	3.3	9,776	3.9
	시장대표	32	5,841	2.7	8,573	3.4
	업종섹터	9	1,151	0.5	906	0.4
	전략	2	112	0.1	191	0.1
	채권	1	94	0.0	106	0.0
	원자재	10	3,814	1.8	3,596	1.4
	부동산	2	185	0.1	497	0.2
	레버리지/인버스	16	4,210	1.9	4,365	1.7
	소 계	72	15,407	7.1	18,234	7.3
합 계		256	216,300	100.0%	251,018	100.0

자료 : 한국거래소, 2016 ETF 결산과 전망, 2017.1.5.

(2) 인덱스펀드

인덱스펀드(index fund)란 우선 개념적으로는 주식시장에서 시장을 대표하는 주가지수의 수익률과 같은 수준의 투자수익률과 위험을 실현할 목적으로 하는 과학적인 포트폴리오구성기법을 의미한다. 그런데 실제적인 의미로는 이 과학적인 방법을 이용하기 위하여 조성되고 투자되는 펀드를 인덱스펀드라고 한다. 주식시장의 흐름과 같은 흐름을 갖는 펀드를 구성한다는 의미에서 소극적 포트폴리오 운영방법이라고 한다.

인덱스펀드는 1960년대 후반에 미국에서 그 아이디어가 등장하여 1971년 미국 San Francisco에 있는 Wells Fargo 은행 계열의 투자자문회사인 Wells Fargo Investment Advisors가 연금기금을 대상으로 NYSE 전 상장종목으로 구성한 인덱스펀드를 개발하여 실용화한 것이 처음이었다. 이를 계기로 본격적인 인덱스펀드가 증가하였으며, 최근에는 일본에서도 주로 기관투자자들에 의해 인덱스펀드가 실용화되고 있다. 그리고 1988년부터 한국에서도 증권회사를 중심으로 인덱스펀드가 개발되었고, 현재는 집합투자업자가 인덱스펀드를 판매하고 있다.[61]

이러한 인덱스펀드는 종목을 일일이 개별적으로 분석하지 않고도 시장수익률을 확보할 수 있다는 점과 운용이 투명하다는 점, 지수대비 수익이 낮을 가능성이 적다는 점 등이 상품의 장점으로 꼽히고 있다. 인덱스펀드는 ETF와 마찬가지로 인덱스펀드의 수익률 이외에 인덱스펀드 구성종목의 배당금과 주식대여 수수료 수익을 추구할 수 있다. 그러나 인덱스펀드는 한 번에 여러 종류의 주식을 대량으로 매매하기 때문에 시장가격에 영향(market impact)을 줄 수 있다. 따라서 인덱스펀드의 효율적인 구성을 위해서 프로그램을 이용하여 거래를 한다.

한국에서 인덱스펀드는 1991년 당시의 대한투자신탁에서 처음으로 판매되기 시작했다. 그러나 투자자에게 인지도가 낮아 유명무실하다가, 1998년 유리자산운용이 인덱스펀드를 다시 판매하면서 투자자의 관심을 끌었다. 2001년 이후 인덱스펀드 시장은 활발해지기 시작했고, 2003년 주식시장의 활황이 장기적으로 지속되고, 인덱스펀드 수익률이 KOSPI수익률을 초과하면서 급속히 성장하고 있다. 인덱스펀드의 수와 설정규모는 2008년 글로벌 금융위기로 다소 감소했으나, 2014년 다시 활기를 띄어 펀드 수 254개에 설정액 99조원으로 피크를 기록했다. 이후 주식시장의 장기 박스권(1,800P~2,000P) 횡보와 주식형펀드의 감소와 대체투자상품의 등장으로 인덱스펀드 시장이 위축되고 있다. 2016년 말 현재 203개 상품에 8.0조원이 설정되었다.

---

61) 인덱스펀드가 각광을 받게 된 배경에는 미국에서 1960년대에서 70년대 초까지 증권시장에서 기관투자자의 비중이 높아지고 전문투자자간의 수익률 경쟁이 높아져 시장위험을 확대시키는 결과를 초래했다. 따라서 적극적 펀드운용을 하던 펀드매니저들의 평균수익률이 시장수익률을 하회하게 되었을 뿐만 아니라, 펀드매니저들의 수익률 추이가 일관성을 상실하게 되자 시장수익률과 같은 수익률을 추구하는 포트폴리오를 구성하는 것에 관심을 갖게 되었다. 학문적으로는 효율적 시장가설이 인덱스펀드의 이론적 배경을 제공해 주었고, 컴퓨터의 발달은 적은 비용으로 인덱스펀드를 구성하는 것을 가능하게 하였다. 시장수익률과 인덱스펀드수익률이 일정규모 이상의 괴리가 발생하면 인덱스펀드를 재구성(rebalancing)한다.

표 5-16
인덱스펀드 설정규모 추이

구 분	2007	2008	2009	2010	2011	2012	2013	2014	2015	2016
펀드 수(개)	167	186	416	275	237	225	229	254	239	203
설정액(조원)	44,271	46,824	96,269	80,398	99,315	98,797	95,322	98,794	89,595	80,338

자료 : 금융투자협회(www.kofia.or.kr)/펀드통계/특정유형펀드현황/지수연계형

(3) ETF 관련 상품

① 파생 ETF

ETF는 원래 기초자산의 수익률을 추종하는 수동적인(passive) 투자상품이다. 그러나 ETF의 구조를 변형하여 보다 공격적으로 추가적인 수익률을 추구기도 한다. 운용사가 사전에 정해진 약속(ETF 상품내용)에 따라 기초자산을 운용하여 투자수익을 배분하는 ETF를 파생 ETF라 한다. 한국에서 설정된 파생 ETF에는 i) Leveraged ETF, ii) Inverse ETF, iii) Covered Call ETF, iv) Active ETF가 있다.

i) Leveraged ETF는 현물바스켓과 주가지수선물 매수로 포지션을 구성한다. 그러면 ETF의 기초자산인 현물과 선물의 방향이 같아서 시장이 상승할 경우 시장수익률의 2배의 수익을 얻는다. 한국에서는 레버리지 비율을 2배까지만 허용하고 있어, 현물과 선물 비율은 1 : 1로 하면 된다.

ii) Inverse ETF는 현물바스켓 매도(숏포지션), 또는 선물 매도포지션(실물투자가 없이도 가능)을 보유하여, 시장이 하락할 경우 시장 하락률만큼의 수익률을 추구한다. 한국에서는 (-1)배율만을 허용하고 있다. (-1)배율을 갖기 위해서는 현물 매도포지션이나 선물매도포지션 중 하나를 ETF의 기초자산으로 구성한다.

iii) Covered Call ETF는 일종의 합성 ETF로 주식바스켓을 매수하고, 동시에 콜옵션을 매도하여, 마치 풋옵션 매도포지션을 취한 것과 같은 결과를 갖는다. 이 ETF는 주가가 상승할 경우는 시장이 옵션의 행사가격을 넘어 상승하면 이익은 한정되나, 반대로 시장이 하락하는 경우는 콜옵션 매도프리미엄만큼 시장하락에서 오는 손실을 커버하게 된다.

iv) Active ETF는 2017년 5월 자본시장법 시행령 개정을 통해 도입되었다. 액티브 ETF는 미국의 스마트베타 투자전략의 개념을 원용한 펀드상품이다. 인덱스펀드가 시장수익률을 추종하는데 만족하지 않고, 시가총액식 인덱스펀드에서 벗어나, 대안지수(지수 산정 시 시가총액 이외의 다른 요인들을, 예를 들면 수익률에 영향을 미치는 배당, 성장, 가치, 다중요인 등)를 가중치로 이용하여, 궁극

적으로 시장수익률을 초과하는 인덱스펀드 또는 ETF를 구성하는 전략을 내포한 ETF 개념이다[62].

② 합성 ETF

합성(Synthetic) ETF는 주식 · 채권 등을 편입하는 전통적인 ETF와 달리 장외스왑 거래 등을 활용하여 지수를 복제·추종하는 ETF로, 거래상대방(스왑 대상자인 증권회사) 위험이 상존하는 상품이다. 합성 EEF에는 자금비공여형(unfunded swap)과 자금공여형(funded swap) ETF의 두 종류가 있다. 자금비공여형 ETF는 자산운용사가 AP에게서 받은 현금으로 자산을 매입하고, 이 자산의 보유수익률과 증권회사의 목표수익률을 스왑한다. 자산운용사는 증권사의 스왑한 대체자산으로 거래상대방 리스크를 관리한다. 자금공여 ETF는 자산운용사가 AP에게서 받은 현금과 증권회사의 목표수익률을 스왑한다. 자산운용사는 현금에 대한 담보설정(colateral)을 통해 거래상대방 리스크를 관리한다([그림 5-16]).

그림 5-16
합성 ETF 유형별 구조 및 특징

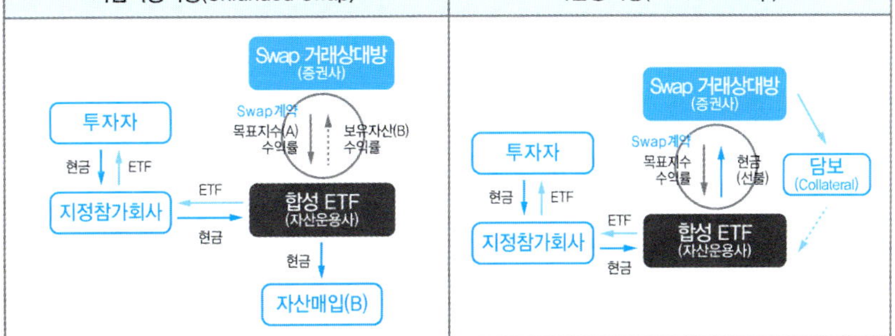

자금비공여형(Unfunded Swap)		자금공여형(Funded Swap)
ETF에서 직접 자산매입(B)	설정현금활용	스왑 거래상대방에 지급
서로 다른 자산 수익률을 교환	스왑거래	목표지수 수익전체 수취
ETF내 자산(B)이 담보역할 (유사시 ETF자산 처분)	거래상대방 위험 관리	제3기관 담보 설정 (유사시 담보권 행사)
거래상대방으로부터 받을 금액 – 거래상대방에게 지급할 금액	거래상대방 위험 평가	스왑 총평가액 – 담보평가액

62) 파생 ETF를 발행하는 자산운용사는 ETF 투자자의 이익은 발행사의 손실을 초래하는 Zero-sum game 상품이다. 따라서 발행사는 헤지를 통해 손실을 커버한다. 스마트베타 ETF에 대해서는 "스마트베타 ETF의 성과 및 특징 분석"(자본시장연구원, 권미경, 연구보고서 17-1, 2017년 1월)을 참조.

(4) ETF와 일반 펀드와의 차이

ETF와 주식, 인덱스펀드, 액티브펀드와의 유사점과 차이점을 요약하여 정리하면 〈표 5-17〉과 같다.

| 표 5-17 ETF와 관련 상품과의 비교

구분	ETF	주식	인덱스펀드	액티브펀드
운용목표	특정 인덱스	인덱스 초과수익	특정 인덱스	인덱스 초과수익
법적성격	펀드	주식	펀드	펀드
유동성	높음	높음	낮음	낮음
증권대차	가능	가능	가능	불가
레버리지 기능 (증거금 매입)	가능	가능	불가	불가
거래비용	위탁수수료, 운용보수	위탁수수료	운용보수	운용보수
전증권사거래	가능	가능	판매사 한정	판매사 한정
시장위험	시장위험	시장・개별위험,	시장위험	시장・개별위험
분산투자	가능	불가	가능	가능
증권거래세	면제	매도 시 0.3%	적용 배제	적용 배제

주 : 인덱스펀드에 편입되어 증권예탁원에 예탁된 개별주식은, ETF에 편입된 주식과 마찬가지로, 펀드편입 주식의 50%(자본시장법에 의해)까지 수수료를 받고 증권대차할 수 있음. 그러나 인덱스펀드를 운영하는 한국의 자산운용회사들은 증권대차에 보수적임

자료 : 한국거래소, 온라인아카데미, ETF

(5) ETF를 이용한 금융기관의 상품

ETF 시장이 활성화되면서, ETF를 발행하지 못하는 다른 금융기관들이, 투자자들에게 ETF 관련 투자 서비스를 제공하고 있다. 증권회사의 ETF랩, 은행의 ETF 신탁과 적립식 ETF 등이 있다(〈표 5-18〉).

표 5-18 금융기관의 ETF 관련 상품 및 서비스

구분	ETF 랩	ETF 신탁	적립식 ETF
개념	ETF에 투자하는 증권회사의 wrap 상품에 가입하여 간접투자	투자자가 입금하면 은행이 특정 ETF를 매수해주는 서비스	매월 투자자가 지정한 날짜에 자동으로 ETF를 매수해주는 서비스
장점	증권회사의 운용전략에 따라 여러 가지의 ETF로 포트폴리오 구성	적립식 투자에 적합	편리하고 수수료 저렴
단점	높은 수수료	투자자가 특정 ETF를 선택해야 함[1]	투자자가 특정 ETF를 선택해야 함[1]
취급기관	증권회사	은행	은행

주 1) : 은행 금전신탁상품 중 불특정금전신탁은 폐지되어, 투자자가 투자 대상을 지정하는 특정금전신탁만 가능

(6) EMP

EMP(ETF Managed Portfolio)는 글로벌 ETF시장의 급속한 성장과 더불어, 고객의 위험 선호도, 투자대상 지역 및 자산군 등을 고려하여, 포트폴리오 자산의 50% 이상을 ETF에 투자하는 포트폴리오 투자전략에 의해 다양한 ETF로 구성된 포트폴리오를 의미한다. 미국의 펀드평가사인 모닝스타(Morningstar)가 ETF MP라는 포트폴리오를 새롭게 명명하고 분류하기 시작한데서 비롯되었다. 즉, 개인은 직접 ETF를 투자하는 것이 아니라, 금융기관이 제시하는 정형화된 솔루션(EMP)을 통해 ETF에 간접적으로 투자하게 된다. EMP의 장점에는 투자자 성향에 맞춰 포트폴리오를 구성할 수 있고, 실시간으로 포트폴리오 현황 확인이 가능하고, 높은 유동성과 상대적으로 낮은 거래비용 등이 있다. 미국에서는 2013년부터 웰스프런트와 베터먼트 등 12개 금융업체들이 ETF를 활용해 인공지능 컴퓨터가 개인별 맞춤형 자산관리를 대신해주는 로보어드바이저(Robo-advisor) 서비스가 등장했다. 한국의 경우 EMP 서비스는 아직 초기 단계에 있다[63].

(7) ETF 유통시장과 거래제도

자산운용회사를 통해 발행된 ETF는 발행일 30일 이내에 한국거래소에서 상장시

63) 2015년 3분기 말, 미국에서 ETP 솔루션(ETF관련 간접투자 상품) 수는 약 800개에 달하고, ETP를 통해 운용되는 금액이 700억달러를 상회했다. 한국에서는 2016년부터 미래에셋자산운용이 기관투자자들을 상대로 EMP서비스를 제공하고 있다. EMP에 대해서는 "EMP(ETF Managed Portfolio)에 대한 이해"(KB금융지주경영연구소, KB금융비타민, 2016.2.3.) 참조

켜야 한다. 개인투자자도 ETF를 주식과 같이 편리하게 투자할 수 있다. ETF발행시장에서 ETF의 기본가치(액면)를 10,000으로 정했다면, ETF유통시장에서의 ETF가치는 기초자산의 가치에 따라 등락된다. 한국거래소의 ETF거래제도를 요약하면 〈표 5-19〉와 같다. ETF 호가 수량 및 가격 단위는 1좌(증권)에 5원이고, 매매수량 단위는 1좌(증권)이다. 그런데 2016년 10월부터는 일반 투자자들의 투자성향을 파악하고, 투자성향이 공격투자형인 경우에만 레버리지나 인버스 등 파생형 ETF 거래가 가능하게 되었다.

표 5-19 ETF 거래제도

구 분	내 용
매매거래시간	정규시간(09 : 00~15 : 30) 시간외 시장(7 : 30~8 : 30, 15 : 40~18 : 00)
호가의 종류	지정가, 시장가, 조건부지정가, 최유리지정가, 최우선지정가
호가수량 및 가격 단위	1좌(증권) / 5원
매매수량 단위	1좌(증권)
가격제한폭	기준가격의 상하 30%(레버리지가 있는 경우 그 배율을 곱한 금액)
기준가격	전일 종가 (신규상장 시에는 NAV 및 지표가치(IV))
최대호가수량	상장증권수의 5%에 해당하는 수량
결제제도	일반주식과 동일(T+2일)

자료 : 한국거래소, 온라인아카데미, ETF.

(8) ETF 과세

ETF과세는 국내주식형 ETF와 기타 ETF로 구분된다. 모든 ETF는 거래소에서 매도 시 증권거래세 0.3%가 비과세 된다. 국내 주식형 ETF는 매매차익에 비과세, 주식에서 받는 배당소득에도 비과세한다. ETF에서 투자자가 받는 분배금에는 주민세 포함 15.4%가 원천징수로 과세된다. 이 분배금소득은 금융소득종합과세(2,000만원 이상)의 대상이 된다. 기타 ETF는 매도 시 증권거래세(0.3%)가 면제되고, 기초자산에서 받는 배당금은 15.4% 과세된다. ETF에서 투자자가 받는 배당금과 관련해서는 보유기간 과세를 하는데, 보유기간과세는 ETF 매매차익과 보유자산 가치증가분에 대한 과표 중 적은 금액에 15.4%를 과세하는 것을 의미한다. 기타 ETF에는 두 번 과세가 되기 때문에 금융종합소득과세 대상에서 제외된다.

(9) ETN

ETF가 자산운용사가 발행하는 지수 파생형 펀드상품인데 반해, 상장지수채권(ETN : Exchange Traded Notes)은 증권회사가 자기의 신용으로 발행하는 지수 파생형 채권상품이다. ETN은 ETF와 마찬가지로 주가지수나 원자재 가격 등 기초자산 성과에 따라 수익(손실)률이 결정된다. 증권회사가 원금 또는 (+)의 수익률을 보장하는 상품이 아니라, 기초자산의 시장수익률을 보장하는 상품이다. 채권의 형식이어서 만기가 있다. ETN은 2006년 미국이 가장 먼저 도입했고, 현재 독일, 일본 등에서 활발히 거래되고 있다. 우리나라는 2014년 11월 17일 ETN을 시판하기 시작했다. 주식처럼 거래소에서 매매가 가능하다.

ETN의 기본구조는 기초자산 가격에 연동하고, 거래소에 상장되어 거래된다는 점에서는 ETF와 유사하나, ETF에는 만기가 없으나 ETN에는 만기(15~30년)가 있다는 것이 특징이다(〈표 5-20〉 참조). 그리고 ETF 설정에는 주식 ETF 경우 10종목 이상을 편입해야하는데 반해 ETN 설정에서 주식형 ETN경우에는 5종목 이상을 편입해야 한다(〈표 5-21〉 참조).

자산운용회사가 발행하는 ETF는 기초자산을 신탁재산으로 보관하여 신용위험이 없는데 반해, ETN은 증권회사가 자기신용으로 발행하기 때문에 기초자산에 대해서는 증권회사가 책임을 진다. 그러나 ERN을 발행한 증권회사 파산 시에는 신용위험이 있다. ETN에 대한 과세는 국내 주식형 ETN과 기타 ETN이 구별된다. 국내 주식형 ETN은 매도시 증권거래세(0.3%)가 비과세되나, 현금분배 시에 배당소득세 15.4%가 과세된다. 기타 ETN은 매도 시 증권거래세 0.3%는 면세되나, 배당소득세 15.4%와 현금 분배 시 배당소득세 15.4%가 과세된다.

표 5-20 상장지수채권(ETN)의 개요

구 분	내 용
수익・손실구조	기초자산 가격에 연동(ETF와 비슷)
기초자산	주가상품변동성지수 등 각종 인덱스, 환율 등
거래방법	거래소에 상장되어 ETF처럼 매매할 수 있음, 만기에 상장폐지
연간수수료	0.40%~1.25%
만기	15년~30년
발행사	증권사
위험	발행사의 파산・부도 등

자료 : 한국거래소, 온라인아카데미, ETF.

표 5-21 ETN과 ETF의 비교

구 분		ETN	ETF
정의		- 증권회사가 - 자기신용으로 - 지수수익률을 보장하는 - 만기가 있는 파생결합증권	- 자산운용사가 - 자산운용을 통하여 - 지수 수익률을 추적하는 - 만기가 없는 펀드
발행자	주체	증권회사	자산운용사
	신용위험	있음	없음(신탁재산으로 보관)
기초지수	구성종목 수	5종목 이상 (주식형 ETN 경우)	10종목 이상 (주식형 ETN 경우)
	자산운용 제한	없음(운용 재량)	있음(운용 제약)

자료 : 한국거래소, 온라인아카데미, ETF.

(10) 여타 주식관련 펀드

① 스타일펀드

스타일펀드(style funds)는 주식의 특성과 성과가 비슷한 종목군을 묶어 산출된 스타일 지수를 추적하는 상품이다. 크게 가치주와 성장주로 나누고 이를 다시 기업규모와 결합한다. 가치주에는 주가순자산비율, 주가현금흐름비율, 배당수익률 등이 있고, 성장주에는 순이익과 매출액 증가 예상추이, 내부성장률 등의 지표가 사용된다. 현재 대형가치, 중대형가치, 중대형성장, 대형가치, 중소형가치 등이 있다.

② 섹터펀드

섹터펀드(sector funds)는 특정업종에 속한 주식을 대상으로 구성한 펀드이다. 섹터펀드의 수익률은 해당 업종의 경기상황과 밀접한 관계가 있다. 가장 많이 이용되는 섹터는 IT, 반도체, 금융, 건강관련 상품, 천연자원(에너지) 등의 섹터이며, 이 밖에도 기초소재, 일반산업, 소비재, 물, 인프라스트럭처 등의 섹터펀드가 있다. 섹터펀드에서 어느 하나의 섹터에만 투자하는 것보다는 여러 섹터에 분산투자하는 것도 투자 리스크를 관리하는 하나의 방법이 될 수 있다. 이에 대한 예로서 에너지(Energy), 자원(Resources), 사회간접자본(Infra), 소비재(Consume) 등 네 가지 섹터를 결합한 에릭스(ERICs)펀드도 등장했다.

③ 테마펀드

테마펀드는 특정국가의 주식 위주로 투자하는 펀드와는 달리 전 세계 증권시장에 상장된 종목을 특정산업이나 테마로 나누어 투자하는 상품을 의미한다. 현재 한국에서 출시된 테마펀드를 보면 기업가치테마(우량기업펀드, 배당주펀드, 가치주펀드, 자사주펀드, 블루오션펀드, 토종기업펀드, 후레수데뷰펀드 등), 원자재테마(에너지펀드, 농산물펀드, 금펀드, 원유펀드 등), 환경(탄소펀드, 환경펀드 등), 지역(중국펀드, 브릭스펀드 등), 명품(럭셔리펀드), 엔터테인먼트(한류열풍주식펀드), 기업그룹(삼성펀드, 현대펀드 등), 기업지배(장하성펀드) 등이 있다.

2 실물펀드

실물펀드는 주식, 채권 등 전통적인 투자수단 외에 그 대상으로는 금, 니켈, 구리, 알루미늄 등의 광물자원, 원유 등의 에너지 자원, 옥수수 등의 농산물, 탄소, 와인 등 다양한 실물자산과 이와 관련된 지수(예를 들면 CRB지수) 또는 파생상품에 투자하는 펀드를 의미한다. 이들 각종 실물자산은 인플레이션에 대한 헤지기능을 가지고 있다는 일반적인 인식에서 물가가 불안정한 시기에 투자수익률을 높일 수 있는 펀드이다. 실물자산에 대한 투자는 주식이나 현금과 달리 장기적으로 볼 때 수익의 변동성도 작은 편이다. 실물투자를 대안투자(또는 대체투자)라고도 하며, 일반적으로 실물펀드는 회사형・폐쇄형・단위형・상장형이다[64].

현재 한국에서 판매되고 있는 소위 이색 실물펀드를 보면, 워터펀드, 삼겹살펀드, 한우펀드, 아트펀드, 고철펀드, 거래소펀드(세계 주요 증권거래소 주식에 투자), 톨게이트펀드, 유전개발펀드(베트남 15-1광구), 거북선펀드(해양경찰청 경비정 7척 건조에 투자), 건대사랑펀드(건국대 기숙사건축에 투자) 등이 있다.

(1) 부동산펀드

부동산펀드[65]는 부동산이나 부동산관련 대출채권에 투자하는 펀드다. 부동산펀

64) 대체투자상품이란 주식과 채권을 제외한 모든 투자상품을 의미한다. 기존의 정통적인 자산과 상관관계가 낮아 정통적 자산에만 투자했을 경우 발생할 수 있는 수익률 변동성을 완화할 수 있는 장점이 있다. 대체투자상품에 속하는 상품으로는 부동산 및 부동산관련 자산(부동산펀드, REITS, SOC 투자펀드 등), 헤지펀드, 벤처펀드, 원자재투자펀드, PEF 등이 있다.

65) 부동산펀드와 비슷한 개념의 리츠(REITs)가 있다. 부동산펀드나 리츠는 다 같이 부동산에 투자하는 집합투자수단이나, 부동산펀드는 자본시장법이 적용되고 리츠는 국토교통부가 관할하는 부동산투자회사법의 적용을 받는다는 차이가 있다. 국토교통부는 2000년 7월 25일 부동산투자회사법 제정안을 입법예고하여 2001년 하반기부터 소액투자자의 자금을 모아 부동산에 전문적으로 투자하여 수익금을 투자자에게 돌려주는 부

드에는 임대형 펀드, 대출형 펀드, 경매펀드, 해외부동산펀드 등이 있다. 임대형 펀드는 집합투자업자가 사무용 빌딩, 상가 등을 직접 매입하여 임대를 통해 수익을 얻고, 빌딩 가격이 상승하면 이를 전매하여 매매차익을 투자자에게 배당한다. 대출형 펀드는 아파트나 상가 등의 건설비용을 건설회사에 빌려주고, 사전에 약정한 이자를 받아 투자자들에게 배당한다. 경매펀드는 법원 경매나 공매에 참가해 부동산을 낙찰받은 뒤 임대 또는 매각을 통해 얻은 수익을 투자자에게 배분한다. 해외부동산펀드는 해외주식시장에 상장된 리츠(부동산투자회사)에 투자하는 펀드이다.

(2) 선박펀드

선박펀드는 선박매입 또는 선박건조비용에 대출해주고 임대수익이나 이자수익을 투자자에게 배분한다. 장점은 확정배당금이 지급되고 배당수익에 대해 2008년까지는 3억원까지 비과세가 된다. 단점은 보통 투자기간이 5~10년간이다. 그러나 유가증권시장에 상장되어 거래되고 있어 자금 필요시 자금의 회수가 가능하다.

(3) 영화펀드

영화펀드는 실물펀드의 일종으로 취급되며, 영화제작에 필요한 자금을 모아 영화제작에 투자하는 펀드이다. 실미도, 태극기 휘날리며, 베테랑, 암살 등 1천만명 이상의 관객동원에 성공한 영화에 영향을 받아 투자자들의 관심을 끌었다. 영화펀드는 주로 사모펀드이다.

3 월지급식 펀드

월지급식펀드는 펀드 투자 이후 매월 이익 또는 원금 일부를 투자자에게 분배하는 펀드('매월분배형펀드')이다. 이는 고령화, 베이비부머의 은퇴시기 도래 등 사회구조 변화에 따른 투자자의 니즈(needs)를 반영한 것으로 2011년도 이후 집중 출시되고 있다.

동산뮤추얼펀드(리츠)제도를 도입하였다. 회사형, 폐쇄형, 단위형인 이 펀드는 만기가 없고 중도환매가 안되는 대신, 설립 후 2년 이내 증시 상장이 의무화되어 투자자들은 일정기간이 지나면 주식을 되팔아 현금화할 수 있다.

월지급금 지급방식은 환매방식과 이익분배방식이 있다. 환매방식은 펀드운용수익과 관계없이 매월 일정한 금액을 지급받는 형식으로, 펀드 수익금액이 월지급액보다 적으면 투자원금이 감소된다는 단점이 있다. 반면에 이익분배방식은 투자수익이 발생했을 경우에만 그 범위 안에서 매월 지급받는 형식이다. 펀드에 수익금이 발생하지 않았을 경우는 월지급액이 없게 된다. 이 방식은 투자원금을 보전할 수 있다는 장점이 있으나, 수익이 발생하지 않으면 매월 지급금이 없다는 단점이 있다. 지급시기 및 비율을 투자자가 직접 정하는 방식과 운용사가 정하는 방식이 있다([그림 5-17]).

그림 5-17 월지급식 펀드의 프로세스

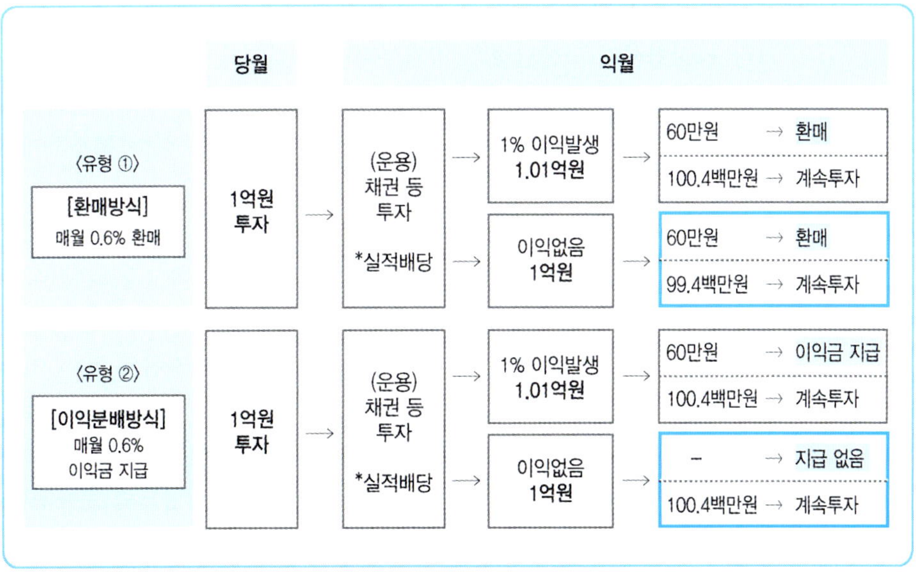

4 적립식펀드

(1) 적립식펀드의 개념

적립식펀드는 투자자의 입장에서는 은행의 정기적금처럼 매월 일정액을 적립해 주식이나 채권에 투자해 운용실적에 따라 투자수익을 얻는 수익증권이다. 집합투자업자(자산운용사)의 입장에서는 투자자로부터 일정기간 동안 정기 또는 수시로 분할

납입 받은 자금을 주식·채권 등으로 운용하고 만기에 원본과 수익을 투자자에게 지급하는 수익증권이다.

적립식펀드의 장점은 첫째, 매수시점 분산을 통해 타이밍 리스크를 최소화(cost averaging)[66] 시킴으로써 시장지수에 상관없이 언제라도 투자를 시작할 수 있다. 따라서 적립식펀드는 가격변동성이 큰 고위험·고수익 자산에 장기간 투자하는 데 적합한 상품이다. 둘째, 분산투자, 장기투자, 적립투자 등 합리적인 주식투자 원칙을 적용하여 투자에 따르는 변동성을 줄이고 보다 안정적인 수익을 추구하는 효율적인 투자 방식이다. 셋째, 장기적으로 투자할수록 더욱 유리하므로 자녀의 교육, 결혼 및 노후자금마련 등 장기적인 자산증식에 더욱 적합하다. 넷째, 금액의 크기에 관계없이 투자할 수 있다.

그러나 적립식펀드의 단점은 장기투자라는 것이다. 5년 이상 장기일 때 유리하고, 중도에 환매하면 이익금의 대부분(70~90%)을 환매수수료로 지불해야 한다. 따라서 단기적으로 큰 금액을 투자해서 큰 이익을 목표로 하는 투자자에게는 적합하지 않은 펀드이다.

적립식펀드는 자금납입방법에 따라 정액적립식과 자유적립식으로, 주력 운용자산의 종류에 따라 주식형, 채권형, 혼합형으로 구분된다. 정액적립식은 일정기간 동안 일정금액을 매월 납입하는 방식이고, 자유적립식은 일정기간 동안 일정한도[67] 내의 자금을 수시로 납입하는 방식이다. 주식형은 투자재산의 60% 이상을 주식으로 운용하여야 하며, 채권형은 투자재산의 60% 이상을 채권에 투자해야 한다. 혼합형은 주식형이나 채권형으로 분류되지 않는 수익증권으로서 주식비중이 50% 이상이면 주식혼합형, 채권비중이 50% 이상이면 채권혼합형으로 분류된다.

(2) 적립식펀드의 이론적 배경

적립식펀드가 투자자들의 관심을 끄는 것은 적립식에는 "Cost Averaging Effect (매입단가 평준화 효과)"가 있기 때문이다. 매입단가 평준화(또는 평탄화) 효과는 매 기간 일정한 금액을 투자할 경우 주가의 상승과 하락에도 불구하고 평균 매입단가가

66) Cost Averaging 효과란 동일 금액을 정기적으로 투자하면서 주가가 낮을 때는 주식이나 주식형펀드의 매입수량을 늘리고 주가가 높을 때는 매입수량을 줄이는 것이다. 특히, 주식시장은 등락을 거듭하면서 움직이기 때문에 평균매입가격 인하효과가 발행하며, 이와 같은 매입가격 인하효과로 투자수익률을 높이는 것이다.

67) 최근 3개월간의 납입액 ≤ 그 이전 납입총액의 70/100

평준화 된다는 것을 의미한다.

이를 설명하기 위해 매 기간 동일한 금액을 투자하는 적립식과 일정 수량을 매입하는 경우를 비교해 보자. 주가의 흐름이 10,000원에서 15,000원, 10,000원, 그리고 5,000원으로 움직였다고 하자. 매월 100주씩 매입하는 경우 4개월간 총 투자금액은 400만원으로 총 400주를 매입한다. 따라서 주당 평균 매입단가는 10,000원이다. 그러나 매월 일정금액을 투자하는 경우는 주가의 흐름에 따라 매입 주식 수가 달라진다. 매월 100만원을 적립하여 4개월간 투자한 금액은 400만원이고 매입한 주식 수는 466주가 된다. 따라서 이 경우 평균 매입단가는 8,583원이 된다. 그러므로 매월 일정금액을 적립하는 경우 평균 매입단가는 매월 일정 주식 수를 매입하는 경우보다 1,417원만큼 매입단가의 하락 효과가 있다. 이러한 현상을 매입단가 평준화 효과라 한다(〈표 5-22〉). 그런데 만일 투자자가 4월에 펀드를 환매할 경우 적립식의 경우도 주가는 5,000원이고 평균 매입단가는 8,583원이어서 손실을 보게 된다.

그리고 평균단가 평준화 효과를 그림으로 표시하면 다음 [그림 5-18]과 같다. 일정금액을 정기적으로 투자하는 경우 펀드가격이 상승(하락)하면 매입좌수가 감소(증가)하기 때문에 평균 매입단가의 움직임이 평탄해지고 고점 및 저점 도달시기가 기준가격 보다 후행한다. 이는 가격이 지속적으로 상승(하락)하는 자산은 일시에 대량 매입(매각)하는 것이 유리하고, 주식과 같이 가격변동 폭이 큰 자산은 장기적 시각에서 분할 투자하는 것이 상대적으로 유리함을 시사한다. 따라서 적립식펀드는 가격변동성이 큰 고위험·고수익 자산에 장기간 투자하는 데 적합한 상품이다.

표 5-22 매입단가 평준화 효과

월	주가	동일 수량 매입 시		동일 금액 매입 시	
		매입주수	매입 금액	매입 금액	매입주수
1월	10,000원	100주	1,000,000원	1,000,000원	100
2월	15,000원	100주	1,500,000원	1,000,000원	66
3월	10,000원	100주	1,000,000원	1,000,000원	100
4월	5,000원	100주	500,000원	1,000,000원	200
합 계		400주	4,000,000원	4,000,000원	466
주당 평균매입단가		10,000원		8,583원	

그림 5-18 적립식펀드의 매입단가 평준화 효과

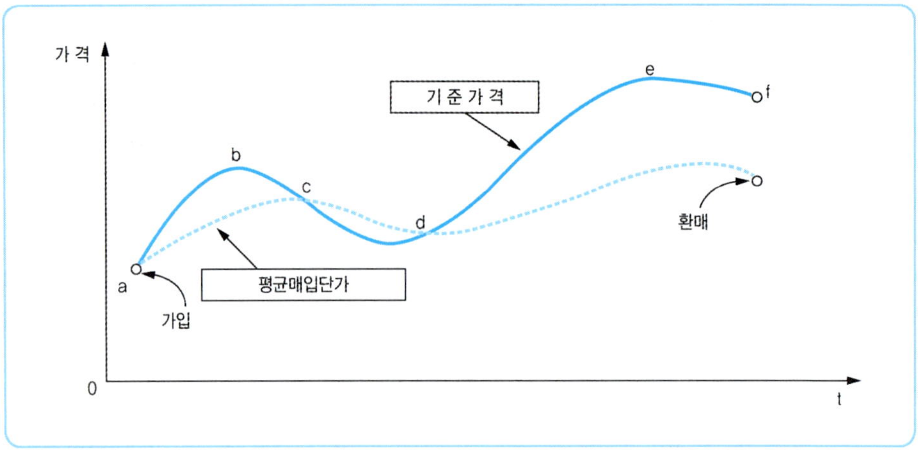

자료 : 한국은행

적립식펀드가 2005년 3월 시행되기 시작하여 2005년에는 판매잔액이 6.5조원에 불과했으나, 코스피가 2000P를 돌파했던 2008년 말에는 76.6조원까지 급성장했다. 그러나 2008년 9월 글로벌 금융위기 이후 적립금이 지속적으로 감소하는 추세를 보여, 2016년 말 현재 44.3조원을 기록하였다. 적립식펀드는 증권형이 주종을 이루고 있는데, 2016년 말 증권형펀드 총 판매액 217.7조원 중 적립식펀드 설정액 44.3조원은 20.4%에 해당한다. 그리고 2016년 말 적립식펀드 판매잔액 44.3조원 중 주식형이 29.6조원으로 66.8%, 채권형이 10.3조원으로 23.3% 그리고 재간접이 1.8조원으로 4.1%로 증권형이 94.2%를 차지했다. 그리고 파생상품이 나머지 1.8조원으로 4.1%를 점했다(〈표 5-23〉).

표 5-23 적립식펀드 판매액 추이

(단위 : 조원, 만개)

구분	2005	2006	2007	2008	2009	2010	2011	2012	2013	2014	2015	2016
판매잔액	14.0	18.1	58.4	76.6	70.1	54.2	57.2	54.0	48.2	45.8	46.7	44.3
계좌 수	562	753	1,484	1,431	1,189	942	921	799	685	621	641	684
주식형	9.8	22.0	49.7	66.8	60.6	45.3	48.3	46.8	40.3	35.3	32.6	29.6

주 : 주식형에는 주식혼합형 포함
자료 : 금융투자협회(www.kofia.or.kr)/펀드통계/주제/적립식현황/유형별 적립식규모

5 시스템 펀드

(1) 알고리즘 펀드

알고리즘 펀드(Algorithmic Fund)는 컴퓨터 프로그램인 알고리즘을 이용하여 투자자금을 운용하는 펀드를 의미한다. 즉, 일정한 논리구조(알고리즘)에 따라 증권, 파생상품, 외환 등 유동성 자산을 자동으로 거래하는 매매 방식을 의미하는 알고리즘 트레이딩을 이용하여 펀드를 운용한다. 컴퓨터를 이용해서 대량 매매주문을 신속하게 처리하는 시스템 트레이딩 또는 프로그램 매매라고도 불린다.

알고리즘 트레이딩은 1976년 미국에서 처음 도입되어 주로 헤지펀드, 뮤추얼펀드와 같은 전문 기관에서 활용하였다. 2000년 이후부터 Yes Trader, Cybos Trader, Meta Trader와 같은 알고리즘 트레이딩 소프트웨어와 알고리즘 트레이딩을 위한 프로그래밍 언어가 일반 대중들에게도 소개되면서 알고리즘 트레이딩이 확산되었다. 알고리즘 트레이딩은 매매주문을 신속하게 처리하기 위해서는 DMA(Direct Market Access, 주문전용선) 등을 이용한다.

알고리즘 트레이딩에는 전략 알고리즘과 차익거래 알고리즘이 있다. 전략알고리즘은 투자기회 포착을 목적으로 거래대상, 규모, 시점의 결정과정을 알고리즘으로 구현한다. 여기에 속하는 것이 기술적 분석을 이용한 알고리즘거래인데, 이는 일정기간 동안의 기술적 지표(Technical Indicator)에 기반하여 추세 추종 전략(Trend Following Strategy)과 역추세 전략(Counter-Trend Strategy) 등을 구사한다. 차익거래를 이용한 알고리즘거래는 시장가격이 순간적으로 정상적인 상태에서 벗어나면(가격괴리), 다시 균형가격으로 수렴한다는 이론에 근거하여, 두 시장 혹은 두 종목 간의 가격 차이인 스프레드(Spread)가 통계적으로 유의미한 스프레드 범위를 벗어나면, 스프레드가 다시 정상 범위로 돌아올 것을 기대하고 포지션을 구축하는 전략이다. 차익거래는 시장간 혹은 상품 간의 순간적인 가격불균형에서 오는 가격차이를 이익으로 추구하는 거래라는 특성에서 고빈도매매(High Frequency Trading : HFT)기법을 이용한다. 이 HFT는 다른 일반투자자보다 매수 및 매도에 대한 1차, 2차, 3차 호가를 0.03초 빨리 파악하고, 보통 0.3초 걸리는 일반 투자자의 매수 또는 매도 호가를 이용하여 이익을 추구하는데, DMA를 이용하는 것이 필수적이다[68].

68) 2010년 8월 17일 NYSE 개장 후 21분간, 미국 대형 제약회사인 애봇 래보러토리즈 주식의 1초당 평균 거래량은 과거 평균 38건이었으나, 이날 1초 만에 1만704건의 주문이 접수, 1초 후 5천483건의 주문이 추가로

(2) 퀀트펀드

퀀트펀드(Quant Fund)는 펀드매니저의 이성적 판단보다는 수학적 계량모델을 활용해 미리 설계된 시스템에 따라 운영되는 펀드를 의미한다. 금융공학 개념을 이용하여 기업가치 매트릭스의 평가 및 과거 주가추이에 기초하여 프로그래밍한다. 사전에 포트폴리오를 구성한 뒤 특정 종목이 고평가 되면 팔고, 저평가되면 추가 매수하는 방식으로 운용되는 게 일반적이다. 주가가 하락하면(예를 들어 5% 하락 시) 수 차례에 걸쳐 주식을 매입한 뒤, 주가반등 시점(예를 들면 5% 상승 시)에 조금씩 매도하여 수익을 실현하는 프로그램매매 형식을 이용한다. 펀드는 주식을 많이 보유하지 않으며, 기간 조정장(장기간 박스권)에서 유리하다. 그리고 이 퀀트펀드운용에도 일반적으로 고빈도매매기법과 결부된다.

퀀트펀드 운용은 최근의 4차 산업혁명의 핵심인 정보통신기술(ICT)을 활용하는 것으로 진화되고 있다. 퀀트알고리즘에 빅데이터 개념을 접목시켜 특정한 용어가 반복되는 경우, 이를 분석하여 매도 또는 매수에 반영하기도 한다. AI(인공지능) 개념을 도입하여, 뉴스에 악재성 뉴스(예를 들면 중요시설 폭격, 지도자 피격 등) 용어가 갑자기 나타나면, HFT시스템을 이용하여 보유 물량을 순식간에 매도하여 주가 폭락을 가져올 수도 있다.[69] 최근에는 가짜뉴스(fake news) 검색 기능도 이용하고 있다.

(3) 로보펀드

로보펀드는 로보어드바이저(Robo-advisor) 개념을 이용하여 운영되는 펀드를 의미한다. 로보어드바이저 서비스란 Robot과 Advisor의 합성어로 인공지능(AI)이 알고리즘을 활용하여 재정상황, 포트폴리오, 투자성향 등 개인고객의 정보를 분석하고, 그 결과를 바탕으로 자산관리에 대한 조언을 하는 온라인 투자자문 서비스를 의미한다[70].

접수. 그러나 이 중 총 1만6천187건의 주문이 다음 1초만에 취소되는 사건이 있었다. 이같이 대규모의 주식 매수나 매도 주문을 순식간에 낸 즉시 취소하는 매매거래 기법을 미국에서는 쿼트 스터핑(quote stuffing)이라 한다. 이러한 트레이딩은 주가와 거래량을 왜곡시켜 증시의 불안정을 초래하고 일부 투자자들에게 불이익을 줄 가능성이 높다.

69) 2010년 5월 6일, 오후 2시 47분 미국 다우지수가 5분만에 1,000P 폭락(flash crash)하였는데, 그 원인으로 퀀트트레이딩이 지목되었다. 퀀트 시스템도 다른 시스템 매매와 마찬가지로, 이 퀀트 트레이딩 선두주자가 프로그램에 의해 자동적으로 매도를 일으켜 주가가 하락하면, 1987년 10월 17일 블랙먼데이 경우처럼, 다른 시스템 트레이딩에도 매도시스널을 주어 매도물량이 쏟아져 주가 폭락을 가져올 수 있다.

로보어드바이저 서비스에 대한 또 다른 정의[71]는 웹 또는 모바일 플랫폼을 통해 인간의 개입을 최소화하고 소프트웨어 기반의 자동화된 금융자문 서비스를 제공하는 것을 의미한다. 빅데이터, 머신러닝, 알고리즘 등 IT기술과 현대 포트폴리오 이론(MPT) 등 금융이론이 결합되어 컴퓨터가 사람을 대신해 자산을 관리하는 기술을 의미한다. 그런데 운용회사마다 정의와 명칭이 달라 Automated Investment Advisor, Digital Investment Advisor, Online Financial Advisor 등으로 불리기도 한다. 로보어드바이저의 구체적인 프로세스의 예를 보면, 투자자가 PC, 모바일 등을 통해 투자성향, 목표수익률 등 5개 내외 질문에 응답하면, 로보어드바이저는 소프트웨어를 기반으로 맞춤형 포트폴리오를 제시하고 운용 및 리밸런싱 서비스 등을 수행한다.

로보어드바이저의 유형은 자동화 정도와 전문가 개입 여부에 따라 운용형, 자문형, 하이브리드형의 3개 유형으로 분류된다[72]. ① 운용형(Fully-Automated Platform)은 알고리즘 기반 소프트웨어가 직접 자산배분 및 리밸런싱 거래를 수행한다. ② 자문형(Self-Executed Trade)은 알고리즘 기반 소프트웨어를 통해 자산배분 및 리밸런싱을 제안하고 거래는 고객이 수행한다. ③ 하이브리드형(Advisor-Executed Trades)은 소프트웨어로 산출된 자산배분 및 리밸런싱을 인간 전문가가 검증하거나 거래하는 것이다.

이렇듯 로보어드바이저는 미국에서 자산관리를 위한 서비스 개념으로 널리 실용화되고 있다. 반면에, 우리나라에서는 일부 자산운용사들이 자산배분과 포트폴리오 구성에 현대 포트폴리오이론에 근거하여 빅데이터, 머신러닝, 알고리즘 등 IT기술과 접목한 서비스를 펀드운용에 활용하고 있다.

미국의 로보어드바이저 자산운용 시장규모는 2017년 현재 약 900억달러 정도인데 2020년까지는 4,500억달러 시장으로 확대될 것으로 전망된다. 우리나라의 로보어드바이저 자산운용 시장은 2016년 2,309억원이었는데, 2022년까지는 19,021억원으로 성장할 것으로 전망된다[73]. 우리나라에서 소위 "로봇이 굴리는 펀드"는 아직 시작단계인데, 공모형, 사모형, 헤지펀드, 변액보험펀드 등이 설정되었다. 2016년 말 현재 3개 자산운용회사[74]의 6개 펀드에 1,000억원 정도가 설정되어 운용되고 있다.

---

70) 금융연구원, 로보어드버이저 서비스의 기능과 한계, 주간금융브리프, 2016.4.1.
71) IBK경제연구소, 로보어드바이저에 관한 오해와 진실, 2016.8.
72) IBK경제연구소, 전게서.
73) 자본시장연구원, AI가 금융투자업에 미치는 영향과 대응과제, 한국증권법학회 세미나, 2016.9.8.

6 변액보험

(1) 개념

변액보험이란 계약자가 납입한 보험료 중 특별계정투입보험료를 모아서 일반자산과 분리된 펀드를 구성하여 펀드의 운용실적에 따라 투자수익을 계약자에게 배분함으로써 보험금이 변동되는 보험기능과 투자기능이 합쳐진 실적배당형 보험이다.[75] 이는 투자신탁의 수익증권이나 투자회사의 소위 뮤추얼펀드와 같이 주가연동상품의 하나로 투자실적에 따라 보험금과 해약환급금이 달라진다. 그러나 보험고유의 기능인 보장성을 제공하기 위해 사망보험금의 경우 최저사망보험금(기본보험금)은 보장된다. 그리고 변액보험을 취급하는 특별회계(펀드)에서 리스크는 계약자가 부담하고 최저보증이율이 없다. 반면에 보험사의 일반회계 리스크는 회사가 부담하고 최저보증이율은 각 보험상품의 예정이율이 된다.

2000년 이후 보험가격자유화, IMF 이후 금융시장 재편 및 급격한 금리변동 등의 금융환경변화에 대응하여 시장수익률을 반영하면서 인플레이션을 헤지하여 보험금을 실질가치를 보장할 수 있는 변액보험 상품의 도입이 본격적으로 추진되었다. 이후 2001년 4월 27일 금융감독위원회(현 금융위원회)가 보험업감독규정을 개정하여 법적 근거가 마련되어, 2001년 7월부터 판매가 시작되었다. 2002년 1월 보험업법의 개정으로 변액보험 계약이 법률에 정식으로 반영되었다. 2004년 구 증권투자신탁업법과 증권투자회사법을 통합한 '간접투자자산운용업법'이 제정시행으로 변액보험도 동 법규의 규제를 받게 되었다. 이후 2009년 자본시장법의 시행으로 변액보험은 자본시장법의 규제를 받고 있다. 한국에서 2001년 변액종신보험이 처음으로 도입된 이래 2002년에 변액연금, 2003년에 변액유니버셜보험이 뒤를 이어 판매되었다.

(2) 변액보험의 규제와 운용

변액보험의 법률상 정의는 "보험금이 자산운용성과에 따라 변동하는 보험계약(보험업법 제 108조 제1항 제3호)"이다. 이러한 변액보험은 생명보험과 펀드운용에 의한

---

74) 퀀터백자산운용의 4개펀드, NH아문디자산운용과 라임자산운용의 각각 1개펀드가 있다.

75) 변액보험제도는 1956년 네덜란드의 에바르다유보험회사가 처음 도입하였다. 미국에서는 1976년, 일본에서는 1986년 금리가 높은 시기에 생명보험회사의 생존전략에서 도입되었다.

실적배당의 성격을 동시에 가지므로 법적 규제에 있어서도 보험업법과 자본시장법의 규정이 동시에 적용된다. 또한, 변액보험은 생명보험상품 중 하나이므로 손해보험회사에서는 취급할 수 없다[76]. 보험업법에 따르면 변액보험은 특별계정[77]을 설정하여 운용해야 한다. 일반계정의 경우 보험계약의 종류에 구분 없이 보험료를 집중(Pool)하여 운용하고 그 결과는 보험회사가 책임을 지는데 반해, 변액보험은 자산운용 성과에 따라 보험금액이 차이가 발생함에 따라 다른 보험계약과 분리된 별도의 계정을 설정하여 관리하는 것이다. 이러한 특성으로 인해 변액보험 등 특별계정에는 회계처리나 자산운용방법, 자산의 평가방법 등에 있어서 일반계정과는 달리 별도의 규제와 제한이 적용된다([그림 5-19]).

그림 5-19
변액보험의 구조

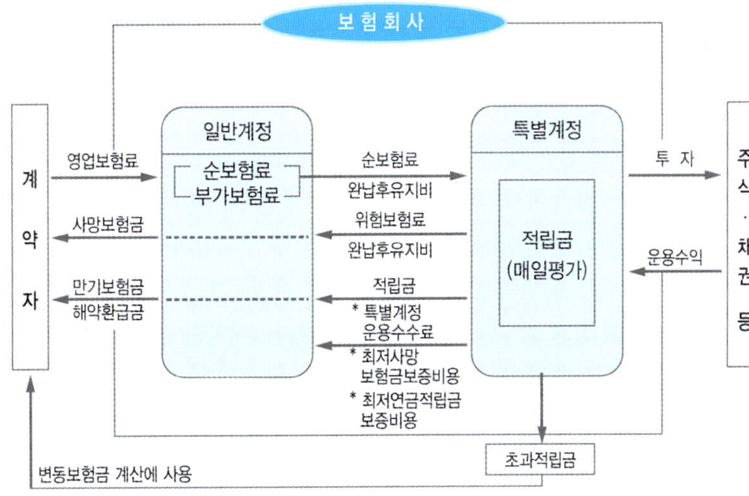

특별계정에서 운용되는 보험료는 일반계정과 다르다. 특별계정에서는 고객이 납입한 영업보험료 이외에 계약유지를 위한 완납 후 유지비가 추가된다.[78] 변액보험

76) 이에 대한 명시적인 법적 근거는 보험업감독규정 제 5-6조(특별계정의 설정·운용) 제1항 제3, 호4) 등이다
77) 특별계정은 원래 투자위험의 부담을 명확히 하기 위해 설정되기 시작했으나, 최근에는 정책적인 목적 때문에 특별계정이 설정되기도 한다. 종업원의 퇴직금의 지급을 보장하기 위한 퇴직보험 특별계정, 세제적격 개인연금을 다른 보험계약과 구분하기 위한 연금저축 특별계정이 그 예이다.

은 금융투자회사의 투자신탁(수익증권) 또는 투자회사(소위 뮤추얼펀드)와 유사한 자산운용 구조를 갖고 있어 투자실적이 좋을 경우에는 사망보험금과 해지환급금이 증가하나, 투자실적이 악화될 경우에는 해지환급금이 원금에도 미치지 못할 수 있는 전형적인 투자형 상품이다. 따라서 투자 결과에 대한 책임 역시 금융투자회사 상품처럼 전적으로 계약자가 부담한다. 그러나 보험고유의 기능인 보장을 제공하기 위해 가입한 펀드의 실적이 악화되더라도 가입 시 설정한 최저 사망보험금(기본보험금)은 보장된다.

(3) 변액보험 상품의 종류

변액보험의 종류에는 변액보험(Variable Life Insurance), 변액유니버셜보험(Variable Universal Life Insurance), 변액연금(Variable Annuity)의 세 가지가 있다. 그리고 변액보험과 변액유니버셜보험은 상품을 설계하는 방법에 따라 종신보험 같은 보장성 상품으로 설계할 수도 있고, 양로보험과 같은 장기 저축성상품으로도 설계할 수 있다.

변액연금은 연금지급개시 전까지는 변액종신보험 또는 변액유니버셜보험처럼 운용하고, 연금지급개시 후에는 종신연금(또는 확정연금, 상속연금 등)을 지급하는 형태로 실적배당형 상품이라는 것이 전통적 연금보험과 다른 점이다. 즉, 연금개시 전 사망 시에는 투자실적에 따라 변동되는 사망보험금을 가산지급방법(기본사망보험금+사망당시 적립금)으로 계산하고, 생존 시에는 계약자 적립금을 투자실적에 따라 적립한 후 연금개시연령이 되면 그 동안 적립된 금액을 연금지급 재원으로 하여 계약자가 선택하는 형태의 연금을 지급하게 된다.

연금개시 이후의 연금지급 방법은 계약자의 선택에 따라 정액연금 또는 변액연금으로 지급하게 된다. 계약자가 정액연금을 선택할 경우는 계약자의 보험료가 특별계정에서 일반계정으로 이전되어 일반계정에서 연금을 지급하게 된다. 그러나 변액연금을 선택할 경우는 특별계정에서 운영되며, 연금지급 준비금을 계속 실적배당

78) 영업보험료는 순보험료(저축보험료+위험보험료)와 부가보험료(신계약비+유지비+수금비)로 구성된다. 부가보험료 중에서 신계약비와 수금비는 보험료를 납입하는 기간 이내에만 사용하는 사업비이다. 유지비는 계약이 유지되는 전 기간 동안 계약유지를 위해 사용하는 사업비이다. 변액보험의 경우 계약자가 보험료를 납입하는 기간뿐만 아니라 보험료 납입이 완료된 후에도 계약이 유지되는 동안은 계속해서 유지비가 필요하게 된다. 따라서 유지비는 보험료 납입기간 동안 사용하는 유지비(납입 중 유지비)와 완납후 계약 유지기간 동안 사용하는 유지비(완납 후 유지비)로 구분이 된다.

으로 운영하여 발생한 수익에 기초한 연금을 지급하게 된다. 따라서 투자실적이 악화될 경우에는 연금 지급액이 줄어들 수도 있다. 또한, 일반적으로 변액연금은 연금개시 이후에는 그 시점까지 투자 운용된 연금적립금을 예정이율 또는 공시이율로 계산하여 연금을 지급하는 형태를 취하고 있는데, 일부 변액연금의 경우는 연금개시 이후에는 계속해서 실적배당으로 운용되는 형태도 있다.

변액유니버셜보험은 변액보험의 장점인 실적배당과 유니버셜보험의 장점인 단순한 상품구조 및 자유입출금을 결합하여 만든 종합금융형 보험이다. 변액보험은 실적배당을 하지만 보험료 납입이 정액정기납이고, 상품구조가 복잡하다는 특징이 있는데 반해, 유니버셜보험은 자유입출금이 가능하고 상품구조가 국내의 금리연동형 저축성보험처럼 단순하다는 특징이 있으며, 공시이율을 적용하므로 저금리, 고주가 시대에는 고수익을 제공하기 어려운 단점을 갖고 있다. 이러한 의미에서 변액유니버셜보험은 다양한 고객의 니즈를 반영하여 입출금 기능, 간접투자 상품의 실적배당 기능, 보험의 보장 기능을 하나의 상품으로 제공할 수 있는 One-Stop Service 종합금융형 보험이라고 할 수 있다.[79].

(4) 변액보험의 보증옵션

변액보험상품은 실적에 따라 사망보험금과 해약환급금이 변동하는데, 운용실적이 지속적으로 저조하다면 계약자 입장에서 볼 때 보험의 본질적인 보장기능을 기대하기 어렵게 된다. 이런 문제를 해결하기 위해 펀드에서 보증비용을 차감하여 보증비용 풀(pool)을 구성하고 일정수준 이상의 사망보험금과 연금재원을 보증해 주는 상품이 보증옵션상품이 있다.

보증옵션은 연금 본래의 취지를 감안하여 최소한의 안정성을 부여하기 위해 일반적으로 2가지의 최저보증 기능을 도입하고 있다. 첫째는 최저사망보험금보증으로, 계약자가 연금개시 전 사망 시 투자실적이 아무리 악화되더라도 사망보험금은 기납입보험료를 최저보증해 준다. 둘째는 최저연금적립금보증으로 변액종신보험 및 변액유니버셜보험과 달리 변액연금은 계약자 생존 시에도 최저보증이 있는데,

79) 변액유니버셜보험의 상품형태는 장기투자를 주목적으로 하는 적립형과 사망보장을 주목적으로 하는 보장형으로 구분된다. 이 중 국내에서 판매되고 있는 보장형 변액유니버셜에는 일시납 추가가입(증액)방법을 사용하여 변동보험금을 발생시키는 변액종신과 변동보험금이 없이 예를 들면 '기본보험금, 계약자적립금, 기납입보험료' 중 가장 큰 금액을 사망보험금으로 지급하는 형태가 있다.

노후의 안정적인 연금지급을 위해 투자실적이 아무리 악화되어도 연금개시가 되면 일정수준규모의 재원(예를 들어 기납입보험료 등)을 최저 보증해준다. 변액연금과 변액유니버셜보험에 따른 보증 내용을 요약하면 다음과 같다(〈표 5-24〉).

표 5-24 보증옵션의 주요 내용

구 분	보 증 내 용
변액종신 변액유니버셜(보장형)	• GMDB(Guaranteed Minimum Death Benefit) : 최저사망보험금보증으로 실적이 악화되더라도 기본사망 보험금의 지급을 보증
변액연금	• GMDB : 최저사망보험금보증으로 제1보험기간(연금개시전) 중 사망보험금이 기납입보험료보다 적을 경우 기납입보험료를 사망보험금으로 지급
	• GMAB(Guaranteed Minimum Accumulation Benefit) : 최저연금적립금보증으로 연금개시시점에서 펀드의 계약자 적립금과 기납입보험료를 비교하여 큰 금액을 연금재원으로 보증하는 옵션
	• GMWB(Guaranteed Minimum Withdrawal Benefit) : 제2보험기간 중 연금재원을 특별계정에서 운용할 경우 특별계정의 투자성과에 관계없이 연금재원의 일정수준을 지급 보증하는 옵션
	• GMIB(Guaranteed Minimum Income Benefit) : 특별계정의 투자성과에 관계없이 일정수준의 이율을 보증하는 옵션
변액유니버셜(적립형)	• GMDB(Guaranteed Minimum Death Benefit) : 최저사망보험금보증으로 보험기간 중 사망보험금이 기납입보험료보다 적을 경우 기납입보험료를 사망보험금으로 지급

변액보험의 보험료수입추이를 보면 2001년 7월 변액보험이 판매되기 시작한 이후 증가추세를 보이다가 2011년 21.3조원의 보험료수입을 기록했다. 그러나 2012년 변액보험 사업비 과다 징수 문제가 사회문제화 되면서 2012년 보험료수입이 15.6조원대로 감소했고, 사업비 내용 공개 등의 조치가 취해졌다. 보험회사의 회계연도가 과거 3월에서 2월까지였는데 2013년 1월부터 12월까지로 변경하는 과정에서 2013년 보험료 수입은 9개월치를 반영한 것이어서 보험료수입은 실질적으로 증가한 것이다. 그러나 보험료 수입은 2011년 수준을 아직 회복하지 못하고 있다. 2016년 보험료 수입은 19.4조원을 기록했다. 이 중 변액보험 종류별 비중을 보면, 변액유니버셜보험이 53.4%로 가장 많은 비중을 차지하고, 변액연금이 38.2%였다(〈표 5-25〉).

(단위 : 억원, %)

표 5-25 변액보험 종류별 보험료 수입 추이

연도	변액 종신	변액 연금	변액유비버설	변액 기타	합계
2009	3,580	84,786	77,208	6,308	171,882
2010	3,798	101,580	82,585	6,166	194,130
2011	4,050	112,767	90,038	6,082	212,937
2012	3,133	81,492	67,426	4,881	156,933
2013	3,214	71,058	74,950	6,221	155,443
2014	4,845	86,366	106,105	9,394	206,709
2015	5,294	80,712	108,287	12,139	206,431
2016 (비중)	5,404 (2.8%)	74,200 (38.2%)	103,574 (53.4%)	10,884 (5.6%)	194,062 (100.0%)

주) : 초년도보험료와 2차연도 이후 보험료 합계

자료 : 보험개발원(www.kidi.or.kr)/보험통계포털서비스(http://www.insis.or.kr)/보험통계월보/보험현황통계/생명보험/수입보험료 명세서 Ⅱ(종목별)

연.습.문.제

01 영국의 펀드시장 발달과정은?

02 선박펀드는 회사형, 폐쇄형, 단위형, 상장형인 것이 보통이다. 왜일까?

03 모자펀드와 Fund of Funds의 유사점과 차이점은?

04 적립식펀드의 특징과 매입단가 평준화란?

05 금융기관의 창구에서 주식형 적립식펀드를 판매하는 직원이 고객에게 "3년 이상 펀드에 가입하시면 손해를 보지 않을 것이다"라고 설명한다면 맞는 말인가?

06 거치식펀드와 적립식펀드의 차이는?
강세장에서는 어느 펀드의 수익률이 유리할까?

07 ETF와 인덱스펀드의 수익률 차이는?

08 Inverse ETF와 Reverse ETF의 차이점은?

09 ETF 발행시장에서 PDF와 CU의 의미는?

10 ETF와 ETN의 차이점은?

11 노후 대비를 위해 월지급식 펀드에 가입할 경우 유의점은?

12 고령화시대에 TDF의 의미는?

13 변액보험에서도 원금보전이 가능한가?

연.습.문.제

14 한국형 헤지펀드에서 프라임브로커(PB)의 역할은?

15 한국형 헤지펀드의 주요 투자 전략은?

16 경영참여 PEF에서 LP와 GP의 차이점은?

17 시스템펀드의 종류와 향후 발전 가능성은?

18 해외펀드 수익률과 환율과의 관계는?

CHAPTER 6 파생상품시장

I 파생상품시장의 배경

1 파생상품시장의 연혁

1970년대에 들어 고정환율제를 골격으로 하는 브레튼우즈체제(Bretton Woods System)가 무너지고 변동환율제가 도입되었다. 또한, 미국을 중심으로 세계 각국은 통화정책의 기조를 이자율 중심에서 통화공급 중심으로 바꾸었다. 정부의 간섭과 통제에서 시장논리를 존중하는 이러한 변화의 물결은 1980년대에 들어서서 더욱 가속화되면서 이제는 전 세계적으로 자율화 내지 규제완화(deregulation)가 진행되고 있다.[1)]

이러한 환경변화는 환율과 금리의 변동폭을 확대시켜 그만큼 경제가 가격위험을 안게 되었다. 뿐만 아니라 경쟁의 격화를 유발하여 그 동안 규제 하에서 안정적이던 금융기관의 수익기반이 지속적으로 악화되는 결과를 초래하였다. 이에 위험회피의 수단으로써 또는 적정수익확보의 수단으로써 파생상품(派生商品, derivatives)에 대한 관심이 촉발되었으며, 특히 금융파생상품의 거래가 전 세계적으로 급속히 늘어나고 있는 실정이다.

한국도 국제화와 개방화가 진행됨에 따라 환율, 주가, 금리 등이 국내적 요인은 물론 해외적 요인에 의해서도 영향을 받게 되어, 그만큼 가격변동위험 등 불확실한 환경을 가지게 되었다. 이에 정부는 증대되는 위험에 대한 관리수단으로써 파생상품시장의 국내 개설의 필요성을 인식하여 "신경제 5개년 계획"(1993)에서 우선 금융선물 도입에 관한 계획을 발표하였다. 금융선물 중에서 먼저 주가지수선물을 도입하고, 금리와 외환자유화의 추이를 보아가며 금리선물시장 및 통화선물시장의 개설

1) Alan Greenspan이 미국 연방준비위원회(Federal Reserve Board)의 의장으로 취임한 이래 이자율을 중시하는 쪽으로 회귀하였다.

을 추진하기로 하였다.

그러나 관련법을 제정함에 있어서 상품선물을 별도로 분리할 것인가, 주가지수선물을 금융선물에 포함할 것인가를 두고 논란이 벌어져 별다른 진전을 못보고 있었다. 다행히 1994년 12월의 정부조직개편에 따라 그 동안 상품선물을 관리하여 오던 경제기획원과 금융선물시장을 준비하여 오던 재무부가 재정경제부로 통합되어 원내 금융정책실이 상품 및 금융선물거래관련 업무를 전담하게 되자, 금융선물과 상품선물을 통합하여 선물거래법을 제정하고 종합적으로 선물거래제도를 정비하자는 논의가 전개되어, 마침내 1995년 12월 29일 동법이 공포되어 1996년 7월 1일부로 시행되었다.

주가지수선물의 경우 증권거래법에서 이미 이를 유가증권에 포함시켜 기존의 거래제도 하에서 주가지수선물을 거래할 수 있도록 하였다. 이에 한국증권거래소는 1996년 5월 3일 처음으로 주가지수선물시장을 개설하였고, 1997년 7월 7일에는 주가지수옵션시장을 개설하게 되었다. 한편, 1996년 말에 선물거래협의회와 한국금융선물협회가 통합하여 한국선물협회가 창립되고, 선물거래소 설립준비단이 구성되어 통화선물과 금리선물의 도입을 준비하였다. 그 결과 1999년 4월 23일 부산에 한국선물거래소가 개설되었다. 그 후로 2004년 1월 29일 제정된 한국증권선물거래소법에 따라 한국증권선물거래소로 통합하여 2005년 1월 27일 출범하였다. 그리고 자본시장법에 따라 한국증권선물거래소를 한국거래소로 명칭을 변경하였다.[2)]

2 파생상품의 의의

파생상품은 기초 자산 또는 지수로부터 파생된 경제적 가치를 갖게 되는 교환이나 약정이라고 정의할 수 있는데, 크게 선도계약(先渡契約, forward contract), 선물계약(先物契約, futures contract), 옵션(option), 스왑(swap) 등 네 가지 유형으로 분류된다.[3)] 선도나 선물은 특정 상품을 미래의 특정 시점에 미리 정한 가격 및 수량으로 사거나 팔 것을 약정한 계약으로, 선도는 장외에서 당사자끼리 거래가 이루어지는 반면, 선물은 거래소에서 정형화된 상품으로 거래가 된다는 점에서 구분된다. 옵션

2) 한국거래소는 한국증권거래소, 한국선물거래소, (주)코스닥증권시장, 코스닥위원회가 합병된 통합거래소이다. 영문명칭은 'Korea Exchange'이며 줄여서 'KRX'라고 한다.

3) 자본시장법 제5조에 의하면 파생상품을 선물(futures), 옵션(option), 스왑(swap) 등 세 가지로 구분한다. 법에서 정의된 선물은 광의(廣義)의 선물로서 선도계약(先渡契約)을 포함하는 개념이다.

은 특정 상품을 특정 기일 또는 기일 내에 사거나 팔 수 있는 권리를 말한다. 끝으로 스왑은 거래 쌍방간에 상품 또는 경제적 조건을 서로 맞바꾸는 것을 말한다.

선도계약과 선물거래의 개념을 쉽게 이해하기 위해서 먼저 현물거래의 의미부터 살펴보자. 현물거래(spot or cash transaction)란 현재시점에서 현물을 인수하면서 대금을 지급하는 거래, 혹은 현물을 인도해주면서 대금을 받는 거래를 의미한다. 일반적으로 현금을 지급하고 물건을 구입하거나 물건을 팔면서 현금을 받는 대부분의 거래가 현물거래이다.

선도계약(forward contract)은 매매 당사자가 미래의 정해진 시점에서 특정 상품을 현재 결정한 가격으로 교환하기로 하는 계약이다. 즉, 현재 시점에서는 거래조건 등에 관한 계약만을 체결하고, 실제 상품의 인수도와 대금의 결제는 미래의 정해진 시점에서 이루어지는 것이다. 이처럼 선도계약에 기초하여 이루어지는 선도거래(forward transaction)란 일정한 장소가 없이 전화나 텔렉스 등의 방법을 통해 거래 당사자 쌍방간에 이루어지는 사적인 거래로 거래상품도 표준화되어 있지 않고, 계약기간 중 반대매매가 없이 대부분 결제시점에서 거래상품의 인도와 대금지불이 이루어진다. 또한, 결제이행에 있어서도 제3자 보증이나 증거금의 징수가 필요하지 않다.

선도거래는 대상상품을 인도하는 자나 인수하는 자가 자신이 원하는 인도 및 인수조건을 스스로 선택할 수 있다는 장점이 있으나, 자신의 거래조건을 정확하게 충족시켜 줄 매매 상대방을 찾기가 어려우며, 상대가 계약을 이행하지 않는 데서 위험이 따른다. 이러한 어려움을 극복하고자 거래소에서 이러한 거래를 창출하게 되었다. 선물계약(futures contract)이란 미래의 일정한 시점에 수량, 품질 등 거래조건이 거래소에 의해 표준화되어 있는 특정 상품을 미리 정해진 가격으로 인도·인수하기로 하는 계약을 의미한다.[4)]

선물계약을 매도(short position)한 사람은 결제시 거래대상상품을 인도할 의무를 지고, 선물계약을 매수(long position)한 사람은 거래대상상품을 인수하고 거래 당시의 가격으로 대금을 지불할 의무를 진다. 그러나 선물거래는 계약만료 이전 언제든 반대매매를 통해 자신의 포지션을 해소할 수 있다.

옵션이란 계약 당사자간에 정하는 바에 따라 일정한 기간 내에 미리 정해진 가

4) 선물이란 말은 일본에서 수입되었는데 돈을 먼저 주는 거래를 선금거래 또는 선불거래라고 하듯이 선물거래하면 물건을 먼저 주는 거래로 오해할 우려가 있다. 선물은 현재물의 준말인 현물에 대응되는 개념으로 원어의 뜻처럼 미래물이라고 함이 이해하기가 더 쉬울 것이다.

격으로 상품이나 유가증권 등의 기초자산(underlying assets)을 살 수 있는 권리(call option) 또는 팔 수 있는 권리(put option)를 의미한다. 다른 말로 표현하면 옵션매도자(option writer : 옵션발행자)는 계약에서 정하는 기초자산을 사거나 팔거나 할 수 있는 권리를 매수하는 자에게 부여하고, 옵션매수자(option buyer)는 일정한 기간 동안 옵션계약에 명시된 사항을 옵션매도자에게 이행하도록 요구하거나 또는 요구하지 않아도 되는(즉, 권리를 포기할 수도 있는) 조건부 청구권(contingent claim)을 의미한다.

옵션거래는 대상상품을 매수하거나 매도할 수 있는 권리를 매매하지만 선물거래는 대상상품 그 자체를 매매한다. 또한, 옵션거래에서는 선물거래의 경우와 같은 반대거래에 의한 결제에 덧붙여 권리행사에 의한 결제방법이 있다. 매수자는 취득하고 있는 권리를 행사하여 매도자로부터 대상상품을 매수하거나 매도하는 것이 가능하다. 물론 권리를 행사하지 않고 포기할 수도 있다.

스왑은 미래의 정해진 기일에 계약 당사자가 소유한 서로 다른 현금흐름을 교환하기로 약정을 맺는 파생상품이다. 즉, 사전에 정해진 가격 및 기간에 둘 이상의 당사자가 보다 유리하게 자금을 조달하고, 상호간에 부채를 교환함으로써 위험을 회피하려는 금융기법이다.

스왑거래에는 미래의 일정기간 동안 계약 당사자간 고정금리와 변동금리에 대한 이자지급을 교환하는 금리스왑거래, 계약 당사자간 서로 다른 두 통화를 교환하는 통화스왑거래 등이 있다. 초기에는 은행이 단지 브로커로서 거래 당사자를 연결시켜 주고 수수료를 수취하는 소극적인 역할만을 수행하였으나 스왑시장이 발전함에 따라 일부 큰 은행들은 자기 명의로 스왑을 사고파는 스왑 딜러로 등장하였다.

3 선물시장의 구조

선물거래는 거래소(organized exchange)에서 행해진다. 거래소는 선물계약을 상장시켜 매매가 체결되도록 하는 시스템을 구축하고 있으며, 선물거래를 위한 규칙을 제정하고 선물의 대상이 되는 표준화된 계약을 선정할 뿐만 아니라 선물계약이 효율적으로 거래가 이행될 수 있도록 설비와 서비스를 제공한다.

또한 시장 내의 모든 참가자에게 계약이행을 보장하기 위해 청산소(clearinghouse)를 운영한다. 청산소는 모든 매도자에게는 매수자의 입장을, 모든 매수자에게는 매도자의 입장을 취함으로써 그런 역할을 수행한다. 선물시장에서의 모든 거래당사자는 오직 청산소에 대해서만 의무가 있으며 청산소가 거래를 이행시켜 줄 것을 기대한다. 따라서 청산소는 시장에서 적극적인 포지션(active position)을 취하지 않지만 모든 거래의 당사자 사이에서 중간적인 입장을 취하고, 처음에 약정된 만기와 가격대로 인도할 것을 매수자에게 보장함으로써 선물거래에 대한 신뢰를 확립한다.

선물거래는 장래의 특정일에 현물인도결제를 약속한 것이기 때문에 중도에 선물가격의 변동으로 계약 당사자 중 어느 일방의 손실이 매우 클 경우에는 결제를 이행하지 않을 가능성이 커지게 된다. 따라서 시장참가자를 보호하고 선물시장이 효율적인 시장으로서 존속할 수 있기 위해서는 이러한 결제불능 위험성을 제도적으로 방지할 수 있는 장치가 필요한데 이러한 제도적 장치 중의 하나가 바로 증거금제도이다.

증거금에는 고객이 처음 포지션을 개설할 때 예치해야 하는 개시증거금(initial or original margin), 고객에 대해서 항상 이 수준 이상을 유지하도록 요구하는 유지증거금(maintenance margin), 고객의 증거금이 유지증거금 이하로 떨어질 경우 추가로 납입하는 추가(또는 변동)증거금(variation or additional margin) 등이 있다.

나아가 거래소는 계약의 이행을 보장하기 위하여 일일정산(daily resettlement or marking-to-market)을 한다. 일일정산은 선물거래의 미청산포지션에 대하여 매일 거래종료시 해당상품의 정산가격(일반적으로 종가)에 근거 고객계좌에 선물가격변동에 의한 거래손익을 기록하는 과정을 의미한다.

선물가격이 고객의 선물포지션에 유리하게 변동되면(매수포지션의 경우 가격상승, 매도포지션의 경우 가격하락) 이익이 발생하여 증거금 잔액이 증가한다. 가격이 불리하게 변동되면(매수포지션의 경우 가격하락, 매도포지션의 경우 가격상승) 손실이 발생하여 증거금 잔액이 감소한다.

일일정산가격은 선물상품 모두 동일하게 계산된다. 일일정산가격은 시장 종료 직전 1분 동안의 체결가격을 거래량으로 가중 평균한 가격으로 한다. 만약 종료 직전 1분 동안 체결된 가격이 없으면 당해 1분 직전의 체결가격을 정산가격으로 한다. 그러나 당해 체결가격보다 시장종료시점에 남아 있는 매입(매도)가격이 높(낮)은 경우에는 당해 매입(매도)가격을 정산가격으로 한다. 위의 방법으로 결정한 정산가격이 적절하지 않다고 판단되는 경우나 기타 예외적인 상황이 발생한 경우에는 거래소가 당일의 시장상황을 반영하여 일일정산가격을 결정한다.

한국거래소는 주가지수관련 파생상품으로 KOSPI 200 선물 및 옵션, 스타지수선물, 개별주식 선물 및 옵션, 채권/금리관련 파생상품으로 3년국채선물(KTB), 5년국채선물(5TB), 10년국채선물(10TB), 통화관련 파생상품으로 미국달러 선물 및 옵션, 엔선물, 유로선물, 실물상품으로 금선물, 돈육선물, 미니금선물을 거래하고 있다. 2017년 6월 26일부터는 ETF(exchange traded fund)선물도 거래되고 있다. 다음 절은 대표적 파생상품인 KOSPI200 선물과 KOSPI200 옵션에 대해서 자세히 알아본다.

Ⅱ 주가지수관련 파생상품

1 KOSPI200 선물

(1) 주가지수선물시장의 개설

정부의 "자본자유화 추진계획"(1981)의 발표를 계기로 국내 증권시장의 양적·질적 토대가 마련되자 학계 및 관련기관에서는 선물 및 옵션 등의 국내도입 가능성 및 도입방안에 대한 조사연구가 이루어져 왔다.[5)]

이후 1987년 11월 제9차 증권거래법 개정에서 한국증권거래소의 업무 중 선물시장 개설업무를 포함시킴으로써 동 거래소의 선물시장 개설을 위한 법적 근거가 마련되었고, 1993년 5월에 공포된 신경제 5개년계획의 금융개혁부문에서 한국증권거래소가 1996년에 주가지수선물시장을 개설하도록 확정되었다.

이에 따라 한국증권거래소는 1993년 10월에 개설준비위원회를 발족하고, 그 해 12월 증권거래법의 개정에서 주가지수 등 유가증권지수를 유가증권으로 의제(擬制)하고 또한 유가증권선물거래를 유가증권의 매매거래로 의제하는 제도적 뒷받침을 하였다.

거래소는 1994년 6월에 제조업 142개, 금융서비스 25개, 유통서비스 15개, 건설

5) 경제기획원은 지난 1986년 조달청 산하에 선물거래협의회를 설립시켜 선물과 옵션 등 파생증권의 도입에 대해 꾸준한 준비를 하여 왔었다. 1993년 초에는 한국금융선물협회가 별도로 창립되었으나 1996년 말 두 협회는 발전적으로 해체되고 한국선물협회가 설립되었다. 2009년에는 한국증권업협회 및 자산운용협회와 함께 한국금융투자협회로 통합되었다.

15개, 전기가스 2개, 통신 1개로 구성된 KOSPI200을 확정하고, 매매, 결제, 수탁제도 및 관계규정의 입안과 전산시스템의 개발을 1차 완료하고 1995년 4월 이후 주가지수선물 모의시장을 운영하였다.

재정경제부는 1995년 12월 12일 주가지수선물시장 개설방안을 확정하고, 1996년 3월 주가지수선물거래업무규정 및 동규정 시행세칙, 주가지수 선물 수탁계약준칙 및 동준칙 시행세칙을 제정하고 주가지수선물거래업자를 허가하였다. 한국증권거래소가 동년 4월 최종 시험시장 운영을 거쳐 5월 3일에 주가지수선물시장을 개설함으로써 한국도 선물의 시대가 열리게 되었다.

한국증권거래소에 주가지수선물시장을 개설하기로 한 것은 한국이 그 동안 은행·증권 분업주의 원칙하에 금융산업이 각기 전문성을 갖고 발전해온 점, 주가지수선물은 위험이 높은 상품인 반면 선물거래의 경험이 전혀 없어 현물·선물시장의 일체적 관리가 필요한 점과 주가지수 외에는 선물시장의 성공가능성이 크지 않다는 점 등을 고려한 결과이다.

(2) 주가지수선물거래제도의 개요

KOSPI200의 한글명은 한국주가지수 200이며 영문명은 Korea Stock Price Index 200이다. KOSPI200의 편입대상종목은 매년 6월 정기심의일 직전년도의 1년간 종목별 평균시가총액 및 연간거래량을 기준원칙으로 선정된다. 상장폐지, 관리종목 지정, 합병 등의 사유발생시 운영위원회를 개최하여 종목조정을 위한 특별심의를 할 수 있다.

주가지수선물은 주식시장에 상장되어 있는 전체주식 또는 일부주식의 평균적인 움직임을 나타내는 주가지수를 거래대상으로 하는 선물이다. 한국거래소에서 거래하는 주가지수선물은 KOSPI200을 그 대상지수로 한다. 거래대상이 유형의 실물이 아니라 기술적으로 수도(受渡)가 불가능한 무형의 지수이므로 반대매매를 통하여 만기일 전에 포지션(position)을 청산(淸算, clearing)하든지, 아니면 만기일에 가서 그 차액을 현금으로 결제한다.

거래시스템은 전산거래방식을 채택하고 있다. 전산매매는 모든 시장참여자들에게 동질의 시장 및 정보접근이 가능하며, 다양한 시장정보를 신속·정확히 전달할 수 있어 정보효율적이다. 또한, 사람의 실수를 막고 정확하고 신속하게 매매체결 및 결제업무를 처리하며, 투명성이 확보되어 불공정거래의 소지가 적다. 그리고 장소와 인력면에서 비용효율적이어서 거래비용을 줄인다. 뿐만 아니라, 신상품의 도입과 주문폭증에 대한 대처가 용이하고, 관련기관과 데이터의 유기적 통합이 가능하다. 나아가 정보통신기술의 발전에 따라 상업통신망 및 인터넷 등을 통한 홈트레이딩도 가능하다.

선물매매는 주식시장과 동시에 거래를 개시하여 주식시장 종료 15분 후에 거래를 종료한다. 그 이유는 확정된 현물포지션에 대해 자신의 투자목표 내지 전략에 맞게 선물포지션을 조정할 수 있는 기회를 부여하기 위해서다. 거래최종일에는 주식시장이 종료되면 최종결제가격이 확정되므로 더 이상 선물을 거래할 이유가 없고, 주식시장이 매매 종료 전 10분 동안 동시호가에 의한 단일가로 거래되어 시장정보가 단절되기 때문에 주식시장보다 10분 일찍 선물거래가 종료되도록 하고 있다. 거래의 체결은 주식시장과 마찬가지로 개별 경쟁매매방식으로 가격, 시간, 수량의 우선원칙에 따라 이루어진다.

그리고 한국거래소는 프로그램매매에 의한 주식시장의 과도한 급등락을 방지하기 위해 프로그램매매호가의 일시효력정지제도(side car)를 도입하였다. 이는 선물가격의 급변 시 차익거래자들로 인하여 시장교란이 심화됨을 방지하기 위해 프로그램의 매매 주문체결을 일정시간동안 지연시키고자 하는 것이다. KOSPI200 선물가격이 전일 종가대비 ±5% 이상 변동하여 1분 이상 지속될 경우 주식시장의 프로그램매매호가에 대하여 일시적으로 효력을 정지시킨 후 발동시점부터 5분이 경과한 시점에 접수순서에 따라 매매를 체결시키는 제도이다. 다만 주식시장 시작 5분경과 전이나 주식시장의 매매거래종료 40분전 이후에는 적용하지 않으며 1일 1회에 한하여 발동한다.[6] 나아가 1998년 12월 한국증권거래소는 시장의 가격안정화를 도모하기 위하여 선물의 일시적 매매거래중단제도(circuit breakers)를 도입하였다. 이는 선물가격이 급변할 때 투자 판단을 위해 선물거래를 일시적으로 중단하는 제도이다. 매매중단 기준은 KOSPI200 선물의 경우, 동시호가접수 시간 종료 후 5분이 경과한 뒤(09 : 05)부터 전일의 약정수량이 가장 많은 선물종목의 가격이 거래의 기준가격 대비 ±5% 이상 변동하여 1분 이상 지속되고, 선물가격과 선물이론가격간 괴리율이 ±3% 이상일 때 중단된다. KOSDAQ 50선물은 KOSPI200 선물과 동일한 기준의 전일 종가 대비 ±6% 이상 변동하여 1분 이상 지속되고, 선물이론가 대비

6) 미국의 뉴욕증권거래소는 1987년 10월 시장붕괴 이후 프로그램매매의 주문을 제한하는 'side car' 제도를 도입하였으며, S&P 500 선물가격이 12포인트 이상 하락하는 경우에 발동한다. 하지만 1일 1회 처음 5분간만 실시되고, 높은 발동수준으로 인한 너무 적은 발동횟수로 실효성에 문제가 제기되어 1998년 11월 5일자로 폐지하였다.

괴리율이 ±3% 이상인 경우에 모든 선물종목의 거래가 5분간 중단(선물 circuit breakers)된다. 거래중단 재개 후에는 10분간 호가를 접수하여 단일가격에 의한 개별경쟁매매방식으로 매매가 체결된다. 또한 주식시장에서 종합주가지수가 전일종가대비 10% 이상 하락하고 이 상태가 1분간 지속되어 매매거래를 20분간 중단(주식 circuit breakers)한 때에는 선물시장도 매매거래를 중단한다.

한편, KOSPI200 구성종목의 절반 이상이 거래가 이루어지지 않거나 시스템에 장애가 발생할 경우에도 거래를 일시 중단할 수 있다. 다만 매매를 중단하여 재개한 후와 주식시장 마감 40분 이내(2시 50분 이후)에는 매매거래 중단을 하지 않는다. 그리고 빈번한 시장개입으로 가격이 왜곡되는 것을 막기 위하여 인위적으로 거래중단은 1일 1회로 제한하고 있다. 단, 매매 재개 이후 주식시장 중단 시에는 다시 거래중단이 가능하다.[7)]

파생상품은 고위험, 고수익의 상품이기에 손실위험이 크므로 결제이행을 위한 담보가 항상 필요하다. 이와 같은 이유로 파생상품시장의 변화 등 여러 가지 요소를 체계적으로 고려하여, 각 참가자별 보유포지션(위험 노출액)에 상응하는 액수의 금전 등을 징수함으로써 거래상대방 위험에 대비할 수 있다. 이러한 제도를 증거금제도라 한다.[8)]

1996년에 주가지수선물을 처음으로 도입할 당시 한국은 사전증거금제도를 채택하였다. 사전증거금에는 예탁을 받는 주체에 따라 거래소 회원이 거래소에 예탁하는 거래증거금과 고객이 회원사에 예탁하는 위탁증거금으로 구분하였다. 또한, 위탁증거금은 개시증거금, 유지증거금, 추가증거금 등으로 세분되어 있었다.

여기서, 개시증거금은 선물거래의 첫 주문을 낼 때 내는 증거금으로 그 수준은 대체로 약정금액의 15%로 적용되었다. 이 중 5% 이상은 반드시 현금으로 납부되었다. 그리고 유지증거금은 선물계약을 보유하고 있는 경우 유지해야 하는 증거금의 최소한도로써 약정금액의 10%가 적용되었다. 현재 거래소에서는 거래증거금에 대하여 사후증거금제도를 적용하고 있으며, 위탁증거금의 경우 적격기관투자자는 사후증거금제도를, 그 외 일반투자자는 사전증거금제도를 적용하고 있다.[9)]

---

7) 한국증권시장에서는 2000년 4월 17일 이 제도가 처음 발동되었다.

8) 선물시장에서의 증거금(margin)은 계약이행을 지키게 하기 위한 보증금이다. 주식의 위탁증거금과 차별화하여 보증금이란 쉬운 용어를 사용하는 것이 바람직하다. 한국거래소는 옵션시장개설과 동시에 선물과 옵션을 통합하여 포트폴리오 위험을 기준으로 위탁증거금을 산출하는 제도를 도입하여 운영하고 있다.

9) 현재, 증거금은 납부 주체에 따라, 고객이 회원에게 납부하는 '위탁증거금'과 회원이 거래소에 납부하는 '거래증거금'으로 구분되어 있으며, 납부시기에 따라서 주문제출 전에 납부하는 '사전증거금'과 거래종료 후 납

거래소는 증거금 산출시 적용하는 증거금률을 원칙적으로 해당 기초자산의 가격변동성을 고려하되, 파생상품별 특성이나 시장상황 등의 제반 사정을 감안하여 결정하고 있다. 거래소는 증거금률의 적시 조정을 위해 매일의 가격변동성을 측정・모니터링하고, 매분기 정기적으로 증거금률의 적정성을 점검(정기점검)하고 있다. 또한, 시장급변 등의 경우에는 그때마다 증거금률의 적정성을 수시로 점검(수시점검)하여 필요 시 증거금률을 조정하고 있다.

현금증거금은 파생상품 거래 시 투자자가 증권・선물회사에 예탁하는 위탁증거금액 중 '현금'으로 납부해야 하는 금액을 말하며, 결제금액과 선물거래 시 증거금으로 구성되어 있다[10]. 결제금액은 선물의 일일정산차금과 옵션대금 등으로 구성되며, 회원과 투자자간 익일 12시(결제시한)까지 수수하도록 되어 있다. 그리고 선물거래 시는 증거금의 일정 비율 이상을 현금으로 납부하도록 되어 있다. 그 기준은 일반투자자냐 적격기관투자자냐에 따라 달리 적용된다. 전자의 경우, 증거금 중 현금납부비율의 최저율이 주식관련상품(코스피200 선물 등)과 국채・달러선물 등에 1/3이 적용되며, 후자 경우에는 0%이다.

유지증거금에 미달하는 경우에는 동 금액과 미청산약정의 위탁증거금으로 산출되는 금액의 차액을 다음 날 12 : 00까지 금융투자회사에 추가로 납부해야 한다. 그렇지 못할 때에는 금융투자회사는 당해 투자자의 미청산계약을 반대매매하거나 예탁대용증권을 매각할 수 있다. 이때 반대매매시기는 회원 자율에 일임하며 회원의 반대매매는 동시호가매매뿐만 아니라 접속매매에도 참여할 수 있다. 추가증거금 징수시한 전에 위탁자가 자율적으로 반대매매하여 개시증거금 수준을 충족한 경우에는 추가증거금을 징수한 것으로 한다.

거래시간은 현물보다 15분 늦게 종료하고, 최종결제일에는 10분 일찍 종료한다. 신규로 거래를 개시하는 위탁자는 3,000만원 이상의 기본예탁금을 예탁하여야 한다.[11] 그러나 법인이나 전문투자자 또는 파생상품계좌를 개설한지 1년이 지난 일반

부하는 '사후증거금'으로 구분된다.

10) 파생상품시장의 증거금 납부수단은 현금(원화, 은행 발행 자기앞수표), 대용증권(상장주권, 상장채권, ETF 등) 및 외화(달러화, 엔화, 유로화 등 총 9개국 통화)만 가능하다.

11) 개설 초기에는 3,000만원이었으며 명칭도 최소증거금이라 하였다. 1997년 7월 7일 KOSPI200 옵션시장의 개설 때 1,000만원으로 인하하였고 그 후 인상과 인하를 반복하다가 2001년 2월에는 500만원까지 낮추어졌다. 그 후 파생상품의 기본예탁금은 2003년 3월 1,500만원으로 증가하였다. 2006년 12월 18일부터는 위탁자에 따라 기본예탁금을 차등적으로 적용하였다. 2014년 12월 29일 이후부터는 신규로 거래를 개시하는 일반투자자는 소정의 의무교육과 모의거래를 사전에 이수하고 3,000만원 이상의 기본예탁금을 예탁하여야 한다.

표 6-1 KOSPI200 선물의 계약명세

항목	내용
기준시점	1990년 1월 3일
기준지수	100.00(소수점 셋째 자리에서 반올림)
산출방식	시가총액가중식 $\text{KOSPI200} = \frac{\text{비교시점의 선물지수구성종목 시가총액합}}{\text{기준시점의 선물지수구성종목 시가총액합}} \times 100$
제(만기)월	3, 6, 9, 12월 (4종목)
거래단위	KOSPI200 선물가격 × 25만원
호가단위	0.05포인트(12,500원 = 25만원 × 0.05)
가격제한폭	기준가격 대비 각 단계별로 확대 적용 ① ±8% ② ±15% ③ ±20%
거래시간	09 : 00~15 : 45 (최종거래일 09 : 00~15 : 20)
기본예탁금	신규거래시 위탁자는 3,000만원 이상을 예탁해야 함 (전문투자자 또는 파생상품계좌 개설일로부터 1년이 경과된 일반투자자는 1,500만원 이상) 포트폴리오 위험을 기준으로 산출
위탁증거금	개시증거금률 : 9%, 유지증거금률 : 6%
일일정산	보유 미청산계약을 매일 선물종가로 평가, t+1일의 16 : 00까지 정산
위탁수수료	회원 자율결정
거래개시일	최종거래일 익일 (휴장일인 경우 순연)
최종거래일	결제월의 두 번째 목요일 (휴장일인 경우 순차적으로 앞당김)
최종결제가격	최종거래일의 현물지수 (최종거래일+1일째 최종결제)
결제방법	현금결제

투자자는 1,500만원 이상을 예탁하면 된다. 투자자는 계좌개설 후 최초의 신규거래를 주문하기 전에 기본예탁금을 예탁하여야 하며, 계좌에서 예탁금을 인출하는 경우에 결제 이행 보증에 필요한 금액(위탁증거금)을 초과하는 금액은 인출할 수 있다. 기본예탁금제도는 일본에서 시행하고 있는 제도로, 소액 개인투자자의 무분별한 참여로 인한 시장과열 내지 큰 손실로 발생할지도 모르는 사회적 문제를 미리 방지하고, 기관투자자 중심의 안정적 시장을 육성하고자 하는 것이 그 의도이다.

2017년 6월 26일부터는 개인투자자가 현물자산 범위 내에서 헤지 전용계좌를 통해 헤지거래를 하는 경우 기본예탁금을 면제받는다. 나아가 외국인투자자가 더욱 편리하게 거래하도록 외국인 옴니버스 계좌를 도입하였다. 따라서 해외 금융투자업자가 국내에 자기명의로 개설한 옴니버스 계좌를 통해 다수 외국인의 파생상품 주문을 일괄 처리할 수 있게 되었다.

2 KOSPI200 옵션

(1) 주가지수옵션시장의 개설

주가지수선물시장이 개설되어 성공적으로 정착됨에 따라 주가지수선물과 연계거래가 가능한 주가지수옵션의 도입이 자연스레 거론되었다. 주가지수옵션의 도입은 투자자에게 다양한 투자수단을 제공하게 되며 선물·옵션 간 상호보완관계에 따라 선물시장 안정화에도 기여하게 된다.

이에 정부는 1997년 1월 "주가지수옵션시장개설일정"을 발표하고 동년 3월 증권거래법시행령을 개정하여 주식관련옵션을 유가증권으로 지정하였다. 영국 및 프랑스는 주가지수옵션을 주가지수선물과 동시에 도입하였고, 홍콩은 주가지수선물을 도입한 후 무려 7년이나 지나 주가지수옵션을 도입하였다. 그러나 미국, 일본, 독일 등 주요국이 1년 정도의 시차를 두고 주가지수옵션을 도입한 사례를 참조하여, 1997년 7월 7일 KOSPI200 주가지수선물을 거래하고 있는 한국증권거래소에서 KOSPI200을 대상지수로 하는 주가지수옵션시장을 개설하게 되었다. 개설 이후, 거래량(거래대금)이 급속히 증가하여 2011년도에는 36억 7천만 계약(436조 3천억원)을

┃그림 6-1
연도별 KOSPI200 옵션 거래량 및 거래대금 추이

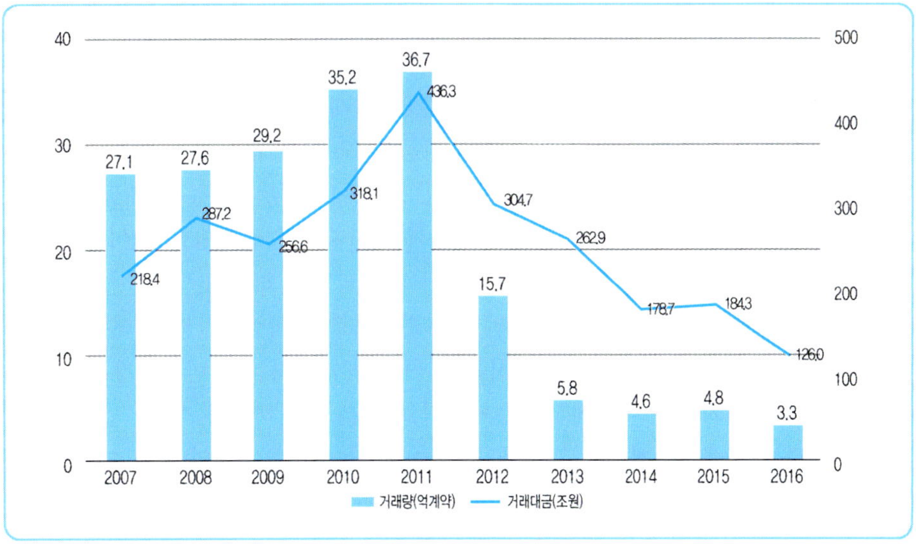

자료 : 한국거래소
주) 거래량은 KOSPI200 콜옵션, 풋옵션 계약 합계임.

훨씬 넘어서기에 이르렀다. 그러나 2012년 3월에 옵션거래승수를 5배 올리면서 거래량이 급격히 감소하여 거래량 순위가 세계 1위에서 2014년 이후부터는 10위권 밖으로 밀려났다.

표 6-2 각국 거래소들의 파생상품 거래량 순위

순위	2011	2012	2014
1	한국거래소	CME 그룹	CME 그룹
2	CME 그룹	ICE 그룹	ICE 그룹
3	Eurex	Eurex	Eurex
4	ICE 그룹	인도국립증권거래소	인도국립증권거래소
5	인도국립증권거래소	한국거래소	브라질거래소
6	브라질거래소	브라질거래소	모스크바거래소
7	나스닥 OMX 그룹	CBOE	CBOE
8	CBOE	나스닥 OMX 그룹	나스닥 OMX 그룹
9	인도상품거래소	모스크바거래소	중국상해선물거래소
10	모스크바거래소	인도상품거래소	중국대련상품거래소

자료 : 한국거래소

(2) 주가지수옵션거래제도의 개요

한국거래소는 주가지수선물과 주가지수옵션이 동일한 대상물을 거래하고 상호보완관계에 있으므로, 주가지수옵션의 거래제도를 주가지수선물의 경우와 동일하거나 유사하게 하여 선물·옵션 간 연계거래의 편리성을 제고하였다. 거래시간, 최종거래일 및 거래개시일, 차금결제제도, 거래중단시스템 등이 두 시장 모두 같으며, 선물·옵션 계좌를 개설하면 두 상품을 모두 거래할 수 있다. 또한, 선물·옵션을 통틀어 국제적인 표준증거금제도인 포트폴리오 위험기준 증거금제도(portfolio risk-based margin system)를 도입함으로써 투자자의 자금부담이 줄어들고 증권시장의 질적 향상을 가져와 시장의 유동성이 제고되도록 하였다.[12] 다시 말해, 선물과 옵션을 통합하여 포트폴리오의 위험을 기준으로 위탁증거금과 거래증거금을 산출한다.

2014년 12월 29일 이후 신규로 거래를 개시하는 일반투자자는 소정의 의무교육과 모의거래를 이수하고 5,000만원 이상을 예탁하여야 한다. 법인이나 전문투자자 또는 파생상품계좌를 개설한지 1년이 지난 일반투자자의 경우 1,500만원 이상을 기본예탁금으로 예탁하여야 한다. 2017년 6월 26일부터는 옵션 매수의 경우 기본예

12) 미국, 영국, 독일, 프랑스, 홍콩 등이 이 제도를 시행하고 있다.

탁금은 3,000만원 이상이다.

나아가 선물과 옵션 모두 국제기준인 결제시한을 거래익일(t+1)로 단축하고 기본예탁금을 대폭 낮춤으로써 투자자의 자금부담을 더욱 경감시켰다. KOSPI200 주가지수옵션은 거래대상이 실체가 없는 추상물인 주가지수이므로 사전에 정한 가격과 결제시점의 주가지수와의 차이를 기준으로 현금결제하는 특징을 갖는다.

옵션의 유형은 만기시에만 권리행사가 가능한 유럽형으로 하고 있다. 최종거래일이 가장 가까운 종목을 최근월물이라고 하고, 나머지 종목을 순차적으로 차근월물, 차차근월물, 원월물이라고 부른다. 그리고 최종거래일이 도래되어 최근월물이 소멸되면 그 다음 영업일에 새로운 월물이 신규로 상장된다.

옵션거래는 가격제한폭을 두지 않는다. 그 이유는 옵션은 대상자산 자체를 거래하지 않기에 가격변동이 대상자산의 가격변동과 선형적으로 일치하지 않아 각 종목별 가격변동의 방향 및 폭이 서로 상이하여 가격제한폭을 두기 어렵고, 인위적으로 가격제한폭을 두는 경우 이에 따른 부작용이 발생할 수 있기 때문이다. 또한,

표 6-3 KOSPI200 옵션의 계약명세

거래대상	KOSPI200 지수
거래단위	코스피200 옵션가격 × 25만원
결제(만기)월	비분기월 4개 및 분기월 7개(3,9월 각 1개, 6월 2개, 12월 3개)
가격표시	포인트
호가단위	프리미엄 10 이상 : 0.05포인트(12,500원 = 25만원 × 0.05) 프리미엄 10 미만 : 0.01포인트(2,500원 = 25만원 × 0.01)
가격제한폭	기초자산 기준가격 대비 아래에 해당하는 옵션이론 가격을 단계별로 확대 적용 ① ±8% ② ±15% ③ ±20%
행사가격 설정	각 결제월의 최초 상장 시 행사가격 설정방법 ① 최근 6개월 : 2.5포인트 간격 ATM 1개, ITM 12개, OTM 12개 ② 제7 및 8근월물 : 5포인트 간격 ATM 1개, ITM 6개, OTM 6개 ③ 최종결제월이 가장 나중에 도래하는 3개 월물 : 10포인트 간격으로 ATM 1개, ITM 3개, OTM 3개
권리행사	최종거래일에만 가능 (유럽형)
거래시간	09 : 00～15 : 45 (최종거래일 09 : 00～15 : 20)
기본예탁금	신규거래 시 위탁자는 5,000만원(매수는 3,000만원) 이상을 예탁해야 함 (전문투자자 또는 파생상품계좌 개설일로부터 1년이 경과된 일반투자자는 1,500만원 이상)
위탁증거금	포트폴리오 위험을 기준으로 산출 개시증거금률 : 9%, 유지증거금률 : 6%
최종거래일	결제월의 두 번째 목요일 (휴장일인 경우 순차적으로 앞당김)
최종결제일	최종 거래일의 다음 거래일
결제방법	현금결제

옵션매수자의 손실가능액이 한정되어 있으며, 옵션매도자는 가장 높은 수준의 금융거래 전문가인 점도 고려되었다. 그러나 실무상 착오로 인한 손실방지를 위하여 정상호가범위(주가지수가 15% 변동할 경우의 옵션이론가격)를 설정하여 당해 범위를 벗어나는 호가는 접수를 거부하도록 하였다.

Ⅲ 파생결합증권

자본시장법에 따르면 기존 유가증권에 '투자계약증권'과 '파생결합증권'이라는 포괄적 요소를 추가하여 증권 개념의 포괄화를 도모함에 따라 증권과 파생상품을 명확하게 구분해야 할 필요성이 대두되었다. 특히 기초자산[13]의 가격·이자율·지표·단위 또는 이를 기초로 하는 지수 등의 변동과 연계하여 미리 정해진 방법에 따라 지급금액 또는 회수금액이 결정되는 권리가 표시된 파생결합증권 혹은 구조화증권(structured securities)의 경우는 파생상품과 매우 유사하므로 정확한 분류기준이 필요하다. 그 기준은 투자자가 금융상품을 취득하기 위해 지급한 금액 이외에 추가적인 지급의무를 부담하지 않아야 한다는 것이다. 즉, 파생결합증권의 경우 투자자의 손실이 최대로 커지더라도 증권의 매입금액보다 커지지 않는 반면, 파생상품의 경우 기초자산의 가격변화에 따라 투자자가 추가지급의무를 지게 되는 특성을 통해 증권과 파생상품을 구분한다. 이와 같은 파생결합증권에는 현재 변동금리부 사채(FRN), 주식연계증권(ELS), 파생연계증권(DLS), 주식워런트증권(ELW), 신용연계증권(CLN) 등이 존재한다.

13) 자본시장법은 기초자산의 범위를 금융투자상품, 통화, 일반상품, 신용위험 그 밖에 자연적·환경적·경제적 현상 등에 속하는 위험으로서 평가가 가능한 것으로 매우 포괄적으로 정의하고 있다. 기초자산의 범위를 확대하게 되면 보험계약과의 구분 및 도박과의 구분이 문제될 수 있다. 그래서 자본시장법 제10조에서는 금융투자업자가 영업으로서 행하는 금융투자상품거래는 형법상 도박죄에 해당하지 않는다는 규정을 두고 있다.

1 주식 · 파생연계증권

주식연계증권(equity linked securities : ELS)은 개별 주식의 가격이나 주가지수에 연동하여 수익률이 결정되는 파생결합증권의 일종이다. 투자원금 중 일부는 우량 채권 등 안전자산에 투자하여 만기에 투자 원금 상환에 충당하고, 일부는 옵션복제 재원으로 사용하여 수익을 추구하는 구조로 되어 있다. 장외파생상품 취급인가를 받은 금융투자회사가 자신의 신용으로 상품을 개발·발행하여 투자자에게 판매한다.

ELS는 미국에서 S&P500을 대상으로 처음 개발되었으며, 국내에서는 2003년 도입되었다. ELS의 기초자산은 주가지수(국내·외), 개별주식, 주식 바스켓을 기초자산으로 하기도 하고, 환율과 금리를 기초자산으로 하기도 한다.[14] 주식, 채권, 상품 등을 기초자산으로 하는 경우 기초자산은 신탁회사가 관리(자산운용과 관리를 분리)한다.[15] 실물이 아닌 주가지수 등 국내외 지수를 기초자산으로 하는 경우, 발행 증권사는 ELS를 부외 부채로 관리한다.[16]

ELS는 상품구조에 따라 원금보장형, 부분보장형, 비보장형으로 구분된다.[17] ELS는 기초자산의 가격변동에 따라 만기지급액이 결정되는데, 상품의 구조에 내재된 조건에 시장 상황이 일치하면 만기 이전에 조기에 상환(knock-out)된다. 한국에서 발행되는 ELS 상품은 현재로서는 step-down 형태가 가장 많다. 스텝다운은 ELS 기초자산인 지수나 개별 종목 주가가 계약 시점보다 정해진 범위(예컨대, 50%) 이상 하락하지 않아야 약속된 원리금을 받는 상품구조다.

ELS는 zero-sum game이 적용되는 파생결합상품이어서, 발행 금융투자회사는 만기 또는 조건 충족으로 ELS를 청산할 경우를 대비하여 헤지를 한다. 상품구조가 복잡하지 않은 ELS 경우에는 자체적으로 헤지를 하며 이를 자체헤지라 한다. 그러나 상품구조가 복잡한 경우에는 국내 금융투자회사가 외국 금융회사에서 ELS 상품을 매수하여 투자자에게 판매한다. 이 경우 외국 금융회사가 ELS의 청산에 대비하여

14) 기초자산이 개별주식인 경우만을 주식연계증권(ELS)이라 하고 주가지수인 경우를 EILS(equity index linked securities)라고 구분해서 부르기도 한다.

15) 신탁회사는 실물을 한국예탁결제원에 예탁한다.

16) ELS 발행은 금융투자회사 자금조달원의 하나로써 부외거래 상의 부채로 처리된다.

17) ELS 발행초기에는 원금보장형 상품이 대부분이었으나 2004년 6월 이후에는 보다 높은 수익률을 제시하는 원금비보장형 상품이 주류를 이루고 있다.

헤지를 한다. 이를 국내 금융투자회사의 입장에서 백투백헤지(back-to-back hedge)라 한다.

주식연계증권은 상품을 판매하는 기관에 따라 다른 이름을 사용하고 있다. 자산운용회사가 금융투자회사의 다양한 ELS상품을 이용해 펀드형식으로 판매하면 ELF(equity index linked fund)라고 하고, 은행이 고객의 예금을 금융투자회사 ELS로 운용하는 상품을 ELD(equity linked deposit)라고 부른다. 원금보장형 ELD는 5천만원의 예금자보호를 적용받는다.[18] ELT(equity linked trust)는 은행, 금융투자회사, 보험회사가 취급하는 ELS 또는 특정 ELS에 투자하기 위한 특정금전신탁이다. 이들 상품을 비교하면 다음 〈표 6-17〉과 같다.

국내 ELS 시장은 2007년도에 발행금액(발행건수)이 25조 6천억원(4,423건)을 상회할 정도로 발전하였다. 그러나 2008년 글로벌 금융위기로 인한 증시침체와 2009년 ELS와 연계한 연계불공정거래[19] 논란에 따른 금융당국의 규제로 발행금액이 급격

표 6-17 ELS, ELF, ELD, ELT의 비교

구 분	ELS	ELF	ELD	ELT
발행기관	투자매매업자 (증권)	집합투자업자 (자산운용)	은행	은행, 증권, 보험
판매기관	투자매매업자	투자매매업자, 은행	은행	은행, 증권, 보험
자산운용	고유계정과 혼합	펀드(신탁)로 별도운용	고유계정과 혼합	신탁계정, 별도계정
형태	증권	증권(수익)	정기예금	특정금전신탁
투자방법	증권매입(청약)	수익증권매입	정기예금가입	특정금전신탁
원금보장	보장/비보장	보존추구/비보존	100% 보장	비보장
예금자보호	없음	없음	보호(5천만원)	없음
소득과세	배당소득 과세	배당소득 과세	이자소득 과세	배당소득 과세
특징	고수익상품구조 가능 다양한 상품구조 가능	운용결과에 따른 성과 배분	보수적 운용	특정금전신탁재산을 위탁자가 지정한 특정 ELS에 운용

18) 원금보장형 ELD의 경우 원본손실 가능성이 없으므로 비금융투자상품으로 분류된다. 하지만 향후 원금비보장형 ELD가 생겨나는 경우에는 자본시장법에서는 이를 증권으로 보아 발행공시 규제, 불공정거래 규제 등을 포함한 모든 증권규제를 적용하게 된다.

19) 연계불공정거래란 장내파생상품 매매에서 부당한 이익을 얻기 위하여 장내파상상품의 기초자산의 시세를 조정하는 행위, 증권의 매매에서 부당한 이익을 얻기 위하여 그 증권과 연계된 증권의 시세를 조정하는 행위를 말한다(자본시장법 제176조 제4항).

히 감소하였다. 그 이후 다시 증시가 안정을 되찾으면서 발행금액(발행건수)은 지속적으로 늘어나고 있다.

그림 6-2 연도별 ELS 발행금액과 발행건수 추이

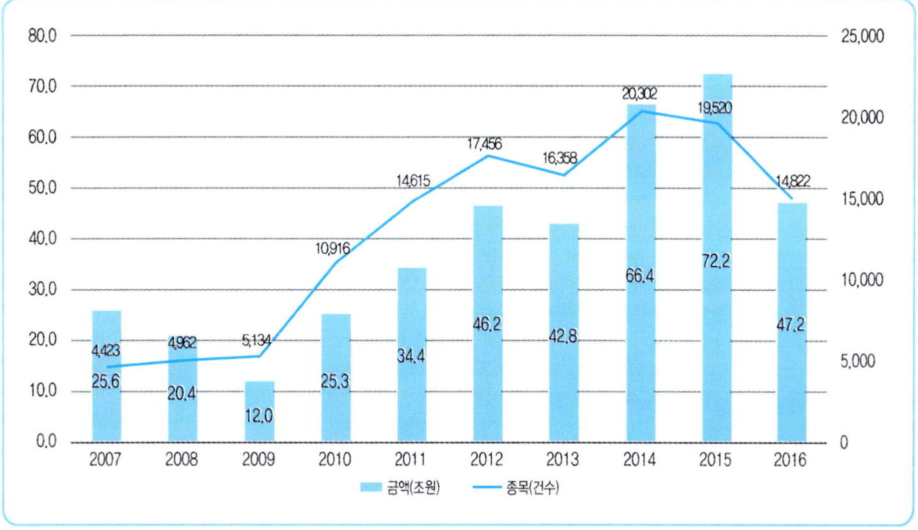

자료 : 금융투자협회

파생연계증권(derivatives linked securities : DLS)은 금리, 환율, 신용위험지표, 원자재 등 다양한 기초자산을 활용하여, 이들 자산의 가격변동에 따라 투자수익이 결정되는 금융상품이다. DLS의 특징은 원금보장 정도(100% 원금보장, 90% 원금보장, 원금비보장), 옵션여부, 조기상환구간 등에 따라 매우 다양한 구조를 만들 수 있어 시장상황 혹은 투자자의 투자성향에 따라 탄력적인 상품구성이 가능하다. 금리를 기초자산으로 하는 DLS의 수익구조의 경우 예를 들면, 투자기간 중 CD금리가 어느 구간(예컨대, 0.0%~4.2%) 내에 있는 기간이 전체 투자기간에서 차지하는 비율에 비례하여 수익률이 결정된다. 만일 모두 구간 내에 있었다면 보장수익률(예컨대, 5.5%의 수익)이 보장되나, 만일 모두 구간을 벗어났다면 원금만이 보장된다. 국내 파생결합증권시장은 2007년도에 발행금액(발행건수)이 1조원(115건)을 넘어섰으며, 이후 급격히 늘어나고 있다.

그림 6-3
연도별 DLS 발행금액과 발행건수 추이

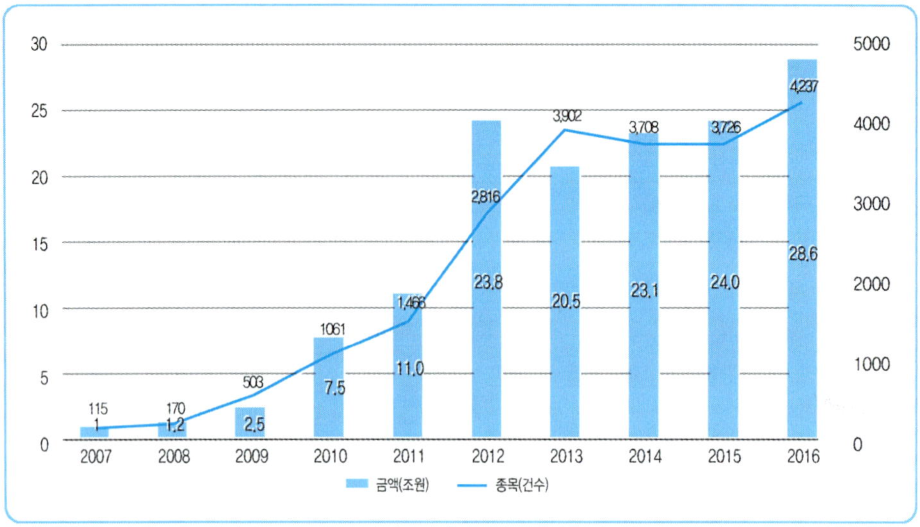

자료 : 금융투자협회

ELS나 DLS는 거래소에 상장되어있지 않다. 따라서 일반투자자가 공모 ELS에 투자하려는 경우에는 발행 금융투자회사를 통해 정해진 청약기일 내에 투자자가 청약하면 된다. 금융투자회사 방문 또는 online을 통한 청약이 가능하다. 청약 기간 중에는 청약 만기 이전 금융투자회사가 정한 정해진 날짜이전에 청약을 취소할 수 있다. 원금비보장형 상품은 고위험상품으로 분류되어, 자신의 투자성향보다 위험도가 높은 ELS 등에 투자하는 부적합투자자나, 고령자(70세 이상)와 초고령자(80세 이상)를 대상으로 ELS나 DLS를 판매할 경우에는 2영업일 이상 숙려기간을 부여하고, 청약 후 해피콜 등 전화(녹취)를 통해 위험 등을 추가로 안내해야 한다(2017년 4월부터). ELS나 DLS 이외에 숙려기간이 적용되는 상품에는 신탁과 펀드를 통한 파생결합증권 투자상품인 ELT과 ELF도 포함된다.[20] 또한 금융회사 직원도 고위험상품 구조를 모르면 판매를 담당할 수 없다(2017년 1월부터).

ELS나 DLS는 공모의 경우 투자자의 요청에 따라 중도상환이 가능하다. ELS 발행은 금융투자회사의 경우 자금조달이므로 투자자의 환매(자금회수)는 금융투자회사 입장에서는 부채중도상환이 된다. 중도상환은 100만원을 최소로, 100만원 단위로 신청할 수 있다. 또한 ELS나 DLS는 중도환매도 가능하다. 즉, 발행사의 입장에서

20) 파생결합사채인 ELB(equity linked bond)와 DLB(derivative linked bond), 온라인을 통한 판매, 투자일임계약에서 편입, 사모방식 판매 등에는 숙려기간이 적용되지 않는다.

중도환매는 투자자입장에서는 ELS 재매입 또는 추가매수가 된다. 중도환매나 중도상환이 일어나면, 기초자산에 대한 헤지포지션을 일부 청산하거나 헤지를 조정해야 한다. 이러한 과정에서 손실이 발생할 수 있다.

2 주식워런트증권

주식워런트증권(equity linked warrant : ELW)은 주식이나 지수상품을 특정한 가격에 사거나 팔수 있는 권리로써, 주로 주가의 상승 또는 하락을 예상할 때 높은 레버리지 효과를 기대하면서도 손실을 제한할 수 있도록 설계된 상품이다. 특히, 주가가 높은 우량주식을 직접 투자하려면 많은 자금을 투자해야 하지만, 주식워런트증권은 상대적으로 적은 자금으로 더 높은 수익률을 실현시킬 수 있다. 다만, 주식워런트증권은 투자자의 예상과 달리 주가가 변동하면 투자자금 전액을 손실을 볼 수도 있는 상품이라는 점도 염두에 두어야 한다. 가령 1년 뒤에 A라는 주식을 6만원에 살 수 있는 권리를 1만원에 샀는데 1년 뒤에 주가가 10만원이 됐다면 그 차익 4만원에서 원금 1만원을 빼고 3만원을 벌게 된다. 300%의 수익률인 셈이다. 물론 주가가 6만원이 안 되면 원금 1만원을 고스란히 날리게 된다.

이와 같이 주식워런트증권의 개념 및 운영은 개별주식옵션이나 주가지수옵션과 행사가격 및 만기가 존재한다는 점에서 비슷하지만 몇 가지 차이점이 존재한다. 첫째, 발행주체이다. 주식옵션은 발행주체가 불특정 다수인 반면 주식워런트증권은 금융투자회사가 발행을 한다. 둘째, 채무이행의 보증기관이 다르다. 옵션의 경우 거래소가 만기시 결제이행을 책임지지만 주식워런트증권은 채권과 마찬가지로 발행주체의 신용위험이 존재한다. 셋째, 발행금액에 있어 지수옵션의 경우 그 금액에 제한이 없으나 주식워런트증권은 발행총액이 미리 정해져 발행된다. 즉, 두 금융상품에 대하여 '투자자가 추가지급의무를 지지 않을 것'이라는 기준을 적용해 보면, 옵션의 경우에는 투자자가 옵션의 발행인(put option의 매도자)이 되는 경우에 투자자가 추가지급의무를 지게 되는 경우가 발생하는 반면, 주식워런트증권의 경우에는 투자자는 어떠한 경우에도 추가지급의무를 지지 않고 최악의 경우에도 증권의 매수금액을 잃을 뿐이다. 따라서 옵션은 파생상품으로 분류되는 반면, 주식워런트증권은 증권으로 분류되는 것이다.

주식워런트증권의 발행조건은 발행자인 금융투자회사가 투자자의 수요(needs) 등 시장수요를 반영하여 자유롭게 결정하는 것이 원칙이며, 모든 발행조건은 발행시에 확정되며, 사후적으로 변경하는 것이 금지되어 있다. 하지만 중요한 발행조건에 관한 표준화를 통하여 새로운 상품에 대한 일반투자자의 이해를 쉽게 하였다. 표준화된 발행조건은 〈표 6-20〉과 같다.

그림 6-4 연도별 ELW 거래량 및 거래대금 추이

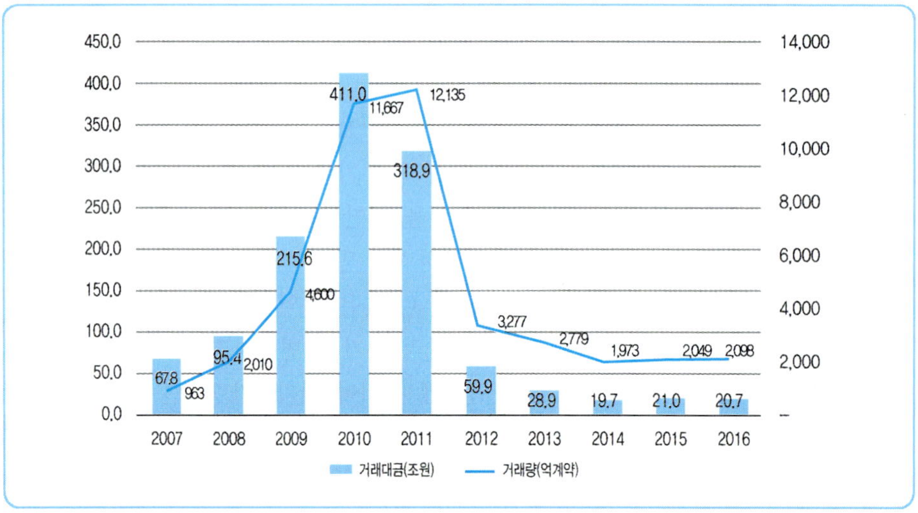

자료 : 한국거래소

투자자들의 투자기법이 더욱 고도화되고 투자 욕구나 위험선호도 등이 다양화됨에 따라 한국거래소는 증권업계와 함께 최첨단 금융상품의 개발에 힘써왔으며, 그 결실로써 주식워런트증권 시장을 2005년 12월에 개설하게 되었다. 주식워런트증권 시장은 유동성공급자(liquidity provider : LP) 제도를 운영함으로써 투자자들이 언제든지 주식워런트증권을 사고 팔 수 있게 하였다. 투자자는 주식워런트증권이라는 새로운 투자수단으로 시장상황과 무관하게 투자기회를 갖게 되고, 또한 보유자산의 가격이 원하지 않는 방향으로 변화함에 따라 발생하는 위험을 회피하고 보유자산의 가치를 일정하게 유지할 수 있게 되었다.

국내 ELW 시장은 거래량(거래대금)이 폭발적으로 증가하여 2010년에는 무려 1조 2천만 계약(410조 9천)을 넘어섰다. 그러다가 높은 스캘퍼(초단타 매매자) 비중, 개인투자자 피해 등으로 ELW 시장은 규제 대상이 되었고 2010년 11월, 2011년 5월, 2012년 3월, 2014년 6월 네 차례에 걸쳐 금융위원회와 한국거래소는 ELW 시장 건전화 조치를 취하였다.[21] 그 결과 ELW의 거래량(거래대금)은 급격하게 줄어들었다.

| 표 6-18
ELW 시장 건전화 조치의 주요 내용

조치일	주요 내용
1차 2010. 11. 1.	• 거래신청서 작성 및 교육이수 의무화 • 기초자산 조정 • LP 호가제출 의무강화, LP 평가 강화 • LP의 내재변동성 공개 • 불공정거래 등에 대한 모니터링 강화
2차 2011. 5. 20.	• 투자자보호 제도 강화(기본예탁금 1500만원 부과, 극외가격 ELW 발행 제한) • 공정한 시장가격 형성 유도(지수 ELW LP별 할증률 상위 현황 공표, 지수 ELW 발행조건 강화, 내재변동성 평가 강화) • 주문속도 관련 기준 마련 • 증권사 선택정보 제공
3차 2012. 3. 12.	• 유동성공급목적 이외 LP의 호가 제출 제한 • ELW 관련 이상거래 적출기준 및 심리를 강화
추가 2014. 6. 17.	• 거래부진종목 상장폐지 강화 • ELW 발생조건의 표준화 • 패리티 90%로 상향 조정

자료 : 금융위원회 보도자료, 1차(2010.11.01.), 2차(2011.05.20.), 추가(2014.06.17.)
자본시장연구원, "ELW시장 건전화방안 시행 이후 투자자 구성 변화", 자본시장 Weekly, 2012-44호, 2012.11.06~12.
금융감독원, 자본시장 역동성 제고를 위한 파생상품시장 발전 방향, 2014.6.17.

| 표 6-19
ELW 매매 관련 스캘퍼 사건 재판부 판결요지

사건 개요	판결 : 상고기각
2011년 증권사가 개인투자자를 배제하고 스캘퍼에게만 전용서버 등을 제공하여 ELW 차익거래를 할 수 있도록 하는 것은 부정한 특혜에 해당한다는 이유로 국내 10여개 증권회사 대표이사 및 IT 본부장 등 임직원과 다수의 스캘퍼를 자본시장과 금융투자업에 관한 법률 위반죄로 기소	전용선, 전용서버 등 증권사가 스캘퍼에게 제공한 서비스는 이를 규제하는 법규도 없고, 그러한 사실이 증권가와 금융감독당국에 널리 알려져 있어서 스캘퍼에게만 몰래 제공하였다고 볼 수도 없으며, 스캘퍼가 전용선 등을 이용하여 ELW를 거래하는 행위가 다른 일반투자자의 이익을 침해한다고 볼 증거가 없음

자료 : 대법원 2014.01.16. 선고 판례문(스캘퍼 사건), 법률신문(판례 · 논단)

21) 증권회사가 스캘퍼에게 속도가 빠른 전용회선을 제공하는 특혜로 인해 개인투자자 피해와 불공정거래가 우려되어 스캘퍼 전용회선의 특혜를 제한하고 증권회사별로 ELW 발행을 월 1회 이내로 제한했다. 또한, 개인투자자의 진입장벽을 높이기 위해 기본예탁금 1,500만원을 새로이 부과하였고 유동성공급자의 호가 제출을 제한했다(자세한 내용은 〈표 6-18〉 참조).

표 6-20 주식워런트증권(ELW)의 발행조건

항목	내용
권리행사방식	유럽형
권리유형	표준형 (단순히 사거나 팔 수 있는 권리가 내재된 워런트)
기초자산	KOSPI 100 구성종목 및 KOSPI200지수 (주식 바스켓 제외)
만기평가가격	주식 : 최종거래일을 포함한 직전 5거래일의 산술평균가격 주가지수 : 최종거래일의 주가지수 종가
전환비율	주식 : 0.1주, 0.2주, 0.5주, 1.0주, 2.0주, 5.0주 등 주가지수 : 10, 20, 50, 100(표준), 200, 500, 1,000 등
결제방식	현금결제, 자동권리행사

주 : 전환비율은 ELW 1증권으로 취득할 수 있는 주식의 수를 나타내는 비율로 1 ELW당 0.1주, 0.01주, 1주, 10주 등으로 표기함

Ⅳ 해외 파생상품

1 해외 상품선물

원자재의 해외의존도가 높은 한국 기업들이 1970년대 초 국제원자재 가격파동으로 큰 타격을 입을 것이 예상되자 원자재의 안정적 확보와 가격안정을 위해서 선물거래의 필요성이 대두되었다. 또한, 해외원자재 조달비축의 업무를 직접수행하고 있던 조달청에서는 정해진 예산범위에서 계획된 원자재물량을 확보하는데 어려움이 있었는데, 이를 해소할 수 있는 한 방안으로써 선물의 이용이 제시되었다. 이에 정부는 "조달기금법"을 개정하여 1974년부터 국내거주인 또는 법인이 해외 상품거래소를 통하여 상품선물을 거래할 수 있도록 하였다.

1980년대에 들어오면서 원자재 조달업무가 민간 종합상사들에게 개방되었으며, 이들은 조달청의 도움을 받으면서 선물거래에 조금씩 참여하곤 하였다. 이 당시 이들의 상품선물거래를 중개해주는 기관이 설립될 수 있는 법적 근거의 마련이 조달청, 경제기획원, 재무부 사이에서 논쟁되다가 조달청으로 귀착되었는데, 특히 조달청장이 대상품목을 심의하여 한정적 품목에만 선물거래를 허용하였기에 최근까지 농산물, 귀금속류, 비철금속류, 유류 등에서만 거래가 가능하였다.

그러나 해외 선물거래소가 50여개나 되고 100여개 이상의 상품들이 거래되는 현

실에서 선물거래 범위를 특정대상품목 지정제도로 한정하는 것은 시대적 변화에 적절하지 못함을 인식하여, 1990년에 해외의 상품선물거래소가 선물거래의 대상물로 상장시킨 상품들에 대해서는 모두 선물거래의 대상상품으로 인정하기로 하였다.

국내기업의 해외 상품선물 거래실적은 꽤 큰 변동성을 지니고 있다. 농산물과 에너지의 경우 꾸준히 상승하는 거래실적을 보여주고 있고, 귀금속 및 비철금속의 경우 증가하였다가 현재 다소 감소하는 추세이다. 국내기업은 거의가 원자재를 수입하는 편이기 때문에 상품선물거래에서 매입포지션을 취하는 쪽으로 편향되어 있으며, 거래의 타이밍이 후행적이어서 선물거래의 헤징 기능을 제대로 활용하기보다는 손실을 초래하는 경우가 많아 선물시장이 안정적으로 발전하는데 걸림돌이 되고 있다.

최근에는 상품선물이 추상적 가치를 대상으로 개발되는 3단계 진화가 일어나고 있다. 즉, 해운운임지수 선물시장이 이미 활발한 거래를 보이고 있으며 기후, 전기, 공해배출권 등을 대상으로 선물거래가 이루어지고 있다. 이와 같이 경제의 불확실성을 감축 또는 제거할 수 있는 상품선물이 계속 개발되고 있으며 이제는 유가증권의 한 형태로서 투자의 수단으로 정착해나가고 있다.

2 해외 금융파생상품

국내기업이나 금융기관의 해외 금융파생상품 거래참여 경험은 매우 짧다고 할 수 있다. 1987년 12월 외국환관리규정 개정시 비로소 해외금융상품거래에 관한 규정이 마련되었다.[22] 그 이후 해외 금융파생상품 거래의 실적은 조금씩 증가하는 추세이나 증가세는 그다지 크지 않았다. 금리관련 상품은 지속적으로 증가하다가, 2009년 대폭 감소하였다. 통화관련 상품과 지수관련 상품의 거래는 증가와 감소를 반복하는 추세를 보이고 있다.

---

22) 외국환거래법 제3조에 의하면 해외파생금융은 금융선물시장에서 행하여지는 거래 또는 이와 유사한 거래와 관련된 계약으로서 대통령령이 정하는 것을 말한다. 구체적으로는 금융감독원장이 지정하는 금융선물시장에서 정하는 기준 및 방법에 따라 당해 시장 내에서 행해지는 계약으로 ① 지급수단으로 증권 또는 채권을 장래 일정한 시기에 미리 정한 가격으로 인도할 것을 약정하는 거래로써 전매 또는 환매 등을 통하여 정산할 수 있는 거래, ② 외국환 등의 가격 또는 이자율 및 이에 의하여 산출된 지수를 기준으로 약정된 수치를 미리 정하고 장래의 일정한 시기의 당해 지수 등의 수취와의 차에 의하여 산출된 금전의 수수를 약정하는 거래 등을 말한다. 기관투자자 및 일반투자자의 해외파생금융투자는 외국환거래규정 제7장 제8절 파생금융거래에 관한 규정이 적용된다.

한국의 선물환거래는 1968년 7월 외국환은행의 수출계약 체결자에 대한 외국통화간 선물환 매입계약이 허용되면서 시작되었으나 거래는 거의 없었다.[23] 1980년 2월 복수통화 바스켓제도가 도입되고, 이에 따른 환위험 회피와 외환시장육성을 위해 동년 7월 원화와 외국통화간 선물환거래가 허용되었다. 그러나 대고객 선물환거래는 환투기의 방지를 위해 실수요(實需要) 증빙의 사전제출을 요구하였다. 1990년 3월 시장기능에 의한 시장평균환율제도가 도입되고, 외환자유화 추세에 따라 1993년에는 금액한도 없이 모든 거래에 대해 실수요증빙의 사후제출이 가능하도록 되는 등 규제가 조금씩 완화되고 있다.

현재 고객과 외국환은행 또는 외국환은행간의 장외거래에서는 선물환거래의 계약기간 및 금액에 제한은 없으나, 금융결제원 자금중개실을 통한 원화와 미달러화간의 선물환의 경우 최단기 2일물에서 최장기 1년물까지 13종의 계약기간이 있으며, 거래금액도 최소 50만달러 이상 10만달러 단위로 하도록 되어 있다. 외국에서는 현물환의 결제가 2영업일로 되어 있으나, 한국의 경우 거래당일 결제되는 거래만 현물환거래로 간주하고 거래 다음 날 결제되는 거래부터는 선물환거래로 분류해오다, 1994년 11월 1일부터 익일물은 현물환거래로 분류하고 있다.

대고객시장과 은행간시장에서 외환거래는 꾸준한 증가세를 나타내고 있다. 대고객시장이란 수출입, 내국인의 해외증권투자, 외국인의 국내 주식투자 및 채권투자, 수출기업 및 자산운용사들의 선물환매도 등으로 야기되는 거래를 말하며, 은행간시장은 은행과 은행간의 외환거래로 야기되는 시장을 의미한다.

최근 들어 역외선물환(non-deliverable forward : NDF) 시장에 대한 관심이 높아지고 있다. NDF 거래란 당사자간에 만기시 당초 약속된 환율로 특정 통화를 매매하는 선물환거래와는 달리 만기시 약속된 환율과 실제환율 간의 차액만을 결제하는 거래를 말한다. 통상 미국달러화로 결제되며 시장은 홍콩, 싱가포르, 뉴욕, 런던 등지에 형성되어 있다. 만기에 계약원금의 교환 없이 계약한 선물환율과 지정환율의 차액만을 정산하기 때문에 차액결제선물환이라고 부르기도 한다. NDF 거래규모는 국내 외국환은행과 비거주자(외국인)간에 NDF 거래가 전면 허용된 1999년 4월 이후 크게 확대되어 왔다.

---

23) 한국의 선물환계약은 사실은 선도계약으로 외환선도계약, 선도환계약 또는 통화선도계약 등의 용어가 합당하나 이미 사용이 일반화되어 있어 여기서도 선물환이라는 용어를 그대로 쓰기로 한다. 나아가 선물계약의 경우 외환선물계약 등의 용어는 혼동을 초래할 우려가 크므로 통화선물계약으로만 쓰기로 한다.

연.습.문.제

01 KOSPI200 선물에 대해 설명하시오.

02 KOSPI200 옵션에 대해 설명하시오.

03 파생상품거래가 잘 이행되도록 거래상대방위험을 줄이거나 없애는 여러 제도적 장치에 대해 설명하시오.

04 한국금융투자협회의 종합통계서비스(http://www.freesis.or.kr) 사이트를 방문하여, 파생상품 메뉴(주요 선물가격동향, 주요 품목별 일평균 거래추이 및 국내 투자자의 해외 파생상품 거래동향)에서 최근 5년간 통계 및 차트파일을 다운로드하여 추세에 대해 토의하시오.

05 최근 금융당국이 취한 ELW 시장 건전화 조치에 대해 토의하시오.

06 최근 거래가 급증하고 있는 NDF의 동향과 선물환과의 관계 및 이에 대한 규제가 바람직한 것인지에 대해 토의하시오.

07 파생상품의 근본 목적은 위험헤지이다. 이러한 기본목적을 위해 다양한 파생상품이 존재하고 파생상품의 거래는 지속적으로 증가하고 있다. 그런데 한국의 경우 파생상품의 거래 내면을 살펴보면 개인의 비중이 매우 크다. 고도의 금융기법이 요구되는 파생상품에 있어 개인에 의한 거래가 시장에 어떤 영향을 미치는지에 대해 토의하시오.

08 세계선물시장이 단일시장화 되고 있다는 인식과 선물거래소들이 경쟁력을 유지하기 위해서 거래시간의 연장과 상품의 다양성이 필요하다는 인식이 있다. 또한 거래소들이 영리화 되고 있어 향후 경쟁력이 떨어지는 거래소는 쇠락할 것으로 보인다. 이러한 상황에서 한국거래소가 어떻게 대처해야 하는지에 대해 토의하시오.

09 KOSPI200 선물과 옵션의 거래는 매우 활발하나 행태는 취약하다. 한 예로 외국인의 거래비중은 작으나 영향력은 매우 크다. 한국의 선물과 옵션의 세계화를 위해서 어떤 모색이 필요한지에 대해 토의하시오.

PART

3

금융투자업

CHAPTER 7 투자매매업 · 투자중개업

I 자본시장통합과 금융투자회사

1 한국자본시장의 발전과 그 한계

한국에 주식이 처음 등장한 것은 1899년 천일은행(현 우리은행의 전신)이 주식회사 형태로 설립되면서부터였다면, 채권은 1905년 조선정부가 국고증권조례를 공포하고 200만원의 단기국채를 발행한 것이 효시라고 할 수 있다. 근대적 의미의 증권시장은 1956년 3월 '대한증권거래소'의 개장으로 시작되었다. 그리고 1962년 증권거래법이 제정되고 같은 해 증권거래소가 공영제로 전환된 이래, 한국 기업의 주식발행은 주로 기업공개와 유상증자를 통하여 이루어져 왔다. 1960년대에 들어 경제개발 5개년계획이 착수되면서 내자동원 증대를 위한 자본시장육성의 필요성이 높아지자 정부는 주식의 공급 및 투자기반 확대를 적극 유도하였다.

1970년대 말, 2차 석유파동과 국내정치 불안 등으로 한국경제가 인플레이션, 성장둔화, 국제수지악화 등으로 어려움을 겪게 됨에 따라 1980년대 초 주식시장도 침체를 지속하였다. 그러다가 1980년대 중반에 이르러 경제가 고도의 성장기를 맞이하면서 주식시장도 주가지수가 상승세를 지속하고 거래량과 발행물량이 확대되는 등 활황세를 보이기 시작하였다. 1989년 3월 31일에는 종합주가지수가 1,003.31포인트를 기록함으로써 처음으로 종합주가지수가 1,000포인트를 넘어서기도 하였다. 하지만, 기업의 차입금 증가 및 부실경영으로 1997년 IMF 구제금융을 요청하면서 종합주가지수가 급락하기 시작하였고, 마침내 1998년 6월 16일에는 종합주가지수 290포인트가 붕괴되는 극심한 침체를 나타냈다.

1980년대 후반부터 전세계적으로 금융자유화, 개방화 및 국제화가 진전됨에 따라 각국의 금융산업의 상호 진출이 확대되었다. 이와 같은 추세속에 한국도 금융산업 대외개방의 필요성을 느끼게 되었다. 또한, 새로운 선진상품의 도입으로 1996년

5월 주가지수선물시장이 개설되고, 이듬해인 1997년 7월 주가지수옵션시장 개설과 그 이후 주식옵션시장 등 새로운 신상품개발로 다양한 투자자들의 욕구를 충족시켜주면서 발전하여 왔다. 1992년에는 외국인 직접투자를 10% 범위 내에서 허용하였고 1994년 12월에 13%, 1995년 7월에 15%로 투자한도가 늘어났다. 1998년 5월, 상장주식, 주가지수 선물 및 옵션, 수익증권에 대한 외국인 취득한도를 전면폐지하고 단기 공사채형 수익증권까지 취득할 수 있도록 전면 채권시장을 개방하였으며 신용공여도 내국인과 동일한 대우를 받게 되었다.

이와 같이 세계금융시장은 증권화, 겸업화, 국제화 현상이 빠르게 진전되고 있다. 국제 금융시장에서의 자금이동은 대부분 증권을 기초로 이루어지고 있고, 겸업화가 진전됨에 따라 자본시장도 서서히 탈바꿈을 시도하고 있다. 금융산업의 경쟁력 강화를 위해 은행, 증권, 보험의 고유영역이 하나씩 허물어지면서 업종간 치열한 경쟁이 불가피해졌으며, 일부 영역에서는 이미 금융업종간 총성 없는 전쟁이 시작되었다. 더구나 합작증권사의 증가, 자산운용업무 분야에서 선진금융 기법과 풍부한 자금력을 갖춘 외국사의 국내진출로 인해 국내 관련회사의 영업위축이 예상되고 있다.

한국의 실물경제는 세계적 수준의 규모를 자랑하고 있고 제조업체 중에서는 세계적 기술력과 브랜드를 가진 기업들이 다수 존재한다. 하지만, 금융산업은 동북아역내 시장에서조차 경쟁력이 미흡하다. 특히, 증권산업은 위탁매매업에 치중하는 획일적인 수익구조, 자기자본 규모의 영세성 등 취약한 상태를 벗어나지 못하고 있다. 이와 같은 현상의 원인은 금융공학의 발달로 세계적인 선진금융시장에서는 복합금융상품이 계속해서 생겨나고 있는데도 불구하고, 한국에서는 이러한 복합금융상품을 주도적으로 만들 수 있는 시스템과 법체계가 존재하지 않았기 때문이다. 즉, 관련법이 허용하는 금융상품만을 다룰 수 있는 열거주의방식을 고수하였기 때문에 법의 범주를 벗어난 금융상품은 기업의 입장이나 투자자의 입장에서 선뜻 접근하기가 힘들었다. 그 결과, 한국의 금융시장은 선진 금융시장과의 격차를 줄이지 못하고 있는 실정이다.

2 자본시장법과 금융투자회사

금융의 자율화, 개방화 및 겸업화가 급속하게 진행됨에 따라 금융기관이 신용위험 등 각종 위험에 노출되었으며 금융시장 전체의 불안정성과 외국시장과의 연계성도 크게 증대하였다. 이런 환경에서 한국 경제가 성장을 지속하기 위해서는 고부가가치 산업을 육성하여 성장 동력으로 삼아야 하는데, 한국의 금융시스템은 은행 중심의 간접금융시장 형태를 취하고 있어서 고위험·고수익 특성을 가지는 혁신산업의 자금조달을 원활하게 지원하는데 한계가 있어 왔다. 고위험·고수익 혁신산업에 대한 자금조달은 자본시장을 통하는 것이 가장 이상적이므로 자본시장을 육성하여 은행과 자본시장이 균형을 이루는 금융시스템을 구축할 수 있도록 법제를 개편할 필요성이 제기되었다.

또한 혁신적인 금융상품이 다양하게 개발될 필요가 있었다. 그러나 기존 법체계에서 모든 가능한 금융상품을 아우르기에는 한계가 있었다. 이에 따라 자본시장을 칸막이 식으로 규율할 것이 아니라 유연한 하나의 통합법의 제정이 절실히 요구되어 왔다. 나아가 여러 업무와 상품을 포괄적으로 다룰 수 있는 투자은행 형태의 금융투자회사를 탄생시킬 필요가 있어 왔다.

이와 같은 시대적 요구에 부응하여 2008년 비로소 자본시장법이 제정되어 2009년 2월부터 시행하게 되었다. 자본시장법은 그 동안 자본시장을 규율하던 "증권거래법", "간접투자자산운용업법", "선물거래법", "신탁업법", "종합금융회사", "한국증권선물거래법" 등 6개의 법률을 폐지하고 마련한 단일의 통합 법률이다. 이 법은 과거 열거주의식의 법률로 인해 칸막이 쳐진 자본시장을 포괄주의의 적용으로 하나의 자본시장으로 통합하고자 하고 있다. 모든 금융투자상품을 허용하되 예외적으로 제한하는 네거티브(negative)규제를 하여 새롭게 등장할 어떠한 상품도 금융투자상품의 범주에서 벗어나지 못하게 하였다. 이리하여 금융투자상품을 취급하는 금융투자회사의 업무범위가 대폭 확대되고, 세계적 투자은행으로 발전할 수 있는 계기가 마련되었다.

자본시장법 제정의 목적은 크게 세 가지로 분류된다.

첫째, 자본시장의 중개기능을 강화하려는 목적이다. 국민경제 내의 여유자금이 은행 예금 등 간접금융시장의 안전자산을 중심으로 운용되거나 은행 대출을 통해 기업의 자금조달이 되는 것보다 자본시장 중심의 자금흐름 창출이 국가 경쟁력에 도움이 된다. 자본시장 내에서 매력적인 금융상품들이 끊임없이 개발되고 서로 경쟁을 한다면 경제 내 여유자금이 자본시장으로 지속적으로 유입되고 기업의 수요에 맞는 다양한 자금조달 수단과 기법이 계속 제공되어 기업들이 자본시장에서 자금을 손쉽게 조달할 수 있을 것이다.

둘째, 투자자 보호 강화의 목적이다. 금융공학의 발달로 복합금융상품 개발이 이루어지면서 금융상품은 과거와는 비교할 수 없을 정도로 복잡하고 다양해졌고, 내부자거래, 선행매매, 과당매매 등 여러 형태의 불공정거래가 존재한다. 이런 이유로 투자자 보호의 필요성이 증대하였다. 자본시장법에서는 투자자가 충분한 정보를 기반으로 투자판단을 할 수 있도록 정보 제공 장치를 마련하였다. 또한, 금융투자업자의 이해상충 행위와 시장참가자의 불공정 행위도 규제하며, 피해를 입은 투자자가 사후 구제를 효과적으로 받을 수 있는 장치도 도입하였다.

마지막으로, 금융투자업의 경쟁과 혁신의 촉진을 위한 목적이다. 자본시장법이 제정되기 전까지 우리 자본시장을 규율하는 법률들은 금융업의 영역을 지나치게 세분화하고 협소하게 정의하여 각 금융업간 겸영이 원칙적으로 불허하는 칸막이 역할을 하였다. 심지어 이러한 금융법 체제가 우리 금융산업 발전의 걸림돌이 되고 있다는 인식까지 생기게 되었다. 법제도의 제약으로 우리 자본시장 관련 금융업은 저부가가치 금융업의 영역에서 과당경쟁을 하게 되었고 자본시장 본연의 자금중개 기능을 수행하는 것도 어렵게 하였다. 따라서 칸막이식 겸업제한 해소를 통한 업무영역의 광역화, 취급 가능한 금융상품에 대한 제한 철폐 등을 하여 금융투자업에서의 금융혁신을 촉진하고 고부가가치 금융영역에서 경쟁이 촉발되도록 함으로써 우리 금융투자업의 경쟁력을 높이는 것을 목표로 하고 있다.

위 자본시장법의 목적을 충실히 수행하기 위해서 기존의 증권회사, 선물회사, 자산운용회사 등으로는 역부족이다. 자본시장법으로 그 범위가 광범위해진 금융투자상품을 취급할 금융주체는 매우 유연해야 하며 통합적 기능을 수행할 수 있어야 한다. 그래서 증권회사, 선물회사, 자산운용회사 등이 수행하던 업무가 통합되어 금융투자회사가 만들어졌다. 새롭게 탄생한 금융투자회사의 업무범위는 '투자성' 있는 금융투자상품과 동일시된다. 즉, 은행과 보험회사가 '투자성' 있는 금융투자상품을 취급한다면 금융투자회사로 정의되어 자본시장법의 제재를 받게 된다. 이와 같이 포괄주의식으로 금융투자회사를 정의하므로 새로운 복합금융상품이 생겨나더라도 자본시장법의 범주에서 벗어날 수 없기 때문에 투자자 보호를 할 수 있다. 그리고 금융투자회사가 업무 수행과정에서 다양한 금융기법을 적극 활용할 수 있도록 6개 금융투자업간(투자매매업, 투자중개업, 집합투자업, 투자자문업, 투자일임업, 신탁업) 겸영이 허용되었다. 또한, 특정분야에 전문성은 있으나 자금이 부족한 금융투자업자 진입이 원활히 이루어지도록 업무단위를 세분화하여 적은 자본으로 진입이 가능하도록 하였다. 이로 인해 대형 투자은행과 특화된 금융투자회사가 자본시장의 중개기능을 효율적으로 수행할 기반이 마련되었다.

3 자본시장통합의 해외사례

1970년대 제1차 및 제2차 오일쇼크에 의한 인플레이션과 금리상승 등은 금융산업의 환경변화를 초래하였는데, 이에 따른 금융기관간의 경쟁은 금융혁신을 촉진하여 은행과 증권회사의 상호 업무영역 진출을 가속화시켰다. 이러한 겸업주의 추세는 전세계적인 현상으로 미국에서는 1933년 "글래스-스티걸(Glass-Steagall) 법"이 제정된 이후 은행업과 증권업이 분리되었으나, 1960년대 금리상승에 따라 시장금리와 규제금리의 격차가 확대되고 은행 등 금융기관이 금리규제를 피하기 위해 MMDA, MMF, CMA 등 다양한 금융상품을 개발하여 증권회사의 은행업무 진출과 이에 대응한 은행의 유가증권관련업무 진출이 촉진되었다.

이후 미국에서는 1999년 "Gramm-Leach-Bliley(GLB) Act"의 시행으로 금융지주회사 제도가 도입됨으로써 은행, 증권, 보험업무, 투자회사업무, 종합금융업무 등 제반 금융업무를 자회사 형태로 영위할 수 있게 되었다. "GLB Act"의 시행으로 1933년 이후 은행과 증권회사가 계열화하여 서로의 업무를 간접적으로 영위하는 것을 원칙적으로 금지해 오던 "글래스-스티걸 법"의 제20조 및 제32조가 폐지되어 두 업종간 겸업이 가능하게 되었다.[1] 그러나 증권업과 자산운용업을 함께 겸영함으로써 발생할 수 있는 이해상충이나 내부자거래의 위험성을 감안해 증권거래법과 투자자문업자법 내에서 관련 규제가 꾸준히 만들어지고 있다.

일본에서는 전쟁 직후 미국의 영향으로 전업주의를 고수하였으나, 1970년대 후반기의 대규모 국채발행 이후 국채 소화를 촉진시키기 위하여 증권회사의 유사금융상품 취급이 허용되어 다른 금융업무 진출이 이루어졌다. 그리고 1990년대 초반

1) "Glass-Steagall Act"의 제16조와 제21조는 인하우스(in-house) 형태로 은행과 증권업무를 병행하는 것을 금지하고, 제20조와 제32조는 은행과 증권회사가 서로 계열화하는 것을 금지하는 내용을 담고 있었다. "GLB Act"의 시행으로 제20조와 제32조가 폐지되었지만 제16조와 제21조는 그대로 남아 있다. 즉, 한 금융기관의 본체 내에서 은행, 증권, 보험, 자산관리 등 모든 금융업무를 병행하는 인하우스 방식의 겸업체제(universal banking)는 불허하고 있다.
당시 2개 조항 폐지를 담당했던 연준(Federal Reserve Board) 의장인 앨런 그린스펀(Alan Greenspan)은 다음과 같은 주장을 피력하였다. "최근 기술적으로 정교하게 위험을 헤지할 수 있는 신금융상품이 개발되면서 기존 은행, 보험과 증권상품 각각의 특성을 하나의 금융상품으로 묶을 수 있게 되었다. 이러한 변화는 세계적으로 일어나고 있고, 금융서비스 제공자의 영업방식을 획기적으로 변화시켜 온 바, 현재 미국의 금융시스템으로는 이러한 글로벌 환경의 변화 요구에 순응할 수 없다. 따라서 동 조항의 폐지는 글로벌 금융시장에서 미국 금융기관의 지배력과 경쟁력을 향상시키고, 가장 질 높고 광범위한 영역의 금융상품을 창조하여 미국 소비자(투자자)에게 제공하는 것을 목적으로 한다."

의 일본은 버블경제의 붕괴, 금융산업의 효율성 저하 등으로 인하여 국가경쟁력 약화에 직면하게 되었고 금융시장의 본격적인 개방을 앞두고 있었다. 이런 이유로 금융산업의 자유경쟁 촉진을 위해 금융산업의 진입, 상품, 가격관련 규제를 자유화하고 지주회사의 설립을 허용하여 다양한 형태의 금융겸업을 허용하는 금융시스템개혁법을 1996년에 제정하게 되었다.

그리고 1996년 당시 일본의 하시모토 총리가 금융빅뱅을 선언한 이후 통합금융법의 입법에 관한 논의를 진행하여 많은 논란을 거쳐 2007년 9월 금융상품거래법이 도입되었다. 동 법은 1948년에 제정되어 일본 자본 시장의 기본법 역할을 하던 증권거래법을 기본으로 주식, 채권 및 투자신탁의 수익증권 등 유가증권뿐만 아니라 보다 폭넓은 상품을 규제 대상으로 하고 있다.

일본에서의 금융상품거래업이란 증권업, 금융선물거래업, 상품펀드 판매업, 증권투자고문업, 투자신탁위탁업, 투자법인자산운용업을 모두 포함하고 있는 개념이다. 이 일본판 자본시장법에서도 전문투자자와 일반투자자를 구분하여 규제완화와 투자자보호를 동시에 꾀하고 있다. 한국의 전문투자자에 해당하는 특정투자자에는 적격기관투자가, 국가, 일본은행, 투자자 보호기금 등이 포함되었다. 특히, 투자자 보호에 관한 중요한 내용인 적합성 원칙의 경우, "고객의 지식, 경험, 재산상황에 비춰 부적합하다고 인정되면 권유를 해서는 아니 된다."라는 내용은 한국의 자본시장법에 도입된 투자자 성향파악과 유사하다고 할 수 있다.

한국의 자본시장법과 유사한 법률은 주로 불문법을 기초로 하는 국가에서 시작되었으며, 통합금융법의 제정은 영국에서 가장 먼저 시작되었다. 1980년대까지 영국의 금융시장은 각 영역별로 구분되어져 금융기관별로 각기 다른 금융영역을 담당하고 있었고, 이에 대한 규제 역시 서로 다른 규제감독기관과 규제기준에 의해 이루어지고 있었다. 그러나 1970년대 후반에 발생한 투자은행과 중개업자의 파산 및 사기사건, 국제 금융시장의 확대와 세계화, 영국 금융시스템의 독점적 구조라는 문제를 해결하기 위해 영국의 증권분야의 통합법이라 할 수 있는 "금융서비스법(Financial Services Act 1986)"의 제정을 시작으로 증권사와 은행 사이의 칸막이가 제거된 유니버설 뱅크(universal bank) 시스템이 구축되기 시작했다.

그러나 유서깊은 베어링스 회사(Barings PLC)의 도산(1995년), 연금판매 스캔들[2)]

2) 1980년대 대처 정부는 공공연금의 부담을 완화하기 위하여 급여 수준을 대폭 인하하고 민간연금의 가입을 독려하였다. 그런데 민간보험업계가 연금지급률을 과다 책정하여 판매(mis-selling)함으로써 연금지급액 부족사태를 초래하였다.

등이 발생함에 따라 영란은행 및 시장자율에 기초한 금융감독정책으로는 금융산업과 일반이 기대하는 수준의 투자자 보호, 경영건전성 확보 등 정책목표를 달성하지 못하고 있다는 비판이 제기되었다. 또한, 금융의 통합화와 겸업화로 금융영역 간 구분이 모호해짐에 따라 새로운 감독체제를 도입할 필요성이 증대하였다. 이에 따라 금융회사가 행하는 모든 형태의 행위를 감독·통제할 수 있도록 단일·통합 입법체계를 추진하여 2000년에 통합금융법인 "금융서비스 및 시장법(Financial Services and Market Act : FSMA)"을 제정하게 되었다. 또한, 9개 금융 관련 규제기관에 분산되어 있던 금융감독권한도 금융감독청(FSA)으로 일원화하였다. FSMA의 주요 특징은 다음과 같다.[3)]

첫째, 재량에 의한 규제에서 법규에 의한 규제로 변경하였다. 즉, 과거 영란은행은 피감독기관에 대해 재량에 의한 감독을 실시하였으나 FSA는 FSMA에 명시된 일반적 규칙제정권(general rule-making power)에 근거하여 규제감독에 사항을 모두 규칙으로 제정하고 감독을 시행하게 되었다.

둘째, 통합금융법은 기존의 금융업종별로 규제하는 것이 아니라 예금의 수취, 보험계약의 체결 및 이행, 본인 및 대리인으로서의 투자거래, 투자의 중개 및 운용 등 규제대상행위(regulated activities)를 기준으로 규제하고 있다. 따라서 금융업종에 따른 규제의 차이가 없으며 동일한 규제대상행위에는 동일한 규제 원칙이 적용된다.

셋째, 개별 금융상품의 법적개념을 기본적으로 추상적 개념에 의한 포괄주의 방식으로 정의하되 투자자를 보호하기 위하여 법에서 확정적으로 열거할 수 있는 대상은 가능한 한 열거하는 '예시적 열거'를 병행하고 있다. 다만 일부 금융상품의 경우 추상적 정의 없이 해당상품을 열거하거나 예시적 열거 없이 완전한 포괄주의 방식으로 정의하기도 한다.

넷째, 인가절차를 단일화하였는데 FSMA는 모든 금융회사가 규제대상행위를 하기 위해서는 인가를 취득하도록 강제하고 있다. 이에 따라 모든 규제대상행위는 원칙적으로 금지되고 인가를 받은 자 혹은 인가가 면제된 자에 대해서만 예외적으로 허용된다. 이러한 인가 취득과 관련하여 FSMA는 규제대상행위 전체에 대한 FSA의 인가절차를 통합하여 규정하고 있다. 이에 따라 금융회사는 예전과 달리 개별 규제대상행위별로 인가를 받지 않고 하나의 통합인가절차를 거쳐 복수의 규제대상

3) 이하 임채율(2006)의 "주요국의 통합금융법 추진방향 및 현황"을 참조하였다.

행위에 대한 인가취득이 가능하다.

다섯째, FSMA는 1986년의 "금융서비스법"을 더욱 발전시켜 건전성 규제도 일원화하였다. 다만, 현재는 금융업종별로 건전성 기준이 상이한 과도기적인 건전성기준(interim prudential sourcebook)을 적용하였으나, 2007년부터는 전 금융업종에 대해 위험별로 단일한 건전성기준(integrated prudential sourcebook)을 적용하고 있다.

여섯째, 행위규제를 단일화하였다. 이는 금융상품의 판매행위 및 불공정거래행위(내부자거래 · 시세조종 등)에 대한 규제를 단일화한 것으로 판매행위규제는 규제대상 금융회사에 대해 업종간 구별 없이 동일한 기준을 적용하였으며, 불공정거래행위는 내부자거래 및 시장조작행위에 대한 기존 제도를 원칙적으로 수용하면서 처벌요건 등을 강화하였다.

이와 같은 추세는 영연방 국가인 호주에도 영향을 미치게 되었다. 호주는 1996년 금융제도심의회(Financial System Inquiry)를 발족하고 금융시스템 개혁 작업을 시작하였다. 시드니를 국제금융센터로 육성하기 위해서는 외국 금융회사를 적극 유치할 수 있도록 탄력적인 규제제도의 확립이 필요하다는 점을 인식하고 2001년에 "금융서비스개혁법(Financial Service Reform Act : FSRA)"을 제정하게 되었다.[4] 이는 종전의 회사법, 보험계약법, 연금산업감독법, 퇴직저축법, 보험법, 은행(외국환)규정 등에 산재해 있던 인 · 허가, 공시 등의 규정을 하나의 원칙으로 일원화하고 금융상품을 포괄적으로 정의한 것으로 그 주요 특징은 다음과 같다.

첫째, 영국의 경우와는 달리 기존의 금융업종별 규제방식을 유지한 제한된 범위의 통합이다. 즉, 금융업종 전체 규제체제의 통합이 아닌 금융서비스 제공자에 대한 인 · 허가, 기업 및 금융상품에 대한 공시 관련 업무행위규제 등에 대한 원칙만을 일원화하였다. 따라서 금융업종에 대한 규제보다는 금융거래 규율과 금융소비자 보호에 초점을 맞춘 것으로 통합금융법에 규정된 인 · 허가와 공시 관련 업무를 제외하고는 개별법(은행법 · 보험법 등)을 통해 규제 · 감독을 하고 있기 때문에 영국의 FSMA와 같은 포괄적인 법률체계 단일화와는 차이를 보인다.

둘째, 개별 금융상품의 법적개념을 기능에 따라 포괄적으로 정의하고 있다. 즉, 금융상품을 그 기능에 따라 일반적으로 정의하고 금융상품으로 인정되는 것과 인정되지 않는 것 등을 예시적으로 설명하고 있다. 또한, 규제기관이 규칙 등의 제정을 통하여 금융상품을 추가할 수 있는 근거를 마련하고 있다.

4) 동 법은 호주 정부가 1996년부터 준비하여 2001년에 통과시킨 뒤, 2년 동안의 유예기간을 거쳐 2004년부터 전면적으로 시행해오고 있다.

셋째, 금융시장 및 결제시스템 운영기관에 대한 인가를 단일화하였다. 각종 대체거래시스템의 발전 등으로 거래소와 장외시장 구분의 의미가 약해짐에 따라 금융시장에 대한 단일 인가제를 채택하여 증권거래소와 장외시장에 대한 규제상의 구분을 폐지하였다. 또한, 종전에는 각각 다른 규제원칙이 적용되거나 공식적인 규제가 없었던 증권거래 결제시스템 운영기관(clearing and settlement facility)에 대하여 재무부장관의 단일 인가 및 증권투자위원회(Australian Securities and Investment Commission : ASIC)의 감독을 받도록 일원화하였다.

넷째, 건전성 규제와 영업행위 규제를 분리하였는데 이는 금융감독당국이 건전성 규제를 담당하는 건전성감독청(Australian Prudential Regulatory Authority : APRA)과 영업행위 및 소비자보호를 담당하는 증권투자위원회(ASIC)로 구분되어 있어 금융회사는 두 개의 규제기관으로부터 별도의 인가를 받아야 함을 의미한다. 구체적으로 건전성감독청(APRA)은 은행, 보험, 연기금, 신협 등 예금보호대상인 금융회사의 건전성을 감독하고 증권투자위원회(ASIC)는 금융시장, 시장중개기관, 금융상품, 불공정 영업행위, 금융소비자보호 등에 대해 감독하고 있다.

다섯째, 소액투자자 보호를 위한 통일된 정보제공의무를 부과하였는데 소액투자자들의 금융상품 간 비교를 용이하게 하기 위하여, 모든 금융서비스 제공자에 대하여 단일한 정보를 제공하도록 기준을 적용하고 있다.

홍콩은 지역 및 국제금융센터로서의 경쟁력을 유지하기 위해서는 근본적인 금융개혁이 필요하다는 주장이 제기됨에 따라 2002년 3월 "증권선물법(Securities and Futures Act : SFA)"을 제정하여 증권 및 선물관련 10개 법률을 통합하였다. 홍콩의 증권선물법의 주요 특징은 다음과 같다.

첫째, 증권 및 선물업무의 규제만 통합하였다. 즉, 금융상품의 기능에 기초한 단일 규제원칙은 영국 및 호주와는 달리 증권 및 선물 등에 한해 적용하고 있으며 규제대상행위는 투자거래, 자산관리, 투자자문, 기업재무자문 등 네 가지로서 은행, 보험회사 등의 증권 및 선물업무는 해당 법률에서 각각 규제하고 있다.

둘째, 인가의 단일화이다. 증권거래소, 선물거래소, 그 지배회사인 홍콩거래소 및 결제시스템 운영회사, 기타 공인거래소(recognized exchange company)는 통합된 증권선물법에 따라 인가를 받아야 한다. 그리고 복수의 금융 관련 업무를 취급하고자 하는 금융회사도 하나의 인가로써 복수의 업무 취급이 가능하게 되었다. 통합법안 이전 금융회사는 규제대상행위인 증권 및 선물거래, 증권 및 선물거래 자문, 레버리지 외환거래(leveraged foreign exchange trading)에 따라 개별인가를 받아야 했으나 이를 단일한 인가(투자중개업)로 통합하였다.

셋째, 업무규제의 단일화이다. 종전에는 대부분 자율적인 업무준칙을 통한 규제를 실시하였으나 증권선물법에서는 감독기관에 업무행위규칙과 업무준칙을 제정할 수 있는 권한을 부여하였다. 감독대상 금융회사가 동 규칙 및 준칙을 위반할 경우 형사처벌의 대상이 되며 이 경우 감독당국은 그 금융회사가 인가 기준상의 적격성 기준을 준수하고 있는지 다시 점검해야 한다.

싱가포르는 자본시장의 발달에 따른 관련 제도의 개선, 금융업자에 대한 규제완화 및 경쟁력 제고, 규제비용의 감소 등을 위한 증권 및 선물시장의 통합 필요성이 증가하자 2001년 증권거래소와 선물거래소를 단일 지주회사 아래에 통합하고 증권거래규제법 및 선물거래규제법을 통합하여 "증권선물법"을 제정하였다.

증권선물법의 주요 특징을 살펴보면, 첫째, 홍콩과 같이 증권 및 선물업무의 규제만 통합하였다. 그리고 규제대상행위는 증권 딜링, 선물거래, 레버리지 외환거래, 자산관리서비스의 제공, 기업재무자문, 증권금융의 제공, 증권보관서비스의 제공 등 일곱 가지이며 은행, 보험회사, 종합금융회사 및 금융업자의 증권·선물업무에 대해서는 해당 법률에서 각각 규제하고 있다.

둘째, 인가의 단일화이다. 즉, 증권 및 선물시장에서의 모든 규제대상 행위를 단일한 인가(자본시장업 인가)로 통합하였다. 종전에는 딜링, 투자자문업, 선물중개업, 선물거래자문업, 선물투자기구운영업 등의 취급을 위해 업무별로 개별 인가를 취득해야 했으나 이를 자본시장업 인가로 단일화하였다. 이에 따라 처음 인가를 취득할 때 규제대상행위 중 일부 또는 전부를 취급하는지 상관없이 동일한 인가를 취득하고 이후 업무범위를 확대하고자 하는 경우에는 금융감독 당국의 승인을 받으면 된다. 한편, 증권선물법은 금융시장의 구조에 대해서는 여전히 증권거래소와 선물거래소를 구분하고 있다. 즉, 1999년 증권거래소(Stock Exchange of Singapore : SES)와 국제금융거래소(Singapore International Monetary Exchange : SIMEX)가 통합되어 지주회사인 싱가포르거래소(Singapore Exchange Limited : SGX)가 설립되었으나 실제 증권거래 및 파생상품거래는 싱가포르거래소의 두 자회사인 SGX-LT(Singapore Exchange Securities Trading Ltd)와 SGX-DT(Singapore Exchange Derivatives Trading Ltd)에서 각각 거래되고 있다.

셋째, 업무규제의 단일화이다. 증권선물법은 업무행위의 규제에 관한 원칙을 규정하고 있는데 먼저 증권과 선물의 양자에 공통적으로 적용될 사항을 업무행위규제원칙으로 규정하고 그 다음 증권 및 선물에 각각 적용되는 사항을 명시하고 있다.

요약컨대, 미국과 영국은 은행업과 증권업의 경계를 없애 금융업 전체를 하나로 묶고자 하였으며, 호주와 일본은 은행업무와 보험업무를 제외하고 증권, 선물, 자산운용 등 자본시장 업무를 통합하였으며, 홍콩과 싱가포르는 증권 및 선물관련 법률만 통합한 것이 특징이다. 이와 같이 해외 금융선진국들은 이미 자본시장을 통합해 자본시장을 육성하고 금융산업을 발전시켜 왔다. 이들 나라의 공통점은 금융산업이 매우 발전하여 각 대륙의 금융허브로 활약하고 있다는 것이다. 2009년 세계적 자본시장통합의 조류에 편입한 한국이 지정학적 위치를 잘 활용하여 동북아 금융허브로 발전할 것으로 기대한다.

4 초대형 투자은행과 중기특화 금융투자회사 육성

은행은 위험이 높은 자금을 공급할 유인이 부족하고 벤처캐피탈은 자본력이 취약하여 과감한 장기 투자가 어렵다. 이에 성장잠재력이 큰 혁신형 기업에 대한 집중적인 투자나 보다 적극적인 자금공급을 위해 투자은행 중심의 '종합 기업금융서비스' 확대가 필요하게 되었다. 투자은행은 다양한 자금공급 수단과 넓은 업무영역을 바탕으로 기업 활동의 여러 측면을 종합적으로 지원하고 기업 생애주기별 '맞춤형 금융'을 통해 효과적인 자금공급을 할 수 있다. 또한, 세계경제 규모가 커짐에 따라 대규모 프로젝트 사업, M&A 중개·주선 등을 통한 기업들의 글로벌 진출을 지원할 필요성이 점증되고 있다.[5)]

이에 정부는 신성장 동력 산업과 대규모 해외 프로젝트 등을 지원할 수 있는 선진형 투자은행의 발전을 촉진하기 위해 2013년에 종합금융투자사업자 제도를 도입하고 자기자본 3조원 등 일정요건을 갖춘 금융투자회사에게 기업 신용공여 업무를 허용하였다. 해외 주요 금융회사의 투자은행 업무 관련 사업부의 수익기여도는 50~60%에 달하나, 국내 대형 금융투자회사는 10% 내외에 불과한 실정이다. 정부는 금융투자회사의 대형화를 통해 국제적 신인도와 자금중개의 효율성 및 위험감내 능력을 제고함으로써 대형 글로벌 M&A, 인프라 사업, 프로젝트 파이낸싱 사업 등 다양한 투자은행 업무에 적극적으로 뛰어들어 높은 부가가치를 창출하도록 유도하고 있다.

한편, 중소·벤처기업의 자본시장을 통한 자금조달을 확대하고, 기술력 있는 중

5) 금융위원회, 초대형 투자은행 육성을 위한 종합금융투자사업자 제도 개선방향, 2016.8.2.

소・벤처기업을 선별, 성장단계별 맞춤형 투자은행 서비스를 제공할 수 있는 전문화된 중소형 금융투자회사를 육성하기 위해 2016년 2월 17일 "중소기업 특화 금융투자회사의 운영에 관한 지침"을 마련하고 6개사를 중기특화 금융투자회사로 지정하였다. 중기특화 금융투자회사는 정책금융의 지원을 통해 관련 기업정보를 활용하고 펀드운용 경험을 축적함으로써 추가로 수익을 창출하고 투자은행 업무 역량을 강화할 것으로 기대된다.

Ⅱ 금융투자회사의 업무

자본시장법은 자본시장에서 생산되거나 유통될 수 있는 금융상품의 개념을 넓게 규정함으로써 투자자 보호의 공백을 없애고, 금융투자업자의 업무영역을 제약하지 않는 것을 목표로 한다. 금융상품의 범위가 넓게 규정됨에 따라 끊임없이 새롭게 등장하는 모든 금융상품이 자본시장법상 금융투자상품의 범위에 포함되게 되므로 이러한 금융상품을 취급하는 업자는 모두 금융업 규제의 대상이 되고 동(同) 금융상품은 투자자보호 관련 규제 또는 불공정거래 규제의 대상이 되므로 투자자 보호의 부족함이 없게 된다.

1 금융투자상품

(1) 금융투자상품의 포괄적 정의

자본시장법은 증권과 파생상품의 개념을 포괄하는 상위의 개념으로 '금융투자상품'이라는 개념을 도입하였다. 금융투자상품의 개념을 도입한 이유는, 금융투자상품으로 범주화되는 금융상품이 여타 금융상품(예금, 보험계약 등)과 다른 특징을 가지기 때문이다. 자본시장의 금융상품을 총칭하는 개념을 갖는 것은 자본시장의 정체성을 분명히 하는 데에 도움이 된다. 또한 금융공학의 발전에 따라 새로운 금융상품이 끊임없이 등장하고 있기 때문에 규제법을 만드는 입법론적 입장에서 투자자 보호라는 목적을 달성하기 위해 명확한 기준 도입이 필요하다.

증권, 파생상품, 금융투자상품 간의 관계를 살펴보면, 원본손실가능성이 있는 금융상품은 금융투자상품이 되고 모든 금융투자상품은 반드시 증권 또는 파생상품 중 하나로 분류된다. 여기서 원본손실가능성이란 '투자성'으로 정의할 수 있다. 즉, 투자성이 있는 금융상품을 금융투자상품으로 정의할 수 있다.[6] 예를 들어 예금은 보통 비금융투자상품으로 분류가 된다. 하지만 예금이 투자성을 가질 경우 이는 금융투자상품으로 분류된다. 예금의 본질적 성격은 위탁한 금액 이상을 돌려줘야 하므로 예금이 원본손실가능성을 가진다면 더 이상 예금으로 볼 수 없다. 이는 본질적으로는 금융투자상품인데 예금이라는 명칭을 활용하여 마케팅된 것으로 보아야 한다. 따라서 자본시장법에서는 투자자 보호를 위해 금융투자상품으로 규율하며 증권으로 분류하여 규율한다.[7]

자본시장법은 포괄주의 규율체제의 도입을 위해 우선 자본시장에서 거래되는 금융상품을 크게 증권과 파생상품으로 범주화한 후, 각각 증권과 파생상품의 개념을 포괄적으로 규정한다.

(2) 증권의 포괄적 정의

증권이란 "내국인 또는 외국인이 발행한 금융투자상품으로서 투자자가 취득과 동시에 지급한 금전 등 외에 어떠한 명목으로든 추가로 지급의무를 부담하지 아니하는 것"으로 자본시장법 제4조 제1항에서 규정하고 있다. 증권의 발행주체에 내국인과 외국인을 모두 포함함으로써 외국증권에 대해서도 포괄적 접근을 채택하였고, 원본손실 요건으로서 투자성을 요구하였다. 그리고 투자자가 당해 증권의 취득과 동시에 금전 등을 전액 지급할 것과 그 존속기간 동안 어떠한 명목으로든 추가지급의무를 부담하지 않는다.

자본시장법에서는 증권의 포괄적 정의를 위하여 전통적 증권의 특성에 두 가지의 새로운 유형의 증권개념을 추가하였다. 첫 번째 범주의 증권은 타인의 노력에 의하여 회수금액이 결정되는 증권(투자계약증권)이고, 두 번째 범주의 증권은 타인의 노력과 무관하게 외생적 지표에 의하여 회수금이 결정되는 증권(파생결합증권)이다.

---

6) 자본시장법에서 도입하고 있는 '금융투자상품'이라는 개념은 상품의 형태나, 명칭이 아니라 '투자성'이라는 기능을 기준으로 한 개념이다. 따라서 구 증권거래법상 증권으로 열거되어 있는 것과 동일한 혹은 유사한 기능을 수행하여도 분류상 상당한 차이를 보일 수 있다.

7) 자본시장법에서는 투자성 있는 예금은 투자권유 규제, 발행공시 규제, 불공정거래 규제 등 증권과 관련된 규제를 적용받는 것으로 규정하고 있다.

투자계약증권은 (① 이익을 기대하여 ② 공동사업에 ③ 금전 등을 투자하고 ④ 타인의 노력의 결과 그 대가를 받는 계약)이라는 4가지 요소를 만족하는 증권으로 투자자가 어떤 사업에 참여하더라도 증권의 범위에서 배제되지 않도록 하였다. 파생결합증권은 외생적 지표에 의해서 회수금액이 결정되는 모든 증권을 포괄하는 개념으로 변동금리부 사채(FRN), 주식연계증권(ELS), 주식워런트증권(ELW), 신용연계증권(CLN)뿐만 아니라 향후 새로이 등장할 금융투자상품을 기초로 한 증권 및 재해연계증권, 범죄율연계증권, 강수량연계증권 등 상상할 수 있는 모든 종류의 증권을 포괄한다. 양자는 상호간에 완전 배타적이며 모든 증권은 두 가지 범주 중 최소한 하나에는 반드시 포함되기 때문에 두 가지 범주의 증권을 포괄적으로 정의하면 모든 증권을 포함할 수 있다.

(3) 파생상품의 포괄적 정의

증권의 개념이 포괄주의로 전환됨에 따라 증권과 파생상품을 명확하게 구분할 필요성이 대두하였다. 특히 파생결합증권과 파생상품의 구분이 모호하여 명확히 할 필요성이 있게 되었다. 그 구분의 기준은 추가적인 지급의무를 가지느냐 그렇지 않느냐이다. 즉, 증권의 경우 투자자의 손실이 커지더라도 증권의 매입금액보다 커지지 않는 반면, 파생상품의 경우 기초자산의 가격변화에 따라 투자자가 추가지급의무를 지게 되는 특성이 있다.

자본시장법에서는 파생상품을 구성하는 기본구성요소인 선도(forwards), 옵션(option), 스왑(swap)을 정의하는 방식을 채택하고 있다. 특히 동(同) 법에서 중요한 것은 기초자산의 범위를 금융투자상품, 통화, 일반상품, 신용위험 그 밖에 자연적·환경적·경제적 현상 등에 속하는 위험으로서 평가가 가능한 것으로 매우 포괄적으로 정의하고 있다.

자본시장법상 금융투자회사의 업무범위를 정하는 기준은 금융투자상품을 기초로 하므로 금융투자상품의 개념이 확대되면 금융투자업의 범위도 자연히 확대되는 관계가 있다.

2 금융투자회사의 업무

자본시장법으로 인해 기존의 증권회사, 선물회사, 자산운용회사 등 자본시장 관련업에 대한 겸영이 허용되어 등장한 금융투자회사는 투자자들에게 다양한 금융투자상품과 서비스를 제공하게 되었다. 또한, 금융투자상품에 포괄주의가 적용되어 그 종류가 무한대에 가까울 정도로 늘어나게 되었고, 금융투자회사들은 서로 경쟁적으로 신상품을 개발해 판매함에 따라 투자자 선택 폭이 훨씬 넓어지게 되었다.

(1) 기본업무

자본시장법에서는 금융투자회사를, 이익을 얻을 목적으로 계속적이거나 반복적인 방법으로 아래 6가지 업무(투자매매업, 투자중개업, 집합투자업, 투자자문업, 투자일임업, 신탁업) 중 어느 하나에 해당하는 업무를 수행하는 회사로 정의하였다. 자본시장법에서는 금융투자업 간 겸영을 법률에서 허용하므로 금융투자업자가 원할 경우 6개 금융투자업을 모두 겸영할 수 있다. 또한 6개의 금융투자업이 추상적으로 정의되어 포괄화가 되었다. 이는 금융투자업의 범위가 광역화되고 금융투자회사의 업무범위가 확대되는 효과가 있다. 자본시장법이 제정되기 전에는 금융투자관련업 분야의 겸영이 원칙적으로 금지되어 있었다. 이 때문에 다양한 금융투자업을 영위하는 대형 투자은행이 성장하기 어려운 풍토였다. 21세기 경제 분야의 국가경쟁력을 강화시키기 위해서는 고위험・고부가가치의 산업에 자본을 공급할 수 있는 자본시장의 발전이 뒷받침되어야 하며, 이를 위해서는 자금중개기능을 수행하는 투자은행의 육성이 간절하다. 기능별로 분류된 금융투자회사의 기본업무는 다음과 같다.

(가) 투자매매업

투자매매업(dealing)이란 누구의 명의로 하든지 자기의 계산으로 금융투자상품을 매도・매수, 증권의 발행・인수 또는 그 청약의 권유, 청약, 청약의 승낙을 영업으로 하는 것을 말한다(법 제6조 제2항).

(나) 투자중개업

투자중개업(arranging deals)은 누구의 명의로 하든지 타인의 계산으로 금융투자상품을 매도・매수, 그 청약의 권유・청약・청약의 승낙 또는 증권의 발행・인수에 대한 청약의 권유・청약・청약의 승낙을 영업으로 하는 것을 말한다(법 제6조 제3항). 타인의 계산으로 한다는 점에서 투자매매업과 구분된다.

(다) 집합투자업

집합투자업(collective investment)이란 2인 이상에게 투자권유를 하여 모은 금전 등 또는 "국가재정법" 제81조에 따른 여유자금을 투자자 또는 각 기금관리주체로부터 일상적인 운용지시를 받지 아니하면서 재산적 가치가 있는 투자대상 자산을 취득·처분 그 밖의 방법으로 운용하고 그 결과를 투자자 또는 각 기금관리주체에게 배분하여 귀속시키는 업을 말한다(법 제6조 제4항, 제5항). 즉, 소위 펀드의 경우처럼 복수의 투자자로부터 모집된 자금을 독립된 제3자가 운영하고 그 결과를 자금을 출연한 자에게 분배하는 것을 말한다.

(라) 투자자문업

투자자문업은 금융투자상품, 투자대상자산(부동산, 금융기관에의 예치금 등)의 가치 또는 투자판단에 관한 자문에 응하는 것을 영업으로 하는 것을 말한다(법 제6조 제6항). 여기에서 투자판단이라 하면 금융투자상품의 종류, 종목, 취득·처분, 취득·처분의 방법·수량·가격 및 시기 등에 대한 판단을 말한다.

(마) 투자일임업

투자일임업은 투자자로부터 금융투자상품, 투자대상자산에 대한 투자판단의 전부 또는 일부를 일임받아 투자자별로 구분하여 금융투자상품을 그 투자자의 재산상태나 투자목적 등을 고려하여 금융투자상품 등을 취득·처분 그 밖의 방법으로 운용하는 업이다(법 제6조 제7항). 금융투자회사는 수량, 가격, 매매시기뿐만 아니라 종류, 종목, 매도·매수여부, 매매방법까지도 일임받아 거래할 수 있다.

(바) 신탁업

신탁업은 신탁을 영업으로 하는 것을 말한다. 신탁의 경우에는, 원본보존 신탁의 수익권을 제외한 모든 신탁의 수익권은 모두 자본시장법상 금융투자상품의 개념에 해당한다.

표 7-1 금융투자회사의 기본업무

구 분	기본업무
투자매매업	자기 계산으로 금융투자상품의 매매 등을 하는 업무
투자중개업	타인 계산으로 금융투자상품의 매매 등을 하는 업무
집합투자업	집합투자를 영업으로 하는 업무
투자자문업	투자판단에 관한 자문을 영업으로 하는 업무
투자일임업	투자판단의 전부 또는 일부를 일임받아 투자자별로 구분하여 운용하는 업무
신탁업	신탁업을 영업으로 하는 업무

(2) 부수업무

자본시장법으로 인해 한국도 금융겸업이 허용되었다. 또한, 금융투자회사의 건전성과 투자자 보호에 문제가 없는 한 모든 부수업무의 영위를 허용하는 포괄주의 체제로 전환되었다. 자본시장법에서는 금융투자업자가 영위 가능한 모든 부수업무의 취급을 허용하되 예외적으로 제한하고 있다. 즉, 법률 규정에서 특별히 제한하는 업무가 아니라면 원칙적으로 모두 영위 가능하다.

금융투자회사는 부수업무를 영위하고자 하는 날의 7일 전까지 금융위원회에 신고하도록 함으로써 절차를 간편화시켰다. 다만 금융위는 부수업무가 금융투자회사의 경영 건전성 또는 투자자 보호, 금융시장의 안정성을 저해하는 경우 부수업무를 제한하거나 시정할 것을 명할 수 있다.

Ⅲ 투자매매업

1 담당업무

투자매매업은 자기 계산으로 금융투자상품을 매수·매도·발행·청약 등을 하는 업이다. 즉, 과거 증권거래법상 증권회사의 매매업·인수업·매출업, 종금사의 매매업과 인수업 그리고 간접투자자산운용업법상 간접투자증권의 판매업을 의미한다. 누구의 명의로 하든 '자기 계산'으로 매매가 이루어진다는 점에서 투자중개업과 다르다.

여기서 주의할 점은 '발행'을 금융투자업의 하나로 열거하였다는 것이다. 그 이유는 ELS와 같은 신종증권이나 수익증권 등을 발행하는 업무를 투자매매업으로 보아 투자자 보호 규율을 적용하기 위한 것이다. 그러나 일반기업이 증권을 발행하는 경우는 자금조달 목적이고 영리목적으로 보기 어려우므로 투자매매업에서 제외된다. 좀 더 구체적인 투자매매업의 본질업무는 다음과 같다.

- 매매업 관련 계약의 체결·해지 업무

- 금융투자상품 매매호가 제시업무
- 매매주문 접수, 전달, 집행 및 확인업무
- 증권인수 및 인수대상 증권 가치분석업무
- 인수증권 가격결정, 청약사무수행 및 배정업무

2 요건과 규제

(1) 진입에 관한 규제

전문성은 있으나 자금이 부족해 금융투자업을 하지 못하는 경우에 대비하여 금융투자회사의 자기자본금은 2008년에 금융투자업의 종류, 금융투자상품, 투자자의 유형을 구성요소로 하여 최저자기자본금 규모를 세분화함으로써 금융투자회사 설립요건이 대폭 완화되었다. 또한, 시스템리스크와 투자자 보호에 미치는 영향이 적은 업무의 경우에는 경쟁촉진을 위해 자기자본금 기준이 낮지만, 6개 금융투자업 전부를 영위하는 경우에는 2,000억원을 자기자본으로 확보해야 금융투자회사 설립이 가능하다. 이는 금융투자상품의 특성상 항상 위험에 노출되어 있으므로 투자자 보호의 필요성이 증대된 까닭이다.

표 7-2 투자매매업의 인가·등록 및 자기자본

금융투자업의 종류		금융투자상품의 범위	자기자본(억원)
투자매매업	인수포함	증권	500
	인수제외	증권	200
	인수만	채무증권	60
		장내파생상품	100
		장외파생상품	900

주) 전문투자자만을 대상으로 할 경우 최저 자기자본이 1/2 경감된다. 최초인가 시 최저 자기자본은 업무단위별로 합산하며, 변경인가 시 최저 자기자본은 기존 최저 자기자본의 70%(유지 최저 자기자본)에 신규로 영위하고자 하는 업무단위별 최저 자기자본을 합산한다.

그리고 특화·전문 금융투자업자 진입이 원활히 이루어지도록 인가·등록 업무단위를 세분화하였다. 자본시장법의 진입요건은 금융기관의 투자자에게 노출되는 위험의 크기에 따라 차등화되었다. 즉, 위험에 상응하는 자기자본을 설정하도록 규정된 것이다. 투자매매업은 금융투자회사의 6가지 업무 중 가장 위험의 크기가 크므로 900억원(장외파생상품 취급시)의 자기자본을 충족시켜야 금융투자회사 설립이 가능하다.

(2) 소액결제업무

금융투자회사의 위탁매매계좌를 보유한 투자자는 동 계좌 내의 현금을 계좌이체하거나 ATM기기를 통해 입출금할 수 있다. 새로운 법이 제정되기 전에는 투자자는 자금이체나 신용카드 결제 등을 위하여 은행의 가상 계좌를 보유해야 했으나 소액결제업무 허용으로 인해 서비스를 이용할 수 있는 시간적 제약이 사라졌다. 또한 자신의 위탁매매계좌에서 모든 신용카드의 결제 및 공과금 납부도 가능하다. 특히, 투자예탁금이 존재하는 투자매매업자와 투자중개업자에 대해서는 자금이체 및 지급결제업무가 허용되어 있다.

(3) 영업행위 규칙

자본시장법에서는 금융투자업자의 고유재산 운용에 대한 규제를 전면 폐지하였다. 고객의 자금을 고유재산으로 전환하여 운용하는 은행이나 보험회사와는 달리, 금융투자업자는 고객의 자금과 고유재산은 명확히 구분하도록 하고 있다는 점을 고려하여 고유재산은 업자가 자율적으로 운용가능하다.

특히, 투자매매업자와 투자중개업자는 투자예탁금을 고유재산과 구분하여 증권금융회사에 예치 또는 신탁하여야 한다. 그리고 그 투자예탁금이 투자자의 재산이라는 뜻을 밝혀야 한다.

Ⅳ 투자중개업

1 담당업무

투자중개업은 타인의 계산으로 금융투자상품을 매수·매도·청약 등을 하는 업으로 정의한다. '타인의 계산'으로 매매한다는 점에서 투자매매업과 다르다. 과거 증권거래법상 증권회사의 위탁매매업, 중개업, 대리업, 매매위탁의 중개·주선·대리업, 모집·매출의 주선업, 선물거래법상 선물회사의 선물거래법, 종금사의 중개업 등이 해당한다. 구체적인 투자중개업의 본질업무는 다음과 같다.

- 중개업 관련 계약의 체결·해지 중개업무
- 장내파생상품의 일일정산, 증거금 관리 및 거래종결 업무
- 매매주문 접수, 전달, 집행 및 확인업무

2 요건 및 규제

금융투자회사는 기업과 투자자 사이에서 효율적으로 자금을 연결함으로써 국민경제에 이바지하는 자본시장의 중추적인 기관으로서, 그 업무의 특성상 고도의 공공성과 윤리성이 요구된다. 이에 자본시장법에서 금융투자회사의 공신력 제고와 공정한 경쟁을 도모하는 한편, 공정거래질서와 투자자보호를 위한 규제를 가하고 있다.

(1) 진입에 관한 규제

금융투자업 인가·등록을 받기 위해서는 시행령에서 정하는 자기자본을 갖추어야 한다. 대형화·겸업화, 전문화·진입활성화를 유도할 수 있도록 인가·등록단위별 자기자본 요건은 위험도와 투자자보호의 필요성에 따라 차등화되어 있다. 즉, 투자매매업은 투자중개업보다 더욱 위험이 수반되므로 더 많은 자기자본이 요구된다. 또한, 상품별로는 장외파생상품에 가장 많은 자기자본을 요구하고 새로운 상품이 많이 등장할 수 있는 증권에 대해서는 장내파생에 비해 많은 자기자본을 요구한다. 〈표 7-2〉와 〈표 7-3〉을 비교해보면 투자매매업의 진입요구 자기자본이 더 많은 것을 알 수 있다.

표 7-3 투자중개업의 인가·등록 및 자기자본

금융투자업의 종류	금융파생상품의 범위	자기자본(억원)
투자중개업	증권	30
	장내파생	20
	장외파생	100

(2) 이해상충 방지

자본시장법의 규제 중 가장 핵심적 규제는 금융투자업의 겸영 시 발생할 수 있는 이해상충에 대한 규제이다. 자본시장에서는 업자와 투자자 간에 항상 정보의 비대칭성이 존재하기 마련이다. 즉, 금융투자업자는 투자자의 이익을 희생하거나 자신이나 제3자의 이익을 위해 의도적 불공정거래가 발생할 수 있다. 특히, 투자중개업, 투자매매업 및 집합투자업을 겸영하는 경우 이해상충행위에 대한 우려가 존재한다. 가령, 투자자로부터 금융투자상품의 가격에 중대한 영향을 미칠 수 있는 매수 또는 매도주문을 받거나 받게 될 가능성이 큰 경우 이를 체결시키기 전에 그 금융투자상품을 자기의 계산으로 매수 또는 매도하거나 제3자에게 매수 또는 매도를 권유하는 행위[8]를 한 경우 금융투자업자는 투자자에게 손해를 배상할 책임이 있다. 다만, 그 금융투자업자가 무과실을 입증할 수 있다면 배상의 책임을 지지 않는다.

(3) 영업행위 규칙

투자중개업자는 투자자로부터 금융투자상품의 매매에 관한 주문을 받은 경우에는 사전에 그 투자자에게 자기가 투자중개업자인지를 밝혀야 한다. 또한, 투자자나 그 대리인으로부터 금융투자상품의 매매주문을 받지 않고 투자자로부터 예탁받은 재산으로 금융투자상품을 매매해서는 안 된다.

(4) 기타 규제

금융투자회사 진입시 요구되는 최저 자기자본은 진입 이후에도 70% 이상을 계속 유지하여야 한다. 위반 시에는 인가·등록의 취소 사유에 해당된다. 그리고 협회에 가입되지 않은 금융투자회사에 대해서도 협회의 자율적 규제가 가능하다. 전문 금융투자회사를 육성하기 위해 업무위탁이 가능한 업무의 범위가 확대되었다. 본질업무가 아닌 업무는 원칙적으로 위탁이 허용되고, 본질업무도 해당업무에 대한 인가·등록을 갖춘 자에게 위탁을 하는 경우에는 가능하다.

투자자가 금융투자회사의 영업점을 방문하지 않아도 금융투자상품을 매수할 수

8) 자본시장법 제71조(불건전 영업행위의 금지) 중 일부. 자본시장법의 이해상충금지 규정은 법 제37조 제2항(신의성실의무 등), 제44조(이해상충의 관리), 제45조(정보교류의 차단), 제71조(불건전 영업행위의 금지) 또는 제85조(불건전 영업행위의 금지)에 명시되어 있다.

있도록 하기 위해 금융투자회사로부터 위탁을 받아 투자자에게 투자권유를 하는 역할을 수행하는 투자권유대행인 제도가 도입되었다. 이 제도는 금융투자회사의 판매망 확충에 도움이 되어 경쟁력 제고에 기여를 한다. 투자권유대행인의 투자권유 과정에서 투자자 보호를 위해 금융투자회사에 적용되는 설명의무, 적합성원칙 등 투자권유 규제를 투자권유대행인에 대해서도 동일하게 적용된다.[9]

그 동안 외국환 업무는 외국환거래법령에 의하여 하나의 금융업으로 규정되어 있었다. 따라서 원화관련 금융업 인허가를 받은 경우에도 외국환 업무의 범위는 외환거래법에서 별도로 범위가 정해져 있었으므로 인가받은 금융투자업과 외국환 업무 간에 괴리가 존재해 왔다. 앞으로는 원화로 취급 가능한 금융투자업은 모두 외화로도 취급할 수 있도록 허용한다.

V 기타 업무

1 프라임 브로커 업무

지난 2011년 7월 27일에 적격투자자대상 사모집합투자기구(현 전문사모집합투자기구, 헤지펀드)의 운용규제를 완화하는 것을 목적으로 한 자본시장법 개정안을 발표하였다. 이전에 국내 금융시장에 헤지펀드를 도입하기 위한 법적 근거를 마련하여 한국형 헤지펀드 도입, 대형 투자은행을 육성하려는 움직임이 있었으나, 자본시장법상 적격투자자 범위의 제한, 금전 차입에 대한 제한 등 규제로 인해 그 목적이 제대로 달성되지 못하였다. 그러나 이 개정안에서는 국가 및 외국 정부, 자본시장법 시행령 제10조 제2항의 어느 하나에 해당하는 자 및 이에 준하는 외국 금융기관, 동법 시행령 제10조 제3항의 어느 하나에 해당하는 자 및 이에 준하는 외국인, 금융위원회가 정하여 고시하는 국제기구와 같은 기존의 적격투자자에 전문사모집합투자기구별로 5억원 이상 투자하는 개인과 위험관리 능력 등을 감안하여 금융위

9) 금융투자회사는 민법 제756조의 사용자책임을 준용하도록 하여 투자권유대행인의 불법행위에 대해여 책임을 지도록 하였다. 투자권유대행인 제도는 개인에게만 허용하고 1사 전속으로 하였다.

원회가 정하여 고시하는 전문투자자를 추가하였으며(자본시장법 시행령 제271조의2 제1항), 헤지펀드의 금전차입 범위를 300%에서 400%로 차입제한을 완화하였다(동법 시행령 제271조의2 제2항). 그리고 3개월마다 1회 이상 서면으로 제출하였던 기존의 보고방식을 금전차입 및 파생상품 매매 현황, 담보제공 현황, 주된 운용전략 및 투자대상자산의 종류, 투자에 따른 위험관리에 관한 사항에 대해 분기별로 보고하도록 바꾸었다(동법 시행령 제271조의2 제6항). 이에 따라 헤지펀드 시장에 대한 기대와 헤지펀드를 대상으로 서비스를 제공하는 전담중개업자(프라임 브로커)의 중요성이 커지게 되었다.

최근 자본시장법 개정(2013. 5. 28.)에서는 국내의 투자은행업을 활성화시키기 위해 '종합금융투자사업자'를 지정하고, 종합금융투자사업자가 투자은행 업무로써 수행하는 전담중개업무(프라임 브로커 업무), 기업신용공여 등에 대한 규율체제를 정비하였다. 즉, 상법상 주식회사로서 증권에 관한 인수업을 영위하며, 자기자본 3조원 이상 등의 요건을 모두 충족하는 투자매매업자 또는 투자중개업자 중 금융위원회가 종합금융투자사업자를 지정할 수 있으며(동법 제8조 제8항, 영 제77조의2 제1항), 종합금융투자사업자만이 전담중개업자가 될 수 있도록 규정하고 있다(동법 제77조의3 제1항).[10]

금융투자협회가 제정한 표준전담중개업무계약서 제6조에는 전담중개업자(프라임 브로커)가 헤지펀드에 제공하는 업무를 다음과 같이 열거하고 있다.

- 증권의 대차 또는 그 중개·주선이나 대리업무
- 헤지펀드재산의 보관 및 관리
- 신용공여
- 헤지펀드재산의 매매주문 중개 및 체결업무
- 헤지펀드재산의 매매거래에 대한 청산 및 결제업무[11]
- 파생상품거래업무
- 헤지펀드재산에 대한 자본 또는 지분의 참여
- 헤지펀드 집합투자증권의 판매업무
- 헤지펀드의 설립 또는 운용과 관련한 금융 및 재무 등에 대한 자문업무

10) 투자은행에 대한 자세한 내용은 제17장에서 다루기로 한다.

11) 헤지펀드를 대리하여 청산 및 결제에 참여하는 프라임 브로커(prime braker)의 기본업무를 말한다. 청산 및 결제를 위해서는 자금이 필요하므로 높은 수수료가 요구되는데, 2013년 현재 프라임 브로커가 제공하는 서비스에 대한 매출 중 약 65%가 프라임 브로커의 청산 및 결제관련 업무에서 발생하고 있다.

• 각 항의 서비스와 관련하여 전담중개업자가 필요하다고 판단하는 부수업무

2 랩어카운트 업무

랩어카운트(wrap account)는 고객별로 운용·관리되는 투자일임계약으로, 여러 종류의 자산운용서비스를 고객 기호에 맞게 하나의 계좌로 싸서 운용해주는 자산종합관리를 의미한다. 랩어카운트는 1975년 미국의 후톤(E.F.Hutton)증권이 처음 도입되었으나 당시에는 별다른 주목을 받지 못했다. 그러나 1987년 10월 블랙먼데이를 겪으면서 개인투자자의 증시 이탈 움직임이 나타나자 증권사들이 고객 특성에 부합되는 금융상품 개발과 고객자산관리로 영업을 전환함에 따라 그 수요가 매우 증가하였다. 우리나라에는 2001년 금융감독원이 증권회사의 자문형 랩어카운트 업무를 허용하면서 도입되었고, 2003년 일임형 랩어카운트 업무가 도입되었다. 랩어카운트의 계약자산 및 고객수는 도입 이후 지속적으로 늘어나고 있다.

자본시장법상 투자일임업을 등록한 투자중개업자가 행하는 투자일임업무를 랩어카운트로 별칭하고 있다. 투자와 관련한 고객의 자문만을 받는 형태를 자문형 랩어카운트라고 하며, 증권사가 고객의 돈을 맡아 주식이나 채권, 펀드 등에 투자하는 등 종합적인 운용을 해주는 형태를 일임형 랩어카운트라고 한다.

현행 금융투자업 규정 제4-77조에서는 랩어카운트를 운용함에 있어서의 금지사항을 열거하고 있다. 그 내용으로는 투자일임업을 경영하는 투자중개업자가 투자중개업무와 투자일임업무를 결합한 자산관리계좌를 운용함에 있어 투자일임재산에 비례하여 산정하는 투자일임수수료 외에 위탁매매수수료 등 다른 수수료를 부과하는 행위, 투자일임재산을 운용하지 않는 임직원이 투자일임재산에 편입된 금융투자상품의 취득·처분 등 투자일임재산의 운용에 관하여 투자자에게 상담하는 행위, 불특정다수의 투자일임재산을 통합하여 운용할 목적으로 설계된 상품을 불특정다수의 투자자에게 제공하는 행위 등에 대해 금지하고 있다.

그림 7-1
랩어카운트 계약자산 및 고객수 추이

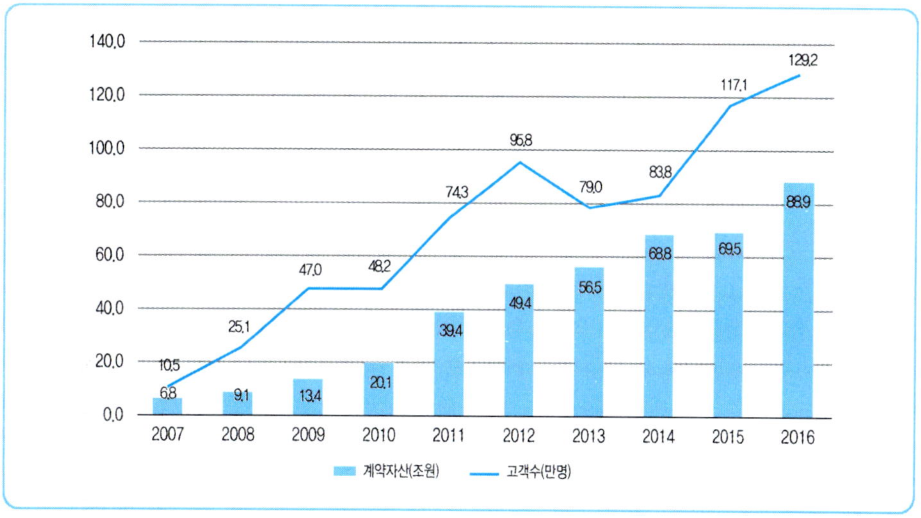

자료 : 금융투자협회 자본시장통계
주) 계약자산과 고객수는 각 연도 1월 말 기준임.

3 개인종합자산관리계좌 업무

개인종합자산관리계좌(individual savings account : ISA)란 예금, 펀드, 파생결합증권 등 다양한 금융상품을 한 계좌에 모아서 투자하는 계좌이다. 개인들의 종합적 자산관리를 통한 재산형성을 위한 이 계좌의 도입은 2015년 12월 2일 조세제한특례법 개정안이 통과되고, 동법시행령과 자본시장법시행령 개정을 거쳐 2016년 3월 14일 시행되었다. ISA는 금융소득 합계액이 2천만원 이하인 자 중 직전 과세기간에 근로소득 또는 사업소득이 있는 자, 농어민에 한하여 가입할 수 있다(조세특례제한법 제91조의18 제1항).

ISA의 유형에는 가입자가 포함시킬 상품을 직접 선택하고 투자규모를 결정할 수 있는 신탁형 ISA와 금융투자회사가 가입자의 위험성향과 자금운용목표를 고려하여 제시하는 포트폴리오 중 하나를 선택하여 투자하는 일임형 ISA가 있다. 금융투자협회에서 제시한 ISA 실무지침에 따르면, 신탁형 ISA의 경우 금융투자회사는 투자자별 맞춤 포트폴리오를 추천할 수 있지만 정형화된 포트폴리오를 추천하거나 홍보할 수 없다. 또한 금융투자회사가 포트폴리오에 포함된 상품을 교체하기 위해서는 투자자의 지시가 필요하다. 이와 달리, 일임형 ISA의 경우 금융투자회사는 투자자의 투자목적, 재산상황, 위험감수능력 등을 고려하여 투자자 유형별로 적합한 2개 이상의 모델포트폴리오를 제시하여야 한다. 포트폴리오에 편입된 상품의 교체 또한 금융투자회사에 위임되어 있다.

인출 시 '순소득' 기준으로 2백만원 이하는 비과세 대상이며 2백만원을 초과할 경우에는 분리과세 9%가 부과되는 세제혜택이 있다. 은행이나 금융투자회사를 방문해야 하는 신탁형과 달리 일임형은 영업점을 방문하지 않고 온라인으로 가입할 수 있다. 금융위원회는 2016년 7월 기준으로 ISA 총가입계좌 수는 238만 계좌이며 총잔고는 2조 5,229억원 수준이라고 발표했다. 해당 조사에서 ISA 가입계좌 업권별 비율은 은행 계좌가 90%, 금융투자회사가 10% 정도이며, 유형별로는 신탁형 89.9%, 일임형 10.1% 정도로 나타났다.

연.습.문.제

1 자본시장법에 대해 설명하시오.

2 증권과 파생상품의 분류 기준에 대해 설명하시오.

3 금융투자회사의 기본업무에 대해 설명하시오.

4 금융투자회사의 부수업무에 대해 설명하시오.

5 금융투자회사의 글로벌 경쟁력 강화방안에 대해 토의하시오.

6 투자매매업과 투자중개업의 업무의 유사점과 차이점을 설명하시오.

7 자본시장법으로 인해 금융투자회사의 겸업이 가능하게 되었다. 이로 인해 야기될 수 있는 긍정적 효과와 폐해에 대해 토의하시오.

8 금융투자회사의 점포가 나날이 증가하고 있다. 미래 경제사회는 인터넷의 보급으로 시간적·공간적 제약이 현재에 비해 많이 감소할 것으로 보인다. 금융투자회사의 생존을 위한 대처방안에 대해 토의하시오.

9 전담중개업자가 헤지펀드에 제공하는 업무를 설명하시오.

10 랩어카운트를 운용하는데 있어서의 금지사항을 설명하시오.

11 개인종합자산관리계좌(ISA)의 현황과 발전방안에 대해 토의하시오.

CHAPTER 8 집합투자업 신탁업

I 집합투자업자

투자자가 자신의 재산을 남에게 믿고 투자를 맡긴다는 의미인 투자신탁은 「신탁법」에서 출발한다. "신탁법"에 의하면 신탁이란 신탁설정자(위탁자)와 신탁인수자(수탁자)와의 특별한 신임관계에 기초하여 위탁자가 특정 재산권을 수탁자에게 이전하거나 처분을 하고 수탁자로 하여금 일정한 자(수익자)의 이익 또는 특정의 목적을 위하여 그 재산권을 관리·처분하게하는 법률관계를 의미한다(신탁법 제1조). 집합투자업(자산운용)을 영위하는 집합투자업자의 형태는 투자신탁(계약형)과 투자회사(회사형)로 구분된다. 따라서 집합투자기구(펀드)와 운용구조도 투자신탁과 투자회사에 따라 크게 달라진다.

1 투자신탁의 운용구조

자본시장법에서 투자자들에게 익숙한 용어인 펀드는 집합투자기구라 하고, 펀드의 자산을 운용하는 업무를 집합투자업이라 한다. 그리고 펀드의 자산을 운용하는 주체인 자산운용회사를 집합투자업자라 정의한다. 집합투자기구의 구성은(법 제5편 제2장) 투자신탁(제1절), 회사형태의 집합투자기구(제2절 : 제1관 투자회사, 제2관 투자유한회사,, 제3관 투자합자회사), 그리고 조합형태의 집합투자기구(제3절 : 제1관 투자조합, 제2관 투자익명조합)로 이루어진다.[1)]

투자신탁(동법 제188조 내지 제193조)은 투자자로부터 자산에 운용할 목적으로 자금 등을 모은(pooling) 집합투자업자(위탁자, 자산운용회사)가 그 투자신탁재산을 신탁

1) 투자신탁과 투자회사는 주로 공모펀드를, 투자유한회사, 투자합자회사 그리고 조합형태의 집합투자기구인 투자조합과 투자익명조합은 사모펀드를 염두에 둔 규정이다. 한편 은행 신탁계정의 불특정금전신탁과 보험회사의 변액보험도 투자신탁의 형태로 운영된다.

업자(수탁자)로 하여금 당해 위탁자의 지시에 따라 투자·운용하게 하고(법 제184조), 그에 따른 수익권(수익증권)을 분할하여 당해 투자자에게 취득시키는 것을 목적으로 하는 집합투자기구(펀드)이다.

집합투자재산은 투자신탁 재산을 의미하며, 집합투자증권은 투자신탁의 수익증권을 말한다. 투자자는 투자신탁의 수익권을 보유한 수익자를 의미한다. 그리고 집합투자업자(동법 제6조 제4항)는 투자신탁의 위탁자가 되어 직접투자재산의 운용을 업으로 하는 자로 금융위원회의 허가를 받아야 한다. 따라서 집합투자업자는 펀드를 운용하는 간접투자의 핵심주체이다.

따라서 투자신탁은 집합투자업의 운용주체인 집합투자업자, 신탁재산의 보관 및 관리를 담당하는 신탁업자(신탁업을 겸영하는 은행, 보험회사 등의 금융기관), 다양한 집합투자기구를 판매하는 증권회사, 은행, 보험회사, 종합금융회사 등의 금융기관 그리고 수익권의 귀속주체인 수익자로 구성되어 운용되고 있다([그림 8-1]).[2)]

그림 8-1
투자신탁의 운용구조

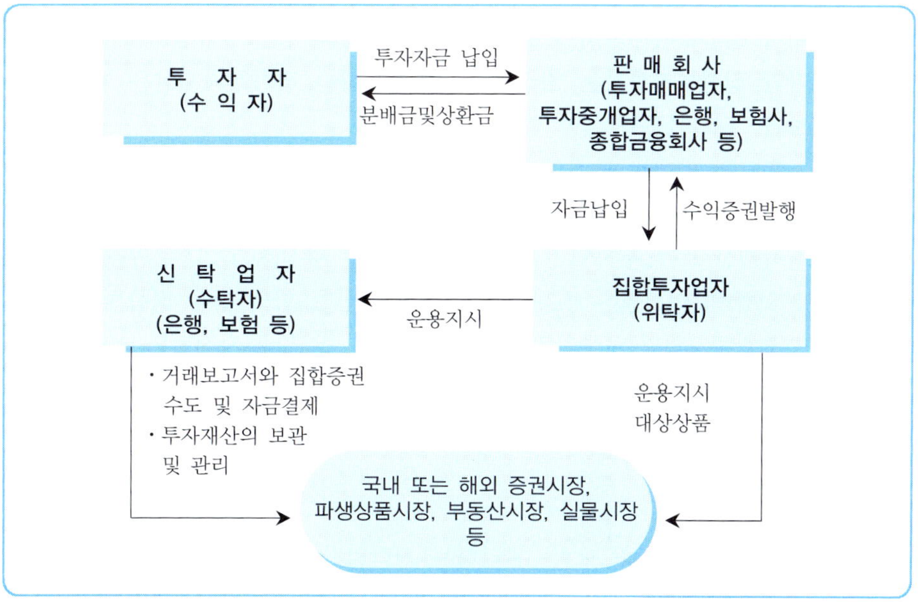

2) 자본시장법 제12조에 따라 집합투자에 관한 금융투자업인가를 받은 은행을 "집합투자겸영은행"이라 하고(법 제250조, 은행에 대한 특례), 금융투자업인가를 받은 보험회사를 "집합투자겸영보험회사"라 한다(법 제251조, 보험회사에 대한 특례). 자본시장법에서는 금융업간 업무에 대해 과거의 원칙금지·예외허용(positive)에서 원칙허용·예외금지(negative)방식으로 규제가 전환되었다. 따라서 금융회사 업권별 핵심업무를 제외하고는 원칙적으로 업권간 광범위한 겸영을 허용하고 있다.

(1) 투자자

투자자는 투자자금의 납입과 수익권에 대한 권리를 가진 투자자로, 투자신탁 수익증권의 소지인이다. 수익자인 투자자는 수익증권의 환매를 청구하고, 투자이익을 분배받고, 상환금 등의 청구권을 행사할 수 있다. 자본시장법(제9조)은 투자자를 일반투자자와 전문투자자로 구분하고 있다. 이들 전문투자자에 대해서는 제11장에서 상술된다.

(2) 집합투자업자

집합투자재산의 운용주체는 해당 펀드와 관련된 운용주체가 운용해야 한다. 투자신탁재산의 운용업무는 투자신탁 집합투자업자(자산운용회사)가, 투자익명조합재산의 운용업무는 투자익명조합의 집합투자업자가 수행한다(법 제184조). 투자신탁이나 투자익명조합의 집합투자업자 또는 투자회사 등은 집합투자재산의 위탁자가 되어서 집합투자재산의 보관·관리업무를 수탁자인 신탁업자에게 위탁하여야 한다. 다만 집합투자업자는 자신이 직접 운용하는 집합투자재산은 제3자에게 위탁해서 보관·관리하도록 해야 한다.

펀드의 판매는 판매회사(투자매매업자, 투자중개업자)와 판매계약을 통해 수행한다. 다만 자신이 펀드판매를 하는 경우는 판매계약을 체결할 필요가 없다. 그리고 투자신탁재산 또는 투자익명조합재산에 속하는 주식(해당 지분증권과 관련된 증권예탁증권을 포함)의 의결권은 투자신탁 또는 투자익명조합의 경우 집합투자업자가 행사한다.[3] 집합투자업자는 투자자들로부터 자금을 받고, 투자신탁의 계약 증서인 수익증권(beneficiary certificates)을 교부한다.

(3) 신탁업자

집합투자재산을 보관·관리하는 신탁업자에는 금융위원회에 등록하여 신탁업을 겸영하는 금융기관으로 국내은행 및 외국은행 국내지점, 생명보험회사가 포함된다. 신탁업자의 주요 업무는 ① 투자신탁재산의 보관 및 관리, ② 집합투자업자의 투자신탁운용지시에 따른 자산의 취득 및 처분의 이행, ③ 집합투자업자의 투자신탁운

3) 투자신탁과 투자회사의 집합투자업자에 대해서는 다음 절에서 상술됨.

용지시에 따른 수익증권의 환매대금 및 이익금의 지급, ④ 집합투자업자의 투자신탁운용지시 등에 대한 감시, ⑤ 집합투자재산에서 발생하는 이자·배당수익금·임대료 등의 수령, ⑥ 무상으로 발행되는 신주의 인수, ⑦ 공사채 상환금의 수입, 여유자금운용에 의한 이자의 수입 등이다.[4)]

(4) 신탁계약

투자신탁을 설정하고자 하는 집합투자업자는 자기의 계열회사가 아닌 신탁업자와 신탁계약을 체결하여야 한다(법 제188조). 신탁계약은 ① 집합투자업자 및 신탁업자의 상호, ② 신탁원본의 가액 및 수익권의 총 좌수에 관한 사항, ③ 투자신탁재산의 운용 및 관리에 관한 사항, ④ 이익분배 및 환매에 관한 사항, ⑤ 집합투자업자·신탁업자 등이 받는 신탁보수, ⑥ 그 밖의 수수료의 계산방법과 지급시기·방법에 관한 사항, ⑦ 수익자총회에 관한 사항, ⑧ 공시 및 보고서에 관한 사항, ⑨ 집합투자업자와 신탁업자의 변경에 관한 사항, ⑩ 투자신탁의 변경 및 해지에 관한 사항, ⑪ 투자신탁의 회계기간 등이 포함되는 신탁약관에 의해 체결된다.

집합투자업자는 집합투자기구의 종류별로 신탁약관을 제정하여 미리 금융위원회에 보고하여야 한다. 집합투자업자는 신탁약관을 보고하는 때에는 신탁약관, 투자신탁재산의 운용계획 및 수익증권의 발행계획을 기재한 서류를 첨부하여야 한다. 그리고 집합투자업자는 ① 집합투자업자, ② 신탁업자 등이 받는 신탁보수 또는 그 밖의 수수료의 인상, ③ 신탁업자의 변경, 신탁기간의 변경 등을 포함하는 신탁약관을 변경하고자 하는 때에도 금융위원회에 미리 보고하여야 하고, 수익자에게 공시하여야 한다.

(5) 판매회사

펀드 판매에 대한 규정에 의하면 포괄적으로 정의된 펀드판매업자는 판매행위준칙에 따라 판매해야 하고, 교육을 받은 임직원이 판매를 담당하도록 되었다. 자본시장법에서 집합투자증권의 판매업자는 펀드판매를 할 수 있는 금융기관을 열거하는 대신에 집합투자증권의 매매·중개업에 대한 인가를 받은 자[5)]는 판매업을 영

4) 신탁업자의 업무, 신탁재산의 운용, 신탁재산의 보관·관리 등에 대해서는 본 장의 제4절에서 상술됨
5) 투자매매업은 업무단위를 감안하여 인수만 가능한 투자매매업자(예 산업은행), 인수가 제외된 투자매매업자,

위할 수 있도록 하였다. 대신에 펀드 판매업자는 고객과의 분쟁을 방지하기 위해 판매전문인력을 5인 이상 확보해야 한다(금융투자업규정).

자본시장법에서 판매회사는 금융투자업자, 은행법에 의한 금융기관(집합투자업 겸영은행, 법 제250조)과 농・수협중앙회의 신용사업부, 한국산업은행법에 의한 한국산업은행, 중소기업법에 의한 중소기업은행, 보험업법에 의한 보험회사(집합투자업 겸영 보험회사, 법 제251조), 종합금융회사법에 의한 종합금융회사 그리고 「금융투자업무규정」에 의해 신용협동조합, 농업협동조합, 수산업협동조합 등이 될 수 있다.[6)]

(6) 수익증권

수익증권((beneficiary certificates)은 투자자가 자신의 재산을 펀드판매회사를 통해 집합투자업자에게 맡기고, 집합투자업자가 재산을 투자운용하여 거기서 발생하는 수익을 분배받을 수 있는 권리(수익권)를 표시하는 증서로 일종의 투자신탁 계약증서이다. 투자신탁의 수익증권(법 제189조)은 균등하게 분할하여 수익증권으로 표시한다. 수익증권은 설정 당시 신탁원본액 1,000원에 대하여 1좌의 단위로 수익권의 지분을 분할하는 것을 의미한다. 수익자(투자자)는 신탁원본의 상환 및 이익의 분배 등에 관하여 수익권의 좌수에 따라 균등한 권리를 가진다. 수익증권은 기명식, 무액면으로 발행하는 것을 원칙으로 하며, 수익자의 청구에 의해서만 기명식 수익증권이 발행된다[7)]. 수익증권은 거래소에 상장되어 거래되는 상장형 수익증권과, 수익증권 불발행원칙에 따라 주권이나 채권처럼 유형의 수익증권이 발행되지 않고, 금액과 총좌수가 기록된 통장이 수익증권으로 대용되는 통장식 수익증권이 있다. 미국 뮤추얼펀드의 대부분은 상장식 수익증권인데 반해, 한국은 통장식 수익증권이 일반적이다[8)]. 수익증권과 수익자 명부는 증권예탁원에 일괄 예탁되어 관리되고 있다.

인수가 포함된 포괄적인 투자매매업자(대고객 RP업무는 인수제외 RP증권매매업만으로 수행가능)로 구분된다.

6) 2016년 4월 27일 금융개혁위원회에서 의결된 공모펀드활성화 방안에 의하면 2017년 7월부터 우체국, 저축은행, 상호금융 등 서민금융기관에 대한 펀드판매를 허용하였다. 펀드판매회사에 대해서는 다음 3절 펀드투자절차에서 상술된다.

7) 수익증권의 통장에서는 1000좌의 가격을 기준가격으로 표시한다. 기준가격이 1,100원이면 1좌(座)의 가격은 1.1원이 된다. 펀드개시 시점에 1좌를 1,000원으로 시작해서 1년 단위로 청산한다. 예를 들어 1년 수익률이 20%라고 할 경우 다음 연도의 1좌의 기준가는 1,200원이 된다. 1년 단위로 펀드를 청산하는 경우 이 경우 1좌당 이익으로 펀드 가입자의 좌수를 증가시켜주고, 펀드 만료 후 1좌의 기준가격은 다시 1,000원으로 시작한다. 예를 들어 100,000원 100좌를 투자하여 20%의 수익이 난 경우 1년 후 좌수는 120좌이고 1좌의 기준가격은 다시 1,000원이 된다.

법적으로는 집합투자업자가 수익증권의 발행주체가 되나 실제적으로는 유가증권의 일괄예탁을 받고 있는 예탁결제원이 수익자명부도 작성·비치하게 되어 있어, 집합투자업자와 예탁결제원간의 발행대행계약에 의해 예탁결제원이 발행을 대행하고 있다. 발행되는 수익증권에는 ① 집합투자업자 및 신탁업자의 상호, ② 수익자의 성명 또는 명칭, ③ 신탁원본의 가액 및 수익권의 총좌수, ④ 수익증권의 발행일, ⑤ 기호 및 번호, ⑥ 이익금 분배시기, ⑦ 수익증권의 환매조건, ⑧ 신탁기간, ⑨ 수익증권의 판매회사 상호 등의 사항이 기재되고, 집합투자업자 및 신탁업자의 대표이사가 기명날인한다. 그리고 예탁결제원 수익증권에 관한 수익자명부를 작성하여 비치한다.

(7) 수익자총회

투자신탁에는 전체 수익자로 구성되는 수익자총회(법 제190조)를 두며, 수익자총회는 이 법 또는 신탁계약에서 정한 사항에 대하여만 결의할 수 있다. 수익자총회는 투자신탁을 설정한 집합투자업자가 소집한다. 투자신탁을 설정한 집합투자업자는 투자신탁재산을 보관·관리하는 신탁업자 또는 발행된 수익증권의 총좌수의 5% 이상을 소유한 수익자가 수익자총회의 목적과 소집의 이유를 기재한 서면을 제출하여 수익자총회의 소집을 요청하면 1개월 이내에 수익자총회를 소집하여야 한다. 이 경우 집합투자업자가 정당한 사유 없이 수익자총회를 소집하기 위한 절차를 거치지 아니하는 경우에는 그 신탁업자 또는 발행된 수익증권총좌수의 5% 이상을 소유한 수익자는 금융위원회의 승인을 받아 수익자총회를 개최할 수 있다[9].

수익자총회는 「상법」 제363조 제1항 및 제2항의 수익자총회 소집통지를 준용하고, 이 경우 "주주"는 각각 "수익자"로, "주주명부"는 "수익자명부"로, "회사"는 "집합투자업자"로 본다. 수익자총회는 발행된 수익증권의 총좌수의 과반수를 소유하는 수익자의 출석으로 성립되며, 출석한 수익자의 의결권의 2/3 이상과 발행된 수익증권의 총좌수의 1/3 이상(신탁계약으로 정한 수익자총회의 결의사항에 대하여는 1/4 이상)의 찬성으로 결의한다.

---

8) 예를 들면 2017년 7월 현재 동양 강남대 1호 수익증권, 메리츠베트남주식 수익증권, 이지스코어 부동산 수익증권, 멀티에셋월지급식 수익증권 등 17개의 수익증권이 한국거래소에서 거래되고 있다.

9) 한국투자자산운용(주)이 2006년 6월 폐쇄형, 단위형으로 설정(745억원)되어 베트남에 투자하여 운용하던 한국월드와이드베트남혼합증권1호'(공모펀드)가 2011년 6월 만기(당시 수익률은 마이너스 상태)가 되었다. 만기 한달 전 5월에 수익자총회를 통해 만기를 연장하고 폐쇄형에서 개방형으로 전환하는 의결을 하였다.

(8) 투자신탁의 해지 및 합병

투자신탁을 설정한 집합투자업자는 금융위원회의 승인을 받아 투자신탁을 해지할 수 있다(제192조). 투자신탁을 설정한 집합투자업자는 신탁계약에서 정한 신탁계약기간의 종료, 수익자총회의 투자신탁 해지 결의, 투자신탁의 피흡수합병, 투자신탁의 등록 취소 중 어느 하나에 해당하는 경우에는 지체 없이 투자신탁을 해지하여야 한다. 그리고 투자신탁을 설정한 집합투자업자는 각 투자신탁의 수익자 총회의 결의를 거쳐 그 집합투자업자가 운용하는 다른 투자신탁을 흡수하는 방법으로 투자신탁을 합병할 수 있다(제193조).

2 회사형태의 집합투자기구

(1) 투자회사의 운용구조

자본시장법에서 투자회사(제194조 내지 제217조)는 투자자의 투자자금을 주식의 형태로 모아 투자회사를 설립하고, 이 투자회사의 재산을 운용하여 그 수익을 주주에게 배분하는 것을 목적으로 설립된 집합투자기구(펀드)를 의미한다. 그리고 조합형태의 집합투자기구(제218조 내지 제228조)는 투자자금의 모집이 사모(私募)에 의해 이루어지고, 투자·운용의 결과를 조합원들에게 분배하는 집합투자기구로 사모투자펀드, 헤지펀드, M&A펀드 등이 이에 속한다.

집합투자재산은 투자회사의 재산을 의미하며, 집합투자증권은 투자회사의 주식을 말한다. 투자자는 투자회사의 주주를 의미한다. 그리고 집합투자업자(법 제6조 제4항)는 투자회사의 법인이사가 되어 직접투자재산의 운용을 업으로 하는 자로 금융위원회의 허가를 받아야 한다. 따라서 집합투자업자는 투자회사의 재산(펀드)을 운용하는 핵심주체이다.

투자회사의 법인격은 상법상의 주식회사이다. 따라서 투자회사의 설립, 신주발행, 정관변경 등은 상법의 규정에 따른다. 투자회사는 고객의 자산을 전문가가 대행 투자하는 간접투자수단으로 자산을 유가증권 등에 투자하여 그 수익을 투자자에게 분배한다는 점에서는 투자신탁과 동일하다.[10] 투자회사는 상법상 주식회사이

10) 한국에서는 투자회사가 흔히 미국식의 뮤추얼펀드로 불리고 있는데, 이는 증권투자회사의 출범 시 증권투자회사의 상품에 뮤추얼펀드라는 이름(예를 들면 1998년 12월 발매된 박현주 뮤추얼펀드 1호)을 붙여 판매

나 명목상의 회사여서, 자산의 운용·보관 등의 업무를 위탁하여야 한다. 투자회사와 관련된 기관에는 집합투자업자, 자산보관회사, 판매회사, 일반사무수탁회사, 투자자(주주) 등이 있다([그림 8-2]).

그림 8-2
투자회사의 운용조직

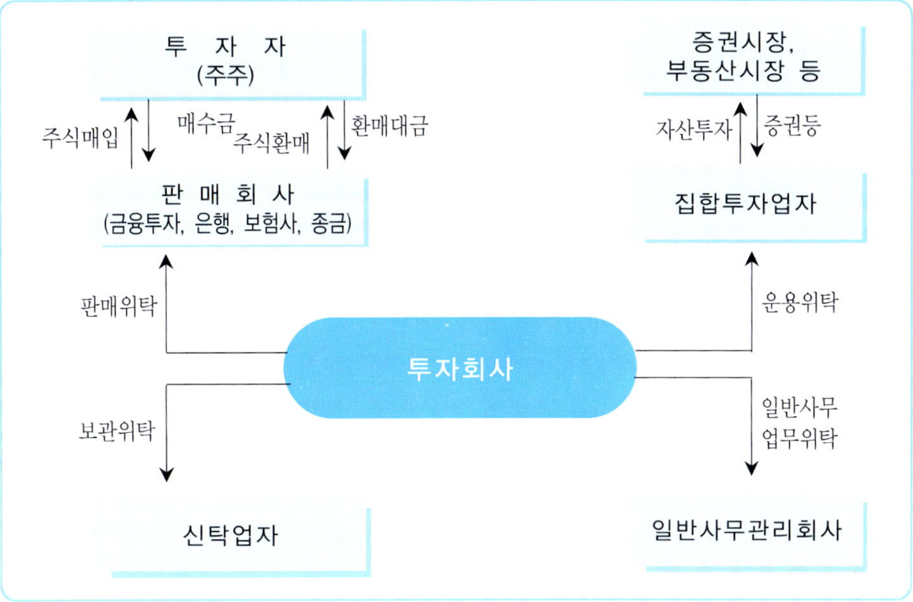

1) 투자회사

투자회사(법 제194조)의 지배구조는 주주총회, 운영이사·감독이사·이사회, 감사 등으로 구성된다. 주주총회는 상법상 주주총회이다. 이사회(법 제197조 내지 제200조)는 운영이사와 감독이사로 구성되며, 운영이사와 감독이사는 주주총회에서 선임한다. 감독이사는 운영이사의 직무 집행을 감독한다. 이사회 소집은 운영이사 또는 감독이사가 행하며, 감사는 주주총회에서 선임되는데 회계법인에 소속된 공인회계사이어야 한다.

투자회사의 정관(제194조 동 시행령 제227조)에는 투자회사의 종류, 발행할 주식의 총수, 설립 시에 발행하는 주식의 총수 및 발행가액, 투자회사가 유지하여야 하는

한데서 비롯되었다고 할 수 있다. 그러나 한국의 투자회사가 판매하는 뮤추얼펀드와 미국식의 뮤추얼펀드는 제도상 동일한 개념이 아니다.

순자산액의 최저액(10억원 이상), 주식의 추가발행 및 소각에 관한 사항, 존속기간 또는 해산사유, 투자회사의 회계기간 등과 투자회사재산의 운용 및 관리에 관한 사항으로 투자대상자산(주된 투자대상자산을 포함), 투자회사재산의 평가 및 기준가격의 계산에 관한 사항, 집합투자업자·신탁업자·투자매매업자 또는 투자중개업자 및 일반사무관리회사와 체결할 업무위탁계약의 개요(보수와 수수료의 계산방법, 지급방법 및 시기에 관한 사항을 포함), 이익 외의 분배에 관한 사항 등이 포함되어야 한다.

투자회사의 주식은 무액면 기명식으로 한다(제196조). 투자회사가 그 성립 후에 신주를 발행하는 경우 신주의 수, 발행가액 및 납입기일은 이사회가 결정한다. 주주의 청구가 있는 경우 투자회사(개방형투자회사)는 그 주주의 주식을 매수할 수 있다. 개방형투자회사는 확정된 매일의 발행가액을 그 투자회사의 주식을 판매하는 투자매매업자 또는 투자중개업자의 지점, 그 밖의 영업소에 게시하고, 인터넷 홈페이지 등을 이용하여 공시하여야 한다.

투자회사의 주주총회(법 제201조)는 이사회가 소집한다. 주주총회는 발행주식총수의 과반수를 소유하는 주주의 출석으로 성립되며, 출석한 주주의 의결권의 과반수와 발행주식총수의 1/4 이상의 수로 결의한다. 투자회사의 해산(제202조)은 정관에서 정한 존속기간의 만료, 그 밖의 해산사유의 발생, 주주총회의 해산 결의, 투자회사의 피흡수합병, 투자회사의 파산, 법원의 명령 또는 판결, 자회사 등록의 취소 등의 사정이 발생한 경우 이루어진다. 이 경우 청산인은 해산일부터 30일 이내에 해산의 사유 및 연월일, 청산인 및 청산감독인의 성명·주민등록번호(청산인이 법인이사인 경우에는 상호·사업자등록번호)를 금융위원회에 보고하여야 한다.

2) 집합투자업자

투자회사의 집합투자재산 운용은 해당 투자회사의 법인이사·업무집행사원이 수행하며, 조합형태의 집합투자재산은 업무집행조합원인 집합투자업자가 수행한다(법 제184조). 투자회사 등은 집합투자재산의 위탁자가 되어서 집합투자재산의 보관·관리업무를 수탁자인 신탁업자에게 위탁하여야 한다. 다만 집합투자업자는 자신이 직접 운용하는 집합투자재산은 제3자에게 위탁해서 보관·관리하도록 해야 한다. 또 펀드의 판매에 있어서 판매회사(투자매매업자, 투자중개업자)와 판매계약을 통해 펀드를 판매한다. 투자신탁재산에 속하는 주식의 의결권은 투자회사 등의 집합투자재산에 속하는 주식의 경우는 투자회사가 수행해야 하나, 투자회사는 명목회사이므로 집합투자업자에게 의결권 행사를 위탁할 수 있다.

3) 신탁업자 및 판매회사

금융위원회에 등록된 신탁업자는 신탁을 위탁받은 투자회사의 자산에 속하는 증권을 예탁결제원에 예탁하여야 한다. 그리고 신탁업자는 집합투자업자가 투자회사 자산의 매매를 지시한 경우에 당해 신탁업자의 고유재산 또는 다른 신탁받은 자산으로 지시를 실행할 수 없으며, 투자회사의 계열회사여서는 안 된다. 그리고 집합투자기구를 판매하는 판매회사는 투자신탁의 판매회사에 관한 제반 내용과 규제가 그대로 적용된다.

4) 일반사무관리회사

투자회사로부터 투자회사의 일반사무에 관한 사무를 위탁받은 일반사무관리회사(법 제254조 제8항)는 ① 투자회사주식의 발행 및 명의개서(名義改書), ② 투자회사재산의 계산, ③ 법령 또는 정관에 의한 통지 및 공고, ④ 이사회 및 주주총회의 소집·개최·의사록 작성 등에 관한 업무, ⑤ 기타 투자회사로부터 위탁받은 사무 등을 수행한다. ⑥ 그 밖에 투자회사의 사무를 처리하기 위하여 필요한 업무를 수행한다.

일반사무관리회사는 최저자본금 20억원으로 설립되며 법에서 정한 전문인력을 확보해야 한다. 그리고 금융투자회사는 부수업무로 일반사무관리회사의 업무를 영위할 수 있다(법 제41조). 일반사무관리회사는 금융위원회의 감독과 규제를 받는다(제256조 내지 제257조)[11].

한편으로 증권의 명의개서를 대행하는 업무를 영위하려는 명의개서대행회사는 금융위원회에 등록하고(제365조) ① 예탁결제원 또는 전국적인 점포망을 갖춘 은행, ② 전산설비 등 대통령령으로 정하는 물적 설비를 갖추고, ③ 대통령령으로 정하는 이해상충방지체계를 구축해야 한다. 그리고 명의개서대행회사는 부수업무로 증권의 배당·이자 및 상환금의 지급을 대행하는 업무와 증권의 발행을 대행하는 업무를 영위할 수 있다(제366조).

(2) 투자신탁과 투자회사의 비교

투자회사의 집합투자기구, 즉 투자회사의 주식과 투자신탁의 수익증권은 매각방

11) 일반사무관리회사는 현재 10개사가 업을 영위하고 있는데, 이중 6개사는 전업사이고, 4개사는 겸업사이다. 일반사무관리회사는 "OO펀드서비스"라는 회사명이 일반적이다.

식에 의해 투자자금을 조성하는 등 집합증권투자의 수단이라는 공통점을 가지고 있으나 여러 가지 면에서 차이가 있다. 투자자의 입장에서 투자신탁의 경우 수익증권의 매입이라는 계약에 의해 간접투자를 하는 것이나, 투자회사의 경우는 주식(무액면)매입을 통해 주주로써 간접투자를 하는 것이다. 다만 투자수익 확보는 두 경우 모두 환매를 통해서 가능하다. 투자회사제도가 처음 도입되었을 1998년 8월 당시에는 중도환매가 불가능한 폐쇄형이었으나, 2000년 1월부터는 개방형이 허용되었다. 폐쇄형의 경우는 투자회사의 주식이 거래소(코스닥)에 상장되어 있는 경우에는 매매를 통해 가능하였다. 그리고 투자회사가 만기가 되면 투자회사의 청산을 통해 투자수익을 확보한다. 최소투자규모 수익증권의 경우 1좌(1,000원)이나, 투자회사의 경우는 펀드에 따라 다르다(〈표 8-1〉).

표 8-1 투자신탁과 투자회사의 비교

구 분	투자신탁	투자회사
발행유가증권	수익증권	주식(무액면)
투자자 지위	수익자	주주
중도환매 여부	가능(기간에 따라 환매수수료율 차이)	가능(기간에 따라 환매수수료율 차이) 거래소에서 주권매매 가능
투자수익확보	환매	배당금, 주식매매차익
최소투자규모	1,000원(1좌)	일정금액 이상
투자기간	펀드마다 다양	1년(이상)

투자회사는 투자신탁과 구별되는 특징 이외에 아래와 같은 추가적인 특징이 있다. 첫째, 투자회사는 투자신탁과 유사한 펀드인 동시에 상법상의 주식회사로서 자본시장법, 「상법」등의 규정이 적용되고 투자자는 주주로서 유한책임만을 부담한다.

둘째, 상법상의 주식회사임에도 사업목적이 제한적인 명목상의 회사에 불과하다. 사업목적이 유가증권 투자만으로 제한되고 본점 이외의 영업소를 설치할 수 없으며, 직원을 고용하거나 상근 임원을 둘 수 없는 명목상의 회사(paper company)이다.

셋째, 견제와 균형을 기본구조로 하는 회사이다. 주주가 총회를 통하여 회사운영에 참여하고 각종 주주의 권한을 이용하여 본인의 재산운영을 견제하게 된다. 이러한 점은 기존의 투자신탁인 계약형의 투자자가 환매 등 일부 권한만을 보유하는 점과 구분되는 특징이다. 또한 독립적인 감독이사제도와 감사제도를 두어 회사내부의 통제제도를 구비하여 투자자를 보호하고 있다.

한편으로 한국에서 투자신탁과 투자회사의 펀드설정 추이를 보면, 2016년 말 현재 총 펀드설정액 469.39조원 중 투자신탁이 457.7조원으로 97.9%를 차지하여, 펀드의 대부분을 점하고 있다. 펀드자산규모에서 그 비중이 점차 감소하고 있는 투자회사의 경우는 실물펀드, 특별자산펀드 등 일부펀드가 투자회사의 형태로 판매되고 있다(〈표 8-2〉).

표 8-2 투자신탁과 투자회사별 펀드 설정잔액

(단위 : 조원)

연말	투자신탁	투자회사	계
2008	348.1	13.2	361.3
2009	319.1	12.8	331.9
2010	306.8	12.0	318.8
2011	286.4	12.1	298.5
2012	304.9	12.3	317.2
2013(비중)	323.5(96.6%)	11.4(3.4%)	334.9(100.0%)
2014(비중)	370.5(97.2%)	10.6(2.8%)	381.9(100.0%)
2015(비중)	410.7(97.6%)	10.2(2.4%)	421.7(100.0%)
2016(비중)	457.7(97.9%)	9.6(2.1%)	469.3(100.0%)

자료 : 금융투자협회/펀드정보 One-click시스템/펀드통계/펀드산업/설정통계/투자신탁구분

Ⅱ 집합투자업자와 자산운용

1 집합투자업자 및 자산운용시장 현황

(1) 집합투자업자의 설립요건

집합투자업(자산운용업)자는 투자신탁의 위탁자가 되거나 투자회사의 법인이사가 되어 집합투자재산을 운용하는 자로 금융위원회의 허가를 받아야 한다[12]. 상법상의

주식회사 또는 금융회사로 자산운용업을 영위하기 위해 허가를 받기 위해서는 자본금 규정을 충족시켜야 한다. 과거에는 금융업에 대한 인가요건을 자본금 기준으로 했으나 자본시장법에서는 정확한 위험흡수능력을 나타내는 자기자본으로 변경하면서 특정 금융투자상품만을 대상으로 영업하는 경우에는 최저자기자본 요건을 대폭 완화하였다. 투자금융업을 위한 인가 및 등록단위에 대한 최저자기자본요건을 투자금융업의 종류와 취급하는 금융투자상품에 따라 세분(총 42개)하였다.[13)]

집합투자업자와 관련된 최저자기자본 요건을 보면, 모든 자산을 운용할 수 있는 집합투자업은 80억원, 집합투자기구 종류별로는 부동산・특별자산펀드 각 20억원, 증권펀드 40억원으로 세분되었다. 집합투자업자가 자신이 운용하는 집합투자기구(투자신탁, 투자회사 등)의 집합투자증권(투자신탁의 수익증권, 투자회사의 주식)을 매매하는 경우에는 해당 증권에의 전문성 등을 감안하여 필요 자기자본이 1/2 수준으로 경감된다. 예를 들면 집합투자증권 매매업(일반투자자)의 경우 20억원이나 자신이 운용하는 집합투자기구의 집합투자증권을 매매할 경우에는 10억원만이 요구된다. 집합투자업자의 운용자산규모가 1조원을 초과하는 경우 상근감사를 두어야 한다.[14)] 한편, 신뢰가 중요한 신탁업은 집합투자업에 비해 높은 자기자본이 요구된다. 금전만을 신탁받는 신탁업의 경우에 최저자기자본은 130억원이다.[15)]

(2) 집합투자업 현황

2016년 말 현재 총 165개의 집합투자업자가 자산운용업을 영위하고 있데, 2008년 말 63개사에 비해, 자산운용시장이 크게 신장했음을 알 수 있다. 특히 2016년에는 40개 자산운용회사가 신설되었고, 36개사가 투자자문회사에서 전환하였다. 이에 따라 임직원 수도 2016년말 총 6,400명으로 2015년 말보다 1,141명(+21.7%)이 증가했다.

12) 금융위원회는 2010년 11월 11일 옵션만기일에 주가의 하락으로 크게 손실(898억원)을 입은 와이즈에셋자산운용회사에 대해 2011년 8월 허가를 취소하였다.

13) 위험이 수반되는 투자매매업은 투자중개업에 비해 높은 자기자본을 요구하고 있다. 예를 들면 종합증권회사의 경우 최저자기자본은 인수포함 증권투자매매업 500억원에 증권 투자중개업 30억원을 합한 530억원이다.

14) 2008년 6월 26일 금융위원회와 국가경쟁력강화위원회가 발표한 "금융규제개혁 기본방향 및 진입규제 개선방안"에 의하면 상근감사 설치 요건이 운용자산 1조원 이상에서 3조원 이상으로 상향조정되었다.

15) 자본시장법 이전에 신탁업 인가단위는 금전이 포함되느냐 여부에 따라 금전이 포함되면 250억원, 포함되지 않으면 100억원으로 구분되었었다.

2016년말 자산운용사의 운용자산(펀드수탁고, 투자일임계약고, 설정액 기준)은 2015년말(819조원) 대비 88조원 증가(+10.8%)한 907조원으로 사상최대의 규모를 기록했다. 2016년 공모펀드수탁고는 주식형펀드가 7.1조원 감소했음에도 불구하고 채권형펀드(4.9조원)와 MMF가 각각 4.9조원과 4.9조원씩 증가하여 220조원이 되었다. 동년 말 사모펀드 수탁고는 250조원으로 채권(+13.8조원), 부동산(+10.5조원), 특별자산(+7.9조원) 펀드 등의 증가로 전년 말 대비 50조원(+24.6%)이 증가되었다. 또한 일임형 ISA(개인종합자산관리계좌), 퇴직연금 등의 확대에 힘입어 투자일임계약고는 438조원으로, 채권(+27.7조원), 부동산(+4.5조원) 관련 계약고가 증가하면서 2015년 말 대비 41조원이 증가(+10.3%)되었다(〈표 8-3〉, [그림 8-1])

이 같은 자산운용시장의 성장에 따라서, 자산운용회사의 순이익도 사상 최대인 6,674억원으로, 2015년에 비해 34.7%증가하였다. 이는 자산운용자산 증가에 따른 수수료 수익 증가(+2,125억원)와 일부 대형사의 영업외수익 증가[16] 등에 기인한다. 그리고 자산운용회사의 ROE도 꾸준히 높아져 2016년 14.6%를 기록했다.

표 8-3 자산운용회사 현황

구 분	2014년 말	2015년 말	2016년 말
회사 수(사)	86	93	165[1)]
운용자산 설정액(조원)	681	819	907
펀드수탁고(조원)	377	422	469
투자일임계약고(조원)	303	397	438
순이익(억원)	4,175	4,955	6,674
ROE(%)	11.3	13.2	14.5

주 1) : 2016년 중 신설 40개사, 투자자문회사에서 전환 32개사
자료 : 금융감독원, 자산운용회사의 2016년 중 영업실적, 보도자료, 2017.3.8.

16) 2016년 3분기 중 미래에셋자산운용의 미래에셋캐피탈 지분(29.53%)취득 관련 지분법이익 1,182억원이 발생했다.

그림 8-3 자산운용사 운용자산 추이

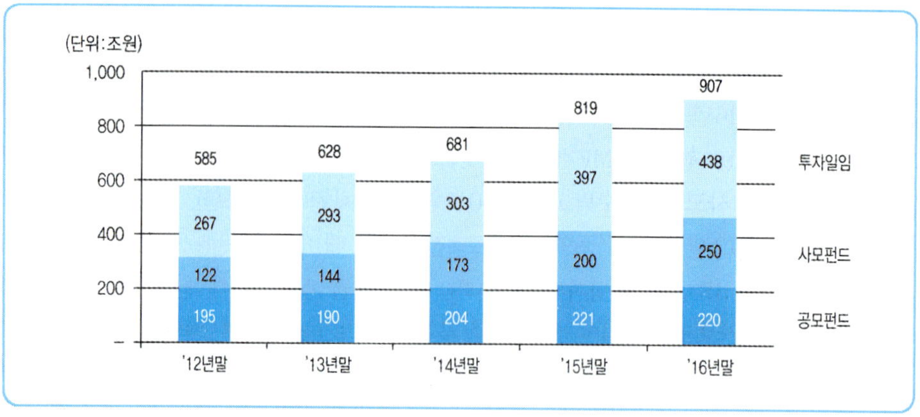

자료 : 금융감독원, 자산운용회사의 2016년 중 영업실적, 보도자료, 2017.3.8

2 집합투자업자의 자산운용 규칙

(1) 자산운용의 지시

자본시장법에서 집합투자업자(자산운용업자)가 자산을 운용하는데 있어서 과거의 「간접투자자산운용업법」 체제보다 규제완화라는 차원에서는 규제가 대폭 완화되고, 투자자 보호라는 차원에서는 관련 규제가 강화되었다. 집합투자업자가 전문투자재산을 운용함에 있어서 선관의무와 충실의무가 요구된다(법 제79조). 즉, 집합투자업자는 투자자(투자신탁의 수익자 또는 투자회사의 주주)에 대하여 선량한 관리자의 주의로써 집합투자재산을 운용하여야 하고, 투자자의 이익을 보호하기 위하여 해당 업무를 충실하게 수행하여야 한다. 그리고 집합투자업자가 전문투자재산에 대한 자산운용의 지시 및 실행에 대한 규정(제80조)은 다음과 같다.

① 투자신탁의 집합투자업자(위탁자)는 투자신탁재산을 운용함에 있어서 그 투자신탁재산을 보관·관리하는 신탁업자(수탁자)에게 투자신탁재산별로 투자대상자산의 취득·처분 등에 관하여 필요한 지시를 하여야 하며, 그 신탁업자는 집합투자업자의 지시에 따라 투자대상자산의 취득·처분 등을 하여야 한다. 다만, 집합투자업자는 투자신탁재산의 효율적 운용을 위하여 다음 (가)~(사)와 같은 불가피한 경우에는 자신의 명의로 직접 투자대상자산의 취득·처분 등을 할 수 있다.

가. 증권시장 또는 해외 증권시장에 상장된 증권의 매매,
나. 장내파생상품의 매매,
다. 30일 이내의 단기대출,
라. 금융기관이 발행·할인·매매·중개·인수 또는 보증하는 어음의 매매,
마. 양도성 예금증서의 매매,
바. 「외국환거래법」에 따른 대외지급수단의 매매거래, 투자위험을 회피하기 위한 장외파생상품의 매매
사. 장외채권, RP(2015년 7월 8일부터 개정시행령에 의해 추가)

② 투자신탁의 집합투자업자(신탁업자 포함)는 투자대상자산의 취득·처분 등을 한 경우 그 투자신탁재산으로 그 이행 책임을 부담한다.

③ 집합투자업자는 투자대상자산의 취득·처분 등의 업무를 수행하는 경우에는 투자신탁재산별로 미리 정하여진 자산배분명세에 따라 취득·처분 등의 결과를 공정하게 배분하여야 한다. 이 경우 집합투자업자는 자산배분명세, 취득·처분 등의 결과, 배분결과 등에 관한 장부 및 서류를 작성하고 이를 유지·관리하여야 한다.

(2) 자산운용의 제한

집합투자업자(자산운용회사)가 투자재산을 운용함에 있어 집합투자증권(투자신탁의 수익증권, 투자회사 주식 등)을 제외한 모든 증권 및 자산에 대해 분산투자를 원칙으로 하고 있다. 펀드자산 총액의 50% 이상을 5% 이하씩 각각 분산투자하는 등의 요건을 갖춘 경우에 동일 종목에 펀드자산 총액의 25%까지 투자할 수 있고, 인덱스펀드의 경우에는 30%까지 투자할 수 있다[17](법 제81조 제1항, 시행령 제80조 제1항 3호의 2 및 3).

또한 분산투자 규제대상에서 제외되는 증권의 범위는 파생결합증권, 신탁 수익증권, 상법상 합자회사·익명조합의 출자지분 등으로 축소되어 동일종목 투자한도를 적용하고 있다. 분산투자 규제가 적용되는 금융상품에는 금전채권(대출채권), 예금, 상법상 합자회사·유한회사·익명조합·민법상 조합의 출자지분, 금전신탁의

---

17) 초기 자본시장법에서는 종목당 10%의 분산투자 한도를 규정했었는데, 삼성전자의 경우 시가총액 비중이 10%를 넘어, 삼성전자가 이 10% 규정으로 역차별을 받게 될 뿐만 아니라, 인덱스펀드 등의 패시브 펀드에서는 괴리율이 발생하여 사실상 펀드의 효율적 운용을 어렵게 하였다.

수익증권 등 신탁의 수익권, 주가연계증권(ELS), 신용연계증권(CLN), 재해연계증권(catastrophe bond : CAT bond), 펀드연계증권(Fund Linked Note) 등이다. 이렇듯 분산투자를 규제하는 것은 투자대상자산의 발행인의 부도·파산 등으로 발생가능한 위험을 분산하기 위해서다.

집합투자업자가 투자재산을 운용함에 있어 공정성을 기하기 위해 다음과 같은 제한을 두고 있다(법 제81조, 동법 시행령 제80조).[18] 즉 ① 증권투자 경우, ② 부동산투자 경우, ③ 다른 펀드(재간접펀드 등)에는 다음과 같은 제한이 있다.

① 집합투자재산의 증권투자 시 제한되는 행위

가. 각 집합투자기구 자산총액의 10% 이내의 범위에서 대통령령으로 정하는 비율[19]을 초과하여 동일종목의 증권에 투자하는 행위. 이 경우 동일법인 등이 발행한 증권 중 지분증권(그 법인 등이 발행한 지분증권과 관련된 증권예탁증권을 포함)과 지분증권을 제외한 증권은 각각 동일종목으로 본다.

나. 각 집합투자업자가 운용하는 전체 집합투자기구 자산총액으로 동일법인 등이 발행한 지분증권 총수의 20%를 초과하여 투자하는 행위

다. 각 집합투자기구 자산총액으로 동일법인 등이 발행한 지분증권 총수의 10%를 초과하여 투자하는 행위

② 집합투자재산의 부동산투자 시 제한되는 행위

가. 부동산을 취득한 후 5년 이내의 범위에서 국내부동산의 경우 3년, 해외부동산의 경우 6개월 이내에 이를 처분하는 행위. 다만, 부동산개발사업(토지를 택지·공장용지 등으로 개발하거나 그 토지 위에 건축물, 그 밖의 공작물을 신축 또는 재축하는 사업)에 따라 조성하거나 설치한 토지·건축물 등을 분양하는 경우, 그 밖에 투자자 보호를 위하여 필요한 경우로서 대통령령으로 정하는 경우[20]를 제외한다.

나. 건축물, 그 밖의 공작물이 없는 토지로서 그 토지에 대하여 부동산개발사업을 시행하기 전에 이를 처분하는 행위. 다만, 집합투자기구의 합병·해지 또

18) 자본시장법에서 금융투자회사의 업무제한이 Negative System이어서 집합투자업자는 법에서 금지된 사항 이외는 모두 할 수 있는 것이 원칙이다.

19) 국채증권, 통화안정증권, 정부가 원리금의 지급을 보증한 채권, ABS, MBS, 부동산투자목적회사가 발행한 지분증권, 사회기반시설사업의 시행을 목적으로 하는 법인이 발행한 주식 및 채권, 대출채권, 그리고 지분증권 등에 대해서는 100%까지 투자 가능, 지방채권, 은행보증 CD, 금융기관보증 채권 및 어음, OECD국가 발행 국채, ABS에 기초한 후순위채권, MBS 등에 대해서는 30%까지 투자가능

20) 국내 부동산 경우 3년, 국외 부동산 경우는 집합투자규약으로 정한 기간을 의미

는 해산, 그 밖에 투자자 보호를 위하여 필요한 경우로서 대통령령으로 정하는 경우[21]를 제외한다.

③ 집합투자재산을 집합투자증권(외국 집합투자증권을 포함)에 투자 시 제한되는 행위

가. 각 집합투자기구 자산총액의 50%를 초과하여 같은 집합투자업자(외국 집합투자업자를 포함)가 운용하는 집합투자기구의 집합투자증권에 투자하는 행위

나. 각 집합투자기구 자산총액의 20%를 초과하여 같은 집합투자기구(외국 펀드 포함)의 집합투자증권에 투자하는 행위

다. 집합투자증권에 자산총액의 40%를 초과하여 투자할 수 있는 집합투자기구(외국 펀드 포함)의 집합투자증권에 투자하는 행위

라. 사모집합투자기구(외국 사모펀드 포함)의 집합투자증권에 투자하는 행위

마. 각 집합투자기구의 집합투자재산으로 같은 집합투자기구(외국 펀드 포함)의 집합투자증권 총수의 30%를 초과하여 투자하는 행위.

(3) 자기집합투자증권의 취득 제한

투자신탁이나 투자익명조합의 집합투자업자는 집합투자기구의 계산으로 그 집합투자기구의 집합투자증권을 취득하거나 질권(質權)의 목적으로 받지 못한다(제82조). 다만 ① 담보권의 실행 등 권리 행사에 필요한 경우 ② 반대수익자의 수익증권매수청구권에 의해 수익증권을 매수하는 경우에는 집합투자기구의 계산으로 그 집합투자기구의 집합투자증권을 취득할 수 있다.

(4) 실물펀드 운용에 대한 규제완화

2017년 5월 2일 개정 시행령에서는 대체투자에 대한 투자자의 관심이 높아지면서, 실물펀드에 대한 규제를 상당히 완화하였다. 동일운용사 집중제한 한도를 50%에서 100%로 확대하고, 부동산과 특별자산 펀드에 한해 복층구조 투자를 하는 경우에, 수익자총회 의결사항(법 제188조의 ②, 영 제217조)인 투자대상자산의 투자한도 변경(영 제80조 제1항 제3호의2가 대상)에는 해당하지 않으므로 수익자 총회 없이 규약변경이 가능하게 되었다. 한편, 투자자보호를 위하여 수익자 총회 없이 신탁계약

21) 부동산개발사업을 하기 위해서 토지를 취득한 후 관련법의 제정, 개정 또는 폐지 등으로 인해 사업성이 뚜렷하게 떨어져 부동산개발사업을 수행하는 것이 곤란하다고 객관적으로 증명이 되는 경우를 의미

의 변경, 투자설명서 변경 등이 발생한 경우에는 운용사 홈페이지 등을 통하여 공시하도록 하고 있다(법 제188조의 ③, 법 제89조의 ①). 신규로 도입되는 자산배분펀드에서 자사펀드를 50% 초과하여 투자하는 경우, 일반 펀드에 비해 저렴한 운용보수 체계를 갖추어야 한다.

투자자의 투자판단에 필요한 부동산, 인프라 등 실물자산 투자를 위한 필수사항을 공모 부동산, 특별자산펀드(부동산·특별자산투자 재간접펀드를 포함)의 수시공시 사항에 추가되었다. 즉, i) 부동산, 특별자산의 취득 또는 처분(시장성 없는 자산에 한함), ii) 공모 부동산펀드, 공모 특별자산펀드의 취득 또는 처분(다만 이미 취득한 것과 같은 집합투자증권의 추가 취득 또는 일부 처분은 제외), iii) 부동산 관련 권리(지상권·지역권·전세권·임차권·분양권 등), 특별자산 관련 권리(사업수익권·시설관리운영권 등)의 발생·변경, iv) 금전의 차입 및 금전의 대여 등은 수시공시하여야 한다[22]. 한편, 매일 기준가 공시 및 게시 의무가 없는 헤지펀드에 투자하는 사모투자 재간접펀드, 부동산·특별자산투자 재간접펀드의 경우에는 사모펀드의 기준가 산정방법 등을 감안하여 기준가격의 공고·게시주기를 15일 이내의 범위에서 집합투자규약에서 정할 수 있도록 했다(법 제249조의8에서 법 제238조 제7항을 적용배제)

그간 특별자산펀드가 100% 출자하는 특별자산투자목적회사(SPC)의 설립은 원칙적으로 불가하였다. 그러나 개정 시행령(2017.5.2.)에서는 예외적으로 사회기반시설에 대한 투자목적회사(SPC)에 한해 100%까지 보유 허용했다(영 제80조 제1항 제5호). 공모 특별자산펀드가 SOC시설사업, 선박, 항공기 등 주요 특별자산 투자목적회사(SPC)의 지분총수 100%까지 보유 가능하도록 허용하였다.

(5) 금전차입의 제한

집합투자업자는 집합투자재산을 운용하기 위해 원칙적으로 집합투자기구의 계산으로 금전을 차입(借入)할 수 없다(제83조). 다만, ① 집합투자증권의 환매청구가 대량으로 발생하여 일시적으로 환매대금의 지급이 곤란한 때, ② 매수청구가 대량으로 발생하여 일시적으로 매수대금의 지급이 곤란한 때 등의 경우에는 금전을 차입할 수 있다. 그러나 집합투자기구의 계산으로 금전을 차입하는 경우 그 차입금의 총액은 차입 당시 집합투자재산 총액의 10%를 초과할 수 없다. 그리고 집합투자업

22) 개정시행령 시행일 이전에 발생한 i)에서 iv)의 사항에 대한 취득·처분·발생·변경 등에서는 수시공시 대상이 아니었다.

자는 집합투자재산을 운용함에 있어서 집합투자재산 중 금전을 대여할 수 없고, 해당 집합투자기구 외의 자를 위하여 채무보증 또는 담보제공을 할 수 없다.

(6) 이해관계인과의 거래 제한

집합투자업자는 집합투자재산을 운용함에 있어서 이해관계인(시행령 제84조)과 거래행위를 할 수 없다. 다만, 집합투자기구와 이해가 상충될 우려가 없는 이해관계인이 되기 6개월 이전에 체결한 계약에 따른 거래, 증권시장 등 불특정다수인이 참여하는 공개시장을 통한 거래, 일반적인 거래조건에 비추어 집합투자기구에 유리한 거래는 할 수 있다(시행령 제85조).

(7) 불건전 영업행위 금지

집합투자업자는 다음의 ①~⑦에 해당되는 불건전 영업행위를 할 수 없다.

① 금융투자상품, 그 밖의 투자대상자산의 가격에 중대한 영향을 미칠 수 있는 매수 또는 매도 의사를 결정한 후 이를 실행하기 전에 그 금융투자상품, 그 밖의 투자대상자산을 집합투자업자 자기의 계산으로 매수 또는 매도하거나 제3자에게 매수 또는 매도를 권유하는 행위,

② 자기의 관계인수인이 인수한 증권을 집합투자재산으로 매수하는 행위,

③ 자기 또는 관계인수인이 인수업무를 담당한 법인의 특정증권 등에 대하여 인위적인 시세를 형성하기 위하여 집합투자재산으로 그 특정증권 등을 매매하는 행위,

④ 특정 집합투자기구의 이익을 해하면서 자기 또는 제3자의 이익을 도모하는 행위,

⑤ 특정 집합투자재산을 집합투자업자의 고유재산 또는 그 집합투자업자가 운용하는 다른 집합투자재산, 투자일임재산 또는 신탁재산과 거래하는 행위,

⑥ 제3자와의 계약 또는 담합 등에 의하여 집합투자재산으로 특정 자산에 교차하여 투자하는 행위,

⑦ 투자운용인력이 아닌 자에게 집합투자재산을 운용하게 하는 행위(제85조). 그러나 투자자 보호 및 건전한 거래질서를 해할 우려가 없는 경우는 이를 할 수 있다.

(8) 성과보수

집합투자업자는 펀드의 운용실적에 연동하여 미리 정하여진 산정방식에 따른 성

과보수를 받을 수 없다(법제86조). 다만, ① 집합투자기구가 사모펀드인 경우, ② 사모펀드 이외의 펀드 중 운용보수의 산정방식, 투자자의 구성 등을 고려하여 투자자 보호 및 건전한 거래질서를 해할 우려가 없는 경우에는 성과보수를 받을 수 있다. 이 경우라도 성과보수는 펀드의 성과가 공인지수(예를 들면 KOSPI 수익률)을 초과하는 경우에만 허용하고, 보수지급도 연 1회로 한정되었다.

그러다가 2017년 5월 2일, 금융위원회는 공모펀드의 활성화를 위해 사모펀드에 적용되는 성과보수를 공모펀드에도 적용하도록 동 시행령을 개정하였다. 따라서 공모펀드에도 동 시행령 제88조 중에서 ① 성과지표로 객관적 지표(예를 들면 코스피 지수)나 절대수익률(예를 들면 5%) 등의 활용을 공모펀드에 적용하고, ② 목표 수익률 미달 시에는 낮은 운용보수(50% 내외 인하)를 받고, ③ 손실 시에는 성과보수를 받지 못하고, ④ 일정한 투자금액 이상을 투자한 투자자(개인은 5억원, 법인은 10억원)에게만 성과보수를 적용하도록 한 제88조 제1항의 4호를 폐지하고, ⑤ 개방형(증권펀드)과 환매금지형 모두에게 적용하고[23], ⑥ 추가 투자자 모집도 허용하였다.[24].

(9) 의결권 행사

집합투자업자(투자신탁이나 투자익명조합의 집합투자업자)는 투자자의 이익을 보호하

23) 성과보수 상한은 펀드 순자산의 2.0% 이내로 하되 목표 초과수익률의 초과수익에 대한 10%~20%를 성공보수로 산정한다. 성공보수의 내용은 펀드에 명시한다. 이러한 공모펀드에 대한 성과보수제도를 요약하면, 자산운용사의 입장에서 일정 수준(통상 3.0%~4.0%)의 수익을 올리지 못하면 운용보수를 50%만 받고, 대신에 목표수익률을 달성하면 초과수익의 10%~20%를 성공보수로 받는다. 따라서 자산운용사들에게는 성공보수에 대한 메리트가 크지 않을 것으로 보인다.

24) 공모펀드에 허용된 성과보수의 가이드라인의 주요 내용을 요약하면 ① (적용 대상) 집합투자규약 상 성과보수를 적용하는 공모펀드에서 펀드 특성상 성과보수 수취가 부적절한 펀드(ELF, MMF, 전환형 펀드, ETF · Index펀드, 동일펀드 100% 투자 재간접펀드 및 100% 운용위탁 펀드 등은 제외하고, ② (적용 원칙) 일반펀드에 비해 낮은 운용보수율과, 성과보수 상한을 설정하고, ③ (성과보수 유형) 펀드 유형에 따라 각각 최고수위형(상장 펀드)과 선형(비상장 펀드)을 적용하고, ④ (기준 설정) 기준수익률 및 성과보수율 등은 운용사가 자율적으로 결정하고, ⑤ (초과수익 산정) 상장된 펀드는 HWM(high water mark) 또는 HWM에 기준수익률을 가산한 값을 초과하는 수정기준가격에 펀드의 총 좌수를 곱하여 산정하고, 비상장 펀드는 환매금액과 기준수익률을 반영한 투자원금간 차액을 기준으로 하도록 하였다. 여기서 HWM이란 헤지펀드에서 성과급 지급 기준으로 이용되고 있는 기준을 의미한다. 만일 시장초과수익률 10% 이상의 성과에 대해 보수를 지급하고, 성과보수 기준 초과수익률이 성과보수 지급기간별 1,000→1,100→900→1,080이 되었다고 가정하자. 그러면 1,000→1,100에서 성과급을 지급하고, 1,100이 HWM이 된다. 그런데 후에 900→1,080의 경우 초과수익률은 20%이더라도, 직전 HWM(1,100) 대비 초과수익률은 (−)1.8%여서 성과급을 지급하지 않는다.

기 위해 집합투자재산에 속하는 주식의 의결권을 충실하게 행사해야 한다(법 제87조)고 하여 의결권 행사 시 운용자의 충실의무(fiduciary duty)를 명시하였다. 그리고 2013년 5월 자본시장법 개정(법 제314조 4항과 5항의 폐지)을 통해 2015년 7월부터는 집합투자업자가 예탁결제원을 통해 중립투표(shadow voting)[25]를 할 수 없도록 금지하여 집합투자업자가 적극적으로 의결권행사를 하도록 유도하였다. 그러나 한시적으로 2017년말까지 섀도우보팅을 이용하려는 상장기업들은 자본시장법 부칙에 따라 전자투표를 도입하는 동시에 모든 주주를 대상으로 의결권 대리행사를 권유해야 한다.

한국예탁결제원에 따르면 2016년 12월 결산 상장법인 중 섀도우보팅을 이용한 회사는 2058개 가운데 642개(31.2%)에 달했다. 시간과 거리 등 물리적 이유 탓에 주총 참석이 어려운 소액주주가 많더라도 섀도우보팅을 이용하면 주총 결의 요건을 상대적으로 쉽게 충족할 수 있기 때문이다. 예탁결제원에 따르면 2016년 12월 결산법인 가운데 전자투표 서비스를 이용한 회사는 705개로, 이 중 644곳이 섀도우보팅을 활용하기 위해 전자투표 서비스를 이용한 것으로 나타났다. 상장회사협의회에 따르면 2015년과 2016년 상장사의 전자투표 행사율이 주식수 기준으로 각각 1.62%, 1.44%에 불과했다. 기업의 입장에서는 섀도우보팅에 대한 수요가 크다고 할 수 있다[26].

다른 한편으로, 집합투자업자는 각 집합투자재산에서 대통령령으로 정하는 비율(예를 들면 5% 공시 룰) 또는 금액 이상을 소유하는 주식을 발행한 법인("의결권공시대상법인")에 대한 의결권 행사 여부 및 그 내용(의결권을 행사하지 아니한 경우에는 그 사유)을 기록·유지하여야 한다. 그리고 집합투자업자와 신탁회사는 매년 4월 30일까지 증권시장(한국거래소)을 통해 의결권 행사 내용을 일괄 공시하도록 하였다(자본시장법 시행령 제91조 2항, 제114조)[27].

---

25) 중립투표(중립적 의결권 행사)는 주주총회에 참석하지 않는 주주들의 의결권을 예탁결제원이 대신 행사하는 제도다. 불참 주주에 대해서도 주총 참석 주주의 찬성과 반대 비율을 적용한다. 만일 주주총회에서 특정 안건에 대하여 투자신탁업자나 은행신탁계정 보유주식을 제외한 주주총회 참가주식의 70%가 찬성, 30%가 반대하였을 경우 이들의 의결권은 찬성 70%, 반대 30%의 비율로 배분하여 행사한다.

26) 매일경제 2017.6.15.

27) 전문투자자의 의결권 행사에 대해서는 제10장에서 상술된다.

3 자산운용 공시

(1) 자산운용 보고서

집합투자업자는 자산운용보고서를, 신탁업자는 자산보관 및 관리보고서를 작성하여 금융위원회에 보고하고 투자자 등에게 공시해야 한다. 그런데 법정보고서인 자산운용보고서와 자산보관·관리보고서를 작성·제공하는데 소요되는 제반 비용은 각각 집합투자업자와 신탁업자가 부담한다(법 제88조 제3항, 제248조 제3항).

집합투자업자는 자산운용보고서를 작성하여 해당 집합투자재산을 보관·관리하는 신탁업자의 확인을 받아 3개월마다 1회 이상 해당 집합투자기구의 투자자에게 제공하여야 한다(제88조). 다만, 투자자가 자산운용보고서의 수령을 거부한다는 의사를 서면으로 표시한 경우, 집합투자업자가 단기금융집합투자기구를 설정 또는 설립하여 운용하는 경우로서 매월 1회 이상 금융위원회가 정하여 고시하는 방법으로 자산운용보고서를 공시하는 경우, 집합투자업자가 환매금지형 펀드를 설정 또는 설립하여 운용하는 증권시장 상장형의 경우로서 3개월마다 1회 이상 자산운용보고서를 공시하는 경우, 그리고 투자자가 소유하고 있는 펀드의 평가금액이 10만원 이하인 경우는 예외로 한다.

집합투자업자의 자산운용보고서에 다음 ①~⑤의 사항이 기재된다.

① 기준일의 해당 집합투자기구의 자산·부채 및 집합투자증권의 기준가격, 회계기간의 말일, 계약기간의 종료일 또는 존속기간의 만료일, 해지일 또는 해산일 등
② 직전의 기준일부터 해당 운용기간 중 운용경과의 개요 및 해당 운용기간 중의 손익 사항
③ 기준일 현재 집합투자재산에 속하는 자산의 종류별 평가액과 집합투자재산 총액에 대한 각각의 비율 등

(2) 수시공시

투자신탁이나 투자익명조합의 집합투자업자는 투자운용인력의 변경, 환매연기 또는 환매재개의 결정 및 그 사유, 부실자산이 발생한 경우 그 명세 및 상각률, 집합투자자총회의 결의내용 그 밖에 투자자 보호를 위하여 필요한 사항[28]에는 그 내

28) 집합투자규약의 변경에 따라 투자설명서를 변경하는 경우, 투자설명서의 단순한 자구수정 등 경미한 사항

용 등이 발생한 경우 인터넷 홈페이지, 전자우편 그리고 집합투자업자, 집합투자증권을 판매한 투자매매업자 또는 투자중개업자의 본점과 지점 그 밖의 영업소에 게시하는 방법 등을 이용하여 공시하여야 한다(제89조).

(3) 집합투자재산에 대한 보고 및 장부서류 열람

투자신탁이나 투자익명조합의 집합투자업자는 집합투자재산에 관한 매 분기의 영업보고서를 작성하여 매 분기 종료 후 20일 이내에 금융위원회 및 협회에 제출하여야 한다(제90조). 그리고 집합투자기구의 회계기간 종료, 집합투자기구의 계약기간 또는 존속기간의 종료, 집합투자기구의 해지 또는 해산 등의 경우가 발생한 경우, 그 사유가 발생한 날부터 2개월 이내에 결산서류를 금융위원회 및 협회에 제출하고, 금융위원회 및 협회는 이들 서류를 인터넷 홈페이지 등을 이용하여 공시하여야 한다.

투자자는 투자신탁이나 투자익명조합의 집합투자업자, 해당 집합투자증권을 판매한 투자매매업자 및 투자중개업자에게 영업시간 중에 이유를 기재한 서면으로 그 투자자에 관련된 집합투자재산에 관한 장부·서류의 열람이나 등본 또는 초본의 교부를 청구할 수 있다(제91조).

(4) 환매연기의 통지

투자신탁이나 투자익명조합의 집합투자업자는 집합투자증권의 환매를 연기한 경우나 환매연기가 해소된 경우, 집합투자기구에 대한 회계감사인의 감사의견이 적정의견이 아닌 경우 해당 집합투자증권을 판매한 투자매매업자 또는 투자중개업자에게 이를 즉시 통지하여야 한다(제92조).

(5) 파생상품 및 부동산 운용 특례

집합투자업자는 파생상품 매매에 따른 위험평가액이 자산총액의 10%를 초과하여 투자할 수 있는 집합투자기구의 집합투자재산을 파생상품에 운용하는 경우에는 계

을 변경하는 경우, 집합투자업자의 합병, 분할, 분할합병 또는 영업의 양도·양수, 집합투자업자 또는 일반사무관리회사가 기준가격을 잘못 계산하여 이를 수정하는 경우 등

약금액, 만기시점의 손익구조, 시장상황에 따라 발생할 수 있는 최대손실예상금액 등의 위험에 관한 지표를 인터넷 홈페이지 등을 이용하여 공시하여야 한다(제93조). 그리고 집합투자업자는 장외파생상품 매매에 따른 위험평가액이 재산총액의 10%를 초과하여 투자할 수 있는 집합투자기구의 집합투자재산을 장외파생상품에 운용하는 경우에는 장외파생상품 운용에 따른 위험관리방법을 작성하여 그 집합투자재산을 보관·관리하는 신탁업자의 확인을 받아 금융위원회에 신고하여야 한다.

집합투자업자는 집합투자재산으로 부동산을 취득하는 경우에는 금융기관, 외국금융기관, 기금, 다른 부동산펀드 등으로부터 집합투자기구의 계산으로 금전을 차입할 수 있다(제94조). 또한 집합투자업자는 집합투자재산으로 부동산개발사업을 영위하는 법인(부동산신탁업자 등)에 대하여 금전을 대여할 수 있다. 집합투자업자는 집합투자재산으로 부동산을 취득하거나 처분하는 경우에는 그 부동산의 현황, 거래가격 등이 기재된 실사보고서를 작성·비치하여야 한다. 집합투자업자는 집합투자재산으로 부동산개발사업에 투자하고자 하는 경우에는 추진일정·추진방법 등이 기재된 사업계획서를 작성하여 「부동산가격공시 및 감정평가에 관한 법률」에 따른 감정평가업자로부터 그 사업계획서의 적정성 여부를 확인 받아야 하며, 이를 인터넷 홈페이지 등에 공시하여야 한다.

Ⅲ 펀드 투자 절차

1 펀드의 판매

(1) 펀드판매 회사

펀드의 판매와 환매는 투자신탁과 투자회사에 따라 달라진다. 우선 투자신탁의 수익증권 판매에 있어서 투자신탁의 집합투자업자는 판매회사와 위탁판매계약을 체결하며, 수익증권을 발행할 때 집합투자기구의 운용개념 및 방법, 투자원금이 보장되지 않는다는 사실 등 투자위험, 운용전문인력, 과거 운용실적, 수익증권의 매입 및 환매방법, 환매제한 및 환매연기 그리고 각종 수수료 등이 포함되는 투자설명서를 작성한다. 한편 투자회사의 판매는 주식을 판매하는 것과 같다. 이 경우에는 투자신탁의 수익증권판매에 관한 투자설명서, 판매행위준칙, 판매광고, 판매수수료 등의 내용과 규정이 그대로 적용된다. 다만 수익증권에서는 신탁약관에 이러한 내용이 명시되는데 반해 투자회사의 주식의 경우는 정관에 따른다.

자본시장법에서는 규정하는 펀드판매기관에는 투자매매업자(종합증권회사), 투자중개업자(브로커전문 증권회사, 종합금융회사, 금융투자업을 겸영하는 은행 및 보험회사, 투자권유대행인을 포함하는 금융상품전문회사, 온라인펀드판매를 영위하는 펀드슈퍼마켓 등이 있다. 그런데 2017년 7월부터는 우체국, 저축은행, 상호금융 등의 서민금융기관 중 일정한 재무조건 등을 충족하는 일부 금융기관이 펀드를 판매할 수 있게 되었다[29].

금융기관들은 창구를 통해 투자자에게 직접 공모펀드를 판매할 수 있고, 인터넷이나 모바일 등의 온라인시스템을 이용해 공모펀드를 판매할 수 있다. 창구를 통해 판매하는 펀드는 온라인을 통해서는 원칙적으로 판매할 수 없다. 그래서 2016년 7월부터는 온라인플랫폼에서 금융기관 창구용 펀드의 판매를 행정지도를 통해 제한하고 있다. 온라인용 펀드는 종류형집합투자기구의 상품명에 "e"자가 병기된다(5장의 종류형 집합투자기구 참조).

펀드 판매회사 중 투자매매업자는 ① 투자매매업 관련 계약의 체결 및 해지업무, ② 금융투자상품의 매매를 위한 호가 제시업무, ③ 매매주문의 접수, 전달, 집행 및 확인업무, ④ 증권의 인수업무, ⑤ 인수대상 증권의 가치분석업무, ⑥ 인수증권의 가격결정, ⑦ 청약사무수행 및 배정업무 등을 수행한다(동 시행령 제47조의 제1항). 그리고 투자중개업자는 ① 투자중개업 관련 계약의 체결 및 해지업무, ② 일일정산업무, ③ 증거금 관리 및 거래종결업무, ④ 매매주문의 접수, 전달, 집행 및 확인업무 등을 수행한다(동 시행령 제47조의 2항).

판매회사는 투자원금 보장 등 수익을 보장하는 행위, 투자자로부터 판매에 따른

29) 우체국 경우 2,708개 중 221개 우체국에서 판매된다. 2017년 7월부터 1단계로 MMF, 국공채펀드, 일부 채권형(주식 30% 이하) 등의 펀드만 판매된다. 저축은행 경우는 총 79개사 중 30개사에 펀드판매가 허용되었다. 저축은행 경우 재무요건으로는 자산 3,000억원 이상, BIS비율 7% 이상, 그리고 자기자본 250억원 이상의 조건을 모두 충족시켜야 하고, 비재무요건으로 대출자산비중이 50% 미만이고, 고금리(25%) 가계대출이 가계신용공여의 80%를 초과하여 서민금융기관 역할에 충실치 못한 회사는 제외된다. 상호금융(총 2270개 중 276개 신협 19개, 농협 251개, 수협 6개)은 자산 2,000억원 이상, 순자본비율 5%(신협은 3%) 이상, 자기자본 250억원 이상 등을 모두 충족시켜야 한다.

대가를 판매와 관련된 소정의 수수료 이외에 수수하는 행위, 판매업무와 관련하여 취득한 정보를 자신 또는 제3자의 이익을 위하여 이용하는 행위, 허위표시 등 중요한 사항에 대하여 오해를 유발할 수 있는 표시행위 등을 금지하는 판매행위준칙을 작성하여 금융위원회에 보고하여야 한다. 그리고 판매회사의 판매업무를 담당하는 임・직원은 판매업무에 대한 교육을 이수해야 한다.

집합투자업자와 판매회사는 수익증권에 대하여 광고를 할 수 있다. 그리고 집합투자업자는 수익증권을 판매회사를 통하지 않고 직접판매를 할 수 있다. 직접판매는 본점에 한해서 허용되나 수탁고의 20% 이내로 제한되며, 수탁고가 2조원 미만인 집합투자업자는 4천억원까지만 비율의 제한없이 직접판매할 수 있으며, 인터넷, 전화, 우편 등에 의한 판매도 할 수 있다.

(2) 펀드판매 전문회사

① 펀드판매 채널의 다양화

세계에서 일반적으로 채택되고 있는 펀드판매 채널은 ① 단순 펀드판매 채널(운용사 직판, 투자자문업 없는 펀드슈퍼마켓), ② 투자자문형 채널(펀드랩, IFA(Independent Financial Adviser : 미국과 영국의 주요 펀드판매 채널) 등을 통해 투자자문 서비스를 제공하며 펀드 판매, ③ 종합판매서비스형 채널(단순판매채널과 투자자문 채널이 결합된 형태로 은행이나 증권사 등을 통해 판매하는 형태) 등으로 구분된다. 이러한 기본적인 펀드판매 채널을 기본으로 하여 현재까지 한국에서 펀드판매 채널은 고객의 니즈를 충족시킨다는 차원에서 다양하게 확대되어 왔다.

그런데 자본시장법에서는 금융소비자가 금융회사 점포를 방문하지 않고도 손쉽게 금융투자상품에 접근할 수 있도록 "투자권유대행인(introducing broker)"제도가 도입되어 이 투자권유대행인은 금융소비자를 대상으로 하여 펀드뿐만 아니라 증권 등 모든 금융투자상품에 대한 투자권유를 할 수 있게 되었다(법 제51조). 이를 통해 투자권유대행인의 자격 및 금지행위, 불완전판매에 따른 손해배상책임 부과 등을 명확히 규정하여 금융소비자 보호를 위한 제도적 장치가 마련되었다. 투자권유대행인이 되기 위해서는 한국금융투자협회가 실시하는 투자권유전문인력과 투자운용전문인력에 대한 소정의 교육(30시간)을 이수한 경우 허용된다. 그리고 보험회사가 판매회사인 경우 보험설계사 및 보험대리점 등에 의한 직접판매도 한국금융투자협회가 실시하는 소정의 교육을 이수한 경우 허용된다.

다른 한편으로 펀드 판매회사가 투자자에게 제공하는 서비스에 따라 판매보수를 차등화 하여 투자자가 보수를 선택할 수 있다. 또한 펀드를 장기 투자할 경우 펀드 가입기간에 비례하여 펀드 판매보수가 낮아지는 CDSC(contingent deferred sales charge)프로그램도 도입하였다. 투자자보호를 위해 펀드의 불완전판매의 관행을 줄이기 위해 감독당국이 투자자로 가장해 직접 판매현장을 점검하는 영국의 미스터리 쇼핑(mystery shopping)제도도 도입하였다.

② 펀드슈퍼마켓 도입

한편으로 금융위원회는 2010년까지 금융상품전문판매업을 가능하게 하는 "금융규제개혁 기본방향 및 진입규제 개선방안"(2008. 6. 26)에 이어, 펀드의 판매채널 확대, 판매보수 및 수수료 체계 개편, 투자자보호 강화 등을 주요 내용으로 하는 "펀드 판매시장 선진화 방안"(2008년 10월 29일)을 발표하여, 펀드판매 채널의 선진화를 추진해 왔다. 이러한 맥락에서 2014년 3월 26일 펀드슈퍼마켓이 시작되었다(〈표 8-4〉). 그동안 한국의 펀드판매시장은 증권사와 은행 판매채널에 집중되어 있었다. 펀드슈퍼마켓제도의 도입으로 펀드판매 채널이 다양해졌다. 펀드슈퍼마켓의 특징은 모든 공모펀드를 취급하고, 판매수수료는 기존의 오프라인의 1/3 수준이다. 그리고 다수의 자산운용사들이 펀드슈퍼마켓에 지분참여를 하여 중립적인 판매가 가능하다.

표 8-4 국내 펀드판매 채널제도 도입 경과

연월일	내용
2007년 7월	온라인전용펀드 신설 권장 온라인펀드 전자공시 시작 운용사 펀드 직접판매 규제 폐지
2009년 2월	펀드슈퍼마켓 설립 근거법(자본시장법) 마련
2012년 1월	온라인전용펀드 설정 의무화
2013년 9월	펀드온라인 코리아 설립 (4개 펀드평가사, 예탁결제원, 37개 자산운용사, 5개 증권유관 기관 등 총 46개 기관이 총 226억원을 출자하여 설립, 국내 1호)
2014년 3월	펀드슈퍼마켓 출범

(3) 펀드 판매채널별 펀드판매

펀드 판매채널(금융기관)별 비중을 보면 2016년 말 현재 증권회사가 68.5%, 은행이 22.8%, 보험회사가 1.8% 그리고 자산운용회사, 펀드랩, 전문대행인, 펀드슈퍼마켓 등의 채널이 6.8%를 차지하였다. 증권회사의 비중은 증가되고 있는 반면(2009년 54%), 은행과 보험은 그 비중이 축소되고 있다(〈표 8-5〉). 2016년 말 현재 온라인 펀드판매는 은행이 56.7%, 증권회사가 31.1%, 보험 및 자산운용사가 0.2%, 펀드슈퍼마켓이 2.6%를 차지했다[30].

표 8-5 펀드 판매기관별 비중

(단위 : %, 조원)

연도	증권	은행	보험	기타[1]	합계	(금액)
2009	54.1	37.2	4.2	4.6	100.0	325.5
2010	60.0	31.7	4.2	4.1	100.0	304.7
2011	58.0	32.3	4.0	5.7	100.0	283.3
2012	61.4	28.9	4.3	5.3	100.0	298.3
2013	63.2	27.7	3.7	5.3	100.0	310.4
2014	65.5	24.6	2.4	7.5	100.0	358.6
2015	67.2	24.6	2.0	6.2	100.0	395.7
2016	68.5	22.8	1.8	6.8	100.0	439.1

1) 기타는 종합금융회사, 자산운용사 자체 판매, 펀드랩, 펀드판매 대행인, 펀드슈퍼마켓 등의 펀드판매를 의미

자료 : 금융투자협회/펀드정보 One-click시스템/펀드통계/펀드산업/펀드판매

(4) 펀드판매절차

2009년 2월 4일 시행된 자본시장법에서는 펀드의 불완전판매에 의한 일반투자자를 보호하기 위한 여러 조치가 강구되었다. 금융투자상품이 포괄주의에 의해 다양해지고 복잡해지는 상황에서 투자자들이 펀드에 대해 충분히 알고 투자할 수 있도록 하기 위해서이다. 금융위원회는 투자권유에 대한 시장의 혼선을 막기 위해 「표준투자권유준칙」을 도입하였다.[31] 이 표준투자권유준칙은 먼저 펀드 판매사는 Know Your Customer(KYC)원칙에서 투자자의 나이, 투자경험, 투자자금의 성격, 위험성향들을 파악하고, 이에 적합한 투자상품을 선택하고, Know Your Products (KYP)원칙에 의해 투자자가 이 상품을 이해하고 투자를 하도록 제도화한 것이

30) 금융기관별 펀드판매 비중은 금융투자협회의 펀드통계와 “온라인 채널 펀드판매 현황 및 활성화 방안”(금융위원회, 2017.4.3.) 참조

31) 금융위원회, 표준투자권유준칙, 2009. 2. 12.

다. 이를 바탕으로 펀드판매과정을 6단계로 구분하여 요약하면 다음 〈표 8-6〉과 같다.

표 8-6 펀드판매 6단계

단 계	내 용
1단계 : 투자자 정보파악	- 일반투자자에 대해 면담, 질문 등을 통해 투자자의 투자목적, 재산상황, 투자경험 등을 파악
2단계 : 투자자 유형분류	- 투자자정보확인서, 상담결과 등을 점수화하여 투자자를 일정 유형으로 분류(예 : 안정형, 안정추구형, 위험중립형, 적극투자형, 공격투자형 등)
3단계 : 투자자에 적합한 펀드 선정	- 투자자의 투자성향에 가장 적합하다고 판단되는 펀드를 선정하여 권유
4단계 : 펀드 설명	- 투자자에게 투자권유 펀드의 운용대상자산 등 운용전략, 원본손실가능여부 등 투자위험에 따르는 위험, 각종 보수・수수료 및 펀드 운용에 소요되는 비용, 환매방법 등을 설명
5단계 : 투자자 의사확인	- 투자자가 펀드 매수를 원하지 않을 경우 권유 중단. - 투자자가 펀드 매수를 원할 경우 투자설명서 등 교부확인서 징구, 투자금 수령, 통장교부 등 펀드 매수절차 진행
6단계 : 사후 관리	- 투자자의 펀드 매수 이후 수익률 현황, 투자규모 등에 대해 유지・관리, 주기적으로 잔액 통보, 자산운용보고서 등 제공

1단계에서는 투자자의 동의하에 투자자의 정보를 파악하여[32], 주관적인 요소인 투자자의 성향을 파악하여 1등급(고위험), 2등급, 3등급, 4등급, 5등급(저위험)의 5단계로 구분한다. 그리고 투자자의 투자기간 등 객관적 요소인 위험감내도를 측정하여 ① 안정형(투자원금 보전을 원함), ② 안정추구형(손실위험 최소화, 이자소득, 배당소득 추구), ③ 위험중립형(수익에 상응하는 위험을 인식하여 일정수준 위험 감수), ④ 적극투자형(투자원금 보전보다는 높은 수준의 수익 추구), ⑤ 공격투자형(시장수익률을 훨씬 초과하는 투자수익을 추구) 등 5개 유형으로 분류한다(준칙 제5조). 이를 종합하여 다음 〈표 8-7〉의 표에서와 같이 투자자를 분류한다.

32) 일반투자자를 투자권유 희망고객과 투자권유 불원고객으로 분류한다. 투자권유를 받겠다고 의사를 표시한 일반투자자도 정보제공 고객과 정보미공개 고객으로 분류한다. 그런데 투자권유준칙상 전문투자자의 경우에는 투자자성향조사를 안해도 된다.

표 8-7 일반투자자의 투자 성향과 위험감내도 (준칙 6조)

구 분		위험 감내도(투자기간 등)				
		단기	단중기	중기	중장기	장기
투자자 성향	1등급(고위험)	위험중립형	공격투자형	공격투자형	공격투자형	공격투자형
	2등급	위험중립형	적극투자형	적극투자형	공격투자형	공격투자형
	3등급	안정추구형	위험중립형	적극투자형	적극투자형	적극투자형
	4등급	안정추구형	안정추구형	위험중립형	위험중립형	위험중립형
	5등급(저위험)	안정형	안정추구형	안정추구형	위험중립형	위험중립형

3단계에서 투자자에게 적합한 펀드를 선정하기 전에, 펀드의 위험도를 분류하여 펀드에 명시해야 한다(준칙 제6조). 금융감독원은 투자위험등급과 해당 펀드의 실제 위험도간의 괴리를 줄이기 위해 위험 등급분류 기준 및 등급 수 변경을 위한 『기업공시서식 작성기준』을 개정했다(2016년 1월 26일 개정, 7월 1일 시행)[33]. 등급분류 기준은 투자예정 포트폴리오 기준에서 해당펀드의 최근 3년간 실제수익률 변동성 기준으로 변경되었고, 위험등급도 초고위험(1등급), 고위험(2등급), 중위험(3등급), 저위험(4등급), 초저위험(5등급) 등의 5단계에서 6단계로 세분화되었다.

개정된 6단계의 펀드위험등급은 해당펀드의 최근 3년간 수익률변동성을 기준으로 하여 1등급(초고위험 : 연환산 수익률 표준편차가 20% 초과), 2등급(고위험 : 동 20% 이하), 3등급(고위험 : 동 15% 이하), 4등급(중위험 : 동 10% 이하), 5등급(저위험 : 동 5% 이하), 6등급(초저위험 : 동 0.5% 이하)으로 분류하였다(〈표 8-8〉). 또한 투자설명서의 위험등급 표기 방법으로 전체 등급 중 해당 등급을 강조(예를 들면 음영처리)하고, ELS 경우 기초자산 가격 추이 제공기간 및 수익률 모의시험기간을 5년에서 20년으로 확대한 가격변동 그래프를 추가해야 한다.

〈표 8-8〉은 2단계에서 분류된 투자자의 투자성향(KYC)에 따라, 펀드상품의 위험수준에 해당하는 투자자에게 적합한 구체적인 펀드(KYP)를 매치시키고 있다. 즉, 1등급(초고위험)은 공격적 투자형, 2등급(고위험)과 3등급(고위험)은 적극적 투자형, 4등급(중위험)은 위험중립형, 5등급(저위험)은 안정추구형, 6등급(초저위험)은 안정형과 매치된다. 이를 바탕으로 펀드판매자는 적합성의 원칙(suitability)에 의해 투자자의 투자성향에 맞는 펀드상품을 권유해야 한다.

33) 2016년 1월 펀드위험등급 개정 전의 5등급 중 초고위험이 펀드상품의 55%, 4등급 이하 저위험 펀드상품은 13%에 불과하여 고위험상품에 대한 편중이 심했다. 따라서 개정된 분류에서는 고위험을 2등급과 3등급으로 나누어 특정위험에 대한 펀드의 편중을 개선하였다.

표 8-8 금융투자 상품 위험 분류표 (예시)

구 분	초고위험	고위험		중위험	저위험	초저위험
투자성향	공격투자형	적극투자형		위험중립형	안정추구형	안정형
펀드 위험등급	1등급 (매우 높은 위험)	2등급 (높은 위험)	3등급 (다소 높은 위험)	4등급 (보통 위험)	5등급 (낮은 위험)	6등급 (매우 낮은 위험)
(예시)	[신규펀드] 레버리지펀드 특별자산펀드 혼합자산펀드 [3년경과펀드] 연환산 표준편차 20% 초과	[신규펀드] 주식형 등 [3년경과펀드] 연환산 표준편차 20% 이하	[신규펀드] 주식혼합형 등 [3년경과펀드] 연환산 표준편차 15% 이하	[신규펀드] 채권혼합형 등 [3년경과펀드] 연환산 표준편차 10% 이하	[신규펀드] 채권형펀드 [3년경과펀드] 연환산 표준편차 5% 이하	[신규펀드] MMF [3년경과펀드] 연환산 표준편차 0.5% 이하
채권	회사채 BB+이하 (투기등급)	회사채 BBB-~BBB0		회사채 BBB+~A0	금융채, 회사채 A+이상	국채, 지방채, 통안채, 특수채, 보증채
CP(전단채)	B+이하	A3-		A30~A3+	A2- 이상	-
예금	-	-		-	제2금융권 예금	제1금융권 예금
ELS, DLS, ELF, ELB	원금 비보장형, 종목형	원금 비보장형 지수형		원금 부분보장형	원금 보장형	-
주식	비상장주식	상장주식		-	-	-
파생상품	장내파생상품 (선물, 옵션) 장외파생상품	-		-	-	-
기타	ETF, ELW 외화채무증권 (환헤지 무)	외화예금 외화채무증권 (환헤지 유)		-	RP(REPO)	발행어음

자료 : 금융감독원 『기업공시서식 작성기준』, 2016.1.26. 개정

제4단계에서는 투자자에게 투자권유 펀드의 운용대상자산 등 운용전략, 원본손실가능여부 등 투자위험에 따르는 위험, 각종 보수, 수수료 및 펀드 운용에 소요되는 비용, 환매방법 등을 설명한다(준칙 제7조). 그리고 펀드별 공시내용에 펀드명, 투자대상, 매입자산유형 이외에 운용보수, 판매보수, 판매수수료 등을 추가하여 펀드간 비교공시 대상을 확대(시행령 제94조 제2항)하여 투자자의 투자판단 선택에 대한 폭을 넓혀야 한다.

그러다가 2015년 12월 17일 개정하여 2016년 4월 1일부터 시행된 준칙 제7조에서는 ELS 등 파생상품관련 적합성 기준이 도입되어, 고령자에 대한 보호기준이 마련되고, 투자설명 간소화가 추진되었다. 65세 이상인 고령자가 파생관련 펀드에 가입하려 하는 경우 파생상품에 대한 투자경험이 1년 미만이면 파생관련상품에 대한 투자권유를 할 수 없고, 투자경험이 1년 이상~3년 미만이면 원금손실 20% 이내 파생결합증권, 파생상품 펀드를 권유할 수 있다. 투자경험이 3년 이상이면 장외파생상품 이외 모든 파생상품에 대해 투자를 권유할 수 있다. 또한 CMA, MMF 등 단기상품 가입 시 투자자에 대한 정보 확인을 간소화하고, 투자자가 가입상품을 제시하는 경우에도 설명을 간소화할 수 있다. 그러나 고령자 등이 상품설명에 대해 이해가 부족한 경우는 설명을 중단할 수 있다.

이 4단계에서 금융회사가 상품을 구매권유할 경우, 그 사유 및 핵심 유의사항을 작성하여 투자자에게 제공해야 하는데, 일부 고위험 투자성 상품에 대해서는 "적합성보고서"를 작성해야 한다(2016년 10월 12일 개정, 2017년 1월 1일 시행). 즉, ELS 등 고위험 파생결합증권(ELS, ELF, ELT, 그리고 DLS, DLF, DLT)과 원금 미보장형 변액연금 등에는 적합성보고서가 적용된다[34]. 적합성 보고서에 게재되는 내용에는 투자성향 관련된 일반 정보에 투자목적과 투자경험 등이, 투자권유 사유에 투자자의 투자수요(자금성격, 투자기간) 그리고 핵심 유의사항에 재무상황, 손익구조, 만기구조, 최대손실 등이 포함된다. 금융상품 계약 체결 전 "적합성 보고서"를 작성하여 교부한다.

제5단계에서는 투자자의 펀드 매수의사를 확인하여 투자자가 펀드 매수를 원하지 않을 경우 권유를 중단하고, 투자자가 펀드 매수를 원할 경우 투자설명서 등 교부확인서 징구, 투자금 수령, 통장교부 등 펀드 매수절차를 진행한다. 그런데 ELS 등 파생결합증권은 상품구조 및 위험요인이 다양한 상품에 대해서 고령자가 펀드에 가입하는 경우 가족의 조력이나 관리직원의 동석이 없는 경우에 한하여 숙려기간이 부여되었었다.

그러다가 2017년 4월 1일부터는 고령자의 파생상품 등 고위험 상품에 대해 보다 강화된 보호제도를 시행하였다. 즉, 일반투자자가 숙려기간을 통해 위험요인 등을 충분히 숙지하고 투자결정을 할 수 있도록 투자자 보호를 강화하였다. 부적합투자자(자신의 투자성향보다 위험도가 높은 ELS에 투자하는 투자자)나 70세 이상 투자자가

34) 적합성보고서 적용대상은 금융소비자가 상품구조를 이해하고, 그 상품이 자신의 투자수요에 맞는지 여부를 쉽게 판단하기 어려운 경우로 한정된다.

ELS 등 위험상품에 청약 후, ELS 등의 상품구조 및 투자위험 등을 충분히 숙지하고 투자결정을 할 수 있도록 2영업일 이상 숙려기간을 부여하였다. 특히 80세 이상의 초고령자를 대상으로 1영업일의 숙려기간이 부여되었다. 숙려기간이 적용되는 상품에는 공모방식의 파생결합증권(ELS · DLS), 신탁과 펀드를 통한 파생결합증권 투자상품(ELT, ELF 등)이다, 그러나 숙려제도의 적용이 배제 상품에는 파생결합사채(ELB), 온라인 판매, 사모방식 투자일임계약에서 편입된 상품 등이 있다. 숙려 적용방식은 숙려대상 투자자는 청약마감 2영업일 전까지 청약하고, 숙려기간(2영업일) 동안 최종 투자여부를 결정(청약취소 가능)할 수 있다. 그리고 숙려기간 시작 전 청약기간에도 청약취소는 가능하다.

마지막 제6단계는 사후 단계로 펀드판매회사는 투자자가 펀드 매수 이후 펀드의 수익률 현황, 투자규모 등에 대해 유지 · 관리하고, 주기적으로 잔액을 고객에게 통보하고 자산운용보고서 등을 제공해야 한다.

2 펀드의 환매

환매란 투자자가 펀드에 투자한 자금을 만기 이전에 회수하는 것을 의미한다. 투자자는 언제든지 집합투자증권의 환매를 청구할 수 있다(법 제235조). 환매는 투자신탁과 투자회사에 따라 달라진다. 투자신탁에서 투자자는 언제든지 집합투자증권을 판매한 판매회사에 현금인출을 위한 환매를 청구할 수 있다. 이에 따라 판매회사는 투자신탁의 경우 집합투자업자에 환매를 요구한다. 투자신탁의 집합투자업자(신탁업자를 포함)는 환매청구를 받은 날부터 15일 이내에[35] 신탁약관 또는 투자회사의 정관에서 정한 환매일에 집합투자재산의 범위 내에서 집합투자재산으로 보유중인 현금 또는 집합투자재산을 매각하여 조성한 현금으로만 집합투자증권의 환매대금을 지급해야 한다. 공모펀드의 환매의 경우에는 투자자의 환매청구를 받은 날로부터 15일 이내에 환매대금을 지급해야 한다(자본시장법 제235조 제4항). 다만, 사모투자재간접펀드, 부동산 · 특별자산투자재간접펀드의 경우 헤지펀드나 부동산펀드의 경우처럼 투자대상자산의 특성(헤지펀드, 부동산펀드 등)을 감안하여 펀드의 환매일을 환매청구를 받은 날로부터 15일을 초과하여 집합투자규약에서 정할 수 있도록 하였다(법 제249조의 8)[36].

35) 그러나 실제적으로는 주식형의 경우는 4일에, 채권형의 경우는 3일에 환매된다.

환매가격은 환매청구일 후에 산정되는 기준가격으로 결정된다. 다만, 투자자의 이익 또는 집합투자재산의 안정적 운용을 해할 우려가 없는 경우로서, 투자자가 공과금 납부, 정기적으로 발생하는 채무를 이행 또는 금융투자상품 등의 매수에 따른 결제대금을 지급하기 위하여 단기금융집합투자기구의 집합투자증권을 환매하기로 그 투자매매업자 또는 투자중개업자와 사전에 약정한 경우에는 환매청구일 이전에 산정된 기준가격으로 환매할 수 있다. 투자자가 약속된 투자기간 이내에 환매하는 경우에 환매수수료를 지불해야 한다. 환매수수료는 환매금액 또는 이익금을 기준으로 한다. 집합투자증권의 환매를 청구하는 당해 투자자가 이를 부담하여야 하고, 투자자가 부담한 환매수수료는 이를 집합투자재산에 귀속시켜야 한다(제236조).

환매금액은 환매청구일의 기준가격에서 세금 및 신탁약관에서 정한 환매수수료를 차감한 금액을 기준으로 하여 환매좌수에 해당하는 금액으로 산정된다. 그러나 주식형의 경우 환매청구일 익일의 기준가격을 적용하여 계산하고 있다. 환매수수료는 각 수익증권별로 신탁약관에 규정되어 있으나, 보통 채권형은 저축기간별로 1,000좌당 해당금액에 따라 차등적용하고 있으며, 주식형은 수익증권별로 정액 또는 정률의 환매수수료를 적용하고 있다.[37)]

그러나 투자신탁의 집합투자업자(신탁업자를 포함)는 거래부진으로 투자증권의 매각이 불가능한 경우, 유가증권시장의 폐장 및 휴장 또는 거래정지 등의 사유로 인하여 신탁약관에서 정한 환매일에 집합투자증권을 환매할 수 없게 된 경우에는 당해 투자신탁의 집합투자업자 또는 투자회사는 환매를 연기할 수 있다(제237조). 그리고 환매연기의 경우 그 일부에 대하여는 환매를 연기하고 나머지에 대하여는 집합투자자가 보유하고 있는 집합투자증권의 지분에 따라 환매에 응하는 부분환매도 가능하다(동법 시행령 제259조).

한편, 투자회사의 개방형 펀드에 있어서 주식의 환매는 판매회사에 요구하며, 판매회사는 투자회사에 대해 환매를 청구한다. 주식의 환매도 수익증권의 환매에 대한 규정이 그대로 적용되나, 다만 환매의 연기, 일부환매 등에 대해서는 정관에서 정한 주주총회의 의결에 따른다.

---

36) 2017년 5월 2일 개정 시행령

37) 일반적으로 환매수수료는 추가형에 있어서 90일 이내에 환매하는 경우, 이익금의 70%를 환매수수료로 징수하여 기존의 신탁재산에 편입하도록 되었다. 단위형에 있어서 180일 이내에 4일 환매(주식형)와 3일 환매(채권형)의 경우 이익금의 70%를 환매수수료로 징수하여 신탁재산에 편입시킨다.

3 펀드의 해지

펀드의 해지란 투자자가 투자한 펀드를 폐기하는 것을 의미한다. 해지는 투자신탁과 투자회사에 따라 달라진다. 투자신탁의 해지란 위탁자가 설정된 투자신탁의 전부 또는 일부에 대하여 신탁계약기간 종료 전에 수탁자로부터 신탁재산을 인출하고 수익증권을 폐기하는 것을 말한다. 투자신탁의 해지는 집합투자업자가 해산한 경우, 등록이 취소된 경우, 업무를 폐지한 경우, 수익자총회의 해지결의 등에 의해 발생한다(법 제202조).

해지는 전부해지와 일부해지로 나누어진다. 신탁계약의 해지는 투자신탁의 전부해지(상환)를 의미하며, 이는 다시 금융감독원장의 승인이 필요한 임의해지와, 법정사유가 발생하여 해지하는 당연해지로 구분된다. 또한 단위형 투자신탁에서 신탁기간이 종료되거나, 일부 주식형 수익증권의 경우에는 신탁순이익이 당초 목표한 수준을 초과할 때[38] 신탁계약을 해지할 수 있다.

한편 위탁자의 증권투자신탁업 허가취소, 위탁회사의 재산, 위탁회사가 투자신탁의 위탁자로서의 업무폐지, 신탁업자의 자격상실 등의 경우에는 당연히 신탁계약을 해지하여야 한다. 일부해지는 추가형 수익증권의 매출부진 등으로 인하여 위탁자가 수익증권을 보유하고 있는 경우 그 보유수익증권 범위 내에서 투자신탁의 설정액을 감액시키는 것으로, 이 경우에는 수익자의 이익에 영향을 미치지 않아 집합투자업자의 업무사정상 수시로 해지가 가능하다.

투자회사의 경우는 회사의 청산이 해지에 해당된다. 펀드투자회사는 정관에서 정한 존립기간의 만료 또는 그 밖의 해산사유의 발생, 주주총회의 의결, 합병, 파산, 법원의 명령 또는 판결, 투자회사의 등록취소 등의 사유가 발생한 때는 해산된다. 이 경우 투자회사는 상법상의 회사이기 때문에 상법에서 정한 회사청산절차에 따른다.

4 펀드 수수료

(1) 판매수수료

수익증권의 판매회사는 지속적인 판매관련 서비스에 대한 대가로 펀드가 부담하

38) 예를 들면 스팟펀드(spot fund)가 있다.

는 판매보수와, 판매행위 자체에 대한 대가로 당해 펀드 가입자로부터 판매수수료를 받는다. 판매보수는 판매회사가 신탁약관에 따라 매일의 집합투자재산의 규모에 비례하여 집합투자기구로부터 취득하는 보수로, 집합투자재산의 연평균 가액의 5% 이내로 제한된다. 선취판매수수료는 수익증권 판매 시 일시에 투자자로부터 판매회사가 취득하는 수수료로, 납입금액의 5% 이내로 제한된다. 그리고 후취판매수수료는 환매 시 일시에 투자자로부터 판매회사가 취득하는 수수료로, 환매금액의 5%로 제한된다. 그리고 선취판매수수료와 후취판매수수료는 판매금액 또는 판매회사별로 차등하여 부과할 수 있다.[39)]

(2) 신탁보수

신탁보수란 집합투자재산의 운용, 관리 및 보관의 대가로 관련 신탁업자가 받는 수수료를 의미한다. 신탁보수에는 위탁자와 수탁자에 지급되는 관리보수와 위탁자에게만 지급되는 운용보수가 있다. 신탁보수는 신탁재산 중에서 결산일, 신탁의 해지일, 일부해지일 등에 지급되며 각 수익증권별 신탁보수율, 신탁보수지급시기 등은 각각 신탁약관에 정해져 있으며 신탁보수의 계리(計理)는 매일 하고 있다.

(3) 일반사무회사 관리보수

관리보수는 일반사무회사가 기준가격의 계산 또는 회사운영을 대신해준 댓가로 취득하는 보수를 의미한다. 일반적으로 펀드자산의 NAV(net asset value)에 따라 취득한다.

(4) 운용보수

운용보수는 신탁재산의 운용성과에 따른 보수로서, 운용보수 공제 전 신탁재산

---

39) 앞의 제5장 제2절에서 살펴 본 종류형 펀드(multiple class fund)는 수수료 체계에 따라 구분되는 펀드이다. 펀드의 명칭에서 펀드의 수수료체계를 알 수 있다. 예를 들면 펀드 가입당시 수수료를 받는 선취수수료 펀드는 Class A, 나중에 펀드를 해지할 때 수수료를 받는 후취수수료 펀드는 Class B, 수수료가 없는 펀드는 Class C(수수료가 없는 대신에 운용보수가 다른 펀드에 비해 높은 것이 일반적), 가입 시와 해지 시에 모두 수수료를 받는 펀드는 Class D로 표시된다. 이 밖에 전문투자자를 위한 펀드는 I, 인터넷 전용펀드는 E가 붙는다.

순이익에 일정률을 곱하여 산출하며 운용보수는 전액 위탁회사에게 지급된다. 펀드의 운용실적과 연계된 성과보수는 원칙적으로 금지되나 사모펀드 및 운용보수 산정방식·투자자 구성 등과 관련한 일정요건을 갖춘 공모펀드에 한해서 허용되고 있다(법 제86조 제1항). 공모펀드가 성과보수를 지급할 수 있는 요건으로는 ① 펀드의 성과가 공인지수(예를 들면 KOSPI 수익률)를 초과하고, ② 기준지표보다 성과가 낮을 경우 성과보수 미적용시보다 더 낮은 운용보수 적용, ③ 기준지표보다 높더라도 성과가 (-)이거나 일정 성과가 금융위원회가 정하는 기준에 미달하는 경우 성과보수 미지급, ④ 펀드가 최소투자금액 이상 투자자(법인의 경우 20억원, 개인의 경우 10억원 이상)만 구성될 것, ⑤ 환매금지형 펀드일 것 등이다. 그리고 성과보수지표는 집합투자자총회를 거쳐 변경이 가능하다.

한국의 펀드관련 비용인 수수료와 보수를 요약하면 다음 〈표 8-9〉와 같다. 그리고 펀드 유형별 평균보수 및 비용은 금융투자협회 홈페이지에서 공개되고 있어 투자자가 펀드 투자시 참고할 수 있다[40].

표 8-9 펀드관련 수수료와 보수

구 분	비 용	내 용
수수료 (1회 징수)	선취판매수수료	펀드 가입 시 지불
	환매수수료	선취수수료를 내면 환매수수료가 없는 경우가 대부분
보수 (펀드가입 중 계속 지불되는 비용)	운용보수	자산운용사에 펀드운용 대가로 지불
	판매보수	펀드 판매회사에 지불
	수탁보수	자산을 관리하는 신탁업자에 지불
	일반사무관리보수	펀드관련 사무비용 지불
	기타 비용	주식매매 거래비용 등 반복적으로 지불

주 : 환매수수료가 없는 경우 선취판매수수료는 1%가 일반적임. 수수료는 대부분 선취임

(5) 수수료 및 보수 현황

우리나라의 펀드 수수료 및 보수 수준을 보면(〈표 8-10〉), 2017년 4월말 현재 총보수는 0.592% 수준이다. 보수가 높은 펀드 유형은 주식관련 펀드, 특별자산펀드,

40) 금융투자협회/펀드정보 One-click시스템/펀드통계/펀드/펀드산업/펀드운용통계/유형평균보수 및 비용 또는 개별펀드 및 회사별 보수 및 수수료 비교는 금융투자협회/전자공시서비스/펀드공시/펀드 보수 및 비용 참조

재간접펀드 등이다. 재간접펀드는 펀드 판매사를 두 번 경유하는 과정에서 판매보수가 높은 편인 것이 반영되었기 때문이다. 펀드판매시 투자자가 부담하는 판매수수료는 선취매가 1.0% 수준이다. 우리나라의 총보수 추이를 보면 2007년 1.566% 수준이었던 것에 비해 점차 낮아지는 추세를 보이고 있다. 이러한 보수율 인하 추세는 펀드간 경쟁의 심화와 정부의 펀드투자에 대한 비용감소 정책에 기인한다고 하겠다. 2016년 6월부터 펀드판매 및 수수료 차등화가 시행되었다. 개별 펀드와 관련된 수수료에 대한 정보는 금융투자협회의 '전자공시시스템/전문가서비스'에서 찾을 수 있고, 개별펀드 수익률에 대해서는 투자금융협회의 웹페이지인 '펀드다모아'에서 찾아볼 수 있다.

표 8-10 펀드 유형별 평균보수 및 비용(2017. 4.28. 기준)

(단위 : %)

펀드유형	보수					판매수수료	
	운용	판매	수탁	일반	총보수	선취	후취
주식	0.547	0.61	0.032	0.018	1.193	1.01	1.0
혼합주식	0.584	0.761	0.036	0.018	1.305	1.02	0
혼합채권	0.329	0.580	0.025	0.015	0.942	1.74	0
채권	0.158	0.152	0.021	0.013	0.323	0.37	0
재간접	0.285	0.829	0.038	0.022	1.159	0.94	0.65
단기금융	0.061	0.114	0.015	0.009	0.197	0.22	0
파생형	0.380	0.224	0.023	0.017	0.583	0.89	0
부동산	0.616	0.337	0.037	0.031	0.900	1.43	0
특별자산	0.585	0.649	0.038	0.027	1.191	0.79	0
혼합자산	0.349	0.081	0.026	0.02	0.478	0.00	0
합계	0.25	0.323	0.023	0.014	0.592	1.02	0.98

자료 : 금융투자협회/펀드정보 One-click시스템/펀드산업/펀드운용통계/유형평균보수 및 비용

5 펀드 평가

펀드의 평가는 펀드평가 전문기관[41]에서 펀드의 순자산가치를 매일의 종가를 이

41) 펀드평가 전업사로 제로인, 한국펀드평가, 모닝스타코리아가 있고, 채권평가 겸업사로 Nice P&I가 있고, 금융데이터 판매를 겸영하는 FnGuide 등이 있다. 펀드평가회사에 대해서는 제15장 제3절을 참조.

용해서 펀드의 기준가격을 산정하여 발표하고 있다.[42] 기준가격은 집합투자기구(펀드)를 매매하는 가격으로 주가와 비슷한 개념이다. 한국금융투자협회는 각 펀드재산의 순자산가치 변동명세가 포함된 운용실적을 비교하여 인터넷 홈페이지 등을 통해 공시(법 제90조 제4항)하여 펀드 간 비교공시를 확대하였다. 그리고 집합투자업자, 판매회사, 운용보수, 판매보수・수수료 등 비교공시 기준을 다원화하여 투자자의 투자판단의 선택을 폭넓게 지원하고 있다. 그리고 각 펀드의 수익률은 물론 펀드매니저의 수익률도 금융투자협회의 홈페이지에서 비교・공시되고 있다[43].

Ⅳ 신탁업

1 신탁업자의 업무

(1) 신탁업자의 위치

자본시장법에서의 신탁업을 영위하는 신탁업자는 과거 "신탁업법"에 의한 은행 신탁계정 중 금전신탁, 재산신탁(증권, 동산 부동산, 지적재산권 등), 종합재산신탁 등의 업무를 영위하는 단독운영자와, 투자신탁과 투자회사의 수탁자로서 투자신탁재산의 보관・관리업무를 수행하는 수탁업자를 의미한다. 자본시장법에 의해 신탁업법이 폐지되어 은행과 보험회사의 경우 신탁업을 영위하기 위해서는 자본시장법에 의한 겸영금융투자업의 인가를 받아야 한다(법 제22조). 신탁재산을 운용하는 신탁업자에 대해서는 동법의 제2편 금융투자업에서 규정되고, 집합투자재산을 보관・관리하는 신탁업자는 동법 제5편 집합투자기구에서 규정된다.

42) 집합투자기구의 평가에 대해서는 제15장에서 상술된다.

43) 개별펀드 및 회사별 펀드운용실적 비교는 금융투자협회/전자공시서비스/펀드공시/펀드운용실적비교/펀드수익률 비교공시, 펀드수익률 관련 회사별 비교 참조

표 8-11 신탁회사 현황

구분		개수	회사명	인가단위		
				종합	금전	부동산
은행	국내은행	16	신한, 우리, SC제일, KEB하나, KB국민, 씨티, 대구, 부산, 광주, 경남, 산업, IBK기업, 수협, NH농협	○		
			전북, 제주		○	
	외은지점	3	도이치, 홍콩상하이, 뉴욕멜론		○	
증권사		20	신한, 교보, 대신, 미래에셋대우, 하나대투, 삼성, 우리투자, 한국투자, NH투자, KB국민, 한화, 메리츠, 신영, 유진투자, HMC투자, 동부, 유안타, SK	○		
			하이투자, IBK투자		○	
보험사		5	미래에셋생명, 삼성생명, 한화생명, 흥국생명	○		
			교보생명		○	
부동산 신탁회사		11	한국토지, KB부동산, 대한토지, 생보부동산, 한국자산, 하나자산, 코람코자산, 아시아, 국제, 무궁화, 코리아			○

자료 : 금융감독원(업무자료/금융투자/신탁관련자료).

자본시장법에 의해 겸영금융투자업을 영위할 수 있는 금융기관에는 은행, 보험회사, 한국산업은행, 중소기업은행, 한국수출입은행, 증권금융회사, 종합금융회사, 자금중개회사, 외국환중개회사, 한국주택금융공사 등이다. 2016년 말 현재 신탁업을 영위하고 있는 금융회사는 은행 19개사(외국은행 3개사 포함), 증권 20개사, 보험 5개사, 전업신탁사인 부동산신탁회사 11개사 등 모두 55개사가 신탁업을 영위하고 있다(〈표 8-11〉).

(2) 신탁재산의 범위와 운용

신탁업자는 신탁업을 영위함에 있어 선관의무와 충실의무가 요구되어, 신탁업자는 수익자에 대하여 선량한 관리자의 주의로써 신탁재산을 운용하여야 하고, 수익자의 이익을 보호하기 위하여 해당 업무를 충실하게 수행하여야 한다(법 제102조)[44]. 신탁업자가 수탁할 수 있는 재산은 ① 금전신탁(위탁자가 신탁재산인 금전의 운용방법을 지정하는 특정금전신탁, 불특정금전신탁), ② 증권, ③ 금전채권, ④ 동산, ⑤ 부동

44) 여기에서의 신탁업은 은행과 보험회사가 신탁업을 겸영하는 경우 집합투자재산의 보관·관리업무를 제외한다(법 제250조, 제251조).

산, ⑥ 지상권, 전세권, 부동산임차권, 부동산소유권 이전등기청구권, 그 밖의 부동산 관련 권리, ⑦ 지적재산권을 포함하는 무체재산권 등에 한정된다(제103조).

신탁업자는 하나의 신탁계약에 의하여 위탁자로부터 수탁 가능한 재산 중 둘 이상의 재산을 종합하여 수탁할 수 있다. 신탁업자는 수탁한 재산에 대하여 손실의 보전 또는 이익을 보장할 수 없다. 다만 연금 또는 퇴직금(확정급여형 등) 지급을 목적으로 하는 신탁의 경우에는 손실의 보전 또는 이익을 보장할 수 있다(동 시행령 제104조 제1항). 신탁업자는 부동산개발신탁의 경우에는 그 신탁계약에 의한 부동산 개발사업별로 사업비(공사비, 광고비, 분양비 등 부동산 개발사업에 드는 비용에서 부동산 자체의 취득가액과 등기비용, 그 밖에 부동산 취득에 관련된 부대비용을 제외한 금액)의 15% 이내에서 수탁할 수 있다. 신탁보수는 신탁계약이 정하는 바에 따른다.

(3) 신탁재산과 고유재산의 구분

신탁업자는 신탁재산과 자신의 고유재산을 구분해야 한다. 그러나 ① 신탁행위에 따라 수익자에 대하여 부담하는 채무를 이행하기 위하여 필요한 경우(금전신탁재산의 운용으로 취득한 자산이 증권시장·파생상품시장 또는 이와 유사한 시장으로서 해외에 있는 시장에서 시세가 있는 경우에 한함), ② 신탁계약의 해지 그 밖에 손실이 보전되거나 이익이 보장되는 신탁계약으로 수익자 보호를 위하여 불가피한 경우로서 신탁계약기간이 종료되기까지의 잔여기간이 3개월 이내, 신탁재산을 고유재산으로 취득하는 방법 외에 신탁재산의 처분이 곤란할 경우, 취득가액이 공정한 경우에는 신탁계약이 정하는 바에 따라 신탁재산을 고유재산으로 취득할 수 있다(제104조).

(4) 신탁재산의 운용

신탁업자가 신탁재산을 운용하는데 있어서는 제한이 따른다. 신탁업자는 신탁재산에 속하는 금전을 신탁재산의 안정성·수익성 등을 고려하여 다음의 ①~⑩의 방법으로 운용하여야 한다(제105조).

① 채무증권, 지분증권, 수익증권, 파생결합증권, 증권예탁증권 등의 매수
② 장내파생상품 또는 장외파생상품의 매수
③ 금융기관에의 예치
④ 금전채권의 매수
⑤ 대출

⑥ 어음의 매수
⑦ 실물자산의 매수
⑧ 무체재산권의 매수
⑨ 부동산의 매수 또는 개발
⑩ 기타 지상권, 전세권, 부동산임차권, 부동산소유권 이전등기청구권, 그 밖의 부동산 관련 권리에의 운용, 원화 CD의 매수, 환매조건부증권매수, 증권의 대여 또는 차입 등(동 시행령 제106조)

(5) 금전신탁의 운용

금전신탁에서 특정금전신탁의 경우 해당 신탁재산으로 해당 위탁자가 발행하는 자기주식을 취득·처분하는 경우에는 증권시장을 통하거나 공개매수를 통해 취득하고, 자기주식을 취득한 후 1개월 이내에 처분하거나, 처분한 후 1개월 이내에 취득하지 못한다. 불특정금전신탁의 경우에 ① 사모사채(원리금의 지급을 보증한 사모사채와 담보부사채는 제외)에 운용하는 경우 각 신탁재산의 3% 이내, ② 지분증권(그 지분증권과 관련된 증권예탁증권을 포함) 및 장내파생상품에 운용하는 경우 각 신탁재산의 50% 이내로 제한(이 경우 장내파생상품에 운용하는 때에는 그 매매에 따른 위험평가액을 기준으로 산정), ③ 장외파생상품에 운용하는 경우 그 매매에 따른 위험평가액이 각 신탁재산의 10% 이내, ④ 동일법인 등이 발행한 지분증권(예탁증권을 포함)에 운용하는 경우 그 지분증권 발행총수의 15% 이내로 제한된다.

(6) 공탁의무

신탁업자는 신탁의무의 위반으로 인하여 수익자에게 생기게 될 손해를 담보하기 위하여 자본금의 10% 이상의 금액에 상당하는 금전 또는 국채증권을 공탁하여야 한다(제107조). 다만, 자본금 규모 등을 고려하여 신탁업자는 자본금의 2.5% 이상의 금액에 상당하는 금전 또는 국채증권을 공탁하여야 한다. 공탁금액 중 그 3/5을 초과하는 금액에 대하여는 지방채증권, 특수채증권, 사채권 또는 주권으로써 국채증권에 갈음할 수 있다. 수익자는 신탁업자가 공탁한 금전 및 증권에 관하여 다른 채권자보다 우선하여 변제받을 권리를 가진다.

(7) 불건전 영업행위의 금지

신탁업자는 다음 ①~⑨의 영업행위를 할 수 없다(제108조). 그러나 신탁재산의 운용과 관련한 정보를 이용하지 않았음을 입증하는 경우와 증권시장과 파생상품시장 간의 가격 차이를 이용한 차익거래 등의 거래는 할 수 있다.

① 신탁재산을 운용함에 있어서 금융투자상품 그 밖의 투자대상자산의 가격에 중대한 영향을 미칠 수 있는 매수 또는 매도 의사를 결정한 후 이를 실행하기 전에 그 금융투자상품 그 밖의 투자대상자산을 자기의 계산으로 매수 또는 매도하거나 제3자에게 매수 또는 매도를 권유하는 행위

② 자기 또는 관계인수인이 인수한 증권을 신탁재산으로 매수하는 행위

③ 자기 또는 관계인수인이 인수업무를 담당한 법인의 특정증권(내부자거래 관련 증권)에 대하여 인위적인 시세조정을 하기 위한 신탁재산으로 그 특정증권 등을 매매하는 행위

④ 특정 신탁재산의 이익을 해하면서 자기 또는 제3자의 이익을 도모하는 행위

⑤ 신탁재산으로 그 신탁업자가 운용하는 다른 신탁재산, 집합투자재산 또는 투자일임재산과 거래하는 행위

⑥ 신탁재산으로 신탁업자 또는 그 이해관계인의 고유재산과 거래하는 행위

⑦ 수익자의 동의 없이 신탁재산으로 신탁업자 또는 그 이해관계인이 발행한 증권에 투자하는 행위

⑧ 투자운용인력이 아닌 자에게 신탁재산을 운용하게 하는 행위

⑨ 그 밖에 수익자 보호 또는 건전한 거래질서를 해할 우려가 있는 행위로서 대통령령으로 정하는 행위로, 일반투자자와 같은 대우를 받겠다는 전문투자자(제10조 제1항 각 호의 자를 제외)의 요구에 정당한 사유 없이 동의하지 아니하는 행위, 신탁계약을 위반하여 신탁재산을 운용하는 행위, 신탁재산으로 금융투자상품을 지나치게 빈번하게 매매하는 행위, 신탁재산을 각각의 신탁재산별로 운용하지 아니하고 여러 신탁재산을 집합하여 운용하는 행위, 여러 신탁재산을 집합하여 운용한다는 내용을 밝히고 신탁계약의 체결에 대한 투자권유를 하거나 투자광고를 하는 행위, 제3자와의 계약 또는 담합 등에 의하여 신탁재산으로 특정 자산에 교차하여 투자하는 행위, 채권자로서 그 권리를 담보하기 위하여 백지수표 또는 백지어음을 받는 행위 등.

2 신탁계약

(1) 신탁계약

신탁업자는 위탁자와 신탁계약을 체결하는 위탁자에게 교부하는 계약서류에 ① 위탁자, 수익자 및 신탁업자의 성명 또는 명칭, ② 수익자의 지정 및 변경에 관한 사항, ③ 신탁재산의 종류·수량과 가격, ④ 신탁의 목적, ⑤ 계약기간, ⑥ 신탁재산의 운용에 의하여 취득할 재산을 특정한 경우에는 그 내용, ⑦ 손실의 보전 또는 이익의 보장을 하는 경우 그 보전·보장 비율 등에 관한 사항, ⑧ 신탁업자가 받을 보수에 관한 사항, ⑨ 신탁계약의 해지에 관한 사항, ⑩ 그 밖에 수익자 보호 또는 건전한 거래질서를 위하여 필요한 사항 등을 기재하여야 한다(제109조).

(2) 수익증권

신탁업자는 금전신탁계약에 의한 수익권이 표시된 수익증권을 발행할 수 있다(제110조). 수익증권은 무기명식으로 하나 수익자의 청구가 있는 경우에는 기명식으로 할 수 있다. 또한 기명식 수익증권은 수익자의 청구에 의하여 무기명식으로 할 수 있다. 수익증권이 발행된 경우에는 해당 신탁계약에 의한 수익권의 양도 및 행사는 그 수익증권으로 해야 하나 기명식 수익증권의 경우에는 수익증권으로 하지 아니할 수 있다. 그리고 수익증권에는 ① 신탁업자의 상호, ② 기명식의 경우에는 수익자의 성명 또는 명칭, ③ 액면액, ④ 운용방법을 정한 경우 그 내용, ⑤ 손실의 보전 또는 이익의 보장에 관한 계약을 체결한 경우에는 그 내용, ⑥ 신탁계약기간, ⑦ 신탁의 원금의 상환과 수익분배의 기간 및 장소, ⑧ 신탁보수의 계산방법, ⑨ 그 밖에 대통령령으로 정하는 사항 등을 기재하고 신탁업자의 대표자가 이에 기명날인 또는 서명하여야 한다.

(3) 의결권 행사와 장부열람

신탁업자는 신탁재산으로 취득한 주식에 대한 권리를 행할 수 있다(제112조). 신탁업자는 신탁재산에 속하는 주식의 의결권을 행사함에 있어서 ① 신탁업자 또는 그와 특수관계에 있는 자나, 신탁업자에 대하여 사실상의 지배력을 행사하는 자로 그 신탁재산에 속하는 주식을 발행한 법인을 계열회사로 편입하기 위한 경우, ②

신탁재산에 속하는 주식을 발행한 법인이 계열회사의 관계에 있는 경우나 신탁업자에 대하여 사실상의 지배력을 행사하는 관계에 있는 경우에는 중립투표를 해야 한다. 그러나 상호출자제한기업집단에 속하는 신탁업자를 제외하고 신탁재산에 속하는 주식을 발행한 법인의 합병, 영업의 양도・양수, 임원의 선임 그 밖에 이에 준하는 사항으로서 신탁재산에 손실을 초래할 것이 명백하게 예상되는 경우에는 의결권을 행사한다.

그러나 신탁업자는 신탁재산에 속하는 주식이 ① 동일법인이 발행한 주식 총수의 15%를 초과하여 주식을 취득한 경우 그 초과하는 주식, ② 신탁재산에 속하는 주식을 발행한 법인이 자기주식을 확보하기 위하여 신탁계약에 따라 신탁업자에게 취득하게 한 그 법인의 주식의 경우에는 그 주식의 의결권을 행사할 수 없다. 신탁업자는 제3자와의 계약 등으로 의결권을 교차하여 행사할 수 없다. 신탁업자는 합병, 영업의 양도・양수, 임원의 선임 등 경영권의 변경과 관련된 사항에 대하여 의결권을 행사하는 경우에는 대통령령으로 정하는 방법에 따라 인터넷 홈페이지 등을 이용하여 공시하여야 한다. 금융위원회는 신탁업자가 규정을 위반하여 신탁재산에 속하는 주식의 의결권을 행사한 경우에는 6개월 이내의 기간을 정하여 그 주식의 처분을 명할 수 있다.

한편, 수익자는 신탁업자에게 영업시간 중에 이유를 기재한 서면으로 그 수익자에 관련된 신탁재산에 관한 장부・서류의 열람이나 등본 또는 초본의 교부를 청구할 수 있다(제113조). 이 경우 그 신탁업자는 정당한 사유가 없는 한 이를 거절할 수 없다.

(4) 신탁재산의 회계처리

신탁업자는 신탁재산에 관하여 회계처리를 하는 경우 금융위원회가 고시한 회계처리기준에 따라야 한다(제114조). 신탁업자는 신탁재산에 대하여 그 신탁업자의 매 회계연도 종료 후 2개월 이내에 「주식회사의 외부감사에 관한 법률」 제3조 제1항에 따른 회계감사인의 회계감사를 받아야 한다. 회계감사인은 신탁업자가 행하는 수익증권의 기준가격 산정업무 및 신탁재산의 회계처리 업무를 감사할 때 관련 법령을 준수하였는지 여부를 감사하고 그 결과를 신탁업자의 감사(감사위원회가 설치된 경우에는 감사위원회)에게 통보하여야 한다.

회계감사인은 회계감사의 결과 회계감사보고서 중 중요사항에 관하여 거짓의 기재 또는 표시가 있거나 중요사항이 기재 또는 표시되지 않아 이를 이용한 수익자에게 손해를 끼친 경우에는 그 수익자에 대하여 손해를 배상할 책임을 진다(제115조). 회계감사인이 수익자에 대하여 손해를 배상할 책임이 있는 경우로서 그 신탁업자의 이사·감사에게도 귀책사유가 있는 경우에는 그 회계감사인과 신탁업자의 이사·감사는 연대하여 손해를 배상할 책임을 진다.

(5) 신탁재산의 보관·관리

집합투자재산을 보관·관리하는 신탁업자는 선량한 관리자의 주의로써 집합투자재산을 보관·관리하여야 하며, 투자자의 이익을 보호하여야 한다(법 제244조). 집합투자기구(투자회사, 투자유한회사 및 투자합자회사)와 그 집합투자재산을 운용하는 집합투자업자의 계열회사는 해당 집합투자재산을 보관·관리하는 신탁업자가 될 수 없다. 신탁업자는 집합투자재산을 자신의 고유재산, 다른 집합투자재산 또는 제3자로부터 보관을 위탁받은 재산과 구분하여 관리하여야 한다. 신탁업자는 집합투자재산 중 증권을 자신의 고유재산과 구분하여 집합투자기구별로 예탁결제원에 예탁하여야 한다. 신탁업자는 집합투자재산 중 증권, 원화로 표시된 양도성 예금증서, 금융위원회가 정하여 고시하는 증권 등은 자신의 고유재산과 구분하여 집합투자기구(펀드)별로 예탁결제원에 예탁하여야 한다. 그러나 집합투자재산에 대한 취득·처분 등의 지시 또는 보관·관리 등의 지시를 받은 경우에는 증권의 인수도와 대금의 지급·수령을 동시에 결제하는 방법으로 이를 이행하여야 한다(제246조).

투자회사재산을 제외한 집합투자재산을 보관·관리하는 신탁업자는 그 집합투자재산을 운용하는 집합투자업자의 운용지시 또는 운용행위가 법령, 집합투자규약 또는 투자설명서 등을 위반하는지 여부를 확인하고, 위반사항이 있는 경우에는 그 집합투자업자에 대하여 그 운용지시 또는 운용행위의 철회·변경 또는 시정을 요구하여야 한다(제247조). 그리고 신탁업자는 집합투자재산에 관하여 자산보관·관리보고서를 작성하여 투자자에게 제공하고 금융위원회 및 금융투자협회에 제출하여야 한다(제248조).

3 신탁업 현황

2016년 말 현재 신탁업을 겸영(44개사) 또는 전업(11개사)으로 영위하고 있는 55개 신탁회사의 총 수탁고는 715.5조원 수준이다. 이 중 은행이 355.8조원으로 49.7%

를, 다음으로 증권사가 191.6조원으로 26.8%를, 부동산신탁회사가 155.9조원으로 21.8%를 점하였다. 보험사는 판매채널 부족 등으로 수탁고가 미미한 수준(12.2조원)이다〈표 8-12〉.

표 8-12 신탁회사 수탁고 추이

(단위 : 조원, %)

구 분		2012년	2013년	2014년	2015년	2016년	(비중)
겸영사	은 행	202.4	245.4	260.7	288.2	355.8	(49.7)
	증 권	113.4	130.2	156.2	166.7	191.6	(26.8)
	보 험	1.8	2.3	3.4	6.5	12.2	(1.7)
	소 계	317.6	377.9	420.3	461.4	559.6	(78.2)
부동산신탁회사		120.9	118.8	125.3	139.9	155.9	(21.8)
합 계		438.5	496.7	545.7	601.4	715.5	(100.0)

자료 : 금융감독원(업무자료/금융투자/신탁관련자료)

신탁재산별로는 2016년 말 금전신탁 368.4조원(51.5%)과 재산신탁 347.0조원(48.5%)으로 비슷한 규모를 보였다. 금전신탁 중에는 특정금전신탁이 352.8조원(총 신탁 중 49.3%)을, 재산신탁에서는 부동산신탁이 187.5조원(총 신탁 중 26.2%)으로 가장 큰 비중을 차지했다(〈표 8-13〉). 2016년 중 재산신탁의 증가(68.15조원)는 주로 기

표 8-13 신탁회사의 신탁재산별 수탁고 추이

(단위 : 조원, %)

신탁재산		2012년	2013년	2014년	2015년	2016	(비중)
금전 신탁	불특정*	13.2	13.6	14.2	14.8	15.6	(2.2)
	특 정	199.8	233.6	272.4	306.9	352.8	(49.3)
	(퇴직연금)	(44.5)	(55.8)	(72.1)	(85.9)	(99.3)	(13.9)
	소 계	213.0	247.2	286.6	321.7	368.4	(51.5)
재산 신탁	금전채권신탁	66.6	92.5	99.6	102.2	156.1	(21.8)
	유가증권신탁	7.0	9.4	6.2	5.2	3.3	(0.0)
	부동산신탁	151.9	147.3	153.0	171.5	187.5	(26.2)
	소 계	225.5	249.2	258.8	278.9	347.0	(48.5)
기타	담보부사채 등	0.0	0.3	0.3	0.6	0.1	(0.0)
총 계		438.5	496.7	545.7	601.2	715.5	100.0

주 * : 2004년 1월 간접투자자산운용업법 시행 이후 신규 취급 금지
자료 : 금융감독원(업무자료/금융투자/신탁관련자료)

업들의 자산유동화[45]를 위한 은행권 금전채권신탁 수탁고가 증가(53.9조원)한데 기인하였다.

그리고 2016년 퇴직연금신탁을 제외한 특정금전신탁은 2015년 대비 32.4조원이나 증가하여 253.5조원이었다. 이는 은행과 증권사를 중심으로 정기예금형, ELT, 채권형, MMT 수탁고 등의 증가에 기인하였다(〈표 8-14〉).

표 8-14 특정금전신탁 상품별 수탁고 현황(퇴직연금신탁 제외)

(단위 : 조원, %)

구 분	2012년	2013년	2014	2015	2016	(비중)
CP 등 채권	77.1	86.7	74.6	71.0	78.5	(31.0)
MMT	39.1	43.3	37.5	46.7	47.7	(18.8)
정기예금	20.8	25.5	50.4	59.3	76.1	(30.0)
ELT(주가연계신탁)	9.8	14.1	21.6	29.0	33.9	(13.4)
기타*	8.5	8.1	16.2	15.1	17.6	(6.9)
계	155.3	177.7	200.3	221.1	253.5	(100.0)

주 * : 자사주, 주식, 외화증권 등
자료 : 금융감독원(업무자료/금융투자/신탁관련자료)

금융개혁 주요 추진과제(금융위원회, 2017. 1. 12)

금융위원회는 2017년 들어 금융개혁 추진 주요과제를 발표하였다. 이 중에는 신탁업 제도에 대한 전면 개편방안이 포함되었다(1월 12일). 신탁은 '신임관계'에 기반하여 위탁자의 다양한 재산을 수탁자가 운용·관리·보관하는 재산관리기구(vehicle)이다. 주요 선진국에서는 신탁업이 노후재산관리, 부의 이전, 기업자산관리 등에 다양하게 활용되고 있다.

그러나 우리나라에서는 신탁업이 금융투자업을 다루는 「자본시장법」에서 규율하여, 신탁업을 금융투자업의 하나로 규정하고 있다(예를 들면 종합신탁업을 영위하기 위해서는 자기자본 250억원 이상이 필요). 우리나라에서는 진입규제 등으로 금융회사가 겸영업으로 신탁업을 영위하고 있다. 재산 일체의 수탁이 가능한 「신탁법」과 달리 수탁가능재산이 제한(금전·증권·부동산 등 7종)되어 영업 범위가 협소하고 '투자성 없는 재산'의 수탁과 관리 및 보관에 관련해서도 금융투자업자의 영업규제를 적용받는 불합리 등도 제기되고 있다.

45) 주로 기업들이 자금조달을 목적으로 신탁업자에게 매출채권 등을 신탁하고 그 수익권증서를 기초로 유동화증권(ABS 등)을 발행

이에 따라, 신탁산업이 겸영신탁업자(은행 · 증권사)의 단순 운용형 금전신탁으로 편중되고, 종합재산관리 서비스로서 역할이 미약하다. 특정금전신탁 규모는 2016년 말 현재 총 263조원(퇴직연금 제외)에 달하나, 단순 운용형인 MMT, 정기예금형이 거의 절반(44%)을 차지하고 있다. 반면에 비금융투자자산도 다루는 종합재산신탁의 계약건수가 20건에 불과하여 장기 자산관리형(유언, 상속 · 증여), 복지형(장애인신탁) 활용이 저조한 상황이다.

금융위원회는 신탁이 유연성과 자율성을 회복하여, 초고령화 사회에 걸맞는 종합 재산관리 서비스로 기능할 수 있도록 「신탁업법」 제정 등 규율체계 전반 개편을 추진하고 있다. 주요 추진 방안을 보면,

첫째로, 진입규제의 정비이다. 신탁의 특성에 맞추어 진입규제를 합리적으로 재정비함으로써, 다양하고 창의적인 플레이어의 진입을 촉진하고자 한다. 이를 위해 금융투자업에 준한 인가단위(수탁재산별)를 기능별(관리·처분·운용 등)로 전환하고, 자기자본 등 진입기준을 완화하여, 보다 전문적이고 다양한 서비스를 제공할 수 있는 소규모 신탁전문법인, 법무법인 등 새로운 신탁업자의 진입을 유도하고자 한다. 예를 들면, 상속 세제와 법률자문에 강점이 있는 법무법인을 유언신탁 전문회사로 확대하고, 유동화 전문법인을 부실채권관리신탁 전문 법인으로 확대 전환하고, 의료법인을 치매요양신탁, 의료신탁 전문법인으로 확대하는 것 등이 있다.

둘째로, 신탁운용의 자율성 확대이다. 생전신탁(유언대용신탁으로, 위탁자 생전에는 위탁자를 위해, 위탁자 사후에는 배우자 · 자녀 등 지정된 자를 위해 자산을 관리 · 운용하여 수익을 배분하는 신탁), 유언신탁, 유동화신탁 등 사회적 요구에 부응한 서비스 제공을 추진한다. 그리고 수탁재산의 범위를 신탁법 수준에 맞추어 (자산에 결합된)부채, 영업(사업), 담보권, 보험금청구권 등까지 대폭 확대할 계획이다. 이를 통해 부채가 수반되는 '생전신탁'의 활용도를 제고하고, '사망보험금 유언신탁' 등 다양한 수요에 대응하게 될 것이다. 이를 위해 생전신탁, 유언신탁 등 새로운 형태의 종합재산신탁업무처리 기준을 마련하고, 재신탁도 제한적으로 허용하여 맞춤형 신탁계약 출현을 촉진하고, 재신탁 등을 통해 수탁재산 관리의 효율성·전문성을 제고(서비스 질 개선)할 계획이다. 그리고 자기신탁(위탁자가 자기 또는 제3자의 재산을 자신이 수탁자로서 보유하고 수익자를 위해 관리 · 처분 · 운용한다고 선언(신탁선언)함으로써 설정되는 신탁), 수익증권·신탁사채 발행 등 신탁법상 허용된 다양한 운용방법도 여타 자산운용업 규제와의 적합성 등을 고려하여 필요한 범위 내에서 허용하게 된다.

셋째로 이용 편의성 제고이다. 수요자의 편의성은 제고하되, 운용 자율성 확대 등에 대응하여 신탁업자 책임성은 보다 강화한다. 장기 재산관리신탁 등에 대해서는 광고 규제를 완화하고, 위탁자 보호를 전제로 비대면 계약 · 지시도 제한적으로 허용하게 된다. 이를 위해 신탁 이용의 접근성과 편의성을 높이고, 인터넷전문은행 등 새로운 비대면 신탁업자의 서비스 공급기반도 마련한다. 맞춤형 개별 서비스라는 신탁 특성을 감안, 설명·보고의무 등 수요자 보호를 위한 제반절차·장치 등은 강화될 것이다. 제도개선 이후 신탁업계의 변화를 그림으로 표시하면 다음과 같다.

제도 개선 이후 신탁시장의 변화(기대효과)

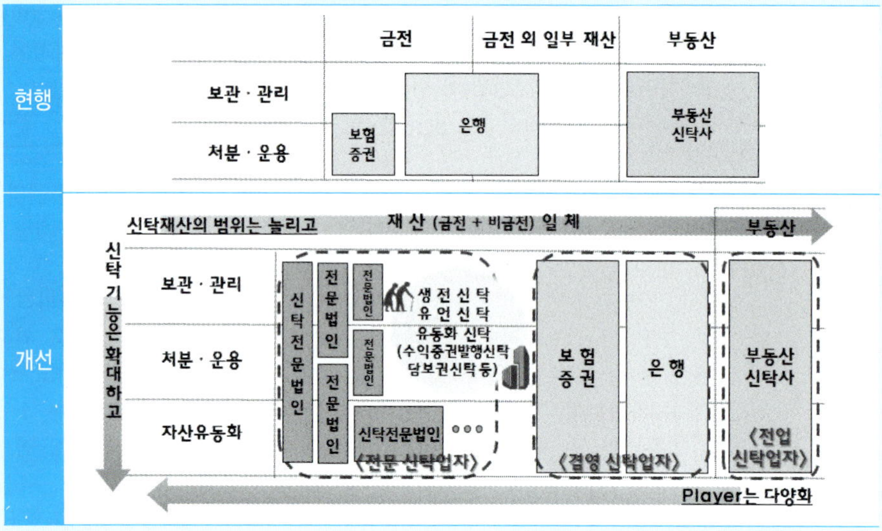

자료 : 금융위원회, 금융개혁 주요 추진과제, 2017. 1. 12

연.습.문.제

1 투자신탁과 투자회사의 차이점은?

2 금융회사의 모든 직원은 펀드상품을 판매할 수 있다. 맞는가?

3 일반사무관리회사란?

4 집합투자업자가 집합재산을 운용함에 있어서의 제약은?

5 집합투자업자의 의결권행사에 대한 제약은?

6 투자신탁에서 신탁업자의 주된 기능은?

7 펀드의 환매란?

8 펀드의 해지란?

9 펀드관련 수수료의 종류는?

10 은행의 불특정금전신탁이란?

11 펀드슈퍼마켓의 기능은?

12 저금리시대에 투자자들이 관심을 갖는 중위험-중수익 상품은?

13 펀드평가의 기능은?

14 자산운용회사가 신탁회사를 거치지 않고 직접 매매할 수 있는 상품은?

15 고령자에게 고위험펀드를 판매할 경우 절차는?

CHAPTER 9

투자자문업 · 투자일임업

I 담당업무

투자자문업자나 투자일임업자는 자본시장에서 투자자와 금융투자상품을 발행한 기업을 매개하는 금융중개기관(financial intermediary)의 일원으로서 투자정보시장의 한 구성주체이다. 금융중개기관이라 함은 불특정 다수의 자산가[1]와 불특정 다수의 기업가[2] 간에 내재하여 금융투자상품에 관한 투자정보를 생산 및 판매하는 역할[3]을 담당하는 자본시장 및 투자정보시장의 시장참여자이다. 이러한 금융중개기관들을 여러 기준으로 분류할 수 있겠지만,[4] 본 장에서는 금융중개기관의 정보시장에서의 역할을 기준으로 분류한다.

금융중개기관은 본연의 기능으로서 금융 및 투자 관련정보의 생산과 판매를 담당한다. 정보의 생산이란 정보의 획득, 분석, 평가, 가공 및 재구성의 여러 과정을 통하여 유용한 판매가치가 있는 정보가 제공될 것이므로, 이러한 여러 과정을 통칭한다.

투자자문업자나 투자일임업자는 아주 독특한 금융중개기관이다. 단순하게 투자정보의 획득, 평가와 분석을 담당하는 신용평가회사, 채권평가회사, 집합투자기구평가회사나 경제연구소와 기능적 역할이 다르고, 직접적으로 자기 계산 하에서 금융투자상품 등을 운용하기 위해서 수탁자산을 재구성하거나 재구성하도록 지시하

1) 자산가란 자금순환 고리에서 자금잉여부문을 나타내는 자본시장, 즉 자본의 발행시장과 유통시장에서의 투자자들을 의미한다.

2) 본 장에서는 광의의 기업가는 자본의 발행시장에서 조달된 자금을 실물에 투자하는 창업자, 주주 혹은 소유경영자를 지칭하며, 협의의 전문경영자는 주주, 기업가에 속하지 않는 것으로 정의한다. 이러한 구분은 기업내부의 대리인문제를 설명할 때 꼭 구별되어야 할 사항이다.

3) 정보의 생산이란 획득, 가공 재구성하는 모든 과정을 통칭하며, 정보의 판매는 생산된 정보에 대한 대가를 획득하기 위해 유가로 이루어지는 정보의 전달, 전파, 교육 등 모든 기능과 과정을 통칭한다.

4) 예를 들면 제1금융권과 제2금융권, 간접금융기관과 직접금융기관, 일반투자자와 기관투자자 혹은 전문투자자, 금융시장과 자본시장, 단기금융시장과 장기금융시장 등과 같은 분류가 흔히 쓰이고 있다.

는 신탁업자나 집합투자기구와도 역할이 다르다. 투자자문업자나 투자일임업자는 법적으로 규정된 고유한 영업업무 영역을 갖는 금융중개기관이다.

1 등록업무 단위

1986년 이후 유가증권에 대한 투자규모가 증대되고 증권시장의 국제화가 진전됨으로써 전문지식과 인력을 구비하지 못한 무자격 투자자문업자가 난립하게 되어 투자자보호를 위한 제도적 장치의 필요성이 대두되었다. 1987년 11월 증권거래법 개정 시 투자자문회사 설립의 근거조항을 신설하여 투자자문업을 제도화하였다.

1999년 5월 증권거래법이 다시 개정되면서 투자자문회사의 등록요건인 납입자본금, 투자운용 전문인력의 수효 등이 많이 완화되는 등 규제완화가 진전되고, 투자자문회사에 투자일임업[5]이 허용됨으로써 투자자문회사 수가 다시 급증하고 있다.

2003년 10월 간접투자자산운용업법이 제정되면서 증권거래법에 의한 투자자문회사에 관련된 규정이 모두 이관되었다.[6] 투자자문업은 2004년 이전에는 증권거래법 규정에 의해, 이후 2008년까지는 간접투자자산운용업법 규정에 의해, 2009년 이후에는 자본시장법 규정에 따른 규율 하에서 운영되었다. 따라서 2009년부터는 투자자문업뿐만 아니라 투자일임업에 대한 등록요건, 영업행위 규칙 등이 자본시장법에서 규율되고 있다. 2015년과 2016년도에 잇달아 관련법규가 크게 개정되었다.[7]

자본시장법에서 "투자자문업"이란 금융투자상품 등의 가치 또는 금융투자상품 등에 대한 종류, 종목, 취득·처분, 취득·처분의 방법·수량·가격 및 시기 등에 대한 투자판단에 관한 자문에 응하는 것을 영업으로 하는 것을 의미하고, 투자자문업자는 대통령령이 정한 등록요건을 충족하는 금융위원회에 등록한 주식회사이다.[8]

---

5) 당시의 증권거래법상에서 규정한 투자일임업이란 고객으로부터 유가증권의 가치 등의 분석에 기초한 투자판단의 전부 혹은 일부를 일임받아 고객을 위하여 투자를 행하는 영업행위를 뜻한다(증권거래법 제2조 제10항 2호). 투자일임업을 수행하려면 투자자문업보다 물론 회사의 등록요건이 더 까다롭다. 투자자문업의 경우에는 납입자본금이 5억원 이상, 투자자문 전문인력이 3인 이상, 투자일임업인 경우, 각각 30억원 이상, 5인 이상의 요건을 갖추어야 한다.

6) 당시의 간접투자자산운용업법상 투자자문업의 경우에는 납입자본금이 5억원 이상, 투자자문 전문인력이 2인 이상, 투자일임업인 경우, 각각 30억원 이상, 4인 이상의 요건을 갖추어야 한다(간접투자자산운용업법 제145조 제1항, 동법 시행령 제132조).

7) 자본시장법의 제정으로 폐지되는 법률은 다음과 같은 6가지 법률이다 : 증권거래법, 선물거래법, 간접투자자산운용업법, 신탁업법, 종합금융회사에 관한 법률, 한국증권선물거래소법.

자본시장법에서 "투자일임업"이란 투자자로부터 금융투자상품 등에 대한 투자판단의 전부 또는 일부를 일임받아 투자자별로 구분하여 그 투자자의 재산상태나 투자목적 등을 고려하여 금융투자상품 등을 취득·처분 그 밖의 방법으로 운용하는 것을 영업으로 하는 것을 의미하고, 투자일임업자는 대통령령이 정한 등록요건을 충족하는 금융위원회에 등록한 주식회사이다.[9)]

투자자문업자 및 투자일임업자의 투자판단 대상이 되는 자산을 잘 이해할 필요가 있다. 투자자문업자와 투자일임업자의 업무범위를 결정하는 기준이 되기 때문이다. 투자판단 대상이 되는 "금융투자상품 등"이란 법 제3조(금융투자상품), 제4조(증권) 및 법 제6조 제6항에서 대통령령으로 정하는 투자대상자산이 해당되고, 구체적으로는 다음과 같다.

첫째, 법 제3조에서 금융투자상품을 크게 증권과 파생상품으로 구분하고 있으며, 파생상품은 다시 장내파생상품과 장외파생상품으로 구별한다.

둘째, 법 제4조에서 증권이란 채무증권, 지분증권, 수익증권, 투자계약증권, 파생결합증권 및 증권예탁증권 등 6가지로 구분해 열거하고 있다.

셋째, 법 제6조 제6항에서 대통령령이 정하는 투자판단 대상자산에는 부동산, 지상권·지역권·전세권·임차권·분양권 등 부동산 관련 권리, 금융기관에의 예치금, 합자회사, 조합 등의 출자지분(사업수익권), 금지금(金地金)이 해당된다.

자본시장법상 투자자문업 및 투자일임업자의 업무범위를 등록업무 단위별 기본요건인 최저 자기자본액을 기준으로 분류하면 〈표 9-1〉과 같다. 각 업자가 담당하는 투자대상자산의 내용과 투자자의 유형에 따라 최저 자기자본 요건이 달리 규정된다.[10)]

---

8) 자본시장법 제6조 제6항, 제8조 제5항 및 제18조 참조. 그러나 2011년 자본시장법 개정을 통해 주식회사로 제한되었던 투자자문업 및 투자일임업 등록주체로 대통령령이 정하는 금융기관이 추가되었다. 영 제21조 제1항에 의하면 투자자문업 및 투자일임업을 영위할 수 있는 금융기관으로는 한국산업은행, 중소기업은행, 한국수출입은행, 농협은행, 은행법 제5조에서 은행으로 보는 신용사업부문 등이 해당된다.

9) 투자일임업은 자본시장법 제6조 제7항, 제8조 제6항 및 제18조 참조. 법 제6조 제4항 및 제5항에 규정된 집합투자업과 투자자의 수, 투자자금의 모금방법차이, 운용결과의 배분방법 등의 여러 측면에서 차이가 있다. 집합투자업이란 2인 이상에게 투자권유하여 모은 금전 등 여유자금을 투자자 또는 기금관리주체로부터 일상적인 운용지시를 받지 아니하면서 재산적 가치가 있는 투자대상자산을 취득, 처분 등의 방법으로 운용하고 그 결과를 투자자 또는 기금관리주체에게 배분하여 귀속시키는 영업을 의미한다.

10) 2010년 말 현재 금융위원회에 등록된 전업투자자문사는 131개사, 겸업사는 108개사, 역외사는 103개였다. 2010년 9월 말 현재 투자일임회사는 3,661건에 12.3조원을, 투자자문회사는 581건에 7.0조원을 운용하였다. 2013년 6월 말 현재 투자일임업자는 274개사가 등록되어 있고, 계약잔액을 살펴보면, 투자일임회사가

표 9-1 등록업무 단위별 최저자기 자본

등록업무 단위	투자대상상품의 범위	투자자 유형	최저 자기자본
투자자문업	증권, 장내파생상품, 장외파생상품, 부동산, 부동산관련권리, 예금, 합자회사, 조합 등의 출자지분(사업수익권), 금지금	일반투자자, 전문투자자	8억원
투자자문업	증권, 장내파생상품, 장외파생상품, 부동산, 부동산관련권리, 예금, 합자회사, 조합 등의 출자지분(사업수익권), 금지금	전문투자자	4억원
투자자문업	증권, 장내파생상품, 장외파생상품, 예금, 합자회사, 조합 등의 출자지분(사업수익권), 금지금	일반투자자, 전문투자자	5억원
투자자문업	증권, 장내파생상품, 장외파생상품예금, 합자회사, 조합 등의 출자지분(사업수익권), 금지금	전문투자자	2.5억원
투자자문업	부동산, 부동산관련권리, 예금, 금지금	일반투자자, 전문투자자	3억원
투자자문업	부동산, 부동산관련권리, 예금, 금지금	전문투자자	1.5억원
투자일임업	증권, 장내파생상품, 장외파생상품, 부동산, 부동산관련권리, 예금, 합자회사, 조합 등의 출자지분(사업수익권), 금지금	일반투자자, 전문투자자	27억원
투자일임업	증권, 장내파생상품, 장외파생상품, 부동산, 부동산관련권리, 예금, 합자회사, 조합 등의 출자지분(사업수익권), 금지금	전문투자자	13.5억원
투자일임업	증권, 장내파생상품, 장외파생상품, 예금, 합자회사, 조합 등의 출자지분(사업수익권), 금지금	일반투자자, 전문투자자	15억원
투자일임업	증권, 장내파생상품, 장외파생상품예금, 합자회사, 조합 등의 출자지분(사업수익권), 금지금	전문투자자	7.5억원
투자일임업	부동산, 부동산관련권리, 예금, 금지금	일반투자자, 전문투자자	12억원
투자일임업	부동산, 부동산관련권리, 예금, 금지금	전문투자자	6억원

자료 : 자본시장법 제18조, 영 제20조 제1항 및 제21조 제2항, [별표 3]

7,895건, 13.2조원을, 투자자문회사가 1,324건, 7.3조원을 운용하고 있다. 2016년 9월 말 현재 금융위원회에 등록된 전업투자자문사는 169개사이다. 계약잔액은 투자일임회사가 7,284건, 9.3조원을, 투자자문회사가 6.8조원을 운용하고 있는 것으로 나타나 투자자문업계가 크게 발전하지 못하고 정체된 모습을 보이고 있다. 금융감독원/금융통계정보시시스템(http://fisis.fss.or.kr)/금융통계월보/투자자문(일임)회사 계약잔액 참조.

2 독립투자자문업자(IFA)

투자자문업의 활성화를 위해 최근 2017년 5월 자본시장법 시행령을 개정하여, 투자자문업자가 자문대상자산의 허용범위에 따라 자기자본 규모를 선택할 수 있는 구분을 더 세분하여 펀드, 파생결합상품, 예금과 같은 투자자문대상 중 일부에 한정하여 자문할 수 있는 일부투자자문업을 신설하고, 또한 자문제공방법의 차이에 따라 일반투자자문업자와 독립투자자문업자(independent financial advisor : IFA) 중 하나를 선택할 수 있도록 허용하였다.

IFA 제도를 도입한 이유는 판매사로부터 독립한 투자자문업자가 출현해서 투자자에게 보다 더 객관적이고 전문적인 투자자문 서비스를 제공하기 위해서이다. 따

표 9-2 독립투자자문업자, 일반투자자문업자와 투자권유대행인의 차이

구분		독립투자자문업자	일반투자자문업자	투자권유대행인
형태		법인(주식회사)	법인(주식회사)	개인
자문대상 : 최저 자기자본 요건	1억원	펀드, ELS, 예금, RP	좌동	파생상품을 제외한 금융투자상품에 대한 투자권유 위탁받음
	3억원	부동산 등	좌동	
	5억원	주식, 채권, 파생 등 금융투자상품, 예금	좌동	
	8억원	주식, 채권, 파생 등 금융투자상품, 예금, 부동산 등	좌동	
독립성 요건		적용	미적용	미적용
독립성 표시		상호, 광고에 표시 가능	불가 (제휴사 표시 가능)	불가 (위탁사 표시 가능)
특정금융회사 제휴 여부		불가	다수 회사와 제휴 가능	특정 1개사와 전속 계약만 가능
자문수수료		투자자로부터만 수취 가능	투자자로부터 수취 가능	해당없음
특정금융회사의 판매보수 수취		불가	제한적으로 가능 (사전 고지 의무이행)	가능
특정금융회사의 영업지원 수취		불가	제한적으로 가능 (사전 고지 의무이행)	가능
자본시장법 관련규정		영 제21조 제8항 3호 영 제60조 제3항 4호	영 제18조, 별표3	법 제51조

자료 : 금융위원회, 투자자문업 활성화 관련 자본시장법 시행령 개정안, 2017.5.

라서 IFA는 독립성 요건을 확실하게 충족하여야 한다. 독립성 요건으로는 특정한 제조사나 판매사로부터 경제적 혹은 부수적 이익수취 및 영업지원 수취 금지, 겸영 금지, 계열관계 금지, 임직원 겸직 금지, 특정회사에 한정된 자문 금지 등이 있다.

투자자문업에 관련된 새로운 변경사항을 정리하면 <표 9-2>와 같다. 여기서 투자자문업자와 구분되지만 현실적으로 자문업무에서 경쟁관계에 있는 개인으로 등록된 투자권유대행인과의 차이점도 동시에 비교한다.[11)]

3 로보 어드바이저(전자적 투자조언장치)

인공지능이 발달된 영업환경의 변화를 반영한 투자자문업의 활성화를 위해 2017년 5월부터 로보 어드바이저(robo advisor : RA, 정확한 법률용어는 "전자적 투자조언장치"임)가 투자자문업이나 투자일임업을 수행할 수 있게 허용되었다. 발전된 컴퓨터, 정보통신기술을 이용해 사람의 개입없이 전자적, 기계적으로 투자조안을 할 수 있도록 허용한 것이다. 그 동안에는 법 제98조(불건전 영업행위의 금지) 제1항 제3호에 따라 투자자문업이나 투자일임업은 투자권유자문인력이나 투자운용인력이 수행하여야 했다. 그러나 시행령 제99조 제1항 제1의2 신설에 따라 일정한 요건을 갖춘 자동화된 전산정보처리장치(전자적 투자조언장치)를 활용하여 일반투자자를 대상으로 맞춤형 포트폴리오 구성 등 대고객 투자자문 또는 투자일 서비스를 제공할 수 있도록 허용하였다. 로보 어드바이저가 갖추어야 할 요건은 투자자의 성향분석 및 포트폴리오 구성능력이 있어야 하고, 해킹방지 및 정보보호 침해사고나 재해 등을 예방하기 위한 체계를 갖추어야 하고, 투자자 보호와 건전한 거래질서 유지를 위하여 유지보수의 전문인력을 확보하여야 한다.

2017년 5월 현재 테스트를 통과해 적합판정을 받은 로보 어드바이저는 23개사 28개이다. 로보 어드바이저가 투자조언을 하는 포트폴리오 유형은 안정추구형, 위험중립형, 적극투자형 등 3개 유형이다. 로보 어드바이저가 도입되면 사람의 개입

---

11) 투자자문업자에게는 기본적으로 고객인 투자자에게 최선의 이익을 주기 위한 자문서비스를 제공하여야 하는 법 제96조에 따른 선관의무와 충실의무 규율이 적용된다.
그러나 법 제51조에 따라 등록한 투자권유대행인은 투자권유 시 투자자에게 적합한 금융투자상품을 권유하고 그 상품에 대해 충분히 설명하여야 하는 법 47조에 따른 설명의무가 부여되지만, 투자자의 최선의 이익을 위해 권유서비스를 제공해야 하는 충실의무는 부담하지 않는다는 점이 가장 뚜렷한 차이일 것이다.

없이 인공지능, 컴퓨터, 정보통신기술만을 이용하여 투자조언을 실시하기 때문에 투자자문 서비스 수수료가 인하될 것으로 기대되고, 그에 따라 투자자문업의 활성화에 계기가 마련될 것으로 예상하고 있다.

Ⅱ 경제적 기능과 준수사항

1 경제적 기능

투자자문업자나 투자일임업자가 투자정보 시장에서 발생시키는 활동비용은 사회적 낭비는 아닌가 하는 의문점에서 출발하여 그 해답을 찾아보면, 투자자문업과 투자일임업의 투자자문업이나 투자일임업의 역할이 사회적으로 왜 필요한가를 설명할 수 있을 것이다. 불완전한 자본 및 정보시장 하에서 최적해의 달성이 불가능하고, 궁극적으로는 자본시장 자체의 성립 자체가 부정된다.

만일 불완전한 정보의 비대칭적 편재상황을 타개하기 위하여 각 개별투자자들이 정보탐색비용(information search costs)을 부담한다고 가정하자. 그러나 이 경우에도 정보탐색비용만 사회적 비용으로 낭비되고 시장붕괴는 막을 수가 없다.

그 결론의 논거로서는 효율적 가격기구의 존재는 각 개인 중 정보탐색비용이 가장 저렴한 개별투자자가 높은 가치를 가진 투자기회를 탐색하는데 성공하였다 하더라도, 그 정보는 거래즉시 공공재의 성격을 가져, 모든 여타 개별투자가들이 유용하려들 것이므로, 이를 합리적으로 예상하는 최저탐색비용을 부담할 수 있는 능력이 있는 자도 역시 정보탐색과정을 포기할 것이므로 결국 자본시장이 붕괴할 것이라는 추론이다.

그러므로 정보시장의 주체로서 투자자문업자나 투자일임업자의 필요성이 대두된다. 투자자문업자나 투자일임업자가 투자정보 시장에서 투자자와 기업가 사이에 개재될 경우, 그 필요성이 인정될 경제적 근거는 첫째, 투자정보시장에서 투자자문업자와 투자일임업자는 정보탐색 비용 면에서 개별투자자들보다 경제적일 수 있다는 점과 둘째, 불완전한 자본시장 내에서 투자자와 기업가 간에 내재하는 역선택(a dverse selection) 문제를 해결하여 총사회비용의 낭비를 제거할 수 있다는 데에서 찾을 수 있다.

그러나 투자자문업자나 투자일임업자가 존재한다 하더라도 여전히 도덕적 해이(moral hazard) 문제를 갖고 있다. 그러므로 투자자문업자나 투자일임업자가 존재한다는 것 자체로서 '모든' 대리인문제가 해결되는 것은 아니다. 그러므로 투자자문업자나 투자일임업자 내부의 다층적 회사구조(회사의 주주, 경영자와 투자권유자문 및 투자운용 담당직원 간)에서 그 해결점을 찾아야 하고, 여타 시장참여자들에게 전문성과 신뢰성 면에서 확신을 심어줄 수 있어야 한다.

2 전문인력과 대리문제

먼저, 왜 개인이 투자자문업자나 투자일임업자라는 회사에 전문인력으로 고용되어 법인체의 일개 직원으로 정보시장에서 정보를 생산, 판매하려 할 것인가라는 기본적인 질문에 대해 살펴보자.[12)]

(1) 전문인력의 성격

투자자문업자나 투자일임업자는 투자조언이나 투자판단에 대한 자문에 응하는 것과 같은 의사결정 서비스를 제공한 대가로서 금전적 수입을 획득할 목적을 갖는 주주들이 설립한 주식회사이고, 한편 개인적으로 전문적인 담당능력을 가진 전문인력들이 집합적으로 모여 정보시장에서 투자조언, 투자판단에 대한 자문업무를 수행하고 그 전문성에 대한 대가로 급여를 받는 형태로 투자자문업자나 투자일임업자에게 고용되는 계약구조를 갖는 이유는 다음과 같이 설명된다.

첫째, 정보탐색 및 획득, 가공, 전달업무에 전문성을 갖는 개인들이 각기 자기 고유분야에 비교우위를 결합함으로써 투자자문업자나 투자일임업자의 업무량을 확보하여, 회사수입을 늘림으로써 개별 직원들이 갖는 보수의 변동위험을 감소시킬 수 있다. 이를 '위험분산효과'(diversification effect)가 있다고 할 수 있다.

둘째, 비교우위가 있는 각 전문분야의 전문가들이 상호 결합하여 집단활동을 함

12) 자본시장법 제18조의 등록요건에 관한 규정에 의하면 투자자문업자의 회사에 근무하는 전문인력은 법 제286조 제1항 제3호 가목의 투자권유자문인력이어야 하고, 투자일임업자의 회사에 근무하는 전문인력은 법 제286조 제1항 제3호 다목의 투자운용인력이어야 한다.

으로써 상호보완적으로 정보탐색비용 면에서 절약하는 규모의 경제를 이룰 수 있다고 기대되므로, 이러한 저렴한 정보생산, 판매비용을 바탕으로 투자자문업자나 투자일임업자의 가격경쟁력을 높일 수 있을 것이다. 이를 저렴한 정보비용의 달성을 위한 '규모의 경제효과'(economy of scale effect)라고 할 수 있다.

셋째, 전통적 금융자산 가격이론(예를 들면, CAPM, APT, OPT 등)에서는 금융자산의 가격 및 그에 기반을 둔 수익률은 투자자가 부담하는 위험에 대한 보상으로 인식한다. 투자정보시장에서 추구하는 기업의 본질가치는 그의 실체파악을 기업의 위험도 파악에 주안점을 두고 있으므로, 이에 대한 정보탐색이 주류를 이룰 것이다.

기업의 위험은 일반적으로 기업자체에 고유한 비체계적 위험과 투자자산의 거래시장인 자본시장과 공유하는 체계적 위험으로 구분할 수 있다. 그러므로 위험의 성격상 체계적 위험에 관련된 정보는 개인으로서의 개별 투자권유자문 직원이든, 법인체로서의 투자자문업자나 투자일임업자든, 양자 모두에게 정보탐색 면에서 규모의 경제를 기대하기 어렵다. 결국 회사 법인체로서 비교우위를 가질 수 있는 분야는 기업의 비체계적 위험에 관련된 정보탐색분야일 것이다. 그러므로 개별 담당직원보다는, 그들이 공동노력으로 상호 보완하는 투자자문업자나 투자일임업자라는 법인체로서의 정보탐색활동이 종합효과로서 정보공유의 효과가 있을 것이다. 이를 '정보공유 효과'(information sharing effect)라고 부를 수 있다.

위와 같이 법인체로서 투자자문업자나 투자일임업자가 갖는 위험분산효과, 규모의 경제효과 및 정보공유의 효과 등을 기초로 하여 그 성립과 존립의 경제적 논거를 가질 수 있다.

(2) 전문인력의 대리문제

공동노력과 합목적적 합심으로 경제적 효과를 누릴 수 있는 투자자문업자나 투자일임업자 자체도 법인체 구성원 상호간의 대리문제에 면역되어 있는 것은 아니다. 투자자문 담당직원의 이기적 기만행위, 불성실과 무능력 때문에 파생될 도덕적 해이문제가 무척 심각할 것이다. 담당직원의 도덕적 해이문제로 예상되는 것은 크게 두 가지로 정리된다.

첫째는 정보의 유용문제(information appropriation problem)이다. 투자자문업자나 투자일임업자의 투자정보탐색 · 획득 · 가공 및 판매행위는 자기 계산으로 금융투자상품을 구입, 운용하려는 데에 있지 않다. 그러나 담당직원들이 자신이 획득한 독점적 기업정보를 바탕으로 자기 자신을 위한 투자기회를 선점하고자 하는 감추어진 행동의 동기유발 가능성 자체를 부정하고, 담당직원의 이타심만을 기대한다는 것은 합리적이지 못할 것이다.[13)]

두 번째로 대두되는 도덕적 해이문제는 정보의 신뢰도 문제(information reliability problem)이다. 투자자문업자 혹은 투자일임업자의 담당직원도 투자권유나 투자운용 전문가이기는 하지만 그가 탐색, 분석, 평가하고자 하는 기업측에서 보면 제3자인 국외자일 뿐이므로, 당해 기업의 미래수익력과 위험도를 추정하는 개인의 능력은 해당기업에만 편재되어 있는 감추어진 정보에 기인하는 역선택 문제가 한계로 남게 된다.

법인체로서의 투자자문업자나 투자일임업자는 이러한 두 가지 도덕적 해이문제에 직면하게 될 것이므로, 바로 이 문제점들이 해결되어야 투자자문업자나 투자일임업자가 발전할 수 있을 것이다.

3 준수사항

투자자문업자나 투자일임업자에게 내재하고 있는 대리인문제에 기인한 갈등과 불필요한 비용발생을 해결할 수 있는 법인체로서의 회사가 준수하여야 할 사항을 알아보자. 회사 내부의 대리인문제를 해결하기 위해서는, 우선 회사 내부의 갈등해소방안과 회사의 대외공신력 제고방안 등 두 가지 모두를 자율적으로 스스로 마련할 수 있어야 한다.

첫째, 내부갈등과 당직원의 도덕적 해이문제를 해결하기 위해서는 회사는 자체 경영관리기능을 강화하여 담당직원의 자질과 능력향상에 힘을 기울여야 할 것이다. 그런 점에서 자본시장법상 등록요건으로 명시한 전문인력의 유자격자 조건과 인원수 제한은 일단 합리적이라고 판단된다.[14)] 그러나 회사는 자체적인 선발과정에서 엄선된 우수한 인력이 이기적 기만행위를 하지 못하도록 내부감독체계(internal monitoring)와 성과보상체계를 잘 확립하여야 한다.

둘째, 우수한 인력의 확보와 정교한 내부감독제도의 정비도 중요하지만, 무엇보

13) 자본시장법 제98조(불건전 영업행위의 금지) 참조. 투자자 보호를 위한 법상의 내부자거래 규제와 입법취지가 같다.

14) 자본시장법 제18조 제2항에서는 투자자문업자는 투자권유자문인력(법 제286조 제1항 제3호 가목)의 자격을 가진 전문인력을 상근직원으로 1인 이상 갖추어야 하고, 투자일임업자는 투자운용인력(법 제286조 제1항 제3호 다목)의 자격을 가진 전문인력은 상근직원으로 2인 이상 갖추어야 한다.

다도 중요한 것은 우수한 인력이 개인적으로 최대한 능력발휘를 할 수 있도록 동기 유발을 촉진시켜 줄 수 있어야 한다는 점이다. 이를 위해서는 대리이론에서 강조하는 유인계약제도(incentive contracts)를 실천하여야 한다.

자본시장법 제98조에서는 투자자문업자나 투자일임업자가 해서는 안 되는 행위를 다음과 같이 구체적으로 규정하고 있다. 투자자문업자나 투자일임업자가 공통적으로 해서는 안 되는 불건전한 영업행위로 크게 5가지를 들고 있다(법 제98조 제1항).

첫째, 투자자로부터 금전, 증권 그 밖의 재산의 보관, 예탁을 받는 행위.

둘째, 투자자에게 금전, 증권 그 밖의 재산을 대여하거나, 투자자에 대한 제3자의 금전, 증권, 그 밖의 재산의 대여를 중개, 주선, 대리하는 행위.

셋째, 투자권유자문인력이나 투자운용인력이 아닌 자에게 투자자문업이나 투자일임업을 수행하게 하는 행위.[15)]

넷째, 계약으로 정한 수수료 외의 대가를 추가로 받는 행위.

다섯째, 투자자문에 응하거나 투자일임재산을 운용하는 경우 금융투자상품 등의 가격에 중대한 영향을 미칠 수 있는 투자판단에 관한 자문 또는 매매 의사를 결정한 후 이를 실행하기 전에 그 금융투자상품등을 자기의 계산으로 매매하거나 제3자에게 매매를 권유하는 행위.

한편, 투자일임업자에게는 상기 공통적인 금지행위 외에 추가적으로 10가지의 해서는 안 되는 행위를 열거하고 있다(법 제98조 제2항).

① 투자일임재산을 운용함에 있어서 금융투자상품 그 밖의 투자대상자산의 가격에 중대한 영향을 미칠 수 있는 매수, 매도의사를 결정한 후 이를 실행하기 전에 동 상품을 자기의 계산으로 매수, 매도하거나 제3자에게 매수, 매도를 권유하는 행위.

② 자기 또는 관계인수인이 인수한 증권을 투자일임재산으로 매수하는 행위.

③ 자기 또는 관계인수인이 특정증권 등(법 제172조 제1항)에 대하여 인위적인 시세(법 제176조 제2항 제1호)를 형성하기 위하여 투자일임재산으로 그 증권을 매매하는 행위.

④ 특정 투자자의 이익을 해하면서 자기 또는 제3자의 이익을 도모하는 행위.

15) 자본시장법 시행령 제99조 제1항 제1의2호 신설에 따라 2017년 5월부터 사람의 개입 없이 로보 어드바이저(전자적 투자조언장치)가 투자자문업이나 투자일임업을 수행할 수 있게 되었다. 로보 어드바이저 제도에 대한 설명은 본장제1절을 참조.

⑤ 투자일임재산으로 자기가 운용하는 다른 투자일임재산, 집합투자재산 또는 신탁재산과 거래하는 행위.

⑥ 투자일임재산으로 투자일임업자 또는 이해관계인의 고유재산과 거래하는 행위.

⑦ 투자자의 동의 없이 투자일임재산으로 투자일임업자 또는 이해관계인이 발행한 증권에 투자하는 행위.

⑧ 투자일임재산을 각각의 투자자별로 운용하지 않고 여러 투자자의 자산을 집합하여 운용하는 행위.

⑨ 투자일임재산을 예탁하는 투자매매업자, 투자중개업자 등을 지정하거나 변경하는 행위를 투자자로부터 위임받는 행위와 투자일임재산을 예탁하거나 인출하는 행위를 투자자로부터 위임받는 행위 및 투자일임재산에 속하는 증권의 의결권 등을 행사하는 행위를 투자자로부터 위임받는 행위.

⑩ 투자일임업을 이용하는 투자자를 보호하고 건전한 투자일임업계의 거래질서를 지키기 위해서 투자일임업자가 해서는 안 되는 열 번째 금지행위는 법 시행령 제99조 제4항에 다음과 같이 더 구체적으로 7가지를 열거하고 있다.

첫째, 일반투자자와 같은 대우를 받겠다는 전문투자자의 요구에 정당한 사유 없이 동의하지 않는 행위.

둘째, 투자일임계약을 위반하여 투자일임재산을 운용하는 행위.

셋째, 투자일임의 범위, 투자목적 등을 감안하지 않고 투자일임재산으로 금융투자상품을 지나치게 빈번하게 매매하는 행위.

넷째, 투자자 또는 거래상대방 등에게 업무와 관련하여 금융위원회가 정하여 고시하는 기준을 위반하여 직·간접적으로 재산상의 이익을 제공하거나 이들로부터 제공받는 행위.

다섯째, 법령에서 정하는 금지 또는 제한규정을 회피할 목적으로 장외파생상품, 신탁계약, 연계거래 등을 이용하여 탈법하는 행위.

여섯째, 채권자로서 그 권리를 담보하기 위하여 백지수표 또는 백지어음을 받는 행위.

일곱째, 그 밖에 투자자 보호 또는 건전한 거래질서를 해할 우려가 있는 행위로서 금융위원회가 정하여 고시하는 행위.

이와 같이 투자자문업자나 투자일임업자는 자본시장에서 담당하는 특유의 경제적 기능이 있는 필요한 존재이므로, 업자 내부에 내재하고 있는 전문인력의 대리인

문제와 불필요한 사회적 비용발생을 해결하기 위해 준수하여야 할 사항과 해서는 안 되는 법정사항들부터 제대로 지켜나가야 한다.

법 제98조 제2항에 열거된 투자일임업자가 해서는 안 되는 행위는 일반적으로 고객과의 이해상충행위를 금지하는 것으로 이해된다. 투자일임업자에 대한 금지행위 중 과당매매를 포함한 여타 이해상충행위의 규제내용과 이에 해당하는 법률조항을 정리하면 〈표 9-3〉과 같다.

표 9-3 투자일임업자의 이해상충행위 규제사항

규제사항	자본시장법 관련조항
과당매매	제37조, 제64조 제1항, 제71조 제6호
선행매매	제98조 제2항 제1호
인수관련 이해상충 행위	제98조 제2항 제2호, 3호
자기매매, 쌍방대리	제98조 제2항 제6호-제9호

자료 : 자본시장법연구회, “자본시장법 해설서”, 한국증권업협회, p. 171.

연.습.문.제

1 투자자문업과 투자일임업의 주요한 경제적 기능과 증권시장에서의 역할에 대하여 설명하고, 그 기능과 역할상의 유사점과 차이점에 대해 비교하시오.

2 자본시장법상의 투자자문업과 투자일임업에 관한 정의와 그 차이점에 대하여 설명하시오. 또한 투자일임업과 집합투자업의 법적인 업무 구분상 차이점에 대해 설명하시오.

3 투자자문업에 필요한 전문인력의 종류를 구분하고, 그 기능과 책임에 대하여 설명하시오.

4 투자일임업에 필요한 전문인력의 종류를 구분하고, 그 기능과 책임에 대하여 설명하시오.

5 인터넷에서 금융투자협회의 홈페이지를 찾아가서 투자자문업 및 투자일임업에 필요한 전문인력의 자격획득 요건을 구분하고, 자본시장법상에 규정된 전문인력별 기능과 책임에 대하여 설명하시오.

6 자본시장법상에 규정된 투자일임업자의 이해상충 규제행위에 대해 각 법조문별로 구분하여 주요한 내용을 설명하시오.

7 자본시장법상에 규정된 독립투자자문업자(IFA)의 업무내용과 독립성 요건을 설명하시오.

8 자본시장법상에 규정된 로보 어드바이저(RA)의 업무내용과 충족 요건을 설명하시오.

PART

4

자본시장 투자자와 제도

CHAPTER 10 주요 전문투자자와 업무

I 일반투자자와 전문투자자의 구분

1 전문투자자의 개념과 구분

일반적으로 투자자는 개인투자자와 전문투자자로 구분된다. 전문투자자란 개인투자자에 대한 상대적 개념으로, 저축 또는 기타의 방법으로 조성된 개인 또는 법인들의 자금을 증권시장에서 운용하는 법인형태의 투자자나, 자기자본이나 연기금 등을 운용하는 법인형태의 투자자로 정의된다. 따라서 전문투자자는 대량의 자금력을 동원하여 고도의 전문지식과 투자기법으로 시장의 크기를 좌우하는 과점적인 투자자로서 유통시장의 장세에 커다란 영향을 미치는 제도화된 투자기관을 의미한다.

전문투자자에 대한 개념과 범위는 국가에 따라 다양하다. 첫째, 국가마다 자본시장구조가 다를 뿐만 아니라 각국에서의 은행·보험·투자신탁 등의 전문투자자가 각국의 자본시장에서 차지하고 있는 위치나 역할이 다르고, 둘째, 유가증권운용에 관한 규제가 각국마다 달라서 은행, 보험회사, 투자신탁 등 기관이 증권시장에 미치는 영향이 다르고, 셋째, 증권시장의 기관화 현상과 관련하여 국가마다 전문기관의 범위가 다르다. 각국에서 전문투자자를 지정하는 범위가 점차 확대되는 추세를 보이고 있다. 이는 금융정책 수행상의 필요나 증권시장 환경의 변화에 따라 전문투자자의 중요성이 인식되고 있기 때문이다(〈표 10-1〉).

표 10-1 주요 국가의 전문투자자 범위

국 가	전문투자자
미 국	사적연금기금, 공적연금기금, 생명보험, 손해보험, 뮤추얼펀드, 상호저축은행, 저축대부조합, 은행신탁계정 등
영 국	연금기금, 보험회사, 계약형 투자신탁, 회사형 투자신탁 등
일 본	은행, 보험회사, 투자신탁회사, 농협공제 등

미국의 경우 뉴욕증권거래소는 전문투자자를 첫째, 자발적 및 비자발적 저축을 통해 모집된 개인투자자의 자산을 운용하는 생명보험 · 투자신탁회사 · 연금기금 · 상호저축은행 · 저축대부조합 · 상업은행, 둘째, 투자자의 자금을 수탁관리하는 중개기관인 상업은행의 신탁부문과 신탁회사, 셋째, 저축목적이 아닌 투자자의 자금을 관리하는 기관, 즉 손해보험, 재단, 대학기금 등으로 구분하고 있다.

영국에서는 투자자를 전문투자자, 일반투자자, 그 중간에 해당되는 투자자 등으로 구분하여 투자경험, 이해력 등 전문적인 거래능력에 따라 차별적으로 보호하고 있다. 영국의 경우 금융기관이 투자자를 Private Customer(일반투자자), Intermediate Customer(준전문투자자), Market Counter Party(전문투자자)로 구분하여 영업행위의 기준을 달리 적용할 수 있도록 하고 있다. 특히 어느 투자자를 준전문투자자로 구분할 경우 투자자의 전문적인 거래능력을 두루 고려하여 합리적으로 결정해야 하고 고객의 동의를 요구하고 있다. 영국의 경우 1980년 6월 의회에 제출된 윌슨위원회 보고서에서 전문투자자를 투자기관에 한정시키고 있는데, 이 투자기관은 보험회사, 연금기금, 투자신탁회사, 단위신탁(unit trust)을 포함한다.

일본의 증권단위협의회는 전문투자자를 자금중개기관으로 한정하고 있다. 여기에는 보험회사, 신탁은행, 투자신탁회사, 공적연금, 무역보험, 농협공제 등이 전문투자자 범위에 포함되고 있다. 그러나 최근에는 거의 모든 은행과 사업법인 및 공공단체 등에까지 그 대상을 확대하고 있는 추세이다.

2 한국의 투자자 구분

(1) 일반투자자와 전문투자자의 구분

한국의 경우도 투자자를 일반투자자와 전문투자자로 구분하고 있다. 자본시장법은 투자자를 보호하기 위해서 투자위험의 감수능력에 따라 일반투자자와 전문투자자로 구분하여 차별적인 대우를 규정하고 있다. 동법 제9조에서는 금융투자상품에 관한 전문성 구비여부, 소유자산규모 등에 비추어 투자에 따른 감수능력이 있는 투자자를 전문투자자로 규정하고 있다. 이러한 투자자의 구분은 금융상품이 복잡 · 다양화되고 금융거래에 내재하는 정보의 비대칭성문제를 해결하여 자본시장의 건전한 발전을 위해서는 투자자의 전문성을 감안한 효율적인 투자자 보호가 필요하게 되었다. 자본시장에 참여하는 투자자들의 투자규모, 거래능력의 다양화를 감안한 차별적인 보호장치가 필요하기 때문이다.

한국에서 전문투자자에는(법 제9조 제5항, 시행령 제10조) ① 국가, ② 한국은행, ③ 대통령으로 정하는 금융기관, ④ 주권상장법인, ⑤ 그 밖에 대통령령에 의해 지자체, 금융공기업, 금융감독원, 기금관리·운용법인, 공제사업자, 외국 중앙은행, 조약에 따라 설립된 국제기구 및 이에 준하는 외국인[1]을 포함한다(법 제9조 제5항). 그리고 금융투자상품 잔고 50억원 이상 투자하는 법인과 5억원 이상 투자하는 개인[2]으로 금융위원회에 등록한 투자자는 전문투자자로 분류된다. 2016년 6월 28일 자본시장법 시행령 개정을 통해 집합투자기구도 전문투자자에 포함되었고, 공모펀드에서 전문투자자를 투자자 수에서 제외하였다. 일반투자자에 대하여는 설명의무·적합성 원칙 등 강화된 투자자 보호 장치가 적용된다(법 제46조, 제47조). 전문투자자 중 국내외 주권상장법인, 기금관리·운용법인, 공제사업자, 자발적 전문투자자 등은 일반투자자로 전환이 가능하다(〈표 10-2〉).

표 10-2 자본시장법하의 투자자 구분

투자자	내 용
전문투자자 (제9조 제5항)	금융상품투자에 관한 전문성 구비 여부, 소유자산 규모 등에 비추어 투자에 따른 위험감수능력이 있는 일정한 투자자 • 국가, 한국은행, 금융기관 등의 전문투자자, 집합투자기구, 상장법인 등은 원칙적으로 전문투자자로 인정 • 비상장법인은 외부평가를 받는 경우에 한해 전문투자자로 인정 • 개인은 순자산이 일정금액 이상(법인은 50억원, 개인은 5억원 이상에 투자 경험 1년 이상)인 경우에 한해 금융위원회에 신고로 전문투자자로 인정(2년마다 신고 갱신 요구) • 국내에 주소를 갖고 있는 외국인도 대리인을 선임하여 전문투자자가 될 수 있음 • 공모펀드에서 전문투자자를 투자자 수(불특정 50인 이상)에서 제외
일반투자자 (제9조 제6항)	전문투자자 이외의 개인과 법인

※ 자본시장법 시행령 제10조 제5항의 9호, 16호, 17호, 제11조 제1항 제1호를 개정(2016년 6월 28일)

1) 「조세특례제한법」 제91조의18 제1항에 따른 개인종합자산관리계좌에 가입한 거주자인 외국인, 같은 조 제3항 제2호에 따라 신탁업자와 특정금전신탁계약을 체결하는 외국인, 조세특례제한법의 영 제98조 제1항 제4호의2 및 같은 조 제2항에 따라 투자일임업자와 투자일임계약을 체결하는 외국인 등은 제외된다.

2) 2016년 6월 28일 이전까지는 법인 중 주식회사 경우 금융투자상품 잔고 100억원 이상, 개인은 금융투자상품 잔고 50억원 이상은 투자자로 금융위원회에 등록된 투자자를 전문투자자로 분류하였다(시행령 제10조 제5항, 제11조 제1항).

전문투자자 등록시, 전문투자자는 (i) 투자상품 투자시 복잡한 투자권유 절차를 생략할 수 있고, (ii) 장외파생상품을 자유롭게 거래할 수 있으며, (iii) 투자금액과 관계없이 헤지펀드, 코넥스시장 등에 투자가 가능하고, (iv) 모의거래·교육이수 없이 파생상품시장에 참여할 수 있다. 그리고 펀드에서 공모펀드와 사모펀드를 구분할 때, 모든 전문투자자를 청약권유 합산 대상(50인 이상인 경우 공모로 취급)에서 제외하여, 전문투자자에게만 청약권유가 이루어지는 상품에 대해서는 공모규제를 적용하지 않는다.

(2) 한국의 기관투자자

1) 기관투자자의 정의

기관투자자(institutional investor)란 개인투자자에 대한 상대적 개념으로, 일반적으로 저축 또는 기타의 방법으로 조성된 개인 또는 법인들의 자기자금을 증권시장에서 운용하는 법인형태의 투자자로 정의될 수 있다. 기관투자자는 대량의 자금력을 동원하여 고도의 전문지식과 투자기법으로 시장의 크기를 좌우하는 과점적인 투자자로서 유통시장의 장세에 커다란 영향을 미치는 제도화된 기관을 의미한다.

기관투자자에 대한 개념은 다양한데, 첫째, 국가마다 자본시장구조가 다를 뿐만 아니라 각국에서의 은행·보험·투자신탁 등의 기관투자자가 각국의 자본시장에서 차지하고 있는 위치나 역할이 다르고, 둘째, 유가증권운용에 관한 규제가 각국마다 달라서 은행, 보험회사, 투자신탁 등 기관이 증권시장에 미치는 영향이 다르고, 셋째, 증권의 기관화 현상과 관련하여 국가마다 기관의 범위가 다르다.

2) 기관투자자의 범위

기관투자자의 범위는 증권투자업무의 비중에 따라서 증권투자가 고유업무인 좁은 의미의 기관투자자와, 증권투자업무에 관련된 모든 법인까지를 포함하는 넓은 의미의 기관투자자 그리고 전통적으로 증권투자를 겸업하거나 그 비중이 높은 중간개념의 기관투자자로 구분된다. 외국의 경우 일본과 같은 은행제도 중심 국가에서는 은행이 기관투자자로 분류되나, 미국이나 영국과 같은 자본시장 중심 국가에서는 은행이 기관투자자에서 제외된다. 한편 각국에서 기관투자자를 지정하는 범위가 점차 확대되는 추세를 보이고 있다. 이는 금융정책 수행상의 필요나 증권시장 환경의 변화에 따라 기관투자자의 중요성이 인식되고 있기 때문이다(〈표 10-3〉).

표 10-3 주요국가의 기관투자자 범위

국 가	기관투자자
미 국	사적연금기금, 공적연금기금, 생명보험, 손해보험, 뮤추얼펀드, 상호저축은행, 저축대부조합, 은행신탁계정 등
영 국	연금기금, 보험회사, 계약형 투자신탁(단위신탁 포함), 회사형 투자신탁 등
일 본	은행, 보험회사, 투자신탁회사, 농협공제 등

한국의 경우에도 현재 법률적으로 통일된 기관투자자의 개념은 없다. 다만 은행법에서는 은행의 비상임이사 후보를 추천할 수 있는 주주대표의 자격요건과 관련하여,[3] 증권거래법에서는 주식의 대량보유 보고의무의 예외적용과 관련하여, 그리고 법인세법에서는 주식배당소득세 감면대상과 관련하여 각각 기관투자자의 범위를 구체적으로 명시하고 있다.[4] 기관투자자를 배당소득의 익금불산입(법인세법 시행령 제23조 제3항) 및 거래소시장에서 증권매매시 위탁증거금 징수의 면제(수탁계약준칙 제92조) 혜택을 받는 기관으로 그 범위를 한정하고 있다.

표 10-4 한국의 기관투자자 범위

구 분	은행법	증권거래법 및 법인세법
은행	일반은행, 산업은행, 중소기업은행, 수출입 은행, 농・수협중앙회	일반은행, 산업은행, 중소기업은행, 수출입은행, 농・수협중앙회
증권	증권회사, 증권금융회사, 자산운용회사, 투자자문회사, 선물중개회사	증권회사, 증권금융회사, 자산운용회사, 자산유동화전문회사
보험	생명보험회사, 손해보험회사	생명보험회사, 손해보험회사
비은행	종합금융회사, 자산운용회사, 저축은행, 여신전문금융회사, 창업투자회사, 신용협동조합, 새마을금고	종합금융회사, 자산운용회사, 저축은행, 여신전문금융회사, 창업투자회사, 자금중개회사
기타	정부, 한국은행, 예금보험공사, 신용보증기금, 기술신용보증기금, 신용정보업자	예금보험공사, 수출보험공사, 한국자산관리공사, 한국주택금융공사, 한국투자공사, 신용보증기금, 기술신용보증기금, 농림수산업자신용보증기금, 증권거래소, 연기금(공무원연금기금, 사립학교교원연금 등 총 22개 기금), 공제법인(군인공제회 등 총 9개 공제법인)

3) 일반은행의 비상임이사 후보를 추천할 수 있는 주주대표에서 '기관투자자'를 배제(은행법 제22조 제6항, 은행법 시행령 제16조 제1항).

4) 금융감독위원회에 대한 주식 대량보유 보고의무 대상에서 '기관투자자'를 제외(증권거래법 제200조의2, 법인세법 시행령 제17조). 또한 '기관투자자'에 대해서는 당해 사업연도의 이익 계산시 배당소득의 일정비율을 제외(법인세법 제18조 제6호, 법인세법 시행령 제17조).

따라서 한국의 기관투자자는 사실상 모든 금융기관을 포함한다. 구체적으로는, 첫째, 통화금융기관으로서의 은행, 둘째, 비통화금융기관으로서의 투자전문기관인 자산운용회사, 증권회사, 종합금융회사, 셋째, 저축기관인 은행신탁계정, 상호신용금고, 넷째, 보험기관인 생명보험회사 등이 포함된다. 손해보험회사의 경우 금융기관으로는 분류되지 않으나 금융기관으로 간주되어 포함되고 있으며, 정부관리기금, 민간기금 및 공공단체도 기관투자자에 포함되고 있다(〈표 10-4〉).

Ⅱ 기관투자자의 주주행동주의

한국의 기관투자자와 전문투자자를 비교하면, 한국의 모든 기관투자자는 전문투자자에 포함된다. 전문투자자에는 속하나 기관투자자로는 분류되지 않는 기관은 금융감독원, 집합투자기구, 지방자치단체, 해외 증권시장에 상장된 법인, 외국정부, 외국 중앙은행, 국제기구, 외국인 투자자 등이다. 그러므로 기관투자자의 범위가 전문투자자의 범위보다 다소 좁다고 하겠다. 이러한 맥락에서 본 장에서는 전문투자자라는 용어 대신에 기관투자자의 용어로 주주행동주의를 설명하고자 한다.

1 기관투자자의 경영참여와 주주행동주의

(1) 기관투자자의 경영참여 범위

앞의 제5장 2절에서 살펴본 바와 같이 세계 펀드시장 규모(2016년 말 33.5조 달러)에서 미국이 차지하는 비중이 50% 내외이다. 금융기관의 질적 양적 성장에 따른 금융자산의 규모 확대, 고령화에 따른 연금기금의 확산, 적극적으로 자산을 운용하여 투자수익를 추구하는 사모펀드나 헤지펀드 등의 등장은 펀드자본주의를 결과했다.

펀드자본주의 확산에 따라 이론적으로는 펀드매니저나 펀드경영자가 투자자(principal)를 대신하는 대리인(agent) 역할을 하게 된다. 그런데 펀드 운영자와 투자자간에는 정보 비대칭 및 이해상충의 문제가 발생할 수 있다. 따라서 대리인은 위임자의 이익을 최대한으로 실현시키기 위해 신의의무(fiduciary duty)를 성실히 이행해야 한다. 그리고 펀드산업의 급성장에 따라서 펀드관련 인프라산업도 동반성장하게 된다. 펀드 인프라산업에는 펀드 판매업, 일반사무수탁업, 자산보관 및 관리업(신탁업), 평가산업(펀드평가, 채권평가, 파생상품 평가 등), 투자정보 제공업 등이 포함된다.

다수의 투자자로부터 자금을 모집하여 투자하는 펀드는 집합투자기구(collective investment scheme)라는 투자자를 대신하는 대리인으로서 투자자의 이익을 대변하는 일종의 기관투자자 역할을 하게 된다. 대리인으로 펀드가 투자한 기업의 경영에 참여하거나 영향을 미치는 방식과 범위는 자금의 성격, 투자전략, 금융당국의 규제 등에 따라 달라진다. 연기금과 뮤추얼펀드(또는 각종 주식형 펀드)는 주로 기업지배구조 개선과 기업의 정보투명성을 목표로 주주제안을 하는 등 연성(軟性)전략을 주로 사용한다. 뮤추얼펀드의 경우는 배당 증대 등 기업의 이익배분에 대하여 요구하는 사례도 많다. 헤지펀드는 기업지배구조 개선이나 배당의 증대 요구뿐만 아니라 적대적 M&A를 실시하여 경영권을 차지하는 강성(强性) 전략까지 사용하기도 한다(〈표 10-5〉).

표 10-5 펀드의 종류와 경영 참여 범위

펀드	기업지배구조에 대한 주주제안	이익배분 요구	기업투자 간섭	적대적 M&A
연기금	○			
뮤추얼펀드 (주식형 펀드)	○	○		
헤지펀드	○	○	○	○
사모펀드	○	○	○	○
전략성격	← 연성전략			강성전략 →

자료 : SERI, "펀드자본주의의 명과 암", CEO Information, 제571호, 2006. 9. 20.

(2) 펀드자본주의와 기관투자자

20세기 초반 미국에서는 소유와 경영이 분리되면서 경영자본주의(managerial capitalism) 시대가 정착되었다. 미국의 대기업들은 20세기 경제신화의 주역이었고, 조직의 성장과 조직 내에서 승진이 가능했던 조직인(organizational man)의 시대가 가능했다. 그리고 기업은 이익의 유보와 재투자(retain and reinvest)를 통해 임금상승과 생산성 향상을 가져왔다. 이로써 미국의 사회안전망이라고 일컫는 중산층이

두터워졌다. 이러한 경영자본주의는 성장과 분배하는 두 미리의 토끼를 잡을 수가 있었다.[5)]

미국의 대기업들이 문어발식 확장을 통해 거대한 기업집단으로 변해가던 중, 1973년의 1차 석유파동과 1978년의 2차 석유파동을 거치면서 세계적인 경기침체에 직면하게 된다. 그리고 독일과 일본 기업들의 성장에 따른 경쟁심화와 1980년대 스태그플레이션으로 경영환경은 악화되었다. 다른 한편에서 미국의 경제성장과 더불어 금융시장의 질적·양적 팽창은 화폐의 자산화를 가속시켰다. 거액의 자금을 운용하는 헤지펀드와 사모펀드의 등장과 각종 연금기금들은 스태그플레이션을 상쇄하는 실질투자수익률을 요구하게 된다. 여기에서 "대기업개혁 4자동맹"이 일어나 경영자본주의에 대한 도전과 비판이 일어났다.

다른 한편으로 1970년대에는 주주의 구성과 역학관계에 근본적인 변화가 일어났는데, 대표적인 것이 소액주주운동이다. 이 운동은 여기에서 주주민주주의(shareholder democracy)로 확대되고 기관투자자들과 더불어 주관재인(fiduciary shareholder) 개념으로, 주주로서의 기업의 경영과 투자수익에 관심을 갖게 되었다. 대기업 개혁 4자동맹의 현상으로 나타난 것이 i) 기관투자자의 영향력 확대, ii) 기업사냥꾼과 적대적 M&A, iii) 주주행동주의, iv) 대리인 이론의 무비판적 적용 등이다. 기관투자자들의 영향력 확대에서 펀드자본주(fund capitalism)[6)]의 개념이 정착되었다.[7)] 이 4가지 현상의 바탕에는 "주주가치의 극대화(maximizing shareholder value : MSV)"가 있음을 알 수 있다.

---

5) 신장섭, "경제민주화가 불러온 헤지펀드 행동주의 : 미국의 실패와 교훈", 한국경제연구원, 경제민주화 기업지배구조 정책의 쟁점과 과제 세미나 발표 자료, 2016.11.7.

6) 2000년대 전후로 금융자본주의라는 용어에 대한 논란이 있었다. 원래 금융자본주의는 막시스트에 의해 사용되었는데, 막시스트는 금융자본을 실물생산에 종속된 경제시스템으로 변증법적 부산물로 이해하였다. 그러나 금융이 실물산업을 보조하고 지원하던 차원을 넘어 금융자체가 경제 전반에 대한 영향력이 확대되고 있는 현대의 경제시스템을 금융자본주의라 부르기도 한다. 금융의 영향력 확대 배경으로는 금융발전이 실물경제발전을 견인한다는 이론적 실증(예를 들면 자금조달이 되어야 기술개발이 가능), 금융의 기업에 대한 영향력 확대(M&A 등), 금융이 사회 모든 분야에서 해결사 역할을 수행(환경보전을 위한 자금 조달), 금융시장의 급속한 세계화 진전(각국의 자본시장법 개혁 추세) 등을 들 수 있다(한국증권연구원,『자본시장 포럼』, 제4권 제3호, 2007.9.3).

7) 신장섭, 전게서.

2 주주행동주의

주주행동주의(shareholder activism)는 주주들이 기업의 소유권을 바탕으로 경영에 직접적으로 개입하여 이익을 추구하는 행위를 의미한다.[8] 주주행동주의는 1970년대 미국을 중심으로 나타나기 시작했다. 특히 1970년대 중반 미국 거대 복합기업(Conglomerates)들의 연쇄도산이 계기가 되어 1980년대부터 지배구조 선진화와 함께 주주행동주의 움직임이 가속화되었다. 미국에서 주주행동주의는 사회가치 추구, 단기차익 추구, 주주가치 추구의 3단계를 거치면서 발전해왔다.

1단계(1970년대 이전)는 사회적 공익목적을 추구하는 것으로 랄프 네이더와 같은 시민운동가(또는 시민단체) 등에 의하여 주도되었다. 주요 행동내용으로는 주주대표소송제, 주주제안권 등을 활용하고, 기업의 사회적 책임에 대한 감시하는 것 등이다.

2단계(1970~1980년대)는 기업 사냥꾼(Corporate Raiders)에 의한 단기차익 추구를 특징으로 한다. 칼 아이칸과 같은 기업 사냥꾼들의 단기차익을 추구하는 것으로 약탈적 주주행동주의[9] 또는 펀드자본주의라고 불려졌다.[10]

3단계(1980년대 이후)는 연기금, 기관투자자 등이 주체가 되어 경영감시를 통한 주주가치 제고를 위해 기관투자자가 기업의 경영에 관여하지 않는다는 소극적 월스트리트 룰(Wall Street Rule)에서 벗어나, 기업경영에 적극적으로 개입하는 것을 특징으로 한다. 기관투자가들이 주주행동주의로 나서게 된 데에는 연기금의 특성상 건전한 장기 투자대상을 필요로 하였으며, 1980년대부터 시작된 전후세대(baby boomer)들의 노후준비로 연기금의 운용자산이 대폭 늘어나 주식시장 내 영향력이 커졌기 때문이다(〈표 10-6〉).

미국에서 헤지펀드, 사모펀드, 각종 연기금 그리고 인덱스펀드와 뮤추얼펀드 시장의 확산은 펀드의 다변화에도 불구하고 필연적으로 기관투자자들에게 주식이 집

---

8) 주주행동주의는 "기관투자자가 주총을 바꾼다"(현대경제연구원, 한국경제주평, 2007.2.23)의 내용을 요약한 것임

9) 기업사냥꾼들과 적대적 M&A를 추구하는 세력들은 경영진이 무능하다거나 주주이익을 무시하고 사익을 추구한다는 등으로 경영진을 공격하며 경영진을 교체하거나 M&A해야 한다고 주장한다. 이익을 추구하기 위해서 첫째, 단기 주가상승 차익, 둘째, greenmail, 셋째, 인수합병 후 구조조정을 통한 정리해고, 사업부 통폐합, 매각, 합병, 청산 등의 과정을 거치면서 이익을 추구한다.

10) 1980년대 이들의 그린 메일(green mail)에 의해 희생된 기업들은 월트 디즈니(32백만달러), 굿이어(90백만달러) 등 무수히 많았다. 이러한 기업 사냥꾼의 주주행동주의에 대응하여 포이즌 필(poison pill), 황금낙하산(golden parachute), 차등의결권 주식 등 적대적 M&A에 대한 방어장치가 도입되었다.

표 10-6 미국 주주행동주의의 시대별 변화추이

구분	1단계	2단계	3단계
시기	1970년대 이전	1970~1980년대	1980년대 이후
주체	소액주주, 시민단체	투기자본, 기업사냥꾼	연기금, 기관투자자
특징	사회가치 제고	단기차익 제고	주주가치 제고

자료 : 대한상의, "주주행동주의의 국내외 비교와 정책적 시사점", 2005. 3.

중되는 결과를 가져다주었다[11]. 예를 들면 미국의 대표적인 자산운용사인 Black Rock는 JP Morgan Chase, Walmart, Chevron 등의 대주주이고, 미국에 상장된 기업의 40% 이상의 기업에 5%[12] 이상의 주식을 소유하였다[13].

이렇듯 주주행동주의가 확산되면서 나타난 것이 기관행동주의다[14]. 소액주주운동가, 노동 및 사회운동가, 기업지배구조 개선가 그리고 정치인, 학자, 법률가, 연금행정가 등 공익을 앞세운 다양한 주체들이 등장하여 기업의 지배구조에 대한 논의가 활발하게 전개되었다. 그 결과 기관투자자의 '투표 의무화'와 '표현 및 소통(engagement)의 자유'를 추진하게 되었다.[15] 연금의 '투표 의무화'는 기업시민으로서의 기관투자자는 법적으로 주관재인(fiduciary)이지만 기업의 주인(owner)으로 의결권행사를 적극적으로 해야 한다는 주장이다. '소통 및 표현의 자유'는 1992년 위임규제를 개정하여(proxy rule change) 기관투자자는 i) 5% 이상의 지분을 갖고 있지 않는 한 기업과 자유롭게 의견교환 및 협의를 할 수 있고, ii) SEC 절차를 거칠 필요 없이 기업경영진들을 직접 접촉하고 소통(engage)할 수 있고, iii) 공개적으로 해당기업과 기업인에게 관한 발언 및 비판을 자유롭게 허용한다는 내용이다.

기관투자자의 투표의무화 결과 기관투자자의 의결권행사를 자문하는 ISS(Institutional Shareholder Service)가 1985년 설립되었다[16]. 그 동안 의결권 행사에 관심이

11) 미국의 증권시장에서 기관투자자들의 주식거래 비중은 60~70%를 차지하고 있다. 반면에 한국의 기관투자자들의 주식거래 비중은 20~25% 정도로 낮다.

12) 2016년 상반기 5% 이상 지분을 소유한 기관투자자를 보면, BlackRock가 2,610개, Vanguard Group이 1,872개, Fidelity Investments가 1,173개, Capital Group이 465개, Wellington Management Group이 439개였다.

13) The New York Times, May, 18, 2013, 신장섭(2016)에서 재인용.

14) 기관행동주의에 대해서는 신장섭(전게서, 2016, pp. 18-21)에서 인용했음.

15) 투표의무화와 소통 및 표현의 자유는 당시 미국 연방정부 노동부 연금국장을 역임(1984~1985)한 Robert Monks에 의해 주도되었다.

16) Robert Monks는 기관투자자의 행동주의를 구체화하는 정책을 이끌어 내고, 자신이 ISS를 설립하였고, 기업지배구조펀드인 Lens Fund도 설립하여 세간의 이목과 비판을 받기도 하였다. ISS는 현재 Morgan Stanley Capital Int'l : MSCI)의 자회사이다.

없었던 인덱스펀드와 같은 대규모 펀드들은 과거의 기관투자자 행동강령인 "Wall street walk(싫으면 판다)"에서 벗어나 의결권행사를 위한 사내의 "기업지배구조팀" 같은 조직을 만들었고, 이로써 펀드의 영향력이 결정적으로 커졌다[17]. 기타 펀드들은 소극적으로 ISS 등 의결권자문사에 의존하게 되었다. 소통 및 표현의 자유가 허용되자 5% 미만의 주식을 소유한 일부 투자자들이 투자자카르텔을 만들어 힘 있는 투자자가 되기도 하였다. 미국 기관투자자와 기업간 관계에 대한 금융규제의 변천 과정을 요약하면 〈표 10-7〉과 같다.

표 10-7 미국 기관투자자와 기업간 관계에 대한 금융규제의 변천

연 도	내 용
1974	ERISA 규제분리 : 퇴직연금 펀드에 투자된 기업에 대한 영향력 억제 (Employee Retirement Income Security Act)
1985~1986	기관투자자의 행동주의 본격화 : 의결권행사 자문기관 설립 – 1985년 CII(Council of Institutional Investors) 설립 – 1985년 ISS(Institutional Shareholder Service) 설립 – 1986년 USA(United Shareholder Association) 설립
1988~1989	연금펀드의 투표 의무화
1992	기관투자자의 실질적 카르텔 허용, 소통과 표현의 자유 무제한 허용
2003	뮤추얼펀드 등 다른 기관투자자들의 투표 의무화

자료 : 신장섭, "경제민주화가 불러온 헤지펀드 행동주의 : 미국의 실패와 교훈", 한국경제연구원, 경제민주화 기업지배구조 정책의 쟁점과 과제 세미나 발표 자료, 2016.11.7.

3 헤지펀드의 행동주의

미국의 헤지펀드[18]는 행동주의 펀드의 선두주자다. 헤지펀드는 1949년에 Alfred Winslow Jones가 최초의 헤지펀드인 A.W.Jones&Co.를 설립한 이래, 자산운용업계에서 공격적인 투자전략을 구사하고 있는 것은 주지의 사실이다[19]. 최근 행동주

17) Black Rock의 경우 20명의 인원으로 기업지배구조팀을 신설해서, 2012년 경우 전 세계 14,872건의 주주총회의 128,814의 안건에 투표를 했다.

18) 헤지펀드에 대해서는 제10장 제2절에서 상술된다.

19) 세계 주요 헤지펀드 운용자들의 면면을 보면, George Soros의 Soros Fund Mgt., Carl Icahn의 Icahn Enterprise, John Paulson의 Paulson&Company, Keith Mister의 Covex Mgt., Nelson Peltz의 Trian Fund Mgt., Berly Rosenstei의 Jana Partners, Daniel Loeb의 Third Point LLC, Bill Ackman의 Square Capital Mgt., Paul Elliot Singer의 Elliot Mgt., 등이 있다. 최근 이들 헤지펀드 행동주의자들은 아이칸,

의 펀드가 경영자와 표대결에서 성공한 추이를 보면, 2010년에는 행동주의자가 승리한 것이 33%였는데, 2014년에는 59%로 높아졌다[20].

최근에는 헤지펀드의 행동주의 전략도 바뀌었다. 과거에는 경영진 보수 등 비용개선, 대출확대 등 자본구조 개선, 경영진 교체 등 지배구조 개선에 전략의 초점이 맞추어졌으나, 현재는 사업전략과 관련하여 사업 M&A 및 매각 검토, 미래 전략대안 검토 및 제안, 비핵심부문 분사 등 사업구조조정에 전략의 초점이 강화되고 있다. 행동주의 헤지펀드의 경영권 개입 방식으로는 비공개서한(private communication), 공개서한(public communication), 주주제안(shareholder proposal), 블록투표(Block Vote), 위임장대결(proxy fight), 소송위협(law suit threat), 소송(law suit) 등(나열된 방법 중 뒤로 올수록 수반비용이 많아진다)이 이용되고 있다[21]. 행동주의 헤지펀드들이 공략 대상으로 삼는 기업들의 특징을 요약하면 〈표 10-8〉과 같다.

표 10-8 행동주의 헤지펀드 공략대상 기업의 특징

구분	특징
재무적 특성	주식시장에서 비교기업 대비 낮은 성과 창출 자본비용에 미달하는 ROE 일관된 전략부재, 사업부문의 실적 저조 비핵심사업에서 저수익자산 보유 과다한 현금보유와 비최적 자본구조 신제품 부족, 기업혁신에 대한 낮은 트렉 레코드
지배구조 특성	부실한 위원회와 유명무실한 이사 투명한 의사소통 결여 투자자 개입(engagement) 프로그램 부재
투자자기반	높은 수준의 기관투자자 오너십 낮은 수준의 내부적/지배적 오너십

자료 : 자본시장연구원, 포켓몬-고(Poketmon-go) 사례를 통해 본 최근 행동주의 헤지펀드의 일본시장 진출확대 및 시사점, 자본시장리뷰, 2016년 가을호, 2016.9.

엘리엇 싱어, 베리 로젠스타인 등이 중심이 되어 워싱턴 정가를 겨냥해 서카'라는 이름의 '투자자 권리와 기업의 책임을 위한 위원회'(Council for Investor Rights and Corporate Accountability : CIRCA)라는 로비그룹을 결성했다(머니투데이, 2016.5.19.).

20) 이렇게 행동주의 헤지펀드가 성장하게 된 배경에는 첫째, 거시경제요인으로 저금리와 저성장 여건에서 주식과 채권간 스프레드가 확대되고, 둘째, 기업의 특수성을 감안해 재무상태가 비효율적인 기업과 기업성과가 좋지 않은 기업을 선택해서 공략하고, 셋째, 채권시장의 낮은 수익률로 연기금들의 요구수익률이 높아지고, 넷째, 헤지펀드가 높은 펀드수익률을 위해 기업의 변화를 유도하여 주주이익을 대변한다는 인식이 확산되었기 때문이다(KB금융지주경영연구소, 주주행동주의와 행동주의 펀드의 성장, 2015.2.4.)

21) 자본시장연구원, 포켓몬-고(Poketmon-go) 사례를 통해 본 최근 행동주의 헤지펀드의 일본시장 진출확대 및 시사점, 자본시장리뷰, 2016년 가을호, 2016.9.

다음으로 행동주의 헤지펀드가 경영에 참여하겠다는 언급을 한 경우의 수를 보면, 2010년 50건 정도에서 2015년에는 100건을 상회하여 2배 이상 증가했다. 그리고 행동주의 헤지펀드가 운용하는 자산규모는 2009년 362억달러에서 2015년 1,297억달러로 3.5배 이상 증가하였다([그림 10-1] 및 [그림 10-2])

그림 10-1 행동주의 헤지펀드의 경영참여 요구 건수 추이

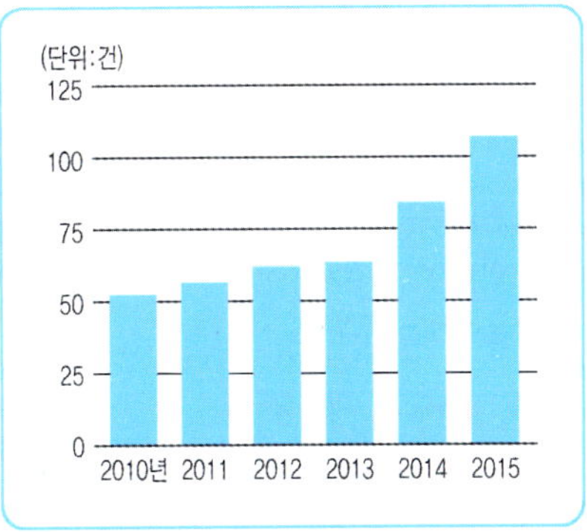

그림 10-2 행동주의 헤지펀드의 운용자산 규모(AUM) 추이

자료 : 자본시장연구원, 포켓몬-고(Poketmon-go) 사례를 통해 본 최근 행동주의 헤지펀드의 일본시장 진출확대 및 시사점, 자본시장리뷰, 2016년 가을호, 2016.9.

4 외국 투자자의 한국 기업에 대한 주주행동주의

한국에서 외국인투자자들에 의한 기업사냥 방식의 약탈적 주주행동주의도 급속도로 확산되었다. 외국인투자자에 의한 기업사냥 방식의 주주행동주의는 1998년 미국계 타이거펀드의 SK텔레콤 공격으로 시작되었다. 당시 타이거 펀드는 SK텔레콤 주식의 6.89%를 확보하고 사외이사 선임, 주식액면 분할 등의 요구를 통하여 경영권을 간섭하였다. 타이거펀드[22]는 1999년 8월 그린메일을 통하여 불과 1년 반만에 6,300억원의 단기차익을 실현(6,100억원 투자, 1조2,400억원 회수, 수익률 103%)하였다. 이후 매년 1~3건씩의 단기차익 추구형 주주행동주의 사례가 발생했다(〈표 10-9〉). 한편으로, 2006년에는 '좋은기업지배구조연구소'와 제휴한 '라자드 한국기업지배구조펀드(LAZARD KCGF)'라는 지배구조펀드[23]가 등장하였다. 일명 장하성 펀드라 불

22) 헤지펀드인 타이거펀드는 2002년 파산되었다.

23) 지배구조펀드는 기업지배구조 개선을 통해 주주가치 제고를 목적으로 운용하는 펀드이다. 펀드에 의한 주주행동이란 측면에서 단기차익을 추구하는 기업 사냥꾼과 비슷하나, 기업지배구조 펀드는 장기 투자수익을 목

리는 이 펀드는 2006년 8월 태광산업의 계열사인 대한화섬 주식 5.15% 매수를 시작으로 2007년말 총 12개 기업에 지분투자를 했다가 2012년에 청산했다.

표 10-9 2000년대 전후 단기차익 추구형 주주행동주의의 사례

구 분	주 체	대 상	내 용
경영권 위협	소버린 (2003.4~2005.6)	SK	경영진 교체 요구, 최태원 회장 사내이사선임 반대, 지배구조 개선 요구(지분 14.99%, 확보)
	헤르메스 (2003.3~12)	삼성물산	M&A 위협, 정관변경 반대(지분 5.0% 소유)
	칼 아이칸 (2006.2~12)	KT&G	• 현금보유 자회사 및 공장부지 매각 요구 • 사외이사 선임 및 공개매수 요구
경영권 간섭	KOL(2002년)	일은증권	계열사 대출 요구
	캐피탈 그룹(2004)	삼성전자	본사 뉴욕으로 이전 요구
	타이거펀드(1999)	SK텔레콤	사외이사 선임, 주식액면분할 등 요구
	헤르메스(2004)	한솔제지	우선주 유상소각 요구 등

자료 : 당시 뉴스 등에서 작성

5 한국의 주주행동주의

(1) 한국의 의결권행사 제약

현재 한국에서 전문투자자에 대한 의결권 행사에 관해서는 규제를 하지 않는 것을 원칙으로 하고 있다. 다만, 경제력 집중완화와 투자자보호 차원에서 각 관련 법규에서 의결권행사를 제한하거나, 중립표결(shadow voting)을 행사하도록 규정하고 있다.

의결권 제한에 관한 상법의 규정으로는 ① 무의결권주식(제370조), ② 자기주식과 상호보유주식(제369조 제2항 · 제3항), ③ 특별이해관계인이 보유한 주식(제368조 제4항), ④ 감사선임 시 발행주식총수의 100분의 3을 초과 보유하는 주주의 그 초과주식(제409조 제2항) 등 네 가지가 있다. 이 가운데 ①, ②는 "의결권이 없다"라고 규정되어 있는 반면, ③, ④는 "의결권을 행사하지 못한다"라고 규정되어 있는데, 양

적으로 기업경영을 감시하는 성격도 가지고 있다.

자의 기본적인 차이점을 보면, 첫째, 의결권 제한의 범위에 있어서 전자는 어떠한 결의에 있어서도 의결권이 인정되지 않으나 후자는 문제된 당해 결의사항에 대하여만 의결권이 인정되지 않고, 둘째, 정족수의 계산에 있어서 전자는 발행주식총수에는 산입되지 아니하나 후자는 발행주식총수에는 산입되고 다만 출석의결권수에는 산입되지 않는다(제371조 제1항 · 제2항 참조).

의결권 행사에 대한 제한은 크게 독점규제 및 공정거래에 관한 법률('공정거래법')을 통한 의결권 행사 제한과 각 관련 법령에서 정하고 있는 주식보유 및 의결권 행사에 대한 제한으로 나눌 수 있다. 「독점규제 및 공정거래에 관한 법률」(제9조 제1항)에 따른 상호출자제한기업집단에 속하는 집합투자업자는 투자한도를 초과하여 취득한 주식에 대해서는 중립투표를 해야 한다. 다만, 상호출자제한기업집단에 속하는 집합투자업자가 집합투자재산으로 그와 계열회사의 관계가 있는 주권상장법인이 발행한 주식을 소유하고 있는 경우로서 ① 그 법인의 다른 법인과의 합병, 그 법인의 영업의 전부 또는 주요부분의 다른 법인으로의 양도, ② 그 법인의 임원의 임면, ③ 그 법인의 정관변경 등에 해당되는 경우 중립투표를 행함으로써 집합투자재산에 손실을 초래할 것이 명백하게 예상되는 경우에는 의결권을 행사할 수 있다. 이 경우 의결권을 행사할 수 있는 주식의 수는 그 법인의 특수관계인(「독점규제 및 공정거래에 관한 법률」 제7조 제1항 제5호 가목에 따른 특수관계인)이 행사할 수 있는 주식의 수를 합하여 그 법인의 발행주식총수의 15%를 초과할 수 없다.

그리고 집합투자업자는 제3자와의 계약에 의하여 의결권을 교차하여 행사하는 등을 할 수 없다. 또한 금융위원회는 집합투자업자가 규정을 위반하여 집합투자재산에 속하는 주식의 의결권을 행사한 경우에는 6개월 이내의 기간을 정하여 그 주식의 처분을 명할 수 있다.

또한 공정거래법에서는 상호출자제한집단에 속하는 금융기관이나 보험회사의 경우도 의결권행사에 대한 제한을 받는다(공정거래법 제 11조). 즉, 계열 금융기관을 이용한 계열회사의 확장이나 지배 등 경제력 집중을 방지하기 위하여 대규모 기업집단에 속하는 금융 또는 보험회사는 취득 또는 소유하고 있는 국내계열회사 주식에 대하여 의결권을 행사할 수 없다. 다만, 다음 각 호의 어느 하나에 해당하는 경우에는 의결권을 행사할 수 있다[24].

24) 1997년 외환위기 이후 국내 상장사들에 대한 외국인 지분율이 높아지자, 외국인의 적대적 M&A에 대비해 경영권방어 수단이 필요하다는 재계 측의 요구로 공정거래법 제11조에 예외조항이 신설됐다. 2002년부터

1. 금융업 또는 보험업을 영위하기 위하여 주식을 취득 또는 소유하는 경우
2. 보험자산의 효율적인 운용·관리를 위하여 「보험업법」 등에 의한 승인 등을 얻어 주식을 취득 또는 소유하는 경우
3. 당해 국내 계열회사(상장법인에 한한다)의 주주총회에서, ① 임원의 선임 또는 해임, ② 정관 변경, ③ 그 계열회사의 다른 회사로의 합병, 영업의 전부 또는 주요부분의 다른 회사로의 양도 중 어느 하나에 해당하는 사항을 결의하는 경우. 이 경우 그 계열회사의 주식 중 의결권을 행사할 수 있는 주식의 수는 그 계열회사에 대하여 특수관계인 중 대통령령이 정하는자(「독점규제 및 공정거래에 관한 법률」 제7조 제1항 제5호 가목에 따른 특수관계인)를 제외한 자가 행사할 수 있는 주식수를 합하여 그 계열회사 발행주식총수의 100분의 15를 초과할 수 없다[25].

또한 각 관련 법령에서는 해당 금융업종의 특성을 감안해서 금융기관의 재무건전성 확보와 금융에 의한 산업지배 방지를 위하여 주식보유를 제한하고 있다. 그리고 의결권 행사와 관련해서는 각 금융기관의 고유계정이 보유하고 있는 주식에 대해서는 원래부터 제한이 없었으나, 금융기관이 신탁재산으로 보유하고 있는 주식에 대해서는 일부 제한을 두고 있다. 자본시장법에서는 앞의 제8장 제2절에서 살펴본 바와 같이 집합투자업자와 신탁회사의 집합투자재산의 운용에 대한 제약을 통해 주식소유에 대한 제약과, 의결권 행사에 대한 제약을 규정하고 있다.

현행 한 펀드에서 동일회사의 지분투자한도는 25%(인덱스펀드는 30%)이다. 그리고 자산운용사의 경우 2014년 12월 시행령 개정으로 2015년 7월부터 예탁결제원을 통한 중립투표(Shadow voting)의 행사를 금지하였다. 다만 기업이 전자투표를 이용하는 경우 중립투표를 2017년까지 할 수 있도록 경과조치를 두었다. 그리고 사외이사인 감사위원(또는 감사) 선임시 의결권 행사는 보유지분 중 3% 이내(소위 3% 룰)로 제한된다.

임원임면, 정관변경, 합병 및 영업양도 사항에 대해서는 의결권을 행사할 수 있도록 규제를 대폭 완화한 것이다.

25) 금융보험사의 의결권 행사 한도를 2006년 4월부터 매년 단계적으로 축소하여 15%까지 제한하도록 하였다.

(2) 한국 전문투자자의 의결권 행사

1998년 정부는 기업지배구조 개선의 일환으로 은행 및 투자신탁회사가 신탁재산으로 보유하고 있는 주식을 이용해 해당기업에 대해 의결권을 자유로이 행사할 수 있도록 전문투자자의 의결권 행사 관련제도를 개정하였다. 한국거래소에 상장된 기업의 주주총회 안건에 대해 전문투자자는 의결권 행사 여부, 찬성, 반대, 중립 등 의결권행사 내용을 매년 4월 30일까지 한국거래소를 통해 일괄공시하도록 하였다. 그 동안 자산운용회사는 금융투자협회가 마련한 의결권행사 가이드라인에 따라 의결권을 행사해 왔다.

2010년 이후 전문투자자(주로 자산운용회사)의 의결권행사 내용을 보면, 주주총회 안건에 대해 찬성이 95% 내외를 이루고 있음을 알 수 있다. 전문투자자가 반대의견을 제시하는 안건은 주로 사외이사를 포함한 이사선임에 관한 안건이다(〈표 10-10〉).

표 10-10 전문투자자의 의결권 행사 내용

연도	의결권행사	찬성	반대	불행사	중립
2010	9,688 (100.0)	9,507 (98.13)	32 (0.33)	46 (0.47)	136 (1.40)
2011	11,098 (100.0)	10,866 (97.91)	26 (0.23)	117 (1.05)	107 (0.96)
2012	9,960 (100.0)	9,711 (97.50)	39 (0.39)	152 (1.53)	74 (0.74)
2013	16,051 (100.0)	15,163 (94.3)	94 (0.6)	272 (1.7)	549 (3.4)
2014	19,638 (100.0)	18,460 (93.6)	480 (2.4)	452 (2.3)	327 (1.7)
2015	18,851 (100.0)	18,568 (96.2)	283 (1.5)	–	–
2016	18,234 (100.0)	17,833 (97.8)	401 (2.2)	–	–

주 : ( )은 비중을 의미
2012년까지는 한국거래소 공시팀 보도자료 이용
2013년 이후는 지배구조연구원(www.cgs.or.kr), 대신지배구조연구소 등의 자료에서 작성했음
※ 2015년 7월부터는 증권예탁원을 통한 중립투표가 금지됨. 단 기업이 전자투표를 이용할 경우는 2017년까지 중립투표가 허용됨

(5) 국민연금의 의결권 행사

세계 3대 자산규모를 운용하고 있는 국민연금은 단지 의결권행사를 통해 소극적으로 주주권을 행사하고 있다. 그러나 세계 주요 연금기금들은 적극적으로 주주제안, 투자자 연대, 주주소송 등을 이용하고 있다(〈표 10-11〉)

2005년 1월 1일 국회에서 통과된 기금관리기본법 개정안에 의하면 연기금이 보유 중인 주식에 대해서는 원칙적으로 의결권 행사를 허용하되, 기금의 이익을 위해 신의에 따라 성실하게 행사하고, 그 내역을 공시토록 하였다. 현재 국민연금 기금의 의결권 행사에는 법 및 제도상 아무런 제약이 없다. 국민연금은 개정된 기금관리기본법과 국민연금 기금운용규정 제35조와 기금운용규정 시행규칙 제38조~제42조에 따라, 기금운용위원회 내에 동 위원회의 보조기구로 주식의결권행사 전문위원회(9인의 민간위원, 대표는 호선)가 의결권 주요사안을 검토하여 의결권행사지침과 기준을 정한다.

표 10-11 세계 주요 공적 연기금의 주주권행사 내용 비교

구 분		NPS (한국)	CalPERS (미국)	CPPIB (캐나다)	GPIF (일본)
소극적 주주권	의결권행사	O	O	O	O
	비통일적 행사	△	X	X	O
적극적 주주권	주주관여	X	O	O	X
	중점감시목록	X	O	X	X
	주주제안	X	O	O	X
	사외이사 추천	X	X	O	X
	투자자 연대	X	O	O	X
	주주소송	X	O	O	X
	입법운동	X	O	O	X

주) : O는 가능, X는 불가능, △는 중간을 의미.
자료 : 우리금융경영연구소, 국민연금의 주주권 행사 강화를 위한 주요 이슈 및 과제, 주간금융경제 동향, 2014.5.7

국민연금의 의결권 행사는 기업가치의 훼손, 주가하락 등을 초래하지 않는 한 해당 회사의 경영진 또는 이사회의 의견을 대부분 존중하는 방향으로 행사하여 왔다. 기금운용규정이 제정된 2005년 이후 의결권 행사를 적극적으로 하고 있다. 그런데 찬성률이 90% 정도를 유지하고 있지만, 점차 낮아지는 추세이다. 외부위탁운용 보

유주식 중 지분율 1% 미만인 경우 주주총회 의결에 영향을 미치지 않는 중립의 의사표시를 일괄적으로 행사해왔다(〈표 10-12〉). 국민연금이 주총안건에 반대한 경우를 보면, 주로 이사 및 감사 등의 임원선임, 과도하게 경영권을 보호할 우려가 있는 경우 그리고 과도하게 CB, BW 등을 발행하여 주주가치가 희석될 우려가 있는 경우, 이사 임원보수를 과도하게 증액하는 경우에는 반대했다[26].

최근에는 국민연금도 주주행동주의 일환으로 투자기업들의 배당확대를 유도하고 있다. 주요 추자기업의 배당방안을 평가하여 배당중점관리기업을 선정할 뿐만 아니라, 타 주주의 주주제안을 통해 배당확대요구에 동참할 것이라는 방침을 발표했다[27].

표 10-12 국민연금의 의결권행사 내용과 추이

연도	안건 수	행사내역(안건 수)		
		찬성	반대	중립
2005	1,382	1,322(95.7%)	37(2.7%)	23(1.7%)
2006	1,695	1,620(95.6%)	64(3.8%)	11(0.7%)
2007	1,831	1,926(94.6%)	966(5.0%)	0
2008	2,010	1,899(94.5%)	109(5.4%)	2(0.1%)
2009	2,003	1,865(93.1%)	132(6.6%)	6(0.3%)
2010	2,153	1,979(91.9%)	174(8.1%)	0
2011	2,175	2022(93.0%)	153(7.0%)	0
2012	2,565	2,125(82.8%)	436(17.0%)	4(0.2%)
2013	2,423	2,153(88.9%)	270(11.1%)	0
2014	2,775	2,519(90.8)%	221(9.0%)	5(0.2%)
2015	2,836	2,541(89.6%)	286(10.1%)	9(0.3%)
2016	3,344(586사)	2,992(89.5%)	321(9.6%)	30(0.9%)

※ 2015년 7월부터는 증권예탁원을 통한 중립투표가 금지됨. 단 기업이 전자투표를 이용할 경우는 2017년까지 중립투표가 허용됨

자료 : 국민연금관리공단, 기금운용보고서(www.nps.or.kr/공단소개/기금운용본부/기금자료실/기타자료)

26) 2016년 경우 국민연금의 주총안건 반대율은 9.6%였는데, 배당안건에 대해서는 74.1% 반대, 정관변경 안건에 대해서는 20.6% 반대, 임원선임 및 해임 안건에 대해서는 14.5% 반대를 하였다(CEO 스코어, 한국경제 2016.12.15.).

27) 한국경제, 국민연금발 배당압박(2015.5.29.)

(5) 한국의 의결권 행사 자문회사

한국에는 4개의 국내 의결권행사 자문기관이 영업을 하고 있다(〈표10-13〉). 이들 자문기구 이외에도 미국의 ISS[28]는 한국에 투자한 외국 기관투자자들을 대상으로 국내 기업의 700여개 주총안건에 대한 의결권 행사에 대한 자문을 수행하고 있다.

표 10-13 한국의 의결권 서비스 기관

구 분	서비스 시작	특 징
한국지배구조원	2012년	• 한국거래소 산하기관 • 스튜어드십 코드 제정 및 평가 • 의결권 자문 • 지배구조 연구
서스틴 베스트	2012년	사회책임투자(SRI) 중심 자문
대신지배구조연구소	2014년	• 대신금융그룹 산하기관, • 애널리스트 중심, • 의결권 자문 • 지배구조 연구
좋은기업지배구조연구소	2001년	• 참여연대 소액주주운동을 이끈 장하성 교수 등이 설립 • 의결권 자문 무료서비스 • 지배구조 연구

(6) 스튜어드십 코드

스튜어드십 코드(stewardship code)란 연기금, 자산운용사, 보험회사 등 전문투자가가 투자 대상 기업의 주요 의사결정에 적극 참여하도록 유도하는 지침을 말한다. 국내 기관투자자들이 기업의 의사결정에 적극적으로 참여하여 기업의 지속가능한 성장 및 고객이익의 극대화를 위한 주주행동주의를 구체화하기 위한 작업이다[29].

28) ISS는 세계 100여 개 시장의 연간 4만여 건의 주총 안건을 분석하여 개별 주총 안건에 대한 찬성과 반대를 결정한다. 세계 1700여개 기관투자가를 대상으로 의결권 자문서비스를 제공하고 있다. 국민연금과 같이 해외주식에 투자하고 있는 국내 기관투자자도 애플과 같은 외국 기업의 주총에서 주주권을 행사할 경우 ISS의 견을 참고한다. 2015년 엘리엇 매니지먼트도 ISS의 자문을 받아 삼성물산과 제일모직의 합병에 반대했다(2015.7.6.).

29) 현재 가장 먼저 도입한 것으로 알려진 영국을 비롯해서 일본, EU 등 11개국에서 스튜어드십 코드가 시행되고 있다. "기관투자자의 수탁자책임에 관한 원칙" 혹은 "기관투자자의 의결권행사 지침"은 강제규정이 아니라 권고사항이나, 국내 자산운용사를 비롯해 연기금 등이 채택될 것으로 보인다.

2015년 3월 금융위원회 주도로 구성된 스튜어드십 코드 제정위원회는 2015년 12월 초안을 마련하였고, 이후 민간 중심의 자율적인 추진이라는 취지에 맞춰 2016년 8월부터 한국기업지배구조원을 중심으로 개편된 제정위원회는 학계, 업계, 기관투자자 등의 의견을 광범위하게 수렴한 결과, 2016년 12월 19일 한국판 스튜어드십 코드인 "기관투자자의 수탁자 책임에 관한 원칙"을 공표하였다.[30]

"기관투자자의 수탁자책임에 관한 원칙"은 국내 상장사에 투자한 기관투자자가 타인의 자산을 관리·운용하는 수탁자로서 책임을 다하기 위해 이행해야 할 세부 원칙과 기준을 제시한다. 투자자 관점에서 보면 우리나라 주식투자 및 보유지분의 상당 부분을 차지하고 있는 일부 대형 연기금의 의결권행사 혹은 적극적인 지분권 행사 등의 측면에서 기업감시 기능이 미흡하다는 문제점의 지적으로부터 자율지침의 도입에 이른 일종의 투자자보호 제도이다. 기관투자자는 투자대상회사를 상시 잘 점검하고, 투자대상회사와 평소에도 적극 대화하는 등 주주활동을 시행하여야 수탁자로서 책임을 성실히 이행하는 것이 된다. 이와 같은 적극적인 수탁자로서의 주주활동은 회사의 중장기 발전과 주가상승을 유도하고, 고객과 수익자의 이익 증진에 기여함으로써 투자자보호를 뒷받침할 수 있다.

우리나라의 "기관투자자의 수탁자책임에 관한 원칙"에는 기관투자자의 실천사항으로 7개 원칙[31]이 천명되어 있다(〈표 10-14〉).

표 10-14 한국판 스튜어드십 코드 7가지

번호	내 용
1	수탁자 책임이행 정책 마련 공개
2	이해상충 문제 해결 정책 마련 공개
3	투자회사의 기업가치 주기적 점검
4	투자회사와 소통 범위, 절차, 기준 마련
5	의결권 정책, 행사내역, 결정사유 공개
6	수탁자 책임이행 활동 수익자에 보고
7	수탁자 책임이행 위한 전문성 확보

자료 : 한국기업지배구조원 www.cgs.or.kr 참조

30) 한국기업지배구조원 www.cgs.or.kr 참조

31) 한국지배구조원의 7개 코드 이외에 국민연금도 별도의 스튜어드십 코드를 마련하고 있다.

주요 주주인 기관투자자가 기업경영 활동에 대한 과정과 결과에 관심을 갖고, 투자자를 위해 전문성을 발휘하여 기업감시에 적극적으로 참여하는 것은 바람직한 현상이다. 기업 입장에서도 의결권행사에 관한 모니터링비용이나 이행비용 등 추가 비용이 소요될 것으로 예상되지만, 적극적으로 정보공시, 법규준수 등을 통해 정당한 이익추구, 창출된 이익의 정당한 배분을 우선시하는 건전한 기업시민으로서의 자세를 가다듬는 계기가 되어야 할 것이다. 기관투자자의 의결권행사 지침이 단순히 사회적 비용만 유발시키는 옥상옥 존재가 되지 않도록 기관투자자, 해당기업, 투자자 모두의 관심과 전문성 제고가 필요한 시점이다.

그러나 주주행동주의에 의한 전문투자자의 의결권 행사에 내포된 문제점으로는,

첫째, 연기금 등의 의결권 행사에 있어서 독립성 및 정치적 중립성 훼손이 우려된다. 국내 주식시장에서의 연기금 영향력이 증대되는 상황에서 연기금의 의결권행사는 독립성과 정치적 중립성이 확보되는 것이 중요하다.

둘째, 전문투자자의 단기 현금흐름 선호로 기업경영의 단기실적주의를 초래할 수 있다. 미국의 경우에도 연기금의 고배당 압력이 기업들의 장기적 경영전략 추진을 저해하여 기업 경쟁력 훼손 요소로 작용되고 있다.

셋째, 주총 안건에 대한 충분한 지식 및 분석능력 부족으로 전문투자자의 의결권 행사에 오류가 발생할 수 있다. 자산운용사 등 기관의 펀드매니저들은 매 주총 시즌마다 수천 가지가 넘는 주총 안건을 접하게 되나, 기관 내부적으로 주총 안건을 심의할 전문인력 확보는 현실적으로 어렵다.

넷째, 헤지펀드의 적극적 주주행동주의 제어를 위한 제도적 장치가 미흡하다. 한국의 주주행동주의는 아직 기업가치 제고형 주주행동주의가 정착되지도 못한 상태여서, 이를 위한 제도적 장치도 미흡한 상황이다.

Ⅲ 은행

1 일반은행

(1) 한국의 은행 약사

은행에는 일반은행과 특수은행이 있다. 일반은행은 "은행법"에 의해 설립되어 영업을 하는 은행을 말하고, 특수은행은[32] 각각의 특수은행법에 의해 설립·영업하는 은행을 말한다. 일반은행은 자본시장법에 의해 고유계정과 분리된 별도의 계정(신탁계정)으로 신탁업을 겸영하고 있다. 일반은행(commercial bank)은 단기의 예금수입·대출 및 지급결제업무 등의 고유업무를 영위하기 때문에 상업은행으로 불리기도 한다. 일반은행에는 시중은행, 지방은행, 외국은행 국내지점이 있다.

시중은행(nationwide bank)은 전국을 영업구역으로 한다. 1970년 이전에는 조흥·한국상업·제일·한일·서울신탁은행의 5대 시중은행이 있었다. 1980년대 이후 금융자유화 및 금융산업의 구조조정의 일환으로 11개 은행이 신설 또는 업종전환으로 진입하여, 1997년 말까지 시중은행은 16개에 달했다.[33] 지방은행(local bank)은 금융업무의 지역적 분산과 지역경제의 균형적 발전을 위해 1967년부터 1971년 사이에 10개 은행이 설립되었다. 지방은행의 영업구역은 처음에는 1도(道) 1은행주의였으나 1989년 11월 영업구역을 5개 경제권으로 광역화하여 동일 경제권내의 지점설치가 허용되었다. 그리고 서울과 광역시(市)에 설치할 수 있는 지점 수에 대한 규제가 1998년 11월 폐지되었다.

외국은행의 국내영업은 1967년 미국의 체이스맨하탄은행이 서울지점을 처음으로

32) 현재 영업중인 한국의 특수은행은 한국산업은행, 한국수출입은행, 중소기업은행, 농업협동조합(2000년 7월 1일 축산업협동조합을 흡수합병), 수산업협동조합의 5개이다. 이들 특수은행에 대해서는 『한국의 금융제도』(한국은행, 2011.11) 참조.

33) 재일 한국인 자본에 의한 신한은행(1982), Bank of America와 국내기업이 합작투자한 한미은행(1983), 이북5도민 자본에 의한 동화은행(1989), 중소기업금융 전문의 대동은행(1989)과 동남은행(1989) 그리고 근로자를 주고객으로 하는 중소기업은행, 국민은행 등 국내금융기관이 출자한 평화은행(1992)이 신설되었다. 그리고 한국투자금융이 하나은행(1991)으로, 한양투자금융과 금성투자금융이 합병하여 보람은행(1991)으로 전환하였다. 또한 한국외환은행(1989), 국민은행(1995), 한국주택은행(1997)이 특수은행에서 일반은행으로 전환되었다.

개설함으로써 시작되었다. 외국계 은행은 처음에 업무범위가 제한되어 국내은행에 비해 영업환경이 다소 차이가 있었으나, 점차 국내은행의 자율성이 신장되고 외국계 은행의 국내지점 업무도 확대되어 현재는 국내은행과 동일한 조건에서 영업을 하고 있다.

한편, 일반은행의 경우 1997년 12월 3일 금융·외환위기 이후 은행권의 구조조정에 따라 당시 33개의 은행 중 10개 은행이 퇴출되거나 피합병되었다. 1998년 6월 동화, 대동, 동남, 경기, 충청 등 5개 은행이 퇴출되었고, 7월 상업-한일은행이 한빛은행으로 합병, 9월 하나은행-보람은행이 하나은행으로 합병, 국민은행-장기신용은행이 국민은행으로 합병, 1999년 9월 조흥-충북-강원은행이 조흥은행으로의 합병이 이루어졌다.

이후에는 재무건전성에 따른 부실은행의 구조조정에 따라 예금보험공사가 전액 출자한 한빛·평화·광주·경남은행과 하나로종합금융이 우리금융지주회사로 통합되었다.[34] 아울러 국내은행간의 합병을 통한 대형화가 촉진되어 2001년 11월 국민은행-주택은행이 국민은행으로 합병되었고, 2002년 5월에는 한빛은행-평화은행이 합병되어 우리은행이 되었고,[35] 2002년 12월에는 하나은행-서울은행이 하나은행으로 합병되었다. 2003년 7월에는 신한지주금융과 예금보험공사가 조흥은행을 신한은행에 매각하기로 하는 계약을 체결하여 2006년 4월 1일에 신한은행과 조흥은행이 합병되었다. 2004년 11월에는 한미은행이 미국의 씨티은행에 인수되어 한국씨티은행이 되었고, 2005년 11월에는 제일은행이 스탠다드 차타드은행에 인수되어 SC제일은행이 되었다. 2010년 11월, 하나은행이 외환은행을 인수하였다가 2015년 9월 KEB하나은행이 출범하였다. 한편 인터넷 전문은행인 케이뱅크와 한국카카오뱅크가 2017년 4월과 7월에 각각 영업을 개시하였다.

2016년 말 현재 6개의 시중은행, 6개의 지방은행, 5개의 특수은행 등 총 17개의 국내은행이 영업을 하고 있다. 그리고 34개 외국은행의 39개 지점이 영업을 하고 있다. 연도별 국내 은행산업의 구조조정과정은 〈표 10-15〉와 같다. 그리고 외국은행 국내지점의 연도별 현황을 정리하면 〈표 10-16〉과 같다.

---

34) 예금보험공사가 보유한 은행들과 하나로종합금융의 주식을 지주회사로 이전하여 우리금융지주회사가 되는 주주이전방식에 의했다.

35) 평화은행의 은행계정과 신탁계정이 한빛은행에 흡수·합병되었고, 평화은행은 우리신용카드회사로 전환·인가(동년 12월)되었다.

표 10-15 연도별 은행 구조 조정 현황

금융기관	합 병 일	변 동 사 항	비 고
외 환	1999. 1. 1.	한외종금 흡수합병	
하 나	〃	보람은행 흡수합병	
강 원	2. 9.	현대종금 흡수합병	
조 흥	5. 3.	충북은행 흡수합병	
조 흥	9. 11.	강원은행 흡수합병	
농 협	2000. 7. 1.	축협중앙회 흡수합병	
국 민	2001. 11. 1.	국민은행 + 주택은행	신설 합병
한 빛	12. 31.	평화은행 흡수합병	상호변경 (우리, 002.5.20.)
하 나	2002. 12. 2.	서울은행 흡수합병	
우 리	2003. 7. 31.	우리종금 흡수합병	
국 민	2003. 9. 30.	국민신용카드 흡수합병	
외 환	2004. 3. 2.	외환카드 흡수합병	
우 리	2004. 3. 31.	우리카드 흡수합병	
한 미	2004. 11. 1.	씨티은행 서울지점 영업양수	상호변경(한국씨티)
제 일	2005. 11. 28.	스탠다드차타드은행 서울지점 영업양수	상호변경(SC제일) (2012.1.11)
신 한	2006. 4. 1.	조흥은행 합병	
하 나	2010. 11. 25	외환은행 인수	2015년 9월 KEB하나은행 출범

표 10-16 외국은행의 국내진출 현황(2000~2016)

연도	비 고
2000	2010년 총 37개 외국은행의 52개 지점
2011	2011년 총 39개 외국은행의 54개 지점
2012	2012년 총 39개 외국은행의 55개 지점
2013	2013년 총 39개 외국은행의 55개 지점
2014	2014년 총 39개 외국은행의 46개 지점
2015	2015년 총 31개 외국은행의 38개 지점
2016	2016년 총 34개 외국은행의 39개 지점

자료 : 금융감독원, 은행경영통계, 각 연도

(2) 일반은행의 소유 및 경영지배구조

일반은행에 대해서 동일인 주식소유한도가 엄격히 규제되고 있는데, 이는 산업자본이 은행을 사금고화 하는 것을 방지하기 위해서이다. 동일인의 은행주식 소유한도에 대한 규제는 1982년 12월 처음 도입되었고, 이후 강화되는 추세를 보였다. 1982년 12월 은행법의 개정 이전에는 의결권 행사범위만 10%로 제한하였으나, 이후에는 시중은행에 대해서는 동일인 소유한도가 8%로 제한되었고, 지방은행에 대해서는 소유한도의 적용이 배제되었다. 그러다가 1994년 12월 금융주력자(과거 금융전업가)의 경우 은행주식을 12%까지, 금융주력자 이외의 동일인인 경우는 8%에서 4%로 하향 조정되었다.

현재 금융주력자의 동일인(외국인 포함)의 은행주식 소유한도는 은행법(2002년 7월) 및 금융지주회사법(2002년 4월)에서 의결권이 있는 발행주식 총수의 10%, 지방은행 및 지방은행지주회사는 15% 이내로 제한되어 있다. 10% 이상 소유할 경우에는 10%(지방은행 및 지방은행지주회사는 15%), 25% 및 33% 초과시마다 금융위원회의 승인을 얻어야 한다. 그러나 1998년 은행법 개정 시 금융산업 구조조정과정에서 부실규모가 큰 은행에 대한 정부의 증자지원 등의 원활화를 위해 정부 및 예금보험공사에 대해서는 은행지분의 소유한도를 적용하지 않았다. 비금융주력자(은행법 제2조 1항의 9, 소위 금산분리)의 동일인에 대한 일반은행(은행 및 은행지주회사) 소유한도는 금융위원회의 승인을 얻어 10%까지 보유가 가능(지방은행 및 지방은행지주회사는 15%)하다, 그러나 일반은행의 4% 이상 보유 지분에 대해서는 의결권행사가 제한된다(2009년 6월 은행법 16차 개정, 2009.10.10. 시행).

한편, 2017년 4월과 7월에 각각 영업을 개시한 케이뱅크와 한국카카오뱅크 등 인터넷전문은행[36]에 대한 소유구조는 일반은행의 소유구조에 대한 제한이 그대로 적용되고 있다. 즉, 산업자본에 대해서는 동일인 10%(4% 이상 의결권행사 금지)가 여전히 적용되고 있다.

---

36) 인터넷전문은행은 은행업을 전자금융거래 방법으로 영위하는 은행으로, 계좌개설, 입・출금, 대출 등의 주요 업무를 ATM, PC, 스마트폰 등 전자매체를 통해 진행하는 점포없는 은행이다. 금융위원회는 2015년 6월 18일 금융서비스혁신 및 은행산업 경쟁력 제고를 위한 금융개혁 일환으로 인터넷전문은행 도입방안을 발표하였다. K뱅크는 2016년 12월 14일 본인가를 받아 2017년 4월 영업을 시작했고 한국카카오뱅크는 2017년 4월 본인가를 받아 7월에 영업을 시작했다. 두 인테넷뱅크 예비인가에서 금융비주력자의 동일인 소유한도 4% 초과신청도 승인하였다. 인터넷전문은행의 동일인 지분보유한도 완화(10%에서 50%)를 주요 내용으로 하는 은행법 개정을 추진 중이다.

1997년 말 금융·외환위기 후 정부는 일반은행의 구조조정 차원에서 은행의 해외 매각과 외국자본의 유치를 추진하였다. 외환은행의 경우 독일의 코메르쯔은행(Commerzbank)이 1998년 7월 지분(당시 29.26%)에 참여하였다(2003년 10월말 현재 론스타가 51.0%, 코메르츠가 14.75%를 소유). 제일은행의 경우 2000년 1월 21일 공적자금투입에 의한 정부소유지분의 50.99%를 미국의 뉴브리지(일종의 투자펀드)에 매각하였다(2003년 9월 현재 뉴브리지의 지분은 48.56%). 이후 제일은행은 2005년 11월 스탠다드 차타드은행에 매각되었고(SC제일은행), 한미은행은 2004년 11월 씨티은행(한국씨티은행)에 매각되었다. 하나은행은 2010년 11월 미국 사모펀드의 하나인 론스타로부터 외환은행을 인수하였다.

과거 은행의 의사결정이 은행장을 중심으로 이루어지던 관행을 탈피하기 위한 시도가 1990년대 들어서 시작되었다. 1997년 은행법 개정에서 비상임이사 중심의 이사회제도를 도입하였는데, 비상임이사의 수를 전체 이사의 50% 이상이 되도록 하였다. 그리고 1999년 12월에는 비상임이사를 사외이사로 명칭을 바꾸고 사외이사의 수를 3인 이상으로 하였다. 그리고 이사회 내에 감사위원회의 설치를 의무화하고, 그 위원의 2/3 이상을 사외이사로 구성하도록 하였다.

1997년 이후 은행의 비상임이사회제도가 형식적으로는 정착되었으나 은행장 중심의 이사회 운영방식이 그대로 유지되었다. 그러나 1997년 12월 외환위기 이후 금융개혁의 과제로 은행 지배구조의 개선 필요성이 강조되어 1999년도 정기주주총회시 일반은행의 경영지배구조가 크게 개편되었다. 일부 은행에서는 비상임이사가 이사회 의장을 맡아 이사회가 집행기능으로부터 독립된 위치에서 견제기능을 수행할 수 있는 장치가 마련되었다. 이사회 내에 운영위원회, 리스크관리위원회, 경영발전보상위원회, 윤리위원회 등 각종 소위원회를 은행의 실정에 따라 다양하게 설치하였다.

다른 한편 당시의 재정경제부는 2000년 6월 15일 금융구조조정의 수단으로 금융지주회사법(안)을 발표하였다. 지주회사의 자회사 중에 은행이 있는 '은행지주회사'와, 증권, 보험, 투신, 신용금고 등 제2금융권만을 소유한 '비은행지주회사'를 도입하기로 하였다.[37] 2001년 3월 공적자금이 투입된 금융기관을 중심으로 한 우리금

37) 지분한도에서 은행지주회사의 경우 30대 그룹에서 계열분리한 금융전업가는 분리 후 5년 이후부터 비은행금융지주회사를 설립할 수 있고, 뮤추얼펀드나 헤지펀드 등도 요건만 충족되면 금융지주회사를 설립할 수 있다. 비은행지주회사의 경우는 개인, 일반법인, 외국인 등에 대한 지분제한이 없다. 한편, 자(子)회사와 손(孫)회사의 범위에 있어서, 지주회사가 둘 수 있는 자회사는 금융기관, 금융관련 업무를 하는 비금융기관(금융전산회사, 자산관리회사, 금융조사연구기관 등), 중간지주회사 등이다. 자회사가 출자한 손회사는 원칙적으로 금지하되 자회사 영업과 밀접한 관련이 있는 금융기관(신용카드회사, 신용정보회사, 해외 현지법인 등)이나

융지주회사가 출범하였고, 2001년 9월 신한금융그룹을 중심으로 신한금융지주회사가 설립되었다. 2005년 12월 하나은행을 중심으로 하나금융지주가 출범하였다. 이후 2008년 9월 KB금융지주, 2009년 5월 SC금융지주, 2009년 10월 KDB금융지주, 2010년 6월 씨티금융지주, 2011년 3월 BS금융지주, 2011년 5월 DGB금융지주, 2012년 3월 NH금융지주, 2013년 7월 JB금융지주가 각각 출범하였다.

2 일반은행의 업무

(1) 일반은행의 업무범위

일반은행의 업무범위는 고유업무, 부수업무, 겸영업무로 구분된다. 은행의 고유업무는 은행법(제27조) 및 은행업무의 범위에 관한 지침(금융위원회의 은행업무 중 부수업무의 범위에 관한 지침)에 규정되어 있다.[7] 일반은행은 은행업무인 고유업무 및 부수업무를 별도의 인가 없이 영위할 수 있으나, 은행업이 아닌 업무를 겸영하기 위해서는 금융위원회의 인가를 받아야 한다. 일반은행의 업무범위는 1950년 은행법의 제정 당시부터 매우 광범위하고 포괄적으로 규정되었으나 1970년대까지는 예금 및 대출업무 위주로 운용되어 왔다. 1980년대 들어서 상대적으로 규제를 덜 받는 비은행금융기관의 급성장으로 은행의 자금중개기능이 위축되자 은행의 업무범위가 확대되어 왔다.

예를 들면 국공채 및 회사채 인수업무(1977), 환매조건부 국공채 매도업무(1982), 신용카드업무(1982), 환매조건부 회사채매도업무(1990), 사모사채 인수업무(1990), 국공채 창구판매업무(1995) 등이다. 1997년 12월 외환위기 이후 일부 은행은 자회사였던 종합금융회사를 합병하였는데, 이들 은행의 경우 종합금융회사의 업무 중 CMA 업무를 부수업무로 수행하고 있다. 그리고 전자상거래가 활성화되면서 이와 관련된 지급대행, 전자세금계산서 교부발행 및 인증 업무를 행하고 있다.

1990년대 말 이후 나타난 세계적인 금융개혁 조류(소위 금융 Big Bang)는 각국의

일반 회사만 예외적으로 인정된다. 은행은 증권, 보험, 투신사 등을 자회사로 둘 수 없고, 지주회사가 이들 주식을 매입해 은행과 동등한 자회사로 편입된다. 자회사에 대한 출자(상장사의 경우 30% 이상, 비상장사의 경우 50% 이상)는 자기자본 이내로 제한되어 부채에 의한 출자는 금지된다. 비은행 금융지주회사로는 한국투자금융지주(2003년 1월)와 메리츠금융지주(2011년 3월)가 있다.

7) 일반은행을 비롯해서 금융기관의 업무에 대해서는 한국은행(『한국의 금융제도』, 2011.12)를 참조

표 10-17 일반은행의 업무범위

구 분	업 무 내 용
고유업무 (은행법 제27조)	• 예금·적금의 수입 또는 유가증권 기타 채무증서의 발행 • 자금의 대출 또는 어음의 할인 • 내·외국환업무
고유업무에 수반되는 부수업무 (은행법 제27조의2, 시행령 제18조)	• 채무의 보증 또는 어음의 인수 및 중개, 상호부금, 팩토링, 보호예수 • 수납 및 지급대행, 전자상거래와 관련한 지급대행 • 지방자치단체 금고대행 • 금융관련 연수 및 도서·간행물 출판업무, 조사·연구업무 • 은행업과 관련된 전산시스템 및 소프트웨어판매 및 대여 • 업무용 부동산의 임대, 수입인지·복권·상품권 등의 판매대행 • 은행의 인터넷 홈페이지, 서적, 간행물 및 전산설비 등 물적 설비를 활용한 광고 대행 • 인터넷전문은행업무(2015년 6월) • 기타 금융위원회가 정하여 고시하는 업무
겸영업무 (은행법 제28조, 시행령 제18조의2)	– 해당법령에서 인허가 또는 등록을 받아야 하는 업무 • 자본시장법에 따른 파생상품의 매매·중개업무, 파생결합증권 매매업무, 국채증권, 지방채증권, 특수채증권의 인수·매출 및 모집·매출 주선업무, 국채증권, 지방채증권, 특수채증권 및 사채권의 매매업무 • 자본시장법에 따른 집합투자업(투자신탁으로 한정), 투자자문업, 신탁업, 투자매매업, 투자중개업, 일반사무관리회사의 업무, 명의개서대행회사의 업무 • 자본시장법 시행령에 따른 환매조건부 매도 및 매수 업무 • 보험업법에 따른 보험대리점업무 • 근로자퇴직급여 보장법에 따른 퇴직연금사업자의 업무 • 여신전문금융업법에 따른 신용카드업 • 담보부사채신탁법에 따른 담보부사채에 관한 신탁업 • 기타 금융위원회가 정하여 고시하는 업무 – 기타업무 • 금융관련업무(은행법 시행령 제13조 제1항의 법령)에서 은행이 운용할 수 있는 업무 • 자산유동화법 및 주택저당채권유동화회사법에 따른 SPC의 유동화자산 관리 및 채권추심 업무에 대한 수탁업무 • 이중상환청구권부 채권발행에 관한 법에 따른 커버드본드 발행에 관한 업무 • 기업합병 및 매수(M&A)의 중개·주선 또는 대리 업무 • 기업의 경영, 구조조정 및 금융 관련 상담·조력 업무 • 증권의 투자 및 대차거래 업무 • 상업어음 및 무역어음의 매출 • 금융상품 및 무역보험법에 따른 무역보험의 판매 대행 • ISA(개인종합자산관리)업무(2016년 3월) • 기타 금융위원회가 정하여 고시하는 업무

자료 : 한국은행, 한국의 금융제도, 2011.11.27.

금융시스템의 변화를 가져왔다. 분업주의를 채택하고 있는 국가의 경우 은행(예금, 지급결제), 증권(증권중개), 보험(보험인수)의 3대 금융축을 유지하면서, 여타 금융업무를 영위하는 것을 허용하고 있다. 한국의 경우는 자회사 또는 지주회사형식을 통해서, 일본의 경우는 자회사 형식을 통해서, 미국의 경우는 지주회사 형식을 통해서 여타 금융업에 진출하고 있다. 그리고 3대 금융 산업이 각자 고유업무에 대해서는 분업주의를 유지하면서, 부수업무에 대해서는 겸업확대 내지 전략적 제휴를 통한 상호진출을 추구하고 있다. 이에 따라 2003년 8월부터는 은행과 보험회사간의 방카슈랑스 제휴에 의해 생명보험회사와 손해보험회사의 저축성 보험상품을 판매하는 보험대리점업무도 행하고 있다. 현재 일반은행이 영위하는 업무내용은 〈표 10-17〉과 같다.

(2) 은행의 부외거래 업무

은행의 부외거래업무(off-balance sheet banking)는 예금, 대출 등과 같이 대차대조표에 기재되는 항목이 아닌 장부 밖에 있는 항목(부외항목)의 업무로, 현재는 장부상에 나타나지 않지만 미래에 장부상에 나타날 수 있는 우발사건부 약정(contingent commitment)[8]을 내용으로 하는 거래다. 부외거래는 부외자산(off-balance sheet asset)과 부외부채(off-balance sheet liability)로 기록되고, 부외거래에는 지급보증, 대출약정, 신용장, 자산유동화 및 대출채권 매각, 파생금융상품 투자 등이 있다.

국내은행의 부외거래는 2000~2008년 중 급증하였다. 국내은행의 부외거래는 2000년 230조원에서 2008년 2,777조원으로 12배나 증가하였다. 이러한 증가는 파생상품거래가 2000년 126조원에서 2008년 2,117조원으로 17배, 연평균 42%씩 증가하였다. 그러나 2008년 글로벌 금융위기의 여파와 장기간의 경기침체로 당국이 위험성이 높은 파생상품에 대한 규제강화로 성장이 정체되었다.

① 지급보증

지급보증(acceptances and guarantees)은 은행의 거래고객이 거래상대방에게 부담하고 있는 채무의 지급을 은행이 보증하고, 대신 은행에 수수료를 지급하는 계약이

8) 계약상의 우발적 사건이 발생할 때 비로소 현실의 거래모습으로 나타나 대차대조표상의 자산 및 부채로 전환되는 약정을 의미한다. 계약상의 우발적 사건이 발생하지 않으면, 마치 보장성보험처럼, 약정은 기한을 넘기면 소멸된다.

다. 그 종류로는 채무보증(대출 및 회사채 등에 대한 보증), 계약이행보증, 입찰보증, 수출선수금환급보증, 신용장 개설 관련 지급보증 등 다양하다[9].

② 대출약정

대출약정(loan commitment)은 대출자가 약정된 금액 한도 내에서 약정된 금리로 약정된 기간(통상 1년) 내에 언제라도 은행으로부터 대출받을 수 있는 계약을 의미한다. 당좌대월약정이나 마이너스 통장 등이 좋은 예이다. 이러한 대출약정은 대출권리 행사를 우발사건으로 하는 채권으로, 기업이 대출권리를 행사할 때 비로소 은행의 대차대조표상의 대출채권으로 전환(on-balance sheet)되고, 기업이 대출권리를 행사하기 전에는 약정으로만 존재(off-balance sheet)한다.

③ 신용장

신용장(letter of credit : 약칭 L/C)은 무역거래 등에서 구매자(수입업자)가 대금을 지급하지 못하는 우발사건이 발생할 경우에 신용장을 발급한 은행이 대신 수출업자에게 구매대금을 지급한다는 지급보증 약정서이다. 국제적 신용이 부족한 은행은 국제적 신용이 있는 다른 은행의 확인신용장(confirmed letter of credit)을 발급해준다.

④ 자산유동화 및 대출채권 매각

자산유동화란 은행이 갖고 있는 자산을 시장에서 거래되기 쉬운 유가증권 형태로 바꾸어 매각·유통시키는 것으로 자산의 증권화(securitization) 일종이다. 대출채권 매각(loan sales)은 은행이 갖고 있는 대출채권을 다른 금융기관에 매각하는 것을 의미한다. 자산유동화는 기초자산을 담보로 하여 만든 증권을 매각하는 것인데 반해, 대출채권 매각은 자산 자체를 매각하는 것이다. 자산유동화와 대출채권 매각의 목적은 자금조달(또는 자금회수)뿐만 아니라 자산과 함께 그에 부수한 위험도 함께 이전시키는 효과도 있다.

---

9) 국내 엔지니어링, 건설회사 등이 해외 진출(원자력발전, 해양프로젝트, 정유시설, 토목사업(도로, 항만, 철도 등) 등에 단독 또는 컨소시엄으로 참여하는 경우, 해당 프로젝트의 해외 발주처는 국내 기업(또는 컨소시엄)에 대한 국내 은행의 지급보증(Refund guarantee : RG)을 요구하는 것이 관례다. 즉, 국가 신용등급과 동일 또는 이상의 신용등급(Moody's, S&P, Fitch 등)을 받은 국내 은행(특수은행, 시중은행)의 지급보증서를 요구한다. 그런데 국내 은행은 동일인당(계열사 포함) 자기자본의 5배까지 프로젝트에 대한 지급보증이 가능하다. 국내 기업의 해외 진출을 위해서는 국내 은행의 대형화가 필요한 이유다. 선박회사의 수주 경우에도 "선수금환급보증"(RG)을 국내 은행에 요구한다. 2015~2016년 선박회사들의 구조조정(특히 대우조선, 성동조선, STX 등)으로 어려움을 겪게 되자 이들 선박회사에 대한 RG를 해준 산업은행, 수출입은행이 RG 때문에 재무건전성이 악화되었다(2016년 말 현재, 대우조선해양에 대한 금융권 총 RG는 13.5조원).

⑤ 파생금융상품

파생금융상품(financial derivatives)은 어떤 기초자산으로부터 파생되어 만들어진 계약 또는 증권을 의미한다. 파생상품거래에는 선도거래, 선물거래, 옵션거래, 스왑거래 등이 있다.

(3) 금융투자 업무

은행이 금융투자업무를 취급할 수 있는 범위와 한계는 국가에 따라 차이가 있다. 겸업주의를 택하고 있는 유럽계의 독일, 스위스 등에서는 증권업무는 은행(Universal Banking)의 기본업무에 속한다. 따라서 이들 국가에는 증권회사가 별도로 없다. 그러나 분업화 또는 전문화 제도를 택하고 있는 영국, 미국, 일본, 한국의 경우 은행업무와 증권업무가 분리되어 있다.

은행이 금융투자업무를 하기 위해서는 자본시장법에 따라 금융위원회로부터 집합투자겸영은행을 인가받아야 한다.[10] 은행이 금융투자업을 영위하는 이유로는,

첫째, 외부부채에 대한 지급준비로서의 투자이다. 은행은 예금을 포함하는 외부부채의 지급준비로서 은행자산의 일부를 증권의 형태로 보유한다. 이 경우 유동성과 환금성이 높은 국채, 정부보증채, 금융채, 보증사채, 신용도가 높은 일부 회사채 등에 투자한다. 주식은 가격변동성이 여타 채권 등의 유가증권에 비해 높은 투자대상이다.

둘째, 운용목적의 투자이다. 과거에는 은행의 공공성이라는 성격상 매매차익을 목적으로 하는 투자는 비교적 적었다. 그러나 1980년대 말 이후 주식시장의 활성화와 더불어 금리의 자유화 진전에 따라 예대마진이 축소되는 등 수익환경이 열악해져 주식에 대한 투자가 증대되었다. 또한 채권수익률의 하락에 따라 채권에 대한 투자규모도 늘어나 전반적으로 은행의 유가증권에 대한 투자비중이 높아지고 있다.

셋째, 거래수단으로서의 투자이다. 예를 들면 은행이 대출해준 기업이 부실화될 경우 부실채권을 해당 기업에 대한 출자로 전환하기도 한다. 기업이 정상화되는 경우 은행은 보유주식을 매각하여 채권을 회수하게 된다.

넷째, 은행의 공적 책임에 의한 투자이다. 은행의 유가증권투자는 은행의 공적인

10) 은행이 2009년 2월부터 자본시장법의 시행에 따라 집합투자업을 겸영하더라도 과거 간접투자자산운용업법, 증권거래법 등에서 규정했던 은행의 증권관련업무가 확대되는 것은 아니다. 다만 정부의 금융산업에 대한 규제완화 차원에서 은행의 증권관련 업무가 확대될 수 있다.

책임을 수행하기 위한 수단으로 이루어지는 경우가 많다. 이는 정부가 국공채의 발행으로 민간자금을 공동부문으로 흡수하거나 통화안정증권의 발행으로 유동성을 조절하는 정책의 일환으로 이루어진다. 그리고 보통 인수단의 일원으로서 발행된 채권을 분담하여 인수하기도 한다.

은행이 취급하는 금융투자관련업무는 인수업무, 모집업무, 수탁업무, 증권대여업무, 증권판매업무, M&A 업무 등이다. 인수업무란 증권발행에 있어 그 증권을 투자에 매각하기 위하여 그 증권 전액을 일단 매입하거나 또는 모집하는데 있어서 매각잔액이 생길 경우 그 잔액을 인수 매입함으로써 증권의 발행을 성립시키는 책임을 진 업무를 뜻한다. 은행은 국공채와 회사채의 인수업무를 할 수 있다. 모집업무란 증권회사 또는 은행이 발행사의 위탁을 받아 불특정 다수의 투자자를 상대로 새로 발행되는 증권의 취득신청을 취급하는 업무이다.

수탁업무란 기업이 사채를 발행할 때 발행시기, 발행방법 이 밖에 수속 등에 관하여 발행회사에 대한 조언, 신청 또는 계약서 작성 등 발행을 도와주는 업무, 발행된 사채의 이자지불 또는 상환이 확실하게 이루어지도록 투자자보호의 입장에서 담보에 관한 관리사무를 하는 업무 등이다.

증권대여업무란 은행이 보유하고 있는 증권을 일정한 수수료를 받고 거래처의 담보, 보증금으로 사용하게 할 목적으로 대여하는 것이다. 대여한 증권은 만일 거래처가 채무불이행에 빠질 경우 채권자에 의하여 처분되기 때문에 은행의 소유권은 상실하게 된다. 따라서 증권대여는 여신업무와 같이 취급되는 것이 보통이다. 증권판매업무는 은행창구를 통해 일반 투자자들을 대상으로 국채, 수익증권 등의 유가증권을 판매하고, 여타 금융기관과의 업무제휴로 증권 및 보험관련 상품을 판매하는 경우이다. 이 밖에 M&A업무도 수행하고 있다.

2009년 2월 자본시장법의 시행에 따라 은행은 금융위원회로부터 금융투자업의 인가를 받아 집합투자겸영은행의 업무를 영위하여 투자신탁의 설정·해지 및 투자신탁재산의 운용업무를 영위할 수 있다(제250조). 그리고 집합투자업, 신탁업(집합투자재산의 보관·관리업무를 제외), 집합투자재산의 보관·관리업무 또는 일반사무관리회사의 업무를 영위할 수 있다. 그리고 2008년 하반기부터는 금융위원회의 「은행업무중 부수업무의 범위에 대한 지침」이 개정(2008. 6. 26)되어 은행의 유가증권 차입거래(대차거래)에 대한 제한이 폐지되고, 은행의 상품개발 및 업무범위가 확대되어 일반 파생상품을 거래하고 파생결합증권을 발행하게 되었다. 자본시장법상의 겸영이 허용된 은행의 금융투자업무를 요약하면 〈표 10-18〉과 같다.

표 10-18 은행의 금융투자 업무

구 분	업 무
투자매매업	국공채 창구판매업・매매업, RP매매업, 수익증권판매업, 장외파생상품 매매업
투자중개업	국공채 창구판매업・매매업, 수익증권 판매업, 장외파생상품 중개업
집합투자업	집합투자업(투자신탁의 설정・해지 및 투자신탁재산의 운용업무)
신탁업	신탁업(집합투자재산의 보관・관리업무 또는 일반사무관리회사의 업무)

(4) 은행의 비이자수익업무

은행의 비이자수익은 이자수익 이외에 수수료수익, 유가증권투자 이익, 트레이딩 이익 모든 영업수익을 의미한다[11]. 수수료수익은 일상적인 은행의 영업활동과 관련하여 고객에게 제공되는 서비스의 대가로 얻어지는 수익이다. 여기에는 i) 지급결제수수료(예를 들면 송금수수료, CD/ATM 이용수수료, CD 공동망 이용수수료 등), ii) 신용카드수수료, iii) 외환거래수수료, iv) 기타수수료(유가증권 및 파생금융상품 매매 중개 관련 수수료, 컨설팅수수료, 지급보증수수료, 자기앞수표 발행수수료, 보호예수 및 대여금고 수수료 등) 등이 있다.

유가증권투자업무는 은행이 보유하고 있는 유가증권에는 국고채, 통화안정증권, 금융채, 지방채, 주식 등이 있으며, 기업지배 목적의 주식 소유는 금지되고 있다. 은행법에서는 건전성 확보차원에서 자기자본의 100% 이내로 투자 규모를 제한하고 있으나, 유가증권 부실화가 대출채권 손실과 함께 은행 수익변동성의 주된 요인으로 작용하고 있다. 단기매매증권과 외환・파생상품운용업무는 수수료 수익과 같이 추가적인 자금조달 비용 없이 수익창출이 가능한 고부가가치의 트레이딩업무로 대부분 안정적 수익구조를 보이고 있다.

3 일반은행의 재무제표

(1) 은행의 재무제표

제무제표는 기초 또는 기말 등 일정 시점의 금액 기록이나 관리를 위해서 작성하는 표이다. 상법상의 재무제표 종류로는 대차대조표, 손익계산서, 이익잉여금처

11) 은행의 금융중개기능을 강조하기 위해서는 총이익을 금융중개이익과 기타이익으로 구분하기도 한다.

분계산서 또는 결손금처리계산서가있고, 기업회계기준상의 재무제표로는 대차대조표, 손익계산서, 현금흐름표, 이익잉여금처분계산서 또는 결손금처리계산서, 주기 및 주석 등이 있다. 은행의 재무제표는 말잔과 평잔으로 구분한다. 말잔 재무상태표는 회기 말의 자산과 부채상태를 표시하고, 평잔 재무상태표는 회기 중의 평균적인 자산과 부채상태를 표시한다.

은행의 자본은 예상치 못한 손실을 흡수하여 은행의 도산을 막는 충격흡수 재원이다. 예금자와 채권자를 보호하기 위해 예금보험제도를 실시하고 있고, BIS자기자본비율 제도에 의해 일정수준의 재무건전성을 유지하도록 규제하고 있다. 은행의 부채는 자금 조달의 원천(sources of funds)이다. 은행의 입장에서 필요한 자금을 어떻게 안정적(위험관리)으로, 그리고 가급적 낮은 조달비용으로 확보하느냐(이익관리)가 중요하다.

은행 부채는 예수금과 차입부채로 대별된다. 예수금은 불특정 다수 고객으로부터 일정한 이자지급 조건으로 받은 자금이다. 예금부채(예수금)에는 요구불예금, 저축성예금, 양도성예금, 외화예금 등이 있다. 차입부채는 원리금의 반환을 약정하고 차입한 자금이다. 예금은 조기인출이 항상 가능한 반면, 차입부채는 만기까지 상환의무가 없다는 것이 특징이다[12]. 기타부채로 은행의 영업과정에서 생기는 일시적 부채가 있다. 차입부채에는 차입금(다른 기관으로부터 직접 차입한 자금, 원화 및 외화), 사채(은행채, 금융채, 후순위채, 코코본드 등), 콜머니, 환매조건부채권(RP 또는 Repo) 매도 등이 있다.

예금부채 중에서도 안정적이면서 상대적으로 조달금리가 낮은 지급결제성 요구불예금(보통예금, 당좌예금 등), 소액 저축성예금(정기예금·적금, MMD 등), 소액 CD 등을 핵심예금(core deposits)이라 한다. 이는 무원가성 예금을 포함하여 은행의 안정적 영업기반이 된다. 차입부채에서 변동성이 높고 금리에 민감한 자금을 시장성부채라고 한다. 이 시장성부채에는 차입금, 콜머니, RP매도, 사채 발행 거액 저축성예금, 거액 CD, 외화자금, 해외지점 예금 등이 포함되는데, 조달의 용이성과 신축성이 장점으로 부각되어 자금조달 및 관리 능력의 척도로 간주되나 잠재적 불안 요인을 내포하고 있다.

은행부채구조 시장성부채에 대한 의존도가 커지고 있다. 이는 자금시장의 발전과, 파생금융상품, 자산유동화 등 금융기법의 발달로 자금조달 수단이 다양화되어, 대규모자금을 낮은 비용으로 조달이 가능해졌다. 따라서 자연스럽게 예금 의존도가

12) 양도성예금증서(CD)는 조기인출이 허용되지 않으므로 차입부채의 성격이 강한 저축성 예금이다.

감소하게 되었다. 그런데 자금시장이 안정적일 때 시장자금 조달이 용이하여 예금의존도가 감소하고 시장성부채 의존도가 증가하는 경향을 보인다. 그러나 자금시장이 불안할 때는 시장자금 조달(신규조달, 만기연장, 차환 등)이 어려워진다. 따라서 예금의존도가 증가하고, 반면에 시장의존도는 감소하는 경향을 보인다.

4 일반은행의 자산운용

(1) 일반은행의 자금조달 및 운용

일반은행의 자금조달은 원화예수금, 금융채발행, CD발행, 원화 및 외화차입입금 등에 크게 의존하고 있다(〈표 10-19〉). 2016년 말의 경우 총 자금조달 1,442.8조원(총자산) 중 자기자본은 110.6조원으로 7.7%를, 부채는 1,332.2조원으로 92.3%

표 10-19 일반은행의 자금조달 (말잔)

(단위 : 조원)

계정과목	2009	2010	2011	2012	2013	2014	2015	2016
자산총계	1,126.2	1,141.1	1,206.8	1,221.6	1,237.2	1,296.6	1,378.5	1,442.8
예수금	730.1	774.9	833.6	851.4	874.8	929.7	1,000.2	1,056.0
원화예수금	609.4	715.8	775.1	798.3	818.1	872.0	922.4	972.6
CD	84.2	27.9	18.2	10.3	11.4	8.6	15.8	16.5
외화예수금	36.3	31.0	39.8	42.2	44.9	48.7	61.5	66.4
차입금	221.1	194.0	185.6	166.9	161.1	166.1	165.2	161.4
원화차입금	24.0	22.1	23.5	25.7	27.4	38.8	31.9	31.5
외화차입금	43.5	15.9	53.0	37.8	32.1	37.4	36.8	32.3
콜머니	16.0	9.3	6.9	10.0	10.3	8.6	5.5	8.2
RP매도	7.1	5.8	5.4	4.5	2.9	2.5	3.2	3.2
사채[1]	129.0	109.6	95.5	88.2	87.5	87.8	87.4	85.4
기타부채	95.4	90.8	92.9	104.2	98.9	97.6	106.4	114.9
파생상품부채	28.5	20.1	17.6	18.9	17.2	18.8	20.9	25.3
부채총계	1,046.7	1,059.7	1,12.0	1,122.5	1,134.8	1,193.4	1,271.9	1,332.2
자기자본	79.5	82.5	94.8	99.1	102.4	103.1	106.6	110.6

주 1) : 사채에는 금융채 포함
자료 : 금융감독원, 『금융통계월보』, 각 호.

를 차지했다. 총부채 중에서 코어예금인 예수금이 1,064.1조원으로 부채의 79.9%를 차지했는데, 이 비중은 점차 확대되는 추이를 보이고 있다. 예수금 중 원화예수금이 972.6조원으로 총 부채 중에서는 73.1%를, 예수금 중에는 92.1%를 차지하여, 가장 비중이 큰 자금조달 수단이었다. 다음으로는 차입금은 161.4조원으로 총 자금조달 중 12.1%를 차지했고, 이 중 금융채 등 사채발행이 차입금 중 52.8%를 차지하였다.

앞서 언급한대로 위기 시에는 예수금 비중이 감소하고 시장성부채인 차입금의 비중이 높아지는데, 2009년 경우 부채총계 1,046.7조원 중 예수금 비중은 69.7%,

표 10-20 일반은행의 자금운용(말잔)

단위 : 조원)

계정과목	2009	2010	2011	2012	2013	2014	2015	2016
현금 및 예치금	60.0	56.3	60.8	57.9	66.0	72.9	70.2	79.3
현금	12.1	10.9	11.2	12.3	11.5	10.8	8.9	8.4
외국통화	1.6	1.7	2.1	2.1	2.0	2.1	2.2	2.5
원화예치금	39.4	36.9	37.8	34.4	39.0	47.9	40.2	50.6
외화예치금	6.6	6.7	9.3	8.6	13.3	11.8	18.7	17.5
당기손익증권[1)]	10.1	7.0	12.9	10.0	8.3	8.8	8.9	11.7
매도가능증권	114.8	119.8	119.1	126.1	123.1	123.1	124.8	137.0
만기보유증권	55.1	59.6	58.6	55.7	48.8	49.0	54.6	50.2
자회사 등 투자지분	4.7	6.0	6.7	7.3	7.1	9.0	10.0	9.9
대출채권	795.0	813.4	863.2	872.2	900.7	951.7	1,020.7	1,064.1
원화대출금	674.3	695.8	743.7	759.7	789.5	840.7	905.8	952.1
외화대출금	40.7	39.0	40.3	33.2	32.1	37.0	41.9	39.4
내국수입유산스	15.8	19.1	23.9	20.1	18.3	19.8	16.3	14.7
콜론	10.3	10.2	13.4	13.3	19.7	12.4	12.4	10.7
대손충당금(−)	14.6	16.9	9.2	12.1	11.3	9.8	9.2	7.6
유형자산	12.5	12.2	14.3	14.2	14.3	14.3	14.1	14.2
기타자산	73.9	67.8	71.2	78.1	68.8	67.8	75.2	76.5
파생상품자산	29.9	21.6	19.2	19.2	16.6	19.5	20.8	25.1
총 계	1,126.2	1,141.1	1,206.8	1,221.6	1,237.2	1,296.6	1,378.6	1,442.8

주 1) : 당기손익증권 중 2009년 및 2010년은 단기매매증권을 의미하고, 자회사 등 투자지분 중 2009년 및 2010년은 지분법 적용주식을 의미함.
자료 : 금융감독원, 『금융통계월보』, 각 호.

차입금 비중은 21.1%, 사채는 12.3%였다. 자금시장 안정기인 2016년에는 총부채 1,332.2조원 중 예수금 비중이 79.9%, 차입금이 14.2%, 사채가 6.4%로 낮아졌음을 알 수 있다.

일반은행은 이렇게 조달된 자금을 원화와 외화로 구분하여 운용하는데, 2016년 9월 말 경우 총자산 1,444.1조원 중 대부분을 대출금(1,056조원으로 73.1%)으로 운용하고 있다. 다음으로는 유가증권(매도가능 증권, 130.0조원으로 9.0%)에 대한 투자, 그리고 현금 및 예치금 등으로 운용하고 있다(〈표 10-20〉).

(2) 은행계정의 유가증권 운용

은행이 투자하고 있는 유가증권의 종류는 통화안정증권, 국공채, 지방채, 금융채, 사채, 주식, 외화증권 등으로 분류된다. 일반은행 은행계정의 유가증권 보유현황을 보면 2016년 말 현재 총 유가증권 투자 206.3조원 중 국채, 지방채, 회사채 등 채권에 156.3조원으로 78.6%,를, 수익증권에는 16.0조원으로 7.7%를 투자했다. 국내 주식에는 6.0조원으로 3.0%를 투자했는데, 주식에 대한 투자비중이 점차 줄어들고 있다. 반면에 외화증권에 대한 투자는 12.0조원으로 5.8%였는데, 최근 들어 외화증권에 대한 투자가 늘어나고 있다(〈표 10-21〉).

표 10-21 일반은행의 유가증권 운용현황

(단위 : 조원)

유가증권	2009	2010	2011	2012	2013	2014	2015	2016
통안증권	42.7	44.0	49.4	44.4	35.5	33.8	35.3	35.0
국채1)	50.9	53.4	49.1	52.4	53.6	55.3	47.0	55.2
지방채	1.7	2.4	3.1	4.0	4.0	4.5	5.0	5.3
사채2)	51.7	53.7	62.1	64.9	60.0	58.3	73.3	66.6
주식	15.0	14.6	10.1	9.4	8.8	6.9	5.7	6.0
외화증권	7.3	5.0	3.9	3.8	4.0	4.8	7.5	12.0
수익증권	7.9	9.1	11.2	11.1	12.5	14.6	11.8	16.0
기타	7.6	8.3	7.2	7.7	7.6	9.7	10.4	10.3
합계	184.6	190.5	196.3	197.8	186.0	187.8	196.1	206.3

주 1) : 국채에는 국채, 금융채 및 사채 중 정부보증채 포함
주 2) : 사채에는 금융채 포함
자료 : 금융감독원, 『금융통계월보』, 각 호.

Ⅳ 보험회사

1 한국의 보험산업

(1) 한국의 보험산업 개관

보험업법이 규정하는 보험의 종류에는 생명보험, 손해보험, 제3보험이 있다. 각각의 보험업은 보장해주는 위험의 종류로 구분(法的 정의)된다. 생명보험업은 사람의 생존 또는 사망과 관련된 보험금을 지급하고, 손해보험업은 우연한 사건으로 발생하는 손해에 대해 보험금을 지급하고, 제3보험업은 생명보험과 손해보험이 커버하지 못하는 질병, 상해, 간병에 관한 보험금을 지급하는 산업이다. 제3보험은 국민건강보험이 커버하지 못하는 신체관련 민영건강보험[13)]의 일종으로, 2001년부터 생명보험사와 손해보험사가 그 업을 영위하기 시작했다. 생명보험, 손해보험, 제3보험을 요약하여 구분하면 〈표 10-22〉와 같다.

표 10-22 생명보험, 손해보험, 제3보험의 구분

구 분	생명보험	손해보험	제3보험
보험사고	생존 또는 사망	재산상의 손해	신체의 상해, 질병, 간병
피보험이익[1)]	없음	있음	없음
중복보험 (보험가액 초과)	불허	허용	실손보상은 허용 정액보상은 불허
보상방법	정액	실손	정액, 실손
피보험자 (보험대상액)	보험사고의 대상	손해의 보상을 받을 권리가 있는 사람	보험사고의 대상
보험기간	장기	단기	장기

주 1) : 손해보험에서는 피보험이익이 필수적인 요소이지만, 생명보험의 경우에는 사람의 생명이나 신체를 금전적으로 평가할 수 없어 피보험이익이 없는 것으로 간주

자료 : 생명보험협회, 생명보험이란 무엇인가?, 2011.

13) 공영건강보험으로 국가가 관리하는 국민건강보험이 있다.

보험에는 저축성보험과 보장성보험이 있다. 저축성보험은 보험 기능 외에 저축의 기능까지 갖는 보험이다. 납입한 보험료보다 만기 시 지급되는 보험료에 급부금이 더 많은 보험이다. 생명보험의 저축성 상품에는 노후설계연금보험, 노후복지연금보험 등이 있고 손해보험의 저축성보험에는 장기손해보험이 있다. 보장성보험(소멸성보험)은 단순히 약속된 위험만 보장하고, 저축의 성격은 없는 보험이다. 생명보험에서는 사망·상해·입원 등 생명과 관련한 보험사고가 났을 때 피보험자에게

표 10-23 한국 보험산업 약사(요약)

연 도	주 요 내 용
1876	강화도 조약과 개항으로 해상보험 대리점시대가 개막
1880	일본 동경해상이 부산에 대리점 설치, 영국, 독일 등도 대리점 설치
1910	한일합병 이후 일본 보험회사의 지점 진출
1921	조선화재 설립(한상룡 등 실업가 중심)
1945	광복으로 일본 손보사 15개 지점과 생보사 19개 지점 철수
1946	(8월)조선손해보험 출범, (9월)대한생명보험 출범
1950	조선생명보험 출범
1962	국가재건최고회의가 손해보험회사 14개사를 10개사로 정비
1963	대한재보험공사 설립
1967	화재보험의 풀제도 발족
1968	공동인수체제로 있던 자동차보험공영사가 주식회사로 개편
1969	보증보험 전업사 설립
1978	한국보험공사 설립, 대한재보험공사 민영화
1983	자동차보험 다원화, 한국자동차보험회사는 원보험회사로 전환
1950~1988	6개 생명보험(동아, 흥국, 제일, 대한, 삼성, 교보), 11개 손해보험(신동아, 동양, 현대해상, 대한, 삼성, 쌍용, 동부, 국제, 해동, LG, 보증보험), 외국생명보험회사와 합작 생명보험회사, 지방생명보험회사 설립으로 보험춘추전국시대 개막
1989	한국보험공사가 보험감독원으로 개편. 한국손해보험요율 산정회가 보험개발원으로 개편
1992	화재보험 풀제도가 전면 해체되어 자유경쟁원리 도입
1993	보험상품가격 자유화를 필두로 보험시장의 자유화 시작
1998	(8월) 외환위기로 국제, BYC, 태양, 고려생명 등 4개 생명보험사 퇴출 (11월) 대한조증보험이 한국보증보험을 흡수합병하여 서울보증보험으로 상호 변경 (11월) 부실보험회사들이 우량보험회사에 흡수합병, 통폐합
1999	금융감독기구의 설치 등에 관한 법률의 제정으로 보험감독원이 금융감독원으로 통합
2000	제3보험을 생명보험회사와 손해보험회사 취급
2017년	생명보험 25개사, 손해보험 32개사 영업 중, 특별법에 의한 우체국보험, 각종 공제회가 보험업을 영위

약속된 보험금을 주는 상품이 보장성보험이다. 손해보험은 장기손해보험을 제외하고는 보험의 성격상 보장성보험이 주류를 이룬다. 특히 자동차보험과 같은 단기성 보험은 보장성보험이다.

(2) 한국의 보험산업 약사

한국의 경우 신라시대의 가배계, 고려시대의 문무계, 조선시대의 충효계 등이 보험과 유사한 제도로 존재한 것으로 기록되어 있다. 그러나 이러한 제도는 합리적인 계산기초위에 자금을 갹출한 것이 아니기 때문에 보험제도라고 볼 수는 없다. 한국에서 보험산업의 발달과정을 요약하면 앞의 〈표 10-23〉과 같다.

(3) 한국 보험산업 현황

한국 보험회사의 2016년 말 현황을 보면, 생명보험에는 16개 국내 생명보험사(이 중 3개는 합작생보사)와 9개의 외국 생명보험회사를 합쳐 총 25개사 회사가 영업중이다. 손해보험에는 12개의 국내 종합손보사(5개 온라인 자동차보험 포함), 1개의 재보험(코리안리), 2개 보증보험(서울보증보험 등) 등을 합쳐 총 15개의 국내 손보사가 영업 중이고, 14개의 외국 손보사(2개 외국 지점 포함) 3개의 외국계 재보험회사를 합쳐 17개의 외국 손보사가 영업 중이다. 따라서 손해보험회사는 국내 15개사 외국 17개사를 합쳐 총 32개 손보사가 있다. 한편, 한국에는 공제사업에 총 13개사가, 공영보험에 총 8개사가 유사한 보험업무를 영위하고 있다.

한국의 보험산업은 경제력의 성장과 더불어 급속하게 발전하고 있다[14]. 2015년 기준 한국의 보험시장은 생명보험과 같이 세계 8위, 손해보험은 9위의 시장규모로 세계 보험시장의 3.4% 정도를 차지하고 있다. GDP 대비 보험료 순위는 6위, 1인당 보험료 순위는 18위를 기록했다(〈표 10-24〉).

---

14) 다른 한편으로, 한국의 IFRS4 2단계(IFRS17)를 2021년부터 시행하기로 했다. IFRS4 2단계의 주요 내용은 보험부채를 원가평가에서 시가평가로 대체하고, 잉여금과 결손금 상계를 못하게 하여 결손금을 모두 부채로 간주하기로 되었다. 따라서 한국의 보험회사들은, 특히 생명보험회사의 자본확충이라는 현안을 맞게 되었다

표 10-24 세계보험 시장 내 한국보험 시장의 위치

연도	전체		생명보험		손해보험		GDP대비 보험료 비율		1인당 보험료	
	순위	점유율 (%)	순위	점유율 (%)	순위	전유율 (%)	순위	점위율 (%)	순위	금액 (US$)
2011	8	2.84	8	3.01	10	2.60	5	11.60	22	2,661
2012	8	3.00	8	3.01	9	3.03	5	12.12	20	2,785
2013	8	3.13	8	3.50	9	2.67	5	11.90	20	2,895
2014	8	3.34	8	3.83	9	2.73	4	11.30	19	3,163
2015	8	3.37	7	3.88	9	2.74	6	11.42	18	3,034

자료 : 손해보험협회, 2016년 손해보험 Factbook, 2016.10.

2 생명보험회사

(1) 생명보험회사의 연혁

한국의 보험업은 1876년 강화도조약체결 이후 대외문호개방에 따라 국내에 진출한 미국 및 유럽계와 일본계 금융기관 및 회사들이 자국 보험회사의 대리점 역할을 겸업하는 형태로 도입되었다. 그 후 한일합방으로 미국 및 유럽계 보험회사의 활동이 점차 퇴조하여 보험시장은 해방 전까지 일본계 회사에 의해 주도되었다. 한국계 보험회사로는 1921년에 조선생명보험주식회사가 처음 설립되었으나, 영업실적은 일본계 회사들에 비해 미미하였다. 1945년 8·15해방 이후에는 일본계 보험회사의 철수로 공백기를 맞은 데다 정치·경제의 불안정으로 뚜렷한 발전을 이룩하지 못하였다.

1962년 정부는 경제개발계획의 추진에 필요한 내자동원기반 확충방안의 일환으로 보험산업의 정비에 착수하여 "보험업법", "보험모집단속법" 및 "외국보험사업자에 관한 법률" 등 보험관계 3대 법률을 제정하였다. 이러한 생명보험업의 제도적 기반이 마련됨에도 불구하고 1970년대 중반까지 생명보험업은 여전히 부진을 면치 못하였다. 1977년 정부가 보험산업의 근대화를 위하여 보험관계법률을 보험업법으로 통합·정비하는 한편, 보험금 지급절차의 개선, 보험약관의 간소화, 생명보험료에 대한 소득공제제도의 도입 및 보험산업의 국제화 등 획기적인 제도개편을 단행함으로써 보험산업 발전의 새로운 계기가 마련되었다.

이와 같은 발전과정을 거치면서 한국의 생명보험업은 1980년대 전반까지 대한, 흥국, 제일, 동아, 동방(현 삼성생명), 대한교육보험(현 교보) 등 6개 생명보험회사가 과점체제를 유지해 왔다. 그러다가 1980년대 후반에 들어 소득수준의 향상 및 인구의 고령화 등으로 보험에 대한 수요가 증대되고, 보험서비스에 대한 인식이 크게 높아지면서 보험회사의 신설 필요성이 점증하는 한편, 미국 등 외국으로부터 보험업 개방의 요구도 증대되었다. 이러한 환경변화에 대응하여 정부는 1986년 12월 외국 생명보험회사 설립기준을 제정한 데 이어, 1987년 6월에는 외국 생명보험회사의 국내지점 설치허가기준을, 1988년 3월에는 합작생명보험회사 설립허가기준을 각각 마련하였다. 이에 따라 외국 생명보험회사의 국내지점 설치와 합작회사 및 현지법인 설립을 허용함과 아울러, 국내 생명보험회사의 신설을 대거 인가함으로써 대내외 시장개방이 동시에 이루어지게 되었다.

정부는 1996년 11월 OECD가입과 더불어 국내 보험시장의 개방과 관련하여 1977년부터 생명보험의 전면적인 해외보험가입(cross-border)을 허용하고 경제적 수요심사제도(Economic Needs Test : ENT)를 폐지하였다. 따라서 생명보험 전종목, 여행보험, 선박보험 및 장기상해보험 등의 일부 손해보험종목 등에 대한 해외보험가입이 허용되었다.

1997년 7월부터는 상품관리규정을 개정하여 생보사에 대해서는 일반사망에는 보장없이 상해사망만을 보장하는 상해보험을 개발할 수 있도록 허용하였다. 이에 따라 종전에는 생명보험의 상해보험, 손해보험의 질병보험은 부가계약으로만 취급할 수 있었던 것이 생명·손해보험 모두 상해·질병보험을 주계약으로 취급할 수 있게 되었다. 또한 2008년 8월부터는 생명보험상품과 손해보험상품 보험설계사 교차모집제도가 시행되었다.

1980년대 중반 이후 생명보험회사 신설현황을 보면, 국내 생명보험회사의 경우 1988~1990년 중 대신생명 등 서울에 본점을 둔 6개회사와 부산생명(→한성생명→럭키생명) 등 지방에 본점을 둔 9개 회사가 신설되었다. 외국 생명보험회사 국내지점의 경우는 1987년 4월 LINA사가 국내에 처음 진출한 후 3개 회사의 지점이 추가로 설치되었다. 이 중 1개회사(AFLAC)의 지점은 본사의 경영악화로 인해 1991년 6월 철수하였으며, 또 다른 1개 회사(Georgia)는 1991년 12월 현지법인(National Netherlands)으로 전환하였다.

그러다가 1997년 말 외환위기 이후 구조조정의 과정에서 부실보험회사로 판정된 국제, 태양, BYC(이상 지방회사), 고려(합작회사)의 4개 생명보험회사가 각각 삼성생명, 교보생명, 흥국생명 및 제일생명으로 통합되었다. 1999~2000년 기간에 동아, 태평양, 한덕, 조선, 국민 등 5개 생명보험사가 공개 매각되었고(SK 그룹이 2000년 3월과 4월에 각각 국민생명과 한덕생명을 인수), 두원생명이 2000년 12월에 대한생명에 흡수되었다. 그리고 대한생명은 2000년 3월까지 2조 500억원의 공적자금이 투입되면서 예금보험공사의 자회사가 되었고, 제일생명은 독일 알리안츠에 매각(1999년 7월)되어 외국계 보험회사(알리안츠)가 되었다.

2000년 이후에도 생명보험업계는 경쟁력 강화를 위한 많은 구조조정이 이루어지면서 1995년 생명보험회사 수가 33개였는데, 2013년 말에는 25개로 감소되었다. 2000년에는 동아생명이 금호생명에, 태평양생명은 동양생명에, 국민생명 및 한덕생명이 SK생명에 흡수되었다. 2001년 4월에는 현대생명과 삼신올스테이트생명이 대한생명에 흡수되었고, 대한생명이 한화그룹에 인수되었다. 2003년에는 대신생명이 녹십자생명에, 2004년에는 한일생명이 KB생명에 각각 흡수·합병되었다. 2005년에 SK생명은 미래에셋그룹이 흡수하여 미래에셋생명이 되었다. 2010년에는 IBK연금보험이 신설되었고, 2012년 2월에 녹십자생명이 현대그룹에 매각되었다. 2013년 12월에는 농업생명공제조합이 생명보험에 편입되었고, 12월에는 ING생명이 사모펀드(PEF)인 MBK파트너에 매각(1.8조원)되었다. 2014년 12월에는 우리아비바생명이 DGB금융지주에, 2015년 6월에 동방생명이 중국계 안방생명에 매각(1.1조원)되었고, 2016년 4월에 알리안츠생명이 안방생명에 매각되었다. 2016년 말 생명보험에는 16개 국내 생명보험사(이중 3개는 합작생보사)와 9개의 외국 생명보험회사를 합쳐 총 25개 회사가 영업중이다.

(2) 소유 및 경영지배구조

한국의 대기업의 생명보험업에 대한 신규참여는 1989년 처음 시작되었다. 1989년 당시 15대 재벌은 1988년 이후 설립된 생명보험회사의 주식을 소유하지 못하도록 하였으며, 16~30대 재벌은 지분율 50% 미만으로 제한하였다. 그러다가 1996년 5월 주식소유금지 대상을 5대 재벌로, 지분율 50% 미만의 규제대상을 6~10대 재벌로 각각 축소하였다. 그러나 1988년 2월 이전에 설립된 기존의 6개 생명보험회사에 대해서는 이 같은 규제가 없어 형평성의 문제가 제기되자, 1997년 8월 5대 재벌에 대해 부실 생명보험회사를 인수하는 경우 진입을 허용하였고, 아울러 6~10대 재벌에 대한 지분규제를 폐지하였다.

1999년 7월부터는 5대 재벌이 신규로 생명보험업에 진입하는 것은 2개의 부실

생명보험회사를 인수·합병 시에만, 2000년 3월까지 한시적으로 허용하였다. 아울러 인수·합병 이후 시장점유율이 5%를 초과하는 경우에는 지배적 경영권을 갖지 않는 조건으로 외국인과 합작하거나 재무구조 개선약정을 준수하고 차입금이 아닌 자기자금으로 부실 생명보험회사를 인수하는 경우에만 가능하도록 제한하고 있다.

경영지배구조에 있어서 1999년 12월 보험업법의 개정으로 총자산 2조원 이상의 보험회사는 전체 이사의 1/2 이상을 사외이사로 선임해야 한다. 또 이사회 내에 감독위원회를 설치하고, 그 위원의 2/3 이상을 사외이사로 구성해야 한다. 그리고 준법감시인제도를 도입하고, 소수주주권행사요건을 상장기업의 1/2 수준(지분 0.005%)으로 완화하였다.

(4) 생명보험회사의 업무내용

1) 생명보험업무

생명보험회사는 사망, 질병, 노후 등에 대비한 보험의 인수·운영을 주된 목적으로 하는 금융기관이다. 생명보험업무는 크게 보험업무와 금융업무로 나눌 수 있다. 보험업무는 계약자로부터 보험료를 받아 보험사고가 발생하였을 때, 약속된 보험금이 지급되기 전까지의 기간 동안 회사내부에 적립하여 보험계약준비금을 운용하는 업무를 말한다. 금융업무는 보험료 및 자기자본을 금융자산, 부동산 등의 자산에 투자하여 운용하는 업무를 의미한다.

현행 생명보험상품은 피보험자를 기준으로 개인보험과 단체보험으로 양분되며, 개인보험은 다시 그 보험금 지급조건에 따라 사망보험, 생존보험 및 생사혼합보험(양로보험)으로 세분된다. 사망보험은 피보험자가 보험기간 중 장애 또는 사망 시 후손 또는 특정인에게 보험금이 지급되는 전형적인 보장성보험[15]으로 정기보험 및 종신보험이 있다(<표 10-25>). 정기보험은 보험기간을 미리 정해놓고 피보험자가 보험기간 내에 사망하였을 때 보험금을 지급하는 보험이며, 종신보험은 보험기간이 피보험자의 일생 동안에 걸쳐있는 보험이다.

15) 사망보험이지만 생전에 본인이 연금으로 수령하는 상품도 있다. 특약을 통해 생전에 의료비 보상도 가능하고, 연금전환을 통해 본인의 노후자금으로 이용할 수 있다. 사망보험은 보험기간 만료일까지 생존했을 때에는 보험금이 지급되지 않고, 납입한 보험료도 환급되지 않는 것이 원칙이다.

표 10-25 사망보험(본인이 보험금 수령) : 종신보험과 정기보험의 비교

구 분	종신보험	정기보험
보험금 지급	사망 또는 80%(1급) 이상 장해 시	
보험기간	평생보장(사망 시까지)	특정기간 동안만 보장 (10년, 20년, 60세, 70세, 80세 등 보험계약에서 정한 기간)
특이사항	보험료가 비쌈	종신보험에 비해 60% 정도 저렴
	건강, 암, 재해, 특약 추가 보장 가능 건강체 할인 가능	

생존보험은 피보험자가 보험기간 종료일까지 생존하는 경우에만 보험금이 지급되는 형태로서 장래 일정시점에 있어서의 자금확보를 주목적으로 하기 때문에 저축성 기능이 강한 보험이다. 그러나 실제로는 이와 같이 순수한 형태의 생존보험상품은 없고 피보험자 사망 시 별도의 사망급부금을 지급하는 특약이 부가되는 것이 일반적이다. 현재 보험의 주요상품으로는 자녀의 학자금 및 양육자금 마련을 위한 교육보험과 노후생활 자금 마련을 위한 연금보험이 있다([그림 10-3]).

그림 10-3 생명보험 상품 구조

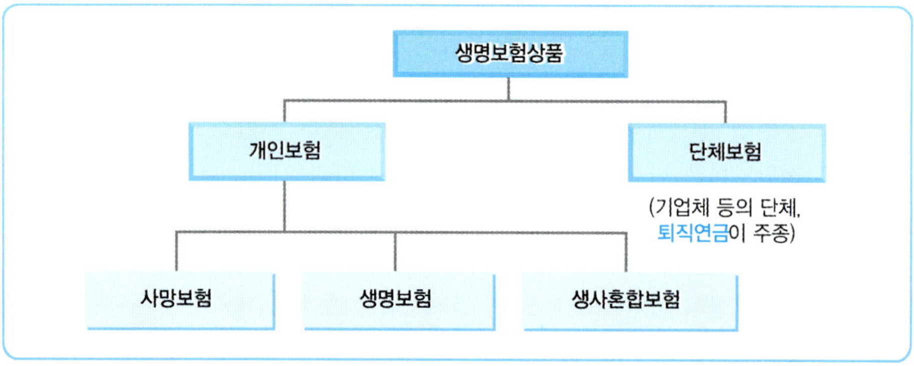

생사혼합보험은 생존보험의 저축기능과 사망보험의 보장기능을 겸비한 절충형 보험으로서 피보험자가 보험기간 중에 사망 또는 고도장해 상태가 될 경우에는 사망보험금이, 생존 시에는 생존급부금이 각각 지급된다.

단체보험은 일정한 요건을 갖춘 단체의 구성원 일부 또는 전부를 피보험자로 하는 집단보험이다. 이 보험은 고용주가 보험기간 중 피고용자의 사망, 질병 또는 퇴

직 등과 같은 예기치 않은 손해발생 위험을 보험회사에 전가하지 않는 방법으로 널리 이용되고 있다.

한편 1999년부터 퇴직연금보험제도(확정급부형)가 도입되었는데, 우선은 보험업계에만 판매가 허용되었다. 그러나 향후 은행, 투신업계에도 퇴직보험이 허용될 전망이고, 2000년 10월부터는 종업원퇴직보험이 폐지되어서 이 시장에서의 경쟁이 치열해질 것으로 전망된다. 또한 2000년 4월부터 예정이율과 예정사업비율이 자유화됨에 따라 보험회사가 회사의 여건에 따라 보험료(사업비부문) 차이를 둘 수 있어 가격경쟁이 치열해지게 되었다.

다른 한편으로 생명보험 가입자에게는 생명보험회사로부터 계약자 배당이 지급된다. 계약자배당이란 보험회사가 보험계약자로부터 납입된 보험료를 운용하여 약정된 보험금을 적립·지급하고 남은 잉여금의 일정부분을 보험계약자에게 되돌려주는 것을 말한다. 계약자배당의 종류에는 이차(利差)배당, 위험률차배당, 비차(費差)배당이 있다. 이차배당은 예정이율보다 실제 운용수익률이 높을 경우 생기는 이차이익을, 위험률차배당은 예정위험률에 비해 실제 사망이나 재해, 질병 등이 적을 경우 생기는 위험률차이를, 그리고 비차배당은 예정사업비보다 실제 사업비가 적을 경우 발생하는 비용차익을 배당하는 것을 의미한다. 한국에서 비차배당은 2000년 4월부터 실시되었다.

2) 집합투자겸영보험회사의 업무

자본시장법에 따라 금융위원회로부터 금융투자업의 인가를 받은 집합투자겸영보험회사는 투자신탁의 설정·해지 및 투자신탁재산의 운용업무를 영위할 수 있다(법 제251조). 그런데 투자신탁업무는 「보험업법」(제108조 제1항 제3호)에 따른 특별계정에 따른 투자신탁(예를 들면 변액보험 등)에 한한다. 그리고 집합투자업, 신탁업(집합투자재산의 보관·관리업무를 제외), 집합투자재산의 보관·관리업무 또는 일반사무관리회사의 업무를 영위할 수 있다. 그러나 집합투자겸영보험회사는 집합투자재산의 운용 및 운용지시업무 전체를 다른 집합투자업자에게 위탁하지 못하고, 투자신탁재산 전체를 투자일임하지 못하고, 투자신탁재산 전체를 다른 집합투자증권에 운용하지 못한다.

그리고 자본시장법에서는 금융상품을 포괄적으로 정의하고 있어 보험회사의 금융상품 중 보험업법에서 정의되고 규정되지 않은 상품은 금융투자상품으로 분류되었다. 예를 들면 변액보험은 금융투자상품에 포함되었다. 그런데 2008년 6월

26일 금융위원회와 국가경쟁력강화위원회가 발표한 "금융규제개혁 기본방향 및 진입규제 개선방안"에 의하면 보험회사(생명보험, 손해보험)도 증권회사와 마찬가지로 소액지급결제업무를 수행하게 되고, 보험회사가 해외에 진출할 경우 해외자회사의 투자자문업과 일임업 영위는 승인에서 신고로 전환될 것으로 전망된다. 자본시장법상의 겸영이 허용된 보험회사의 금융투자업무를 요약하면 다음 〈표 10-26〉과 같다.

표 10-26 보험회사의 금융투자 업무

구 분	업 무
투자매매업	수익증권판매업
투자중개업	수익증권판매업
집합투자업	집합투자업(변액보험)
신탁업	신탁업(집합투자재산의 보관·관리업무 또는 일반사무관리회사의 업무)

3) 변액보험

생명보험회사는 특별계정으로 변액보험을 취급하고 있다. 변액보험을 취급하기 위해서는 집합투자업도 영위할 수 있다.[16)]

4) 방카슈랑스

방카슈랑스(bancassurance)는 프랑스어의 은행(banque)과 보험(assurance)의 합성어이다. 은행 등의 금융기관이 보험회사와 전략적 제휴를 통해서 보험상품을 판매하는 새로운 형태의 금융서비스를 의미한다. 2000년 1월 14일 제정된 금융감독위원회의 "금융기관업무위탁에 관한 규정"에 의해 2003년 8월 29일부터 방카슈랑스가 실시되었다. 방카슈랑스가 허용되는 금융기관은 은행, 증권사, 상호저축은행, 특수은행(기업은행, 산업은행), 신용카드회사 등이며, 이들 금융기관은 보험회사의 상품을 본·지점을 통해 판매함으로써 판매에 의한 대가로 지급되는 모집수수료와, 보험계약의 유지·관리 시 지급되는 효율수수료를 받는다.

금융기관에서 판매되는 생명보험 및 손해보험의 상품은 단계적으로 허용되고 특정 보험회사의 상품판매비중을 50%로 제한하고 있다. 방카슈랑스는 1단계에서 3단계까지는 추진되었는데, 4단계는 취소되었다(〈표 10-27〉).

16) 앞의 제5장 펀드의 종류 참조.

표 10-27 방카슈랑스 단계별 업무허용과 추진 과정

허용 단계	판매상품	비고
제1단계(2003.8.)	– 저축성보험(생명보험의 개인연금, 일반연금, 생사혼합보험 등 – 손해보험사의 개인연금, 장기저축성보험, 화재보험, 개인 상해보험, 종합보험 등	시행
제2단계(2005.3.)	– 생명보험의 보장성 보험, – 손해보험사의 장기보장성보험, 개인 자동차보험 등	시행
제3단계(2006.10.)	– 모든 생명보험 상품, – 보증보험과 재보험을 제외한 손해보험상품 – 환급형 제3보험	시행
제4단계(2008.4.)	– 종신보험, 치명적 질병(CI)보험, 기타보장성 등	철회

5) 생명보험회사의 업무에 대한 규제

생명보험회사는 계약자가 납입하는 보험료로 조성되는 자금을 예금, 유가증권투자, 대출, 어음할인, 부동산 및 신탁 등으로 운용하고 있다. 그런데 이들 자금과 운용수익을 종국적으로는 보험금 또는 환급금 등의 형태로 가입자에게 반환하여야 한다. 따라서 자산운용 측면에서 안전성, 수익성, 유동성 및 공공성을 확보하기 위하여 정부는 필요한 규제를 가하고 있다.

현재 보험업법 및 동 시행령과 보험회사의 자산운용에 관한 준칙 등에서 규정하고 있는 생명보험회사의 자산운용에 대한 주요 규제내용을 보면, 먼저 운용자산별로 총 자산을 기준으로 한도규제비율이 설정되어 있는데, 주식소유는 30%, 부동산소유는 15%, 동일인에 대한 대출은 3%, 동일인에 대한 대출 및 투자는 5%, 동일건물을 담보로 하는 대출은 각각 3% 및 5%를 초과할 수 없도록 되어 있다. 그 밖에 생명보험회사는 보험수익자에게 장래 지급하여야 할 보험금, 환급금 및 계약배당금 등의 지급준비를 위하여 매 결산기마다 보험계약준비금[17]을 적립하여야 한다.

또한 1998년 2월 보험회사의 재산운용에 관한 준칙을 개정하여 차입기간 5년 이상, 납입자본금의 50% 범위 내에서 후순위차입제도가 도입되었다. 그리고 1999년 8월 증권회사에 대한 비등록·비상장주식의 장외거래에 대한 매매 및 중개가 허용됨에 따라 생명보험회사도 장외거래를 통해 비등록·비상장주식의 취득·매매 등을 할 수 있게 되었다.

17) 보험계약준비금은 책임준비금과 비상위험준비금으로 나누어 적립되는데, 1989년 4월 보험보증기금의 설치와 함께 생명보험회사에 대하여는 비상위험준비금을 면제하고 있다.

한편 1989년 4월부터는 보험산업의 안정적 발전과 보험계약자 또는 보험금액을 취득할 자에 대한 보험금 및 제지급금의 지급을 보장하기 위하여 금융감독위원회 내에 보험보증기금이 설치 운용되고 있다. 생명보험회사의 동 기금에 대한 출연액은 전년도 수입보험료의 0.1%를 기준으로 설립 경과 연수, 재무상태 등을 고려하여 차등적용되며, 개별보험회사의 도산 시 회사를 대신하여 지급되는 보전금의 지급한도는 1인당 5천만원 이내이다.

자본시장법에 의한 집합투자업겸영보험회사는 집합투자재산 운용업무와 관련한 의사결정을 위하여 보험 및 신탁업무, 집합투자재산의 보관·관리업무를 수행하는 임원을 두어야 한다. 또한 이해상충을 방지하기 위해 독립된 부서로 사무실 공간이 달라야 하고, 전산자료가 공유되지 못하도록 독립되어 저장되고 열람되는 등 시스템을 구축해야 한다. 그리고 금융투자업을 담당하는 임원은 원칙적으로 겸임을 할 수 없다. 그러나 보험업과 신탁업의 업무를 맡은 임원이라도 집합투자업(자산운용), 집합투자재산의 보관·관리업무, 일반사무관리회사의 업무와 이해상충이 적은 업무는 겸임할 수 있다. 또한 집합투자재산의 보관·관리업무와 일반사무관리회사의 업무간에는 겸직할 수 있다(법 제251조, 동 시행령 제273조).

(5) 생명보험회사의 자금조달 및 운용

생명보험회사의 자금조달은 보험업의 특성상 장래 보험금지급을 위해 적립하고 있는 책임준비금을 포함하는 부채가 가장 큰 비중을 차지하고 있다. 2016년 경우 총 자금조달(대차대조표상의 총자산) 782.2조원 중 부채가 91.4%이고 자기자본은

표 10-28 생명보험회사의 자금조달(연도말)

(단위 : 조원)

연도	2009	2010	2011	2012	2013	2014	2015	2016
부채총계	334.3	371.1	402.0	496.0	547.3	603.0	660.9	714.6
(책임준비금)	245.6	271.9	300.4	378.8	421.5	462.0	505.7	548.2
자본총계	27.2	37.4	40.7	51.8	50.2	59.0	64.0	65.8
자산총계	361.4	408.5	442.7	547.9	597.5	662.0	724.9	782.2
(운용자산)	266.7	304.7	337.0	429.1	467.4	628.9	690.8	749.4
특별계정자산	69.2	78.9	80.0	90.8	102.0	111.9	123.8	132.4

주) : 운용자산에는 특별계정자산 포함
자료 : 금융감독원, 금융통계월보, 각호, 보험연구원, 보험동향(계간), 각호

65.8조원으로 8.6%였다. 책임준비금은 548.2조원으로 총 자금조달의 70.1%를 차지했다. 이렇게 조달된 자금 중 운용자산은 특별계정 운용자산을 포함하여 749.4조원으로 95.8%에 달했다. 그리고 변액연금과 퇴직연금 등을 관리하는 특별계정은 132.4조원이었다(〈표 10-28〉).

다음으로 생명보험회사의 주된 수입원인 수입보험료는 2016년 말 일반계정은 83.6조원으로 69.8%를, 특별계정은 36.1조원으로 30.2%를 차지했다. 개인과 단체의 수입보험료를 보면, 개인보험이 102.3조원으로 85.4%를 차지했고, 퇴직보험이 주류를 이루고 있는 단체보험은 17.5조원으로 14.6%를 기록했다. 개인보험 중에서는 사망보험이 중요한 위치를 차지하고 있다(〈표 10-29〉).

표 10-29 생명보험회사의 보험종류별 수입보험료 (연도 말)

(단위 : 조원, %)

구 분	2014	2015	2016	(비중)
일반계정	78.1	82.9	83.6	(69.8)
개인	97.9	102.7	102.3	(85.4)
생존보험	24.0	24.7	21.4	(17.9)
사망보험	33.2	36.0	38.7	(32.3)
생사혼합	20.1	21.4	22.8	(19.0)
단체	12.6	14.4	17.5	(14.6)
특별계정	32.4	34.3	36.1	(30.1)
변액보험	20.7	20.6	19.4	(16.2)
퇴직연금	11.8	14.0	16.7	(13.9)
합계	110.6	117.2	119.8	(100.0)

주) : 보험회사의 회계연도 2013년부터 1월~12월로 변경됨. 따라서 2013년 통계는 9개월분의 통계로 집계되어 통계의 연속성이 부족함. 따라서 2014년 이후 통계를 인용하였음
자료 : 보험연구원, 보험동향(계간), 봄호 각호.

생명보험회사의 일반계정에 대한 자산운용을 보면, 2016년 총자산 782.2조원 중 일반계정이 649.9조원으로 총자산의 83.1%였다. 일반계정 자산 중 운용자산은 622.6조원으로 95.8%였다. 일반계정 자산운용의 포트폴리오를 보면, 유가증권이 457.6조원으로 73.5%를, 이어서 대출이 112.7조원으로 18.1%를 차지했다. 유가증권에서는 채권에 대한 투자비중이 총 운용자산의 62.8%로 가장 높았다. 그런데 보험회사의 자산관리는 장기자금조달과 장기자금운용이라는 특성에 따라 유가증권보유 중

국공채의 비중이 60~65%를 유지하고 있다(〈표 10-30〉).

| 표 10-30 생명보험회사의 일반계정 운용자산 중 자산운용 포트폴리오

(단위 : 조원, %)

구 분		2014	2015	2016
총자산		662.1	724.9	782.2
일반계정 자산규모		550.2	600.9	649.9
총자산 중 일반계정 비중		83.1	82.9	83.1
일반계정 중 운용자산		552.7	573.3	622.6
(비중)		(95.0)	(95.4)	(95.8)
현금과 예치금	소계	16.6	14.9	14.3
	비중	3.0	2.6	2.3
유가증권 (비중)	소계	384.7	416.8	457.6
	(비중)	(71.7)	(72.7)	(73.5)
	주식	4.0	3.4	4.9
	채권	60.5	62.7	62.8
	수익증권	3.4	3.6	3.7
	출자금	1.7	1.5	1.5
	기타	2.1	1.5	0.6
대출채권	소계	97.8	101.5	112.7
	비중	17.7	17.7	18.1
부동산	소계	14.9	14.3	13.7
	비중	2.7	2.5	2.2

주) : 보험회사의 회계연도 2013년부터 1월~12월로 변경됨. 따라서 2013년 통계는 9개월분의 통계로 집계되어 통계의 연속성이 부족함. 따라서 2014년 이후 통계를 인용하였음

자료 : 보험연구원, 보험동향(계간), 각호

3 손해보험회사

(1) 손해보험회사의 업무내용

손해보험은 각종 사고발생에 따른 재산상의 손실위험에 공동 대처하기 위한 상호보장적 성격의 사회제도로서, 장기저축기능과 상호보장적 기능이 혼합된 생명보

험과는 그 성격을 달리하고 있다. 손해보험회사가 취급하고 있는 보험상품은 크게 장기손해보험과 소멸성인 일반손해보험으로 구분되며, 회계처리도 구분되어 있으므로, 자산운용도 분리해 운용되고 있다.

장기손해보험은 보험기간이 3년 이상으로 장기간이며, 예기치 못한 불의 사고에 대비할 수 있는 보장기능과 함께 만기시에는 계약자가 납입한 보험료 중 저축보험료 부분에 약정된 이율에 따른 이자를 더해 돌려드리는 저축기능을 겸한 보험상품이다. 장기보장성보험의 종류에는 화재보험, 종합보험(재물손해, 신체손해, 배상책임손해 보장 중 두 가지 이상의 손해를 보장), 상해보험, 운전자보험, 질병보험 등이 있다.

손해보험회사가 취급하는 상품은 부보위험의 대상에 따라 화재, 해상, 자동차, 보증, 특종, 연금, 장기저축성 및 해외원보험 등으로 대별된다. 보험종목별 보험상품 내용을 보면, 해상보험에는 적하보험, 선박보험, 운송보험 등이 있다. 자동차보험(개인용, 업무용, 영업용)에는 자동차종합보험과 운전자보험이 있다.

보증보험에는 신원보증, 계약이행보증, 할부판매보증, 납세보증 등이 있다. 특종보험에는 상해보험, 도난보험, 배상책임보험 및 원자력보험 등이 있다. 보험기간 중 보험사고가 없더라도 만기 시 보험금을 지급하는 장기저축성보험에는 장기화재, 장기상해, 장기종합보험 등이 포함되고 개인연금 및 퇴직보험(1999년부터 취급)은 대표적인 연금보험이다. 해외원보험은 해외에 진출한 국내 손해보험회사가 외국인과 체결하는 각종 보험을 말한다.

한편 2003년 8월 29일부터 손해보험사도 방카슈랑스에 따라서 개인연금, 장기저축성보험, 화재보험(주택), 단체제외의 상해보험, 종합보험, 신용손해보험 등이 은행, 증권사 등의 금융기관을 통해 판매되고 있다. 다른 한편으로 2009년 2월부터 시행된 자본시장법에 따라 손해보험회사도 금융위원회로부터 금융투자업의 인가를 받아 생명보험에서 살펴본 바와 같은 집합투자겸영보험회사의 업무를 영위할 수 있다.[18] 따라서 손해보험회사도 신탁업무, 판매업무 등을 여전히 영위하게 된다. 그러나 손해보험회사가 신탁업무를 영위함에 있어서 생명보험회사에 대한 업무제한과 이해상충 방지(Chinese Wall)에 대한 규정은 그대로 손해보험회사에 적용된다(법 제251조, 동 시행령 제273조).

18) 손해보험회사의 경우 자본시장법의 시행으로 업무범위가 확대되기보다는 자본시장법 이전의 법체계에서 영위하던 업무가 자본시장법체계에서 재규정된 것 뿐이다.

(2) 손해보험회사의 연혁

한국의 손해보험회사는 1922년 10월에 설립된 조선화재보험주식회사[1950년 6월 동양화재해상보험(주)으로 상호 변경]를 효시로 한다. 그 후 1940년대에 국제손해보험(1947 설립) 등 5개 회사, 1950년대에 4개 회사가 각각 설립되어 화재보험, 해상보험 등 종합적인 손해보험업무를 영위해 왔다. 이어 1960년대에는 재보험계약만을 전문적으로 취급하는 대한재보험과 한국자동차보험(1995년 10월 동부화재해상보험으로 상호 변경)이 설립되었다.

이 외에도 AHA(American Home Assurance)와 1984년 10월 CIGNA Insurance Co.에서 인수된 AFIA(American Foreign Insurance Association)의 2개 미국계 손해보험회사가 국내에 지점을 설치하였다. 그 후 1980년대 말까지는 손해보험회사의 추가설립이 이루어지지 않다가 1989년 11월 한국보증보험이 설립되고, 1992년 7월에는 미국계의 Vigilant사가 국내에 지점을 설치하였다. 한편 1998년 11월 적자누적으로 심각한 부실에 직면해 있던 한국보증보험과 대한보증보험이 서울보증보험(1999년 6월 공적자금의 투입으로 예금보험공사가 90% 이상의 지분을 소유)으로 합병되었다.

2000년 말까지 지급여력이 100%에 미달하던 대한·국제·리젠트[19]·쌍용 등 4개사가 경영개선 명령을 받았고, 이 중 쌍용을 제외한 3개사가 부실금융기관으로 지정되었다. 2000년 6월까지는 국내에서 영업중인 손해보험회사는 11개의 일반 손해보험회사, 1개의 보증보험회사, 1개의 재보험회사, AHA, ACE American, Vigilant의 3개 외국계 손해보험회사 등 총 16개가 손해보험 영업을 하였다.[20]

2000년대 들어서는 손해보험사의 자동차보험사업에 대한 진입규제가 완화되어 모든 손해보험사에서 자동차보험 판매가 가능해졌다. 이로써 다음자동차보험(2003년 12월, 2010년 에르고다이렉트손해보험으로 상호 변경, 2012년 AXA로 대주주 변경)과 교원나라자동차보험(2003년 11월)이 설립되었고, 외국계로는 Cologne Re(2001년 4월), First An(2001년 7월), Mitsui Sumotomo(2002년 10월), Score Re(2004년 4월) 등이 진출하였고, 이후 하이카다이렉트(2005년 12월), 다스법률비용보험(2009년 3월) 등이 추가로 신설되었다. 한편 2001년 9월 교보자동차보험이 금융감독원의 영업인가를 받아 전업사로 영업을 시작하다가 2003년 10월 화재보험업무를 추가로 시작하였

19) 리젠트는 2002년 6월 삼성, LG, 현대, 동부, 동양에 계약이전방식으로 자산을 이전하고 퇴출되었다.

20) 1997년 말 외환위기 이후, 특히 2000년에 들어서 손해보험시장에도 구조조정이 가속화되어 대형보험회사는 M&A 등을 통한 대형화 내지 금융전업그룹화를, 중소형 손해보험회사는 중견회사간의 합병을 통한 대형화와 전문화를, 소형 전문 손해보험회사는 보장성보험, 자동차보험 등 틈새시장을 이용한 전문화를 지향하였다.

다. 2008년 7월 국제손해보험은 그린손해보험으로 상호를 변경했다가 2013년 1월 MG손해보험이 되었다.

2013년 말 현재 코리안리(Korean Re : 과거의 대한재보험), 서울보증보험의 2개 전업사(single line)와, 3개의 외국계 재보험회사, 5개의 온라인 자동차 전업사를 포함하여 15개의 국내 손해보험사, 11개의 외국계 손해보험회사가 등 총 31개 손해보험회사가 영업을 하고 있다.

다른 한편 손해보험회사의 소유구조에 대한 명시적 규제는 없다. 그리고 손해보험회사도 1999년 2월 보험업법의 개정으로 생명보험회사와 마찬가지로 사외이사 선임 및 감사위원회 설치가 의무화되었다.

2016년 말 현재 국내 손해보험업계는 국내 15개사와 해외 17개사, 총 32개사가 영업 중이다. 국내 손해보험사는 12개 종합손보사(5개 온라인 자동차보험 전업사 포함), 1개의 재보험회사(코리안리) 그리고 2개의 보증보험회사로 총 전문보험회사 15개 회사가 있다. 외국계 보험사로는 17개사의 손해보험회사와 3개의 재보험사가 있다.

(3) 손해보험회사의 자금조달 및 운용

손해보험회사의 자금조달은 생명보험과 마찬가지로 장래 보험금지급을 위해 적립하고 있는 책임준비금을 포함하는 부채가 가장 큰 비중을 차지하고 있다. 2016년 경우 총 자금조달(대차대조표상의 총자산) 252.0조원 중 부채가 219.5조원으로 87.10%이고, 자기자본은 32.5조원으로 12.9%였다. 책임준비금은 186.9원으로 총 자금조달의 85.2%를 차지했다. 이렇게 조달된 자금 중 운용자산은 205.7조원으로 81.6%에 달했다. 그리고 특별계정은 18.2조원이었다(〈표 10-31〉).

표 10-31 손해보험회사의 자금조달(연도 말)

(단위 : 조원)

연도	2009	2010	2011	2012	2013	2014	2015	2016
부채총계	70.9	84.3	104.4	129.4	148.2	173.4	196.6	219.5
책임준비금	56.7	69.1	90.2	111.9	130.4	142.6	161.1	186.9
자본총계	12.1	14.7	19.0	22.4	22.4	26.8	29.3	32.5
자산총계	83.0	99.1	123.4	151.8	170.6	200.3	225.9	252.0
(운용자산)	66.1	79.5	95.3	119.1	136.0	162.1	183.2	205.7
특별계정 자산	3.0	3.3	4.2	5.8	6.6	9.2	13.4	18.2

자료 : 금융감독원, 금융통계월보, 각호, 보험연구원, 보험동향(계간), 각호.

손해보험회사의 보험종목별 원수보험료를 보면, 2016년 말 현재 총 원수보험료 82.3조원 중 장기보험의 비중이 47.8조원으로 58.0%로 가장 큰 비중을 차지했다. 이 장기보험의 비중은 2005년 회계연도 말 45%에서 꾸준히 증가하는 추세를 보이고 있다. 다음으로 큰 비중을 차지하는 자동차보험은 2016년 16.4조원으로 19.9%를 차지했는데, 이는, 2000년대의 35%대에 비해 상대적으로 비중이 감소하는 경향을 보이고 있다(〈표 10-32〉).

표 10-32 손해보험 종목별 원수보험료 현황(연말)

(단위 : 억원, %)

구분	2014	2015	2016
화 재	3,106	3,041	3,011
해 상	7,340	7,091	6,080
자동차	135,484	149,914	164,053
보 증	15,151	15,816	15,909
특 종[1]	55,823	56,931	54,677
장 기[2]	444,037	465,801	477,727
개인연금	41,090	40,211	38,768
퇴직연금	63,718	63,668	57,589
합 계	702,036	738,805	823,168

주 1) : 특종은 기술, 책임, 상해, 종합, 기타특종, 권원, 해외원보험이 포함됨
주 2) : 장기손해보험은 보험기간이 3년 이상의 장기보험으로, 보장기능과 저축성기능이 포함된 상품.
( )은 비중을 나타냄.
자료 : 보험연구원, 보험통계(계간), 각호.

다음으로 손해보험회사의 자산운용은 보험금지급에 대비한 유동성, 안정성을 확보하기 위하여 보험업법 및 동 시행령과 보험회사의 자산운용에 관한 준칙 등에 의거 엄격히 규제되고 있는데, 그 규제내용은 생명보험회사의 경우와 대동소이하다. 일반계정의 자산운용에 있어서 2016년 말 현재 총 자산 중 93.2%를 차지하는 일반계정의 운용자산은 205.6조원으로, 총 자산의 81.3%에 해당된다. 일반계정의 자산운용 포트폴리오 중 유가증권에 55.8%인 131.1조원을 투자했고, 대출금에 24.7%인 58.1조원을 할당했다. 유가증권 중에는 채권에 44.8%를 투자했는데, 이 중 대부분이 안전자산인 국공채에 투자하고 있다[21]. 수익증권의 투자비중은 확대되는 경향을 보이고 있는 반

21) 총 운용자산 중 국공채 투자비중은 25~30%의 비중을 유지하고 있다(손해보험협회, 2016 한국의 손해보험).

면에, 위험자산인 주식에 대해서는 투자비중은 점차 감소하고 있다(〈표 10-33〉).

표 10-33 손해보험 회사의 일반계정 운용자산 중 자산운용 포트폴리오

구분		2014	2015	2016
총자산		200.3	225.9	252.0
일반계정 자산규모		191.1	212.4	234.9
총자산 중 일반계정 비중		95.4	94.0	93.2
일반계정 중 운용자산		162.0	183.7	205.8
(비중)		84.8	86.5	87.6
현금과 예치금	소계	8.9	10.0	10.1
	비중	4.7	4.7	4.3
유가증권 (비중)	소계	104.7	116.2	131.1
	(비중)	54.8	54.8	55.8
	주식	3.3	2.8	2.7
	채권	43.0	41.9	44.8
	수익증권	5.1	8.1	8.8
	출자금	1.8	1.4	0.9
대출채권	소계	41.8	49.0	58.1
	비중	21.9	23.1	24.7
부동산	소계	6.5	6.6	6.6
	비중	3.4	3.1	2.8

주) : 보험회사의 회계연도 2013년부터 1월~12월로 변경됨. 따라서 2013년 통계는 9개월분의 통계로 집계되어 통계의 연속성이 부족함. 따라서 2014년 이후 통계를 인용하였음
자료 : 보험연구원, 보험동향(계간), 각호

4 제3보험

2001년부터 실시된 제3보험은 사람이 질병에 걸리거나 재해로 인해 상해를 당했을 때 또는 질병이나 상해가 원인이 되어 간병이 필요한 상태를 보장하는 보험이다. 손해보험과 생명보험의 두 가지 성격을 모두 갖추고 있어 어느 한 분야로 분류하기가 곤란하여 제3보험으로 분류하고 있다. 그런데 제3보험은 공영보험에서 커버하지 못하는 비급여 부분을 커버하는 민영보험의 일종이다. 따라서 생명보험회사와 손해보험회사가 겸영으로 제3보험을 영위하고 있다.

제3보험은 신체에 관한 보험으로 상해보험, 질병보험, 간병보험으로 구분된다. 상해보험은 우연하고 급격한 외래의 사고로 사람의 신체에 입은 상해와 관련 치료에 소요되는 비용 및 상해의 결과에 기인한 사망 등의 위험을 보장하는 보험이다. 질병보험은 질병에 걸리거나 질병으로 인한 입원, 수술 등의 위험(단 질병으로 인한 사망은 제외)을 보장하는 보험으로 암보험, 치아보험 등의 실손보험이라고도 한다 간병보험은 활동 불능 또는 인식 불능 등 타인의 간병을 필요로 하는 상태 및 이로 인한 치료 등의 위험을 보장하는 보험이다.

생명보험회사와 손해보험회사 모두 제3보험을 취급하고 있어, 구체적인 보험상품의 명칭에 다소 차이가 난다. 예를 들면, 의료실비보험은 생명보험사가 취급하는 제3보험 상품으로 CI보험(Critical Illness Insurance),[22] GI보험(General Illness : 일반질병 보험)[23] 등이 있다. 그리고 손해보험회사의 실손의료보험[24]은 손해보험사가 취급하는 제3보험 상품이다. 이들 상품의 내용과 보상범위는 거의 비슷하다.

5 우체국 예금 및 보험

(1) 우체국예금

우체국예금은 1960년대 경제개발 초기 국책개발사업의 자금을 조달하고, 농어촌 지역의 민간금융 취약지역에 주민들의 편의를 도모하기 위해 도입되었다. 1961년 12월 '우편저금법'이 제정되어 체신업무의 부대업무로 운영되다가, 1977년 3월 '우편저금법 폐지 법률'에 따라 신규취급이 중단되고 잔액관리는 농협으로 이관되었

22) CI보험은 2003년 생보사가 도입한 생보사의 종신(정기)보험 상품으로, 일반 종신보험보다 더 높은 보장효과가 있어 건강보험과 종신보험의 성격을 동시에 가진 보험이다. 암, 심근경색, 뇌졸중, 5대 장기이식수술 등 고액의 치료비가 드는 치명적 질병 발병 시에 사망보험금의 50~100%를 선지급하고, 사망 시에는 잔액(보험가입금액-선지급 금액)을 지급한다. CI보험 중 정기형은 사망보험금의 100%를 선지급한다.

23) GI보험은 2017년 출시된 보험으로, CI보험에 대한 대체보험이다. CI가 중요한 질병을 대상으로 하는데 반해 GI는 질병 수준과 상관없이 일반 질병에 대해 정액을 보상한다. 월보험료는 CI보다 높지만, 보장범위가 넓은 것이 특징이다. 변액GI보험도 출시되었다.

24) 실손의료보험은 보험 가입자가 질병이나 상해로 입원 또는 통원치료 시 의료비로 실제 부담한 금액(정액보상이 아님)을 보장해 주는 의료보험상품이다. 실손의료보험의 종류에는 질병·상해 입원비, 치료비 등 의료비를 보장해 주는 실손의료보험, 화재로 인한 화재실손보험, 자동차운전자보험(손보사의 손해보험상품인 자동차보험과 구분됨) 등이 있다. 실손의료보험은 일부 비갱신 보험과 달리 질병에 걸릴 위험률과 보험금 지급 실적 등을 반영해 보험료가 3~5년마다 갱신된다.

다. 그러다가 1982년 12월에 제정된 '체신예금·보험에 관한 법률'에 의해 1983년 7월부터 재개되었다. 1990년 6월 전국 우체국 온라인 전산망이 구축되고, 1995년 우체국 전산망과 은행 전산망이 연결되었다. 2000년 7월부터는 우정사업본부가 발족되면서 우체국 예금과 보험을 총괄하게 되었다.

우체국예금은 요구불예금과 저축성예금을 취급하고 있다. 2012년 말 현재 약 60조원의 우체국예금을 국가(현재는 미래창조과학부의 우정사업본부)가 경영한다는 측면에서 원리금지급에 대해서는 국가가 책임을 지고 있다. 우체국 예금은 환매조건부 국공채 매도를 통해 자금을 조달한다. 자금운용은 처음에는 제한적이었으나, 자본시장법에 따른 증권의 매매 및 대여, 금융기관에 대여, 파생상품거래 등으로 확대되었다. 우체국은 우편대체결제계좌를 통해 자금결제를 할 수 있으며, 세금, 공과금, 할부금 등의 수납과 자동이체, 수표발행 등의 업무를 하고 있다.

2003년 우체국 예금보험에 관한 법률이 개정되어 대출만을 제외한 은행보험업무도 가능하게 되었다. 2003년부터는 우체국 예금총액(당시 30조원의) 5%(1.5조원) 범위 내에서 상장주식을 자유로이 투자할 수 있게 되었다. 그러다가 2009년 자본시장법의 개정과 "우체국 예금·보험에 관한 법률 시행규칙"의 개정으로 사채권 취득은 예금자금 총액의 40%, 지분증권 취득은 예금자금 총액의 10%, 장내파생상품거래를 위한 위탁 증거금은 예금자금 총액의 1.50%, 장외파생금융상품거래를 위한 기초자산 취득은 예금자금 총액의 20% 이내로 확대되었다.

(2) 우체국보험

우체국보험은 1929년 10월 공영보험인 조선간이생명보험을 그 기원으로 한다. 해방 이후에는 국민생명보험으로 명칭을 바꾸었으나 영업규모가 오히려 해방 전보다 줄어들었다. 국민생명보험은 1952년 12월 "국민생명보험법"에 의해 방송통신위원회(당시 체신부)의 부대업무로 되었었다. 그러다가 1977년 1월 농협, 새마을금고 등 저축기관과의 경쟁을 피하기 위해 국민생명보험법이 폐지되어 체신관서의 보험업무는 중단되고, 동 보험의 잔액 관리업무는 농협으로 이관되었다. 그 후 1982년 12월 "체신연금·보험에 관한 법률"이 제정되어 체신관서의 보험업 겸영이 허가되어, 1983년 7월부터 우체국보험이 재개되었다.

우체국보험은 일반보험과는 달리 방송통신위원회가 취급하는 국영보험이었으나, 2013년 정부조직의 개편에 따라 우정사업본부 업무가 미래창조과학부의 소관으로 되었다. 체신연금·보험에 관한 법률에서 우체국보험의 목적은 보험의 보편화를 통해 재해의 위험에 공동으로 대처하여 국민의 경제생활 안정과 공공복리의 증진에 기여하는 것이다.

우체국보험은 생명보험과 제3보험만을 취급하고 있는데,[25] 보험의 종류와 계약 보험금 한도액과 기타의 사항은 금융감독위원회와 협의하여 미래창조과학부 장관이 결정하도록 되어 있다. 현재 우체국보험은 민영 생명보험회사와 마찬가지로 사망보험, 생존보험, 생사혼합보험을 취급하고 있다. 우체국보험은 우체국예금과 마찬가지로 정부가 보험금 등의 지급책임을 지며, 보험금 또는 환급금을 받을 권리의 양도 및 압류가 제한되어 있다. 계약보험금 한도도 1인당 4천만원 이내의 소액으로 되어 있다.

(2) 우체국보험 수입보험료와 총자산

우체국보험의 자금조달에서 계약잔액을 보면, 2015년의 경우 총 계약 잔액은 169.9조원이다[26]. 안전성 등을 배경으로 신규계약도 꾸준히 성장하고 있다. 1995년 2.1조원에 불과했던 수입보험료가 2015년 6.0조원까지 확대되었다(〈표 10-35〉). 우체국보험의 경영환경은 외국계 보험회사의 진출과 방카슈랑스 등 금융기관간의 전략적 제휴에 영향을 받아 수입보험료나 신규계약이 크게 영향을 받고 있다.

표 10-35 우체국 보험의 성장 추이

(단위 : 조원)

구분	2009	2010	2011	2012	2013	2014	2015
신계약	24.3	27.2	34.7	27.6	20.7	14.1	17.9
수입보험료	7.6	6.99	7.4	9.8	8.3	5.4	6.0
계약잔액	129.8	138.7	146.1	156.3	164.9	166.9	169.9
총자산	28.6	31.8	35.7	41.7	46.1	47.7	49.4

자료 : 생명보험협회, 2016 생명보험 Fact Book.

납입된 보험료는 "우체국보험 특별회계법"에 따라 설치된 우체국보험적립금으로 운용된다. 자금의 운용방법은 금융기관예탁, 국공채 및 금융채 매입, 보험계약자에 대한 대출, 보험시설 설치를 위한 부동산 매입, 대통령령이 정하는 주식의 매입,

25) 우체국보험 상품으로는 생애맞춤보험, 우리가족 암보험, 노후의료실손의료비보험 등이 있다.

26) 우체국보험은 2010년 경우 보장성 보장성보험이 82.0%, 연금보험이 9.9%, 생사혼합보험이 7.9%, 교육보험이 0.2%를 차지하였다.

벤처기업투자, 공공자금관리기금 예탁, 국가・지방자치단체 및 정부투자기관에 대한 대출 등이 있다.

우채국보험은 2015년 현재 49.4조원의 자산을 운용하고 있다. 이와 더불어 우체국예금 61.6조원을 합치면 국민연금 다음으로 111조원의 자산을 운용하는 거대한 기관투자자가 되었다. 과거의 우체국금융의 자산운용에는 제한이 많았다. 예를 들면 2002년까지 우정사업본부는 운용자산의 대부분을 채권에 투자했다. 그리고 주식투자에 있어서 정부가 발행한 주식이나 정부가 50% 이상 투자한 기업의 주식에만 투자할 수 있었다. 그러나 이러한 제약은 2009년 자본시장법의 시행과 "우체국예금・보험에 관한 법률 시행규칙'의 개정으로 운용상의 규제가 완화되었다. 즉, 증권매입은 적립금의 90% 이내에서 가능하며, 이 중 주식투자는 적립금의 20% 이내에서, 또한 파생상품매입을 위한 위탁증거금 및 벤처기업투자는 각각 적립금의 1% 및 2% 이내에서 투자할 수 있다[27).

V 연금기금

1 기금의 개요

기금(fund)은 일정한 목적을 위하여 적립(積立)하거나 준비하는 자금을 의미한다. 기금은 국민연금 등 특정한 목적을 위해 특정한 자금을 운용할 경우 법률로써 설치

27) 우체국예금과 우체국보험의 자산을 운용하고 있는 우정사업본부는 파생상품시장에서 주가지수선물을 이용한 차익거래에서 큰손역할을 해왔다. 그런데 우정사업본부의 차익거래에서 현물바스켓에 대해서는 증권거래세(매도 시 거래대금의 0.3%)를 한시적으로 면제해왔다. 그러나 2013년 조세특례제한법 시행령 개정 이후 차익거래 관련 증권거래세 과세 대상이 됐다. 2012년 우정사업본부의 차익거래 규모는 40조 332억원에 달했다. 그러나 과세를 시작한 2013년에는 차익거래가 4,603억원, 2014년에 230억원으로 급격히 감소했다. 통상 거래대금의 0.1% 규모 이익을 추구하는 차익거래에서 0.3% 과세는 오히려 손실을 가져다주기 때문이다. 차익거래시장에서 우정사업본부 대신에 외국인이 주요 투자자가 되고, 나아가 주가지수선물시장에서 외국인 투자자의 영향력이 절대적인 수준으로 확대되었다. 예를 들면, 외국인의 차익거래 비중이 2012년에는 24%정도였는데, 2013년에는 59%까지 높아졌고, 2015년에는 72.8%까지 커졌다. 그러다가 2016년 세법개정으로 우정사업본부의 주식 차익거래 관련 증권거래세가 2017년 4월부터 2018년까지 한시적으로 다시 면제되었다.

된다. 또한 정부예산, 회원갹출, 시설이용자에게서 징수하는 수수료 등으로 기금을 적립하고, 기금을 목적에 맞는 사업에 지출하고, 여유자금을 운용한다.

기금은 일반회계, 특별회계와 함께 국가재정의 한 축을 이루고 있지만, 예산으로 통칭되는 일반·특별회계와 달리 자금운용에 상당한 융통성이 부여된다. 예를 들면 주무부처의 판단에 따라 전체 기금한도의 30%까지는 세부항목별로 이동이 가능하다. 정부예산, 사회보험료, 부담금 등을 재원으로 하는 기금은 2016년 현재 총 63개로 총 운용규모는 620.0조원이다[28]. 이중 여유자금으로 pooling하여 운용할 수 있는 자금(내부지출)은 292.3조원이다(〈표 10-36〉).

표 10-36 정부기금의 유형별 기금 지출 추이

	1997	2005	2010	2011	2012	2013	2014	2015	2016	2017
기금운용규모	82.3	331.9	476.9	369.3	379.5	497.5	515.4	504.7	620.0	615.3
사업비 및 기금운영비	39.8	89.9	94.8	88.0	89.6	92.0	96.6	106.9	114.0	117.7
여유자금운용	19.3	123.4	145.5	129.2	131.0	172.1	178.1	173.8	203.6	205.2
내부지출 등	23.1	118.6	236.6	150.7	158.8	233.4	240.7	224.0	302.4	292.3

자료 : 국회예산정책처, 『한눈에 보는 대한민국 재정 2017』, 2017. 3., 원자료는 기획재정부

한편으로 2005년 1월 1일 국회에서 기금관리기본법의 개정으로 그 동안 주식투자가 금지되었던 기금의 주식투자가 허용되었다. 동 법이 개정되기 전에는 현행 개별 연기금법에서 25개 연금과 기금이 주식투자가 허용되고 있었고, 18개 기금은 여유자금의 주식투자에 대한 명문규정이 없었고, 14개 기금은 아예 금지되었었다. 기금관리기본법의 개정으로 57개 기금 중 주식투자가 가능한 기금은 25개에서 43개로 확대되었다. 주식투자가 허용된 연기금 중 자체적으로 유가증권운용 전문인력을 확보하지 못한 기관은 2001년 12월 12일부터 여유자금을 풀(pooling)하여 전문투자기관에 위탁운용하고 있다. 즉, 연기금 투자풀 제도는 통합펀드(fund of funds)형태로 자산운용에 따른 거래비용을 절감하고 운용의 효율성을 제고하기 위한 방안이었다.

63개 기금풀의 여유자금 운용을 보면([그림 10-4]), 매우 보수적으로 운용하고 있음을 알 수 있다. 위험자산인 주식형에 대한 투자는 기금풀의 0.5% 내외에 불과하

28) 국회예산정책처, 『한눈에 보는 대한민국 재정 2017』, 2017. 3, 또는 기획재정부, 2017년 『기금운용계획』, 각연도(www.mosf.go.kr/정책/예산·기금/기금운용계획).

고 나머지를 안전자산위주로 채권형, 채권혼합형, MMF 등에 운용하고 있다. 2016년 경우 총 운용자산 292.3조원 중 51.3%인 150조원을 채권형에 투자했다.

그림 10-4
기금풀의 자산운용 수탁금액

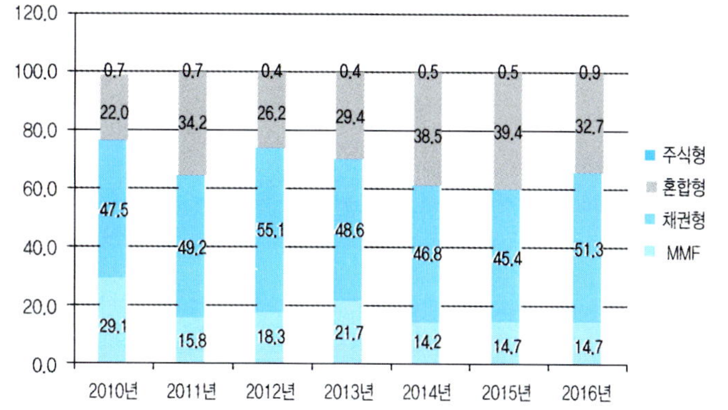

자료 : 기획재정부/통계/재정통계/결산/연기금투자풀

2 한국의 연금제도

(1) 한국의 사회안전망과 연금제도

일반적으로 사회안전망은 1차, 2차, 3차로 구분된다. 1차 안전망인 사회보험제도는 연금보험, 건강보험, 고용보험 등이 포함된다. 2차 안전망인 공공부조는 국민기초생활보장제도, 경로연금, 의료급여 등이 포함된다. 3차 안전망은 지진, 홍수, 산불 등의 자연재해와 2007년 12월 서해 태안지역에서 발생한 유조선 석유유출사고 같은 대형사고에 대한 긴급지원 등이 포함된다. 그리고 한국의 연금제도는 보장주체에 따라 구분된다. 국가보장연금에는 국민연금과 공무원연금, 사학연금, 군인연금의 특수연금이 있다. 기업보장연금에는 퇴직금과 퇴직연금이 있다. 그리고 개인의 노후생활을 개인이 책임지는 개인연금이 있다([그림 10-5]).

그림 10-5
한국의 연금제도

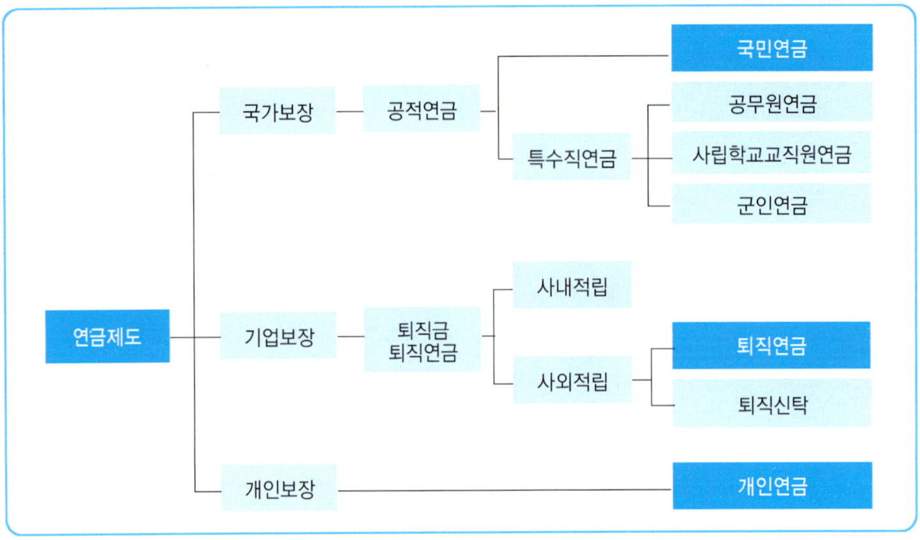

한국의 공적연금(public pension)제도는 1960년 공무원연금을 시작으로, 1963년 군인연금, 1975년 사립학교교직원연금, 1988년 국민연금의 순으로 확대되어 1999년부터는 전 국민에게 연금이 적용되게 되었다. 이들 연금을 4대 공적연금이라 한다.[29] 그리고 국민연금을 제외한 공무원연금, 사학연금, 군인연금을 특수연금이라 한다. 각 연금은 개별 연금법에 근거를 두고 기금을 설치·운용하고 있다. 그런데 군인연금은 별도로 군인연금특별회계를 두고 있다.

연금(pension)은 1차 사회안전망으로, 노후의 소득보장을 위해 근로기간에 기여금을 내고 일정한 연령에 도달하면 급여를 받는 제도다. 연기금은 연금을 지급하는 원천이 되는 기금, 곧 연금제도에 의해 모여진 자금을 뜻한다. 연기금은 가입이 강제적이고 급여 조건과 수준이 법률로 정해져 있다.

연금의 지급방식에 따라 확정급여형(defined benefit : DB)과 확정기여형(defined contribution : DC)으로 구분된다. 확정급여형(DB)은 사전에 급여수준과 연금지급 내용을 약정하고, 연금지급 조건이 충족되었을 때, 약정에 따른 고정급여를 지급하는 연금이다. 따라서 확정급여에 맞춰 기금을 운용한다. 이에 반해 확정기여형(DC)은

29) 공적연금에 대비되는 개념으로 노후생활 연금보험, 노후생활 연금신탁 등의 사적 연금(private pension)이 있다. 1994년 6월부터는 은행, 보험회사, 투자신탁회사, 농·수협, 우체국에서 개인연금을 취급하기 시작하였다.

연금가입자가 사전에 부담할 기여금을 확정하고, 연금지급 조건이 충족되었을 때, 적립금 운용결과에 따라 급여를 지급받는 연금이다.

연기금을 운용하는 방식에 따라 적립식(funded system)과 부과식(pay-as-you-go system)으로 구분된다. 적립식은 연금가입자로부터 보험료 등의 납부를 통해 기금을 적립하고, 적립된 기금을 운용하여 가입자에게는 적립금과 운용수익으로 연금을 지급한다. 부과식은 매년 연금지급 필요액을 세금에서 충당하여 연금을 지급하는 것을 의미한다. 대개의 경우 공적연금은 적립식을 택한다. 유럽 등의 선진국에서 사회보장제도를 처음 실시할 경우에는 보통 적립식으로 출발했다. 그러나 "적게 내고, 많이 받는" 시스템이 장기간 지속되면 연기금이 고갈되므로 적립식은 결국 부과식으로 전환되어 국민에게 부담이 되고 있다.

연기금은 자금의 성격상 장기투자가 필요할 뿐 아니라 거액의 자금을 운용해야 하기 때문에 증권시장에서 대표적인 전문투자자의 하나로서 시장의 지지세력 역할을 한다. 그러나 연기금의 30~50%를 주식투자에 사용해 장기적인 기금증식에 활용하는 선진국들과 달리 한국의 경우 고유 사업목적을 가진 기금이 대부분이어서 상대적으로 주식투자 비중이 낮다.

(2) 연기금과 정부 재정지원

정부 예산에서 4대 공적연금에 대해서는 해당 연기금의 근거법에 따라 여러 가지 형태로 지원하고 있다. 국민연금의 경우 국민연금관리공단의 관리운영비 소요액 중 30%를 일반회계에서, 10%를 농어촌특별관리회계(농특회계)에서 지원한다. 그리고 농특회계 사업을 통해 저소득 농어민의 연금보험료 중 일부를 부담한다. 공무원연금과 군인연금에 대해서는 연금보험료 법정부담금, 퇴직수당 등 부담금, 수지적자 시 국고보전금 등을 지원하고 있다. 공부원연금과 군인연금에 대해서는 수지적자 분을 포함하여 보험료 및 퇴직수당과 재해보상에 대해 지원하고 있고, 사학연금은 아직 기금의 재정이 흑자이어서 보험료 및 퇴직수당과 재해보상에 대해서만 지원하고 있다.

이들 각종 연금에 대한 정부의 재정지원은 연금충당부채[30]로 간주된다. 2016 회

30) 국가채무와 부채는 구별된다. 국가채무는 정부가 국채에 대한 이자지급 등을 포함하여 현재 이자지급 및 상환의 부담을 안고 있는 것을 의미하고, 부채는 현재는 이자 및 원금상환에 부담이 없지만 미래에 정부가 지불해야 하는 의무를 포함한다. 연금충당부채는 공무원연금, 군인연금 등 연금재정의 부족분을 해당 법에 의해 정부가 책임져야 하는 부채이다. 국가채무, 일반정부 부채, 공공부문 부채에는 제외되나, 일반정부부채

계연도 국가결산보고서(기획재정부)에 따르면, 2016년 발생주의회계 기준 국가부채 1433조 1000억원 가운데 연금충당부채는 752조6000억원으로, 전체 국가부채의 52.5%를 차지했다. 이 중 공무원연금이 600조5000억원, 군인연금이 152조1000억원으로 전년대비 각 68조7000억원, 24조원 증가했다.

3 국민연금

(1) 약사

국민연금은 1973년 최초로 논의되기 시작하여 1986년 12월 국민연금법이 제정되고, 1988년부터 실시되었다.[31] 이후 점차 국민연금 가입대상이 확대되어, 1999년 4월부터는 도시지역 주민에게까지 확대되어 국민연금의 전국민 개인연금시대가 시작되었다(〈표 10-37〉)[32].

(2) 국민연금기금 추이와 기금고갈

국민연금은 1988년 시작된 이래 조성된 기금이 1994년 10조원을, 2002년 100조원을, 2006년 200조원을 돌파하였다. 2016년 말까지 조성된 기금은 702조원을 넘어섰고, 운용기금은 558조원에 달했다.[33] 이 558조원의 운용기금은 2016년 한국의 GDP 1,637조원에 대해 34.1%의 비중을 차지하는 규모이다. 2017년 3월 현재 운용기금은 570조원이다([그림 10-6]).

와 공공부문부채의 경우는 발생주의 재무제표상에서 사실상 정부가 책임져야 될 부채이어서 별도로 부기한다.

31) 1889년 독일의 비스마르크가 근대적 개념의 국민연금을 도입한지 99년, 1973년 국민연금 논의가 시작된 지 15년만의 결실이다.

32) 2017년 3월 현재 국민연금의 보험료는 월소득의 9.0%인데 본인이 4.5%와 기업 4.5%의 매칭이다. 공무원연금과 사학연금의 보험료율은 2017년 3월 현재 8.25%(본인 50% 부담)인데, 2020년 이후는 국민연금과 마찬가지로 9.0% 수준으로 높아진다(2015년 개정). 국민연금의 소득대체율(지급률)은 평생소득의 40.0%이다. 공무원연금과 사학연금의 경우 지급률은 2017년 연금지급대상 평균소득의 1.9%인데, 2020년까지 1.7%로 하향조정된다.

33) 세계 주요 연기금의 운용기금 규모를 국민연금과 비교하면, 2016년 9월 현재, 일본의 GPIF가 1,440조원, 노르웨이의 GPFG가 980조원, 한국 NPS가 558조원(6016년 말), 네덜란드 ABP가 490조원, 미국 CalPERS가 350조원, 캐나다 CPPIB가 250조원이었다.

표 10-37 국민연금 약사

연도	추진 내용
1973	국민연금 실시에 대한 최초 논의 시작
1984년 5월	대통령의 유럽 순방길에 비행기 안에서 당시 경제부총리와 청와대 경제수석이 "국민연금 도입안"에 대한 대통령의 결재를 받아냄
1986년 12월	국민연금법 제정
1987년 9월	국민연금관리공단을 설립
1988년	10인 이상 사업장의 노동자를 대상으로 국민연금제도를 도입("소득의 3%만 내면 평균소득의 70%를 보장한다."는 특례조항)
1992년	5인 이상 사업장으로 확대
1993년	특례노령연금이 지급 시작
1995년 7월	농어촌지역 및 군지역 거주 자영업자를 대상으로 확대
1999년 4월	도시지역 주민에게까지 확대(국민연금의 전 국민 개인연금시대 시작)
2006년 1월	근로자 1인 이상 사업장 전체 국민연금 적용
2008년 1월	국민연금과 4개 직역연금 연계사업 시행
2014년 7월	기초연금 지급 개시
2016년 11월	경력단절 여성 대상 확대로 1국민 1연금시대 개막
2016년 말	기금 누계 702.2조원, 운용기금 558.3조원

그림 10-6 국민연금의 운용기금 적립금 추이와 구성

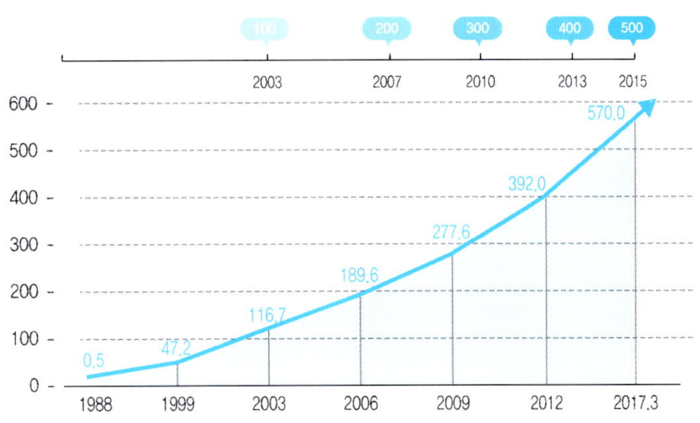

자료 : 국민연금/기금운용본부/운용현황/기금적립현황/

국민연금의 누적기금규모는 2043년까지 꾸준히 증가하여, 2,561조원을 피크로 급격히 감소하는 추세를 보일 것으로 전망된다. 한국의 장기인구추계에 의하면 인구의 고령화에 따라 65세 이상의 인구비중은 점차 급증하는데 반해, 근로층인 15~64세의 인구비중은 급감하게 된다.[34] 국민연금장기재정전망(보건복지부, 2013.3.28)에 의하면 이러한 인구구조의 고령화에 따라 2044년 이후부터는 연금기금 총수입(보험료수입+기금운용수입)이 총지출(연금급여+국민연금 운영지출 등)에 역전되어 수지적자가 발생하기 때문이다. 기금수지적자로 2060년이면 기금이 고갈될 것으로 전망되고 있다([그림10-7]).

그림 10-7 국민연금 기금 및 재정수지 전망

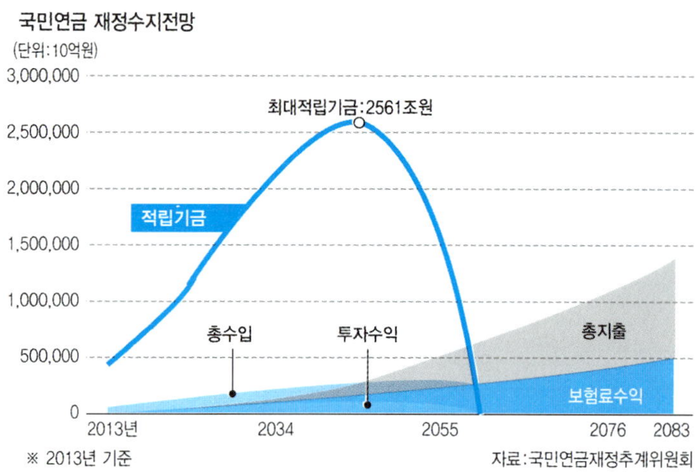

자료 : 보건복지부

(3) 국민연금기금의 운용

적립기금에서 기금운용경비와 연금지급 등을 지불하고 남는 운용기금은 공공부문, 복지부문, 금융부문에 투자된다. 그런데 국민연금 운용 초기에는 정부의 재정투융자 부문 등 대출되는 공공부문에 대한 투자가 있었는데, 이 공공부문에 대한

34) 통계청의 장기 인구추계에 의하면, 노년층(65세 이상), 근로층(15세~64세), 유아층(14세 미만의 총인구 비중은 각각 11.0%, 72.8%, 16.1%에서 2050년에는 37.4%, 52.7%, 9.9%로 인구구조가 바뀌게 될 것으로 전망된다.

투자는 2005년까지 전액 상환되었다.[35] 따라서 2006년부터는 운용기금은 복지부문과 금융부문에 투자되는데, 대부분 금융부문에 투자되고 있다.

(단위 : 억원, %)

표 10-38 국민연금 기금운용 현황(연도말, 시가기준, 억원, %)

구 분	2005	2010	2013	2014	2015	2016
운용금액 계	1,639,486	3,239,908	4,269,545	4,698,229	5,123,241	5,582,991
복지부문	3,025	1,282	1,249	1,264	1,362	1,396
금융부문	1,633,508	3,235,975	4,264,473 (100.0)	4,692,534 (100.0)	5,116,983 (100.0)	5,576,819 (100.0)
채 권	1,414,824 (86.3)	2,291,663 (70.7)	2,566,186 (60.2)	2,786,586 (59.4)	2,902,300 (56.7)	3,025,597 (54.3)
-국내직접	1,243,858	2,009,885	2,124,244	2,290,940	2,364,539	2,453,982
-국내위탁	148,896	195,602	257,380	289,781	321,829	339.462
-해외직접	116,416	68,532	80,929	88,838	93,821	101,824
-해외위탁	3,194	64,350	103,633	117,027	122,111	130,330
주 식	203,949 (12.5)	748,939 (23.2)	1,283,243 (30.1)	1,405,409 (29.9)	1,648,322 (32.2)	1,880,174 (33.7)
-국내직접	103,181	293,474	426,293	422,992	492,435	547,449
-국내위탁	93,954	256,280	413,088	416,304	456,530	476,142
-해외직접	-	24,557	88,832	117,061	200,263	282,002
-해외위탁	6,814	174,628	355,030	449,052	499,094	574,581
대체투자	7,798	188,981	403,227	466,550	546,585	636,668
단기자금	6,685	6,391	11,817	33,988	19,776	34,380
기타부문	2,953	2,650	3,823	4,431	4,896	4,777

자료 : 국민연금(www.nps.or.kr)/공단소개/기금운용현황/투자현황(시가기준)

35) 국민연금의 기금은 과거 재정자금과 공공자금으로 이용되기도 하였다. 국민연금의 운용자금 중 재정자금은 1988년부터 1994년까지, 공공자금은 1994년부터 2000년까지 예탁・운용되었다. 그러나 1999년 '공공자금관리기금법' 개정으로 2001년부터 예탁의무가 폐지됨에 따라 기존에 예탁되었던 기금은 2005년까지 전액 환수되었다. 공공부문 자산배분은 재정융자특별회계 및 공공자금관리기금에 예탁된 자금으로서, 종래 농어촌, 영세민, 중소기업 등 취약부문 지원 및 철도사업, 도로사업, 국민주택사업 등 사회간접자본 시설확충 등에 투자되었다. 복지부문에 대한 투자는 기금에서 복지사업을 실행하는 형태로 이루어지고 있으며, 복지대부사업과 복지시설사업으로 구분되었다. 한편 공공자금예탁에 따른 이자지급은 공공자금 평균수익률과 민간부문 평균수익률을 비교하여 민간부문이 높을 경우 평균수익률 차이를 국민연금에 보전해주었다. 1998년 이후 2003년까지 공공자금관리기금 예탁금 이차보전 규모는 총 2조 6,776억원이었다.

국민연금기금의 운용자산 중 금융부문의 투자상품 구조를 보면, 2016년 말 현재 운용기금 중 채권에 60.2%, 주식에 약 30.1% 투자되었다(〈표 10-38〉). 운용자산 중 주식과 채권에 대한 투자비중을 보면, 2005년에는 채권에 86.3%, 주식에 12.5%를 배분하여 채권위주의 안정적 운용전략을 취했다. 그러나 채권에 대한 투자비중은 감소하고, 주식에 대한 투자비중은 늘어나, 2016년 경우 채권에 302.6조원인 54.3%를, 주식에는 188조원인 33.7%를 투자하였다. 그리고 주식과 채권은 국민연금이 직접 운용하거나 다른 운용기관에 간접적으로 위탁하여 운용하기도 하여 운용방법이 다양해지고 있다. 그리고 국내 유가증권과 해외유가증권에 투자하고 있으며, 대체투자에 있어서는 벤처, PEF, 국내외 부동산, 원자재 등에 다양하게 투자하고 있다.

국민연금은 매년(5월 중) 중기기금운용계획을 발표한다(〈표 10-39〉). 2017년 보건복지부가 발표한 중기기금운용계획(2018~2022)에 의하면 국내주식에 대한 투자는 2016년 18.2%에서 2022년 20% 이상 투자할 계획인데, 특히 해외주식에 대한 투자에 적극적이어서, 2016년 15.3%에서 25.0% 이상으로 확대할 계획으로 있다. 채권의 경우 2016년 50.7%에서 2022년 40% 내외로 비중을 축소하고, 해외 채권투자 비중은 소폭 늘리는 것으로 되었다.

표 10-39 국민연금기금 중기 운용계획

구 분	2016		2022
	금액(조원)	비중(%)	비중(%)
주식투자	188.0	33.7	
국내주식	102.4	18.4	20% 이상
해외주식	85.6	15.3	25% 이상
채권투자	306.0	54.9	
국내채권	282.6	50.7	40% 내외
해외채권	23.4	4.2	5% 내외
대체투자	63.7	11.4	10% 이상

자료 : 보건복지부, 국민연금 2018~2022 운용계획, 보도자료, 2017.5.25.

(3) 국민연금의 기금운용 수익률

국민연금기금 전체의 운용수익률은 1988년 1월 이후부터 2016년까지 28년간 연평균수익률은 5.4%였다. 최근 3년간 수익률은 4.90%였다(〈표 10-8〉). 국민연금의 자산운용에서 주식의 비중이 확대되는 것을 감안하면, 국내 주식시장과 글로벌 주식시장의 상황에 따라 기금운용수익률이 영향을 받는 정도가 점차 커질 것으로 보인다.

그림 10-8 국민연금의 기금운용수익률 추이

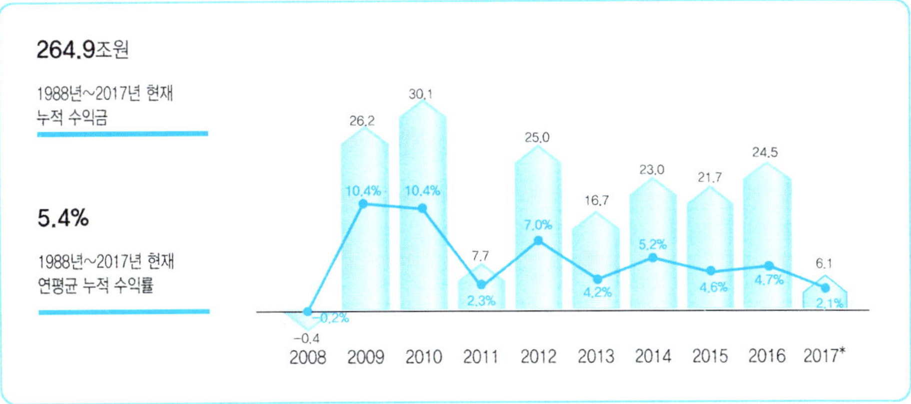

자료 : 국민연금(www.nps.or.kr)/공단소개/기금운용현황/수익현황

4 퇴직연금

(1) 한국의 퇴직연금제도와 발전

퇴직연금제도란 회사가 근로자의 퇴직급여를 금융기관에 맡겨 운용한 뒤 근로자가 퇴직할 때 연금이나 일시금으로 주는 제도다. 퇴직연금의 기본법인 "퇴직급여보장법"이 2005년 12월부터 시행되었다. 퇴직연금제에서는 기업이 퇴직급여를 자산운용사, 은행, 보험사 등에 적립, 그 운용수익이 퇴직금으로 지급된다.

지난 1961년 이후 시행된 퇴직금제도는 근로자가 입사했을 때부터 일정 비율을 적립해 놓았다가 퇴직할 때 근속연수를 계산해 일시금으로 지급하는 방식이다. 퇴직금 제도는 우량기업에 종사하는 근로자들의 경우 퇴직 이후를 대비할 수 있는 유효한 수단이었다. 하지만 기업이 도산할 경우 퇴직금을 받지 못하는 경우도 생기고, 전체 근로자의 절반 정도만 수혜를 입는다는 단점이 있었다.[36] 동시에 기존의 퇴직금 제도는 연봉제 확산과 근속연수 단축, 조기 퇴직 등 새로운 환경변화에 취

36) 물론 회사가 파산하더라도 임금채권보장법에 따라 퇴직 직전 3년치(최대 1천20만원)는 보장해준다.

약하다는 단점도 있다. 퇴직연금의 시행에 따라 퇴직보험 및 신탁은 2010년 폐지되었고, 퇴직금제도는 향후 폐지될 전망이다.

퇴직연금(또는 기업연금)은 확정급여형(Defined Benefit : DB)과 확정기여형(Defined Contribution : DC)으로 나뉜다. 확정급여형은 기존의 퇴직금 제도와 유사하게 가입자가 받을 퇴직급여가 미리 확정되고, 회사가 부담할 금액은 운용실적에 따라 달라진다. 운용수익이 확정수익률을 상회할 경우 기업의 적립금 부담은 감소하지만, 운용수익이 저조할 경우 오히려 기업의 적립금 부담은 늘어난다. 운용에 따른 리스크나 가입자에 대한 최종 지급책임이 모두 회사에 있다.

이에 반해 '확정기여형'은 회사와 근로자가 부담할 금액이 미리 확정되고, 가입자가 받을 퇴직급여는 운용실적에 따라 달라진다. 기업은 사전에 확정된 적립금을 연 1회 이상 자산관리기관에 납부하고, 이에 대한 운용은 근로자 개인(또는 노동조합)의 지시에 따라 운용기관이 담당한다. 때문에 최종적인 연금급여는 근로자 개인이 어떻게 운용지시를 했느냐에 따라 결정된다. 그만큼 개인의 책임이 커지는 것이다.

한편 근로자가 직장을 이동하더라도 퇴직 일시금을 계속 적립해서 은퇴 후 노후소득으로 활용할 수 있는 개인퇴직연금(Individual Retirement Pension : IRP)[37]도 있다. 이 IRP는 기업 IRP와 개인 IRP로 구분된다. 근로자가 퇴직 또는 이직으로 퇴직급여를 일시금으로 받은 경우 개인퇴직계좌를 만들어 퇴직급여를 적립하면, 금융기관이 이를 운용해준다. 10인 미만 사업에 대한 특례로 상시근로자 10인 미만인 사업장에서는 근로자대표의 동의를 얻어 근로자 전원이 개인퇴직계좌를 설정한 경우에는 퇴직연금제도를 설정한 것으로 간주한다. 이 계좌는 가입계약 방법, 취급금융기관, 적립금운용방법 등은 확정기여형이 적용된다. 따라서 개인퇴직계좌를 만들지 여부는 가입자가 결정하며, 운용결과에 대한 책임도 가입자가 진다.

지금까지 시행돼 온 퇴직금 제도를 그대로 유지할 것인지, 아니면 새로운 퇴직연금 제도를 도입할 것인지는 기업과 근로자가 합의해 결정할 수 있다. 특히 기존 퇴직금 제도에서 퇴직연금 제도로 변경할 경우 노조 또는 근로자 과반수의 동의를 얻어야 한다. 또한 DB형과 DC형 중 어느 것을 택할 것인가도 근로자의 선택에 달려있다[38](〈표 10-40〉).

---

37) 2011년 7월 근로자퇴직급여보장법 시행령의 개정으로, 종전의 개인퇴직계좌(Individual Retirement Account : IRA)가 IRP로 명칭이 바뀌었다.

38) 외국의 경우 국가와 기업에 따라 대체로 보수적인 성향의 DB형에서 고수익을 추구하는 DC형으로 바뀌는 추세이나, DC형이 가진 위험을 우려하는 목소리도 높다. 특히 미국의 경우 엔론(2001년 파산) 근로자의 경

표 10-40 퇴직연금 유형과 퇴직금의 비교

	확정급여형(Defined Benefit Retirement Pension : DB형)	확정기여형(Defined Contribution Retirement Pension : DC형)	개인퇴직계좌(Individual Retirement Pension : IRP형)	퇴직금
개념	• 근로자가 받을 급여 수준이 사전에 결정되어 있는 퇴직연금제도	• 사용자가 부담하여야 할 부담금 수준이 사전에 결정되어 있는 퇴직연금제도	• 가입자의 선택에 따라 가입자가 납입한 일시금이나 사용자 또는 가입자가 납입한 부담금을 자기명의 계좌로 적립·운용하기 위하여 설정한 퇴직연금제도	• 퇴직시 일정 금액을 근로자에게 지급
운용 형태	• 퇴직시 근로자에게 지급되는 금액과 운용 방식을 사전에 결정	• 기업이 부담할 급여 수준을 사전에 결정하여 지급	• 이직 시 퇴직연금 유지, 자기부담으로 추가 설정, 또는 10명 미만 사업체에 적용 • 운용과 급여 지급등은 확정기여형과 유사	—
운용 책임	• 사업자가 운용 방식을 결정하고 운용 결과에 책임	• 근로자가 운용방법 결정과 책임부담	• 근로자가 운용방법 결정과 책임부담	—
기업 적립액	• 근로기간 1년에 대해 30일분 평균임금에 상당하는 금액 이상	• 가입자 연간 임금총액의 1/12에 해당하는 금액 이상	• 가입자 연간 임금총액의 1/12에 해당하는 금액 이상	• 기업 결정에 따라 변동
적립방식	• 부분 사외적립 • 최소 의무 적립 비율 : 60%	• 전체 사외적립	• 전체 사외적립	• 사내적립과 사외적립 • 퇴직보험, 퇴직신탁 등 사외적립에 부여했던 세제 혜택은 2010년까지만 인정
기업 부담	• 적립금 운용 결과에 따라 변동	• 근로자 임금의 일정 비율로 제한	• 근로자 임금의 일정 비율로 제한	• 근로기간과 임금에 따라 변동
퇴직급여 수준	• 퇴직 시 사전에 결정된 금액을 지급	• 운용 성과에 따라 변동	• 운용 성과에 따라 변동	• 근로연수 1년에 대하여 30일분의 평균임금으로 계산한 금액
퇴직급여 형태	• 55세 이상, 가입기간 10년 이상인 가입자에게 5년 이상 연금으로 지급 • 일시금도 가능	• 근로자가 일정 연령(55세)에 도달하면 운용 결과에 따라 퇴직급여를 5년 이상 연금으로 지급 • 일시금도 가능	• 근로자가 일정 연령(55세)에 도달하면 운용 결과에 따라 퇴직급여를 5년 이상 연금으로 지급 • 일시금도 가능	• 일시금
중도 인출	• 주택구입, 질병 등 중도인출 제한적 허용	• 주택구입, 질병 등 중도인출 제한적 허용	• 주택구입, 질병 등 중도인출 제한적 허용	• 주택구입, 질병 등 중도인출 제한적 허용

우 DC형의 퇴직연금을 선택하고 거기에 자사주를 대거 편입했다가 큰 피해를 입어 사회문제로 등장하기도 했다. 안정적인 연금을 원할 경우 기존의 퇴직금을 유지하거나 DB형을 선택하는게 바람직하다. 고수익을 원할 경우 DC형이 유리하지만, 전문가의 조언을 받아 운용함으로써 리스크를 관리할 필요가 있다

그리고 퇴직근로자(이직자 또는 55세 이전 퇴직자)는 IRP에 의무적으로 가입해야 하고, 퇴직연금 기 가입자(DB형 또는 DC형)와 자영업자(2017년부터 가입)는 IRP에 선택적으로 가입할 수 있다. IRP가입자는 55세 이후 연금을 수령하든지 또는 일시금을 선택하여 수령할 수 있다.

(2) 퇴직연금의 적립과 운용체계

2005년 12월 퇴직연금이 시행된 이후 퇴직연금 적립금은 급속하게 성장하고 있다. 시작 당시 2005년 12월에는 적립금이 164억원에 불과했으나, 2016년 말 현재 147.0조원을 넘어섰다([그림 10-9]).

그림 10-9 퇴직연금 적립금 추이

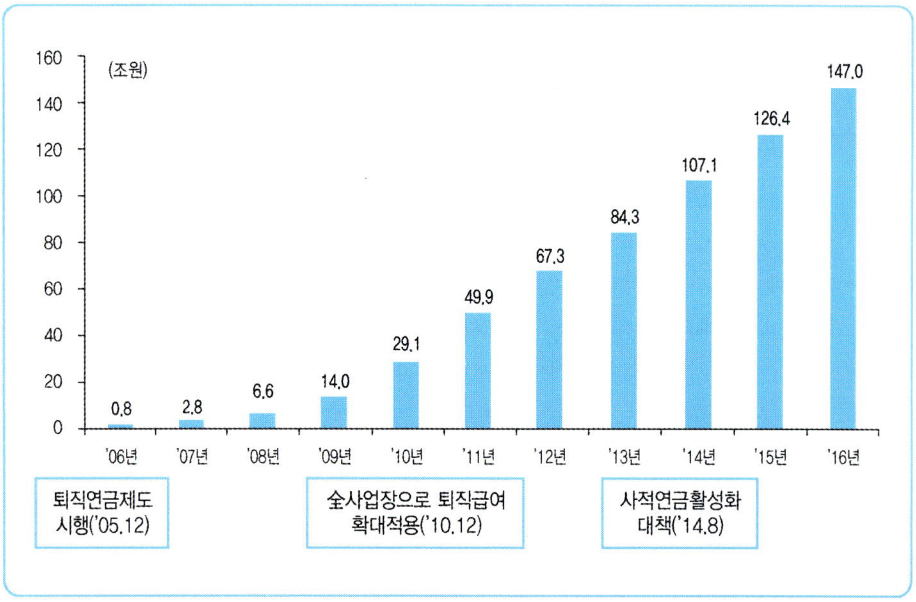

자료 : 금융감독원, 「퇴직연금시장 질서 확립을 위한 개선대책」 추진실적 및 향후계획, 보도자료, 2017.2.28.

퇴직연금의 사업자는 운용관리회사와 자산관리회사로 구분된다. 운용관리회사는 은행, 증권, 보험회사가 담당하고 자산관리회사는 신탁회사가 담당하고 있다.[39] 운

39) 펀드산업에서 자산운용, 자산관리와 펀드판매가 각각 독립된 기관으로 분리되는 것과 같은 원리이다.

용관리회사는 적립금 운용방법 및 운용방법별 정보를 가입자에게 제공하고, 연금제도의 설계 및 연금 계리(計理)를 담당하고, 가입자가 선정한 운용방법을 자산관리회사에 전달한다. 자산관리를 맡은 신탁회사는 부담금 수령, 적립금 보관 및 관리, 적립금 운용지시의 이행, 퇴직급여의 지급 등을 수행한다(〈표 10-41〉). 또한 퇴직연금을 운영할 수 있는 금융기관에 대한 재무건전성 기준(등록여건)을 강화하여 은행의 경우 BIS 8% 이상, 증권회사는 영업용 순자본비율 150% 이상, 보험회사는 지급여력비율 100% 이상, 자산운용회사는 위험대비 자기자본비율 150% 이상으로 한정했다.

표 10-41 퇴직연금사업자의 종류 및 역할

종 류	역 할
운용관리회사	- 적립금 운용방법 및 운용방법별 정보 제공 - 연금제도 설계 및 연금 계리(計理) - 적립금 운용현황의 기록·보관·통지 - 가입자가 선정한 운용방법을 자산관리회사에 전달
자산관리회사	- 부담금 수령, 적립금 보관 및 관리 - 적립금 운용지시의 이행, 퇴직급여의 지급

(2) 퇴직연금의 운용 현황

퇴직연금 유형별 적립현황을 보면 초기에는 확정급여(DB)형의 비중이 절대적이었으나, 점차 감소하고 있다. 2016년에는 총 147조원 중 DB형이 99.6조원으로 67.8%를 차지하였다. 다음으로 확정기여(DC)형이 34.2조원으로 23.3%, 개인IRP가 12.4조원으로 8.4%를 점하였다. 다음으로 금융권역별로 보면 2016년 총 147조원 중 은행권이 73.3조원으로 50.0%를, 생보사가 36조원으로 24.5%, 증권사가 26.5조원으로 18.0%를 차지했다(〈표 10-42〉).[40]

다음으로 2016년 제도유형별 원리금보장상품 운용[41]을 보면(〈표 10-43〉) 우선 원금보장형이 총 적립금 1473조원 중 89.0%를 차지하고, 실적배당형은 6.8%에 불과하여, 퇴직연금이 극히 보수적으로 운용되고 있음을 알 수 있다. 특히 DB형의 경우는 원리금보장형의 비중이 절대적이다. 퇴직연금의 안정적・보수적 운용성향에

40) 퇴직연금 관련 데이터는 http://pension.fss.or.kr 참조

41) 퇴직연금의 운용에 관한 기본적인 규제는 근로자퇴직급여보장법 시행령 제25조와 제26조에 의한다.

따라 여전히 원리금보장상품의 비중이 높으나, 저금리기조의 영향으로 원리금보장상품의 선호는 소폭이지만 감소하는 추세를 보이고 있다. 한편, 2016년 원리금보장상품 130.9조원의 투자상품을 보면, 예적금이 62.5조원으로 47.7%, 금리형 보험이 56.2조원으로 42.9%, ELB가 10.3조원으로 7.9%의 순이었다.

| 표 10-42 퇴직연금 유형별 적립금 추이와 금융권별 적립금 운용현황

구분		DB	DC	기업IRP	개인IRP	합계
2012		50.0	12.0	0.7	5.0	67.3
2013		60.7	16.9	0.7	6.0	84.3
2014		75.5	23.2	0.7	7.5	107.1
2015		86.3	28.4	0.8	10.9	126.4
2016 (비중)		99.6 (67.8)	34.2 (23.3)	0.8 (0.6)	12.4 (8.4)	147.0 (100.0)
금융권 (2016)	은행	42.2	22.4	0.8	7.9	73.3
	생보	29.7	4.6	0.0	1.6	36.0
	손보	8.6	1.0	0.0	0.3	9.9
	증권	19.0	5.0	0.0	2.5	26.5
	근로복지공단	–	1.2	–	–	1.2

자료 : 금융감독원(http://pension.fss.or.kr)/퇴직연금통계/

| 표 10-43 제도유형별 (원리금보장 여부) 적립금 현황(2016년)

(단위 : 조원, %)

구 분	DB		DC		기업형IRP		개인형IRP		합 계	
		비중		비중		비중		비중		비중
원리금보장형	94.6	95.0	27.0	78.9	0.7	85.8	8.6	69.2	130.9	89.0
실적배당형	2.0	2.0	5.7	16.7	0.07	8.7	2.2	17.8	10.0	6.8
기 타[주)]	3.0	3.0	1.5	4.3	0.04	5.5	1.6	13.0	6.1	4.2
합 계	99.6	100.0	34.2	100.0	0.8	100.0	12.4	100.0	147.0	100.0

주) 운용을 위한 대기성 자금(고유계정대, 현금성 자산, MMF 등)

(2) 퇴직연금의 운용 규제

한국에서 퇴직연금이 근로자의 노후생활을 위한 연금이라는 특성에서, 그 운용이 엄격하게 규제되고 있다. 금융감독위원회가 정한 퇴직연금감독규정 및 동 시행세칙에 의하면 확정급여(DB)형과 확정기여(DC)형에 따라 위험자산에 대한 투자한도가 달라진다. 특성상 DC형의 경우가 DB형보다 규제가 엄격하다[42]. 한국의 적립금 운용에 대한 규제를 보면, DC형에 대한 규제가 DB형에 비해 강한데, 이는 DC형은 근로자들이 운용에 대한 책임을 지고, 운용결과에 따라 연금이 지급되기 때문이다. DB형은 직접 주식과 증권예탁증서에 70%까지 투자할 수 있으나 DC/IRP는 주식과 증권예탁증서에는 투자할 수 없다.

퇴직연금은 ETF에 투자가 가능하지만, 파생상품에 대한 투자규제로 합성ETF에 대한 투자가 금지되었었다. 그러나 금융감독원 퇴직연금 감독규정을 개정해 2016년 9월 27일부터 퇴직연금도 합성ETF에 투자할 수 있게 되었다. 즉, 실물ETF 중 위험평가액이 40% 이하인 일반형과 합성ETF 중 증권을 기초자산으로하는 ETF나 1 : 1로 지수를 추종하는 합성ETF에는 투자가 가능하다. 다만, 실물 ETF 중 위험평가액이 40%를 초과하는 ETF, 레버리지ETF, 인버스ETF에는 투자할 수 없다. 그리고 합성ETF 중 증권을 기초자산으로 하지 않는 ETF, 레버리지ETF, 인버스ETF는 여전히 투자가 금지된다(〈표 10-44〉).

다음으로 여타 금융상품에 대한 투자자보호가 강화되는 추세에 맞추어, 퇴직연금에 대한 공시도 강화되었다. 퇴직연금 운용자들은 퇴직연금 운용규모, 수익률, 수수료 등의 관련정보를 홈페이지에 공개해야 한다. DB형, DC형, IRA로 나누어 매분기 수익률을 공시해야 하고, 원금보장형과 비보장형으로 나누어 매월 수익률 공시를 해야 한다.

42) 한국의 퇴직연금 운용에 대한 규제는 주요 선진국의 퇴직연금운용 규제와 비교하면 여전히 엄격하게 규제되고 있다. 일본의 경우 퇴직연금 적립금에 대한 규제가 전혀 없다. 그리고 미국과 영국의 경우는 적립금의 대출에 대해 고용주의 차입 및 보증이 금지되는 것을 제외하고는 규제가 없다.

표 10-44 퇴직연금 포트폴리오 규제

<table>
<tr><th>구분</th><th>DB형</th><th>DC/IRP형</th></tr>
<tr><td>원리금 비보장자산
총투자한도</td><td colspan="2">70%</td></tr>
<tr><td>지분증권(예 : 주식)</td><td rowspan="5">총한도(70%)
내 자율운영</td><td>금지</td></tr>
<tr><td>채무증권(예 : 채권)</td><td rowspan="3">총한도(70%)
내 자율운영</td></tr>
<tr><td>펀드</td></tr>
<tr><td>파생결합증권(예 : ELS)</td></tr>
<tr><td>증권예탁증권</td><td>금지</td></tr>
<tr><td>파생상품</td><td colspan="2">헤지목적만 허용</td></tr>
<tr><td>ETF</td><td colspan="2">가능(레버리지, 인버스는 불가)</td></tr>
<tr><td>합성ETF</td><td colspan="2">종목 ETF, 1 : 1지수형ETF는 가능
(레버리지, 인버스는 불가)</td></tr>
</table>

주) : 2015년 7월 이후 현재의 자산운용규제

자료 : 금융위원회, 퇴직연금시장 발전을 위한 자산운용제도 개선방안, 보도자료, 2015.4.27., 금융감독원, 퇴직연금 감독규정 제3장(적립금의 운용)

부록

1. 보험산업의 역사

보험의 역사는 인류의 역사와 더불어 시작되었다고 할 수 있다. 고대문명사회에서 원시적 형태의 리스크 전가 또는 리스크 분산이라는 형태로 오늘의 보험과 유사한 관습이나 제도가 있었다. 자연경제시대에 불의의 재해로 입은 경제적 손해에 대비하여 상부상조하는 구제(救濟)제도가 그것이다. 보험의 고대역사는 그리스 시대를 전후로 구분된다. 약 4000~5000년 전 고대 바빌로니아의 대상(隊商)간에 맺어진 재난 발생 시의 책임과 보상을 규명하는 관습이 있었다. Hammurabi 법전에 모험대차(冒險貸借)[1]라는 용어가 등장한다. 이러한 모험대차는 당시 페니키아, 로도스 섬, 그리스, 로마 등지에서 성행했다.

1 해상보험

그리스 시대에는 고대의 모험대차 계약이 비약적으로 발전하여 해상보험의 원조라 할 수 있는 공동해손(general average)제도로 확대 발전되었다. 항해 중 발생한 사고로 입은 손실에 대해서는 항해에 관계되는 이해당사자 모두 공동책임을 지게 되었다. 이러한 관행이 제도화 되는 과정에서 아테네에는 최초의 보험교환소(insurance exchange)가 설립되어, 모험대차 거래와 해상사업의 정보교환 등이 이 거래소를 중심으로 이루어졌고, 그리스 해상보험에 큰 영향을 끼쳤다. 로마시대에 들어서는 모험대차 제도가 활성화 되었고, 나아가 공동해손를 해결하기 위한 법률까지 제정하게 되었다.

또한 생명 및 건강보험의 원시적 형태라 할 수 있는 장제조합(collegia) 제도가 발달했다. 이 장제조합은 현대적 상호보험조합의 시초라고 할 수 있으며, 조합원간에 정규적인 조합비 선납과 정액급여가 보장되었다. 이 제도를 위해 서기 230년에는 연금가 치표가 개발되어 사용되었다. 이 장제조합은 중세의 Guild로 확대 발전하게 된다.

중세에 들어서 보험제도는 해상보험을 중심으로 발전하였다. 1236년 당시 교황이던 그레고리우스 9세가 "가난한 자에게 돈을 꾸어 주면 너는 그에게 채권자 같이 하지 말며 이자를 받지 말라(출 22 : 25)"라는 성경 구절에 따라 이자수취 금지령을 내렸다. 이

1) 모험대차제도란 선박과 화물에 대한 임대차 계약으로 무역업자가 선박 또는 적하물을 담보로 자금주에게 자금을 빌리고, 무사귀환 시에는 높은 원리금(22~33%)을 자금주에게 지불하기로 약속한다. 그러나 만일 선박이 침몰하거나 약탈당했을 경우에는 무역업자는 자금대여자에게 원리금을 지급하지 않아도 되는 제도를 의미한다.

에 따라 상인들은 모험대차를 할 수 없게 되었다. 그러나 당시의 상인들은 어떠한 형태로든 해상교역의 위험 보장을 위해 이자금지령에 저촉되지 않는 새로운 형태의 유사 해상보험을 만들어 내게 된다. 즉, 소비대차(消費貸借)와 가장매매(假裝賣買)계약[2)]이 제도화 되었다.

소비대차의 경우에는 1347년 10월 클라라(S. Clara)호에 대한 계약증서가, 가장매매의 경우에는 1370년 6월 13일자의 스페인에서 이탈리아까지의 항해에 대한 계약 문건이 남아 있다. 현대의 해상보험과 유사한 이들 제도는 13세기부터 16세기 초까지 베니스를 중심으로 한 이탈리아와 15세기 해양왕국으로 등장하는 스페인(바르셀로나 중심)에서 정착되었다. 해상보험은 14세기 이탈리아에서 성립하여, 북해연안 및 지중해무역의 발달과 더불어 성장하여 스페인, 포르투갈, 네덜란드, 영국, 독일로 발전하여 갔다.

현대적 의미의 해상보험회사는 영국에서 시작되었다. 1568년 토마스 그레샴은 The First Royal Exchange를 설립했다. 1688년에는 에드워드 로이드가 테임즈강변의 롬바드가에 개설한 로이드 찻집에서 해상보험거래가 개인보험사업자에 의해 시작되었으며, 1871년에는 로이드의 법인화가 이루어졌다. 1720년 세계 최초로 회사형태의 보험회사로 London Assurance와 Royal Exchange Assurance가 설립되었다. 영국 이외의 지역에서는 1686년에 파리, 1720년에 로테르담, 1726년에 코펜하겐, 1739년에 스톡홀름, 1765년에 함브르크 및 베를린에 해상보험회사가 설립되었고, 1792년 필라델피아에 Insurance company of North America가 설립되었다.

2 화재보험

유럽에서는 13세기경부터 재난을 당한 사람들의 구제를 목적으로 길드가 조직되고 마을에서는 교회내에서나 이웃을 방문하여 의연금을 모으는 것을 인정하는 면허장을 발행하였다. 1591년 독일 함브르크에서 100명의 양조업자가 화재협약조합을 설립하였으며, 그 뒤 독일은 공영화재보험제도로 발전하였다. 한편 영국에서는 노스트라다무스

2) 소비대차의 경우 금융가와 상인이 교역 준비금을 대출하는 계약을 맺는데, 금융가가 상인에게 빚진 것으로 허위계약서(현재의 보험계약)를 작성하였다. 이때, 상인은 금융가에게 소정의 수수료(보험료)를 지불한다. 항해가 성공하여 배가 무사히 귀항하였을 때는 이 계약서를 파기하고 계약이 무효가 된다. 그러나 항해가 실패했을 경우 금융가는 상인에게 가상의 대출금을 상환(보험금 지급)함으로써 상인의 손해를 보상해주었다. 가장매매계약의 경우는 금융가가 수수료(보험료)를 받고 항해를 떠날 무역업자의 선박과 적하를 매입하는 거짓 계약을 맺는다. 선박이 무사히 귀항하였을 경우 이 계약을 취소하고, 그렇지 못한 때에는 계약금액(보험금)을 지급하였다.

의 예언[3)]대로 1666년 9월 런던에 대화재[4)]가 발생했다. 이 런던 대화재는 화재보험의 생성에 결정적인 역할을 하였다.

1667년 런던대화재 이후 치과의사인 니코라스 바본이 개인화재보험회사를 설립함으로써 민영보험회사의 효시를 이루었다. 1668년에는 상호화재보험제도인 우애조합(Friendly Society)이 발족하였다. 바본의 화재보험회사는 1680년 합자회사의 형태로 대표적인 화재보험회사로 정착했다가 1705년 피닉스 화재 사무소(Pheonix Fire Office)로 개명하면서 약 100여년간 영업을 지속했다. 현존하는 가장 오래된 화재보험회사는 1710년 런던의 찰스 포베이(Charles Povey)가 설립한 런던 보험회사(company of London insurer)다. 이에 런던 보험회사는 1726년 주식회사로 전환하면서 선 보험사무소(Sun Insurance Office)로 상호를 바꾸었다. 또한 1720년 조지1세 영국 국왕의 특허로 로열 익스체인지 어슈어런스(Royal Exchange Assurance)와 런던 어슈어런스(London Assura-nce)가 설립되었는데, 이들 회사는 "화재보험, 생명보험, 해상보험 업무를 영위하였다. 한편 독일에서는 1591년 독일 함브르크에서 100명의 양조업자가 화재협약조합을 설립하였고, 후에 독일은 공영화재보험제도로 발전하였다. 그리고 1817년 함브르크시 화재금고는 시내의 전 건물을 강제보험에 가입하는 조치를 취했다.

3 생명보험

생명보험이 발달하게 되는 계기는 프랑스(1689), 네덜란드, 영국(1692) 등에서 톤틴의 연금이 이용되고 부터이다. 여기에는 보험수리학의 학문적 발달이 결정적인 계기를 가져다 주었다. 보험수리학은 프랑스의 수학자들이 도박이익의 최대화에 관심을 두고 확률이론(파스칼의 확률기초이론, 그런트의 사망률표, 드위트의 사망률 연구 등)을 개발한데서 비롯되었다. 미국에서 최초의 근대적 생명보험회사는 1759년에 설립된 Old Equitable사이다. 이 에퀴터블사는 1759년 성직자들의 부양가족에 대해 경제적 도움을 주기 위해 필라델피아의 장로회의가 조직했다. 그리고 최초의 생명보험계약은 종신보험이었다.

3) "런던이 정의의 피를 요구하리니 6이 세 번 반복되는 해에 불벼락이 내리리라. 고대의 여인이 높은 곳에서 떨어지고, 그와 같은 많은 전당들이 소실되리라"

4) 1666년 9월 2일 새벽에 어느 빵집에서 치솟은 불길은 5일 동안 타오르면서 대부분이 목조 건축물로 이루어져 있었던 런던 시내 가옥의 80%를 태워버렸다. 이 화재로 타버린 교회나 관청 같은 공공건물만 87개로, 이 중에는 런던의 성 베드로 성당도 포함되어 있었다.

4 특종보험

영국에서 제2차 산업혁명으로 철도, 제철기술의 혁신과 중공업이 발전하기 시작하였고, 교통통신의 발달과 자동차, 항공기의 대량생산으로 새로운 위험이 증가함에 따라 특종보험이 본격적으로 발전하였다. 1840년에는 런던에서 Guarantee Society가 신원보증인에 대신할 신원보증보험을 개시하였고, 1850년 Accident Death사가 교통사고와 상해일반을 담보하는 보통상해보험을 판매하였고, 1870년에는 운송보험이 보급되었다. 미국에서는 1876년에 벤츠, 푸조, 포드 등 자동차 생산이 시작되었다가 1910년대에 양산체제로 들어감에 따라 자동차보험이 출현하였다. 1903년 라이트형제의 처녀비행의 성공에 이어 항공기의 눈부신 발전에 따라 항공보험이 출현하였다. 이렇듯 20세기 초부터 기계보험, 상해보험, 책임보험 등 새로운 보험이 개발되면서 손해보험 시장을 다양화시켜 나갔다.

5 재보험

해상보험이 발달하고, 대형의 해상사고가 발생함에 따라, 해상보험회사가 리스크를 제3자에게 가시 전가하는 재보험시장도 14세기에 출범하였다. 즉, 1370년에 해상보험의 재보험이 이루어졌다. 그러다가 18세기에 들어 1778년에는 코펜하겐의 Royal Chartered보험회사에 재보험이 허가되었고, 1821년에는 재보험특약이 처음으로 체결되었다. 재보험은 특약재보험을 중심으로 크게 발전하여 왔으며, 전업재보험회사로는 독일의 Munich Re, 스위스의 Swiss Re, 미국의 General Re 등이 있다.

2. 투자금융회사

1 투자금융회사의 연혁

한국에서 투자기관으로 분류되었던 투자금융회사는 기업단기금융의 원활화, 사금융의 원활화, 사금융의 제도금융으로의 흡수 및 금융시장의 다원화 등을 도모하기 위해, 1972년 8월 3일(소위 8.3 조치) 제정・공포된 단기금융업법과 같은 해 9월 공포된 동 시행령에 의해 설립되었다. 이에 따라 국제금융공사(International Finance Corporation : IFC)[1]와 한국개발금융주식회사(현 장기신용은행)의 합작투자에 의해 상법상의 일반주식회사 형태로 설립되어 1972년 5월부터 어음의 할인 및 매매업무를 영위하고 있던 한국투자금융주식회사가 1972년 9월 17일자로 동법에 의한 최초의 투자금융회사로서 업무를 개시하게 되었다.

그 후 1973~1974년 중 신탁은행이 전액 출자한 서울투자금융회사를 비롯하여 9개 투자금융회사가 신규로 설립되었으며, 1977년 1개 사가 추가 설립되었다. 한편 1979~1981년 중에는 지방금융의 활성화를 위해 9개 지방투자금융회사가 신설되었으며, 1982년 대형금융사고발생 이후 단기금융시장의 확충을 위해 설립을 계속 허용함에 따라 1982년 말 및 1983년 초에 12개 회사가 신설됨으로써 투자금융회사는 총 32개에 달하게 되었다.

그러나 금융기관의 건전한 경쟁촉진과 금융업무의 효율성 제고를 통한 금융산업의 균형발전을 도모하기 위해 1991년 3월 "금융기관의 합병 및 전환에 관한 법률"이 제정되어 금융산업개편이 추진됨에 따라 1991년 중 8개 투자금융회사가 여타 금융기관으로 전환하였는데, 이 중 한일투자금융(주) 등 5개사는 증권회사로, 한국투자금융(주) 등 3개사는 단독 또는 합병에 의해 2개의 은행으로 업종을 전환하였다.[2]

그러다가 1993년 6월 신경제 5개년계획 중 금융개혁부문에서 금융자율화를 적극 추진하고 투자금융회사와 종합금융회사의 업무영역을 통합하여 금융기관의 경쟁력을 제

1) 1955년 7월 24일 개발도상국의 민간기업 및 국내 자본시장을 육성하고 국가간 민족자본의 이동 등을 촉진하기 위해 창설된 IBRD 산하기관으로 가맹국의 출자금, 차입금 등에 의해 조달한 자금을 개도국정부의 보증없이 민간기업에 투자 및 융자를 제공하는 기능을 가진 기관이다.

2) 1991년 7월 한일, 고려, 동부, 서울 및 한성투자금융이 증권회사로, 한국투자금융이 은행으로 각각 전환한데 이어 동년 9월에는 한양 및 금성투자금융이 합병하여 하나은행으로 전환하였다.

고하고, 금융구조의 개편을 통해 금융산업의 선진화를 유도한다는 계획을 발표하였다. 이어서 1993년 12월 "지방단자사의 종합금융회사전환 방안"이 발표되었고, 이에 따라 지방의 9개 투자금융회사가 1994년 7월부터 종합금융회사(1개 종합금융회사는 외국사와 합작)로 전환하였다. 결과적으로 1991년 이전에는 서울과 지방에 각각 16개사씩 모두 32개의 투자금융회사가 단기금융업무를 영위했으나, 1994년 말까지 은행으로 3개사가, 증권사로 5개사가, 종합금융회사로 9개사 등 17개사가 다른 금융업종으로 전환하여, 서울에는 8개 투자금융회사가, 지방에는 7개 투자금융회사가 잔류하였다.

그러다가 이들 잔류 투자금융회사들은 업무영역이 확대된 저축은행으로 전환하든가, 종합금융회사로 전환하든가, 아니면 콜거래업무를 전문으로 하는 투자금융회사로 존속하든가를 희망에 따라 1996년 6월까지 결정하도록 되어 있었다. 그리고 정부의 금융산업개편 방향에 따라 1995년 8월의 종합금융회사법(개정)에 의하면 종합금융회사로 전환할 투자금융회사는 1996년 7월부터 종래의 단기금융업과 아울러 종합금융업을 할 수 있게 되었다. 이에 따라 서울과 지방잔류 투자금융회사들이 종합금융회사로 전환하여 영업을 시작하였다. 이로써 한국의 특수한 사정에 의해 1972년 9월 태어났던 투자금융회사는 1996년 6월 30일을 기하여 그 역사를 다하였다.

2 투자금융회사의 업무내용

투자금융회사는 단기금융업법 및 동 시행령과 재정경제부장관의 승인을 얻어 결정되는 단기금융회사 업무방법 등을 바탕으로 업무를 수행하고 있다. 단기금융업법 제7조에 의하면 단기금융회사는 어음 및 채무증서의 발행, 어음의 할인과 매매, 어음의 인수 및 보증, 어음매매의 중개, 어음관리계좌업무, 팩토링업무, 콜거래중개업무 등 재정경제부장관의 승인을 얻은 부대업무뿐만 아니라 재정경제부장관의 허가를 받은 경우 증권업무도 영위할 수 있었다. 그리고 증권업무의 경우는 전문투자자로서 유가증권의 가격유지를 위한 매매와 회사채 인수, 공개시장 적격증권의 인수·매출업무 등을 제한적으로 취급하였으며, 기업어음과 무역어음의 할인 및 매출, 어음관리계좌의 운용업무 그리고 콜거래 및 기업어음 중개업무에 치중하였다.

신경제 5개년계획 중 금융개혁부문에서 투자금융회사와 종합금융회사에 대해서는 1996~1997년 중 상호업무영역을 통합하고 공통된 업무영역 내에서 각 사가 비교우위에 따라 국제금융업무, 단기금융업무, 기업금융서비스업무 등을 선택하여 특화하도록 유도하였다. 정부는 업무영역은 겸업주의 원칙 및 경쟁력제고 방향에 따라 기존의 투자금융회사와 종합금융회사가 영위하는 모든 업무로 하되, 콜중개업무는 별도의 전문중개기관을 설립하여 단기금융시장의 중추적인 중개기관으로 육성할 계획으로 되어 있다. 이에 따라 투자금융회사는 1996년 6월말까지 단기금융업무, 국제금융업무, 리스업무, 증권투자신탁업무, 유가증권업무, 경영지도 등에 관한 용역업무 등을 취급하였다.

연.습.문.제

01 펀드자본주의란?

02 주주행동주의란

03 기관투자자의 의결권행사에 관한 규정 및 규제는?

04 스튜어드십코드란?

05 의결권자문전문기관의 기능과 영향을 주주민주주의 관점에서 평가하시오.

06 일반은행의 자금조달내용에 대해 설명하시오.

07 은행의 부수업무 내용은?

08 은행의 증권업 업무범위는?

09 은행의 건전성지표인 BIS에 대해 간단히 설명하시오.

10 보험회사가 영위할 수 있는 투자은행의 업무는?

11 방카슈랑스란?

12 생명보험회사와 손해보험회사의 자금조달과 운용상의 차이점은?

13 보험회사의 건전성지표에 대해 설명하시오.

14 한국의 사회보장시스템의 구조는?

15 국민연금과 특수연금의 차이점은?

16 확정급여형(DB)과 확정기여형(DC)의 차이점은?

17 연금에서 부과식과 적립식의 차이는?

18 개인퇴직계좌(Individual Retirement Plan : IRP)란?

19 퇴직연금에서 확정기여형(DC)의 기금운용이 엄격하게 제약을 받는 이유는?

20 국민연금의 의결권행사에 독립성이 보장되어야 할 이유는?

CHAPTER 11 투자자 보호제도

I 새로운 투자자 보호제도

1 금융투자업 영업행위 규제제도

자본시장법은 금융혁신과 금융투자업의 육성뿐만 아니라 투자자보호를 목적으로 하고 있다. 금융혁신과 금융투자업의 육성에는 현실적으로 금융투자업에 대한 규제완화가 따르기 마련인데, 그에 따른 폐해를 방지하고 궁극적으로는 투자자보호를 위하여 금융투자업자에 대한 영업행위를 체계적으로 규제하고 있다. 그 대표적인 분야가 투자자 구분에 따른 투자권유 규제제도이다.

투자자의 구분제도는 법 제9조 제5항에서 투자자의 위험감수능력을 기준으로 일반투자자와 전문투자자로 구분하도록 규정하고 있으며,[1] 법 제46조 제1항과 2항에서 금융투자업자는 일반투자자에게 투자권유하기 전에 면담, 질문 등을 통하여 투자목적, 재산상황 및 투자경험 등의 정보를 파악하고 투자자로부터 서명, 기명날인 등으로 확인을 받도록 규정하고 있다. 또한 법 제46조 제3항에서 금융투자업자는 일반투자자로 구분된 투자자에게 투자권유를 하는 경우에 투자목적, 재산상황 및 투자경험에 비추어 그에 적합한 투자권유를 하여야 한다고 규정되어 있다. 투자권유 규제제도는 투자권유 시 설명의무, 손해배상 책임, 부당권유 금지, 투자권유 준칙 제정, 투자권유대행인의 등록 등 다양한 투자자보호 내용을 담고 있다.

먼저, 투자권유 규제제도에서는 투자자의 구분에 따라 투자권유 행위를 차별하도록 규정하는 것이다. 법 제47조에서 금융투자업자는 일반투자자에게 투자권유를 할 때에는 반드시 금융투자상품의 내용, 투자위험, 투자성, 수수료 등 비용, 조기상

1) 금융투자상품에 관한 전문성, 소유자산규모 등에 비추어 투자에 따른 위험감수능력이 있는 투자자를 전문투자자로 구분한다. 다만 전문투자자가 일반투자자와 같은 대우를 받겠다는 의사를 서면통보하고 금융투자업자가 동의하면 일반투자자로 대우해야 한다.

환조건의 여부, 계약의 해제와 해지에 관한 사항 등을 설명할 의무가 있다고 규정한다.[2] 이와 같은 법 제47조의 설명의무를 위반하여 발생하는 일반투자자의 손해액은 금융투자업자가 배상하여야 한다고 법 제48조에 규정되어 있다.

투자권유 규제제도 중 부당권유의 금지에 대해서는 법 제49조에서 거짓이나 불확실한 사항을 알리는 행위는 물론, 투자자가 요청하지 않은 방문, 전화 등 실시간 대화의 방법을 이용하여 투자권유하는 것을 금지하고 있다. 또한, 투자권유를 거부하는 투자자의 의사에 반하여 투자권유를 계속하는 재권유도 엄격하게 금지하도록 구체적으로 규제하고 있다.

법 제50조에서 투자자보호를 위해 금융투자업자가 투자자에게 투자권유를 할 때에 지켜야 할 구체적인 기준과 절차를 투자권유준칙으로 제정하고 공시하도록 규제하고 있다.

자본시장법은 투자자가 금융투자업자의 영업장소를 직접 방문하지 않아도 금융투자상품에 대한 정보입수 및 매매, 계약 등을 할 수 있도록 투자권유대행인(introducing broker) 제도를 도입하였다. 투자권유대행인은 대통령령이 정하는 자격을 가진 개인으로서, 금융투자업자가 그에게 자신의 투자권유를 대신 하도록 위탁한 자이다. 또한 이때 금융투자업자는 투자권유대행인을 금융위원회에 등록하여야 하며, 금융위원회는 동 등록업무를 한국금융투자협회에 위탁할 수 있도록 법 제51조에서 규정하고 있다. 자본시장법에서 새롭게 도입되었거나 과거의 규제보다 강화된 투자자보호제도를 정리하면 〈표 11-1〉과 같다.

표 11-1 새로운 투자자보호 제도

제 도	내 용	자본시장법 규정
투자자 구분제도	일반투자자와 전문투자자 구분	법 제9조 5항
고객파악 제도	면담을 통한 투자자의 성향파악	법 제46조 1, 2항
투자권유 제도	투자자에 적합한 투자권유를 해야 함(적합성 원칙)	법 제46조 3항
설명의무 제도	금융투자상품의 내용과 위험, 투자성, 수수료 등에 대한 설명 의무화	법 제47조
손해배상책임 제도	설명의무를 위반한 경우 손해배상	법 제48조
부당권유금지 제도	불초청권유 금지 등 투자권유에 대한 엄격한 규제	법 제49조

2) 자본시장법에서는 금융투자상품의 투자를 권유하는 경우, 일반투자자에게 상품내용과 투자위험 등을 설명할 의무를 금융투자업자에게 공통적으로 적용하도록 규정한다. 구 증권거래법에서는 자산운용사·선물회사·부동산투자회사에 대해서는 설명의무가 적용되나, 투자자문회사·투자일임회사·선박투자회사에 대해서는 투자설명서 교부의무만이 적용되고 증권회사, 신탁회사, 창투사 등의 경우에는 설명의무가 적용되지 않았다.

2 계약해제 제도

자본시장법은 새로운 투자자 보호제도로서 계약해제 제도를 도입하였다. 계약해제 제도(cooling off)는 투자자가 금융투자상품의 거래계약을 체결한 후 일정기간 내에 당해 계약을 무조건 해제할 수 있도록 허용하는 제도이다.[3] 법 제59조 제2항에서 금융투자업자와 계약을 체결한 투자자는 계약서류를 교부받은 날로부터 7일 이내에 계약을 해제할 수 있다고 규정하였다.

계약해제 효력은 투자자가 계약을 해제한다는 취지의 서면을 금융투자업자에게 송부한 때이다(법 제59조 제3항). 다만 무분별한 계약해제의 남발을 방지하기 위하여 계약해제 제도의 적용대상을 대통령령으로 다음과 같이 한정하고 있다(영 제61조 제1항).

1. 매매거래계좌를 설정하는 등 금융투자상품 거래를 위한 기본계약을 체결하고 그 계약내용에 따라 계속적·반복적으로 거래하는 경우
2. 투자자가 계약서류의 수령을 거부한다는 의사를 서면으로 표시한 경우
3. 투자자가 우편이나 전자우편으로 계약서류를 수령할 의사를 서면으로 표시한 경우로서 투자자의 의사에 따라 우편이나 전자우편으로 계약서류를 제공하는 경우
4. 그 밖에 투자자 보호를 해할 우려가 없는 경우로서 금융위원회가 정하여 고시하는 경우

3 금융소비자보호 제도

자본시장법은 투자자를 보호하는 제도를 여러 가지 도입하였으나 금융소비자 관점에서 보면 일부에 지나지 않는다. 금융소비자는 금융회사와 직·간접적으로 금융서비스 및 금융상품 등의 거래를 하는 상대방으로 정의된다. 우리나라의 금융관련 법률상 금융소비자는 〈표 11-2〉에 정리된 것과 같이 매우 다양하다.

3) 우리나라에서 계약해제 제도는 방문판매법에서 이미 도입하고 있다. 방문판매 등의 방법으로 재화 등의 구매계약을 체결한 후 계약서 교부일로부터 14일 이내에 청약의 철회를 인정하고 있다.

표 11-2 금융관련 법률상 금융소비자의 정의

해당 법률	금융소비자 내용
금융위원회의 설치 등에 관한 법률	제1조 예금자 및 투자자 등 금융수요자
자본시장법	제1조 투자자, 제9조 일반투자자, 전문투자자
은행법	제1조 예금자, 제52조 은행이용자
보험업법	제1조 보험계약자, 피보험자, 그밖의 이해관계인
상호저축은행법	제1조 거래자, 제18조의3 금융이용자
여신전문금융업법	제2조 신용카드회원, 제39조 할부금융이용자
전자금융거래법	제2조 이용자

자료 : 금융감독원, 금융소비자보호 백서, 2011.4.

금융소비자 보호제도의 범위는 금융소비자가 다양한 만큼 그 시행범위가 광범위하겠지만 크게 구분하면, 금융회사의 건전영업과 건전성 감독분야와 금융소비자의 재산보호와 금융피해 구제분야로 양분된다.

금융회사의 건전영업 규제부분에는 소비자에게 불리한 금융상품의 판매를 방지하고, 소비자에게 적합한 상품판매 및 설명의무를 준수하도록 하는 등 불완전판매를 예방하는 것과 허위과장 광고 규제 등이 주요한 소비자 보호분야가 된다. 앞의 제1절에서 금융투자회사를 위주로 불완전판매 예방제도를 상술한 바 있다.

한편, 금융회사의 건전성 감독부분도 광의의 금융소비자 보호분야라고 인식된다. 일반적으로 금융회사 입장에서 생각해 보면 금융건전성 감독과 금융소비자 보호(즉 금융회사의 영업행위 감독)의 병행실시는 이중규제에 해당되는 과도한 조치라는 주장도 일리가 있다. 그러나 금융건전성 감독과 금융소비자 보호는 동전의 양면과 같다. 금융회사 설립 혹은 업무인가 시 적격성 심사, 금융회사 경영실적의 공시, 금융회사 부실화의 사전예방, 금융회사 주주 혹은 임직원의 도덕적 해이 행위의 감시 등 금융건전성 감독분야는 금융소비자 보호를 위한 피해구제나 피해확산 방지 등 금융사고 발생 이후의 사후적 조치보다 더 중요한 소비자 보호분야로 인식되어야 한다.

금융소비자 보호를 중시하는 것이 글로벌 금융위기 이후 세계 각국의 시대적 흐름이라고 본다면 금융건전성 감독과 금융소비자 보호 간에 목표가 상충할 가능성은 존재한다. 그러나 그와 같은 목표상충이 금융소비자 보호를 전담할 행정기구를 현행 금융감독기구와 별도로 설치하여야 한다는 것을 의미하지는 않는다. 왜냐하면 앞서 상술한 바와 같이 금융건전성 감독과 금융소비자 보호는 동전의 양면과 같기 때문이다.

금융소비자 보호 측면에서 살펴보면, 금융건전성 감독의 목표를 보다 사전적 예방조치에 둔다면, 금융소비자 보호 및 금융회사의 영업행위 감독의 목표는 보다 사후적인 구제조치에 중점이 주어지는 것으로 보인다. 따라서 전문성과 특수성이 있는 금융회사의 진입부터 영업행위, 경영결과, 불건전 영업행위 및 불완전 판매, 금융회사의 퇴출 등 일련의 금융회사 업무에 대해서는 하나의 전문감독기구 산하에서 서로 독립적이고 경쟁적으로 관리 및 감독행위가 이루어질 수 있을 것이다.

금융소비자 보호제도에 대한 외국 사례에서도 일방적으로 우월한 제도적 우세를 발견하기 어렵다. 〈표 11-3〉에서 각국의 금융소비자 보호기관을 참조해 보면 공적기구가 담당하기도 하고, 반관반민조직이 담당하기도 하며, 각 기구별 담당업무도 일괄적으로 정의내리기 어려운 실정이다. 우리나라는 전담기구의 독립설치를 논의하다가 현재로서는 2012년 5월부터 금융감독원 속에 금융소비자보호처를 신설하여 민원처리, 소비자교육, 분쟁조정, 금융상품 및 금융회사와 관련한 정보제공 등 소비자보호 업무를 담당하고 있다.[4)]

표 11-3 각국의 금융소비자 보호기관

구분	한국	미국	영국
담당기관	금융감독원 금융소비자보호처	은행, 비은행 : FRB, OCC 증권 : SEC 보험 : 각주별 보험청 소비자보호 : CFPB	FSA FSC
주요기능	민원처리, 소비자교육, 분쟁조정, 정보제공 등	규정제정, 감독, 검사, 민원처리, 소비자교육 등	규정제정, 감독, 검사
법적형태	공적민간기구	정부조직	공적민간기구

자료 : 금융감독원, 금융소비자보호 백서, 2011.4.

4 소수주주권 제도

(1) 소수주주권 제도 강화

소수주주권 제도는 1997년 IMF 구제금융에 대한 후속조치로 전개된 기업지배구조의 개선작업 결과로 탄생하였다. 1998년 개정 상법을 통해 본격적으로 도입되어

4) 금융감독원 금융소비자 정보포털 "파인" www.fss.or.kr/fss/kr/main.html 참조.

한편으로는 과거 대주주 우선의 경영권 보호제도를 견제하면서, 다른 한편으로는 소수주주의 권리를 보호하는 균형을 잡는 제도로 정착되어 왔다. 이후 구 증권거래법이 폐지되고, 자본시장법이 신설되면서 2009년에 상법을 개정하여 상장회사에 대한 소수주주권을 더욱 강하게 보호하는 조치들이 많이 취해졌다.

따라서 소수주주권 제도는 일면 투자자 보호제도의 성격이 강하게 보이지만, 다른 측면에서 살펴보면 대주주 위주의 경영권 보호제도를 보완하고 기업지배구조의 안정적 운영과 경영권 안정을 시도하는 양면성이 있다는 것을 알 수 있다.

상법규정상 보호되는 소수주주권 행사내용을 대별해 보면, 이사나 감사해임 청구권, 이사의 위법행위유지 청구권, 이사나 감사에 대한 대표소송 제기권과 같이 기업경영에 직접 영향을 미치는 기업지배구조에 대한 견제권리와 주주총회소집 청

표 11-4 소수주주권 행사의 의결권 요건

소수주주권 내용	상법 규정, 의결권	상장회사에 대한 특례규정, 의결권 (상법 제542조의6)
이사에 대한 대표소송 제기권	제403조, 1%	제6항, 6개월 전부터 계속보유, 발행주식 총수의 1/10만
감사에 대한 대표소송 제기권	제415조, 1%	제6항, 6개월 전부터 계속보유, 발행주식 총수의 1/10만
이사의 위법행위유지 청구권	제402조, 1%	제5항, 6개월 전부터 계속보유, 발행주식 총수의 50/10만
회계장부열람 청구권	제466조, 3%	제4항, 6개월 전부터 계속보유, 발행주식 총수의 10/1만
이사해임 청구권	제385조, 3%	제3항, 6개월 전부터 계속보유, 발행주식 총수의 50/1만
감사해임 청구권	제415조, 3%	제3항, 6개월 전부터 계속보유, 발행주식 총수의 50/1만
주주제안권	제363조의2, 3%	제2항, 6개월 전부터 계속보유, 발행주식 총수의 10/1만
주주총회소집 청구권	제366조, 3%	제1항, 6개월 전부터 계속보유, 발행주식 총수의 15/1,000
회사업무, 재산상태검사 청구권	제467조, 3%	제1항, 6개월 전부터 계속보유, 발행주식 총수의 15/1,000
이사선임의 집중투표 청구권	제382조의2, 3%	상법 제542조의7 제2항, 발행주식 총수의 1/100

구권, 주주제안권, 회사업무검사 청구권, 회계장부열람 청구권과 같은 주주로서 회사업무에 대한 감시감독권 등으로 대별된다.

한편, 상법상 규정된 소수주주권의 행사요건이 특례규정에 따라 상장회사의 경우에는 절반 내지 1/10 이하로 완화되어 있다. 즉, 상장회사의 소수주주가 주주권리 보호를 목적으로 주주권을 행사하는데 더욱 용이하게 규정되어 있다는 것을 의미한다. 그러나 소수주주의 권리는 존중되어야 하더라도 소수의 전횡이나 무분별한 권리행사의 남용을 미연에 방지하고자 일정기간 이상(현행 6개월)의 계속보유 기간이 경과해야 소수주주권이 완성되는 조건을 강하게 부여하고 있는 점이 현행 소수주주권의 특징이다.

소수주주권의 행사요건에 대한 현행 상법 규정과 상장회사에 대한 특례규정의 차이점을 정리하여 비교하면 〈표 11-4〉와 같다. 상장회사의 소수주주들이 상대적으로 더 용이하게 행사할 수 있는 소수주주권이 무엇인지, 어떤 우선순위를 두고 차등화하였는지를 일목요연하게 확인할 수 있을 것이다.

(2) 상법 개정과 관련된 제도변화 동향

기업의 경영권에 대한 과도한 보호는 투자자 보호 취지에 어긋나기 때문에 직접적으로 기업경영권을 보호하는 제도를 강화하기보다는 기업지배권 시장의 활성화, 적대적 M&A의 현실화가 더 적실히 필요한 시점이라는 주장도 힘을 얻고 있다. 때때로 사회경제적 이슈로 떠오르는 대주주의 전횡과 황제경영의 폐해, 내부거래 고착화, 정경유착 사건 등을 미연에 방지하고, 기업경영권을 적절히 보호하면서도 대기업집단의 대주주 견제 혹은 권한 축소, 지배구조의 건전화, 소수주주권의 보호를 도모하기 위해서는 상법 개정을 통한 경영권 제한 제도의 도입이 필요하다는 주장도 힘을 얻고 있다.

상법 개정을 통한 경영권 제한 제도로서 도입의 필요성이 제기되는 것으로는 다중대표소송제, 전자투표 의무제, 집중투표 의무제, 자사주 의결권 제한제, 감사위원 분리선출제 등이 있다. 이들 제도 변화는 궁극적으로 투자자 보호, 주주권의 증진을 목표로 하는 것이다.

다중대표소송제는 모회사 주식을 1% 이상 소유한 주주가 불법행위를 한 자회사의 이사나 경영진을 대상으로 소송을 제기할 수 있도록 허용하는 제도이다.[5)]

5) 다중대표소송제는 자회사의 이사가 임무해태 등으로 자회사에 손해를 발생시킨 경우 모회사의 주주가 해당

전자투표 의무제는 주주총회에 직접 참석할 필요없이 인터넷 등 전자통신망을 이용한 투표를 회사가 반드시 허용하도록 규제하는 제도이다.[6] 전자투표제에 의하면 회사가 주주명부, 주주총회 의안 등을 전자투표시스템에 등록하면, 주주가 주주총회에 직접 참석하지 않고 전자적인 방법으로 의결권 행사가 가능하다. 한국예탁결제원에서 전자투표시스템을 서비스하고 있다. 그러나 현재 전자투표제는 강행의무가 아니다.

집중투표 의무제는 회사의 정관에 채택하여야 인정되는 현행 집중투표제도의 도입을 상법상의 회사에게는 반드시 도입하도록 의무화하여 강제하는 제도이다. 집중투표제 자체는 투표방법일 뿐이지만 대주주와 갈등관계에 있는 제2대 주주 혹은 소액주주가 담합하여 자신들이 원하는 이사, 감사 혹은 사외이사를 집중적으로 지지할 수 있는 방법으로 이용될 수 있으므로 경영권 제한제도의 일환으로 주목받고 있다.[7]

감사위원 분리선출제는 투표방법뿐만 아니라 대주주의 의결권을 제한하여, 예를 들면 사외이사 혹은 감사위원을 선출할 때 특정 지분율 이상을 소유한 주주의 의결

자회사의 이사를 상대로 책임을 추궁할 수 있는 법적 수단을 제공하는 제도이다. 현행 주주대표소송은 주주가 회사를 대신하여 이사의 책임을 추궁하고 이사로 하여금 회사에게 피해를 변상하도록 하는 공익소송이다. 도입이 논의되고 있는 다중대표소송은 모회사 주주가 자회사의 이사를 상대로 소를 제기하는 것이 다를 뿐, 기본구조와 효과는 주주대표소송과 같다. 그러므로 객관적으로 지배관계가 인정되는 주식회사의 모자회사 관계에 한하여 다중대표소송을 도입하면 모자회사 관계에 있어서도 지배구조의 책임성과 투명성이 제고될 것으로 기대된다.

상법상 모자회사 관계는 다음과 같이 정의된다. 다른 회사의 발행주식 총수의 50% 초과 주식을 가진 회사를 '모회사', 그 다른 회사를 '자회사'라고 하고, 자회사 단독 또는 모회사와 공동으로 50% 초과 주식을 가진 회사인 '손자회사'도 '모자회사 관계'에 포함된다.

6) 2009년 개정 상법은 이사회 결의로 전자투표를 실시할 수 있도록 하였다(상법 제368조의4). 그러나 전자투표제 도입 여부를 회사의 선택에 맡겨놓았기 때문에 실제 도입 사례가 아직 미미한 실정이다. 대부분의 정기주주총회 개최일이 매년 3월 특정 2~3일간에 집중되어 현실적으로 소액주주들의 주주총회 참석이 어려운 실정이고 그에 따라 주주총회가 활성화되지 못하고 있다는 문제점 지적이 계속되고 있다.

7) 1998년 개정 상법에서는 소수주주(지분율 3% 이상)가 집중투표를 청구할 수 있도록 하되, 회사의 정관으로 집중투표를 배제할 수 있도록 규정하고 있다(상법 제382조의2). 또한 자산 2조원 이상 상장회사의 경우 소수주주의 자격을 지분율 1% 이상으로 완화하고 있다(상법 제542조의7). 상법상 집중투표제란 2명 이상의 이사를 선임하는 경우 각 주주가 1주마다 선임할 이사의 수와 동일한 복수의 의결권을 부여받아 후보자 1명 또는 수명에 집중하여 투표할 수 있고, 후보자들은 득표수 순으로 일괄 선임되는 제도이다. 예를 들어, 발행주식수 10주인 회사(주주 A가 7주, 주주 B가 3주 소유했다고 가정함)에서 3명의 이사를 선임하는 경우, 주주 A는 총 21주(3명×7주)를 3명의 후보에게 분산 투표할 수밖에 없지만, 주주 B는 총 9주(3명x3주)를 제4의 후보 1명에 집중 행사할 수 있으므로, 주주 B는 1명의 이사를 선임할 수 있다. 그러나 대부분의 상장회사는 정관으로 집중투표를 배제하고 있어서 실제 시행 사례가 거의 없다.

권을 특정률 이하로 제약하는 제도이다.

5 증권관련집단소송 제도

기업의 주가조작이나 분식회계로 피해를 본 소액주주들이 기업을 상대로 손해배상을 제기할 수 있도록 하는 증권관련집단소송법이 2005년에 제정되었다. 집단소송제는 소액주주들이 기업을 상대로 소송을 제기해 배상을 받을 경우 모든 주주에게 판결의 효력이 미치는 제도로, 기업의 투명성 확보와 소액주주 보호를 위한 개혁이라는 점에서 그간 시민단체들이 입법을 줄기차게 요구해온 결과이다.

증권관련 집단소송제도의 본격적인 시행은 증권거래법 등을 통폐합한 자본시장법이 2007년 8월 3일 제정되면서 1년 6개월 뒤인 2009년 2월 4일부터 실시되었다.

민사소송법의 특례법 성격을 가진 증권관련집단소송법에 규정된 증권관련집단소송의 정의를 살펴보면, 증권의 매매 그 밖의 거래과정에서 다수인에게 피해가 발생한 경우 그 중의 1인 또는 수인이 대표당사자가 되어 수행하는 손해배상청구소송이다(법 제2조 제1호). 증권의 거래과정에서 발생한 집단적 피해를 효율적으로 구제하려는 투자자보호 목적이 강하고, 이를 통하여 기업의 경영투명성을 높이는 효과를 기대하고 있다.

증권관련집단소송법에서는 소송대상을 허위공시[8] 및 분식회계,[9] 내부자거래와 주가조작[10] 등으로 한정하고 있다(법 제3조 제1항). 소송요건은 주주 50명 이상이 해당기업 발행주식 총수의 0.01%를 확보하면 소송을 제기할 수 있다(법 제12조 제1호).

---

8) 자본시장법 제125조에 규정된 증권신고서, 투자설명서 및 제162조에 규정된 사업보고서, 주요사항보고서 등에 대한 거짓의 기재에 대한 손해배상책임이 해당됨.

9) 자본시장법 제170조에 규정된 회계감사인의 손해배상책임에 관한 내용이 해당됨.

10) 자본시장법 제175조에 규정된 미공개중요정보 이용, 제177조에 규정된 시세조종, 제179조에 규정된 부정거래행위에 대한 손해배상책임이 해당됨.

Ⅱ 불공정거래 규제제도

자본시장법에서 투자자보호를 위해 규제하는 불공정거래는 크게 4가지로 구분할 수 있다. 첫째는 내부자거래의 금지, 둘째는 미공개중요정보 이용행위의 금지, 셋째는 시세조정의 금지, 넷째는 공매도의 금지를 들 수 있다.

자본시장법은 불공정거래 혹은 부정거래행위로부터 투자자를 보호하기 위하여 법 제172조부터 제180조까지 불공정거래에 대한 규제제도를 규정하고 있다. 법 상 불공정거래에 대한 규제제도는 과거의 증권거래법 내용을 많이 따랐으나, 내부자 범위의 확대(법 제174조), 내부자거래 금지대상의 확대(법 제174조), 단기매매차익 반환대상의 확대(법 제172조), 현물-선물 연계 시세조정 금지의 신설(법 제176조) 등 새로운 내용도 보강되었다.

1 내부자의 정의와 범위

내부자거래의 규제제도는 자본시장의 공정거래 기반을 확립하기 위하여 마련한 제도로서 1976년에 구 증권거래법 제188조로 입법화되었다.[11] 1962년에 증권거래

11) 이는 미국의 1934년 증권거래법 Section 16(b)을 실질적으로 원용한 것이다.
Securities Exchange Act of 1934, Section 16(Directors, Officers and Principal Stockholders) (b) For the purpose of preventing the unfair use of information which may have been obtained by such beneficial owner, director, or officer by reason of his relationship to the issuer, any profit realized by him from any purchase and sale, or sale and purchase, of any equity security of such issuer within any period of less than six months, unless such security was acquired in good faith in connection with a debt previously contracted, shall insure to and be recoverable by the issuer, irrespective of any intention on the part of such beneficial owner, director, or officer in entering into such transaction of holding the security purchased or of not repurchasing the security sold for a period exceeding six months.
우리나라의 내부자거래규제 체제를 미국의 경우와 비교해 보면, 첫째, 미국은 내부자거래를 증권사기의 일종으로 보아 포괄적 증권사기 금지규정인 1934년법 제10조(b)와 SEC규칙 10b-5에 의하여 규제하고 있으나 우리나라의 경우는 특정 유가증권에 관한 미공개정보를 직무와 관련하여 지득한 자가 이를 이용하면 내부자의 사기행위가 없더라도 내부자거래가 성립되는 것을 명시하고 있으므로 내부자의 기만행위나 거래 상대방의 착오와는 관계없이 내부자거래가 성립된다. 둘째, 미국은 내부자거래금지라는 제목하의 명시적인 조항이 없으므로 내부자의 범위, 내부정보의 범위 등의 구성요건이 연방대법원의 판례에 의해 구체화되고 있으

법을 제정할 당시에는 내부자거래규제 조항이 없었으나, 1976년이 되어서야 상장법인 임직원 및 주요주주에 대해 단기매매차익 반환의무를 부과하고 공매도를 금지하는 내부자거래 규제제도가 구체화된 것이다.

1991년 증권거래법 개정에서는 회사내부자의 미공개정보 이용방지를 위해 단기매매차익은 미공개정보 이용여부에 관계없이 반환하도록 하였고, 제188조의 2를 신설하여 내부자의 범위, 미공개정보의 범위, 정보의 공개시기 등을 명확히 하는 등 내부자거래에 대한 통일적인 규제체계를 확립하였다. 내부자거래란 일반적으로 공개되지 아니한 '미공개정보'를 거래에 이용함으로써 부당한 이익을 추구하는 불공정한 투자행위를 의미한다. 이와 같은 1991년의 증권거래법 개정에서 '내부자거래'의 개념정의를 명확하게 하면서 내부자거래를 금지사항으로 명백히 규정하고 그 적용범위를 상장법인뿐만 아니라 등록법인으로까지 확대하였다.

뿐만 아니라 '미공개정보'의 정의를 상장법인의 신고의무사항(증권거래법 제186조 1항)중 투자자의 투자판단에 중대한 영향을 미칠 수 있는 것으로서 당해 법인이 일정한 방법으로 다수인으로 하여금 알 수 있도록 공개하기 전의 정보라고 보다 구체적으로 규정하였다.

내부자거래의 규제대상이 되는 내부자는 광범위하며, 자본시장법상 구체적으로 열거되어 있다. 과거 증권거래법의 내부자 범위에다 주권상장법인의 계열회사와 그 계열회사의 주요주주를 추가적으로 더 포함한 것과 미공개중요정보를 알게 된 자라는 기준을 명시한 점이 자본시장법의 특징이다. 자본시장법에 정의된 내부자는 내부자, 준내부자, 1차 정보수령자 등이 해당된다. 법에 내부자는 다음과 같이 구체적으로 정의되어 있다.

① 주권상장법인의 법인과 그 계열회사, 임원,[12] 직원[13] 과 대리인(법 제174조 제1항 1호) 또는 법인과 그 계열회사의 주요주주[14](법 제172조 제1항 및 법 제174조 제1항

나 우리나라는 내부자거래 금지조항을 별도로 두는 한편, 내부자의 범위, 내부정보의 범위, 정보공개의 시기, 방법 등을 어느 정도 구체적으로 규정하고 있다.

12) 임원은 이사 및 감사를 말한다(법 제9조 제2항).

13) 직원은 미공개중요정보를 알 수 있는 자로서 주요사항보고서(법 제161조 제1항)에 해당하는 사항의 수립, 변경, 추진, 공시 등 관련 업무에 종사하는 자와 당해법인의 재무, 회계, 기획, 연구개발 업무에 종사하는 자 및 임원의 비서, 운전기사 등 보조업무에 종사하는 자를 말한다(법 제172조 제1항 및 동 시행령 제194조).

14) 주요 주주는 누구의 명의로 하든지 자기의 계산으로 의결권 있는 발행주식 총수 또는 출자총액의 100분의 10 이상의 주식을 소유하고 있는 자와 임원의 임면 등 당해 법인의 주요경영사항에 대하여 사실상 영향력을 행사하는 사실상의 지배주주를 말한다(법 제9조 제1항 제2호).

2호)로서 직무와 관련하여 미공개중요정보를 알게 된 자(내부자)가 대상이 된다.

② 법령에 따른 허가, 인가, 지도, 감독 등의 권한을 가지는 자(법 제174조 제1항 3호) 및 당해 법인과 계약을 체결하고 있거나 체결교섭을 하고 있는 자(법 제174조 제1항 4호)로서 직무와 관련하여 미공개중요정보를 알게 된 자도 내부자거래의 규제대상(준내부자)으로 정의되어 있다.

③ 상기 첫째 및 둘째 범주에 해당하는 자의 대리인, 사용인, 기타 종업원(법 제174조 제1항 5호)으로서 직무와 관련하여 미공개중요정보를 알게 된 자도 내부자거래의 규제대상(준내부자)으로 규정되어 있다.

④ 상기 첫째 및 셋째 범주에 해당하는 자로부터 미공개중요정보를 받은 자도 내부자거래의 규제대상(1차 정보수령자)으로 규정되어 있다(법 제174조 제1항 6호).

한편, 미국 증권거래법에서는 내부자를 주요주주(beneficial owner of more that 10 per centum of any class of any equity security), 이사(director) 및 임원(officer)으로 규정하고 있고,[15] 일본 증권거래법에서는 내부자의 범위와 내부자가 되는 요건을 구체적으로 정의하고 있다.[16]

또한 자본시장법 제174조 제2항과 제3항에서는 각각 내부자거래가 빈발할 수 있는 소지가 있는 주식공개매수 및 주식의 대량취득과 처분 행위에 대한 규제를 강화하고 있다.

우선 주식공개매수에 있어서 법에 정의된 내부자는 다음과 같다.

① 공개매수예정자와 그 계열회사 및 임직원, 대리인(법 제174조 제2항 1호) 또한 법인과 그 계열회사의 주요주주(법 제174조 제2항 2호)로서 직무와 관련하여 미공개중요정보를 알게 된 자.

② 법령에 따른 허가, 인가, 지도, 감독 등의 권한을 가지는 자(법 제174조 제2항 3

15) Securities Exchange Act of 1934, Section 16. (a) 참조.

16) 일본 증권거래법(1948년 제정, 1993년까지 23차 개정) 제166조 1항에서 회사관계자라고 정의하여 내부거래자의 범위를 규정하고 있음.

① 당해 상장회사의 임원, 대리인, 사용인, 기타 종업원 : 그 자의 직무에 관하여 지득한 때
② 상법 제293조의 6 제1항에 규정하는 권리를 가진 주주 : 당해 권리의 행사에 관하여 지득한 때
③ 당해 상장회사등에 대하여 법령에 의한 권한을 가진 자 : 당해 권리의 행사에 관하여 지득한 때
④ 당해 상장회사등과 계약을 체결하고 있는 자 : 당해 계약의 체결 또는 이행에 관하여 지득한 때
⑤ 제2호 또는 4호에 게기한 자가 법인인 경우 그 임원 등 : 그 자의 직무에 관하여 지득한 때
⑥ 상기 각 호에 따른 회사관계자가 회사관계자에 해당하지 아니하게 된 후 1년을 경과하지 아니한 자에 대하여도 내부거래자로 간주함.

호) 및 당해 법인과 계약을 체결하고 있거나 체결교섭을 하고 있는 자(법 제174조 제2항 4호)로서 직무와 관련하여 미공개중요정보를 알게 된 자.

③ 상기 첫째 및 둘째 범주에 해당하는 자의 대리인, 사용인, 기타 종업원(법 제174조 제2항 5호)으로서 직무와 관련하여 미공개중요정보를 알게 된 자.

④ 상기 첫째 및 셋째 범주에 해당하는 자로부터 미공개중요정보를 받은 자도 내부자거래의 규제대상으로 규정되어 있다(법 제174조 제2항 6호).

다음으로 주식의 대량취득과 처분에 있어서 법에 정의된 내부자는 다음과 같이 정리된다.

① 대량취득 혹은 처분하려는 자와 그 계열회사 및 임직원, 대리인(법 제174조 제3항 1호) 또한 법인과 그 계열회사의 주요주주(법 제174조 제3항 2호)로서 직무와 관련하여 미공개중요정보를 알게 된 자.

② 법령에 따른 허가, 인가, 지도, 감독 등의 권한을 가지는 자(법 제174조 제3항 3호) 및 당해 법인과 계약을 체결하고 있거나 체결교섭을 하고 있는 자(법 제174조 제3항 4호)로서 직무와 관련하여 미공개중요정보를 알게 된 자.

③ 상기 첫째 및 둘째 범주에 해당하는 자의 대리인, 사용인, 기타 종업원(법 제174조 제3항 5호)으로서 직무와 관련하여 미공개중요정보를 알게 된 자.

④ 상기 첫째 및 셋째 범주에 해당하는 자로부터 미공개중요정보를 받은 자도 내부자거래의 규제대상으로 규정되어 있다(법 제174조 제3항 6호).

2 내부자거래의 정의

내부자거래란 일반적으로 내부자에 의해 회사의 내부비밀정보를 악용하여 동 회사 유가증권을 거래하는 행위를 일컫는다. 1992년 구 증권거래법 개정에서 제188조의2 조항을 신설하여 최초로 내부자거래의 정의를 명확히 하였고, 1997년 구 증권거래법 개정에서 내부자거래에 해당하는 회사 내부비밀정보를 미공개정보로 정의하면서, 내부자거래를 미공개정보의 이용행위라고 구체적으로 정의하였다.

자본시장법 제174조의 규정에 의거하여 내부자거래를 엄밀히 정의하면 다음과 같다. 상장법인 및 상장예정법인의 업무 등과 관련된, 불특정 다수인이 알 수 있도록 공개되기 전의 중요한 정보, 즉 "미공개중요정보"를 알게 된 자와 이들로부터 당해 정보를 받은 자가 특정증권 등의 매매, 기타 거래와 관련하여 그 정보를 이용하거나 다른 사람으로 하여금 이를 이용하게 하는 것을 내부자거래라고 정의한다.

상장예정법인에는 6개월 이내에 상장하는 법인 또는 6개월 이내에 상장법인과의 합병, 주식의 포괄적 교환, 기업결합 방법에 따라 상장되는 효과가 있는 비상장법인을 포함한다(법 제174조 제1항).

이때 "불특정 다수인이 알 수 있도록 공개되기 전의 미공개중요정보"에 대한 정의도 자본시장법에는 투자자의 투자판단에 중대한 영향을 미칠 수 있는 정보라고 규정되어 있다.[17] 미공개정보의 내용을 규정하기 위해 법 제161조 1항에는 상장법인의 보고의무 사항이 9가지로 열거되어 있다.[18] .

한편, 법 시행령 제201조(정보의 공개 등) 제2항에는 미공개중요정보에 해당되지 않도록 정보를 공개하는 구체적인 방법 5가지가 열거되어 있다. 구체적 정보공개 방법을 열거함으로써 공개된 정보는 어떤 것인가, 즉 공개정보란 무엇인가에 대한 정의를 명확히 하고 있다. 내부자거래의 규제대상이 되지 않는 공개정보는 다음과 같다.

① 법령에 의하여 금융위원회 또는 한국거래소에 신고되거나 보고된 서류에 기재되어 있는 정보로서 그 내용이 기재되어 있는 서류가 위원회 또는 거래소가 정하는 바에 따라 비치된 날로부터 1일이 경과된 정보.

② 금융위원회 또는 증권거래소가 설치·운영하는 전자전달매체를 통하여 그 내용이 공개된 후 3시간이 경과된 정보.

---

17) 법 제174조(미공개중요정보 이용행위 금지) 제1항에서 "불특정 다수인이 알 수 있도록 공개되기 전의 중요한 정보"라 함은 법 제161조(주요사항보고서의 제출) 제1항 각호의 어느 하나에 해당하는 사실 등에 관한 정보 중 투자자의 투자판단에 중대한 영향을 미칠 수 있는 것이라고 해석할 수 있다. 법 제161조 제1항은 상장법인의 보고 혹은 공시의무의 대상이 되는 사항을 규정한 것이다. 그러나 위의 법령에 열거된 사항에 해당된다고 하더라도 그 점만으로 바로 중요한 정보가 되는 것은 아니고 투자자의 투자판단에 중대한 영향을 미칠 정보이어야 한다는 조건을 충족시켜야 한다. 이와 관련한 판례는 노태악의 논문(2001 : www.ksla.org)을 살펴보면 좋다.

18) 법 제161조 제1항에 열거된 상장법인의 보고의무 사항 9가지는 다음과 같음 :
① 발행한 어음 또는 수표가 부도로 되거나 은행과의 거래가 정지 또는 금지된 때
② 영업활동의 일부 또는 전부가 정지된 때
③ 회생절차개시의 신청이 있은 때
④ 해산사유가 발생한 때
⑤ 자본증가, 자본감소에 관한 이사회이 결의가 있은 때
⑥ 상법 제360조의2, 제360조의15, 제522조, 제530조의2에서 규정한 사실이 발생한 때
⑦ 중요한 영업 또는 자산을 양수, 양도할 것을 결의한 때
⑧ 자기주식의 취득, 처분을 결의한 때
⑨ 법인의 경영, 재산 등에 관하여 중대한 영향을 미칠 사항으로서 대통령령으로 정하는 사실이 발생한 때.

③ 일반일간신문 또는 경제분야 특수일간신문 중 전국을 보급지역으로 하는 둘 이상의 신문에 그 내용이 게재된 날이 다음 날 0시부터 6시간이 경과된 정보.
④ 방송법에 따른 방송 중 전국을 가시청권으로 하는 지상파방송을 통하여 그 내용이 방송된 후 6시간이 경과된 정보.
⑤ 뉴스통신진흥에 관한 법률에 따른 연합뉴스사를 통하여 그 내용이 제공된 때부터 6시간이 경과된 정보.

또한, 내부자거래의 규제대상이 되는 금융투자상품을 잘 이해해야 한다. 해당 금융투자상품은 법 제172조 제1항에 "특정증권 등"이란 용어로 다음과 같이 정의되어 있다.

① 당해 법인이 발행한 증권과 그와 관련된 증권예탁증권(법 제172조 제1항 1, 2호).
② 당해 법인 외의 자가 발행한 것으로서 상기 첫째 범주의 증권과 교환을 청구할 수 있는 교환사채권(법 제172조 제1항 3호).
③ 상기 첫째 및 둘째 범주에 해당하는 증권만을 기초자산으로 하는 금융투자상품(법 제172조 제1항 4호).

그러나 내부자거래의 규제대상이 되지 않는 증권도 있다. 동법 시행령 제196조에 의하면 채무증권, 수익증권, 파생결합증권은 해당되지 않는다. 또한, 채무증권 중에서 전환사채권, 신주인수권부사채권, 이익참가부사채권 및 당해 법인의 지분증권과 교환을 청구할 수 있는 교환사채권은 내부자거래의 규제대상 증권이 된다(동법 시행령 제196조 1호 단서조항).

3 내부자의 단기매매차익 반환

1987년 이전의 증권거래법에서는 내부자가 직무 또는 지위에 의하여 지득한 비밀을 이용하여(내부자거래의 주관적 요건), 상장법인의 주식을 6월 이내에 단기매매로 이익을 얻은 경우에(내부자거래의 객관적 요건), 당해 법인 또는 증권관리위원회가 그 이익을 당해 법인에게 청구할 수 있도록 규정되어 있었다.

주관적 요건인 직무상 지득한 비밀이용 여부의 거증책임을 매매차익청구자, 즉 당해 법인의 주주 또는 증권관리위원회가 지게 되어 있었으나, 1987년 증권거래법 개정에서 내부자가 직무 또는 지위에 의하여 지득한 미공개정보를 주식매매에 이용했는지 주관적 요건의 성립 여부에 관계없이, 다만 내부자범위에 해당하는 자가 단기매매한 경우에도 내부자거래의 요건에 해당하는 것으로 규제를 강화하였다.

1991년 증권거래법 개정에서는 단기매매에 미공개정보 이용여부의 입증책임을 내부자에게 허용하는 것조차 삭제함으로써 단기매매에 있어서 미공개정보 이용 여부는 내부자에 의한 단기차익반환의 주관적 요건도, 소극적 요건도 되지 않고 단지 내부자범위에 해당하는 자의 단기매매 사실만으로 그 이익은 반환하도록 보다 엄격하게 규정되었다.

자본시장법에서도 구 증권거래법과 같이 내부자의 단기매매차익 반환을 규제하는 방법을 따랐다. 내부자거래의 단기매매차익 반환요건으로서 법 제172조 제1항에서 내부자가 당해 법인의 특정증권을 매수한 후 6개월 이내에 매도하거나, 매도한 후 6개월 내에 매수하여 이익을 얻은 경우로 규정하고 있다.

이처럼 내부자거래 금지의 성립요건을 단기간의 매매차익으로 규정하고 있는 것은 미공개정보는 그 수명 자체가 짧을 뿐만 아니라 미공개정보의 부정이용은 흔히 단기의 매매거래에서 일어나기 쉽기 때문이다. 바꾸어 말하면, 장기투자에 있어서는 미공개정보의 남용위험이 비교적 적고, 내부자가 자신이 지배하는 회사의 번영을 위하여 장기투자를 하는 것이 바람직하기 때문에 장기투자의 경우에는 규제를 하지 않고, 단기투자를 하여 매매차익을 얻은 경우에만 규제의 대상으로 하고 있다고 볼 수 있다.

그러나 법 시행령 제198조에서는 다음과 같은 경우에 해당되면 단기매매로 보지 않도록 예외를 인정하고 있다.

① 법령에 의하여 불가피하게 매수하거나 매도하는 경우, ② 정부의 허가·인가·승인 등이나 문서에 의한 지도·권고에 따라 매수하거나 매도하는 경우, ③ 안정조작 또는 시장조성을 위하여 매수·매도 또는 매도·매수하는 경우, ④ 모집, 사모, 매출하는 특정증권 등의 인수에 따라 취득하거나 인수한 특정증권 등을 처분하는 경우, ⑤ 주식매수선택권의 행사에 따라 주식을 취득하는 경우, ⑥ 이미 소유하고 있는 지분증권, 신주인수권이 표시된 것, 전환사채권 또는 신주인수권부사채권의 권리행사에 따라 주식을 취득하는 경우, ⑦ 증권예탁증권의 예탁계약 해지에 따라 증권을 취득하는 경우, ⑧ 교환사채권 또는 교환사채권의 권리행사에 따라 증권을 취득하는 경우, ⑨ 모집·매출하는 특정증권 등의 청약에 따라 취득하는 경우, ⑩ 우리사주조합원이 우리사주조합을 통하여 회사의 주식을 취득하는 경우(그 취득한 주식을 수탁기관에 예탁하는 경우만 해당한다), ⑪ 주식매수청구권의 행사에 따라 주식을 처분하는 경우, ⑫ 공개매수에 응모함에 따라 주식 등을 처분하는 경우, ⑬ 그 밖에 미공개중요정보를 이용할 염려가 없는 경우로서 증권선물위원회가 인

정하는 경우 등이 해당된다.

4 시세조종행위 금지

증권시장은 정보시장의 성격이 강하다. 정보 중에서도 가격과 거래량에 관한 정보가 가장 중요하다. 이런 정보들에 대한 조작행위, 요즈음 흔히 작전이라고 알려진 불공정거래는 증권시장의 존립과 건전한 발전을 위해 반드시 척결되어야 하는 범죄행위이다.

증권거래법은 증권시장에서 가격이나 거래동향을 조작하는 시세조종행위를 증권시장의 공정성을 해치는 불공정거래행위로 간주하고 1962년 제정 당시부터 제105조 규정에서 금지하였다.

자본시장법에서도 증권거래법상의 시세조종행위에 대한 규제조항을 많이 따랐다. 법 제176조에서 금지대상이 되는 시세조종행위는 다음과 같이 유형별로 나누어 살펴볼 수 있다.

(1) 통정, 가장 등 위장거래에 의한 시세조종(법 제176조 제1항)

누구든지 상장증권이나 장내파생상품의 매매거래가 성황을 이루고 있는 듯이 잘못 알게 하거나, 타인에게 그릇된 판단을 하게 할 목적으로 행해지는 시세조종은 금지된다. 상장증권이나 장내파생상품을 소지한 자가 매도하는 것과 같은 시기에 그와 같은 가격으로 타인이 매수할 것을 사전에 서로 짠 후 매도하는 행위는 금지된다.

매도인 혹은 매수인들이 매매가격을 미리 약속한 후 동일 같은 시기에 미리 약속한 가격과 같은 가격으로 매수 또는 매도하는 통정매매[19]와 진정한 권리의 이전을 목적으로 하지 않는 가장매매[20]가 금지될 뿐만 아니라, 이런 통정매매 및 가장

19) 통정매매는 법 제176조 제1항 1, 2호에서 금지한 행위이다. 주로 시세차익목적 이외에도 거래가 한산하여 당해종목의 시세가 오랫동안 형성되지 않을 경우에 그 종목의 매매가격, 취득가격 등의 근거가 되는 시세를 형성하고자 하는 의도에서 많이 이용된다.

20) 가장매매는 법 제176조 제1항 3호에서 금지한 행위이다. 자신이 실제로 주식을 매매하여 보유하고 있으면서 담보로 제공하려고 할 때 또는 납세와 관련하여 평가할 필요가 있을 때 등에 자기에게 유리하도록 거래소의 시세를 인위적으로 조작하려는 경우에 주로 행하여진다.

매매의 위탁 및 수탁행위도 금지된다.

(2) 허위표시, 유포에 의한 시세조종(법 제176조 제2항)

누구든지 상장증권이나 장내파생상품의 매매를 유인할 목적으로 시세조종을 해서는 안 된다. 단독으로 또는 타인과 공모하여 매매가 성황을 이루고 있는 듯이 잘못 알게 하거나 그 시세를 변동시키는 매매 또는 그 위탁이나 수탁을 하지 못하며, 시세가 자기 또는 타인의 시장조작에 의하여 변동한다는 말을 유포하지 못한다. 또한 증권이나 장내파생상품의 매매를 함에 있어 중요한 사실에 관하여 고의로 허위이거나 오해를 유발시키는 표시를 하는 행위도 금지된다.

(3) 시세의 고정 · 안정행위(법 제176조 제3항)

누구든지 단독 또는 공동으로 대통령령이 정하는 바에 위반하여 시세를 고정시키거나 안정시킬 목적으로 매매나 그 위탁이나 수탁을 하지 못한다. 대통령령에 의하여 예외적으로 허용되는 안정조작[21] 및 시장조성[22] 행위는 법 시행령 제202조 내지 제207조에서 별도로 규정하고 있다.

(4) 현선 연계 시세조종 행위(법 제176조 제4항)

누구든지 상장증권 또는 장내파생상품의 매매와 관련하여 시세를 변동시키거나 고정시키거나 안정시키는 행위를 해서는 안 된다. 이 조항은 현선 연계 시세조종을 금지하는 대상으로 확장하는 조항이다. 따라서 현물증권의 매매에서 부당한 이익을 얻거나 제3자에게 부당한 이익을 얻게 할 목적으로 동 증권을 기초자산으로 하는 장내파생상품의 시세를 변동 또는 고정시켜서는 안 된다. 또한 현물증권의 매매에서 부당한 이익을 얻거나 제3자에게 부당한 이익을 얻게 할 목적으로 동 증권과 연

21) 안정조작이란 모집 또는 매출되는 증권의 발행인이나 소유자와 인수계약을 체결한 투자매매업자가 그 증권의 모집 또는 매출의 청약기간의 종료일 전 30일의 범위에서 종료일까지의 기간 동안 증권가격을 안정시키기 위한 매매거래를 의미한다.

22) 시장조성이란 투자매매업자가 모집 또는 매출한 증권의 수요와 공급을 당해 증권의 상장 후 6개월 이내의 일정기간 동안 조성하는 매매거래이다. 증권의 발행인이 투자매매업자에게 위탁하는 경우, 증권의 인수인이 투자매매업자에게 위탁하는 경우에 투자매매업자는 안정조작을 행할 수 있다.

계된 증권의 시세를 변동 또는 고정시켜서는 안 된다. 이 경우 전환사채권이나 신주인수권부사채권과 관련된 연계증권은 교환사채권, 지분증권, 파생결합증권 및 증권예탁증권이 해당되고, 교환사채권, 지분증권, 파생결합증권과 증권예탁증권의 경우에도 각각의 연계증권이 모두 해당된다(영 제207조).

따라서 자본시장법에서는 종전과 같이 현물시장을 시세조종 금지대상으로 하는 이외에도 추가적으로 〈표 11-5〉와 같이, 현물과 장내 파생상품시장 양방향 및 파생결합증권과 기초자산인 증권시장 양방향을 모두 시세조종 금지대상이 되는 시장으로 포괄하는 것으로 확대하였다.

표 11-5 시세조종행위의 규제 대상

시세조종 시장	이익 목적 시장	변화 내용
현물증권	장내파생상품	종전의 규제대상
장내파생상품	현물증권	자본시장법 상 규제대상으로 추가
기초자산인 증권	파생결합증권	
파생결합증권	기초자산인 증권	

(5) 시장질서 교란행위(제 178조의2 제1항, 제2항)

2014년 개정 자본시장법에서는 새롭게 대두되는 시장질서 교란행위들을 정의하고 금지하는 규정을 두고 있다. 특히 미공개중요정보를 이용한 시장질서 교란행위를 엄격하게 금지하고 있다. 법 제178조의2 제1항에 따르면, 금융투자상품의 매매 여부 또는 매매 조건에 영향을 줄 수 있는 미공개정보를 여러 단계를 거쳐 간접적으로 전달받은 자(2차·3차 정보수령자) 또는 직접 생산한 자 모두는 해당 정보를 특정증권 등의 매매·거래에 이용하거나 타인에게 이용하도록 할 수 없다고 미공개정보의 수령자를 넓게 정의하고 오용을 금지하고 있다.

또한 법 제182조의 2 제2항에서는 상장증권 또는 장내파생상품에 관한 매매와 관련하여 다음과 같은 4가지 행위를 시장질서 교란행위로 규정하고 금지시키고 있다.

1. 거래 성립 가능성이 희박한 호가를 대량으로 제출하거나 호가를 제출한 후 해당 호가를 반복적으로 정정·취소하여 시세에 부당한 영향을 주거나 줄 우려가 있는 행위
2. 권리의 이전을 목적으로 하지 아니함에도 불구하고 거짓으로 꾸민 매매를 하

여 시세에 부당한 영향을 주거나 줄 우려가 있는 행위

3. 손익이전 또는 조세회피 목적으로 자기가 매매하는 것과 같은 시기에 그와 같은 가격 또는 약정수치로 타인이 그 상장증권 또는 장내파생상품을 매수할 것을 사전에 그 자와 서로 짠 후 매매를 하여 시세에 부당한 영향을 주거나 영향을 줄 우려가 있는 행위
4. 풍문을 유포하거나 거짓으로 계책을 꾸미는 등으로 상장증권 또는 장내파생상품의 수요·공급 상황이나 그 가격에 대하여 타인에게 잘못된 판단이나 오해를 유발하거나 상장증권 또는 장내파생상품의 가격을 왜곡할 우려가 있는 행위

미국에서는 시세조종행위는 구체적인 시세조종행위금지조항인 1934년 증권거래법 9(a)와 포괄적인 사기금지조항인 1934년 증권거래법 10(b) 및 SEC 규칙10b-5에 의해서도 폭넓게 규제되고 있다. 1934년법 제9조(a)는 시세조종행위의 유형을 열거하고 있다.[23] 제9조(a)는 거래소에 등록되어 있는 증권에 대하여 가격을 급등 또는

---

23) 1934년법 제9조(a)항에서는 시세조종행위의 유형을 다음과 같이 열거하고 있다.
전국증권거래소의 회원뿐 아니라 누구든지 직간접으로 우편, 주간통상의 방법 및 수단이나 전국증권거래소의 시설을 이용하여 다음에 열거하는 행위를 하는 것을 위법으로 하고 있다.
① 전국증권거래소에 등록된 증권의 매매가 성황을 이루고 있는 듯이 오인하게 하거나, 등록된 증권의 시장에 관하여 허위 또는 오해를 유발시킬 목적으로 소유권의 변동을 수반하지 않는 증권거래를 집행하거나, 사실상 유사한 수량, 시기, 가격으로 당해 증권의 매도 또는 매수주문이 자기나 타인에 의하거나 자기나 타인을 위하여 행하여졌거나 행하여질 것이라고 사전에 통정한 후 당해 증권의 매매주문을 행하는 행위
② 타인에 의한 증권의 매매를 유인할 목적으로 단독으로 또는 타인과 공모하여 전국증권거래소에 등록된 증권에 관하여 실제로 거래를 행하거나 또는 외견상 성황을 이루고 있는 듯이 하거나, 당해 증권의 시세를 변동시키는 거래행위
③ 증권매매나 매매주문을 행함에 있어 딜러, 브로커, 기타의 자가 전국증권거래소에 등록된 증권의 시가를 변동시킬 목적으로 1인 이상의 자가 행하는 시장조작에 의하여 당해 증권의 시가가 변동할 것이라는 정보를 유포함으로써 당해 증권의 매매를 유인하는 행위
④ 딜러, 브로커, 기타의 자가 증권매매나 매매주문을 행함에 있어 전국증권거래소에 등록된 증권의 매매를 유인할 목적으로 그 당시 또는 그 당시의 여건에 비추어 중요 사실에 관해 허위 또는 오해를 유발시킬 수 있는 표시를 하거나 허위 또는 오해를 유발시킬 수 있는 사실을 알았거나 알 수 있었던 충분한 근거를 가지고 있으면서도 표시를 하는 행위
⑤ 증권의 매매나 매매주문을 하는 딜러, 브로커, 기타의 자로부터 직·간접으로 보수를 받고 전국증권거래소에 등록된 증권의 가격을 변동시킬 목적으로 1인 이상의 자가 행하는 시장조작에 의하여 당해 증권의 주가가 변동할 것이라는 정보를 유포함으로써 당해증권의 매매를 유인하는 행위
⑥ SEC가 공익이나 투자자보호를 위하여 필요·적절하다고 인정하여 정하는 규칙에 위반하여 단독으로 또는 타인과 공모하여 전국증권거래소에 등록된 증권의 가격을 고착(pegging), 고정(fixing) 또는 안정

하락시키려고 하는 시세조종행위를 규제하는데 적용되는 반면에 거래소에 미등록된 증권을 포함한 일반적인 시세조종 및 사기적 행위는 대부분 동법 제10조(b)에 의해 규제되고 있다.

5 공매도의 금지

구 증권거래법 제188조 제1항은 "주권상장법인의 임원・직원 또는 주요주주는 증권거래소에 상장된 당해법인의 주권・전환사채권・신주인수권부사채권・신주인수권을 표시하는 증서, 이익참가부사채권, 교환사채권, 유가증권옵션 중 자신이 소유한 것이 아니면 이를 매도하지 못한다고 규정하여 공매도를 금지하였다. 내부자인 임원, 직원, 주요주주 등이 주식을 갖지 않고 매도하는 것은 대개 장차 회사의 사업이나 신용에 부정적인 영향을 주는 사실이 발생하여 주가가 하락할 것을 예견하고 이를 이용하여 단기차익을 노리고 하는 거래일 것이므로 투기성이 강하고 윤리적으로 비난받을 소지가 크다. 따라서 공매도는 내부정보 중 미공개중요정보를 이용하였는지 여부에 상관없이 무조건 금지하는 것이다.

자본시장법에서도 공매도에 대해 더 엄격하게 규제하고 있다. 법 제180조 제1항에서 공매도를 금지하고 있다. 공매도는 '누구든지' 증권시장[24]에서 상장증권[25]을 소유하지 않고 매도하거나, 차입한 상장증권으로 결제하는 차입공매도가 해당된다. 그러나 법 제180조 제2항에서 예외도 인정하고 있다. 증권시장에서 매수계약이 체결된 상장증권을 동일 수량만큼만 결제일 전에 매도하는 경우와 전환사채 등의 권리행사 또는 유무상증자, 주식배당 등으로 취득할 주식을 매도하는 경우에는 공매도로 보지 않는다.

공매도 금지규정은 미국이나 일본에서도 엄격하다. 미국법에서는 공매도뿐만 아니라 당해 증권을 소유하고 있다 하더라도 매도 후 20일 이내에 인도하지 않을 경우와 매도 후 5일 이내에 이를 우편이나 기타 통상의 수송기관에 예탁하지 않은 경우도 공매도와 마찬가지로 규제하고 있다.[26]

(stabilizing)시킬 목적으로 당해 증권을 매입 또는 매각하는 일련의 거래행위.

24) 법 제180조 제1항에 따르면 증권시장은 다자간매매체결회사에서의 증권의 매매거래를 포함한다.

25) 영 제208조에 따르면 상장증권에는 전환사채권・신주인수권부사채권・이익참가부사채권・교환사채권, 지분증권, 수익증권, 파생결합증권, 증권예탁증권이 해당된다.

26) Securities Exchange Act of 1934, Section 16 (c) 참조.

일본의 증권거래법에서는 주식이나 채권의 공매도뿐만 아니라 옵션거래로 인한 공매도도 규제하고 있다.[27)]

Ⅲ 증권정보 공시제도

기업공시제도는 기본적으로 유가증권을 상장하였거나 발행하고자 하는 회사가 당해 유가증권에 대한 투자자의 투자의사결정에 필요한 모든 정보를 공시하도록 하는 것이다. 기업공시제도는 크게 발행시장공시와 유통시장공시로 대별된다.

기업공시 중 발행공시제도는 증권을 발행, 모집 또는 매출하고자 하는 기업은 그 증권에 대한 투자판단에 필요한 중요한 정보를 가급적 정확하고 시의적절하게 공개하고, 투자결정 자체는 투자자의 자기판단과 자기책임 하에 행하도록 하는 넓은 의미의 투자자 보호제도이다.

행정기관이 일일이 증권 혹은 발행기업의 내용을 심사하여 부적절한 증권은 발행조차 안 되도록 금지할 수 있는 발행규제 제도를 운영할 수도 있다. 그러나 이런 규제 일변도의 투자자 보호조치는 일견 매우 효과적인 것처럼 보일지 모르지만, 현실성도 없고 효율적이지도 못하다. 왜냐하면 자본시장을 정보 면에서 효율적이고 가격메커니즘이 원활하게 작동하는 시장으로 유지하기 위해서는 규제가 우선되기보다는 자기책임 원칙이 지켜지는 시장으로 만드는 것이 우선되어야 하기 때문이다.

증권을 발행하는 기업은 자기책임 하에 제 값을 받기 위하여 기업내용을 빠짐없이 중복없이 공개하여 투자정보를 제공하도록 하고, 투자자는 자기계산과 자기책임

27) 일본 증권거래법 제 165조(임원 또는 주요주주의 금지행위)에서는 다음과 같은 공매도를 금지하고 있음.
① 당해 상장회사의 특정유가증권을 매도하는 금액이 임원 등이 소유한 금액보다 대장성령이 정하는 금액을 초과할 수 없다.
② 당해 상장회사의 특정유가증권의 매매거래에 관한 옵션의 취득(당해 옵션의 행사에 의하여 권리행사를 한 자가 매도인으로서의 지위를 취득하는 것) 또는 부여(당해 옵션의 행사에 의하여 권리행사를 한 자가 매수인으로서의 지위를 취득하는 것)함으로써 옵션이 행사된 경우에 매매거래되는 금액이 대장성령이 정하는 금액을 초과할 수 없다.

하에 투자정보를 입수, 판단하는 것이 가장 효율적인 자본시장의 모습일 것이다. 행정기관은 이와 같은 자기책임 원칙과 공정거래 원칙이 확립되도록 기업공시제도를 운용하는 것이 바람직하다. 광의의 투자자보호 제도인 기업공시제도에도 '보이지 않는 손'의 경제원리가 통용될 수 있어야 한다.

자본시장에서의 효율성은 배분의 효율성, 운영의 효율성, 정보의 효율성 등 크게 세 가지로 구분하여 정의된다. 자본시장의 가장 중요한 기능은 한 나라의 자원이 가장 부가가치가 높은 투자기회에 가장 낮은 비용으로 배분되도록 하는 데에 있다. 그러기 위해서는 시장가격의 경쟁적 형성 체제가 정비되어야 한다. 그러므로 자본시장의 가격기구를 통해 최적의 투자기회에 자원을 적절하게 배분되는 것을 배분의 효율성이라고 하며, 자본시장의 가격기구를 통해 가장 낮은 거래비용으로 자원배분이 달성되는 것을 운영의 효율성이라 한다.

이와 같은 배분과 운영의 효율성이 달성되려면 정보의 효율성이 전제되어야 한다. 자본시장의 정보효율성은 정보의 속보성과 완전성을 요구한다. 시장정보가 값싸고 시의적절하고 충분하게 투자자들에게 차별없이 전달될 수 있어야 정보의 효율성이 달성될 수 있다. 그래야 기업내용을 중심으로 하는 시장정보가 주가 등 금융투자상품의 가격에 제대로 반영되고, 시장수급상황에 대한 정보가 투자자에게 제대로 전달됨으로써 시장의 전반적인 정보효율성이 발휘될 수 있는 것이다.

이러한 유통시장의 세 가지 효율성을 달성하는데 제도적 기반을 마련해 주는 것이 바로 공시제도이고, 그 중에서 유통시장의 공시제도가 특히 시장의 효율성을 달성하는데 필수불가결한 조건이 된다.

자본시장법상의 공시제도는 크게 발행시장 공시와 유통시장 공시로 구분된다. 자본시장법상의 공시제도는 크게 발행시장공시와 유통시장공시로 나뉜다.

상장법인이 해당법인이 발행한 증권의 내용, 당해 법인의 투자나 경영상태 등에 관한 중요한 정보들을 신속·정확하게 공개하도록 자본시장법에서는 구체적인 공시의무를 규정하고 있다.

1 발행시장 공시

발행시장 공시는 증권의 발행인으로 하여금 당해 증권과 회사에 관한 중요정보를 투자자에게 투명하게 공개하도록 강제하는 제도이다. 발행시장 공시에는 증권신고서, 투자설명서, 증권발행실적보고서 등이 해당된다.

발행시장에서의 공시제도는 ① 증권을 모집 또는 매출하고자 할 때 제출하는 '증권신고서' 제도(법 제119조 제1항), ② 신고의 효력이 발생한 증권의 모집·매출 시에 투자자들에게 공람 내지 교부하는 '투자설명서' 제도(법 제123조 제1항), ③ 모집·매출한 증권의 발행 또는 매도가 종료된 때 제출하는 '증권발행실적보고서' 제도(법 제128조)로 이루어지고 있다.

이들 제도는 증권의 발행이 정기적으로 이루어지는 것이 아니기 때문에 모두 수시공시의 형태를 취하고 있다.

(1) 증권신고서

증권의 모집[28] 또는 매출[29]은 발행인이 당해 증권에 관하여 신고서를 금융위원회에 제출하여 수리되지 아니하면 이를 할 수 없다(법 제119조 제1항).

2개월 이상 1년 이내의 발행예정기간 중 3회 이상 증권을 발행할 예정으로 '일괄신고서'(一括申告書)가 수리되면 그 경우에는 따로 신고서 제출 없이 일괄신고추가서류의 제출만으로 모집·매출이 가능하다(법 제119조 제2항).

신고대상이 되는 증권은 법 118조(적용범위) 및 시행령 제119조(증권신고서 적용제외 증권) 등의 규정에 따라 매우 복잡하게 규정되어 있다. 우선 증권신고서의 적용제외 증권을 살펴보면, 크게 두 가지 부류로 분류된다.[30]

첫째, 국채증권, 지방채증권 및 시행령에서 따로 규정한 법률에 의거하여 직접 설립된 법인이 발행하는 증권[31]이 해당된다.

둘째, 정부, 지방자치단체가 원리금의 지급을 보증한 증권 및 정부, 지방자치단체가 소유하는 증권을 미리 금융위원회와 협의하여 매출의 방법으로 매각하는 경우에 증권신고서의 적용제외 대상이다.

---

28) 법 제9조 제7항에서의 정의에 의하면, 증권의 모집이라 함은 대통령령이 정하는 방법에 따라 산출한 50인 이상의 투자자에게 새로 발행되는 증권의 취득의 청약을 권유하는 것을 의미한다.

29) 법 제9조 제8항에서의 정의에 의하면, 증권의 매출이라 함은 대통령령이 정하는 방법에 따라 산출한 50인 이상의 투자자에게 이미 발행된 증권의 매도 또는 매수의 청약을 권유하는 것을 의미한다.

30) 구 증권거래법에서 투자자 보호가 필요한 증권의 발행임에도 불구하고 발행공시 규제(유가증권신고서)가 적용되지 않는 증권으로 은행채, 간접투자증권, MBS 등 수익증권, 국가가 매출하는 유가증권 등이 해당되었다, 자본시장법에서는 투자자 보호를 위해 발행공시 규제를 모든 증권에 확대 적용하도록 하고(즉 은행채, 간접투자증권, 수익증권 등에 대한 유가증권신고서 제출을 면제하던 것을 폐지함), 발행공시 의무가 면제되는 증권은 발행주체가 국가에 준하는 채권(국채, 지방채 등)으로 한정하였다.

31) 시행령 제119조 제1항에는 증권신고서의 적용제외 법인이 36가지가 열거되어 있다.

한편, 모집 또는 매출의 총액이 10억원 이하인 경우에는 증권신고서를 제출할 필요가 없다(영 제120조 제1항 1호). 그러나 증권을 최초로 증권시장에 상장하기 위하여 모집, 매출하는 경우에는 그 금액이 10억원 이하인 경우에는 증권신고서를 제출할 필요가 없다(영 제120조 제1항 2호).

(2) 투자설명서

증권거래법에서는 증권발행 때에 투자자에 대한 투자권유자료를 사업설명서라고 부르고 투자자의 청구가 있는 경우에만 교부하도록 했다.

자본시장법에서는 사업설명서를 투자설명서로 명칭을 변경하였을 뿐만 아니라 투자설명서의 교부를 의무화하였다. 법 제123조에서 투자설명서는 발행신고의 효력이 발생한 증권을 모집 또는 매출할 경우 발행인이 이를 작성하여 금융위원회에 제출하고, 일정장소에 비치하고 일반인이 열람할 수 있도록 규정하고 있다(법 제123조 제1항).

(3) 증권발행실적보고서

증권발행실적보고서는 신고의 효력이 발생한 증권의 발행인이 당해 증권의 발행 또는 매도가 종료되었을 때 금융위원회에 제출하는 발행실적에 관한 공시서류이다(법 제128조).

2 유통시장 공시

유통시장 공시는 증권시장에 발행된 증권이 증권시장에서 투자자간에 유통되는 매매거래와 관련하여 해당회사의 경영 내용과 성과를 공시하도록 강제하는 제도이다. 유통시장 공시는 크게 정기공시, 수시공시, 자율공시, 조회공시, 공정공시 등이 해당된다.

자본시장법상의 유통시장 공시제도를 정기공시, 수시공시와 조회공시로 대별하여 구분하면 〈표 11-6〉과 같이 정리된다.

표 11-6 유통시장 공시제도

자본시장법상 구분	공시내용	조치 권자	제출처
정기공기	사업보고서	금융위	금융위, 거래소
	반기보고서	금융위	금융위, 거래소
	분기보고서	금융위	금융위, 거래소
수시공시	주요사항보고서	금융위	금융위, 거래소에 송부
	자율공시	거래소	거래소에 신고
조회공시	보도, 풍문 확인	거래소	거래소에 신고

(1) 정기공시

정기공시는 투자자에게 기업의 경영 내용과 함께 일정기간의 영업성과 및 재무 상태를 정기적으로 공시하는 것이다. 정기공시는 사업보고서, 반기보고서, 분기보고서 등을 작성, 금융위 및 거래소에 제출함으로써 시행된다.

(가) 사업보고서

사업보고서는 주권상장법인 및 대통령령으로 정하는 제출대상법인이 각 사업연도 경과 후 90일 이내에 금융위원회와 거래소에 제출하는 유통시장의 공시자료이다(법 제159조 제1항 및 제163조). 사업보고서 제출대상법인은 주권상장법인뿐만 아니라 공시대상이 크게 확대되었다(영 제167조 제1항).[32)]

정기공시의 주요내용을 이루는 사업보고서의 기재사항은 투자자의 판단에 도움이 될 회사의 목적, 상호, 사업내용, 이사회, 계열회사, 주주에 관한 사항, 임원보수, 임원 개인별 보수와 그 구체적인 산정기준 및 방법(임원 개인에게 지급된 보수가 5억원 이상인 경우), 보수총액 기준 상위 5명의 개인별 보수와 그 구체적인 산정기준 및 방법, 재무에 관한 사항, 회계감사인의 감사의견 등이다(법 제159조 제2항 및 영 제168조 제1항).

(나) 반기 및 분기보고서

정기공시서류 중 또 한 가지 중요한 것이 반기 및 분기보고서이다.

32) 령 제167조 제1항에 규정된 사업보고서의 제출대상법인은 다음과 같다 : 1. 주권 이외의 지분증권, 2. 무보증사채권, 3. 전환사채권, 신주인수권부사채권, 이익참가부사채권, 교환사채권, 4. 신주인수권이 표시된 것, 5. 증권예탁증권, 6. 파생결합증권

분기보고서는 사업연도가 1년인 상장법인이 사업연도 개시일부터 3개월 간의 사업내용, 재무사항 등을 기재한 것이고, 반기보고서는 사업연도가 1년인 상장법인이 사업연도 개시일부터 6개월 간의 사업내용, 재무사항 등을 기재한 것이다. 보고서는 3 내지 6개월의 사업기간 경과 후 45일 내에 금융위원회와 거래소에 제출하여야 한다(법 제160조).

한편, 미국 증권거래법에서도 분기보고서의 제출을 규정하고 있다.[33)]

(2) 수시공시

유통시장에서의 수시공시제도는 사업보고서나 반기, 분기보고서 등 정기공시 자료만으로는 기업내용의 공시가 적기에 충분하지 않기 때문에 정기공시를 보완하는 제도이다. 수시공시는 투자자들이 투자판단을 함에 있어서 가장 쉽게 접하게 되므로 공시라고 하면 수시공시를 연상할 정도로 증권투자에 있어서는 영향력이 큰 것이라고 할 수 있다. 따라서 상장기업에 주요한 사업내용이나 재무사항에 변동사항이 발생하였을 경우에 적절하게 공시되지 않으면 시의성과 유용성이 떨어지는 정보들이 수시공시 대상정보이다. 이와 같은 시의성이 중요한 정보요건이 되므로 수시공시제도를 일명 '적시공시제도(適時公示制度)'라고도 부른다. 수시공시제도는 자율규제기관 성격을 가진 거래소가 담당하고 있는 대표적인 자율규제기능 중의 하나라고 할 수 있다.

(가) 주요사항보고서

자본시장법에서 규정한 대표적인 수시공시제도로는 주요사항보고서 제도를 들 수 있다(법 제161조 제1항). 자본시장법에는 수시로 발생하는 회사의 주요 경영정보에 대하여 발생할 때마다 보고서를 금융위에 제출하도록 규제하고 있다. 사업보고서 제출대상법인의 신고사항은 9가지로 상세히 열거되어 있다.[34)] 공시자료의 제출

---

33) Securities Exchange Act of 1934, Section 13 (a) (2) Every issuer of a security registered on a national securities exchange shall also file a duplicate original of…(중략)such annual reports, certified by the rules and regulations of the Commission by independent public accounts, and such quarterly reports … (중략) with the exchange.

34) 법 제161조 제1항에 열거된 상장법인의 보고서 제출사항 9가지는 다음과 같다.
① 발행한 어음 또는 수표가 부도로 되거나 은행과의 거래가 정지 또는 금지된 때
② 영업활동의 일부 또는 전부가 정지된 때
③ 회생절차개시의 신청이 있은 때

시기를 기준으로 구분하면, 사유발생 다음날까지 신고하여야 하는 익일공시사항과 3일 이내에 신고하여야 하는 사항(법 제161조 제1항 제6호에 해당하는 4가지)으로 구분된다. 금융위원회는 주요사항보고서가 제출되면 이를 거래소에 지체 없이 송부하여 공시하도록 하고 있다.

(나) 자율공시

자율공시란 과거 자진공시라는 이름으로 운용되던 것을 주요사항보고사항 이외의 사항에 관하여 해당 회사의 자율적인 판단에 의해 관련정보를 공시하도록 자율공시항목을 확대하여 운영하는 제도이다. 자율공시항목은 거래소의 공시규정에서 정하고, 사유발생일 다음날까지 신고하도록 규제하고 있다.

(3) 조회공시

또 다른 수시공시제도에 속하는 것은 조회공시이다. 조회공시는 자율공시의 일종이므로 거래소의 유가증권시장 공시규정에 따른다. 조회공시는 증권의 공정한 거래와 투자자 보호를 위하여 기업의 주요경영사항에 관한 풍문 또는 보도에 대한 사실 여부나 당해 회사가 발행한 주권 등의 가격이나 거래량 등 시황에 현저한 변동이 있는 경우 거래소가 회사에게 사실 여부나 정보 유무에 대한 답변을 요구하고 당해 기업은 이에 응하여 공시하는 제도이다. 조회공시의 대상이 되는 사항은 주요경영사항(거래소 유가증권시장 공시규정 제7조), 자회사의 주요경영사항(공시규정 제8조), 공정공시 대상정보(공시규정 제15조, 제16조), 자율공시사항(공시규정 제28조) 등이 해당된다.

풍문과 보도 등과 관련하여 조회공시를 요구받은 경우에는 요구시점이 오전인 때에는 당일 오후까지, 오후인 때에는 다음날 오전까지 답변하여야 하며, 시황과

---

④ 해산사유가 발생한 때
⑤ 자본증가, 자본감소에 관한 이사회이 결의가 있은 때
⑥ 상법 제360조의2, 제360조의15, 제522조, 제530조의2에서 규정한 사실이 발생한 때
⑦ 중요한 영업 또는 자산을 양수, 양도할 것을 결의한 때
⑧ 자기주식의 취득, 처분을 결의한 때
⑨ 법인의 경영, 재산 등에 관하여 중대한 영향을 미칠 사항으로서 대통령령으로 정하는 사실이 발생한 때.

여기서 위의 제6호에서 각 상법조항은 제360조의2(주식교환에 의한 완전모회사의 설립), 제360조의15(주식이전에 의한 완전모회사의 설립), 제521조(해산의 통지, 공고), 제530조의2(회사의 분할・분할합병)에 해당하는 사유가 발생한 것을 의미한다.

관련하여 조회공시를 요구받은 경우에는 요구받은 다음날까지 답변하여야 한다.

3 코넥스시장의 공시제도

코넥스시장에서 공시제도는 좀 더 간소화되었다. 코넥스시장의 주권상장법인은 유가증권시장 혹은 코스닥시장의 상장법인과 달리 소규모, 중소벤처 기업이 주를 이루고 있고, 투자자들도 스스로 투자위험의 관리가 가능한 전문투자자들로 이루어진 거래소시장이다. 영세한 기업 입장에서 보면 상장유지비용이 큰 부담이 될 수 있으므로 코넥스시장에서는 유가증권시장이나 코스닥시장에 적용하는 법정공시 사항을 대폭 축소한 공시규제만 적용한다. 그러나 공시규제의 완화는 양날의 칼이다. 회사의 상장유지비용 부담을 경감시킬 수는 있겠지만, 투자자 보호에는 미흡하게 될 수도 있다. 그러므로 균형감있는 공시제도의 운용이 요구된다.

코넥스시장 공시제도는 정기공시와 수시공시, 조회공시로 대별되고, 수시공시에는 자율공시와 의무신고사항이 해당된다.[35)]

첫째, 정기공시는 사업보고서와 반기, 분기보고서를 통해서 시행된다. 코넥스시장의 상장법인은 유가증권·코스닥시장과 동일하게 사업보고서 제출의무를 진다. 그러나 유가증권·코스닥시장과 달리, 한국채택국제회계기준(K-IFRS) 도입의무가 면제되므로 사업보고서 제출기한에는 차이가 있다. K-IFRS 도입법인은 사업연도 경과 후 90일 내에 제출하고, K-IFRS 미도입법인은 사업연도 경과 후 90일 이 지난 후 30일 이내 연결재무제표 관련사항을 보완하여 제출하여야 한다(법 시행령 제168조 제5항).

코넥스시장은 시장참여자가 전문투자자로 제한되는 특성 이 있는 시장이므로 회사는 반기·분기보고서의 제출의무가 면제된다. 이의 면제에 따른 정보 부족현상은 지정자문인의 반기 기업현황보고서나 기업설명회 개최 등을 통해 보충하도록 규제하고 있다.

둘째, 수시공시에는 주요경영사항의 신고·공시가 해당된다. 투자자의 투자판단에 중요한 영향을 주는 기업의 현재와 미래에 대한 주요 경영정보가 발생할 경우 회사는 의무적으로 투자자들에게 알리도록 되어 있다. 다만 코넥스시장에서 공시의무사항이 대폭 간소화되었다. 유가증권시장의 경우 64개 항목에 달하던 공시의무

35) 코넥스시장의 공시제도 내용은 한국거래소 규정/제도 http://regulation.krx.co.kr/contents 참조.

사항이 28개 항목으로 대폭 축소되었다. 의무공시사항의 축소로 인한 기업정보 부족현상을 보충하기 위해 회사에게 반기마다 1회 이상의 기업설명회를 개최하도록 규제하고 있다. 한편 코넥스시장에서는 긴급성이 적은 의무공시사항에 대해 발생일의 다음날까지 공시하도록 규제를 완화하였다.

셋째, 자율공시는 정기공시나 의무공시사항 이외에 회사의 경영·재산 및 투자자의 투자판단이나 시장자체에 영향을 미칠 수 있는 사항에 대하여 회사가 자율적으로 판단하여 공시하도록 규제하는 것이다. 유가증권시장이나 코스닥시장에 비해 의무공시사항이 대폭 축소된 만큼 자율공시 대상이 확대되었고, 공시한 이후 허위공시 등이 드러나면 불성실공시책임이 부과된다.

넷째, 코넥스시장의 공시제도로서 조회공시도 주요한 역할을 한다. 회사와 관련된 풍문 또는 보도가 있을 경우 거래소는 투자자 보호를 위하여 해당회사에게 사실여부를 확인한 후 공시하도록 규제하고 있다. 회사는 거래소의 조회공시 요구에 대해서 확정·부인 또는 미확정으로 구분하여 답변하여야 한다. 거래소의 조회공시 요구에 대하여 요구시점이 오전인 경우 당일 오후까지, 요구시점이 오후인 경우 다음날 오전까지 답변하여야 한다. 또한 조회공시 사항의 중요도에 따라 매매거래정지가 수반될 수도 있다. 매매거래 정지를 수반하는 사항일 경우 요구시점과 관계없이 다음날 오후 6시까지 답변할 수 있다.

코넥스시장은 거래량이 많지 않다는 시장의 특성을 감안하여 코스닥시장과 달리 주가 및 거래량 급변에 따른 조회공시는 적용하지 않는다.

다섯째, 코넥스시장 상장법인은 기업설명회 공시의무를 가진다. 회사의 경영내용, 사업계획 및 전망 등에 대한 기업설명회를 반기마다 개최하여야 하고, 그 일시, 장소, 설명회 내용 등을 공시하여야 한다. 기업설명회의 개최 결과를 개최일 다음날까지 거래소에 신고하여야 한다. 코넥스시장 상장법인은 기업설명회를 2반기 동안 연속하여 개최하지 않거나 3년 동안 4회 이상 개최하지 않은 경우 상장폐지사유에 해당된다.

4 공정공시제도

(1) 공정공시제도의 연혁

공정공시제도란 공정공시 정보제공자가 공정공시 대상정보를 공정공시 정보제공대상자에게 제공할 경우 원칙적으로 제공시점과 동시에 일반투자자에게도 공시하여야 하는 것을 규정하고 2002년 11월부터 실시하기 시작한 새로운 투자자보호 제도이다.[36]

미국의 경우, 증권거래위원회(SEC)는 증권발행 회사의 주요 미공개 정보(material non-public information)에 대한 선별적 공시행위(selective disclosure)를 보다 철저히 규제하려는 목적으로 2000년 8월 15일 공정공시규정(Regulation Fair Disclosure)을 채택하여 같은 해 10월 23일부터 시행하고 있는 것과 유사한 제도이다.[37]

(2) 공정공시제도의 의의

공정공시제도는 상장법인이 증권시장을 통해 공시되지 아니한 중요정보를 기관투자자 등 특정인에게 선별적으로 제공하고자 하는 경우, 모든 시장참가자들이 동 정보를 알 수 있도록 그 특정인에게 제공하기 전에 증권시장을 통해 공시하도록 규제하는 제도이다. 공정공시제도는 기업이 특정 증권사 애널리스트나 기관투자자 등 한정된 이해관계자에게만 기업의 중요한 정보를 제공하지 못하고, 그 경우에는 동일한 내용을 일반 투자자에게도 즉시 공시하도록 의무화하는 제도로 이해하면 쉽다.

법규상 구체적으로 정형화된 공시사항 이외의 중요정보에 대하여도 일반투자자에게 공정하게 공시하도록 함으로써 공시범위를 확대하고 정보의 불균형, 비대칭

---

36) 과거 한국증권거래소는 상장법인공시규정 제1절의2(공정공시)에 의거하여 공정공시운영기준(2002.10.2 제정)을 신설하였다. 이후 자본시장법 실시에 따라 한국거래소의 유가증권시장공정공시운용기준(2009.2.3 개정)으로 동 내용이 답습되었다.

37) Securities Act Release No. 33-7881, SEC, Aug. 15. 2000(http://www.sec.gov/rules/final/33-7881.htm 참조).
연방법규정 코드(Code of Federal Regulations, C.F.R.)체계에 따른 공정공시규정의 정식 명칭은 "17 CFR §243—Regulation FD"이며, 제243.100조에서 제243.103조까지로 구성되어 있다.
공정공시규정의 적용요건을 살펴보면 다음과 같이 정리된다.
① 발행인 또는 그를 위하여 행위하는 자가(an issuer, or any person acting on its behalf),
② 주요 미공개 정보를 일정 범위의 자(일반적으로, 증권시장의 전문가 또는 당해 정보에 기초에 거래할 것으로 보이는 주식의 보유자 등)에게 제공할 때는 언제나(Whenever… discloses any material nonpublic information to certain enumerated persons(in general, securities market professionals or holders of the issuer's securities who may well trade on the basis of the information)),
③ 그 발행인은 반드시 동일한 정보를 그 공개가 (i) 의도적인 경우에는 동시에(simultaneously (for intentional disclosures)), (ii) 의도적이지 않은 경우에는 지체없이(promptly (for non-intentional disclosures)) 일반공중에게 공시하여야 한다(the issuer shall make public disclosure of that information).
미국의 공정공시제도에 관한 상세한 내용은 최승진의 논문(2002) 참조.

또는 불공정거래 현상을 미연에 방지하려는 것이다.

(3) 공정공시제도의 규제내용

공정공시 의무의 발생요건은 1. 공정공시 대상정보를, 2. 공정공시 정보제공자가, 3. 공정공시 정보제공대상자에게, 4. 선별적으로 제공하는 경우라고 매우 구체적으로 규정되어 있다.

이 발생요건을 하나하나 풀이해 보면, 1. 회사의 장래계획 또는 경영계획, 매출액 등 영업실적에 대한 전망, 잠정 영업실적, 주요경영사항 등에 대한 정보에 2. 접근할 수 있는 포괄적인 지위를 가진 상장법인 임원과 업무상 정보에 대한 접근이 가능한 직원 등이 3. 국내외 투자매매업자, 투자중개업자, 전문투자자, 언론사 등 다른 자들에 비해 공정공시 대상정보에 보다 용이하게 접근할 수 있는 자에게 4. 선별적으로, 혹은 우선적으로 제공하려는 경우에는 공정공시제도의 규제를 따라야 한다.

원칙적으로 공시시한은 대상정보를 선별적으로 제공하기 전까지이다. 경미한 과실·착오로 선별적으로 제공된 경우에는 제공 당일까지 공시하여야 하며, 정보의 선별적 제공사실을 해당직원이 알 수 없었음을 소명하는 경우에는 직원이 이를 알게 된 당일에 신고하여야 한다.

공정공시의무를 위반한 경우에는 불성실공시법인 지정, 매매거래정지, 불성실공시 사실의 공표, 불성실공시법인에 대한 의무 교육, 매매심리 착수 등 현행 수시공시의무 위반과 동일한 제재조치를 취하고 있다.

다만, 공정공시대상정보의 성격상 일방적 규제만으로 해결할 수 없는 예외적 상황을 인정하고 있다. 공정공시대상정보 중에서 전망, 예측정보에 대해서 면책조항(Safe Harbor)을 적용한다. 예측정보를 공시하는 경우, 사후에 실제치가 공시한 내용과 다른 경우에도 공시번복 및 공시변경에 따른 불성실공시법인으로 지정하지 않는다. 이러한 면책조항의 적용은 회사에게는 기업경영상의 예측·전망정보에 대한 공시활동을 활성화하고, 투자자들에게는 보다 폭넓은 투자판단정보를 제공받을 수 있는 환경을 마련해 주기 위함이다.

(4) 공정공시제도의 기능

공정공시제도는 기본적으로 투자자 보호제도이다. 공정공시제도의 주요 기능은 내부자거래 금지제도, 수시공시제도 등 기존의 투자자보호 제도를 보완하는데 있기 때문이다. 따라서 공정공시제도에서는 공시의무자, 공시정보의 내용, 공시정보 제공대상자 등을 구체적으로 상세하게 규정한다.

기업의 내부자가 미공개중요정보를 이용하여 매매거래를 한 경우 내부자거래로 처벌받도록 규제되고 있는데, 공정공시제도는 매매거래 여부와 관계없이 중요한 정보를 선별적으로 제공하는 것 자체를 금지하여 내부자거래를 사전에 예방하는 효과를 기대할 수 있다.

회사의 중요한 미공개 정보를 증권사 애널리스트나 집합투자기구를 운용하는 펀드매니저 등 증권시장 전문가나 일부 전문투자자 등에게만 미리 알려준다면 그렇지 못한 일반투자자들은 상대적으로 피해를 보거나 투자상의 불공정한 손해를 볼 것이다. 따라서 일반 투자자들의 증권시장에 대한 신뢰를 앗아가는 선별적 공시행위(selective disclosure)는 자본시장의 발전을 저해할 수 있다. 그러나 이러한 행위가 당해 정보가 부당하게 제공된 것이 아니거나 회사 또는 그 주주들과의 사이에서 충실의무를 부담하지 않는 자에 의해 취득된 때에는, 앞 절에서 상술한 바 있는 내부자거래 금지규정만으로는 규제될 수 없기 때문에 공정공시제도가 도입되어야 하는 현실적인 이유가 되었다.

또한 공정공시제도는 수시공시제도를 보완할 수 있다. 수시공시제도는 공시의무사항이 정형화되어 있고 공시시한이 일률적으로 규정되어 있으나 공정공시 대상정보는 기업경영이나 실적에 영향을 미칠 수 있는 현재, 장래의 중요한 정보를 망라하고 있기 때문에 기업내부와 외부 이해관계자 간의 정보불균형 현상을 미연에 방지할 수 있는 새로운 기업정보의 공개제도이다.

또한 기업의 자발적인 홍보수단으로서 투자자들에게 회사의 실적과 전망에 대한 정보를 체계적으로 제공하는 활동인 투자자관계활동(investor relations : IR)도 공정공시제도에서 요구하는 의무를 따라야 한다.

(5) 미공개중요정보와 스튜어드십 코드

기관투자자로서 의결권을 행사하는데 지켜야 할 원칙을 규정한 한국 스튜어드십 코드에 참여하는 기관투자자는 미공개중요정보의 취급에 주의를 하여야 한다.[38] 자

38) 금융위원회, 스튜어드십 코드 관련 법령해설집, 2017.6 및 한국기업지배구조원, 한국 스튜어드십 코드 제1차 해설집, 2017.6 참조.

본시장법상 미공개중요정보 이용에 관한 규제는 미공개중요정보 이용행위 금지(제174조)와 시장질서 교란행위의 금지(제178조의2) 등이 있으므로 기관투자자는 이를 위반하지 않도록 주의하여야 한다.[39)]

기관투자자로서 투자대상 기업과 대화, 투자자관계활동(IR)에서 해당기업의 경영활동과 성과, 위험관리 등에 관해 미공개중요정보를 얻을 수 있으므로, 이를 매매 등에 이용하거나 타인에게 이용하게 하지 않도록 해야 한다. 따라서 만약 미공개중요정보를 알게 되는 것이 예상되거나 미공개정보를 알게 된 경우라면, 일정기간 매매 등을 자발적으로 중단하거나, 해당 정보를 상장법인이 공정공시를 통해 공개한 뒤에 매매하는 등 기관투자자로서 적극적으로 법을 준수하는 방법을 선택하여야 한다.

5 전자공시 시스템

1997년 증권거래법 개정에서 향후 정보화시대에 요청되는 전자공시제도를 동법 제194조의2에서 규정하였다. 현재 공시의무가 있는 기업은 금융위원회와 한국거래소 또는 금융투자협회에 신고서, 보고서 등을 제출하는 경우 서면에 의한 공시 대신 "전산망 보급확장과 이용에 관한 법률"의 규정에 의한 전산망을 이용하여 전송, 처리, 보관하는 표준화된 전자문서의 방식을 활용하고 있다.[40)]

전자공시제도는 금융감독원이 개발 운영하는 전자공시시스템(data analysis retrieval and transfer system : DART)을 통하여 기업 등 공시의무자가 공시서류를 서

39) 법 제174조 제1항에 따르면 회사내부자(임직원, 주요주주), 준내부자(인허가권자, 계약체결자), 1차 정보수령자는 미공개중요정보(상장법인의 업무 등과 관련하여 투자자의 투자판단에 중대한 영향을 미칠 수 있는 정보로서 불특정 다수인에게 공개되기 전의 정보)를 증권 또는 관련 파생상품의 매매 등에 이용하거나 타인에게 이용하지 못하도록 규제하고 있다.
법 제178조의2에 따르면, 금융투자상품의 매매 여부 또는 매매 조건에 영향을 줄 수 있는 미공개정보를 여러 단계를 거쳐 간접적으로 전달 받은 자(2차·3차 정보수령자) 또는 직접 생산한 자 모두 해당 정보를 특정증권 등의 매매·거래에 이용하거나 타인에게 이용하도록 할 수 없다고 규제하고 있다.

40) 1997년 8월 15일 부터 컴퓨터통신이나 인터넷을 통해 상장법인의 사업보고서를 찾아보는 등 기업공시내용을 검색할 수 있는 증권거래소의 전자공시시스템이 가동되었다. 전자공시로 조회할 수 있는 내용은 상장법인의 사업보고서, 반기보고서, 유무상증자계획이나 합병계획 등 상장기업의 직접공시 및 간접공시 내용이다. 미국의 경우 SEC가 통합전자공시시스템(EDGAR System)을 구축하여 모든 정기공시, 보고사항 및 주요수시공시사항을 전자문서의 형태로 신속정확하게 처리하고 있다. EDGAR System에 관한 정보는 www.sec.gov/edgarhp.htm 참조바람.

면으로 제출하지 않고, 전자문서의 방법으로 직접 전송하거나 제출하고, 일반이용자는 인터넷을 통하여 즉시 열람할 수 있는 공시제도를 뜻한다. 한편 서면비치 기관도 제출받은 서류를 일반인이 열람할 수 있도록 물리적으로 비치할 필요가 없어지게 되었다. 기업 등 제출인은 신고서 등의 공시서류를 금융감독원에 전자문서로 한번만 제출(접수수리시스템 : http://filer.fss.or.kr)하면 되고, 일반 이용자는 금융감독원 전자공시 시스템(배포공시시스템 : http://dart.fss.or.kr)에 연결하여 인터넷상에서 모든 공시정보를 이용할 수 있게 된 것이다(법 제436조 및 영 제385조 참조).

연.습.문.제

1 자본시장법에서 새롭게 도입된 투자자보호제도의 내용과 각 제도별 투자자보호 취지를 정리해 보시오.

2 내부자거래의 유형, 내부자 범위 등 내부자거래에 저촉되는 사례를 찾아 제시하고 해당되는 자본시장법상의 규정들을 정리해 보시오.

3 자본시장법 제174조 제1항은 내부자를 업무와 관련해서 미공개중요정보를 알게 된 자라고 규정하고 있다. 내부자의 정의와 사례, 미공개중요정보의 정의와 사례를 정리해 보시오.

4 불공정거래 행위의 유형으로 흔히 지적되는 시세조종, 허위공시 등과 관련된 사례를 찾아 해당되는 자본시장법의 규정들을 정리해 보시오.

5 공시제도는 투자자를 보호하는데 유용한 제도이다. 그러나 공시 내용이 진실이라고 보증해 주지는 못한다. 공시제도의 문제점과 새로운 공정공시제도의 유사점과 차이점을 정리해 보시오.

6 상법상 소수주주권 보호제도에 해당하는 규정 중에서 상장회사의 소수주주에게 상대적으로 더 유리하게 보호된 규정이 무엇인지를 확인하여 그 차이점을 정리하시오.

7 증권관련집단소송제도는 투자자의 피해를 구제하는데 유용한 제도이다. 증권관련집단소송법상의 소송대상과 판결의 효력에 대한 내용을 정리해 보시오.

8 새로 도입한 투자자보호 제도로서 "기관투자자의 수탁자책임에 관한 원칙"(흔히 "한국 스튜어드십 코드"라고 부름)에 관한 상세한 내용을 한국기업지배구조원의 홈페이지에서 찾아보고, 주요내용을 간략히 요약해 보시오.

CHAPTER 12 경영권 보호제도

기업에 있어 경영권이란 기업의 자원을 자유롭게 배분할 수 있는 권리를 일컫는다. 자본주의 사회의 보편적인 기업 형태인 주식회사의 경영권은 의결권이 있는 주식을 많이 가지고 있는 주주에 의하여 좌우된다. 다수의 주식을 보유한 대주주는 자신이 직접 기업 경영에 참여하거나, 전문경영인을 내세워 경영권을 대신 행사하게 한다. 우리나라에서는 기업의 소유권을 나타내는 주식이 비교적 자유롭게 거래가 되어 왔지만, 경영권의 거래나 이전은 활발하게 이루어지지 않았다. 자유경쟁시장의 원리에 의하면, 기업의 경영권 자체도 소유권을 나타내는 주식처럼 자유롭게 거래되고, 주식에 수반되는 법적 권리를 자유롭게 행사할 수 있어야 한다. 즉, 공개기업의 경영권은 소유권을 가진 주주들의 자유의사에 따른 의결권행사를 통해 기업지배권 시장의 틀 속에서 효율적인 경영자에게 자유롭게 위임될 수 있어야 한다.

우리나라는 한동안 자본시장 육성이라는 정책목표 달성을 위하여 '경영권 보호' 입장을 견지하여 왔다. 구체적으로는 상법, 공정거래법이나 구 증권거래법에서 상장기업의 경영권을 보호하는 조항들을 두고 있었다. 무분별한 경영권 쟁탈전으로부터 창업자 혹은 기업가의 창업정신이나 기업가적 의지를 보호하고, 창업경영자로 하여금 장기적인 안목으로 기업경영을 할 수 있도록 지원한다는 것이 주된 명분이었다. 경영권 보호 조항은 크게 다섯 가지 형태로 나눌 수 있다.

첫째는 주식지분의 소유를 제한하는 형태이다. 주식 소유를 제한함으로써 경영권에 대한 위협 소지를 사전에 차단하는 것이다. 지난 1997년 4월부로 폐지된 대량주식소유 제한 제도가 대표적인 예이다.

둘째는 경영권이 이전되는 과정을 투명하고 엄격하게 하여 소모적인 경영권 경쟁을 제한하는 형태이다. 기업의 합병이나 공개매수의 절차를 공정하고 투명하게 하여 경영권 경쟁의 남용을 막기 위함이다.

셋째는 의결권의 대리행사를 제한하는 형태이다. 주주는 자신의 소유지분을 변동시키지 않고도 다른 주주의 의결권을 모아 대리 행사함으로써 대주주나 경영자의 자의적인 경영권 남용을 제한할 수 있는데, 이를 제도적으로 막아줌으로써 경영권을 보호해 왔다.

넷째는 소액주주의 경영권에 대한 집단소송제도나 대표소송제도 등의 법적인 소송제도를 제한하여 간접적으로 경영권을 보호하는 형태이다.

마지막 다섯째로는 자사주 취득이나 우리사주조합 등을 통하여 대주주나 경영자에 호의적인 지분을 확보 가능하게 하는 간접적인 경영권 보호 형태이다. 이 조치들은 유통되는 주식의 양을 줄이거나 우호적인 주주를 늘여 안정적 경영권 지지세력을 형성하는 데 기여한다.

그러나 정부의 이러한 경영권 보호정책이 큰 변화를 맞게 되었다. 대외적으로는 세계적인 개방경제의 확산으로 자유경쟁의 원리가 지배하게 되고, 소액주주의 권익에 대한 관심이 높아져 더 이상 인위적이고 정책적인 목적으로 경영권을 보호하기가 어렵게 되었다. 대내적으로는 기업의 규모가 커지고 기업의 소유지분이 분산되면서, 대주주 혹은 대주주경영자와 외부주주 특히 소액주주와 이해상충으로 인한 대리비용(agency cost)이 점차 커지고 사회문제화 되고 있다. 대주주나 경영자의 경영 횡포가 잦아지고, 일부 대기업그룹에서는 외부주주의 동의 없이 특정기업의 자원을 그룹 내 계열기업의 이익을 위하여 사용하는 '일감 몰아주기' 사례가 늘어나게 되었다. 즉, 인위적인 경영권 보호가 비효율적이고 투명하지 못한 경영을 지속하게 하여 기업가치를 손상시키는 결과를 초래하게 되었다.

이제는 무책임한 대주주, 보호할 가치가 없는 경영자에 대한 무한 보호가 필요 없게 되었다. 무조건적인 보호보다는 경영자와 투자자에게 동일한 기회를 제공하고 공정한 경쟁을 유도하는 데 정책의 초점이 맞추어지고 있다. 특히 1997년 외환위기 이후 대규모 금융 및 기업 구조조정과정에서 지배주주의 경영권 보호보다는 규제에 대한 목소리가 높아져 소수주주권이 강화되는 계기를 맞게 된다(예, 금융투자업자의 소수주주권에 관한 규정은 자본시장법 제29조 참조). 그 후 2002년엔 전 세계적으로 문제가 되었던 미국 엔론이나 월드컴 등 대기업들의 회계부정 사건은 기업 경영 및 회계의 투명성을 제고시키는 또 다른 계기가 되었다.[1] 이런 세계적인 추세에 맞추

---

1) 경제협력개발기구(OECD)는 2004년 1월 기업지배구조 가이드라인의 개선안을 발표하였다. 개선안은 최근 수년간 잇달아 터진 대규모 회계부정사건과 같은 사태를 방지하고 투자자를 보호하기 위해 기업지배구조 전반을 주주 중심으로 강화한 것이 특징이다.

이의 주요 내용은 회계부정의 온상으로 지적되어온 대주주와 경영진 중심의 기업지배 관행을 주주 권익 중심으로 전환하기 위해 △기업회계 및 감사 기준의 강화 △이사회의 독립성 제고 △기업과 주주를 위한 경영원칙에 역점을 뒀다. 특히 주주의 권한을 대폭 강화, 잘못된 경영으로 인한 손실에 대한 배상을 청구할 수 있는 법적·제도적 장치가 마련되고 경영진 후보 추천권 및 나아가서는 선출할 수 있는 적극적 권리도 새로 포함됐다. 또 이사회 멤버 및 경영진의 보수 책정에 관한 의견 개진과 감사업무에 대한 질의권도 명문화했으며, 최고경영자(CEO)와 이사회 회장직의 분리도 동일인에 의한 겸직금지 형태로 포함됐다.

대주주의 편법적인 기업지배를 막기 위한 조치로는 기관투자가의 경우 주권행사 내용을 일일이 공개하도록 하고 투자정보를 취급하는 신용평가기관과 중개인 등은 관련 기업과의 이해관계 유무를 공개하도록 하는

어 구 증권거래법을 대체하며 2009년 2월부터 시행된 자본시장법에는 기업 경영 및 회계의 투명성 확보 장치가 강화되었다(예, 상장법인의 회계정보 작성 및 공시에 관한 규정은 법 제159조 참조).[2)]

2008년 글로벌 금융위기를 전후하여 전 세계적으로 M&A 시장이 활성화되었다. 이와 더불어 M&A의 순기능과 역기능이 함께 부각되고 있다. M&A의 위협이 존재한다는 것이 경영자로 하여금 기업경영에 최선을 다하게 하여 기업의 가치를 높인다는 긍정적인 측면이 있는 반면, 지나친 경영권 위협이 경영자로 하여금 단기적인 경영안목, 단기성과 추종행위를 추구하게 만든다는 부정적인 측면이 있다. 이에 따라 공개매수나 합병, 의결권대리행사 등에 대한 자본시장관련 제도는 과도한 경영권 보호제도를 완화하는 한편, 무분별하고 적대적인 기업매수자의 행동을 제한하거나 경영자에게 경영권을 방어할 수 있는 수단을 제공하는데 그 균형을 맞추려 하고 있다.

I 주식소유 제한제도

1 주식소유 제한의 배경

한국 기업들은 짧은 기간의 고도 성장기를 거치면서, 자금조달을 주로 금융기관

조항이 신설됐다. 또 이사회의 부당내부거래 사전감지 기능을 강화하고 경영상의 부정을 폭로하는 이른바 '내부고발자'에 대해서도 이사회 등의 적극보호를 제도화함으로써 경영 투명성을 높일 수 있도록 했다.

OECD의 기업지배구조 가이드라인은 구속력이 없지만, 세계은행과 국제통화기금 등의 국제기관과 기업관련 단체들이 이를 표준으로 채택하고 있으며 각국 정부도 이를 토대로 실정에 맞는 기업지배구조 기준을 만드는 것이 권고사항으로 돼 있다.

2) 자본시장법 제159조 제7항에 의하면 기업회계 및 경영의 투명성 제고를 위하여 '대표이사 및 제출업무를 담당하는 이사는 그 사업보고서의 기재사항 중 중요사항에 관하여 거짓의 기표 또는 표시가 있거나 중요사항의 기재 또는 표시가 누락되어 있지 아니하다는 사실 등 대통령령으로 정하는 사항을 확인·검토하고 이에 각각 서명하여야 한다'고 명시하고 있으며, 업무집행 지시자에 대한 공시위반관련 손해배상책임을 부과하였으며, 증권시장의 건전성 유지를 위하여 불공정 증권거래행위의 신고자에 대한 보호 및 포상을 실시하는 조항을 신설하였다.

에 의존해 왔다. 1970년대 이전까지만 해도 국가적으로 자본의 축적이 거의 없었으며, 직접금융 시장이 발달하지 못한 상태였으므로 간접금융 시장이 유일한 자금조달의 통로였다. 그러나 간접금융만으로는 경제 발달과 함께 급증하는 자금 수요를 감당하기 어려운 한계에 봉착하였다. 1968년 정부는 자본시장을 보호육성하기 위하여 "자본시장육성에 관한 법률"을 제정하였다.[3] 기업을 공개하고, 공개한 기업의 주식을 증권거래소에 상장하는 것이 자본시장의 육성을 위한 기본적인 작업이었다. 그러나 이를 활성화하기 위해서는 기업가들의 공개 후의 경영권 유지에 대한 불안감과 거부감을 해소하는 것이 시급하였으며, 결국 경영권을 제도적으로 보호하는 조항을 두게 되었다.

산업화 초기 단계에서는 기업의 경영권은 기업을 일으킨 창업자의 전유물로 인식되어, 공개매수나 합병으로 타기업의 경영권을 차지하는 것이 반기업적·반윤리적인 행동으로 매도되어 왔다. 사실 기업지배권 시장(takeover market)의 발달에 대한 필요성이 절실하지 못한 시기였다. 더구나 정부는 기업의 소유지분을 분산시켜 대중자본주의를 달성하려는 목표 하에, 소유분산이 잘된 기업을 우량 분산기업으로 선정하여 회사채 발행이나 세제상의 혜택을 제공하였다. 또한 정부는 이러한 기업공개 및 소유지분 분산정책을 지원하기 위하여, 증권거래법(구법)에 대량 주식의 취득제한 규정을 두어 창업자의 경영권을 제도적으로 보호하였다.[4]

2 대량 주식의 취득 제한

경영권 안정 장치의 대표적인 제도는 구 증권거래법 제200조의 상장주식 대량소유 제한이었으나, 1997년 4월 1일부로 폐지되었다. 상장법인이 발행한 주식을 누구의 명의로 하든지 자기의 계산으로 일정한 수준을 초과하여 소유하지 못하도록 규

3) 기업공개를 유인하고, 주식분산을 촉진하며, 투자여건을 조성하는 것을 주요 내용으로 하고 있다. 동 법은 1987년에 "기업공개촉진법"(1972년 제정)과 통합되었다. 그 후 증권시장이 성장함에 따라 정책적 육성보다는 시장기능 중심으로의 전환 필요성이 대두되어 동법의 폐기가 제기되었다. 이에 따라 증권거래법 제12차(1997년 1월) 개정법 및 시행령 부칙에서 이를 폐지하는 형식을 취하고, "자본시장육성에 관한 법률" 및 동법 시행령 중 우리사주조합제도와 상장법인 특례규정 등 존치가 필요한 규정은 거래법으로 이관되었다.

4) 기업 발달과정상으로 보면, 기업 성장의 초기는 소유지분이 창업자(entrepreneur)에서 투자자들에게로 이전되는 시작 단계로 소유경영자가 대부분이며 지분의 분산이 잘 이루어지지 않은 상태이다. 이런 시기엔 대주주와 경영인 사이에 대리문제가 거의 발생되지 않는 상태이며, 따라서 기업지배권 시장을 통한 감시 및 견제 필요성이 크지 않은 상태이다.

정하고 있었다.[5] 이 법은 주식의 분산을 촉진하는 과정에서 발생할 수 있는 소모적인 경영권 쟁탈 의도를 사전에 차단하기 위한 목적으로 도입되었다. 그러므로 구법 제200조 제2항에 의하면 공개매수, 대주주와의 직접거래에 의한 지배 주식의 양수도, 증권관리위원회의 승인에 의한 합법적인 방법 등으로 대량 주식을 취득하는 경우는 이를 예외로 인정하고 있었다.

그러나 증권시장의 개방과 함께 기업지배권 시장의 육성에 대한 요구도 높아졌다. 대주주나 전문경영인의 경영횡포에 대한 시장의 최종 제재수단으로써의 지배권 시장의 중요성이 인식됨에 따라 지금까지 경영권의 자유로운 이전을 제한하였던 일반 주식에 대한 대량 주식의 취득 제한 규정은 폐지되게 되었다.

지금은 경영권 보호 목적으로 주식 소유를 제한하던 제도는 모두 폐지되었으나 일부 공공적 법인의 소유에 대해선 일정 한도 이내서 소유를 제한하고 있다. 공공적 법인 주식의 소유제한은 자본시장법 제167조에서 규정하고 있다. 공공적 법인은 국가기간산업 등 국민경제상 중요한 산업을 영위하는 법인으로 대통령령으로 정하는 상장법인이다. 공공적 법인이 발행한 주식의 경우 상장된 당시에 발행주식 총수의 100분의 10 이상을 소유한 주주는 그 소유비율 이상으로, 그 외의 주주는 발행주식의 100분의 3 이내에서 정관이 정하는 비율을 초과하여 소유하지 못한다. 만일 이를 초과하여 소유하는 자는 그 초과분에 대하여 의결권을 행사할 수 없으며, 금융위원회는 기준에 적합하도록 시정을 명할 수 있다.

특히 법 제168조에는 외국인 또는 외국법인의 공공적 법인의 주식취득은 당해 공공적 법인의 정관이 정하는 바에 따라 따로 이를 제한할 수 있게 규정함으로써 외국자본에 의한 국가기간산업에 대한 무분별한 인수합병을 막는 장치가 만들어졌다.[6]

---

5) 누구의 명의이든 자기의 계산이라 함은 주식을 소유함으로써 생기는 경제적 효과가 본인에게 귀속됨을 뜻한다. 그러므로 친족이나 기타의 특수관계인의 명의로 주식을 취득하였을 때도 그 소유권자가 누구인가를 묻지 않고 자신의 계산으로 취득한 것으로 본다(구법 제200조 제1항). 이 법에 의한 소유 제한의 한도를 보면, 유가증권이 신규로 상장된 경우엔 상장 당시 10% 이상을 소유한 주주는 그 소유 비율을 초과하여 주식을 취득할 수 없으며, 만약 상장 당시 주주가 아니었던 자는 총 주식의 10% 이상을 취득할 수 없다고 정하고 있었다. 법정 기준을 초과하여 주식을 소유한 자는 그 초과분에 대하여 의결권을 행사할 수 없다.

6) 자본시장법 제168조(외국인의 증권 또는 장내파생상품 거래의 제한) 규정 참조.

3 대량보유상황보고 제도(5%룰)의 강화

대량보유상황보고 제도는 대량소유제한 제도가 폐지되면서 주식의 비밀 매집을 방지하는 공시장치로서 중요성이 한층 높아지게 되었다. 이 제도는 특정인이 주권상장법인의 주식을 대량보유하게 된 경우(본인과 그 특별관계자가 보유한 주식의 합이 전체의 100분의 5 이상인 경우), 보유상황, 보유목적(주권상장법인의 경영권에 영향을 주기 위한 목적 여부를 말함), 보유주식 등에 관한 주요 계약내용을 보고하여야 하며, 그 후 1% 이상 소유 비율의 변동이 있는 경우에도 그 내용을 5일 이내에 금융위원회와 거래소에 보고하도록 정하고 있다. 또한 5% 보고 의무가 발생한 자가 보고기간 5일 이내에 추가적인 보고 의무가 발생한 경우에도 추가 변동사항을 함께 보고하도록 규정하고 있다. 동시에 금융위원회와 거래소는 이 보고서를 비치하고 일반인이 열람할 수 있게 하여야 한다(법 제147조).

5% 룰에 의한 대량보유의 합산보고 의무자 범위를 종전의 배우자, 직계 존비속에서 특별관계자로까지 확대함으로써 개정된 공개매수 제도와 동일하게 적용하고 있다.[7)]

다만, 주식 보유목적이 경영권에 영향을 주기 위한 것이 아닌 경우에는 주식 등의 보유상황에 변동이 있었던 달의 다음달 10일까지 '약식보고'로 보고의무를 이행할 수 있는 등 특례가 적용된다(법 제147조 제1항 후단 및 법 시행령 제154조 제2항).

5% 룰의 적용 여부를 판단하는데 있어서 중요한 기준인 주식 보유목적이 '경영권에 영향을 주기 위한 행위'에 해당하는가를 판단하기 위해 자본시장법은 구체적으로 두 가지 기준을 정의하고 있다. 1. 주식 보유목적이 주권상장법인의 경영권에 영향을 주는 것으로 판별하는 첫 번째 기준은 다음에 열거된 ①~⑩ 항목 중 하나를 위하여 주식을 보유하여야 한다. 2. 둘째 기준으로는 대량주식 보유가 회사나 그 임원에 대해 사실상 영향력을 행사하여야 한다. 이와 같은 두 요건을 모두 만족하여야 주식 보유목적이 '경영권에 영향을 주기 위한 행위'가 된다고 규정되어 있다(법 제147조 제1항 후단 및 법 시행령 제154조 제1항).

1. 첫째 기준으로서 법 시행령 제154조 제1항에 규정된 주식 보유목적이 경영권

---

7) 자본시장법 제133조(공개매수의 적용대상) 제3항과 동 시행령 제141조에서는 공개매수제도에서 특별관계자의 범위를 특수관계인과 공동보유자로 확대하였다. 공동보유자란 본인과 합의 또는 계약에 따라, 공동으로 주식을 취득·처분하는 자, 주식을 취득한 후 이를 상호 양도 또는 양수하는 자, 혹은 의결권을 공동으로 행사하는 자를 가리킨다.

에 영향을 주기 위한 행위에 해당하는 사항은 다음과 같이 10개가 해당된다.

① 임원의 선임·해임 또는 직무의 정지
② 이사회 등 회사의 기관과 관련된 정관의 변경
③ 회사의 자본금의 변경
④ 회사의 배당의 결정
⑤ 회사의 합병, 분할과 분할합병
⑥ 주식의 포괄적 교환과 이전
⑦ 영업전부의 양수·양도 등
⑧ 자산 전부의 처분 등
⑨ 영업전부의 임대 또는 경영위임 등
⑩ 회사의 해산

2. 둘째 기준으로서 상법 제363조의2(주주제안권) 및 제366조(소수주주에 의한 임시주총 소집청구)에 따른 권리를 행사하거나 이를 제3자가 행사하도록 하여야 주식 보유목적이 경영권에 영향을 주기 위한 행위에 해당된다. 따라서 이러한 두 가지 기준을 모두 충족하는 대량 주식보유를 통한 영향력 행사의 구체적 사례를 들면 다음과 같다.[8)]

- 이사·감사 후보의 추천을 위한 주주제안
- 상법상 이사회내위원회 설치를 위한 정관변경 주주제안 혹은 임시주총 소집청구
- 배당금 증액을 위한 주주제안 혹은 임시주총 소집청구
- 주주제안이나 임시주총 소집 등을 통해 사실상 영향력을 행사하려는 의사에 따라 이루어진 배당금 증액을 위한 의견서의 이사회 제출
- 경영권 분쟁이나 위임장 대결(proxy fight)을 단독 또는 공동으로 주도하여 경영진이 제안한 이사 선임 안건이나 이익배당 승인 안건을 부결시키려는 행위

뿐만 아니라 법 시행령 제153조에서는 5% 룰 보고서의 기재 내용을 상세하게 구체적으로 규정하고 있다.[9)] 5% 룰에 의한 보고는 주식의 대량거래 내역의 투명성을 높여 선의의 투자자들을 보호할 뿐만 아니라, 기존의 대주주와 경영진에게는 적대적인 주식매집 사실을 알려 간접적으로 경영권을 보호해 주는 역할을 하고 있다.

---

8) 5% 룰과 관련된 구체적인 사례는 금융위원회, 스튜어드십 코드 관련 법령해설집, 2017.6 및 한국기업지배구조원, 한국 스튜어드십 코드 제1차 해설집, 2017.6에서 인용한 것이다.

9) 자본시장법 시행령 제152조에 의하면 5% 룰 보고서에는 ㉠ 주식 등을 대량보유하게 된 자 및 그 특별관계자에 관한 사항, ㉡ 보유주식 등의 발행인에 관한 사항, ㉢ 보유목적 또는 변동사유, ㉣ 취득 또는 처분 일자·가격 및 방법, ㉤ 보유 형태, ㉥ 취득에 필요한 자금 또는 교환대상물건의 조성내역, ㉦ 이와 관련된 세부사항으로써 금융위원회가 정하는 사항을 기재하도록 되어 있다.

자본시장법에서는 5% 룰 보고의무 위반에 대한 제재가 한층 강화되었다. 동법 제150조와 제151조에 걸쳐 보고 절차에 따라 보고하지 않거나, 거짓으로 보고하거나, 중요한 사항의 기재를 누락한 경우에는 대통령이 정하는 기간 동안 의결권 있는 발행주식 총수의 5%를 초과한 지분에 대하여 의결권 행사를 제한하며, 나아가 금융위원회는 6개월 이내의 기간을 정하여 보고의무를 위반한 지분에 대해서는 처분을 명할 수 있게 정하고 있다.

4 5% 룰과 스튜어드십 코드

한국 스튜어드십 코드는 2016년 12월 제정된 후, 기관투자자의 자율적 선택에 맡겨진 권고사항이다. 투자자 보호제도의 일환으로 시행되고 있는 스튜어드십 코드(일명 기관투자자의 의결권행사 지침)의 정착과 활성화에 자본시장법상의 5% 룰이 장애가 되고 있다는 주장이 제기되어, 검토 끝에 2017년 6월 금융위에서 이에 대한 관련법령 해설을 내놓았다.[10)]

5% 룰에서는 특정인이 본인과 그 특별관계자가 보유한 주식의 합이 전체의 100분의 5 이상 보유하게 된 경우, 보유상황, 보유목적, 보유주식 등에 관한 주요 계약내용을 보고하여야 하며, 그 후 1% 이상 소유 비율의 변동이 있을 때마다 변동내용을 5일 이내에 금융위원회와 거래소에 보고하도록 규제하고 있다.

이때 주식 보유목적이 경영권에 영향을 주기 위한 것으로 판단되려면, 법 시행령 제154조 제1항에 열거된 10개 사항에 대해 "회사나 그 임원에 대한 사실상 영향력의 행사"하는 방법으로서 주주제안권(상법 제363조의2)이나 임시주주총회 소집청구권(상법 제366조)을 직접 행사하거나 제3자로 하여금 행사하도록 하는 것이라고 엄격하게 규정되어 있다.

그러므로 기관투자자로서 5% 이상 대량보유자라 하더라도 회사나 그 임원에게 자신의 입장을 단순히 전달하거나, 설명 또는 표명하거나, 회사나 그 임원에게 설명 또는 입장표명을 요구하는 것 등은 사실상 영향력 행사로 보기 어렵다. 따라서 기관투자자가 사실상 영향력을 행사하려는 속마음을 지녔는지 여부가 중요한 것이 아니라, 현실적으로 주식 보유목적이 '경영권에 영향을 주기 위한 것'인지 여부를

10) 금융위원회, 스튜어드십 코드 관련 법령해설집, 2017.6 및 한국기업지배구조원, 한국 스튜어드십 코드 제1차 해설집, 2017.6 참조.

판단하기 위해서는 법상의 결정적인 두 가지 기준을 충족시켰는가가 될 것이다.[11)]

예를 들면, 자사주매입, 이사회내위원회가 아닌 주주권익위원회 설치를 위한 정관변경을 위한 주주제안이 있더라도 법 제147조 및 영 제154조 제1항에 열거된 10개 행위에 해당하지 않으므로 '경영권에 영향을 주기 위한 행위'로 보기 어렵다고 금융위는 해석하고 있다. 또한 법 제147조 및 시행령 제154조 제1항에 열거된 경영권에 영향을 주기 위한 행위라 하더라도, 다음과 같은 행위는 그에 해당하지 않는다고 금융위원회는 해석한다. 왜냐하면 주주제안권(상법 제363조의2)이나 임시주주총회 소집청구권(상법 제366조)을 직접 행사하거나 제3자로 하여금 행사하도록 하는 행위가 아니기 때문이다.[12)]

- 특정 사안에 대한 회사의 입장, 향후 계획 등을 파악하기 위한 질의서 전달 또는 정보·자료 요청
- 이사회 또는 경영진과의 회의 개최 요청, 회의에서의 단순 의견 교환
- 우려사항 또는 주총 반대 안건에 관한 입장을 담은 의견서 전달
- 주주총회장에서의 반대 토론
- 회사의 요청에 따른 이사 후보 추천

기관투자자와 해당 기관의 주식공동보유자를 합산하여 5% 이상 지분을 보유한 기관투자자는 5% 룰에 따른 주식의 대량보유 보고의무를 부담한다. 스튜어드십 코드의 원칙을 이행하려는 기관투자자의 예상활동을 해석하는 금융위원회의 입장을 살펴보면, 5% 룰을 기관투자자에게 적용함에 있어 주식 보유목적이 '경영권에 영향을 주기 위한 것'인지 여부를 판단하기 위해서는 자본시장법상 규정된 두 가지 기준을 모두 충족시켰는가를 엄격히 적용하려고 한다는 것을 알 수 있다.

한편, 특수관계인, 공동보유자의 지분과 합산하더라도 5% 미만의 지분을 보유한 기관투자자는 대량보유 보고제도의 적용 대상이 아니므로 자유롭게 기관투자자로서 주주활동을 수행할 수 있다.

11) 상법상 주주제안이나 주주총회 소집요구가 3% 이상 지분보유자에게 일반적으로 보장되는 권리이고, 상장회사에게는 대폭 완화된 기준이 특례적으로 적용되고 있으므로, 5% 이상 대량보유자는 마음만 먹으면 언제든 자본시장법시행령 제154조제1항 각 호의 어느 하나를 위해 경영권에 영향을 주기 위해 사실상의 영향력을 행사할 수 있다고 볼 수 있다. 그러므로 상장회사 입장에서는 기관투자자의 행위에 대항하여 경영권보호를 위해서 법 상의 5% 룰이 적용될 지 여부를 판별하는 것이 매우 중요한 사안이 되었다.

12) 5% 룰과 관련된 구체적인 사례는 금융위원회, 스튜어드십 코드 관련 법령해설집, 2017.6 및 한국기업지배구조원, 한국 스튜어드십 코드 제1차 해설집, 2017.6에서 인용한 것이다.

Ⅱ 공개매수 및 합병제도

1 공개매수제도

(1) 공개매수의 의의

공개매수(tender offer)란 불특정 다수인에 대하여 주식 등의 매수의 청약을 하거나 매도의 청약을 권유(다른 증권과의 교환 포함)하고 증권시장 밖에서 당해 주식을 매수하는 것이라고 자본시장법 제133조 제1항에서 정의하고 있다. 이 제도는 공정한 경영권 경쟁의 바탕을 제공함으로써 비효율적인 기업의 경영권이 효율적인 경영자에게 자유롭게 이전될 수 있도록 하기 위한 것이다. 결과적으로 이러한 시장의 제도적인 압박 장치는 기업 경영이 효율적으로 이루어지도록 견제·감시하는 역할을 한다. 동시에 경영자에게는 공개매수 제도가 적용되는 범위를 구체화함으로써 소모적인 공개매수 시도 가능성을 줄여 기업 경영권이 안정적으로 유지되도록 도와준다. 또한 투자자에게는 공개매수의 조건과 내용을 신속하고 정확하게 공시하여 일반투자자나 소액투자자들이 부당한 피해를 입지 않도록 보호한다.

(2) 공개매수의 방법

공개매수의 적용 대상을 법 제133조 제3항과 시행령 제140조에서 구체적으로 정하고 있다. 과거 6개월 이내에 10인 이상의 자로부터 주식을 시장 밖에서 매수한 결과, 본인과 특별관계자의 합산한 보유비율이 발행주식 총수의 5% 이상이 되는 경우(이미 5%를 초과하여 보유하고 있는 자가 매수하는 경우를 포함)에는 공개매수의 방법에 의해야 한다. 그러나 소각목적의 매수, 주식매수청구권에 의한 매수, 신주인수권·전환 및 교환 청구권의 행사, 기타 다른 주주의 권익침해가 없는 것으로서 금융위원회가 정하는 경우에는 5% 공개매수 제도의 예외를 인정하고 있다.[13] 장내

13) 자본시장법 시행령 제143조는 다음의 경우엔 공개매수를 필요로 하지 않는다고 규정하고 있다. ㉠ 소각을 목적으로 하는 주식등의 매수, ㉡ 주식매수청구에 응한 주식의 매수, ㉢ 신주인수권이 표시된 것, 전환사채권, 신주인수권부사채권 또는 교환사채권의 권리 행사에 따른 주식등의 매수, ㉣ 파생결합증권의 권리 행사에 따른 주식등의 매수, ㉤ 특수관계인으로부터의 주식등의 매수, ㉥ 그 밖에 다른 주주의 권익침해 소지가

시장을 통한 매수나 취득기간이 6개월 이상에 걸쳐 이루어진 매수, 10명 미만의 소유자로부터 매수, 5% 미만의 매수, 유상양수가 아닌 매수 등의 경우는 공개매수를 할 필요가 없다. 즉, 위와 같은 방법을 통한 지분의 증가는 대량보유 상황보고 의무만으로 충분하다. 그러나 법 제133조 규정을 위반하여 주식을 매수한 경우에는 당해 주식에 대한 의결권을 대통령이 정하는 기간 동안 행사할 수 없으며, 금융위원회는 당해 주식의 처분을 명할 수 있다(법 제145조 참조).

(3) 공개매수의 신고 및 공고

공개매수는 유가증권을 발행하는 것과는 반대의 절차를 거친다. 발행이 매수 청약을 권유하는데 비하여 공개매수는 매도 청약을 권유하는 과정이다. 그러므로 유가증권 발행 시와 마찬가지로, 기업 매수자로부터 투자가를 보호하기 위하여 거래의 내용과 조건에 대하여 정확한 정보를 제공하여야 한다.

공개매수 제도는 1997년에 이미 완전신고제로 전환하여 공개매수가 심사·수리 과정에서 지연되는 것을 배제하였다. 공개매수자는 공개매수 신고서를 금융위원회와 거래소에 제출하여야 한다. 동시에 둘 이상의 일반일간신문 또는 경제분야의 특수일간신문 중 전국을 보급지역으로 하는 둘 이상의 신문에 공고하여야 한다. 공개매수자는 신고서를 제출한 경우엔 지체 없이 그 사본을 공개매수할 주식 등의 발행인에게 송부하여야 한다. 이는 대상회사의 대주주와 경영진에게 공개매수 의사를 알리고, 대응조치를 취할 수 있는 시간적인 여유를 주기 위함이다. 그리고 신고 내용의 누락, 허위 등에 관한 심사기간이 필요하다고 보아 정정신고서를 제출한 경우엔 정정신고서를 제출한 후 10일이 경과해야만 실제의 공개매수를 할 수 있도록 하고 있다.

공개매수 대상 주식의 발행인은 광고나 서신(전자우편포함), 그 밖의 문서에 의하여 의견을 표명할 수 있으며, 그 내용을 지체 없이 금융위원회와 거래소에 제출하여야 한다. 공개매수 신고서가 공개매수 청약에 응하는 주주의 판단에 실질적인 도움이 될 수 있도록, 신고서의 기재 항목을 구체적으로 규정하였다.[14] 그리고 금융위원

없는 경우로서 금융위원회가 정하여 고시하는 주식등의 매수

14) 자본시장법 제134조 제1항에서는 공개매수 신고서에 기재해야 할 사항을 구체적으로 정하고 있다. 이는 공개매수 후 책임소재와 손해의 인과관계를 입증하는데 필요한 근거자료가 되는 것으로 공개매수자 및 그 특별관계자, 공개매수할 주식등의 발행인, 공개매수 목적, 공개매수할 주식의 종류 및 수, 공개매수 기간·가격·결재일 등 매수조건, 매수자금 명세 등 투자자 보호를 위하여 필요한 사항을 상세하게 적을 것을 요구

회는 공익 또는 투자자 보호를 위하여 필요하다고 인정하는 때에는 공개매수자 및 그 관계자와 대상회사에 참고가 될 보고 또는 자료의 제출을 명할 수도 있다.

2 기업 합병제도

(1) 합병제도 개선의 배경 및 내용

최근 합병 절차를 간편하게 하여 합병 시장을 활성화하고 기업의 구조조정을 원활하게 하려는 움직임에 따라 합병관련 규정을 간소화하고 관련 행정절차를 단축하는 조치들이 시행되었다. 합병 신고제도 운영에 필요한 세부 규정도 1999년에 이미 간편화하여 구 증권거래법에서 규정하였다. 법령에서 정한 합병 요건과 절차 등 합병기준에 맞게 작성하여 금융위원회와 거래소에 신고만 하면 되도록 합병 신고제도의 운영을 개선하였다.

그 외 주권상장법인과 비상장법인과의 합병절차도 단축, 간소화하였다. 지금까지는 상장법인과 비상장법인이 합병하려면, 비상장법인이 금융감독원에 등록한 후 6개월이 지나야 합병승인 주총을 열 수 있었으나 앞으로는 3개월만 지나면 가능하게 되었다. 그리고 합병 시의 합병가격 산정방법도 명확하게 규정화하였다. 주권상장법인 간 합병의 경우에는 합병을 위한 이사회 결의일과 합병계약을 체결한 날 중 앞서는 날의 전일을 기산일로 한 다음 기준시가를 산술평균 방식으로 계산하고 이를 기준으로 100분의 30(계열회사 간 합병의 경우에는 100분의 10)의 범위에서 할인 또는 할증한 가액으로 산정한다. 이때 기준시가를 산정하는데 이용되는 주가는 최근 1개월간 거래량기준 가중평균 종가, 최근 1주일간 거래량기준 가중평균 종가 및 최근일의 종가 등 3가지이다. 한편, 주권상장법인과 주권비상장법인 간 합병의 경우에 주권상장법인은 자산가치와 수익가치를 가중산술평균한 가액을 합병가격으로 산정한다. 이때 금융위원회가 정하는 방법에 따라 산정한 유사한 업종을 영위하는 법인의 가치("상대가치"라 함)를 비교하여 공시하여야 한다(법 시행령 제176조의 5).

하고 있다.

(2) 합병과 경영권의 향방

원래 기업 간의 합병은 공개매수와는 달리 대주주나 현 경영진의 동의하에 이루어지는 것이다. 즉, 합병의 모든 과정에 양측 경영진의 의사가 반영되고, 합병 조건이나 내용에 대하여 양측 경영진간의 합의가 성공적인 합병의 전제 조건이다.

그러나 적대적 공개매수의 경우에는 현 경영자의 의사와는 아무런 상관이 없이 매수 절차가 진행된다. 공개매수 제의가 경영자를 거치지 않고, 곧바로 주주에게 제시된다. 경영자는 공개매수 안에 대한 자신의 의견을 제시할 수는 있지만, 반대대안(counter offer)을 제시하지 않는 한, 이를 제지할 수 있는 방법이 없다. 대개 피매수기업 경영진의 의사는 잘 반영되지 않기 마련이다. 기업지배권 시장이 발달된 미국의 경우를 보면 우호적으로 시작했던 합병이 의견의 차이로 적대적 공개매수로 변하는 경우가 종종 있다. 결합의 절차상에 경영자의 의사가 얼마나 반영되느냐 하는 면에서는 합병과 공개매수는 큰 차이가 있다.

(3) 적대적 M&A와 경영권 방어책

적대적 M&A가 현실화되면서 상법 개정을 통해 적절한 방어책을 경영권 보호 차원에서 기업에게 마련해 주어야 한다는 주장도 제기되고 있다. 차등의결권제, 초다수의결제, 포이즌 필, 황금낙하산 제도의 도입 등이 적대적 M&A 제안이 있을 때 기존 경영진이 채택할 수 있는 방어책으로 여러 가지 대안들이 제시되고 있다.

차등의결권제(일명 황금주)는 일부 주식에 특별히 많은 의결권을 부여하여 일부 특정주주의 지배권을 강화하는 방법이다.

초다수의결제는 적대적 M&A의 주식매입 제안 등과 같은 특정한 사항에 대해서 주주총회의 보통결의나 특별결의 요건을 넘어서는 초다수 의결요건을 규정함으로써 기존 경영권을 보호하는 방법이다.

포이즌 필(일명 극약처방)은 적대적 M&A가 제안되거나, 시도되었을 때 우호적인 제3자에게 시가보다 싼 값으로 신주를 인수할 수 있도록 허용하는 제도로서 기존 경영권을 보호하는 방법이다.

황금낙하산은 적대적 M&A가 제안, 시도되었을 때 기존 경영진에게 막대한 퇴직금을 지급하거나 혹은 퇴직과 연관된 스톡옵션을 시가보다 싼 값으로 살 수 있도록 허용하는 제도로서 기존 경영권을 보호하면서 적대적 M&A에 소요되는 비용을 폭증시켜 방어하는 방법이다.

(4) 외국인의 적대적 M&A 자유화

M&A 시장, 특히 적대적 기업매수를 활성화하기 위한 여러 가지 제도적 보완조치가 이루어졌다. 대표적으로는 외국인이 한국에 투자하는 데 걸림돌이 되어 왔던 "외국인 투자 및 외자 도입에 관한 법률"의 제한 조항이었다. 1997년 이전 과거 법률에서 외국인이 특정기업의 주식을 10% 이상 취득할 경우 이사회의 승인을 받아야 하며, 자산 규모 2조원 이상의 기업을 인수할 경우 재경원 장관의 허가를 받도록 되어 있던 조항들을 폐기하여, 외국 기업의 적대적 M&A도 자유로울 수 있도록 개정하였다.

다만, 자본시장법 제168조에 따르면, 외국인 또는 외국법인의 공공적 법인의 주식취득을 당해 공공적 법인의 정관이 제한할 수 있게 규정되어 있다. 이는 국가기간산업에 대한 외국자본의 무분별한 인수합병을 예방하려는 제도적 장치이다.

Ⅲ 기타 경영권 보호제도

1 의결권대리행사의 활성화

한국의 상법(제368조)과 자본시장법(제152조)에서는 주주를 대신하여 대리인이 주주권을 행사할 수 있도록 정하고 있다. 이 경우 대리인은 대리권을 증명하는 서면증서를 주주총회에 제출하여야 한다. 이 서면증서를 의결권 위임장(proxy)[15]이라고 한다. 위임장 경쟁(proxy fight)을 통한 경영권의 지배는 주식의 취득 없이 경영권을 지배할 수 있는 방법으로, 한국에서는 제도적인 한계로 인하여 활성화되어 있지 않은 분야이다. 최근 기업의 경영지배권에 대한 관심이 높아지고, 위임장 경쟁의 경제적 효용이 재인식되면서 이 제도의 보완에 대한 필요성이 제기되어 2009년 자본

15) 자본시장법에서는 제152조부터 제158조까지 의결권 대리행사에 대하여 자세하게 규정하고 있다. 의결권 대리행사의 권유란 다음의 행위를 말한다. ㉠ 자기 또는 제3자에게 의결권의 행사를 대리시키도록 권유하는 행위, ㉡ 의결권의 행사 또는 불행사를 요구하거나 의결권 위임의 철회를 요구하는 행위, ㉢ 의결권 확보 또는 그 취소 등을 목적으로 주주에게 위임장을 송부하거나 그 밖의 방법으로 의견을 제시하는 행위

시장법에서 크게 보완하였다.

소모적인 위임장 경쟁을 피하고 주주를 보호하기 위하여 자본시장법에서는 의결권 대리행사의 권유 요건을 상세하게 규정하고 있다(법 시행령 제163조). 의결권권유자는 위임장 용지와 참고 자료를 피권유자에게 송부하기 5일 전까지 이를 금융위원회와 거래소에 제출하여야 하며, 정한 장소에 이를 비치하고 일반인이 열람할 수 있도록 하여야 한다.[16] 그리고 금융위원회는 위임장 용지 및 참고서류의 형식을 제대로 갖추지 않거나, 허위사실의 기재, 중요사항에 관하여 오해를 유발할 우려가 있는 기재, 중요사항에 관하여 오해를 유발하지 않도록 하는데 필요한 사실의 기재 누락이 있는 경우에는 정정 명령을 내릴 수 있도록 하고 있다(법 제156조).

의결권 대리행사의 권유대상이 되는 상장주권의 발행인은 의결권 대리행사의 권유에 대하여 의견을 표명한 경우에는 그 내용을 기재한 서면을 지체 없이 금융위원회와 거래소에 제출하여야 한다. 지금까지 상장법인들이 관행적으로 시행해 오던 주총소집 통지 때의 위임장 권유도 거래법상의 위임장 권유 행위에 해당되는 것으로 정의하였다. 원래의 취지와는 다르게 이를 악용할 여지가 있으므로, 구체적인 권유 내용이 기재되지 아니한 광고를 통하여 위임장 권유를 할 수 없게 규정하였다. 또한 의결권 권유자도 위임장 용지에 나타난 피권유자의 찬부 의사에 반하여 의결권을 행사할 수 없도록 의무화하였다(법 제152조 제5항).

한편, 2014년 지본시장법 개정 때, 주주권행사의 편의성을 제고하기 위해 전자위임장 제도가 도입되었다. 전자위임장제는 발행회사 등 의결권권유자가 회사인터넷 홈페이지에 위임장 용지 및 참고서류를 게시하면, 의결권피권유자인 주주는 해당 홈페이지에 접속하여 이를 확인한 후 공인전자서명을 통해 전자위임장을 주는 방법이다(법 제152조 및 동법 시행령 제160조 제5호). 발행회사는 의결권권유자로서 전자위임장 관리기관인 한국예탁결제원에게 위임장 관리서비스를 위탁하여 전자위임장

16) 법 시행령 제160조에 의결권권유자가 위임장 용지를 교부하는 방법이 다음과 같이 5가지로 한정해서 열거하고 있다.

1. 의결권권유자가 의결권피권유자에게 직접 내어주는 방법
2. 우편 또는 모사전송에 의한 방법
3. 전자우편을 통한 방법(의결권피권유자가 전자우편을 통하여 위임장 용지 및 참고서류를 받는다는 의사표시를 한 경우만 해당한다)
4. 주주총회 소집 통지와 함께 보내는 방법[의결권권유자가 해당 상장주권(그 상장주권과 관련된 증권예탁증권을 포함한다. 이하 이 절에서 같다)의 발행인인 경우만 해당한다]
5. 인터넷 홈페이지를 이용하는 방법(전자위임장 제도라고 부름)

을 이용함으로써 중립투표제(shadow voting)가 폐지됨에 따라 어려워진 주총의 의결정족수 확보를 위한 대안으로 활용가능하다. 또한 위임장 용지 및 참고서류를 전자적으로 등록·교부함으로써 모든 주주를 대상으로 하는 위임장 권유의 업무처리 시간단축이나 비용절감이 가능하다.

2 자사주 취득 · 처분제도

(1) 자사주 취득제도

상법에서는 원칙적으로 기업이 자기회사의 주식을 취득하는 것은 금하고 있었으나, 2011년 상법 개정에서 대대적으로 자기주식 취득을 허용하였다.

구 증권거래법에서는 1994년 제11차 개정 시 적대적 기업매수에 대한 대응수단 및 주식시장의 안정화 수단으로 상장법인에 자기주식 취득을 허용한 바 있다. 최근 M&A 시장을 자유롭게 활성화하는 대신, 대주주와 경영자에게도 적대적인 기업매수에 대응하여 경영권을 보호할 수 있는 방어 수단을 함께 제공하는 것이 필요하게 되었다. 따라서 기업들이 자사주를 취득할 수 있는 한도를 이익 배당을 할 수 있는 한도 내에서 하도록 허용하였다.

2009년 제정된 자본시장법에 따르면 주권상장법인이 자사주를 취득하는 방법으로 2가지가 규정되어 있다. 첫째, 상법 제341조 제1항에 따른 방법,[17] 둘째, 신탁계약에 따라 자기주식을 취득한 신탁업자로부터 신탁계약이 해지되거나 종료된 때 반환받는 방법이다. 신탁계약에 의하더라도 신탁업자가 해당 주권상장법인의 자기주식을 상법 제341조 제1항의 방법으로 취득한 경우로 한정한다(법 제165조의3 제1항).

자기주식을 취득 혹은 처분하기를 원하는 상장법인은 대통령이 정하는 요건 및

17) 상법 제341조 제1항(자기주식의 취득)에서 회사가 자기의 명의와 계산으로 자기의 주식을 취득할 수 있는 방법 2가지를 열거하고 있다. 첫째, 거래소에서 시세가 있는 주식의 경우에는 거래소에서 취득하는 방법. 둘째, 주식의 상환에 관한 종류주식의 경우 외에 각 주주가 가진 주식 수에 따라 균등한 조건으로 취득하는 방법.
자기주식 취득가액의 총액은 전년도 말 기준 이익배당가능액 범위 내이다(상법 제462조 제1항). 이익배당가능액은 직전 결산기의 대차대조표상의 순자산액에서 자본금, 그 결산기까지 적립된 자본준비금과 이익준비금의 합계액, 그 결산기에 적립하여야 할 이익준비금, 대통령령으로 정하는 미실현이익을 뺀 금액을 초과하지 못한다.

절차에 따라 관련사항을 금융위원회와 거래소에 신고하도록 정하고 있으며, 이러한 취득 및 처분의 사항이 내부적으로는 이사회의 결의를 거치도록 의무화하고 있다. 시장에서의 취득은 이사회 결의를 공시한 다음 날로부터 3개월 이내에 금융위원회가 정하는 방법에 따라 자기주식을 취득여야 한다.

상법 제369조 2항에 따르면 자기주식에는 의결권이 없다. 자기주식의 경우 주식 자체에는 의결권이 있으나 이를 회사가 소유하고 있기 때문에 의결권이 휴지되는 것이 의결권 없는 종류주식과 구별되는 점이다. 또한 자기주식은 발행주식총수에 산입되지 않으므로(상법 제371조 1항), 모든 의안에 대하여 의결권을 행사할 수 없다.

(2) 자사주 처분제도

상법이나 자본시장법은 자기주식 처분방법에 대해 정관 규정이나 이사회 결의에 맡겨놓고 있다. 자사주 취득에 대해 주주평등원칙을 엄격하게 적용하는 규정을 둔 것에 비해 자사주 처분에 대해서는 상법 제342조에 따르면 처분방법을 정관에 정하도록 하고, 정관에 규정이 없으면 처분할 자기주식의 종류와 수, 처분할 주식의 처분가액과 납입기일, 주식을 처분할 상대방 및 처분방법을 이사회가 결정할 수 있도록 규정하고 있다.

특히 경영권분쟁 상황에서 이사회가 결정하는 자기주식 처분방법에 따라 경영권을 과잉보호하게 된다는 점이 부각된다.[18] 자기주식을 처분할 때, 기존주주에게 해당 지분율에 비례해서 매입할 기회를 주지 않은 채 처분하고, 처분상대자를 기존주주 혹은 경영자에게 우호적인 상대방(일명 백기사)에게만 매각하는 것은 공정하지 못하다는 다툼이다. 그러나 상법 제342조의 현행 규정상 자기주식의 처분방법은 정관 규정이나 이사회 결정에 따르도록 되어 있기 때문에, 경영권분쟁이 있을 경우, 항상 자사주 처분문제가 쟁점화될 여지가 남아 있다. 2011년 상법 개정 때의 입법취지가 자기주식의 처분행위는 회사의 신주발행과 같은 자본거래가 아닌 이미 보유한 자산의 매각에 따르는 자산거래로 인식하였던 것이기 때문에, 자사주 처분상 엄격한 주주배정원칙의 준수 등에 대한 규정을 별도로 마련하지 않았다.

18) 2003년 SK와 소버린, 2015년 삼성물산과 엘리엇 사례 등을 예로 들 수 있다.

3 종업원지주제도

(1) 종업원지주제도의 발달 배경

종업원지주제도는 회사의 종업원이 자기회사의 주식을 보유하는 제도로, 한국에 도입된 것은 1968년 "자본시장육성에 관한 법률"에 의하여 상장기업의 증자 시 증자분의 10% 범위 내에서 종업원에게 우선 배정한 것에서부터 시작했다. 그 후 1974년 종업원지주제도의 확대 실시방안이 마련되면서 본격적으로 정착되었다. 1988년에 자본시장육성에 관한 법률의 개정 시 공개·증자지 우선 배정비율을 10%에서 20%로 확대하여 운영하여 왔다.

이 제도는 미국에서는 1920년대부터 종업원의 재산 형성을 목적으로 다양한 형태로 발달되어 온 것으로, 제2차 세계대전 후 각 국으로 확산되었다.[19] 나라마다 회사나 국가의 지원여부에 따라 다양한 형태로 발전되어 왔다. 한국 제도의 특징은 회사의 지원에 의하여 종업원들로 하여금 자발적으로 투자하되 장기적으로 보유하게 하고 있다.

이 제도의 효과는 첫째, 종업원에게 자기회사 주식을 취득·보유하게 하여 기업이익 배분에 참여함으로 재산 형성을 촉진시킨다. 둘째, 종업원으로 하여금 기업의 주주로 참여시킴으로써 주인의식을 높이고, 노사 안정을 도모하며, 종업원의 이직률을 낮추고, 생산성을 제고하는 데 기여한다. 셋째, 우리사주조합 지분은 대개 경영자에게 우호적인 주주 역할을 하여 경영권의 안정에 기여한다.[20]

(2) 우리사주조합

원래 우리사주조합에 관한 규정은 "자본시장육성에 관한 법률"에 규정되어 있었으나 1997년 4월 동법이 폐지되면서 구 증권거래법으로 이관되었다. 구 증권거래법에 의하면 우리사주조합은 법인의 조합원이 당해 법인의 주식을 취득, 관리하기 위

19) 미국의 종업원지주 제도(Employee Stock Ownership Plan : ESOP)는 1920년대부터 기업연금의 한 형태로 발달했다. 회사가 ESOP Trust에 주식 또는 현금을 출연하고 종업원은 무상으로 주식을 취득한다. 주로 1년 이상 근무한 종업원들이 수혜의 대상이 되며, 취득한 주식은 대개 7년간 양도가 제한되는 것이 보통이다.

20) 최근에는 우리사주조합 운영의 민주화 요구와 함께, 우리사주조합을 통한 경영 참여 시도가 가시화되고 있다. 지난 1998년 2월에 결성된 금속산업연맹에서는 공동교섭 요구안에 조합운영의 민주적 운영을 요구하고 있어, 우리사주조합이 항상 경영권의 안정 세력이 되지는 않는다.

하여 대통령이 정하는 요건을 갖추어 조직한 단체라고 규정하고 있다.

자본시장법 제165조의7에 따르면, 우리사주조합은 상장법인이 주식을 모집이나 매출하는 경우에 주식총수의 100분의 20 범위 안에서 자기회사 주식을 우선적으로 배정받을 권리가 있다. 그리고 우리사주조합의 대상은 당해 법인에 계속 고용되어 있는 근로자이며, 모든 근로자에게 자유로운 가입이 보장된다. 조합이 취득한 주식은 증권금융에 일괄 예탁하여야 한다.

증권금융에 예탁된 주식은 원칙적으로 조합원이 퇴직하거나 예탁 후 7년이 경과하는 경우에만 인출할 수 있다. 단 예외규정을 두어 주택구입비, 치료비, 결혼비용, 학자금 등의 특별한 사유가 발생 시에는 인출할 수 있도록 하였으며, 결혼·장례 등 특별 인출 제한기간은 종전의 2년에서 1년으로 단축하였다.

현행 종업원지주제도는 경제·경영 환경의 변화에 대응하지 못하는 문제점을 노출시키고 있어 제도의 개선이 필요한 상황이다. 경영권 안정과 종업원의 재산형성 지원을 목표로 시작한 제도가 주가 폭락 시에는 종업원에게 부채덩어리며, 기업에게는 유상증자의 걸림돌이 되기도 한다.

4 기업지배구조 제도

현행 기업지배구조 제도는 급변하는 경제·경영 환경에 맞대응하여 발전하여 왔다. 1997년말 IMF 구제금융 사태를 맞아 기업의 지배구조 개선이 급선무인 것으로 요구받은 우리나라에서는 첫번째 과제로 대주주 전횡의 방지, 이를 이루기 위한 방편으로 사외이사 제도의 도입과 이사회 운영제도 개선을 꼽았다. 따라서 1998년 2월 구 증권거래법 개정을 통해 상장회사에서부터 우선 사외이사 제도를 도입하기 시작하였다. 구 증권거래법 제191조의2에 의하면 상장회사는 이사의 1/4 이상을 사외이사로 선임하도록 강제하였다. 또한 기업지배구조 개선책의 일환으로 감사제도의 변화도 함께 꾀하였다. 구 증권거래법 제191조의12에서는 자산총액 1,000억원 이상인 상장회사는 1인 이상의 상근감사를 두도록 규정하였으며, 동법 제191조의17에서는 자산총액 2조원 이상인 상장회사는 감사위원회를 설치하여야 한다. 이와 같은 기업지배구조 개선작업의 결과는 2009년 구 증권거래법이 폐지되고, 자본시장법이 신설되는 것을 계기로 상장회사 여부에 상관없이 지배구조 관련규정들을 모두 상법으로 이관해서 상법 체계 아래 일원화되었다.

(1) 이사와 감사 제도

기존의 상법에 규정된 일반적인 회사의 지배구조 관련사항에 대해 2009년 1월 말부터 상법 제3편 회사 제4장 주식회사 제13절 상장회사에 대한 특례 제542조의2 이하 제542조의13까지의 조항들이 신설되면서 상장회사와 관련된 제도만을 별도로 망라하고 있다.

일반적으로 상법에서는 주식회사의 이사는 주주총회에서 선임하고, 사외이사는 해당 회사의 상무(常務)에 종사하지 아니하는 이사를 말한다고 규정하고 있으나(상법 제382조 이사의 선임, 회사와의 관계 및 사외이사), 한편 상장회사에 대해서는 그 선임 방법을 달리 규제하고 있다.

상장회사가 주주총회에서 이사 또는 감사를 선임하려면 주주총회 개최 때 통지하거나 공고한 후보자 중에서 선임하여야 하고(상법 제542조의5 이사·감사의 선임방법), 특히 자산규모 2조원 이상인 상장회사의 사외이사는 3명 이상으로 하되, 이사 총수의 과반수가 되도록 하여야 한다고(제542조의8 사외이사의 선임) 더 강하게 규제하고 있다.

감사제도에 대해서도 상법은 유사한 규제체계를 두고 있다. 일반적으로 주식회사에 적용하는 조항으로서 감사는 주주총회에서 선임하고, 의결권없는 주식을 제외한 발행주식 총수의 3%를 초과하는 수의 주식을 가진 주주는 그 초과하는 주식에 관하여 감사의 선임에 있어서는 의결권을 행사하지 못한다고 규제하고 있다(상법 제409조 감사의 선임). 그러나 상장회사에 대해서는 기업지배구조 개선책의 일환으로 별도로 더 엄격하게 규제하고 있다. 자산규모 1,000억원 이상인 상장회사는 주주총회 결의에 의하여 회사에 상근하면서 감사업무를 수행하는 감사(상근감사)를 1명 이상 두거나(상법 제542조의10 상근감사), 자산 규모 2조원 이상인 상장회사는 감사위원회를 설치하여야 하고, 상장회사의 감사위원회는 위원 중 1명 이상이 회계 또는 재무 전문가이어야 하고, 감사위원회의 대표는 사외이사이어야 한다고 엄격하게 규제하고 있다(상법 제542조의11 감사위원회).

사외이사 제도가 도입됨에 따라 이사회의 구조와 운영 및 이사회 구성원으로서 이사의 의무도 변화되었다. 과거 사내이사들로만 구성되었던 이사회의 구성원도 사내이사와 사외이사로 다양하게 되었고, 이사회 내에 사외이사추천위원회(상법 제542조의8), 감사위원회(상법 제542조의11)와 같은 이사회내 위원회가 구성되어야 한다(상법 제393조의2).

(2) 이사와 감사의 의무

기업지배구조의 개선제도들이 도입되면서 현실적으로 이사와 감사의 의무와 책임도 법적으로 강화되었다. 1998년 이후 이사에 대해서는 일반적인 선관의무(상법 제382조) 이외에도 상법 제382조의3(이사의 충실의무)에서 이사는 법령과 정관의 규정에 따라 회사를 위하여 그 직무를 충실하게 수행하여야 한다고 특별하게 엄격히 의무를 규율하고 있고, 제382조의4(이사의 비밀유지 의무)에서는 이사는 재임 중 뿐만 아니라 퇴임 후에도 직무상 알게 된 회사의 영업상 비밀을 누설하여서는 안 된다고 규율하고 있다. 더욱이 최근에 일반적인 이사의 의무로 인식되는 경업금지 의무(상법 제397조), 자기거래금지 의무(상법 제398조) 이외에도 상법 제397조의2(회사의 기회 및 자산의 유용 금지) 조항의 신설을 통해, 이사는 이사 3분의 2 이상의 수로써 이사회의 승인 없이 현재 또는 장래에 회사의 이익이 될 수 있는 회사의 사업기회를 자기 또는 제3자의 이익을 위하여 이용하여서는 안 된다는 회사기회 유용금지 의무가 보다 더 엄격하게 부과되었다.

한편, 감사는 이사와 달리 업무집행권이 없으므로, 이와 관련된 이사의 의무인 충실의무, 경업금지 의무, 자기거래금지 의무, 회사기회 유용금지 의무는 없다. 그러나 회사와 감사 간의 관계는 민법상의 위임관계(민법 제681조)이므로 감사는 수임인으로서 선관의무는 당연히 져야 하고, 이사회에 대한 보고의무(상법 제391조의2), 주주총회에서 의견진술 의무(상법 제413조), 감사보고서 작성 및 제출 의무(상법 제447조의4) 등을 져야 한다.

이와 같은 이사회, 사외이사, 상근감사, 감사위원회와 관련한 기업지배구조 제도는 시대변화를 반영한 기업의 경영권 보호와 기업의 투자자 보호를 동시에 증진시킨다는 양면성을 지닌 견제와 균형감각을 필요로 하는 제도이다.

연.습.문.제

01 한국의 기업지배권시장이 외국에 비해서 발전이 늦어진 이유에 대하여 논의하시오.

02 공개매수(tender offer)와 합병의 유사점과 차이점을 설명하시오.

03 공개매수를 통한 경영권 장악과 의결권대리행사를 통한 경영권 장악과의 유사점과 차이점을 논하시오.

04 경영권안정제도의 수단으로써 자사주 매입에 대해서 설명하시오.

05 종업원지주제도가 어떻게 경영권 안정에 기여할 수 있는지 논의하시오.

06 적대적 M&A에 대한 경영권 방어책을 구체적으로 열거하고, 그 사례를 정리하시오.

CHAPTER 13 증권세제

I 증권세제의 의의

증권의 취득·보유·양도 등의 과정에서 수반되는 거래행위 또는 발생소득에 대해 세금의 부과 및 징수를 규정한 각종 조세제도를 통칭하여 증권세제라 한다. 증권세제는 증권의 발행 및 유통에 지대한 영향을 미치게 되므로 정부 증권정책의 주요한 수단이 된다. 증권화 추세에 따라 증권세제가 소득분배 등 국민경제에서 차지하는 중요성은 더욱 커질 전망이다.

1 조세체계

조세란 국가가 필요로 하는 재정자금을 조달하기 위하여 국민으로부터 징수하는 화폐 또는 재화를 말한다. 한국은 헌법 제38조 및 제59조에 각각 "모든 국민은 법률이 정하는 바에 의하여 납세의 의무를 진다."와 "조세의 종목과 세율은 법률로 정한다."라고 규정하여 조세법률주의를 채택하고 있다.

조세는 크게 국세와 지방세로 분류할 수 있다. 국세는 다시 내국세와 관세로 구분되고 내국세는 직접세와 간접세, 목적세로 구분된다.[1)]

1) 목적세도 넓은 의미에서의 간접세의 범주에 들어간다. 한국의 대표적 목적세인 방위세는 1990년 12월 31일에 만료되었다. 교육세는 1982년 1월 1일부터 계속 시행되고 있으며, 교통세는 교통시설의 확충을 위해 1994년 1월 1일 신설되었고, 과세시한은 2003년까지 10년간(1994~2003) 한시적이었으나, 2006년까지 3년 더 연장한 후 2007년부터 교통에너지환경세로 명칭을 변경하여 과세시한을 2009년까지 3년간 연장하였다. 농어촌특별세는 UR 등 시장개방에 따른 농어촌구조조정을 위해 1994년 7월 1일 신설되었고, 과세시한은 2018년 6월 30일까지 연장되었다.

그림 13-1
한국의 조세체계

- 국 세
  - 내국세
    - 직접세 : 법인세, 상속세 및 증여세, 소득세, 종합부동산세
    - 간접세 : 개별소비세, 인지세, 농어촌특별세, 증권거래세, 교통에너지환경세, 부가가치세, 주세
    - 목적세 : 교육세
  - 관 세
- 지방세
  - 보통세 : 취득세, 등록세, 레저세, 면허세, 주민세, 재산세, 자동차세, 주행세, 농업소득세, 담배소비세, 도축세
  - 목적세 : 도시계획세, 공동시설세, 사업소세, 지역개발세, 지방교육세

지방세는 지방자치단체의 일반적인 재정수요를 충당하기 위한 보통세와 특별한 목적이 정해져 있는 목적세로 구성되어 있다.

[그림 13-1]은 한국의 조세체계를 정리한 것이다. 이 중 법인세, 소득세, 상속세 및 증여세, 증권거래세 등이 자본시장과 관련 있다.

2 증권세제

증권과 관계되는 세제로는 우선 증권의 보유와 관련하여 발생하는 배당 또는 이자소득에 대한 소득세 및 법인세와 증권의 매도시 발생하는 증권거래세가 대표적이며 그 외에도 여러 가지 세제가 증권과 관련되어 있다. 증권의 취득에 대해서는 예외적인 경우를 제외하고는 원칙적으로 과세적용이 없으며, 매도시 발생하는 시세차익 역시 현재 자본이득세가 도입되어 있지 않아 과세적용이 없다.

증권투자로부터 발생되는 배당소득과 이자소득을 과세함에 있어서 원칙적으로는 다른 모든 소득과 합산하여 종합과세해야 하지만, 현행 한국 세법에서는 증권투자를 장려하는 취지에서 상당수준의 금액까지는 분리과세대상으로 처리하고 있다.

넓은 의미의 증권세제는 증권과 관련되는 모든 과세를 포함하는 개념으로 사용되고, 좁은 의미로는 투자자가 부담하는 세금을 말한다. 좁은 의미의 증권세제는 크게 증권소득과세와 증권거래과세로 분류된다. [그림 13-2]는 한국의 증권세제를 분류한 것이다.

세법상 조세의 객체인 '증권'은 상법상의 '증권'과는 포괄범위가 다르다. 세법에서

규정하는 증권의 범위는 주식, 채권 및 출자증권인데 비해 상법에서의 증권은 어음, 수표, 화물상환증, 창고증권, 선화증권 등을 모두 포함한다.

그림 13-2 한국의 증권세제

- 증권소득과세
  - 소득세 : 배당소득, 이자소득, 유가증권 양도소득
  - 법인세 : 배당소득, 이자소득, 유가증권 양도소득
- 증권거래과세 — 증권거래세

Ⅱ 배당소득세와 이자소득세

1 배당소득 과세대상

배당소득이란 주주가 법인에 대한 출자의 대가로 회사로부터 수취하는 이익분배금으로 주식소유 또는 기타 형태의 지분소유로부터 발생한다. 배당소득은 크게 회사가 배당이라는 명목으로 실제로 주주에게 이익이나 잉여금을 분배하는 실질배당과 실질적 배당지급은 없으나 사실상 이익이 주주에게 귀속되는 경우 세법상 배당으로 간주되는 의제배당으로 나누어진다.

[그림 13-3]은 세법상 배당으로 인정되는 배당소득의 범위를 나타내고 있다(소득세법 제17조). 이에 따르면, 실질배당은 내국법인으로부터 받는 이익이나 잉여금의 배당 또는 분배금, 법인으로 보는 단체로부터 받는 배당 또는 분배금, 법인세법에 따라 배당으로 처분된 금액[2], 국내 또는 국외에서 받는 대통령령으로 정하는 집합투자기구로부터의 이익, 외국법인으로부터 받는 이익이나 잉여금의 배당 또는 분배금이 해당된다.

의제배당에는 주식 소각이나 자본감소 내지 출자감소로 받은 대가가 당해 주식

2) 이는 법인이 불성실하게 신고하여 정부가 법인세 과세표준과세액을 경정 결정하는 경우 익금산입 또는 손금불산입된 금액 중 출자자에게 귀속되었다고 인정되는 금액을 출자자에 대한 배당으로 처리하는 것을 일컫는데 인정배당이라고 따로 분류되기도 한다.

등의 취득가액을 초과하는 금액, 잉여금의 일부 또는 전부를 자본전입할 때 취득하는 주식 또는 출자의 가액(자산재평가법에 의한 상장법인 등의 재평가적립금의 자본전입은 제외됨), 법인을 해산할 때 잔여재산의 분배가액이 취득가액을 초과하는 금액, 흡수합병될 때 새로이 취득하는 주식 또는 출자의 가액이 취득가액을 초과하는 금액, 자본준비금과 재평가적립금을 자본전입할 때 법인이 보유한 자기주식 또는 자기출자지분에 대한 주식 또는 출자의 가액을 그 법인이 배정받지 아니함에 따라 다른 주주 또는 출자자가 이를 배정받는 경우 그 주식 또는 출자의 가액 등이 있다.

그림 13-3 세법상의 배당소득

- 실질배당
  - 이익이나 잉여금의 배당 또는 분배금(주식배당 포함)
  - 증권투자신탁의 수익분배금(주식형 수익증권)
- 의제배당
  - 주식소각이나 감자의 차익
  - 잉여금의 자본전입(자본준비금과 재평가적립금의 자본전입은 제외)
  - 법인해산시 잔여재산 분배차익
  - 흡수합병차익
  - 과세제외 자본전입시 자기주식지분의 무상주 추가배정가액

표 13-1 의제배당금액의 계산

구 분		의제배당금액
감자, 해산, 합병, 분할로 인한 의제배당	주식소각, 자본감소, 퇴사, 탈퇴	감자 등으로 받는 재산가액 – 소멸하는 주식 취득가액
	법인해산	잔여재산분배로 받는 재산가액 – 소멸하는 주식 취득가액
	법인합병	합병대가 – 소멸하는 주식 취득가액
	법인분할	분할대가 – 소멸하는 주식 취득가액
잉여금의 자본전입으로 인한 의제배당		교부받은 주식 수 × 액면가액

〈표 13-1〉은 의제배당의 범위와 계산방법을 구체적으로 보여주고 있다. 잉여금의 자본전입으로 인한 의제배당의 경우 세법은 준비금(자본잉여금과 법정적립금)의 자본전입과 주식배당을 원칙적으로 모두 배당으로 의제한다. 다만, 법인세가 과세되지 않은 자본잉여금의 자본전입은 배당으로 의제하지 않는다.[3)]

3) 자기주식소각익은 과세되지 않은 잉여금이나 소각 당시 시가가 취득가액을 초과하거나 소각일부터 2년 이내

주권상장법인은 상법 제462조 제1항에 따라 주주총회의 결의로 연 1회 배당을 실시하고 있다. 그러나 1998년 12월 28일 증권거래법(제192조의3)에 배당에 대한 특례조항을 두고 2001년 7월 24일 상법(제462조의3)에서 중간배당에 관한 조항을 신설하여 사업연도 중 1회에 한하여 이사회결의로 이익배당을 할 수 있도록 함으로써 한국에도 중간배당제도가 도입되었다.

배당소득세는 동일한 소득원천에 대해 법인세와 더불어 이중과세를 하게 됨으로써 법인소득이 개인사업소득에 비해 불리한 결과를 초래한다. 이에 한국은 종합과세 대상이 되는 주주의 배당소득에 대하여 부분적으로 세액공제를 실시하고 있다(소득세법 제56조). 다시 말해, 상장법인 및 장외등록법인의 대주주로서 받는 배당소득, 비상장법인의 주주로서 받는 배당소득 등이 배당세액공제에 해당되는데 공제한도 내에서 이러한 배당소득의 15%(간주배당=배당소득×15%)에 상당하는 금액이 공제된다.[4)]

2 이자소득 과세대상

이자소득이란 채권투자로부터 당해 연도에 발행한 할인액 및 이자수입을 말하며, 일반적으로 필요경비가 없으므로 이자소득금액 자체가 과세대상이 된다. 소득세법 제16조는 이자소득을 채권 또는 증권의 이자 및 할인액, 예금의 이자와 할인액, 상호신용계 또는 신용부금의 이익, 환매조건부 채권매매차익, 저축성보험의 보험차익, 비영업대금의 이익(대금업의 이익은 사업소득) 등으로 나열하고 있다.

이자소득도 저축장려의 취지에서 상당부분까지는 분리과세로 처리되고 있다. 특히 대주주의 배당소득은 종합과세가 되지만 이자소득은 원천분리과세되므로 대주주의 입장에서 증자를 기피하는 요인이 되기도 한다. 그러나 유상증자를 통한 기업의 재무구조개선과 조세의 중립성을 위해서 이자소득도 종합과세의 대상이 되는 추세에 있다.

법인의 이자소득은 그 전액을 익금산입함으로써 당해 연도의 타소득과 합산하여 과세한다. 개인의 이자소득과 배당소득은 당해 소득의 합계액이 2천만원까지는 분리과세되고 2천만원을 초과하면 종합과세를 한다.[5)] 종합과세기준금액에 미달하면

에 자본전입하는 경우 주주가 받은 주식가액과 법인이 자기주식을 보유한 상태에서 자본전입을 함에 따라 당해 법인 외의 주주의 지분비율이 증가한 경우 증가한 지분비율에 상당하는 주식가액은 의제배당에 해당한다(법인세법 제16조 제1항).

4) 배당소득이 종합소득과세표준에 포함된 경우 그 배당소득이 부담한 법인세 상당액으로 배당소득금액에 가산하는 금액을 간주배당(gross-up)이라 한다.

대부분의 이자소득은 분리과세가 적용된다. 국민생활안정이라는 측면에서 조세특례제한법에 정한 일부 저축에서 발생하는 이자에 대해서는 저율과세 또는 비과세 처리한다.[6)]

3 배당 · 이자소득 과세방법

(1) 원천징수

국내에서 거주자 또는 비거주자에게 배당소득 또는 이자소득을 지급하는 자는 그 거주자 또는 비거주자에 대한 소득세를 원천징수하여 그 징수일이 속하는 달의 다음달 10일까지 정부에 납부하여야 한다(소득세법 제127조, 제128조). 따라서 국내에서 지급되는 모든 배당소득과 이자소득은 원칙적으로 원천징수의 대상이 되는 데 반하여, 국외에서 지급되는 배당소득과 이자소득은 원칙적으로 원천징수 대상이 되지 않는다.

배당소득과 이자소득에 대한 원천징수세율은 1996년부터 인하되었고 현재 각각 다른 원천징수세율을 적용한다(소득세법 제129조). 주민세세율은 소득세액의 7.5%에서 10%로 상승하여 전체적으로는 세율이 1.5%로 변동이 없었으나 1998년부터는 2%로 증가하게 되었다가 2001년 이후 현재까지 다시 1.5%가 되었다. 〈표 13-2〉는 원천징수대상 소득과 세율을 정리하고 있다.

표 13-2 원천징수대상 소득과 세율

구 분		원천징수세율
배당소득	비실명 배당소득	38%
	출자공동사업자 배당소득	25%
	일반적인 배당소득	14%
이자소득	분리과세를 신청한 장기채권 등의 이자	30%
	비영업대금이익	25%
	기타이자소득금액	14%
	비실명 이자소득	38%
	보증금 및 경락대금 발생 이자	14%

5) 종전에는 배당이자소득을 부부단위로 합산하여 과세하였기 때문에 기준금액 초과 여부도 부부단위로 합산하여 판정하였으나, 자산소득종합과세제도가 헌법재판소의 위헌결정에 의해 효력을 상실하게 됨에 따라 2002년 8월 29일 이후에 최초로 신고하거나 결정경정하는 분부터는 기준금액 초과 여부도 개인별로 판정하게 되었다.

6) 조세특례제한법은 기존의 조세감면규제법을 대체하여 1999년 1월 1일에 시행되었다.

배당·이자소득으로서 지급하는 시기까지 지급받는 자의 실명이 확인되지 아니하는 소득에 대하여는 38%의 세율로 원천징수하고 분리과세한다.[7] 조세특례제한법상 분리과세 배당·이자소득에 대표적인 것들에는 장기보유주식의 배당소득과 세금우대종합저축에서 발생하는 이자소득이 있다. 세금우대종합저축에서 계약기간의 만료일 이후에 발생하는 이자소득에 대하여는 정상과세한다(조세특례제한법 시행령 제83조). 최종상환일 또는 만기일까지의 기간이 10년 이상인 일정한 장기채권 또는 장기저축(소득세법 시행령 제187조)의 보유자가 분리과세를 신청한 경우 그 이자와 할인액에 대하여 30%의 세율로 원천징수한다(소득세법 제129조 제1항). 비영업대금의 이익은 25%의 세율이 적용된다.

(2) 종합과세와 분리과세

2001년 귀속 배당·이자소득 분부터 보류해왔던 금융소득 종합과세가 부활되었다. 금융소득 종합과세란 배당·이자소득을 종합소득에 합산하여 누진세율로 과세하는 제도인데, 비과세를 제외한 금융소득에 대해 종합소득에 합산하지 않고 원천징수로 과세를 종결하는 무조건 분리과세, 금융소득의 합계액이 2천만원을 초과하는 경우의 조건부 종합과세, 무조건 종합과세의 세 가지로 분류한다. 그 구체적인 과세방법은 〈표 13-3〉과 같다(소득세법 제14조).

금융소득 종합과세는 1993년 8월 12일부터 시행된 금융실명제를 완결짓는 조치로 거주자의 금융소득이 연간 2천만원을 초과할 경우 2천만원까지는 종전과 같이 분리과세하고 2천만원을 초과하는 금액에 대해서만 당해 거주자의 타 종합소득과 합산하여 누진세율로 과세하는 것이다. 금융소득이 2천만원을 초과하는 소득자 등 종합소득 확정신고 대상자는 익년도 5월 중 과세표준과 세액을 신고·납부해야 하며 이를 어길 경우 산출세액의 20%를 신고불성실가산세로, 미납부세액의 0.05%에 경과일수를 곱한 만큼을 납부불성실가산세로 추가 납부해야 한다. 이처럼 배당·이자소득의 합계액이 2천만원을 초과하는 고소득자에 대하여만 종합과세하도록 한 것은 소득분배의 효율성 측면도 있지만 아직은 종합과세의 초기단계임을 감안하여 금융저축에 미치는 영향을 최소화하고 지나친 행정부담을 피하기 위해서였다.

---

7) "금융실명거래 및 비밀보장에 관한 법률"에서는 실명에 의하지 아니하고 거래한 금융자산에서 발생하는 이자 및 배당소득에 대해서 원천징수세율 90%를 적용하고 있다(제5조). 다만, 특정채권(제3조)에서 발생하는 이자소득의 경우 2000년까지는 20%의 세율을 적용하고 2001년부터는 15%의 세율을 적용한다.

표 13-3 금융소득에 대한 과세방법

구 분	범 위
무조건 분리과세	• 분리과세를 신청한 장기채권 등의 이자와 할인액 • 직장공제 초과반환금 • 비실명 배당·이자소득 • 법원보관금의 이자소득 • 일정한 법인격이 없는 단체가 얻은 배당·이자소득 • 조세특례제한법상 분리과세 배당·이자소득
조건부 종합과세	• 상기 이외 배당·이자소득으로 거주자 당해 소득의 합계액이 2천만원을 초과하는 경우
무조건 종합과세	• 원천징수 되지 않는 배당·이자소득 • 비영업대금 이익 • 주권상장법인의 대주주가 받는 배당소득 • 주권상장법인이 아닌 내국법인의 주주가 받는 배당소득(우리사주조합원이 받는 배당소득은 제외)

배당소득의 분리과세 여부를 결정하는 중요한 기준 중의 하나가 소액주주이다. 소득세법 시행령(제38조)에 따르면 소액주주는 해당 법인의 발행주식 총액 또는 출자총액의 1%에 해당하는 금액과 3억원(액면가액의 합계액) 중 적은 금액 미만의 주식을 소유하는 주주를 말한다. 다만, 은행법에 따른 은행의 경우에는 발행주식 총액 또는 출자총액의 1%에 해당하는 금액 미만의 주식을 소유하는 주주를 말한다. 그러나 법인의 지배주주와 특수관계에 있는 주주는 소액주주로 간주될 수 없다. 종합과세의 경우 원천징수분을 예납한 후 종합소득 합산과세 시 이를 차감하는 방식을 취한다.

Ⅲ 펀드세제

1 세법상 펀드의 요건

현행 세법상 집합투자기구(펀드)는 다음의 각 요건을 모두 갖춘 집합투자기구를 말한다(소득세법 시행령 제26조의2 제1항).

1. 「자본시장과 금융투자업에 관한 법률」에 따른 집합투자기구(동법 제251조에 따른 보험회사의 특별계정은 제외하되, 금전의 신탁으로서 원본을 보전하는 것을 포함한다. 이하 "집합투자기구"라 한다)일 것.
2. 해당 집합투자기구의 설정일부터 매년 1회 이상 결산·분배할 것. 다만, 다음 각 목의 어느 하나에 해당하는 이익금은 분배를 유보할 수 있으며, 「자본시장과 금융투자업에 관한 법률」 제242조에 따른 이익금이 0보다 적은 경우에도 분배를 유보할 수 있다(동법 제9조 제22항에 따른 집합투자규약에서 정하는 경우에 한정한다).
   가. 「자본시장과 금융투자업에 관한 법률」 제234조에 따른 상장지수집합투자기구가 지수 구성종목을 교체하거나 파생상품에 투자함에 따라 계산되는 이익
   나. 「자본시장과 금융투자업에 관한 법률」 제238조에 따라 평가한 집합투자재산의 평가이익
3. 금전으로 위탁받아 금전으로 환급할 것(금전 외의 자산으로 위탁받아 환급하는 경우로서 해당 위탁가액과 환급가액이 모두 금전으로 표시된 것을 포함한다).

2 펀드의 과세

(1) 펀드형태별 과세

요건을 갖춘 집합투자기구(펀드)로부터의 이익은 배당소득으로 과세되며(소득세법 제17조 제1항 제5호), 펀드로부터의 이익은 자본시장법에 따른 각종 보수·수수료 등을 차감한 금액으로 한다(소득세법 시행령 제26조의2 제6항). 국외에서 설정된 신탁은 위의 요건을 갖추지 않는 경우에도 집합투자기구로 보고 있다(소득세법 시행령 제26조의2 제2항). 또한, 집합투자증권의 환매 및 매도 또는 집합투자기구의 해지 및 해산을 통해 집합투자기구로부터 이익을 받는 경우 집합투자증권의 좌당 배당소득금액은 환매 등이 발생하는 시점의 과세표준기준가격에서 직전 결산·분배 직후의 과세표준기준가격을 뺀 금액으로 한다(소득세법 시행규칙 제13조 제1항 및 제2항).

표 13-4 펀드형태별 과세

형 태		과 · 세	
투자신탁	펀드단계	비과세	법인세법 제5조 제1항
	투자자단계	– 세법상 적격요건 충족 시 배당소득으로 과세(일부자본손익과세제외) – 적격요건을 충족하지 않을 시 집합투자기구 외의 신탁의 이익으로 보아 과세	소득세법 제17조 제1항 제5호, 동법 시행령 제26조의2 제1항, 제3항, 제4항
투자회사 투자유한회사 투자합자회사	펀드단계	원칙적으로 과세, 일정요건 충족 시 법인세 과세 면제	법인세법 제51조의2 제1항
	투자자단계	– 세법상 적격요건 충족 시 배당소득으로 과세 (일부자본손익과세제외) – 적격요건을 충족하지 않을 시 배당 및 분배금으로 보아 과세	소득세법 제17조 제1항 제1호, 제5호, 동법 시행령 제26조의2 제1항, 제3항, 제4항
투자조합조합 투자익명조합	펀드단계	비과세	법인세법 제5조 제1항
	투자자단계	– 세법상 적격요건 충족 시 배당소득으로 과세(일부자본손익과세제외) – 적격요건을 충족하지 않을 시 집합투자기구 외의 신탁의 이익으로 보아 과세	소득세법 제17조 제1항 제5호, 동법 시행령 제26조의2 제1항, 제3항, 제4항
사모투자전문회사	펀드단계	비과세	법인세법 제5조 제1항
	투자자단계	동업기업과세특례 적용	조세특례제한법 제100조의15

집합투자기구가 위의 요건을 갖추지 않은 경우에는, 자본시장법 제9조 제18항에 따른 투자신탁·투자조합·투자익명조합으로부터의 이익은 소득세법 제4조 제2항에 따른 집합투자기구 외의 신탁의 이익으로 보아 과세하고, 투자회사·투자유한회사·투자합자회사·사모투자전문회사(조세특례제한법 제100조의15에 따른 동업기업과세특례를 적용받지 않는 경우로 한정)로부터의 이익은 동법 제17조 제1항 제1호의 배당 및 분배금으로 보아 과세한다(소득세법 시행령 제26조의2 제3항).

자본시장법 제9조 제19항에 따른 사모집합투자기구로서, 투자자가 거주자 1인이거나, 거주자 1인 및 그 거주자의 특수관계인으로 구성된 경우, 투자자가 사실상 자산운용에 관한 의사결정을 하는 경우에도 집합투자기구로 보지 않고 소득세법 제4조 제2항을 적용한다(소득세법 시행령 제26조의2 제8항).

그리고 소득세법 제4조 제1항의 규정(거주자의 소득을 종합소득, 퇴직소득, 양도소득으로 구분함)에 따른 소득을 구분함에 있어서, 소득세법 제17조 제1항 제5호(집합투자기구로부터의 이익을 배당소득으로 본다는 규정)에 따른 집합투자기구 외의 신탁(자본시장법 제 251조에 따른 집합투자업겸영보험회사의 특별계정은 제외한다)의 이익은 신탁법 제1조 제2항의 규정에 따라 수탁자에게 이전되거나 그 밖의 처분이 된 재산권에서 발생하는 소득의 내용별로 구분한다(소득세법 제4조 제2항).

자본시장법에 따른 집합투자기구가 집합투자증권을 환매하는 경우, 해당 집합투자기구에 대한 투자자의 집합투자증권 이전은 소득세법 및 증권거래세법에 따른 양도로 보지 않는다(조세특례제한법 제91조의2). 또한, 자본시장법 제234조 제1항의 상장지수집합투자기구가 추종지수의 구성종목이 변경되어 이를 반영하기 위해 증권시장 또는 다자간매매체결거래를 통해 주권을 양도하는 경우에는 증권거래세가 면제된다(조세특례제한법 제117조).

(2) 투자지역별 과세

국내 주식이나 펀드에 투자할 때는 매매차익은 과세되지 아니하고, 배당을 포함한 투자이익에 대해서만 15.4%(주민세 포함)의 배당소득세가 부과된다. 해외 주식이나 ETF에 투자하는 경우 배당소득세뿐만 아니라 양도차익에 대해 22%(주민세 포함)의 양도소득세가 부과된다.

표 13-5 투자지역별 과세

투자지역		과세방식과 비율
국내	ETF	- 양도차익 비과세 - 배당금에 배당소득세 과세(15.4%, 주민세 포함)
	펀드	- 투자이익에 대해 배당소득으로 과세(15.4%, 주민세 포함)
	국내 설정 해외펀드	- 양도차익(소득세법 제118조의2), 배당금 등 펀드에서 발생한 소득에 대해 배당소득으로 과세(15.4%, 주민세 포함) - 환차익은 비과세(2016년 1월까지 가입한 경우 환차익은 배당소득 간주) - 금융소득종합과세 대상 포함 - 매년 한 차례 이익을 결산하여 과세
국외	ETF	- 양도차익에 양도소득세 과세(22%, 주민세 포함) - 배당금에 배당소득세 과세(15.4%, 주민세 포함)
	국외 설정 해외펀드	- 양도차익, 배당금 등 펀드에서 발생한 소득에 대해 배당소득으로 과세(15.4%, 주민세 포함) - 환차익은 비과세 - 금융소득종합과세 대상 포함 - 환매할 때만 세금을 냄(조세특례제한법 제91조의2)

해외펀드는 자본시장법에 따라 국내에 설정된 해외펀드와 외국법에 따라 외국에 설정된 해외펀드로 나누어진다. 국내에 설정된 해외펀드의 경우, 2016년 1월까지 가입하였다면 양도차익, 환차익, 배당금 등 펀드에서 발생한 모든 소득을 배당소득으로 과세하며, 금융종합소득과세 대상에 포함된다. 2016년 이후 가입한 해외펀드의 환차익은 비과세이다. 또한 세금을 위해 매년 한 차례 이익을 결산해야 한다. 반면, 외국에 설정된 해외펀드는 양도차익, 배당금 등 펀드에서 발생한 소득에 대해 배당소득으로 과세되고 금융종합소득과세 대상에 포함되지만, 환매할 때만 세금을 내게 된다. 환차익은 과세되지 않는다.[8)]

Ⅳ 유가증권 양도소득세

1 유가증권 양도소득 과세대상

유가증권 양도소득세는 유가증권을 유상으로 양도하는 경우 당초의 취득가액과 처분가액의 차액에 대하여 과세하는 것으로 자본이득세(capital gains tax)라고도 한다.

기업의 유가증권 매매차익(손)은 자본거래에 의하지 않고 기업의 순자산을 변화시키는 것이므로 취득가액과 처분가액의 차액을 전액 익금 또는 손금 처리한다. 따라서 법인의 유가증권 양도가액(처분가액)이 장부가액(취득가액)을 초과하는 경우 그 차액은 익금산입하여 당해 연도의 타소득과 합산 과세된다.

개인의 유가증권 양도차익은 원칙적으로 상장법인의 주식을 양도하는 경우 이외에는 양도소득세가 부과된다. 소득세법 제94조에 따르면, 한국거래소에 상장되지 아니한 주식 또는 출자지분의 양도로 인하여 발생하는 소득을 과세대상으로 하는데 구체적으로 특정주식, 부동산 과다보유 주식, 비상장주식(특정주식과 부동산과다보유주식은 제외), 상장법인 대주주 소유주식, 소주주의 장외거래 주식, 파생상품(KOSPI200 선물·옵션, ELW, 미니KOSPI200선물, 미니KOSPI200옵션) 등을 일컫는다.[9)]

---

8) 해외주식에 60% 이상 투자하는 해외주식펀드에 대해서 2016년 2월부터 2017년 12월 31일까지 1인당 3천만원 한도 내에서 가입한 경우 10년간 매매차익과 환차익에 대해 비과세한다.

2 유가증권 양도소득세율

예외조항(상장주식, 소액주주, 장내거래)에 속하지 않는 경우 비상장주식 또는 출자 지분의 양도소득세율은 20%이며 중소기업의 주식에 대해서는 10%의 세율을 적용한다(소득세법 제104조). 그리고 비중소기업의 주식을 대주주가 1년 미만 보유하다가 양도하는 경우 30%의 세율을 적용한다. 다만, 2016년 1월 1일부터 국내·외 해당 파생상품의 경우 연 250만원 기본공제를 초과하는 양도소득에 대해 한시적으로 20%의 세율 대신 5%의 탄력세율을 적용하고 있다(소득세법시행령 제167조의9).[10] 〈표 13-6〉은 이를 구체적으로 정리하고 있다.

표 13-6 과세대상 유가증권의 범위와 세율

양도소득 과세대상 주식	적용세율
특정주식 부동산 과다보유 주식	누진세율(9~36%)
상장주식 중 대주주 양도분 소주주 장외양도분 비상장·비등록주식	20%
파생상품(KOSPI200 선물·옵션, ELW 등)	5%(한시적 탄력세율)

9) 특정주식은 부동산 및 그 권리의 비율이 자산 총액의 50% 이상인 법인이며, 주주 1인과 특수 관계자 소유주식이 발행주식의 50% 이상인 법인과 주주 1인과 특수 관계자 발행주식 50% 이상 양도하는 주식(3년 합산)을 말한다. 부동산 과다보유 주식은 부동산 및 그 권리의 비율이 자산 총액의 80% 이상인 법인이 체육시설업, 휴양시설업, 부동산업, 부동산개발업을 영위하는 법인의 주식을 뜻하며, 상장법인의 대주주 소유주식은 주주 1인과 그와 특수관계에 있는 자가 발행주식의 2% 이상을 소유하거나 시가 총액 50억원 이상을 보유한 주주의 소유주식을 일컫는다(소득세법시행령 제158조).

10) 파생상품 양도소득은 소득세법 제94조와 제118조의2에 따라 국내 파생상품과 국외 파생상품으로 구분하여 과세된다. 국내 파생상품으로는 KOSPI200 선물·옵션(미니포함), ELW가, 국외 파생상품은 해외 파생상품 시장에서 거래되는 장내 파생상품(장외 일부 포함)이 있다. KOSPI200 선물·옵션은 2016년 1월 1일 이후, 미니KOSPI200 선물·옵션은 2016년 7월 1일 이후, ELW는 2017년 4월 1일 이후 양도분부터 과세된다.

V 법인세

1 법인세의 과세표준과 법인세율

법인은 단순히 영리를 목적으로 하는 개인의 집합체라기보다는 주주로부터 분리된 법률상의 독립적 경제주체라고 할 수 있다. 따라서 법인의 소득에 대해서는 주주배당 및 사내유보 등의 처분단계 이전에 법인세가 부과된다.

법인세의 과세표준은 각 사업연도의 익금에서 손금을 차감한 순소득에서 이월결손금, 비과세소득, 소득공제 등을 공제하여 산정된다. 과세표준은 해당법인이 스스로 계산하여 관할 세무서에 신고하지만 실제로는 기업회계와 세무회계의 차이, 조세정책상의 이유 등으로 세무조정과정을 거쳐야 최종 확정된다.

익금은 기업회계기준에 의한 수익으로 사업연도의 거래에 의하여 발생하여 법인의 순자산 증가를 유발시키는 모든 수익을 말한다. 세법상 그 사업연도의 익금으로 계산하지 않는 항목들을 익금불산입항목이라 한다. 증권과 관련한 익금불산입항목에는 주식발행액면초과액(채무의 출자전환으로 주식을 발행하는 경우 그 주식의 시가를 초과하여 발행된 금액은 제외), 주식의 포괄적 교환차익, 주식의 포괄적 이전차익, 감자차익, 합병차익, 자산평가이익(일정한 평가이익은 제외, 법인세법 제18조), 자산재평가차액 등이 있다. 반면, 기업회계상 수익에는 포함되지 않지만 세법상 익금에 계상되는 익금산입항목으로는 의제배당금 등이 있다.

손금이란 사업연도의 기업운영과정에서 소비되어 법인 순자산의 감소에 영향을 주는 모든 비용을 일컫는다. 정책적인 목적상 손금으로 인정해 주는 손금산입항목 중 증권과 관련된 항목으로는 유가증권양도손, 해외투자손실준비금 등이 있다. 증

그림 13-4 법인세의 과세표준

사업연도 순소득 = [기업회계기준에 의한 수익 +익금산입항목 − 익금불산입항목] − [기업회계기준에 의한 비용 +손금산입항목 − 손금불산입항목]

과세표준 = 사업연도 순소득 − (이월결손금 + 비과세소득 + 소득공제액)

권과 관련한 세법상 손금불산입항목으로는 건설이자, 주식할인발행차금 등이 있다.

법인세의 세율은 과세표준의 크기에 따라 차등 적용된다. 2010년 12월 30일 개정된 법인세법 제55조에 따르면, 우선 2010년 1월 1일부터 2011년 12월 31일까지의 기간 중에 개시하는 사업연도의 경우는 과세표준이 2억원 이하일 시 10%의 법인세율이, 2억원을 초과할 시 2천만원+2억원의 초과금액의 22%의 법인세율이 적용된다. 그러나 2011년 12월 31일 개정된 법인세법 제55조에 의하면, 2억원 이하일 시에는 위와 동일하나, 2억원 초과 200억원 이하일 경우 2천만원+2억원을 초과하는 금액의 20%의 법인세가 부과되고, 200억원 초과의 경우에는 39억 8천만원+200억원을 초과하는 금액의 22%가 법인세로 부과된다.

2 비과세소득과 소득공제 및 세액감면

표 13-7 비과세소득의 종류

구 분	내 용
법인세법	공익신탁재산에서 생기는 소득(제51조)
조세특례제한법	• 다음 각 호의 어느 하나에 해당하는 주식 또는 출자지분을 양도함으로써 발생하는 양도차익에 대한 법인세(제13조 제1항) 1. 중소기업창업투자회사가 창업자 또는 벤처기업 또는 신기술창업전문회사에 2017.12.31.까지 출자함으로써 취득한 주식 또는 출자지분 2. 신기술사업금융업자가 신기술사업자 또는 벤처기업에 2017.12.31.까지 출자함으로써 취득한 주식 또는 출자지분 3. 중소기업창업투자회사, 벤처기업출자유한회사 또는 신기술사업금융업자가 중소기업창업투자조합, 한국벤처투자조합, 신기술사업투자조합, 부품 · 소재전문투자조합 중 어느 하나에 해당하는 조합을 통하여 창업자 · 신기술사업자 또는 벤처기업에 2017.12.31.까지 출자함으로써 취득한 주식 또는 출자지분 4. 기금운용법인등(기금을 관리 · 운용하는 법인 또는 공제사업을 하는 법인)으로서 대통령령으로 정하는 법인이 창투조합등을 통하여 창업자, 신기술사업자, 벤처기업에 2017.12.31.까지 출자함으로써 취득한 주식 또는 출자지분 5. 중소기업창업투자회사 또는 신기술사업금융업자가 코넥스시장에 상장한 중소기업에 2017.12.31.까지 출자함으로써 취득한 주식 또는 출자지분 6. 중소기업창업투자회사 또는 벤처기업출자유한회사 또는 신기술사업금융업자가 창투조합등을 통하여 코넥스상장기업에 2017.12.31.까지 출자함으로써 취득한 주식 또는 출자지분 • (제13조 제3항) • 중소기업창업투자회사, 벤처기업출자유한회사 또는 신기술사업금융업자가 제1항 제1호부터 제3호까지의 규정에 따른 출자로 인하여 창업자, 신기술사업자 또는 벤처기업으로부터 2017.12.31.까지 받는 배당소득(제13조 제34항)

내국법인의 각 사업연도의 소득에 대한 과세표준은 각 사업연도의 소득범위 안에서 이월결손금, 비과세소득 및 소득공제액을 순차적으로 공제하여 계산한다(법인세법 제13조). 이러한 공제와 감면은 과세의 형평성, 정책적 목적, 조세행정의 효율성 등을 추구하기 위해 이루어진다. '비과세소득'이란 정책적인 목적 등을 위해 국가가 과세권을 포기한 소득이다. 각 사업연도의 소득에 대한 법인세의 경우에는 이러한 비과세소득이 과세표준의 계산에 있어서 공제되므로, 익금불산입항목과는 달리 각 사업연도의 소득을 감소시키지 않는다. 증권과 관련하여 법인세법상, 조세특례제한법상 주요 비과세소득으로는 〈표 13-7〉과 같은 종류가 있다.

'소득공제(tax deduction)'란 과세표준계산상 과세소득의 일부를 공제해줌으로써 세부담을 경감시켜주는 제도이다. '세액감면(exemption from tax)'은 특정한 소득에 대해 사후적으로 세금을 완전히 면제해주거나 또는 일정한 비율만큼 경감해주는 것을 말한다. 현행 법인세법상 세액 감면은 없으나 조세특례제한법은 여러 가지 세액감면을 규정하고 있다. 증권과 관련된 주요 소득공제와 세액감면의 종류와 내용은 아래 〈표 13-8〉과 같다. 신청에 의해 법인세를 면제 혹은 감면받는 면제소득으로서 증권과 관련한 것으로는 해외자원개발투자의 배당소득, 국제금융기구 또는 이와 공동으로 차관을 공여하는 외국법인이 받는 이자소득, 국가 또는 내국법인이 발행하는 외화표시채권의 이자 및 수수료 등이 있다.

표 13-8 소득공제와 세액감면의 종류와 내용

종류	내용	공제와 감면액
유동전문회사 등에 대한 소득공제(법인세법 제51조의 2)	유동화전문회사, 투자회사, 투자목적회사, 투자유한회사 및 투자합자회사, 기업구조조정투자회사, 기업구조조정 부동산투자회사 및 위탁관리부동산투자회사, 선박투자회사, 문화산업전문회사, 해외자원개발투자회사 등이 배당가능이익의 90% 이상을 배당한 경우	배당한 금액
국제금융거래에 따른 이자소득 등에 대한 법인세 등의 면제(조특법 제21조)	• 국가·지방자치단체 또는 내국법인이 발행하는 외화표시채권의 이자 및 수수료 • 외국환업무취급기관이 같은 법에서 정하는 바에 따라 외국금융기관으로부터 차입하여 외화로 상환하여야 할 외화채무에 대하여 지급하는 이자 및 수수료 • 대통령령으로 정하는 금융기관이 국외에서 발행하거나 매각하는 외화표시어음과 외화예금증서의 이자 및 수수료	법인세 전액 면제
해외자원개발투자 배당소득에 대한 법인세의 면제(조특법 제22조)	내국법인이 받는 해외자원개발사업투자 배당소득에 대한 법인세 (2015.12.31. 이전에 종료하는 각 사업연도 소득에 포함된 경우에 한함)	법인세 전액 면제

VI 증권거래세

1 증권거래세의 과세대상

증권거래세는 유가증권 양도시에 부과되는 세금으로 한국에서는 1963년부터 시행되다가 1971년 12월에 폐지되었으나 1978년 12월에 세수를 증대하고 자본시장에서의 단기성 투기행위를 억제한다는 목적으로 다시 증권거래세법이 제정·시행되었다. 증권거래세는 증권양도차익과세의 대안으로서 증권시장의 과열이나 침체에 대한 정부의 조정수단을 확보하고, 증권시장의 건전한 발전을 유도하려는 취지에서 시행된다고 할 수 있다.

증권거래세의 과세대상은 주권 또는 지분의 양도[11]이며 납세의무자는 유가증권시장 등에서 양도되는 주권과 유가증권시장 등의 밖에서 대통령령이 정하는 방법에 따라 양도되는 주권을 대체결제하는 경우에는 당해 대체결제를 하는 자(한국예탁결제원)이며, 금융투자회사를 통하여 주권 등을 양도하는 경우에는 당해 금융투자회사이다. 위 이외에 주권 등의 양도의 경우에는 당해 주권 등의 양도자가 납세의무자가 된다(단, 국내사업장이 없는 비거주자나 외국법인으로부터 주권을 양수하는 경우 그 양수자, 증권거래법 제3조).

여기서 주권은 상법 또는 특별법에 의해 설립된 법인의 주권을 말하며, 주권발행 이전의 주식, 주식의 인수로 인한 권리, 신주인수권, 특별한 법률에 의하여 설립된 법인이 발행하는 출자증권 등도 주권에 포함된다. 한편 지분은 상법에 의하여 설립된 합명회사, 합자회사, 유한회사 사원의 지분을 말한다. 그러나 국공채, 회사채 등의 채권거래와 수익증권거래에 대해서는 증권거래세가 부과되지 않는다.

증권거래세의 과세표준은 주권의 양도가액이 된다. 만약 주권의 양도가액을 알 수 없는 경우에는 대통령령이 정하는 양도가액 평가방법에 의하여 평가한 가액이 과세표준이 된다.[12] 다만, 소득세법 제101조(양도소득의 부당행위계산), 법인세법 제

---

11) 주권 또는 지분의 양도는 계약상 또는 법률상의 원인에 의해 유상으로 소유권이 이전되는 것을 말한다.

12) ① 한국거래소의 유가증권시장, 코스닥시장 및 장외거래시장에서 양도되는 주권은 양도가액의 총합계액
② 주권의 양도가액을 알 수 없는 경우의 평가액
- 상장주식의 장외시장거래에서의 양도 : 거래소공표기준가액
- 장외거래종목의 장외시장거래 밖에서의 양도 : 장외거래공표매매기준가액

52조(부당행위계산의 부인) 또는 상속세 및 증여세법 제35조(저가·고가양도시의 증여의제)의 규정에 의하여 주권 등이 시가액보다 낮은 가액으로 양도된 것으로 인정되는 경우에는 그 시가액을 과세표준으로 한다(증권거래세법 제7조).

2 증권거래세율

증권거래세율은 법인, 개인 구분 없이 0.5%라는 동일한 세율을 적용한다(증권거래세법 제8조). 다만, 자본시장의 육성을 위하여 긴급히 필요하다고 인정되는 때에는 증권시장에서 거래되는 주권에 한하여 종목별로 대통령령이 정하는 바에 의하여 그 세율을 인하하거나 영의 세율로 할 수 있다. 현재 기본세율보다 낮은 탄력세율이 적용되고 있다. 유가증권시장에서 양도되는 주권의 경우 0.15%, 코스닥시장에서 양도되는 주권의 경우 0.3%의 탄력세율이 적용되고, 이 외의 주권에 대해서는 0.5%의 기본세율이 적용된다(증권거래세법시행령 제5조).

증권거래세의 납세의무자는 증권거래소 시장거래와 코스닥증권 시장거래의 경우에는 대체결제회사, 증권회사 거래주권은 증권회사, 이 이외의 장외거래주권은 양도자가 된다(증권거래세법 제3조). 그리고 증권거래세의 과세표준은 주권의 양도가액으로 한다. 따라서 주권의 양도가액이 객관적으로 명확히 확인되는 경우에는 그 가액으로 하나, 양도가액이 불분명한 경우에는 대통령령이 정하는 양도가액평가방법에 의하여 평가한 가액을 과세표준으로 한다(증권거래세법 제7조).[13)]

또한, 농어촌특별세법에 따라 한시적으로 유가증권시장에서 거래된 주권의 양도가액에 대해서 0.15%의 농어촌특별세가 추가로 부과된다. 증권거래세가 면제되면 농어촌특별세도 면제된다. 양도가액이 액면가액 이하 또는 모집·매출가액 이하인 주권은 증권거래세(0.15%)와 농어촌특별세(0.15%)가 면제된다. 이를 정리하면 〈표 13-9〉와 같다.

– 기타 방식에 의한 거래양도 : 소득세법 시행령 제165조의 규정에 의해 계산한 가액

13) "대통령령이 정하는 양도가액평가방법"이라 함은 다음 각 호의 가액에 양도된 당해 주권 등의 거래수량을 곱하여 계산하는 것으로 한다(증권거래세법 시행령 제4조).

1. 상장법인의 주권 등을 유가증권시장 및 코스닥시장 밖에서 양도하는 경우 : 한국거래소가 공표하는 양도일의 매매거래 기준가액
2. 한국금융투자협회가 같은 법 시행령 제178조 제1항에 따른 기준에 따라 거래되는 종목으로 지정한 주권 등을 같은 항에 따른 기준 외의 방법으로 양도하는 경우 : 금융투자협회가 공표하는 양도일의 매매거래 기준가액
3. 1, 2 외의 방식으로 주권 등을 양도하는 경우 : "소득세법 시행령" 제165조에 따라 계산한 가액

표 13-9 증권거래 세율

구 분	과세표준	세율
유가증권 시장 거래	양도가액	0.15%
코스닥 시장 거래	양도가액	0.3%
상기 외의 거래	양도가액	0.5%

VII 기타 증권세제

1 상속 · 증여세

상속세 및 증여세법 제1조에 따르면, 상속 또는 유증에 의하여 이전하는 재산을 포착하여 과세하는 세금이 상속세이다.[14] 상속세의 납세의무자는 상속인 또는 수유자(受遺者)이며 과세표준은 상속재산합계에서 공과금(公課金), 장례비, 채무액 및 공제액 등을 차감하여 결정된다. 상속세의 공제종류와 공제한도에 대해서는 상속세 및 증여세법 제14조와 제18조부터 제24조에 나타나 있다.

증여세는 타인의 증여에 의해 이전하는 재산에 대해 부과하는 세금이다(상속세 및 증여세법 제2조). 증여세의 납세의무자는 수증자(受贈者)인데 증여자(贈與者)도 경우에 따라서는 연대하여 납세의무를 지도록 규정하고 있다(상속세 및 증여세법 제4조). 과세표준은 증여재산합계액에서 담보채무액과 인적 공제를 차감한 금액으로 결정되는데, 인적 공제에 대한 규정은 상속세 및 증여세법 제53조에 나타나 있다.

상속세 및 증여세의 세율은 최저 10%에서 50%까지 적용된다(상속세 및 증여세법 제26조, 제56조). 상속인(수유자) 또는 수증자가 피상속인과 증여자의 자녀가 아닌 직계비속인 경우에는 증여세 산출세액의 30%에 상당하는 금액을 가산하는 할증과세를 하고 있다(상속세 및 증여세법 제27조, 제57조).

상속·증여시 유가증권을 평가함에 있어서 상장주식(출자지분 포함)은 〈표 13-10〉과 같이 평가한다(상속세 및 증여세법 제63조). '평균액'을 계산함에 있어서 평가기준

14) 상속세 및 증여세법은 1996년 12월 30일 제정되어 기존의 상속세법과 증여세법을 대체하였다.

일 이전·이후 각 2개월의 기간 중에 증자·합병 등의 사유가 발생하여 당해 평균액에 의하는 것이 부적당한 경우에는 대통령령이 정하는 바에 따라 계산한 기간의 평균액에 의한다.[15)]

표 13-10
주식의 평가

구 분		1주당 평가방법
상 장 주 식		평가기준일 이전·이후 각 2개월간에 공표된 매일의 한국거래소의 유가증권시장과 코스닥시장 최종시가액(거래실적의 유무 불문)의 종가 평균
비상장 주식	순손익 가치 환원율	1주당 최근 3년간의 순손익액의 가중평균액 ÷ 금융기관이 보증한 3년만기 회사채의 유통수익률을 감안하여 기획재정부장관이 정하여 고시하는 이자율
	순자산 가치	당해 법인의 순자산가액 ÷ 발행주식총수

비상장주식(한국거래소의 유가증권시장과 코스닥시장에 상장된 주식을 제외한 주식)에 대해서는 순손익가치로 평가하되, 그 금액이 순자산가치에 미달하는 경우에는 순자산가치로 평가한다(상속세 및 증여세법 시행령 제54조). 이때 순손익가치와 순자산가치에 의한 평가방법으로 구한 1주당 가액은 아래와 같이 구한다.

한편, 국·공채 및 사채의 경우 상속세 및 증여세법 제63조와 동법 시행령 제58조에 의해 상장채권과 비상장채권을 구분하여 평가하고 있는데 평가방법은 아래 〈표 13-11〉과 같다.

표 13-11
채권의 평가

구 분	평가 방법
상장채권	평가기준일 이전 2개월간 공표된 매일의 최종시세가액의 평균액과 평가기준일 이전 최근일의 최종시세가액 중 큰 금액
비상장채권	• 타인으로부터 매입한 것(발행기관 또는 발행회사로부터 액면가액으로 매입한 것은 제외) : 매입가액 + 평가기준일까지의 미수이자 • 기타의 것 : 처분예상금액

15) ① 평가기준일 이전에 증자·합병 등의 사유가 발생한 경우 : 사유발생일의 다음날부터 평가기준일 이후 2월이 되는 날까지의 기간, ② 평가기준일 이후에 증자·합병 등의 사유가 발생한 경우 : 평가 기준일 이전 2월이 되는 날부터 사유발생일의 전일까지의 기간, ③ 평가기준일 이전 이후에 증자·합병 등의 사유가 발생한 경우 : 평가기준일 이전의 사유발생일의 다음날부터 평가기준일 이후 사유발생일의 전일까지의 기간

그리고 증여의제로서 주식 또는 출자지분의 상장 등에 따른 이익의 계산방법 등(상속세 및 증여세법시행령 제31조의6)과 금전 무상대출 등에 따른 이익의 계산방법 등(동법 시행령 제31조의7)이 있으며, 자본거래와 관련한 증여의제로 합병에 따른 이익의 증여(상속세 및 증여세법 제38조, 동법 시행령 제28조), 실권주의 배정을 비롯한 증자에 따른 이익의 증여(상속세 및 증여세법 제39조), 감자에 따른 이익의 증여(상속세 및 증여세법 제39조의2), 전환사채 등의 주식전환 등에 따른 이익의 증여(상속세 및 증여세법 제40조)가 있다.

2 증권저축 세금혜택

(1) 근로자저축의 세금혜택

근로자저축의 세금혜택은 조세특례제한법에 그 법적인 근거를 두고 있는데 근본적인 취지는 자본시장육성과 근로소득자의 재산형성지원에 있다. 세금혜택의 형태는 비과세, 세액공제, 저율분리과세 등 세 가지가 있다.

비과세저축으로는 장기주택마련저축, 개인연금저축, 고수익 고위험 신탁저축, 농어가목돈마련저축, 노인·장애인 등의 생계형저축, 세금우대종합저축, 장기집합투자증권저축 등이 있으며, 개인연금저축에 대해서는 불입금액의 일정부분을 각각 종합소득금액과 종합소득산출세액에서 공제할 수 있다. 저율분리과세의 대상이 되는 저축으로는 세금우대종합저축, 입주자저축 등이 있으며 이때 10%라는 저율의 원천징수세율을 적용하며 주민세를 별도로 부과하지 아니한다.

(2) 우리사주조합저축의 세금혜택

우리사주조합은 기업이 종업원에게 자기회사의 주식을 취득·보유하게 하여 종업원이 기업경영 및 이익배분에 참여하도록 함으로써 종업원의 재산형성을 촉진하기 위한 목적에서 설립된 단체로서, 종업원의 주식을 일괄 취급하고 관리하는데 상장 또는 비상장법인의 구분 없이 이의 결성이 가능하다.

우리사주조합이 결성된 기업에 대해서는 세제혜택이 주어진다. 우리사주조합 또는 그 조합원에 대여한 경우 그 대여금에 대한 인정이자에 대해서는 비과세처리한다(법인세법시행규칙 제44조 제3항). 또한, 기업이 우리사주조합운영비를 부담할 경우 그 비용을 손비로 인정해주고 있다(법인세법시행령 제45조 제1항). 그리고 우리사주조합이 출자하여 증자할 경우에는 그 출자금의 5%를 추가로 과세연도의 소득금액에서 공제받는다.

(3) 개인종합자산관리계좌의 세금혜택

개인종합자산관리계좌(individual savings account : ISA)는 예금, 펀드, 파생결합증권 등 다양한 금융상품을 한 계좌에 모아서 투자하는 계좌이다. 일정 조건을 갖춘 가입자가 다수의 상품을 운용함으로써 발생하는 이자소득과 배당소득의 합계액에 대해 세제혜택이 부여된다.

Ⅷ 한국 증권세제의 문제점 및 개선방향

한국의 증권세제는 자본시장육성이라는 국가적 방침 때문에 다른 조세제도에 비해 혜택을 누려온 것이 사실이다. 예를 들어, 1971년 12월 세법개정 이후 상당기간 동안 비공개법인에 대해서는 40%의 법인세율을 적용하였지만 공개법인에 대해서는 27%의 법인세율을 적용하여 왔었다. 1970년대 후반 들어오면서 이러한 증권시장 세제지원은 점차 줄어드는 경향을 띠었는데, 그 이유는 말할 것도 없이 조세의 형평성에 대한 고려 때문이었다. 공개법인과 비공개법인간의 법인세율 차이는 1978년의 세법개정에서 7%로 줄어들었고 1981년의 세법개정에서는 5%로, 이어서 1982년 12월의 세법개정에서는 소멸되었다.

한국 증권세제도 배당소득에 대하여 실질적으로 이중과세를 하고 있다. 개인의 이자소득이 기업 차원에서 지급이자의 명목으로 손비처리되고 있음을 고려할 때, 배당소득에 대한 이러한 과세방식은 조세형평의 원칙에 위배되는 한편, 기업의 주식발행에 의한 자본조달 의욕을 저하시켜 기업재무구조의 악화를 초래한다는 점에서 논란의 대상이 되고 있다. 현재 한국에서는 배당소득에 대한 이중과세의 부담을 완화하기 위하여 배당세액공제제도를 적용하고 있지만 상장법인의 대주주가 받는 배당소득 등에 국한되고 있다.

또한 그 동안 비과세 또는 저율분리과세 되어 오던 이자 및 배당소득세도 종합과세되어야 한다는 주장과 함께, 증권거래 시 발생하는 자본이득에 대해서도 과세되어야 한다는 의견이 대두되고 있는 실정이다. 그러나 아직까지는 한국의 자본시장이 실물경제에 비해 낙후되어 있는 게 사실이므로, 증권세제를 통한 세제상의 지원이 계속 연장되어야 한다는 주장도 설득력을 갖고 있다.

한국 증권세제의 다른 문제점으로 지적될 수 있는 것이 증권거래세이다. 미국의 경우 증권거래세가 전혀 부과되지 않고 있으며, 한국도 원래 증권의 매매차익에 대하여 과세하려고 했지만 현실적인 어려움으로 채택한 것이 증권거래세이다. 현재 증권거래세는 세원으로서의 역할보다는 투기성 증권거래에 대한 제어장치로 활용되고 있는데, 그럼에도 불구하고 징수업무의 복잡성이나 증권시장 침체시의 심리적 압박 등 부작용도 많은 것이 사실이다.

파생상품에 대해서는 거래세도 부과되지 않다가 2016년부터 양도소득세를 부과하기 시작하였다. 그러다보니 증권 등 기초자산과 이를 바탕으로 한 파생상품 간에 서로 다른 세제가 적용됨으로써 여러 문제점이 발생하고 있다. 증권이든 파생상품이든 모든 자본이득에 대해 양도소득세를 동일하게 부과하고 자본이득에 대해서도 누진과세 원칙을 적용할 필요가 있다. 증권과 파생상품이 연계된 경우 현·선물거래 간의 연계성을 고려하여 손익을 통산하여 과세하여야 할 것이다. 자본이득과 자본손실에 대해 대칭적으로 취급하여 손실에 대해서는 소득이 그만큼 줄어든 것으로 간주하여 세금을 줄여주거나 손실을 차기로 이월할 수 있어야 한다. 장기적으로 장기자본이득에 대해서는 저율의 분리과세를 하더라도 단기자본이득에 대해서는 근로소득 등 다른 소득과 합산하여 종합과세하는 방향으로 가야 할 것이다.

그 밖에 현행 증권세제를 포함한 조세제도 전반이 지나치게 세분화되고 복잡한 구조로 되어 있어 납세 및 징수의 어려움을 가중시키고 지하경제를 유발시키는 요인이 되고 있다. 따라서 보다 효율적인 조세제도를 마련하기 위한 노력이 절실히 요청되고 있다.

연.습.문.제

01 한국의 증권세제에 대해 설명하시오.

02 배당세액공제에 대해 설명하시오.

03 펀드의 과세에 대해 설명하시오.

04 증권거래세에 대해 설명하시오.

05 유가증권의 양도소득세에 대해 설명하시오.

06 2016년부터 시행된 파생상품의 양도소득세에 대해 논의하시오.

07 한국의 증권세제의 문제점과 개선방향에 대해 논의하시오.

08 상품의 유동성을 높이기 위해서는 거래비용이 없거나 적어야 된다. 미국에서는 수수료가 상대적으로 거의 없는 실정인데, 한국의 증권회사는 증권의 수수료를 거의 일률적으로 부과하고 있다. 미국에서는 증권거래세가 전혀 부과되지 않고 있으나 한국에서는 증권거래세가 부과되고 있다. 이러한 각종 거래비용이 증권의 유동성과 공정한 가격형성 측면에 어떠한 영향을 미칠 수 있는지에 대해 토의하시오.

09 투자자는 안정성을 추구하는 목적으로 채권이나 각종 이자를 받을 수 있는 금융상품에 투자한다. 정부의 금리정책이 투자자의 미래에 대한 투자의사결정에 어떠한 영향을 미칠 수 있는지에 대해 토의하시오.

PART

5

감독기구 및 관계기관

CHAPTER 14

금융투자 감독기구

현재 국내 금융시장 및 금융투자업에 관한 감독과 규제는 금융위원회가 수행하고 있다. 2008년 2월 29일 정부는 "금융위원회 설치 등에 관한 법률"에 근거하여 종전 재정경제부의 금융정책기능과 금융감독위원회의 감독정책기능을 통합하는 금융위원회를 설립했다.[1] 새로이 설립된 금융위원회는 금융감독정책기능과 집행기능을 분리함으로써 금융행정의 권한과 책임을 명확히 구분하고 있다.[2]

그림 14-1
자본시장 규제체계도

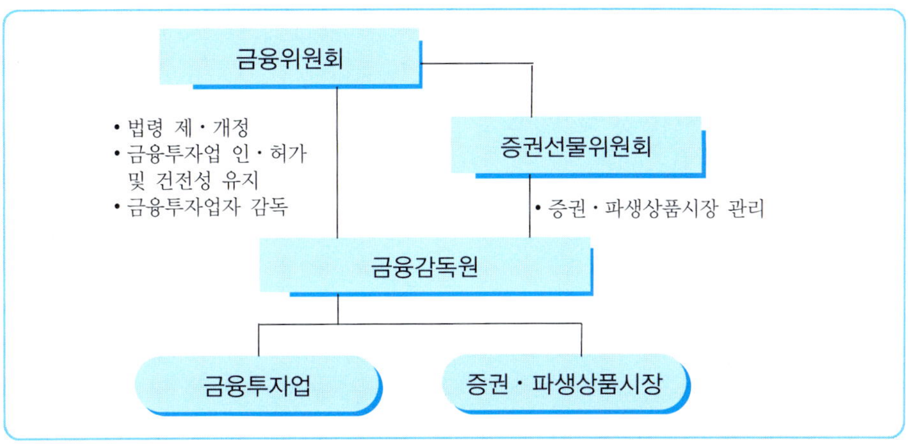

1) 1998년 4월 1일 "금융감독기구의 설치 등에 관한 법률"에 의해 금융감독위원회가 국무총리소속 하에 설립되기 이전까지 한국 증권산업 및 시장 전반에 관한 정책의 최고 결정기관이자 행정기관은 재정경제원이었다. 증권시장 및 산업에 관한 사무는 부총리 겸 재정경제원장관이 통솔하는 중앙정부기구인 재정경제원이 전반적인 증권정책의 입안과 법규의 제정 등을 담당하며, 증권관계기관을 지도 · 감독하고 증권업에 관한 각종 인 · 허가업무를 수행하였다. 그리고 유가증권의 발행, 관리 및 공정한 거래와 증권관계기관의 감독에 관한 사항을 심의하고 의결하는 증권관리위원회(후술되는 증권선물위원회의 전신)가 증권거래법에 의거하여 설치되어 있었다. 2008년 금융위원회로 개편되기까지, 재정경제부는 증권정책의 수립과 법령 제정 및 개정 권한을 보유했으며, 금융감독위원회는 증권기관의 경영과 관련된 업무의 인가 및 허가, 증권회사 등 증권기관의 건전성 유지, 증권기관의 감독권한을 보유했었다.

2) "금융위원회 설치 등에 관한 법률"에 의거하여 종래 유지되어 왔던 금융감독위원장과 금융감독원장의 겸임을 폐지하였다.

1 금융위원회

금융위원회는 건전한 신용질서와 공정한 금융거래관행을 확립하고 예금자 및 투자자 등 금융수요자를 보호함으로써 국민경제의 발전에 기여함을 목적으로 하고 있다. 금융위원회는 업무를 수행하기 위해 금융감독원의 업무・운영・관리에 대한 지시와 감독을 한다. "금융위원회 설치 등에 관한 법률"에 정한 금융위원회의 권한은 다음과 같다.

(1) 금융위원회의 구성

금융위원회는 9인의 위원으로 구성하되, 위원장・부위원장 각 1인과 기획재정부 차관, 금융감독원원장, 한국은행 부총재, 예금보험공사 사장, 금융위원장이 추천하는 금융전문가 2인, 대한상공회의소 회장이 추천하는 경제계 대표 1인 등으로 구성한다. 금융위원회 위원장은 국무회의 심의를 거쳐 대통령이 임명하며 금융위원회를 대표하여 회의를 주재하고 사무를 총괄한다. 금융위원회 부위원장은 위원장의 제청으로 대통령이 임명한다.

(2) 금융위원회의 소관사무

금융위원회는 ① 금융에 관한 정책 및 제도에 관한 사항, ② 금융기관의 감독 및 검사 제재에 관련된 사항, ③ 금융기관의 설립, 합병, 전환, 영업 양수・도 및 경영 등의 인・허가에 관한 사항, ④ 자본시장의 관리・감독 및 감시 등과 관련된 주요 사항, ⑤ 금융소비자의 보호와 배상 등 피해구제에 관한 사항 ⑥ 금융중심지의 조성・발전에 관한 사항, ⑦ 상기 ①항 및 ⑥항과 관련된 법령 및 규정의 제・개정 및 폐지에 관한 사항, ⑧ 금융 및 외국환업무 취급기관의 건전성 감독에 관한 양자・다자간 협상 및 국제협력에 관한 사항, ⑨ 외국환업무 취급기관의 건전성 감독에 관한 사항과 기타 다른 법령에서 금융위원회에 부여된 업무에 관한 사항을 심의・의결한다.

(3) 금융감독원에 대한 감독

금융위원회 위원장은 금융감독원의 정관 변경과 예산 및 결산 승인권을 보유하고 있으며, 금융감독원의 업무 및 운영·관리에 관한 지도 감독을 위하여 필요한 사항을 심의·의결한다.

(4) 자본시장관계기관에 대한 감독

한국거래소에 대해서는 유가증권시장 상장규정, 공시규정 시장감시규정, 분쟁조정규정 등 제반 업무규정의 제정·변경·폐지에 대한 승인권한을 보유하고 있다. 또한 금융위원회는 공익 또는 투자자보호를 위하여 한국거래소의 업무 등에 대해 금융감독원으로 하여금 검사를 하게 할 수 있다. 한국예탁결제원과 증권금융회사에 대해서는 업무관계규정 승인, 임원해임, 영업정지 명령 등을 할 수 있으며, 금융투자협회에 대해서는 정관 및 규정 등의 변경명령, 임원해임, 업무정지명령 등을 할 수 있다.

(5) 금융투자업자 등에 대한 지도·감독

자본시장법 제415조와 제416조에 의해 금융위원회는 금융투자업자에 대해 포괄적인 감독과 명령권을 가진다. 첫째, 금융투자업자의 건전한 경영지도를 목적으로 금융투자업등록의 취소, 영업정지명령, 임원해임요구 조치, 상호변경 및 지점신설·변경의 승인, 공개·증자 승인 등의 권한을 보유한다. 둘째, 공익 또는 투자자보호 및 건전한 거래질서유지를 위해 필요한 조치로서, 금융투자업자의 고유재산 운용에 관한 사항, 투자자 재산의 보관·관리에 관한 사항, 금융투자업자의 경영 및 업무개선에 관한 사항, 각종 공시에 관한 사항, 영업의 질서유지에 관한 사항, 영업방법에 관한 사항, 장내파생상품 및 장외파생상품의 거래규모의 제한에 관한 사항 등을 명령할 수 있다.

또한 금융위원회는 자본시장법과 이 법에 의한 명령에 위반된 사실이 있거나 공익 또는 투자자보호를 위해 필요하다고 인정하는 때에는 필요한 자료의 제출을 명하거나 금융감독원장에게 장부·서류 그 밖의 물건을 조사하게 할 수 있다. 구체적으로 조사사항에 관한 사실과 상황에 대한 진술서의 제출, 증언을 위한 출석 및 필요하다고 인정되는 장부·서류 기타 물건의 제출 등을 요구할 수 있다.

(6) 자본시장에 관한 감독

금융위원회는 금융투자업자에 대한 명령권에 근거한 한정적인 준입법적 권한 및 증권시장 질서를 유지하기 위한 한정적인 준입법적 권한을 가진다. 이와 함께 자본시장법의 각 조항에서 구체적으로 위임받은 준입법적 권한을 보유하고 있다.

이와 같은 금융위원회의 자본시장과 관련한 주요 권한을 요약하면 다음과 같다.

① 증권의 발행·관리

증권모집 및 매출신고서의 심사·수리(법 제118조~제124조), 증권신고서에 대한 보고 및 조사(법 제131조) 등 증권발행 관련사항

② 공정거래질서유지

기업내용공시의무, 내부자거래·시세조종행위 등 불공정거래 조사(법 제172조~제180조)

③ 상장법인의 관리

합병신고서 수리, 상장법인의 회계처리원칙 및 재무제표규칙의 제정 등에 대한 심의, 주식등의 대량보유상황보고서, 공개매수신고서 수리, 위임장 용지 수리, 자본시장관계법령위반 상장법인에 대한 조치권(유가증권발행 제한, 임원해임권유 등(자본시장법시행령 제175조))

2 증권선물위원회

(1) 주요업무

"금융위원회의 설치 등에 관한 법률"에 의하면 증권선물위원회를 금융위원회에 두도록 되어 있다. 증권선물위원회는 ① 증권·선물시장의 불공정거래 조사, ② 기업회계의 기준 및 회계감리에 관한 업무, ③ 금융위원회가 심의·의결하는 자본시장의 관리·감독 및 감시 등과 관련된 주요사항에 대한 사전심의, ④ 자본시장의 관리·감독 및 감시 등을 위하여 금융위원회로부터 위임받은 업무, 그리고 ⑤ 기타 다른 법령에서 증권선물위원회에 부여한 업무를 관장한다.

(2) 증권선물위원회의 구성

증권선물위원회는 위원장 1인을 포함한 5인의 위원으로 구성하며, 위원장을 제외

한 위원 중 1인은 상임으로 한다. 증권선물위원회 위원장은 금융위원회 부위원장이 겸임하며, 증권선물위원회 위원은 ① 금융·증권·파생상품 또는 회계분야에 관한 경험이 있는 2급 이상의 공무원 또는 고위공무원단에 속하는 일반직공무원의 직에 있었던 자, ② 대학에서 법률학·경제학·경영학 또는 회계학을 전공한 자로서 대학이나 공인된 연구기관에서 부교수 이상 또는 이에 상당하는 직에 15년 이상 있었던 자, ③ 기타 금융·증권·파생상품 또는 회계분야에 관한 학식과 경험이 풍부한 자 중에서 금융위원회 위원장의 추천으로 대통령이 임명한다. 위원장이 아닌 증권선물위원회 위원의 임기는 3년으로 하며, 1차에 한하여 연임할 수 있다.

(3) 증권선물위원회의 조직 및 규칙

증권선물위원회의 조직 및 운영에 관하여 필요한 사항은 금융위원회의 규칙으로 정한다. 이러한 규칙을 제정하거나 변경하고자 하는 경우에는 금융위원회의 승인을 얻어야 한다. 증권선물위원회는 업무를 수행하기 위해 금융감독원을 지도·감독한다.

3 금융감독원

(1) 금융감독원의 성격 및 감독범위

금융감독원은 금융위원회 또는 증권선물위원회의 지도·감독을 받아 금융기관에 대한 검사·감독업무 등을 수행하는 무자본특수법인으로서 1999년 1월 1일부터 업무를 시작하였다.[3] 금융감독원은 독립된 별도의 공법인으로서의 성격을 지니며, 금융감독업무와 관련하여 중립적이고 전문적인 금융감독기능을 수행하는 것을 목적으로 하고 있다. 특히 자본시장감독과 관련하여, 금융위원회와 증권선물위원회의 지도 및 감독 하에 실질적으로 동 위원회의 업무를 집행하는 기관이다.

금융위원회가 설립되기 이전인 1998년 4월 이전에는 증권감독원에서 증권거래법에 의해 설립된 증권회사, 증권금융회사, 투자자문회사를 감독하고, 투자신탁회사와 종합금융회사는 재정경제부에서 직접 감독을 하였지만 금융감독원이 설립된 이후 통합되었다.

3) 금융감독원은 과거 분리되어 운영되던 은행감독원, 증권감독원 및 보험감독원을 1999년 1월 1일부터 통합한 조직이다.

(2) 금융감독원의 조직

금융감독원에는 원장 1인, 부원장 4인 이내, 부원장보 9인 이내와 감사 1인을 두도록 되어 있다. 금융감독원의 원장은 금융위원회의 의결을 거쳐 금융위원회 위원장의 제청으로 대통령이 임명한다.[4] 금융감독원의 부원장은 원장의 제청으로 금융위원회가 임명하고 부원장보는 원장이 임명한다. 감사는 금융위원회의 의결을 거쳐, 금융위원회 위원장의 제청으로 대통령이 임명한다. 원장・부원장・부원장보 및 감사의 임기는 3년으로 하며, 1차에 한하여 연임할 수 있다. 부원장・부원장보와 감사에 결원이 있는 때에는 새로 임명하되, 그 임기는 임명된 날부터 기산한다.

(3) 금융감독원의 주요업무

금융감독원은 "금융위원회의 설치 등에 관한 법률"과 다른 법령이 규정하는 바에 따라 금융기관[5]의 업무 및 재산상황에 대한 검사, 법령의 규정에 의한 제재, 금융위원회 및 증권선물위원회의 업무보좌, 기타 법령에서 금융감독원이 수행하도록 하는 업무 등을 담당한다.

금융감독원장은 금융감독원의 업무수행과 관련하여 필요한 경우에는 금융위원회의 승인을 얻어 규칙을 제정할 수 있다. 그리고 금융감독원은 검사가 위탁된 대상기관에 대하여 업무수행상 필요하다고 인정하는 때에는 그 기관에 대하여 업무 또는 재산에 관한 보고, 자료의 제출, 관계자의 출석 및 진술을 요구할 수 있다.

금융감독원장은 금융기관의 임직원이 규정・명령 또는 지시를 위반한 경우, 요

4) 2008년 2월 29일 금융위원회가 설치되기 이전에는 금융감독위원회 위원장이 금융감독원장을 겸임하였다.

5) 금융감독원의 검사를 받는 기관은 다음 각호와 같다.

1. 은행법에 따른 인가를 받아 설립된 금융기관
2. "자본시장과 금융투자업에 관한 법률"에 의한 금융투자업자・증권금융회사・종합금융회사 및 명의개서대행업무를 수행하는 기관
3. 보험업법에 의한 보험사업자
4. 상호저축은행법에 의한 상호저축은행과 그 중앙회
5. 신용협동조합법에 의한 신용협동조합 및 그 중앙회
6. 여신전문금융업법에 의한 여신전문금융회사 및 겸영여신업자
7. 농업협동조합법에 의한 농업협동조합중앙회의 신용사업부문
8. 수산업협동조합법에 의한 수산업협동조합중앙회의 신용사업부문
9. 다른 법령에서 금융감독원이 검사를 하도록 규정한 기관
10. 기타 금융업 및 금융관련업무를 영위하는 자로서 대통령령이 정하는 자

구하는 보고서 또는 자료를 허위로 작성하거나 그 제출을 태만히 한 경우, 금융감독원의 감독과 검사업무의 수행을 거부·방해 또는 기피한 경우, 시정명령이나 징계요구에 대한 이행을 태만히 한 경우 당해 기관의 장에게 이의를 제기하거나, 시정을 요구하거나, 당해 직원의 징계를 요구할 수 있다.

금융기관이 규정·명령 또는 지시를 계속 위반하여 위법 또는 불건전한 방법으로 영업하는 경우에는 금융위원회에 당해 기관의 위법행위 또는 비행의 중지 혹은 6월의 범위 내에서의 업무의 전부 또는 일부 정지를 명할 것을 건의할 수 있다.

연.습.문.제

01 한국에서는 증권선물위원회가 현물시장과 파생상품시장을 모두 관리하지만, 미국의 경우에는 증권관리위원회와 상품선물위원회로 양분되어 있다. 합리적인 시장관리를 위해 어떤 형태의 구조가 더 합당한지에 대해 논하시오.

02 규제의 효익과 비용에 대하여 논하시오.

CHAPTER 15 금융투자 관계기관

I 거래기관

2004년 1월 한국증권선물거래소 설립에 관한 법률인 "한국증권선물거래소법"이 제정되어 흔히 증권시장으로 알려진 종전의 증권거래소, 코스닥거래소 및 선물거래소가 통합되었다. 통합된 한국증권선물거래소에서 각 거래소별로 기본적인 조직과 특색을 그대로 유지하였으므로 통합 이후의 거래소별 역할과 기능은 변화가 거의 없었다. 자본시장법이 본격적으로 시행되는 2009년 2월부터 한국증권선물거래소라는 명칭이 간단히 "한국거래소"로 개칭되었다. 거래소는 증권 및 장내파생상품의 공정한 가격형성과 그 매매의 안정성 및 효율성을 도모하기 위하여 증권 및 파생상품시장을 복수로 개설할 수 있도록 자본시장법에 규정되어 있다. 현재 한국거래소에는 유가증권시장, 코스닥시장, 코넥스시장, 파생상품시장 및 원유, 금 등 상품시장이 개설되어 있다.[1)]

1 한국거래소(KRX)

거래소는 증권 및 장내파생상품의 공정한 가격형성과 그 매매의 안정성 및 효율성을 도모하기 위하여 자본시장법에 의해 설립된 기관이다(법 제373조). 거래소의

1) 유가증권시장에는 KOSPI계열이란 명칭 아래 2014년 3월말 현재 775개사 911종목의 주식이 거래 중이며, 2017년 3월말 현재 774개사 889종목의 주삭이 거래되고 있어 거래종목 수의 성장세가 멈춘 상태이다. KOSDAQ계열이란 명칭 아래 2014년 3월말 현재 1,008개사 1,012종목의 주식이 거래 중이며, 2017년 3월말 현재 1,223개사 1,227종목의 주삭이 거래되고 있어 약 20%의 성장세를 보였다. 코넥스시장은 유가증권시장 중 가장 최근에 개설된 시장이어서, KONEX계열이란 명칭 아래 2014년 3월말 현재 48사, 48종목이 거래되었고, 2017년 3월말 현재 144개사 144종목의 주삭이 거래되고 있어 약 3배의 성장을 보였다. 그러나 유가증권시장별 시가총액 규모 측면에서 비교해 보면, 2017년 3월말 현재 각각 1525조, 213조, 4조원을 기록하고 있어 규모격차가 크게 나고 있다. 한국거래소 통계는 홈페이지 시장정보 통계 //marketdata.krx.co.kr/ 참조.

업무는 증권 및 파생상품시장을 개설하고 여기에서 투자자가 공정하게 매매할 수 있도록 시장을 운영하는 것이다.

이러한 거래소는 다음과 같은 특성을 가진다. 첫째, 계속적이고 상설적으로 개설되는 시장이라는 시간적 특성을 갖고 있다. 둘째, 시장집중이라는 공간적 특성이 있으며, 셋째, 회원인 금융투자업자와 투자자들이 자유로이 매도측도 되고 매수측도 된다는 거래주체상의 특징이 있다. 넷째, 거의 완전한 대체성이 보장된 증권 및 장내파생상품을 거래한다는 거래대상의 특징이 있으며, 마지막으로 공개적인 경쟁매매가 이루어지고, 거래방법이 정형화되어 있으며 기술적으로 전문화되어 있다는 거래행위상의 특징을 가지고 있다.

거래소는 증권 및 파생상품시장을 복수로 개설할 수 있도록 자본시장법에 규정되어 있다. 현재 한국거래소에는 유가증권시장, 코스닥시장, 코넥스시장, 파생상품시장 및 원유, 금 등 상품시장이 개설되어 있다. 코넥스시장은 그 중 가장 최근에 개설된 유가증권 거래시장이다.

기업의 자금조달은 기업의 수명주기와 관련이 깊다. 창업초기에는 독자적인 자금조달 능력에 한계가 있으므로 엔젤 투자, 벤처캐피탈 투자 혹은 정부정책금융에 의존하는 경향이 짙다. 그러나 우리나라의 경우 창업초기를 벗어났지만 아직 제도권 시장인 코스닥시장이나 상장시장에 진입하기에는 애매한 중소기업의 경우 자금조달원이 마땅하지 않다. 자금수요는 많지만 은행 등 간접금융시장의 신용조사를 통과할 능력이 갖추어지지 않고, 더욱이 직접금융시장으로 제도권 시장인 코스닥시장이나 상장시장에 진입하기에는 상장요건을 갖추지 못한 신생기업들이 많다.

코넥스시장은 이와 같은 창업초기 기업이면서 엔젤 투자, 벤처캐피탈 투자 대상기업은 벗어났지만 아직 제도권 시장인 코스닥시장이나 상장시장에 진입하기에는 역부족인 신생중소기업의 자금조달을 지원해 주기 위해 신설되었다.[2] 기존 코스닥시장은 이미 성숙단계에 접어든 중소기업을 대상으로 하는 상장시장으로 발전하여 신생중소기업의 진입이 어렵고, 금융투자협회의 프리보드시장은 활성화가 되지 못하고 거래가 매우 부진한 상황에서 신설된 코넥스시장은 신생중소기업의 직접금융 활성화에 기여할 것으로 기대된다.

2) 2013년 6월 한국거래소 규정으로서 코넥스시장의 업무규정, 상장규정, 공시규정 등이 신설되었다. 코넥스시장에 관한 규정과 통계는 http://konex.krx.co.kr 참조.

(1) 거래소의 회원제도

종전의 증권거래법상 한국증권거래소[3]와 자본시장법상의 한국거래소는 큰 차이가 있다. 자본시장법 제375조 제1항에 한국거래소는 주식회사로 규정되어 있다는 점에서 회원제도에 큰 변화가 초래되었다. 한국거래소의 최고의사결정기관은 과거에는 회원총회이었으나, 현재는 주주총회가 된다(법 제374조 상법의 적용).

한국거래소의 회원은 거래소결제회원, 매매전문회원, 증권회원, 파생상품회원, 증권시장내 일부 시장이나 종목에 대하여 결제, 매매에 참가하는 회원 및 파생상품시장내 일부 시장이나 종목에 대하여 결제, 매매에 참가하는 회원으로 구분된다(법 제387조 제2항 및 영 제359조). 한국거래소의 회원에 대한 자격, 가입과 탈퇴, 권리와 의무 등에 대한 사항은 한국거래소가 정하는 회원관리규정에 따른다(법 제387조 제3항).

(2) 한국거래소의 조직

한국거래소의 주요 조직으로는 상법상의 주식회사와 마찬가지로 임원(법 제380조), 이사회(법 제381조)와 감사위원회(법 제384조)가 있다. 거래소에는 이사장 1인, 상근이사인 감사위원회 위원 1인, 시장감시위원장 1인 및 12인 이내의 이사 등 총 15인 이내의 임원을 둔다.[4]

이사회는 상기 15인 이내의 임원으로 구성하며, 이 경우 사외이사가 과반수를 구성하도록 하여야 한다. 한편, 이사회 내에 각 시장별로 이사회가 위임한 사항을 심의·의결하는 상법 제393조의2에 따른 이사회 내 위원회로서 소위원회를 둔다.

거래소는 감사위원회를 두며, 이와 관련한 법적 규율은 금융투자업자의 감사위원회에 관한 자본시장법 제26조 제2항부터 제6항까지의 규정을 준용한다.

---

3) 구 증권거래법상의 한국증권거래소는 회원제로 운영되었다. 회원제라 함은 증권업자가 증권거래소의 회원으로서 공동으로 출자하고, 회원 상호간의 신용을 기초로 하여 증권거래소의 조직과 운영에 참여하는 제도이다. 한국증권거래소의 회원이 아닌 자는 유가증권시장에서의 매매거래를 하지 못하도록 하였으며(증권거래법 제85조), 회원은 유가증권시장에서의 매매거래에 관한한 독점적 지위를 갖는다. 회원은 정관이 정하는 요건을 갖춘 증권회사이어야 하며(증권거래법 제76조의2), 회원은 출자액에 따라 책임을 지며 가입·탈퇴, 지분의 양도 및 반환은 증권거래소의 승인을 얻어야만 가능했다(법 제76조의3부터 제76조의5).

4) 거래소가 구 증권거래법상 회원제로 운영되던 때에는 이사장은 회원총회 선출 후 주무장관의 승인을 받아야 했으며, 부이사장 및 부이사장보는 회원총회의 동의를 얻어 이사장이 임명하고, 비상임이사 중 회원이사는 회원총회에서 선출하며 공익이사는 이사장이 임명했다. 한편 감사는 상임감사와 비상임감사가 있는데 회원총회에서 선출했다.

2 한국예탁결제원

(1) 중앙예탁기관

자본시장을 통한 자금조달규모가 거대화됨에 따라 발행시장에서 증권 실물의 공급물량도 급속하게 증가하였다. 과거 증권의 유통량이 많지 않을 때에는 매매 시마다 증권실물을 직접 주고받아 결제하는데 큰 불편이 없었으나, 오늘날과 같이 증권유통규모가 커진 상황에서는 실물증권에 의해 일일이 결제하기 어렵게 되었다.

증권의 매매 또는 기타 거래를 함에 있어서 증권실물의 이동을 최소화하는 결제방법으로 대체결제제도가 있다. 대체결제제도란 미리 투자자, 금융투자업자, 금융기관 등이 소유하고 있는 증권을 일정한 장소에 집중적으로 예탁해 두고 매매거래가 발생할 경우 증권의 수수(授受)를 실물로 하지 않고, 계좌간 대체로 결제하는 제도를 말한다. 한국에서는 한국예탁결제원이 이 기능을 수행한다.

(가) 예탁의 법적 성격

증권예탁의 법적 성격은 민법상의 임치와 위임이 혼합된 특별한 계약으로 정의되고 있다. 한국예탁결제원에 증권예탁한다는 것은 증권의 임치 및 임치된 증권을 동종의 타증권과 구분하지 않고 혼합보관하고, 필요한 사무관리 등을 위임한다는 취지가 모두 포함되어 있는 것으로 해석하고 있다.

(나) 고객유가증권의 예탁

고객의 유가증권을 예탁하기 위해서는 우선 고객의 동의가 필요하다(법 제309조 제2항). 현재 고객의 동의는 수탁계약준칙상의 매매거래 계좌설정약정서에 예탁증권을 예탁자의 편의에 따라 예탁결제원에 집중예탁하여도 이의가 없다는 형식의 포괄동의 형태를 취하고 있다. 또한 예탁결제원에 예탁계좌 설정 시 제출하는 계좌설정약정에도 이 내용이 포함되어 있다.

투자자로부터 예탁받은 증권 등을 예탁결제원에 다시 예탁하는 예탁자는 투자자계좌부를 작성, 비치하여야 한다(법 제310조 제1항). 그리고 해당 증권 등이 투자자예탁분이라는 것을 명시하여 지체 없이 예탁결제원에 예탁하여야 한다(법 제310조 제2항). 다만, 반환청구에 응하기 위하여 필요한 때에는 반환에 대비한 최소 물량에 대하여는 자체보관이 가능하며, 이 경우 자기소유분과 구분 보관하여야 한다.

(2) 결제기관

결제기관이란 자본시장의 매매거래에 참여하는 금융투자업자 및 기타 시장참가자를 결제회원으로 하여 증권거래에 따른 결제를 처리해 주는 기관이다. 자본시장에서의 결제는 매매당사자가 하는 것이 원칙이다. 그러나 다수의 매매당사자 간에 대량으로 반복적으로 이루어지는 거래에 대해 매매거래시마다 개별적으로 결제하는 것은 매매당사자의 신용평가의 문제, 결제지연 및 결제불이행 가능성 등으로 인하여 비효율적이며 위험을 증대시키게 된다. 따라서 결제이행의 보증 및 신속하고 정확한 결제를 위해서는 결제에 관련된 제반업무를 수행하는 결제기관이 필요하다.

특히 다자간 차감결제방식 또는 다자간 계속차감결제방식을 채택하고 있는 자본시장에서는, 매매거래의 상대방과 결제상대방이 동일하지 않을 수 있기 때문에 결제기관이 결제회원에 대해 결제상대방으로서 결제이행을 보증하는 것이 일반적이다.

한국예탁결제원은 업무규정에 결제절차 및 방법을 정하고 결제기관의 역할을 수행하고 있다(법 제303조).

그러나 2016년 자본시장법 개정에서 법 제297조의 내용이 과거에는 "증권시장에서의 매매거래에 따른 증권인도 및 대금지급업무는 결제기관으로서 한국예탁결제원이 수행한다"라고 규정되어 있었으나, 개정 후에는 "증권시장에서의 매매거래(다자간매매체결회사에서의 증권의 매매거래를 포함)에 따른 증권인도 및 대금지급 업무는 결제기관으로서 전자등록기관이 수행한다"라고 개정됨으로써 증권시장의 매매에 있어서 유일한 결제기관으로서의 성격이 변하게 되었다.

또한 2017년 자본시장법 개정에서 법 제296조 제3호 증권시장에서의 증권 등의 매매거래에 따른 증권등의 인도와 대금의 지급 업무가 삭제됨으로써 한국예탁결제원의 결제업무가 "증권시장 밖에서의 매매거래"에 대한 결제업무로 축소되었다.

이런 변화는 전자증권제도와 전자등록제도의 도입에 의해 촉발된 것이다. 동 제도는 2016년 주식, 채권 등의 전자등록에 관한 법률(일명 전자증권법)이 제정됨으로써 도입되었으나, 실제 시행은 4년간 유예되어 아직 본격적으로 시행되고 있지 않다.

(3) 주요업무

한국예탁결제원의 업무는 법 제296조 제1항에 주업무로서 4가지가 열거되어 있다. 증권 등의 집중예탁업무, 증권등의 계좌 간 대체업무, 증권시장 밖에서의 증권 등의 매매거래에 따른 증권 등의 인도와 대금의 지급 업무, 예탁결제원과 유사한 업무를 영위하는 외국예탁결제기관과의 계좌설정을 통한 증권 등의 예탁 및 계좌간 대체 및 매매거래에 따른 증권등의 인도와 대금의 지급업무 등이 해당된다.

그리고 법 제296조 제2항에서는 위의 주업무에 부수하는 업무로서 증권 등의 보호예수업무, 예탁증권 등의 담보관리에 관한 업무, 집합투자업자·투자일임업자와 집합투자재산을 보관·관리하는 신탁업자 등 사이에서 이루어지는 집합투자재산의 취득·처분 등에 관한 지시 등을 처리하는 업무 등을 규정하고 있다.

한편 법 제296조 제3항에서는 증권의 명의개서 대행업무, 증권대차의 중개 또는 주선 업무 그 밖의 금융위원회가 승인한 업무 등에 대해 예탁원의 정관에서 정하면 해당 업무를 수행할 수 있다고 규정하고 있다.[5)]

(4) 예탁대상증권

(가) 대상증권

예탁결제원에 예탁할 수 있는 증권 등은 대량으로 정형적이며 빈번하게 거래되는 증권이 그 대상이 되며, 실제로 예탁증권으로 취급하기 위해서는 예탁결제원의 개별적인 지정이 필요하다(법 제308조). 다시 말하면 현행 자본시장법상의 모든 증권이나 장내파생상품이 당연하게 예탁대상종목이 되는 것이 아니며, 그 중에서 증권시장의 유통효율성 등을 고려하여 예탁결제원이 지정한 증권과 파생상품만 예탁대상증권이 된다.

(나) 예탁유가증권의 혼합보관

한국의 증권예탁제도는 '혼합보관=공유권'이라는 이론에 근거하고 있다. 이것은 증권예탁제도의 발상지인 독일의 법이론을 채용하였는데, 일본과 한국도 독일의 법

5) 2013년도 자본시장법 개정에서 법 314조(예탁증권의 권리행사) 제4항 및 제5항이 폐지됨에 따라 그에 규정되었던 shadow voting제도(일명 중립투표제)가 2015년 주주총회부터 폐지된다. 그러나 전자위임장 제도를 도입한 상장회사에 한해서 2017년말까지 shadow voting제도의 폐지가 유예되었다. shadow voting제도는 증권예탁업무가 예탁원에 집중되기 때문에 부수적으로 발생하는 중요한 경영권보호 제도로 인식되던 제도가 폐지되었다. 주권을 발행한 회사가 주주총회를 소집할 때, 예탁원에 예탁된 주권의 소유주주가 의결권 행사 혹은 불행사의 뜻을 표시하지 않은 경우, 주주총회 참석주주의 찬반 투표비율에 따라 중립적인 방법으로 의결권을 행사하게 할 수 있도록 허용하는 제도이었다. 이 제도는 성원 미달로 인해 주주총회가 무산되는 것을 예방하는 효과가 있으나, 일부 대주주나 경영자의 경영권 강화수단으로 악용되고 있다는 비판이 있어 왔다. 상법상 주주총회의 보통결의(상법 제368조 제1항)나 특별결의(상법 제434조)의 의결정족수 조건이 까다로운 실정이므로 이에 대한 현실적 대안 마련이 시급한 상황이다.

이론을 따랐기 때문이다. 예탁증권의 혼합보관이란 예탁된 증권을 예탁자별로 구분하여 분리보관하지 않고, 종목별로만 구분하여 혼합보관하는 것을 말한다. 이때 예탁자는 종목별로 총예탁수량에 대한 고유권, 즉 각자 예탁한 수량에 해당하는 고유지분을 가지게 된다. 그리고 반환 시에는 예탁한 당해 증권을 반환하는 것이 아니라 예탁한 증권과 같은 종류, 같은 수량의 증권으로 반환하게 된다(법 제312조).

(다) 예탁증권부족시 연대보전책임

고객이 예탁한 증권이 도난 등의 사유로 부족이 생기는 경우에는 예탁자와 예탁결제원이 연대하여 보전책임을 부담함으로써 고객의 보호와 예탁제도의 신뢰성을 제고시키고 있다. 동 제도는 고객보호에 만전을 기한다는 취지에서 도입된 제도로서 고객으로부터 증권을 예탁받은 예탁자와 이의 집중관리자인 예탁결제원이 연대하여 책임을 진다(법 제313조).

(5) 전자증권법과 전자등록제도

1962년 증권거래법이 제정되면서 증권의 발행시장과 유통시장을 규율하는 법체계와 규정이 정비되었고 그 동안 많은 발전을 거듭해 왔다. 이는 실물증권을 바탕으로 하는 증권의 발행과 유통방식에 관한 규정과 제도가 발전해 온 것이었다. 2016년 주식, 사채 등의 전자등록에 관한 법률(일명 전자증권법)의 제정은 실물증권 시대의 종언을 알리고, 앞으로는 증권의 무권화(無券化)와 전자등록 방식으로 발행 및 유통시장이 작동할 것이라는 것을 시사하는 것이다. 한마디로 전자증권 시대의 시작을 알리는 것이라고 할 수 있다.

전자증권법이 제정됨으로써 전자증권제도 도입의 기반이 마련되었다. 전자증권제도란 증권의 실물을 발행하지 않고 그 권리를 전자등록부에 기재하는 것을 말한다. 전자등록부 등록만으로 증권에 대한 권리가 인정되며 권리행사도 할 수 있다. 전자증권제도가 본격적으로 시행되면 실물증권의 발행을 전제로 시행되어 온 증권예탁제도에 큰 변화가 초래되는 등 예탁대상증권이나 한국예탁결제원의 업무 등에 변화가 많을 것이다. 전자증권 대상은 주식, 채권 등 시중에 유통되는 유가증권 및 국공채, 기업어음(CP), 양도성예금증서(CD), 파생결합증권(ELS · ELW 등), 수익증권이 될 것이다. 전자증권법에 의하면 전자등록업자는 금융위원회와 법무부의 허가를 별도로 받아야 한다. 향후에는 전자등록업자로 허가받은 전자등록기관과 증권사, 자산운용사, 은행, 보험사, 명의개서대행사 등 계좌관리기관이 주식과 사채의 전자등록, 권리의 유통 등 예탁업무를 전자등록계좌부의 작성 및 관리를 통해 담당하게 될 것이다.

전자증권을 등록, 관리하는 전자등록기관은 한국예탁결제원이 될 것으로 보인다. 따라서 전자증권제도가 시행되면 현재 한국예탁결제원이 보관하고 있는 실물증권은 모두 소각할 수 있다. 실물증권의 매매에 따른 명의변경, 주식교환 등 주주의 권리를 보전하려는 별도의 조치가 필요하지 않고, 모든 거래가 전자등록부에 기록되는 전자증권제도의 도입효과를 살펴보면, 증권거래에 있어서 차명거래를 막을 수 있고, 실물증권의 불법적인 증여나 조세회피를 위한 거래, 무기명증권 유통 등을 원천적으로 차단할 수 있어서 증권시장의 실명거래제도의 도입과 같은 효과가 있을 것이다.

전자증권제도의 도입에 따라 자본시장법에 변화가 반영되었다. 법 제189조 제3항에서 투자신탁수익권의 전자등록이 의무화되었고, 제196조 제2항에서 투자회사 주식의 전자등록이 의무화되었다. 또한 법 제308조 제1항에서 전자등록주식 등에 대한 예탁제도의 적용이 배제되었고, 제296조 제1항 3호에서 증권시장 내에서의 결제기관 업무가 한국예탁결제원의 업무에서 삭제되었다. 한편 전자증권제의 도입에

표 15-1 전자증권제도와 증권예탁결제제도의 예상되는 변화

구분	증권예탁결제제도	전자증권제도
근거법률	2009년 자본시장법	2016년 전자증권법
목적	증권의 부동화를 통한 유통시장 원활화	증권의 무권화를 통한 발행, 유통의 통합 운영
적용대상	자본시장법상의 증권 및 CD 투자신탁수익증권, 파생결합상품	자본시장법 상의 증권(CP 제외) 및 CD 등에 표시되는 권리 투자신탁수익증권, 파생결합상품
권리형태	실물증권 예탁증권인 경우 언제든 실물반환 요청가능	전자등록 실물증권 발행금지
운영기관	한국예탁결제원 예탁자	전자등록기관(한국예탁결제원) 계좌관리기관
법적 효력	점유 간주 계좌간 대체 기재는 교부 간주	적법 권리보유 추정 계좌간 대체 등록은 양도효력 발생
투자자 보호	예탁증권의 부족분 발생 시 한국예탁결제원과 예탁자가 연대보전	초과등록 발생 시 계좌관리기관이 말소의무 미이행 시 전자등록기관과 계좌관리기관이 연대하여 말소의무 부담
실질주주제도	있었으나 폐지됨	없음

자료 : 금융위원회, 전자증권제도 도입방안, 2015.5.21.

따라 실질주주제도가 폐지됨으로써 한국예탁결제원의 섀도우 보팅제도(일명 중립투표제)도 자연스럽게 폐지되었다. 이런 변화는 장차 다가올 전자증권 시대의 도래를 대변해 주고 있다.

전자증권법의 제정에 따라 증권의 예탁결제제도에 미치는 변화 내용을 정리하면 〈표 15-1〉과 같다.

3 증권금융회사

(1) 증권금융의 의의와 연혁

증권금융업무란 투자매매업자 또는 투자중개업자에게 증권이나 자금을 대여함으로써 증권의 발행과 유통을 원활하게 하기 위한 금융업무로서, 신용에 의한 자금도 이루어지고 있으나 일반적으로 증권을 담보로 이루어진다.

자본시장법상 증권금융 업무는 자기자본 20억원 이상의 주식회사가 일정요건을 갖추고 금융위원회의 인가를 받으면 영업을 할 수 있다.[6)]

증권금융 전업기관으로 허가를 받아 업무를 영위하고 있는 회사로는 유일하게 한국증권금융주식회사가 있다. 동사는 1955년 10월에 설립되었는데 설립초기에는 증권회사 운영자금대출을 주업무로 하였으나, 1969년부터 고객과 증권회사간의 신용거래를 뒷받침하기 위하여 대차거래업무(결제금융을 거쳐 현재의 증권유통금융으로 발전)를 취급하게 되었고, 1974년부터는 발행시장육성을 위한 인수자금 대출업무를 개시하였다. 또한 1977년부터 우리사주조합의 결성과 운영을 지원하는 종업원지주 관리업무를 전담하게 되었고, 이와 관련한 금융지원을 담당하게 되었다.

증권회사도 "증권회사의 신용공여에 관한 규정"에 따라 그 고객에게 금융지원을 하고 있으며, 은행 등 기타 금융기관들도 증권금융회사나 증권회사 등 증권기관을 비롯하여 기업 혹은 개인에게 증권담보대출을 행함으로써, 직접 또는 간접으로 증권금융에 기여하고 있다.

---

6) 종전의 증권금융제도는 일본의 경우와 같이 증권금융을 전업으로 하는 기관을 두어 증권시장에서의 자금의 수요와 공급을 관리하고 운용하는 제도를 취하고 있었다.

(2) 증권금융의 업무

자본시장법에 규정된 증권금융의 주요업무내용은 다음과 같이 4가지로 대별된다(법 제326조 제1항). 첫째, 금융투자상품의 매도, 매수, 증권의 발행, 인수 또는 그 청약의 권유, 청약, 청약의 승낙과 관련하여 필요한 자금이나 증권을 투자매매업자 또는 투자중개업자에게 대여하는 업무, 둘째, 증권시장이나 파생상품시장에서의 매매거래에 필요한 자금이나 증권을 청산기관인 한국거래소를 통하여 대여하는 업무, 셋째, 증권을 담보로 하는 대출업무, 넷째, 그 밖에 금융위원회의 승인을 받은 업무 등을 수행한다.

그리고 별도로 인가, 허가 등록 등을 받아서, 투자매매업 및 투자중개업 중 환매조건부증권매매 및 그 중개, 주선, 대리업무, 신탁업무, 집합투자재산의 보관, 관리업무, 증권대차업무, 보호예수업무 등을 영위할 수 있다(법 제326조 제2항).

4 종합금융회사

(1) 종합금융회사의 연혁

종합금융회사는 종전에는 "종합금융회사에 관한 법률"에 의해 규율받는 투자기관이었으나, 동 법이 폐지되고 자본시장법에 흡수됨으로써 2009년 2월부터 자본시장법에 의거하여 규율받는 금융투자 관계기관이 되었다.

우리나라 종합금융회사는 금융환경의 변화에 따라 자연발생적으로 생성하여 발전한 영국이나 미국의 경우와는 달리, 1973년 제1차 석유파동의 영향으로 인한 국제수지의 악화를 보전하고, 제4차 경제개발계획상의 중화학공업의 육성에 필요한 외자의 원활한 도입에 목적을 두고 정책적으로 설립되었다. 경제규모의 양적 확대, 질적 심화과정에서 기업금융 수요의 급속한 증대와 다양화에 대응하기 위하여 은행과 증권기관으로 분화되어 있는 금융기능을 보완하여 종합적인 금융서비스를 제공함과 아울러, 취약한 장기금융체제를 보강할 수 있는 새로운 금융기관의 도입이 요청되었기 때문이다.

종합금융회사는 1975년 12월 "종합금융회사에 관한 법률"이 제정·공포되면서 그 제도적인 기반이 마련되었다. 동법에 의해 1976년 4월에 납입자본금 25억원(내외주주 지분 각 50%)으로 설립된 한국종합금융주식회사가 그 효시이다. 종합금융회사는 국내 현실에 맞게 영국의 머천트뱅크(merchant bank)와 미국의 투자은행(investment bank)기능에 중장기 설비금융의 기능을 혼합한 일종의 장기 금융기관이라고 할 수 있다.

최초로 설립된 한국종합금융회사에 뒤이어 1970년대 말까지 국제종합금융회사(1976년 12월), 새한종합금융회사(1977년 2월), 한불종합금융회사(1977년 7월), 아세아종합금융회사(1977년 11월), 한외종합금융회사(1979년 5월) 등 5개사가 추가로 설립되었다. 도입기라 할 수 있는 1970년대에 종합금융회사들은 설립목적에 따라 주로 외자조달업무를 취급하고, 동시에 단기금융 및 회사채 인수업무도 취급하였으나, 종합금융사가 금융산업에서 차지하는 비중은 미미한 수준이었다.

성장기인 1980년대에는 한국의 경제성장을 주도해온 제조업의 시설투자 증가에 따라 1970년대 후반부터 1980년대 초반까지 업무가 인가된 리스부문이 큰 폭의 증가세를 기록하였으며, 특히 외화조달이 용이하여 외화부문의 증가세가 높았다. 외화조달에 있어서 설립 초기에는 해외합작법인을 통한 차입 또는 도입주선이 주된 업무였으나, 1980년대 이후에는 외자를 직접 도입하고 협조융자까지도 추진하여 업무 영역과 능력이 확대되고 성장하였다. 1984년 7월부터 어음관리계좌(CMA)업무가 도입되어 단기금융업무에 있어서 중요한 자금원천으로 안정적인 영업기반을 마련하였으나, 단기금융업무가 종합금융회사의 영업부문에서 차지하는 비중은 점차 축소되어 왔다.

전환기의 1990년대에 들어서 급격한 금융환경의 변화로 금융산업의 국제화 및 개방화가 급속히 진행되어 종합금융산업에도 상당한 변화가 생겨났다. 1993년 12월 "지방단자사의 종합금융회사전환 방안"이 발표되었고, 이에 따라 1994년 7월 지방의 9개 투자금융회사가 종합금융회사(1개 종합금융회사는 외국사와 합작)로 전환하였다. 그러다가 1996년 7월부터 1995년에 개정된 종합금융회사법과 정부의 투자금융회사 정리방침에 따라, 서울의 8개 투자금융회사와 지방의 7개 투자금융회사들이 종합금융회사로 전환하여, 당시 한국에는 30개의 종합금융회사가 영업을 하였다.

한편 1996년 중반에 발표된 정부의 금융산업개편방안에 의하면 종합금융회사는 장차 투자은행을 지향하는 것으로 되어 있었다. 그리고 2000년 들어 정부는 종합금융회사의 구조조정 일환으로 종합금융회사를 은행 또는 증권회사와의 합병을 유도하든가, 종합금융회사간의 합병 또는 단독으로 증권회사로의 전환을 유도하고 있다. 그리고 종합금융사로의 잔류를 희망하는 종합금융회사는 증권업무 및 투신업무의 일부를 허용하였다.

그러나 1997년 12월 3일 한국의 금융·외환위기 이후, IMF는 부실종합금융회사의 정리에 대한 강력한 요구를 하였다. 이에 따라 1998년 1월 31일 종합금융회사 경영평가위원회의 1차 경영평가 결과에 의해 계약이전(契約移轉)결정 처분을 내렸던 신한, 삼삼, 한화, 경남, 고려, 쌍용, 항도, 청솔, 신세계, 경일 등 10개 종합금융회사에 대하여 "금융산업의 구조개선에 관한 법률" 및 "종합금융회사에 관한 법률"에 의거 1998년 2월 17일 영업인가취소 처분을 결정하였다. 그 후 제2차 종합금융회사 정리절차에 따라 1998년 3월에 대구종합금융과 한솔종합금융이, 제3차 종합금융회사 정리정차에 따라 4월에 삼양종합금융과 제일종합금융회사가 인가취소 되었다. 따라서 외환위기 이후 1998년 중 인가가 취소된 16개 종합금융회사는 이들 두 가지 법률에 의거 해산되어 청산 또는 파산절차를 밟았다. 한편 1997년 12월 이후 16개 퇴출 종합금융회사의 자산과 부채를 이관받아 정리하기 위해 가교종합금융회사로 한아름종합금융회사가 설립되었다.

1999년에는 1월에 한외종합금융과 한국외환은행, 2월에 현대종합금융과 강원은행(강원은행의 종금업무), 10월에 엘지종합금융과 엘지증권의 합병이 이루어졌고, 대한종합금융이 퇴출(6월)되었다. 2000년 5월에는 나라종금이 퇴출되었고, 이어서 11월에는 계약이전(P&A)방식으로 하나로종합금융에 통합되었던 한국·한스(구 아세아종금)·영남·중앙 등 4개사가 인가·취소되었다. 하나로종합금융은 2001년 9월 우리금융지주회사에 통합되면서 우리종합금융회사로 명칭이 변경되었다가 2003년 6월 우리은행에 흡수되었다. 이러한 종합금융회사의 구조조정에 따라 1997년 12월 외환위기 이전에는 30개였던 종합금융회사가 2000년까지는 10개사로 줄어들었다.

2001년 7월에는 동양종금과 현대종금이 동양현대종합금융으로 출발하였다가 리젠트종합금융(2000년 12월 영업정지 당함)을 합병한 후 11월에 동양종합금융증권에 합병되었다. 메리츠종금은 한불종금이 1999년 4월 한진그룹에 인수되었다가 2007년 1월 한진그룹이 프랑스 Societe Generale 등 10여개 기업이 합작투자하여 메리츠종금으로 출발하였다. 그러다가 메리츠종금은 2010년 4월 메리츠증권에 합병되었다. 따라서 2010년 말 현재 금호종합금융의 1개 회사만이 종합금융업무를 영위하고 있다.

종합금융회사에 대해서는 은행과 달리 주식소유에 대한 규제가 없다. 기존 회사의 경우 설립·합작 당시부터 산업자본이 참여하였으며, 외국자본이 철수하는 경우 산업자본이 이를 인수하였다. 그리고 전환사의 경우도 산업자본이 지배주주로 되어 있는 회사가 많았다.

지배구조에 있어서 종전에는 1999년 12월 종합금융회사법의 개정으로 대통령령이 정하는 종합금융회사는 전체 이사의 1/2 이상을 사외이사로 선임해야 하고, 이사회 내의 감독위원회를 설치하고, 그 위원의 2/3 이상을 사외이사로 구성해야 한다. 자본시장법에 의하면 사외이사를 3인 이상 두어야 하고, 사외이사는 이사 총수의 1/2 이상이 되어야 한다(법 제350조).

(2) 종합금융회사의 업무

종합금융회사는 예금업무와 보험업무 등 일부업무를 제외하고는 국내은행과 비은행금융기관이 영위하는 거의 모든 업무를 겸영하고 있다. 1996년 7월부터는 투자금융회사의 종합금융회사 전환에 따라 투자금융회사의 업무도 영위하고 있다. 단 콜중개업무는 1997년부터 콜중개전문회사가 발족함에 따라 취급하지 않게 되었다.

(가) 단기금융업무

종합금융회사의 단기금융업무는 1년 이내에 만기가 도래하는 어음의 발행, 할인, 매매, 중개, 인수 및 보증 업무이다(법 제336조 제1항 제1호). 그 밖의 단기금융업무로는 어음관리계좌(CMA)업무, 팩토링업무 및 양도성예금증서(CD)의 매매, 중개・주선 또는 대리업무 등이 있다(영 제325조 제2항). 이 중 어음발행 및 CMA업무는 종합금융회사의 주요 자금조달수단이고, 어음할인업무는 종합금융회사의 대표적인 신용공여업무이다. 또한 설비자금 또는 운전자금의 투융자업무도 가능하다(법 제336조 제1항 제2호).

(나) 증권업무

종합금융회사는 자기계정에 의한 증권의 매매 이외에도 인수주관회사의 일원으로서 증권의 인수・모집 및 매출의 중개, 주선, 대리 업무를 취급할 수 있다(법 제336조 제1항 제3호). 1997년 12월부터는 공사채형 수익증권을, 1999년 하반기부터는 뮤추얼펀드 및 하이일드 펀드를, 2000년 5월부터는 주식형 수익증권을 판매하고, 2004년 1월부터는 투자신탁의 수익증권과 투자회사의 주식을 판매하고 있다.

2009년 2월부터는 자본시장법에 의해 장내파생상품 중 기초자산이 주가지수인 것을 대상으로 하는 투자매매업 및 투자중개업을 영위할 수 있다(영 제325조 제2항).

(다) 국제금융 및 외국환업무

종합금융회사는 장·단기외자의 차입 및 전대, 외화표시 지급보증, 외화증권투자, 외국환 및 연불수출어음의 매매 등 광범위한 업무를 영위하는 한편, 해외투자와 국내기업이 유리한 조건으로 외화자금을 도입할 수 있도록 국제금융을 주선한다(법 제336조 제1항 제4호).

외화차입은 설립 초기에는 시장개척의 어려움 등으로 해외합작법인을 통한 차입에 주로 의존하였으나, 1980년 이후에는 외자를 직접 도입하고 협조융자까지 추진할 수 있게 됨으로써 그 실적이 꾸준히 신장되어 왔다. 이에 따라 외화차입은 종합금융회사의 주된 자금조달수단이 되어 왔다. 종합금융회사는 외화차입금을 주로 외화대출 또는 리스자산 구입에 운용하는데, 1980년대 중반 이후부터 외화대출보다는 리스업무에 주력했었다. 그러나 1997년 외환위기 이후 종합금융사의 대외신용도가 저하함에 따라 외자도입업무는 크게 축소되었다.

(라) 사채발행 및 중장기대출업무

종합금융회사는 자기자본의 10배까지 사채(종금채)를 발행할 수 있으며(법 제336조 제1항 제5호, 제340조 제1항), 채권발행으로 조달된 자금은 주로 장기대출로 운용되고 있다.

(마) 기타

종합금융회사는 상기 업무 이외에도 해당업무에 대한 법률이 정하는 바에 따라 인가, 허가, 등록을 받아, "여신전문금융업법"에 따른 시설대여업무, 자본시장법에 따른 투자신탁의 설정, 해지, 투자신탁재산의 운용업무 등과 같은 집합투자업, 금전신탁 이외의 신탁업, 증권을 대상으로 하는 투자매매업 및 투자중개업, "외국환거래법"에 따른 외국환업무를 영위할 수 있다(법 제336조 제2항).

한편, 종합금융회사는 위와 같은 기타 업무 이외에도 "신용정보의 이용 및 보호에 관한 법률"에 따른 신용정보업무, "자산유동화에 관한 법률"에 따른 유동화자산 관리업무, "주택저당채권유동화회사법"에 따른 채권유동화업무, 자본시장법에 따른 투자자문업, "전자금융거래법"에 따른 전자자금이체업무 등도 영위가 가능하다(영 제325조 제3항).

Ⅱ 관련협회

1 한국금융투자협회

한국금융투자협회는 회원 상호간에 업무질서를 유지하고, 공정한 거래를 확립하고, 투자자를 보호하며, 금융투자업의 건전한 발전을 위하여 설립된 기관이다(법 제283조 제1항). 협회는 금융투자업자들의 회원조직으로서 공공적 성격을 띤 법에 의해 공인된 금융투자업에 대한 자율규제기관으로서 사단법인이다(법 제283조 제2항, 제4항 및 제286조 제1항 제2호).

한국금융투자협회는 '하나'만 설립할 수 있는데, 법에 의하여 한국금융투자협회가 아닌 자는 금융투자협회, 증권협회, 선물협회, 자산운용협회 또는 이와 유사한 명칭의 사용이 금지된다(법 제284조). 한국금융투자협회의 회원이 될 수 있는 자격은 법령으로 정하는데, 금융투자업자와 그 밖에 금융투자업과 관련된 업무를 영위하는 일반사무회사, 집합투자기구평가회사, 채권평가회사, 신용평가회사와 협회정관에서 정하는 자가 회원이 될 수 있다(법 제285조 제1항).

(1) 협회의 업무

자본시장법에 협회는 정관에 주요 업무를 정한다고 규정되어 있다(법 제286조 제1항). 협회 정관에서 정한 업무로는 회원 간의 건전한 영업질서 유지 및 투자자 보호를 위한 자율규제 업무, 회원의 영업행위와 관련된 분쟁의 자율조정에 관한 업무(다만 당사자의 신청이 있는 경우에 한한다), 투자권유자문인력, 조사분석인력, 투자운용인력 등 주요직무 종사자의 등록 및 관리에 관한 업무, 금융투자업자의 신규 장외파생상품 취급에 대한 사전심의 업무, 증권시장에 상장되지 아니한 주권의 장외매매거래에 관한 업무, 금융투자업 관련제도의 조사·연구에 관한 업무, 투자자 교육 및 이를 위한 재단의 설립·운영에 관한 업무, 금융투자업 관련 연수 업무, 자본시장법 또는 다른 법령에 따라 위탁받은 업무 그 외에 대통령령으로 정하는 업무 및 위의 10가지 업무에 부수되는 업무가 있다.

협회의 감독은 금융위원회가 하는데, 협회의 정관에 관한 사항은 금융위원회의 승인을 받아야 하고(법 제287조 제2항), 협회의 업무규정을 제정·변경하거나 폐지한 경우에는 지체 없이 금융위원회에 보고하여야 한다(법 제290조). 그리고 협회는 증권감독원의 검사를 받아야 한다(법 제292조, 제419조).

(2) 전문인력의 양성

협회의 주요업무 중 하나는 전문인력의 양성과 관리이다.[7] 이를 위해서 협회는 주요직무 종사자(이하 전문인력)의 등록과 관리업무를 담당한다. 자본시장법 제286

표 15-2 금융투자업 관련 전문 인력

전문인력 구분	정 의	자본시장법 관련조항
투자권유 자문인력	• 투자권유를 하거나 투자에 관한 자문업무를 수행하는 자를 말함. • 투자매매업자 혹은 투자자문업자, 투자일임업자는 일정 수 이상을 고용해야 함.	법 제286조 제1항 제3호 가목
조사분석인력	• 조사분석자료를 작성하거나 이를 심사, 승인하는 업무를 수행하는 자를 말함.	법 제286조 제1항 제3호 나목
투자운용인력	• 집합투자재산, 신탁재산 또는 투자일임재산을 운용하는 업무를 수행하는 자를 말함. • 집합투자업자, 신탁업자 또는 투자자문업자, 투자일임업자는 일정 수 이상을 고용해야 함.	법 제286조 제1항 제3호 다목
투자권유자문 관리인력	• 투자권유자문인력을 관리하는 업무를 수행하는 자를 말함.	영 제307조 제1항 제1호
집합투자재산 계산전문인력	• 영 제276조 제3항에 따르면, 국내외 금융투자회사에서 증권 등 자산가치의 계산에 관련된 업무 또는 집합투자재산의 보관, 관리업무에 2년 이상 종사한 경력이 있는 자를 말함.	영 제307조 제1항 제2호
집합투자기구 평가전문인력	• 영 제280조 제2항에 따르면, 국내외 금융투자회사 또는 집합투자기구평가회사에서 증권, 집합투자기구 등의 평가, 분석업무 또는 기업금융업무에 2년 이상 종사한 경력이 있는 자를 말함.	영 제307조 제1항 제3호
집합투자재산 평가전문인력	• 영 제285조 제3항에 따르면, 금융투자상품을 분석하는 능력을 검증하기 위하여 협회에서 시행하는 시험에 합격한 자 또는 국내외 금융투자회사, 채권평가회사에서 금융투자상품의 평가·분석업무에 3년 이상 종사한 경력이 있는 자를 말함.	영 제307조 제1항 제4호
신용평가 전문인력	• 영 제324조의3 제4항 제1호에 따르면, 금융위원회가 정하여 고시하는 요건을 갖춘 증권 분석·평가업무 경력자를 말함.	영 제307조 제1항 제5호

7) 증권연수원은 증권업협회가 주관하는 1·2종 투자상담사 및 금융자산관리사(FP), 재무위험관리사(FRM), 증권분석사(CIA)자격시험을 관리하였으며, 투자상담사에 관하여는 자격시험뿐만 아니라 보수교육, 등록·등록취소 등의 업무를 담당하였다. 자본시장법의 제정으로 전문인력의 명칭이 크게 바뀌었다.

조 제1항 및 영 제307조 제1항에 열거된 협회가 등록과 관리업무를 담당하는 주요 직무 종사자의 종류는 다음과 같다.

첫째, 투자권유자문인력

둘째, 조사분석인력

셋째, 투자운용인력

넷째, 투자권유자문 관리인력

다섯째, 집합투자재산 계산전문인력

여섯째, 집합투자기구 평가전문인력

일곱째, 집합투자재산 평가전문인력

여덟째, 신용평가전문인력

아홉째, 그 밖에 금융위원회가 정하여 고시하는 자

전문인력별 업무내용과 자격, 자본시장법령에서 규정한 요건을 〈표 15-2〉에 정리하였다.

(3) K-OTC의 운영

한국금융투자협회의 주요업무 중 하나는 채권 및 비상장주권을 매매하는 장외시장을 관리하는 것이다. 자본시장법에서는 한국금융투자협회가 증권시장에 상장되지 아니한 주권의 장외매매거래에 관한 업무를 행한다고 규정하고 있기 때문이다(법 제286조 제1항 제5호).

장외시장 관리업무에는 채권장외시장 관리(수익률·채권지수 발표 및 장외거래 호가집중), 채권거래 전용시스템(FreeBond) 및 소액채권 판매정보집중시스템(채권몰)운영, 비상장주권 장외매매시장인 K-OTC 개설 및 운영, 회원사의 장외파생상품 관련 업무 지원 등이 해당된다.

주요한 장외시장 관리 업무 중 하나가 협회중개시장을 운영하는 것이다.[8] 이는 2014년 8월에 프리보드에서 K-OTC로 명칭을 바꾼 장외주식거래시장을 한국금융투자협회가 계속 운용하는 것을 의미한다. 2005년 7월까지 제3시장(over the coun-

8) 협회중개시장은 과거 코스닥시장으로 불려졌다. 구 증권거래법에 따라 한국증권업협회가 협회중개시장의 개설자이지만, 시장운영 및 관리는 코스닥위원회에서 담당하고, 매매중개는 (주)코스닥증권시장에서 담당하였다. 흔히 코스닥거래소라고 부르는 것은 이들 세 기관의 기능을 모두 종합하여 증권거래소에 대응하는 개념으로 사용하는 것이다. 2004년 1월 한국증권선물거래소법에 의해 한국증권선물거래소로 통합되었다.

ter market bulletin board : OTC BB)으로 불렀고, 2014년 8월까지는 프리보드(Free-board)라고 불렀으나, 이후 이름을 변경한 K-OTC는 거래소시장에 진입이 어려운 기업들에게 자금조달의 기회를 제공하고 투자자를 보호하기 위하여 비등록 비상장 장외주식을 대상으로 실시간 호가, 종가, 거래량 정보 등을 제공하는 제도화된 호가서비스를 제공하는 시장이다.[9] 2013년 7월부터 한국거래소에 신생 중소기업 전용의 코넥스시장이 개설됨에 따라 금융투자협회가 운영하는 프리보드의 성격이 매우 애매하게 되었다. 이에 대한 대처방안의 일환으로 프리보드를 K-OTC로 개편하게 된 것이다.[10] K-OTC시장에서 증권시장에 상장되지 아니한 주권을 장외매매 거래하도록 운영·관리하는 업무를 수행하는데 필요한 업무기준은 협회규정인 "K-OTC시장 운영규정"에 정하였다.

(4) 채권장외시장 프리본드 관리

종전의 한국증권업협회는 채권시장 제도개선 및 정책건의, 채권시가평가기준수익률 및 최종호가수익률 등의 각종 수익률 공시, 채권지수 및 금리선물 관련업무, CP, RP 등 단기금융상품과 관련업무 등을 수행하였고, 기업의 자금조달수단으로 그 기능 및 비중이 급증하고 있는 채권의 장외시장의 운영과 관련하여 중요한 역할을 수행하였다.[11]

채권장외거래의 활성화와 수익률 공시 등의 업무를 위하여 1993년 5월부터 장외시장에서 거래되고 있는 각종 채권의 수익률, 거래량 등을 종합적으로 공시하여 유통시장의 채권종류별 지표금리산정에 활용하도록 하고 있다.

특히 2000년 7월 1일부터 전면 시행되고 있는 채권시가평가업무는 금융기관이 신탁재산으로 보유한 채권에 대한 평가를 위해 가장 기본적이고도 시장파급효과가 큰 업무이다. 따라서 2009년 2월부터 시행된 자본시장법에 따라 채권시가평가와 관련된 기능과 업무에 대한 절차에 큰 변화는 없다(법 제286조 제1항 제10호 및 영 제307조 제2항 제3호 참조).

한국금융투자협회는 2010년 4월 1일부터 채권거래 전용시스템인 프리본드(Free Bond)를 정식 개설하였다. 우리나라 채권은 대부분이 장외에서, 정형화된 시스템이

9) 한국금융투자협회 K-OTC www.k-otc.or.kr/ 참조
10) K-OTC에 대한 상세한 설명은 앞의 4장 장외매매시장 내용 참조
11) 한국금융투자협회 채권정보센터 www.kofiabond.or.kr 참조.

없이 사설메신저를 통한 호가교환을 통해 거래되고 있다. 이런 장외거래 방식은 신속성 측면에서 장점은 있지만, 잦은 전산장애, 일시적 거래 마비 등 문제점도 많았다. 협회는 채권거래 전용시스템을 구축하기 위해 협회의 호가집중시스템(BQS)[12]에 장외시장의 채권거래 방식을 접목하는 시스템을 개발하였다. FreeBond는 현재 시장에서 사용하는 매매·중개방식을 반영한 트레이딩보드[13]와 전용메신저로 구성되어 있다. FreeBond의 운영·관리에 관한 사항은 협회규정인 "금융투자회사의 영업 및 업무에 관한 규정" 제7편 제9장에 시스템의 정의, 지원범위, 운영·관리 등에 관한 사항을 상세히 규정하였다.

2 한국상장회사협의회

(1) 주요사업

한국상장회사협의회는 1973년 12월 18일 상장회사 100개사 돌파를 계기로 증권시장에 상장되어 있는 주권 발행인인 상장회사를 회원으로 하여 설립되었다. 협의회는 비영리 사단법인으로 상장회사의 권익옹호와 친목을 도모하고 투자자를 보호함으로써 자본시장 발전에 기여하기 위하여 설립되었으며, 1997년 4월 증권거래법에 의한 증권관련단체로 전환되었다. 자본시장법이 시행되면서 법 제370조 제1항에 의거한 금융투자 관계단체로 규정되었다. 한국거래소 유가증권시장에 주권을 상장한 회사는 한국상장회사협의회의 정회원이 된다.

한국상장회사협의회의 주요 업무는 다음과 같다.

- 상장회사 기업내용공시에 관한 사업
- 상장회사 IR 활성화를 위한 사업체 구성 및 운영에 관한 사업
- 상장회사 증권, 법제, 공시, 금융, 재무, 회계 및 세무 등 관련 업무에 관한 사업
- 상장회사 증자 및 배당정책에 관한 사업
- 상장회사 관련 각종 제도, 법규 및 정책 건의에 관한 사업

12) 2007년 12월에 협회가 개발한 장외에서 거래되는 모든 채권에 대한 호가정보를 증권회사 등이 협회에 실시간으로 공시하는 시스템이다.

13) 트레이딩 보드는 장외 채권시장의 상대매매 거래방식을 시스템 형식으로 정형화한 거래 플랫폼으로 전체 시장 참가자를 사전에 신고·등록하여 사용자 탐색을 용이하게 하였으며, 메신저와 같은 Text 주문과 정형화된 폼 형식 주문을 통해 매매협상이 가능케 하였다.

- 상장회사 관련업무 지원을 위한 교육 및 연수에 관한 사업
- 상장회사 관련 각종 연구・조사 및 통계・분석에 관한 사업
- 상장회사 감사, 감사위원 및 CFO의 협의체 구성 및 운영에 관한 사업
- 상장회사 및 외부감사대상법인 등에 대한 자료 전산화 및 공급에 관한 사업
- 상장회사 업무관련 전문인력 양성 및 자격인증 등에 관한 사업
- 상장회사 사외이사인력뱅크 설치 및 운영에 관한 사업
- 상장회사 지배구조 연구 및 개선에 관한 사업
- 상장회사 윤리경영, 환경보호, 사회공헌 및 지속가능경영 등 기업의 사회적 책임(CSR) 사업 수행을 위한 수행을 위한 관련제도에 관한 사업
- IFRS 등 기업회계기준과 관련제도의 정착 및 발전을 위한 사업
- 내부회계관리제도의 정립을 위한 연구・지원에 관한 사업
- 상장회사 외부감사 제도 및 운영에 대한 협의 및 연구・개선에 관한 사업
- 외부감사대상법인 등에 대한 관련제도의 운영개선과 지원에 관한 사업

(2) 공시 및 IR사업

지난 1982년부터 상장회사가 제출하는 사업(반기)보고서와 등록법인 감사보고서 등 각종 공시자료와 증권기관 정기간행물을 비치, 투자자들이 이를 자유롭게 열람케 하고 투자판단자료로써 널리 활용하도록 하기 위하여 "기업내용공시실"을 증권거래소와 공동・운영하였다. 비치자료로는 사업(반기)보고서(감사보고서 및 영업보고서, 정관 등 포함), 등록법인 감사보고서, 협의회와 증권거래소 정기간행물, 종합정보문의(V2)단말기, 공시전용 자동응답시스템(ARS), 공시방송망 등이 있다.

IR(Investor Relations)사업의 활성화는 협의회의 주력사업이다. IR은 기업과 주주 및 투자자간의 적극적인 의사소통으로 기업의 내용과 경영방침에 관한 정확한 정보를 제공함으로써 투자자에게 기업에 대한 이해를 증진시키고, 신뢰관계 구축을 목적으로 시행하는 경영활동이다. '소극적 경영' 방법에서 '적극적 경영' 방법으로 전환하여 증권시장에서 안정주주의 확대와 함께 자금조달을 원활하게 하고, 이를 통해 기업의 지속적인 성장・발전에 기여하도록 하는 전략적 마케팅 활동을 일컫는다.

한국상장회사협의회는 이러한 IR을 우리나라에 정착, 발전시키기 위하여 기업설명회 주선 및 국제IR연맹 회원으로써 국제IR협의회와의 교류증진을 통해 IR 선진기법들을 도입・소개하는 등 다양한 관련 사업들을 추진하고 있다. IR을 국내에 널

리 보급, 확산시키고 각국의 IR협의회와의 유대 및 정보교류 등을 목적으로 지난 1996년 제7차 국제IR연맹(International Investor Relation Federation : IIRF) 정기총회에서 동 연맹의 16번째 정회원으로 가입하였다. 이후 매년 희망하는 상장회사 IR 실무책임자들과 국제IR연맹 정기총회에 참석하여 신진외국의 새로운 IR기법을 배우고, 또한 주요 기관투자자들과의 유대를 강화하고 있다.

또한 한국상장회사협의회는 경제사회의 환경변화에 발맞추어 다양한 회원서비스 사업을 전개해 왔다. 예를 들면, 사외이사, 감사위원회, 준법지원인 제도도입에 따른 회원사 교육에 힘써 왔으며, 최근에는 한국형 국제회계기준(K-IFRS) 도입에 따른 상장회사의 준비사항 및 재무제표 작성에 따른 교육도 강화하였다.

3 코스닥협회

(1) 주요사업

코스닥협회는 코스닥시장의 건전한 육성과 투자자 보호 및 협회등록법인의 권익옹호 및 친목도모를 목적으로 1999년 6월 17일 코스닥등록법인 중 9인의 발기인(한국정보통신(주), (주)터보테크, (주)한글과컴퓨터 등 9개사)을 중심으로 발기인회의를 개최하고 동년 6월 29일 창립총회를 개최하여 코스닥등록법인협의회라는 이름으로 설립되었다.

코스닥협회는 민법 제32조에 의한 단체로서 2001년 1월 17일 기획재정부로부터 사단법인 설립허가를 받은 증권유관기관이며 코스닥시장에 등록된 법인이 회원으로 가입되어 있다.[14] 2005년 1월에 코스닥상장법인협의회로 명칭을 바꾼 바 있으며, 그 후 10주년이 되는 2009년 6월에 이름을 코스닥협회로 변경하였다. 2016년 현재 코스닥시장 상장기업수가 1200개 이상 되었고, 코스닥시장 시가총액 200조원을 상회하고 있다.

협회의 주요 업무는 다음과 같다.

1. 연구・정책 건의 사업

- 상법, 자본시장법 등 각종 법규의 개선책 건의
- 회계・공시제도의 규제 완화책 건의
- 회원사 권익옹호와 코스닥시장 발전책 건의

14) 2004년 1월에 제정된 "한국증권선물거래소법"에 의해 이전의 '등록기업'이 '상장기업'으로 바뀌었다.

- 상장기업의 업무수행에 필요한 각종 실무자료
  (법규편람, 실무해설서, 통계자료 등) 제작 · 배포
- 주주총회 개최, 상법, 자본시장법, 공시 · 회계제도 등
  실무에 관련된 다양한 분야의 상담서비스
- 코스닥기업 업종별 형태, 경영환경 및 미래성장동력 수요도 등에 관한 실태조사 실시 및 정책건의

2. 지속성장동력 창출 지원 사업

- 신성장동력 관련 신기술을 확보하고 기술설명회 등을 통해 기술이전 및 사업화를 지원
- 확보된 신기술 보호를 위해 특허로드맵 구축을 지원
- 회원사가 원하는 기술을 개발하고 상용화하기 위해 기술수요조사를 실시
- '제4차 산업혁명'의 급변하는 사회와 산업기술의 신 패러다임의 이해 증진을 돕기 위한 컨퍼런스 및 설명회를 개최
- 회원사의 지속성장, 해외진출 및 자금 지원 사업
- 회원사의 R&D역량을 높일 수 있도록 지원 사업

3. 코스닥 브랜드 제고 및 홍보 · IR 지원 사업

- 경영실적, 투명경영, 기술개발, 수출, 일자리 창출 등에서 우수한 코스닥 기업을 선정하여 시상함으로써 투자자의 신뢰증진 및 대내외적 코스닥 브랜드 가치를 높임.
- 회원사의 홍보 활동 지원 사업
- 코스닥 홍보. IR담당 실무자를 대상으로 네트워크 구축, 코스닥 홍보 · IR 포럼 개최 지원
- 기관투자자 및 개인투자자 등을 대상으로 IR을 개최하는 회원사를 지원하고, 합동IR, 탐방IR을 개최
- 지방소재 회원사의 홍보. IR 활동 지원

(2) IR사업

코스닥협회는 코스닥시장의 건전한 발전과 질적 성장을 도모하고자 상장법인의 IR을 주선, 지원하는 사업을 한다. 신규로 코스닥시장에 상장하고자 하는 법인은 코스닥협회를 통하여 IR을 실시하여야 함은 물론 코스닥협회가 발급한 "기업설명회 개최 확인서"를 첨부하여야 한다. 이에 따라 코스닥협회는 상장예정법인의 IR을 효

과적으로 추진하기 위하여 IR Program을 마련하여 상장예정법인을 대상으로 IR을 실시하고 있다.

Ⅲ 관련회사

1 신용평가회사

신용평가업은 직접금융시장의 발달과 밀접한 관계가 있다. 직접금융시장 중에서 특히 채권시장의 발달과 깊은 관계가 있다. 채권발행을 통해 자금을 조달하고자 하는 기업은 원활하고 저렴한 자금조달을 위하여, 기업의 원리금 상환능력을 객관적이고 공정한 평가기관으로 하여금 평가하도록 의뢰하려는 유인이 있기 때문이다. 향후 국내기업들의 자금조달 행태는 은행 등을 통한 간접금융의 비중이 약화되고, 상대적으로 증권시장을 통한 직접금융이 활성화될 것으로 보여 신용평가시장의 규모가 급격히 증가할 전망이다.

신용평가회사에 관한 법규는 2013년 자본시장법 개정에 따라 자본시장법에서 규정하고 있다.[15)]

15) 2013년 이전까지 국내 신용조사 및 신용정보 관련법규는 크게 기업신용조사 관련법규와 개인(소비자)신용조사 관련법규로 구분할 수 있다. 첫째, 기업신용조사와 관련된 법규는 다음과 같다. 신용조사업에 관한 허가와 규제사항을 다루고 있는 "신용조사업법"이 있다. 동법은 1995년 7월 6일부터 "신용정보의 이용 및 보호에 관한 법률"(신용정보법)로 대체되었다. 신용보증기금의 설립근거가 되는 "신용보증기금법"과 전국은행연합회를 정보집중기관으로 지정하여 관련기관간에 신용정보의 원활한 교환・활용을 유도하기 위한 재무부 훈령인 "신용정보 교환 및 활용지침"도 기업신용조사 관련법규에 해당한다. 그러나 2013년 자본시장법 개정에 따라 기업신용평가에 관한 법규는 자본시장법 제335조의2에서 제335조의15에 통합되었다. 둘째, 개인이나 소비자 신용조사 관련 법규는 다음과 같다. 신용카드업자의 신용조사를 업무내용으로 규정하고 있는 "신용카드업법", 소비자 신용정보의 보호를 규정하고 있는 "소비자보호법", 사업자가 업무상 알게 된 비밀을 정당한 이유 없이 누설하는 것을 제한하는 "약관의 규제에 관한 법률" 그리고 공공기관의 개인정보 취급에 관한 전반적인 사항을 규정하고 있는 "공공기관의 개인정보 보호에 관한 법률" 및 금융기관의 예금주에 대한 예금거래정보의 제공을 제한하고 있는 "금융실명거래 및 비밀보장에 관한 긴급재정경제명령"이 개인신용조사와 관련된 법규라고 할 수 있다.

자본시장법에서 "신용평가업"이란 금융투자상품, 기업 또는 집합투자기구에 대한 신용상태를 평가하여 그 결과에 대하여 기호, 숫자 등을 사용하여 표시한 등급(신용등급)을 부여하고 그 신용등급을 발행인, 인수인, 투자자 그 밖의 이해관계자에게 제공하거나 열람하게 하는 행위를 영업으로 하는 것을 말한다(법 제9조 제26항). 신용평가회사는 자본시장법 제6편 금융투자업관계기관 제3장의2 신용평가회사 규정에 따라 신용평가업무, 즉 투자자 보호를 위하여 객관적인 평가가 필요하다고 인정되는 증권에 대하여 원리금상환가능성을 평가하는 행위를 수행한다. 신용평가회사의 신용평가업무는 개인에 대한 신용등급은 제공하지 않는다.

신용평가회사는 현재 한국기업평가, 한국신용평가, NICE신용평가, 서울신용평가정보 등 4개사가 기업어음, 회사채 등 유가증권의 등급 평가업무 및 주식평가업무 등 신용평가업무를 수행하고 있다. 신용평가회사는 겸영업무로서 채권평가회사의 업무를 영위할 수 있으며(법 제335조의10 제1항), 또한 신용평가회사는 은행 등 금융기관의 기업에 대한 신용공여의 원리금상환 가능성에 대한 평가업무 및 은행 등 금융기관의 지급능력, 재무건전성에 대한 평가업무를 부수업무로 영위할 수 있다(법 제335조의10 제2항).[16]

표 15-3 신용평가 회사 현황

상 호	설립일	허가업무	해외합작 주주회사
한국기업평가	1983.12 2002.2 코스닥상장	회사채, ABS, CP 신용평가 및 사업가치평가	Fitch Ratings (73.55%)
한국신용평가	1985.5	회사채, ABS, CP 신용평가 및 기업가치평가	Moody's Singapore (100%)
NICE신용평가	2007.11 2004.2 코스피상장	회사채, ABS, CP 및 기업 신용평가	2011.9 한신정신용평가에서 사명변경
서울신용평가정보	1992.4. 1999.12 코스닥상장	ABS, CP 신용평가만 영위	

16) 2016년 신용평가회사 4사의 신용평가부문 매출액은 827.6억원으로 전년 829.5억원 대비 감소하였다. 신용평가회사 매출액에는 자본시장법 제335의10 제2항 1, 2호에 따라 신용평가업에 부수하는 평가업무 수입 12억원이 포함되어 있다. 2016년 중 회사채 발행이 34.2조원에서 24.4조원으로 감소함에 따라 신용평가회사의 매출이 소폭 감소하게 되었다. 신용평가부문 시장점유율은 NICE신용평가(34.8%), 한국신용평가(32.4%), 한국기업평가(32.4%) 순으로 3사의 균점체제가 지속되고 있다.

(1) 신용평가회사의 기능

기업이 발행하는 증권에 투자하는 투자자들은 투자정보의 수집과 분석을 통해 합리적인 판단을 하려고 노력한다. 그러나 개별투자자들로서는 기업에 대한 정보를 충분히 갖는다는 것은 거의 불가능할 정도로 정보비용이 많이 든다. 기업에 존재하는 정보량과 투자자들이 개별적으로 수집할 수 있는 정보량에는 상당한 차이가 있다. 이를 정보의 비대칭성(informational asymmetry) 또는 정보의 편재현상이라고 한다. 이런 기업관련 투자정보의 비대칭을 해결하기 위해서 자본시장에서는 기업공시제도가 운영되고 있으며, 신용평가회사도 정보편재 현상의 해결에 기여하는 기능을 갖고 있다.

신용평가회사는 본질적으로 증권에 관한 종합적인 위험정보를 제공함으로써 자본시장에서 상환불능위험에 대한 적정한 프리미엄이 자율적으로 결정되도록 시장가격기능이 충실히 작동하는데 기여하는 역할을 한다. 이와 같은 신용평가회사의 경제적 기능과 사회적 역할을 정리하면 다음과 같다.

(가) 투자자 보호

신용평가회사는 투자자들에게 객관적이고 공정한 투자정보를 제공함으로써 합리적인 투자결정을 할 수 있도록 하고, 이를 통해 투자자 보호와 자본시장 발전의 기반조성에 기여한다.

(나) 기업의 자금조달 원활화

신용평가회사는 기업이 자기신용도에 적합한 자금조달기회를 제공하며, 금리 등 증권의 발행조건이 시장에서 적정하게 형성되도록 하는 투자정보지표를 제공한다. 따라서 자연히 우량기업은 보다 저렴한 자금조달 비용으로 원활하게 자금조달을 할 수 있게 된다.

(다) 금융투자업자의 증권 인수 및 매출 촉진

신용평가회사는 금융투자업자 등 금융중개기관에 대해서도 유가증권 등급정보를 포함한 기업신용도에 관한 객관적인 정보를 제공함으로써 증권의 인수, 할인 등에 수반되는 위험을 줄여 금융중개기관의 유가증권의 매출을 촉진하게 한다.

(라) 금융기관의 여신운용 참고지표 제공

전문평가기관인 신용평가회사는 은행 등 금융기관의 우량업체 발굴, 대출심사 및 대출조건 결정 등에 참고로 활용할 수 있는 객관적 정보를 제공하게 된다.

(2) 신용평가회사의 업무

신용평가는 기업의 경영환경, 사업성과, 재무구조 등 기업 특유의 정보를 수집, 분석하여 기업신용도와 채무의 원리금상환 능력을 평가하는 것을 의미한다. 이에는 금융기관이 대출심사와 관련하여 수행하는 신용분석(credit analysis)과 전문신용평가회사가 수행하는 채무증권의 등급평가(credit rating)가 해당된다. 그러나 일반적으로 신용평가회사가 수행하는 신용평가는 전문평가기관(rating agency)의 채무증권 등급평가(credit rating)를 의미한다.

채무증권의 신용등급평가는 만기까지 증권의 원리금상환 확실성의 정도를 계량화하여 간략한 기호로 등급화하고, 이를 자본시장의 이해관계자에게 공시하는 업무이다. 신용평가회사의 고유업무는 회사채, 기업어음 등 채무증권 등급평가와 주식가치평가이다. 그러나 그 외에도 국내외 각종 경제정보제공업무, 사업타당성분석, 경영진단, 신용조사업무 등을 영위하고 있다.

첫째, 채무증권 등급평가업무는 기업이 발행하는 증권의 신용등급을 책정하는 업무로서 무보증사채 및 해외전환사채, 해외신주인수권부 사채 등을 대상으로 하는 회사채평가와 기업어음을 대상으로 하는 기업어음평가로 구분된다.

무담보어음을 발행하여 금융투자업자 및 은행을 통해 단기자금을 조달하고자 하는 기업은 2개 이상의 신용평가회사에서 일정등급 이상의 신용평가등급을 받아야 한다. 기업어음 신용평가등급의 유효기간은 최근 사업 연도의 직전 사업 연도 결산재무제표를 기준으로 평가한 경우 최근 사업 연도 종료일(결산일)로부터 상장 및 등록법인은 5개월, 기타 법인은 6개월이 경과되기 전까지이다. 동 유효기간 만료 전에 새로 2개 이상의 신용평가등급을 취득하는 경우에는 신용평가등급의 연속성이 인정된다.

채권에 대한 신용평가는 무보증채권을 발행하고자 할 때 거치는 절차이다. 국채, 정부가 원리금의 지급을 보증하는 채권, 지방채, 한국은행의 통화안정증권을 제외한 무보증채권은 2개 이상의 신용평가회사에서 신용평가등급을 받은 경우만 인수기관에 의해 인수가 가능하고 은행과 투자신탁, 투자회사의 간접투자재산에 편입될 수 있다.

둘째, 주식가치 평가업무도 광의의 신용평가 업무에 속한다. 그러나 실제로 기업의 인수, 매각, 타 기업에 대한 출자, 비상장기업의 기업공개 등에 필요한 기초정보의 제공을 위해서 당해 기업의 실질가치를 산정하는 주식가치 평가업무는 신용평가회사의 고유한 업무로는 잘 알려져 있지 않은 실정이다.

(3) 채무증권등급평가용 정보항목

신용평가회사는 기업이 공시한 정보를 계속적이고 체계적·전문적으로 수집할 뿐만 아니라 기업으로부터 필요한 자료의 제출을 요구하거나, 평가대상인 업체의 직접방문 및 경영자와 면담 등을 통해 현장정보와 미공개 정보까지도 수집하고 있다. 또 정치·경제·금융·산업 등 기업신용도에 영향을 미치는 외부환경정보도 다양하게 수집, 분석하기도 한다. 이러한 평가대상기업에 대한 심층정보를 토대로 평가전문인력이 객관적인 입장에서 기업신용도를 분석하는 것이다.

신용평가회사의 생명은 객관성과 공정성에 달려 있다. 서로 상반되는 이해관계자집단을 모두 충족시켜줄 수 있어야 하기 때문이다. 기업이 증권을 발행하여 자금을 조달할 때 보다 더 유리한 금리조건으로 발행하려고 하는 인센티브가 있게 마련이다. 이 증권을 인수하는 기관은 매출을 원활히 할 수 있는 보다 높은 금리조건으로 인수하려 하는 이해상충(conflict of interest)에 당면하게 된다.

그러나 이자율 등 증권의 발행조건을 결정하는데 영향을 미치는 요소는 많으며 금리의 결정은 결코 쉬운 일이 아니다. 시중의 자금사정, 금리수준 및 전망 등과 같은 거시경제변수뿐만 아니라 발행증권의 종류, 상환기간, 재무제한조항(covenant)의 설정 여부, 당해 증권의 변제우선순위, 발행기업의 신용위험도 등 많은 요인이 금리조건의 결정에 영향을 미친다. 신용평가 혹은 신용등급 심사업무는 증권의 발행조건을 결정하는데 기업과 투자자 모두에게 유용하게 이용될 객관적이고 공정한 정보를 제공할 수 있어야 한다. 기업의 원리금 상환능력, 특히 내부자금 창출능력은 재무분석만으로 평가될 수 없다. 왜냐하면 수익성, 성장성 등 내부자금 창출능력에 직간접적으로 영향을 미치는 비재무적이거나 비계량적인 기업경영 요인들도 무척 중요하기 때문이다. 따라서 신용평가에 있어서 재무적 요인과 그 수치들의 배경이 되는 비재무요인에 대한 평가가 모두 중요하다.

한국신용평가(주)의 유가증권 등급평가에 활용되는 평가항목들을 정리해 보면 얼마나 다양한 정보가 신용평가 업무에 소요되는가를 알 수 있다. 신용평가에 필요한 비재무적·재무적 정보항목은 각각 〈표 15-4〉와 〈표 15-5〉와 같이 정리된다.

표 15-4 비재무적 신용평가 항목

구 분	평가내용	주요 평가 항목
산업 위험	발행기업이 소속된 산업 또는 업종이 국민경제 내에서 차지하는 위치와 경기변동에 대한 민감도, 진입장벽, 정부규제 및 법률에 의한 영향 등 사업환경 및 영업기반에 중요한 영향을 미치는 변수를 고려하여 산업에 현재화되어 있거나 잠재적으로 내재되어 있는 위험을 평가	• 업종의 성장성 • 업종의 life cycle • 경쟁상태 및 진입의 용이도 • 산업의 재무적 특성 • 규제 및 입법 • 수요요인 : 시장의 성숙도, 신규시장, 수출, 환율 등 경제변수의 영향 • 공급요인 : 원재료가격 및 조달, 노동력 수급, 에너지 비용, 기술의 변화 속도
업계 지위 경쟁력	발행기업의 주요제품 또는 사업부문별로 당해 업계 내에서 차지하는 시장점유율과 그 점유율의 유지 내지 증대능력을 평가	• 시장점유율 • 매출창출능력 : 신제품, 마케팅, 신 시장 • 유통경로 • 제품 및 시장의 다양화 • R&D
영업 효율성	생산원가구조, 원자재투입구조, 노동 및 자본재의 생산성, 판매가격 결정력 등 주요 경쟁사간 비교분석을 통해 영업이익률의 유지 내지 향상능력을 평가	• 생산효율성 • 가격결정력 • 공장 및 설비수준 • 원재료 조달능력 • 노동 및 자본재 생산성 • 공해방지비용 및 에너지비용
자금 조달 능력	기업의 금융시장 및 자본시장 접근능력, 대은행 관계, 투자계획의 신축성 등의 요소를 추정소요자금 규모 및 외부자금조달 소요규모에 대비하여 평가하는 것으로 구체적으로는 기업의 총소요자금규모, 자금조달계획 및 대체자금조달원, 자금조달계획이 신용도에 미치는 영향 등을 평가	• 금융기관별 차입한도 및 실적 • 차입금상환계획 • 담보제공 상황 • 투자계획의 신축성 • 계열관계 • 부외자산의 규모와 성격 • 대체자금조달원

표 15-5 재무적 신용평가 항목

구 분	평가내용	주요 평가지표
매출 및 수익성	당해기업의 매출구조의 안정성 및 성장력과 수익력을 동종업계와 비교하여 평가함	부분별 매출구조 매출액 증가율 총자본경상이익률 자기자본순이익률 매출액 영업이익률 이자보상비율 금융비용부담률

유동성 및 cashflow	현금흐름의 안정성 및 적정유동성 유지 여부를 동종업계와 비교하여 평가함	유동비율 당좌비율 부채상환계수 cashflow/총부채
안정성 및 자본구조	재무구조의 건전성 및 경기변동에 대한 기업의 탄력적 대응능력을 평가함	자기자본비용 부채비율 차입금의존도 유동부채비율 고정비율 자기자본규모 매출액규모

(4) 신용등급 기호

비재무적 항목과 재무적 항목들을 모두 종합하여 분석, 평가한 이후 평가등급을 결정할 때에는 모든 평가항목의 관련정보를 알기 쉽게 통합하는 과정이 중요하다. 평가등급은 평가항목마다 질적인 가중치를 부여하고 이를 가중평균 점수화하는 것이 일반적이다. 그러나 신용등급정보를 필요로 하는 기업, 투자자, 금융중개기관 등 이해관계자들에게 신용등급의 결정에 소요되는 무수한 정보들을 모두 다 알려줄 수는 없다. 평가대상회사의 신용도를 간결하고 쉽게 전달하기 위하여 신용평가회사들은 나름대로의 기호를 사용하고 있다.

신용평가등급은 회사채와 기업어음(CP)에 따라 등급체계가 다르다. 채무증권의 신용평가등급은 원리금에 대한 적기상환능력의 우열에 따라 AAA부터 D까지의 10개의 등급으로 구성되어 있다. 이 중 AAA에서 BBB까지는 원리금 상환능력이 인정되는 투자등급으로, BB에서 C까지는 환경변화에 따라 크게 영향을 받은 투기등급으로 분류되며 D는 상환불능상태를 나타낸다. AA에서 B까지는 동일등급 내에서의 우열을 나타내기 위하여 + 혹은 − 부호를 부가한다. 자산유동화증권의 신용평가등급은 채권의 신용평가등급체계를 따르고 있다. 참고로 10등급으로 되어 있는 한국신용평가(주)의 회사채 신용등급 기호와 그 의미를 정리하면 〈표 15-6〉과 같다.

표 15-6 한국신용평가(주)의 회사채 신용등급

구분	등급의 의미
회사채	AAA : 원리금 지급능력이 최상급임. AA : 원리금 지급능력이 매우 우수하지만 AAA보다는 다소 열위임. A : 원리금 지급능력은 우수하지만 상위등급보다 경제여건 및 환경악화에 따른 영향을 받기 쉬운 면이 있음. BBB : 원리금 지급능력이 양호하지만 상위등급에 비해서 경제여건 및 환경악화에 따라 장래 원리금의 지급능력이 저하될 가능성을 내포하고 있음. BB : 원리금 지급능력이 당장은 문제가 되지 않으나 장래 안전에 대해서는 단언할 수 없는 투기적인 요소를 내포하고 있음. B : 원리금 지급능력이 결핍되어 투기적이며 불황시에 이자지급이 확실하지 않음. CCC : 원리금 지급에 관하여 현재에도 불안요소가 있으며 채무불이행의 위험이 커 매우 투기적임. CC : 상위등급에 비하여 불안요소가 더욱 큼 C : 채무불이행의 위험성이 높고 원리금 상환능력이 없음. D : 상환 불능상태임.

* 상기 회사채 신용등급 중 AA부터 B등급까지는 + 혹은 − 부호를 부가하여 동일 등급 내에서의 우열을 나타냄.

기업어음의 신용평가등급은 신용도에 따라 A1에서 D까지 6개의 등급으로 구성되어 있다. A1에서 A3까지는 적기상환능력이 인정되는 투자등급으로, B에서 C까지는 환경변화에 따라 적기상환능력이 크게 영향을 받을 수 있는 투기등급으로 분류되며 D는 상환불능상태를 나타낸다. A2에서 B까지는 동일등급 내에서의 우열을 나타내기 위하여 + 혹은 −부호를 부가한다. 참고로 6등급으로 되어 있는 한국신용평가(주)의 기업어음 신용등급 기호와 그 의미를 정리하면 〈표 15-7〉과 같다.

표 15-7 한국신용평가(주)의 기업어음 신용등급

구분	등급의 의미
CP	A1 : 적기상환능력이 최상이며 상환능력의 안정성 또한 최상임. A2 : 적기상환능력이 우수하나 그 안정성은 A1에 비해 다소 열위임. A3 : 적기상환능력이 양호하며 그 안전성도 양호하나 A2에 비해 열위임. B : 적기상환능력은 적정시되나 단기적 여건변화 따라 그 안정성에 투기적인 요소가 내포되어 있음. C : 적기상환능력 및 안정성에 투기적인 요소가 큼 D : 상환불능 상태임.

* 상기 기업어음 신용등급 중 A2부터 B등급까지는 + 혹은 − 부호를 부가하여 동일 등급 내에서의 우열을 나타냄.

(5) 신용등급 전망기호

신용등급의 변화에 중대한 영향을 미칠 만한 사건이 발생했을 때 신용등급의 변화전망에 대한 보다 상세한 정보를 제공하기도 한다. 이때는 신용등급 전망을 화살표 기호를 사용해 표시하기도 한다. 그 기호와 의미는 신용회사마다 약간씩 달리 표현하고 있다.

(가) 한국기업평가(주)의 Rating Watch 표기양식

↑ 긍정적 검토(Positive Review) : 등급에 긍정적인 효과를 미치는 요인의 발생 가능성이 예상되는 경우

◇ 점진적 관찰(Evolving) : 등급을 변화시켜야 할 요인의 발생이 예상되지만, 이의 효과가 긍정적인지 부정적인지 점진적으로 그 영향을 주시할 필요가 있는 경우

↓ 부정적 검토(Negative Review) : 등급에 부정적인 효과를 미치는 요인의 발생 가능성이 예상되는 경우

(나) 한국신용평가(주)의 Watch List 내용

- 긍정적(Positive) : 현 등급부여 시점에서 개별 채권의 신용도에 영향을 미칠 만한 주요 평가요소를 고려할 때 중기적으로 신용등급이 상향 조정될 가능성이 있다고 예측되는 경우
- 안정적(Stable) : 현 등급부여 시점에서 개별 채권의 신용도에 영향을 미칠 만한 주요 평가요소를 고려할 때 중기적으로 신용등급이 변동할 가능성이 낮다고 예측되는 경우
- 부정적(Negative) : 현 등급부여 시점에서 개별 채권의 신용도에 영향을 미칠 만한 주요 평가요소를 고려할 때 중기적으로 신용등급이 하향 조정될 가능성이 있다고 예측되는 경우
- 유동적(Developing) : 현 등급부여 시점에서 개별 채권의 신용도에 영향을 미칠 만한 주요 평가요소를 고려할 때 향후 상황변화가 상당히 가변적이어서 중기적으로 신용등급의 변동방향이 불확실하다고 예측되는 경우

(다) NICE신용평가(주)의 Credit Watch 내용

- Positive(긍정적) : 중기적으로 등급의 상향 가능성이 있음.
- Stable(안정적) : 중기적으로 등급의 변동 가능성이 낮음.
- Negative(부정적) : 중기적으로 등급의 하향 가능성이 있음.

- Developing(유동적) : 불확실성이 높아 등급의 중기적인 변동 방향을 단정하기 어려움.

(6) 해외신용평가회사의 신용등급 기호

많은 해외신용평가회사 중 무디스와 S&P 등 미국계 2개 회사가 가장 널리 알려져 있다. 이들도 신용등급정보를 필요로 하는 기업, 투자자, 금융중개기관 등에게 평가대상회사의 신용도를 간결하고 쉽게 전달하기 위하여 신용평가회사들은 나름대로의 기호를 사용하고 있다. 국내 신용평가회사와 비교해 보면 한국신용평가(주)는 S&P 신용등급 기호와 유사하다.

무디스와 S&P 등 미국계 2개 회사의 신용등급 기호와 신용등급 단계별 표시기호 및 전망기호를 정리하면 다음과 같다.

표 15-8 해외신용평가회사의 신용등급 기호 비교

S&P		무디스	
AAA	채무이행능력 매우 높음	Aaa	매우 양호
AA+, AA, AA−	채무이행능력 높음	Aa1, Aa2, Aa3	일반적으로 양호
A+, A, A−	채무이행능력 높으나 환경변화의 영향을 받기 쉬움	A1, A2, A3	원리금상환은 확실하나 장차 안정성이 저하될 가능성이 있음
BBB+, BBB, BBB−	채무이행능력 충분하나 환경변화의 영향을 받을 가능성이 높음	Baa1, Baa2, Baa3	원리금상환은 확실하나 장차 안정성이 저하될 가능성이 증가함
BB+, BB, BB−	가까운 장래에 채무불이행 가능성이 낮으나 환경변화의 영향을 받기 쉬움	Ba1, Ba2, Ba3	투기적 요소가 있음
B+, B, B−	현재 채무불이행 가능성 있으며 환경변화의 영향을 받을 가능성이 높음	B1, B2, B3	투자대상으로 적합성이 결여됨
CCC+, CCC, CCC−	채무불이행 가능성 있음	Caa1, Caa2, Caa3	원리금상환의 안정성 낮음
CC+, CC, CC−	채무불이행 가능성 매우 높음	Ca1, Ca2, Ca3	매매 투기적임, 채무불이행 상태이거나 중대한 위험 있음
C+, C, C−	채무불이행, 파산신청을 했으나 채무를 지불하고 있음	C1, C2, C3	유효한 투자대상이 될 가능성이 없음

* 각 등급마다 신용등급 변경 전망기호가 있음 : Positive, Stable, Negative

2 집합투자기구평가회사

흔히 펀드평가회사로 불리는 회사의 법적인 공식명칭은 집합투자기구평가회사이다. 간접투자자산운용업법이 자본시장법에 흡수되어 폐지되면서 간접투자기구는 집합투자기구[17]로 명칭이 바뀌었다. 종전의 간접투자기구평가회사의 기능, 담당업무 등에 관한 규정은 2003년 10월 간접투자자산운용업법이 제정되면서 확립되었다. 간접투자자산운용업법에 의하면 간접투자기구평가회사는 간접투자기구[18]를 평가하고 이를 간접투자자 등에게 제공하는 업무를 수행하는 회사로서 금융감독위원회에 등록한 주식회사이었다.

간접투자자산운용업법을 통폐합하여 새로 제정된 자본시장법에 의하면 집합투자기구평가회사는 집합투자기구를 평가하고 이를 투자자에게 제공하는 업무를 수행하는 회사로서 금융위원회에 등록한 주식회사이다(법 제258조 제1항 및 제2항).

집합투자기구평가업은 간접투자시장의 발달과 간접투자자[19]의 보호와 밀접한 관계가 있다. 집합투자기구의 수탁고가 장기적으로 증가하고 있지만, 단기적으로는

---

17) 법 제9조 제10항에는 다음 7가지의 집합투자기구의 개념이 정의되어 있다 :
1. 집합투자업자인 위탁자가 신탁업자에게 신탁한 재산을 신탁업자로 하여금 그 집합투자업자의 지시에 따라 투자, 운용하게 하는 신탁형태의 집합투자기구(투자신탁)
2. 상법에 따른 주식회사 형태의 집합투자기구(투자회사)
3. 상법에 따른 유한회사 형태의 집합투자기구(투자유한회사)
4. 상법에 따른 합자회사 형태의 집합투자기구(투자합자회사)
5. 민법에 따른 조합 형태의 집합투자기구(투자조합)
6. 상법에 따른 익명조합 형태의 집합투자기구(투자익명조합)
7. 투자합자회사로서 지분증권을 사모로만 발행하는 집합투자기구(사모투자전문회사)

18) 간접투자기구를 설명하기 위해서는 간접투자자산운용업 상에 규정된 관련 용어의 개념을 체계적으로 이해해야 한다. 우선 간접투자는 투자자로부터 자금을 모아서 법상 규정된 자산에 운용하고 그 결과를 투자자에게 귀속시키는 것을 의미한다. 이때 법상 규정된 자산은 투자증권, 장내파생상품, 장외파생상품, 부동산, 실물자산 및 기타 시행령에서 정하는 자산을 의미한다(간접투자자산운용업법 제2조 제1호).
간접투자기구는 위에서 설명한 간접투자를 수행하기 위한 기구로서 투자신탁과 투자회사가 있다(간접투자자산운용업법 제2조 제2호). 이때 투자신탁이란 투자자로부터 자산에 운용할 목적으로 자금을 모은 위탁자가 투자신탁재산을 수탁자로 하여금 당해 위탁자의 지시에 따라 투자, 운용하게 하고, 그에 따른 수익권을 분할하여 당해 투자자에게 취득시키는 것을 목적으로 하는 간접투자기구를 말한다(간접투자자산운용업법 제2조 제3호). 과거에는 이를 증권투자신탁의 수익증권이라고 불렀다. 한편, 투자회사란 회사재산을 자산에 운용하여 그 수익을 주주에게 배분하는 것을 목적으로 설립된 간접투자기구를 말한다(간접투자자산운용업법 제2조 제4호). 과거에는 증권투자회사, 뮤추얼 펀드라고 불렀던 것이다.

19) 간접투자자는 집합투자기구의 투자자를 의미한다.

사회경제적 여건변화에 민감하게 반응하여 집합투자기구의 투자대상, 종류와 형태가 복잡해지고 부침이 매우 심한 편이다. 더욱이 간접투자의 속성상 주가하락기 혹은 채권부실 시기에는 투자자인 간접투자자가 스스로 집합투자기구에 대해 평가하기가 매우 어렵거나 평가정보가 크게 왜곡될 우려가 높다. 그러므로 집합투자기구가 보유한 재산내역, 투자수익률, 투자수익률의 위험도 등에 대한 상세한 분석정보가 간접투자자에게 적시에 알기 쉽게 제공하여 투자자를 보호할 필요성이 높아지게 되었다.

자본시장법 제90조 제1항 규정에 의하면 집합투자업자(투자신탁이나 투자익명조합 형태의 집합투자업자에 한함)는 집합투자재산 내역을 한국금융투자협회를 통하여 간접투자기구평가회사에게 제공하여야 한다. 이렇게 확보된 정보를 기초로 하여 각 평가회사는 각사의 평가모형에 의거해 집합투자기구의 수익률, 위험도 등을 산출하여 투자자들에게 공시하게 된다.

집합투자기구평가회사로 등록하려면 자본금 5억원 이상, 전문인력(집합투자기구평가전문인력) 3인 이상, 전산설비 등 물적 설비 및 집합투자기구 평가체계, 이해상충 방지체계를 갖추어야 한다(법 제258조 제2항).

자본시장법에서 평가회사의 등록요건으로 정한 집합투자기구 평가체계는 금융위원회가 고시하는 다음과 같은 사항에 대한 기준을 충족시켜야 한다(영 제280조 제4항).

① 평가대상 집합투자기구
② 집합투자기구의 유형분류 기준 및 유형별 기준지표
③ 수익률 및 위험지표 계산
④ 집합투자기구 등급
⑤ 자료제공 및 공시

법에서 평가회사의 등록요건으로 정한 이해상충 방지체계는 다음과 같다(영 제280조 제5항) :

① 집합투자기구평가회사의 업무와 그 이외의 업무 간에 독립된 부서로 구분되어 업무처리 및 보고가 독립적으로 이루어질 것
② 집합투자기구평가회사의 업무와 그 이외의 업무 간에 직원의 겸직 및 파견을 금지할 것
③ 집합투자기구평가회사의 업무와 그 이외의 업무를 영위하는 사무실을 정보공유가 차단될 수 있을 정도로 공간적으로 분리할 것
④ 집합투자기구평가회사의 업무와 그 이외의 업무에 관한 전산자료가 공유되지

못하도록 독립되어 저장되고 열람될 것.

흔히 펀드평가회사로 부르는 전업사로서 KG제로인, 모닝스타코리아, 한국펀드평가 등 주요 집합투자기구평가회사의 개요를 정리하면 〈표 15-9〉와 같다.

표 15-9 집합투자기구평가회사 현황

구 분	펀드평가회사	설립일	비 고
전 업	KG제로인	1996.5	펀드평가 자료 : www.funddoctor.co.kr 2010.12 제로인에서 회사명 변경 2009.4 한국펀드평가를 흡수합병
	모닝스타코리아	2000.9	펀드평가 자료 : www.morningstar.co.kr 미국 시카고 본사((Morningstar, Inc.)의 자회사
	한국펀드평가	2000.9	펀드평가 자료 : http://www.kfr.co.kr 2013년 케이비피펀드평가에서 련재 회사명으로 변경 2012년 케이비피펀드평가의 대주주변경 (한국자산평가에서 한국리스크관리로 변경) 2008년 한국자산평가에서 케이비피 펀드평가를 분사
채권평가 겸업	NICE P&I	2000.6	2013년 나이스채권평가에서 회사명 변경
금융데이터 판매 겸업	FnGuide	2000.7	2013.7 코넥스상장

3 채권평가회사

채권평가는 금융투자업자나 금융기관이 보유하고 있는 채권의 가치를 적절한 가격으로 평가하는 제도로서 채권시가평가라는 용어가 먼저 사용되었기 때문에 채권시가평가제도라고 알려져 있다. 채권평가회사의 기능, 담당업무 등에 관한 규정은 2003년 10월 간접투자자산운용업법이 제정되면서 확립되었다. 간접투자자산운용업법에 의하면 채권평가회사는 간접투자재산[20]에 속하는 채권 등 투자증권[21]의 가격

20) 간접투자재산은 투자신탁재산 및 투자회사재산을 의미한다(간접투자자산운용업법 제2조 제12호).

21) 투자증권이란 증권거래법에서 규정하는 유가증권, 금융기관이 발행, 매출, 중개하는 어음, 외국환거래법에 의한 외화증권을 의미한다(간접투자자산운용업법 제2조 제7호). 증권거래법상의 유가증권이란 국채증권, 지방채증권, 특별한 법률에 의하여 설립된 법인이 발행한 채권, 사채권, 특별한 법률에 의하여 설립된 법인이 발행한 출자증권, 주권 또는 신주인수권을 표시하는 증서, 외국법인 등이 발행한 증권 또는 증서, 외국법인 등이 발행한 증권 또는 증서를 기초로 하여 대통령령이 정하는 자가 발행한 유가증권예탁증서, 기타 대통령

을 평가하고[22] 이를 간접투자기구에 제공하는 업무를 수행하는 회사로서 금융감독위원회에 등록한 주식회사이다.

자본시장법에 의하면 채권평가회사는 집합투자재산에 속하는 채권 등 자산의 가격을 평가하고 이를 집합투자기구에 제공하는 업무를 수행하는 회사로서 금융위원회에 등록한 주식회사이다(법 제263조 제1항 및 제2항). 채권평가회사로 등록하려면 자본금 20억원 이상, 전문인력(증권분석전문인력) 3인 이상을 포함하여 상시 근무하는 집합투자재산 평가전문인력이 10인 이상, 전산설비 등 물적 설비 및 채권 등의 가격평가체계, 이해상충 방지체계를 갖추어야 한다(법 제263조 제2항).

자본시장법에서 평가회사의 등록요건으로 정한 채권 등의 가격평가체계는 금융위원회가 고시하는 다음과 같은 사항에 대한 기준을 충족시켜야 한다(영 제285조 제5항).

① 평가대상 채권
② 채권 등의 분류기준
③ 수익률 계산방법
④ 자료제공 및 공시

법에서 평가회사의 등록요건으로 정한 이해상충 방지체계는 다음과 같다(영 제285조 제6항) :

① 채권평가회사의 업무와 그 이외의 업무 간에 독립된 부서로 구분되어 업무처리 및 보고가 독립적으로 이루어질 것
② 채권평가회사의 업무와 그 이외의 업무 간에 직원의 겸직 및 파견을 금지할 것
③ 채권평가회사의 업무와 그 이외의 업무를 영위하는 사무실이 정보공유가 차단될 수 있을 정도로 공간적으로 분리할 것
④ 채권평가회사의 업무와 그 이외의 업무에 관한 전산자료가 공유되지 못하도록 독립되어 저장되고 열람될 것.

2000년도 중에 당시 증권감독원의 증권투자신탁업감독규정에 의해 3개 회사가

령이 정하는 것을 포함한다(증권거래법 제2조 제1항).

22) 간접투자자산운용업법 제95조에 의하면 간접투자재산은 시가로 평가되어야 한다. 채권평가회사의 시가평가 기능이 꼭 필요한 경우는 비상장채권과 기업어음(CP) 또는 금융기관이 발행한 채무증서(CD) 가격을 평가하는 경우이다. 이들 경우, 채권평가회사 중에서 2 이상의 채권평가회사가 제공하는 가격정보를 기초로 한 가격으로 시가를 평가하도록 규정하고 있다(동법 시행령 제82조 및 시행규칙 제38조).

채권평가기관으로 지정되었고, 2012년 이후 1개 회사가 더 지정되어 현재 〈표 15-10〉과 같이 "민평4사"가 채권시가평가 업무를 하고 있다.[23)]

표 15-10 채권평가회사 현황

구 분	KIS Pricing	NICE P&I	한국자산평가	에프엔자산평가
설립일자	2000.6.20	2000.6.16	2000.5.29	2011.9
주요주주	한국신용평가	한국신용정보	한국기업평가	에프엔가이드

시장에서 거래가 활발한 채권은 시장가격(market value)으로, 거래부진으로 시장가격의 발견이 어려운 경우에는 시장에서 보유채권을 매각할 경우 받을 수 있을 것으로 합리적으로 추정되는 채권평가회사가 평가한 공정가격(fair value)으로 평가한다.

채권시가평가는 1998년 11월부터 신규펀드에 한정하여 실시토록 하였으며 2000년 7월부터는 전면적으로 시가평가제도를 시행하였다. 이러한 간접투자기구의 시가평가에 필요한 수익률은 증권업협회 또는 채권평가회사 3개가 제공하는 가격정보 중 2개사를 채권보유기관이 선택하여 이를 기초로 해서 평가토록 하였다.

금융투자협회가 고시하는 시가평가기준수익률은 무료로 제공되는 반면 민간시가평가회사의 시가평가자료는 유료로 제공되기 때문에 대부분의 금융기관이 금융투자협회 자료를 사용하여 왔다.[24)] 그러나 금융투자협회의 시가평가기준수익률은 시장에서의 가격변동을 정확히 반영하지 못할 뿐만 아니라 대상채권의 포괄범위가 제한적이고 정확도가 낮아 이 수익률을 이용하여 채권가격을 정확히 평가하기 어려운 면이 있다.

금융투자협회가 공시하는 채권유통수익률은 각 증권회사로부터 장외시장에서 거래되는 채권수익률을 통보받아 증권전산 단말기를 통해 공시하는 최종호가수익률이 이용되고 있다.[25)] 금융투자협회는 10개의 증권회사로부터 특정시각(오전 11 : 30

23) 2012년 4월 2일부터 채권 시가평가 기준수익률이 민평3사(한국자산평가, KIS채권평가, NICE채권평가)평균에서 에프앤자산평가(FnPricing)가 포함된 "민평4사" 평균으로 바뀌었다. 2011년 9월 금융위원회에서 제4채권시가평가회사에 대한 등록 인가를 했다. 기존 3사의 대주주인 신용평가 3사 중 2개사가 Moody's, Fitch 등 외국계가 대주주인데 반해 에프앤자산평가는 금융관련 데이터를 기반으로 금융시장 인프라 역할을 해 온 에프앤가이드(FnGuide)가 대주주다.

24) 4개 채권평가회사를 '민평4사'라고 부르고 있다. 그리고 이들 회사가 제공하는 각 채권유통수익률을 '민평4사 기준수익률'이라고 한다.

25) 한국금융투자협회 채권정보센터 www.kofiabond.or.kr 참조.

및 오후 15 : 30)에 유통시장에서 체결 또는 호가되는 채권수익률을 보고받아 이 중 각각 최고치와 최저치 2개씩을 제외한 6개의 수익률을 단순평균하여 고시한다. 그러나 금융투자협회가 발표하는 최종호가수익률은 보고하는 증권회사가 장외시장의 거래내역을 감안하여 대체로 적정하다고 판단하는 해당 종목채권의 평균적인 유통수익률에 불과하므로 실제 거래가 가능한 개별 채권의 유통수익률은 아니며 특히 그 날 거래실적이 없거나 미미한 경우 이들 증권회사들이 적정 유통수익률을 제시하기가 곤란하다는 문제점을 갖고 있다.

채권평가회사의 일반적인 시가평가의 절차는 다음과 같다. 채권의 시가는 금융투자협회가 공시하는 만기수익률을 기초로 하여 계산한다. 먼저 채권시장에서 거래의 표준이 되는 국채와 같은 지표채권(benchmark bond)을 기준으로 하여 평가대상 채권의 특성에 따라 만기수익률에 대한 스프레드를 결정한다. 이때 평가대상 채권의 특성으로 고려되는 요인은 채권만기, 신용등급, 유동성, 표면금리 등이 있다. 기준채권의 만기수익률에 개별 채권의 특성에 따라 결정된 스프레드를 더하여 대상 채권의 만기수익률을 계산하면, 이를 이용하여 대상 채권의 가격을 결정할 수 있다.

채권평가회사는 금융투자협회에서 채권거래정보를 제공받아 자전거래 등 비정상적인 거래를 제거한 후 각 평가회사의 고유한 평가모형을 이용하여 개별 채권의 수익률을 기준채권 수익률에 대한 스프레드로 산정하므로 이 수익률을 이용할 경우 상대적으로 정확한 시가평가를 기대할 수 있다.

연.습.문.제

01 과거 한국증권거래소는 회원제로 운영되었다. 그러나 한국거래소의 경우 주식회사로 변화하였다. 외국의 경우에도 거래소가 주식회사로 전환하는 곳이 많은데, 회원제와 주식회사제의 장단점에 대해 논의해 보시오.

02 세계 증권거래소가 현물시장은 물론 선물시장과도 통합을 추진하고 있다. 이러한 통합의 이유를 생각해 보고 우리나라에서의 통합이 가져올 좋은 점과 나쁜 점에 대해 논의해 보시오.

03 인터넷에서 한국예탁결제원의 웹사이트를 검색하여 예탁결제원의 역할과 기능의 특징에 대해 정리하시오.

04 인터넷에서 한국증권금융의 웹사이트를 검색하여 증권금융의 역할과 기능을 설명하고, 이와 같이 증권금융만 취급하는 금융기관이 발생하게 된 배경을 논의하시오.

05 인터넷에서 한국금융투자협회의 웹사이트를 검색하여 동 협회의 역할과 기능에 대해 정리하고, 부속기관으로서 K-OTC, 프리본드 및 채권정보센터의 역할과 기능의 특징에 대해 정리하시오.

06 인터넷에서 한국상장회사협의회의 웹사이트를 검색하여 동 협회의 역할과 기능에 대해 정리하시오.

07 인터넷에서 코스닥협회의 웹사이트를 검색하여 동 협회의 역할과 기능에 대해 정리하시오.

08 인터넷에서 각 신용평가회사의 웹사이트를 검색하여 각사별 회사채의 신용등급 기호를 정리하고, 신용등급을 평가할 때 각사가 고려하는 주요한 평가자료나 정보는 무엇인가, 그 유사점과 차이점에 대해 정리하시오.

09 인터넷에서 각 집합투자기구평가회사의 웹사이트를 검색하여 각사별 펀드평가등급을 정리하고, 펀드등급을 평가할 때 각사가 보유한 집합투자기구 평가모델의 유사점과 차이점에 대해 정리하시오.

10 인터넷에서 각 채권평가회사의 웹사이트를 검색하여 각사별로 보유한 채권평가모델의 유사점과 차이점에 대해 정리하시오.

PART

6

해외 자본시장 및 금융투자업

CHAPTER 16 해외금융투자업

I 투자은행업

1 투자은행업의 발달

(1) 미국 투자은행의 발흥

투자은행(investment bank)은 기업이 주식과 회사채를 발행해서 자금을 조달하는 경우 기업을 대신해서 발행된 증권을 인수(underwriting)하려는 투자자를 찾아주고 기업간의 M&A를 자문하거나 주선하는 업무를 핵심업무로 영위하는 금융기관으로 상업은행과 대별된다. 투자은행은 직접금융을 담당하는데 반해, 상업은행은 기업과 투자자 사이에서 간접금융을 담당하는 금융기관이다. 이러한 투자은행은 미국에만 존재하는 금융기관으로 한국의 경우 금융투자회사가 이에 해당된다.

금융산업은 전업주의(Specialized Banking System, 분업주의)와 겸업주의(Universal Banking System)로 구분된다. 한국과 미국이 채택하고 있는 전업주의는 은행, 증권, 보험의 3대 금융축을 각각의 독립된 금융기관에서 이들 금융업을 영위하는 것을 의미한다. 다만 규모의 경제와 범위의 경제를 추구하기 위하여 각각의 금융산업을 지주회사 형태나 자회사의 형태로 결합하기도 하고, 고유 금융업무를 제외하고는 금융기관간에 전략적 제휴를 통해 여타 금융업무를 영위하는 것이 보통이다. 겸업주의는 하나의 금융기관에서 은행, 증권, 보험의 업무를 영위하는 것을 의미하는데, 독일이 대표적이다.

현대적 의미의 투자은행은 미국 경제의 산물로 1800년대 말 남북전쟁(1861~1865) 이후 산업화가 진행되면서 시작되었다. 당시 미국의 최대 산업이었던 철도산업, 철강산업과 석유산업이 급속히 성장하는 과정에서 투자은행이 핵심적인 역할을 담당했다.[1] 초기의 투자은행은 1800년대 후반 미국 기업들이 발행한 회사채를 유럽에 판매하던 판매상에서 비롯되었다. 그러다가 미국의 광대한 철도산업이 팽창하면서 회사채를 통해 대규모의 자금을 조달하는 데는 한계가 있어 주식을 통한 자금조달에 의존하게 되었다. 이 과정에서 미국의 투자은행들은 당시 영국의 상업은행(commercial bank)과는 달리 기업이 발행하는 주식을 전량 인수(총액인수)해서 시장에서 투자자들에게 판매하였고, 일반적인 상업은행의 기능도 행하였다.

1800년대 후반 미국의 자본시장은 사기와 범죄가 횡행하는 위험한 곳이었고 법원과 의회도 신뢰를 받지 못했다.[2] 이러한 환경에서 미국의 투자은행들을 통해 미국 기업에 투자한 유럽의 투자자들은 투자위험을 우려하였고, 이에 대한 해결책으로 투자은행들은 투자자를 보호하기 위해 임원파견이나 이사회 진출 등을 통해 증권을 발행한 기업의 경영에 관여하기 시작했다. 그리고 투자은행은 여러 회사의 이사회에 동시에 진출하는 이점을 살려 기업간의 M&A를 주선하기도 하고 적대적 M&A를 방어해주기도 하였다.

그러다가 1890년 셔만독점금지법(Sherman Antitrust Act)이 제정되면서 카르텔이 엄격히 규제되자 산업 내에서 대대적인 기업합병이 일어나 제1차 M&A붐(1861~1903)시대를 맞는다. 예를 들면 1901년 8개 철강회사가 합병하여 U.S. Steel이 탄생된다. 이 M&A시대에 U.S. Steel의 합병을 주선하는 등 투자은행들의 역할이 두드러졌다. 이 시대에 기업간의 합병과 더불어 대기업 창업자들의 보유지분의 대량매도가 투자은행의 조언으로 이루어졌다.

모건은행을 선두로 한 투자은행들이 일반 상업은행의 업무를 수행하면서 금융산업에서 영향력이 증대되었고, 철도산업과 철강산업의 구조조정을 주도하면서 막강한 파워를 행사하게 되었다. 예를 들면 당시 모건은 National Bank of Commerce와 First National Bank를 지배하였고,[3] 당시 3대 보험회사인 New York Life, Equitable Life, Mutual Life 등도 지배하였다. 이러한 투자은행의 지배력과 영향력에 대한 우려가 금융산업이 과도하게 성장하여 정치적 프로세스를 지배하지 않을까 하는 우려로 발전되어 1912년에 푸조(Pujo)위원회가 구성되었다.

---

1) 투자은행의 약사는 김화진의 "투자은행의 역사"(한국금융투자협회, 「증권」, 제134호, 2008년 봄호, pp. 93-121)를 일부 발췌하였고, 임병철, 구정한, 서병호, 강종만의 「국내 금융회사의 투자업무 활성화방안」(자본시장연구원, 2008.2)에서 부분 인용하였음.

2) 예를 들면 1868년부터 1872년 사이에 당시 미국의 거부인 밴더빌트(Cornelius Vanderbilt)와 기업인수와 주가조작으로 악명이 높던 굴드(Jay Gould)간에 있었던 에리철도(뉴욕과 에리호를 연결하는 철도) 분쟁 사건을 들 수 있다(김화진, 전게 논문, pp. 94-98).

3) 모건은 당시 13개 은행에 23명의 이사를 파견하였고, First National Bank도 다른 은행에 14명의 이사를 파견하였다.

1930년대의 대공황으로 많은 기업이 파산되고 주가가 폭락하여 금융기관의 부실로 이어지면서 금융과 산업의 분리가 입법을 통해 이루어졌다. 1933년에 Glass-Steagall Act가 제정되면서 현대적 의미의 상업은행과 투자은행이 구분되고, 투자은행들은 상업은행의 업무를 영위하지 못하게 되었다[4].

1900년대 초 미국의 금융산업은 보험산업이 주축이었다. 은행은 본점이 있는 주를 벗어나서 지점을 설치할 수 없었지만 보험회사는 이러한 규제가 없었다. 보험회사의 규모가 은행을 앞질렀고 보험회사도 유가증권을 인수하고 회사지배 목적의 주식투자도 대대적으로 행하였다. 그러다가 보험회사의 비리와 무수한 스캔들이 일어나고, 주식투자의 손실을 보험가입자에게 전가시키는 현상들이 일어나게 되었다. 그러자 1905년 암스트롱 위원회(Armstrong Committee)가 보험산업의 개혁을 주도하게 되고, 1906년에는 뉴욕 주법에 의해 보험회사의 기업의 주식에 대한 투자와 기업지배구조에 대한 개입이 금지되었다. 이러한 맥락에서 미국의 투자은행과 보험회사가 일반 기업을 지배하는데서 발생하는 폐해를 차단하기 위해 투자은행과 상업은행의 기능을 분리하고, 상업은행과 보험회사가 증권의 인수를 못하게 하는 "금산분리"가 제도화 되었다.[5]

1800년대 후반 미국의 증권시장은 위법과 사기가 횡행하였다. 이러한 무질서와 폐해를 차단하기 위해 1911년 캔사스 주의 은행감독위원이었던 돌리(J. N. Dolley)에 의해 캔사스 주의회에 투자자를 보호하기 위한 법에 제청된 것을 계기로 하여 Blue Sky Law라 불리는 증권거래법이 제정되었다. 그러다가 1933년의 증권법(Securities Act)과 1934년의 증권거래법(Securities Exchange Act)이 연방법으로 제정되면서 오늘날과 같이 증권시장이 효율적이고 강력한 감독기관(Securities and Exchange Commission : SEC)에 의해 질서를 유지하게 되었다.

미국에서 상업은행과 투자은행의 경쟁이 심화되는 가운데 투자은행과 상업은행의 업무를 분리하는 정책은 1999년 Gramm-Leach-Bliley Act에 의해 폐지될 때까지 약 70여년간 유지되었다. 1980년대 세계 금융시장에서 발생한 세계화(globalization), 증권화(securitization), 규제의 완화(deregulation)라는 조류는 미국에서도 금융

4) 1927년 MacFaden법으로 금융업의 겸업주의가 허용되었는데, 이 겸업이 대공황을 더 키웠다는 비난에서 1933년 Glass-Steagall Act이 맥페이든법을 대신하게 되었다.

5) 당시 미국에서는 투자은행과 보험회사가 일반 기업의 지배를 받을 수도 있었으나 일반기업의 소유가 분산되어 있어 산업자본이 금융산업을 지배하는 것은 사실상 어려웠다. 반대로 금융자본이 기업을 지배하는 것은 빈번했다. 따라서 한국에서의 "금산분리"에 대한 논의는 미국의 경우와는 성격을 달리한다.

산업의 개혁을 촉진시켰다. 영국은 1986년 소위 "Big Bang"을 통해 금융산업의 개혁을 가져와 국제금융시장에서의 지위를 넓혔다. 그리고 아시아에서 일본, 홍콩 등의 금융시장의 발전은 미국의 금융산업에 대한 경쟁요인으로 작용하였다. 그리고 헤지펀드, 사모펀드, 뮤추얼펀드 시장의 확장은 국제 자본시장의 구조를 변화시키고 경쟁을 심화시켰다. 또한 미국 내에서도 1980년대에 발전한 정크본드(Junk Bond)는 기존 상업은행의 대출기반을 위협하였다.[6)]

이러한 환경의 변화에서 미국의 상업은행들은 투자은행들의 업무영역을 넘어서기 시작했다. 1999년 Gramm-Leach-Bliley Act와 Bank Holding Company Act의 수정으로 Glass-Steagall Act가 공식 폐기되기 전에 이미 상업은행들은 증권인수업무시장에 진출하였다. 예를 들면 1984년 Bank America의 Charles Schwab인수가 위법하지 않다는 연방대법원의 판결이 있었다.[7)] 1986년에 FRB는 Bankers Trust의 CP업무를 허가했고 연방대법원도 반대하지 않았다. 1989년에는 씨티은행, 체이스 맨하탄은행 등 일부 상업은행이 회사채인수 업무의 허가를 받았다. 1998년에는 씨티은행과 투자은행인 Travelers의 합병이 승인되었다. 그리고 상업은행들도 투자은행의 LBO(leveraged buy-out)거래[8)]에 참여하기 시작했고 규모의 장점을 이용해서 채권시장에 본격 진출했다.

이러한 맥락에서 1994년 Riegle-Neal Act에 의해 은행의 주간(州間) 영업이 전면 허용되어 본점이 있는 주 이외에서도 영업을 할 수 있게 되었다. 1999년 Glass-Steagall Act가 Gramm-Leach-Bliley Act와 Bank Holding Company Act의 수정으로 대체되면서 미국의 투자은행과 상업은행의 업무간 장벽은 없어졌다. 상업은행에게 증권인수업무와 투자업무가 광범위하게 허용되고, 보험상품의 개발과 판매도 대폭 자유화 되었다.[9)]

---

6) 1992년 380억달러의 정크본드가 발행되었는데 이 중 38%가 은행대출을 대체하기 위한 것이었다.

7) 이 판결로 Glass-Steagall Act는 사실상 종이호랑이가 되었다.

8) LBO를 본격적인 구조조정기법으로 정착시킨 것은 1980년대 후반 일종의 사모펀드인 KKR(Kohlberg Kravis Roberts)이다.

9) Glass-Steagall Act의 제16조(은행의 국채 등을 제외한 증권업무 금지), 제20조(은행이 증권인수를 주된 업무로 하는 회사와 계열관계 유지 금지), 제21조(증권회사가 예수금을 수취하는 행위 금지), 제32조(은행과 증권인수 등을 주된 업무로 하는 회사간 이사 등 겸임 금지) 등이 은행업과 증권업을 분리하는 주요 규정이었다. 그러나 Gramm-Leach-Bliley Act에서 제20조와 제32조는 폐지되었으나 제16조와 제21조는 여전히 존속하여 은행의 증권업무 사내 겸영 및 증권회사의 예금수취는 금지되고 있다.

(2) 미국 투자은행의 성장과 구조조정

1800년대 미국 산업화의 초기에 상업은행과 투자은행의 구별이 없던 시기에 투자은행은 Morgan을 중심으로 Kuhn Leob, Kidder Peabody 등 몇 개의 투자은행이 과점체제를 형성하였다. 그리고 신디케이트형태의 거래로 투자은행간 상호주의적인 파트너십이 발달했다. 신디케이트의 구성은 신디케이트를 리드하는 대표주간사(Lead Manager)와 주간사회사로 구분되고, 투자은행들은 예를 들면 IPO(initial public offering, 기업공개)의 광고(Tomb Stone)에서 자기 투자은행의 위치와 크기에 민감하게 반응하였다.

1900년대에 들어서는 Goldman Sachs와 Lehman Brothers가 1906년 시카고의 Sears를 공동주간으로 공개시켰고 이어 Woolworth를 공개시켰다. 이후 30여년간 이들 두 회사는 기업공개시장에서 두각을 나타내면서 대형 투자은행으로 성장했다. 1933년 Glass-Steagall법이 제정되어 투자은행과 상업은행의 업무가 구분되기 직전인 1932년에 모건(J. P. Morgan and Company)은행은 Morgan Guaranty Trust, Morgan Stanley(투자은행), 그리고 영국의 Morgan Grenfell의 4개 회사로 분화되었다.

1932년 First National Bank of Boston에서 투자은행인 First Boston이 분리되어 1960년대 주식인수업무에서 업계 1위의 투자은행으로 성장했다. 그리고 1980년대는 M&A업무에 두각을 나타내 정상급의 투자은행으로 성장하였다. 그러나 1989년 정크본드 시장의 붕괴로 First Boston은 스위스의 상업은행인 Credit Suisse에 인수되어 First Boston(CSFB)이 되었다가 2006년 1월 Credit Suisse로 개명되면서 First Boston은 역사에서 사라졌다.[10)]

1935년 9월 16일 모건에서 분리되어 투자은행이 된 Morgan Stanley는 1986년 NYSE에 상장했고, 1997년 2월에는 일반투자자에게 증권을 판매하는 소매증권사(brokerage)인 Dean Witter, Discover & Co.를 합병하여 증권, 자산관리, 신용카드 업계의 선두주자가 되었다. 회사의 이름은 1998년에는 Morgan Stanley Dean Witter & Co.로, 2002년에는 다시 Morgan Stanley가 되었다. 모건 스탠리와 딘위터의 합병은 기업금융과 소매금융간의 시너지 효과를 추구하던(규모의 경제와 범위의 경제를 동시에 추구) 당시 세계 금융시장의 조류를 반영한 것이다.

1975년 증권매매관련 위탁수수료율이 자유화되면서 위탁매매 의존도가 높았던

10) 1989년 CSFB의 탄생은 Glass-Steagall법을 위반하는 첫 사례가 되었다. 그러나 미국 정부는 First Boston의 부도를 막기 위해 상업은행과 투자은행의 합병을 승인하였다.

소규모 증권사의 경영이 악화된 반면에 M&A, 재무자문 등의 투자은행의 업무에 치중하던 대형투자은행들은 지속적으로 성장하였다. 이에 따라 증권사와 투자은행 간의 M&A가 활발히 진행되고, 투자은행들의 금융혁신, 신상품개발 등이 본격화 되었다.

투자은행은 업무가 전문적이고 일반 금융소비자를 고객으로 하지 않는다는 특징에서 규모는 상업은행에 비해 작은 것이 일반적이다.[11] 특히 소매증권업무가 강한 투자은행일수록 더욱 그러하다. 따라서 이들 소형 투자은행들은 필요한 자금을 조달하기 위해 기업공개 필요성이 강하다. 그러나 투자은행의 기업공개는 거래소 회원의 기업공개를 금지하는 NYSE의 규정으로 투자은행의 거래소 상장이 불가능했었다. 그러나 이 규정이 1970년대 폐기되자 투자은행과 소매증권회사를 융합한 모델로 성공을 거둔 Merrill Lynch를 포함하여 소매증권업무위주의 16개 투자은행들이 1980년대 중반 들어 기업을 공개하였다. 예를 들면 1985년 Bear Sterns, 1986년 메릴린치 등의 주식이 상장되었다. 한편으로 기업공개가 여의치 않은 투자은행들은 상업은행이나 다른 투자은행에 흡수되어 규모도 늘리고 기업공개도 하였다. 이러한 맥락에서 도이치은행이 Morgan Grenfell과 Alex Brown을, UBS가 Kidder Peabody와 Dillon Reed를, Credit Suisse가 Donaldson, Lufkin & Jernette를, 드레스드너은행이 Wasserstein Perella와 Kleinwort Benson을, 씨티은행이 Salomon Brothers를 인수하였다.

제2차 세계대전 이후 1960년대까지 미국의 상위 5대 투자은행은 Morgan Stanley, First Boston, Stuart Hasley, Merrill Lynch, Kidder Peabody였고 Goldman Sachs는 16위, Salomon Brothers는 18위였다. 1980년대에는 인수시장의 변화에 따라 소매기반이 상대적으로 강했던 Merrill Lynch와 Salomon Brothers가 부상하면서 5대 투자은행은 First Boston, Morgan Stanley, Goldman Sachs, Merrill Lynch, Salomon Brothers였다.

1999년 Gramm-Leach-Bliley법의 제정으로 주요 상업은행들은 국내외 투자은행들을 인수하여 자회사로 편입하여 간접적으로 투자은행업무를 영위하는 금융지주회사 체제로 전환하였다. 예를 들면 씨티은행은 투자은행인 Smith Barney, Salomon Brothers, 영국의 Schroders 등을 인수하여 금융지주회사로 전환하였다. 2000년대 들어서 Goldman Sachs, Merrill Lynch, Morgan Stanley 등의 대표적인

11) 2007년 3월 30일 기준 씨티그룹의 규모는 Financial Times Global 500 중 4위로 시가총액은 2,582억달러인데 반해 골드만 삭스는 76위로 시가총액은 849억달러였다.

전문 투자은행은 M&A 재무자문, IPO 등의 업무에 전문화 하면서 Citigroup, JP Morgan 등과 경쟁하고 있다.

한편 유럽에서는 전통적으로 은행업무와 증권업무를 하나의 금융기관이 영위하는 겸업주의의 유니버설 뱅킹(Universal Banking)시스템이 19세기에 정착되었다. 독일의 경우 산업혁명에서 뒤쳐진 독일 기업의 자금수요에 부응하기 위하여 은행을 집중적으로 육성하는 과정에서 유니버설 뱅킹 시스템이 정착되었다. 따라서 독일을 비롯한 유럽의 대형은행들은 예대업무 등의 상업은행업무와 함께 유가증권 인수업무, 재무자문업무, 중개업무 등의 투자은행업무를 겸영하고 있다. 독일의 Deutsche Bank, 프랑스의 BNP Paribas, Societe General, 스위스의 UBS 등의 은행은 은행간 M&A를 통해 대형화 하면서 투자은행업무를 겸영·확대하여 종합금융그룹으로 발전하고 있다.

영국의 경우는 미국과 마찬가지로 금융업의 전업주의를 1986년 금융자유화 조치를 의미하는 금융 Big Bang 때까지 유지하여 왔다. 영국의 은행은 기업에 대한 단기소매금융에 특화된 Clearing Bank와 기업에 대한 장기금융과 증권인수(발행시장업무), 투자자문, 벤처캐피탈 등의 도매금융업무를 영위하는 Merchant Bank 시스템으로 구분되었다. 증권의 발행시장업무는 Merchant Bank가 담당하고, 증권의 유통시장업무는 런던증권거래소의 회원인 Jobber와 Broker가 전통적으로 담당했었다. 그러다가 1986년 금융 Big Bang으로 대형 Merchant Bank들이 Jobber와 Broker들을 합병하여 은행이 증권업무 전반을 취급하는 종합금융회사(미국의 투자은행 개념)로 전환하였다.

일본의 경우는 1948년 제정된 증권거래법에 의해 은행 및 은행 자회사의 증권업 겸업이 금지되었다. 1992년 증권거래법의 개정과 금융시스템개혁법(Financial System Reform)으로 은행이 자회사를 통해 증권업에 진출할 수 있게 되었다. 이에 따라 Nomura Holdings, Daiwa Securities Group 등 초대형 투자은행이 출범했다.

(3) 2008년 금융위기와 투자은행

2007년부터 이후 미국의 서브프라임 모기지 사태에서 촉발되어 2008년 하반기 전세계금융시장이 금융위기를 겪게 되었다. 2006년 이후 미국에서 주택가격의 버블이 꺼지면서, 2007년 3월 HSBC가 서브프라임 모기지 손실을 발표했고, 이어서 New Century Financial이 파산하였다. 7월에는 미국의 투자은행인 Bear Sterns와 프랑스 BNP Paribas 산하의 헤지펀드가 파산하고, 11월에는 투자은행들의 실적악화가 심화되고, 단기금융시장이 경색되고 크레딧 리스크가 부각되기 시작했다.

그러다가 2008년 3월 거래상대방 위험이 미국 금융기관에 확산되어 MBS 보증기관인 Monoline에 대한 신용등급이 강등되고, Bear Sterns가 상업은행인 JP Morgan Chase에 매각되었다. 7월에는 모기지 부실이 프라임 부문으로까지 확산되면서 미국의 양대 모기지업체인 Fannie Mae와 Freddie Mac을 미국 정부가 각각 1,000억 달러를 투입하여 인수하였다. 9월에는 투자은행들의 파산 가능성이 확대되어 Lehman Brothers가 파산신청을 하고, Merrill Lynch가 BOA에 인수되었다. 그리고 Morgan Stanley와 Goldman Sachs는 은행지주회사체제로 전환하여 상업은행을 신설하거나 인수하여 자회사로 두게 되었다. 투자은행은 SEC의 감독과 규제를 받아왔으나 은행지주회사로 전환하여 FRB, 통화감독청(OCC), 연방예금보험공사(FDIC)의 감독과 규제를 받게 되었다.

미국의 투자은행은 글래스-스티걸법(Glass-Steagall Act of 1933)에 의해 출발하여 1999년 금융서비스현대화법(Gramm-Leach-Bliley Act)의 제정으로 은행과 증권업의 분리가 사실상 폐지되고 은행과 보험회사가 증권업무를 영위하게 되었다. 그러나 2008년 글로벌 금융위기를 겪으면서 그 동안 투자은행의 사업모델 중 일부는 실패하였다는 평가를 받게 되었다.

투자은행 사업모델의 실패원인으로는, 1990년 이후 급속히 증가한 세계 유동성의 과잉을 배경으로, 투자은행이 단기로 자금을 조달하여 높은 레버리지를 이용하여 자산규모를 확대하고 고수익을 추구하는 사업모델을 추구한데서 찾아볼 수 있다. 투자은행은 상업은행과는 달리 예금을 통한 안정적인 자금조달수단이 없어 자금조달의 대부분을 시장에 의존했기 때문이다. 그러나 이러한 고수익 모델은 자산가치의 하락에 따른 손실급증 가능성, 자금운용에 있어서 기간구조가 일치하지 못하는데서 오는 유동성리스크, 과소자기자본리스크 등에 취약했다. 즉, 자산가격이 하락하면 디레버리지(deleverage) 진행에 따라 자산매각이 확대되고, 이는 다시 가격하락의 악순환을 초래하였다.

글로벌 금융위기가 벌어지면서, 일본의 상업은행들과 투자은행이 자금경색을 겪고 있는 미국의 투자은행들에 대한 투자 내지 지분참여가 이루어졌다. 미쯔비시 UFI(상업은행)은 모건스탠리의 우선주 90억달러를 매수(지분 21%)했다. 즈이 스마트 상업은행은 골드만삭스의 우선주를 매수하였고, BOA의 의결권주 2.0%도 출자하였다. 미즈호 상업은행도 메릴린치의 우선주 12억달러를 매수하였다. 투자은행인 노무라증권은 리만브라더스의 아시아, 유럽, 중동 부문을 인수했다[12].

그림 16-1 글로벌 금융위기 직후 투자은행의 변천

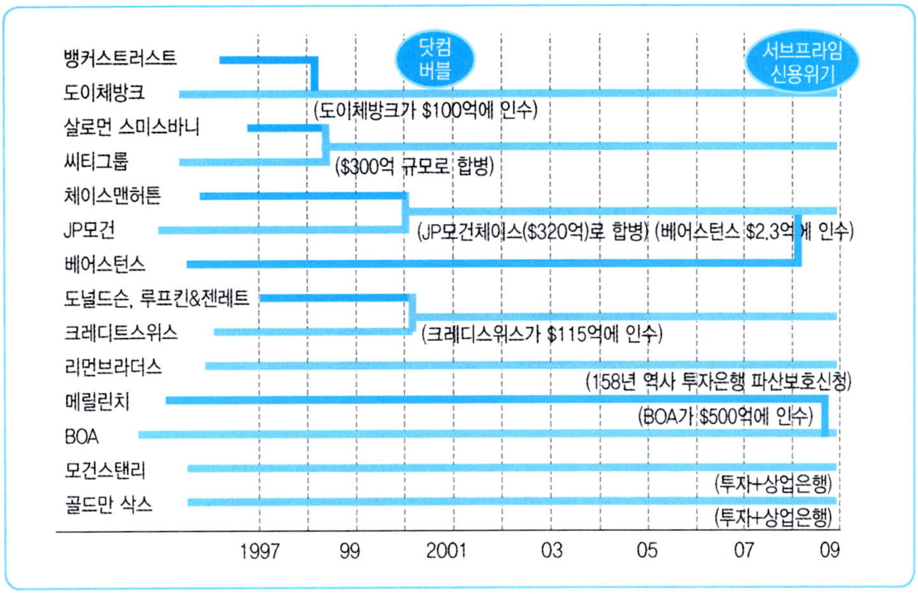

2 투자은행업의 업무 범위

(1) 전통적인 투자은행 업무

전통적인 투자은행의 업무는 주식이나 채권 등의 증권 인수업무(underwriting)를 포함하는 증권발행업무와 기업 M&A와 구조조정 등에 대한 자문(financial advisory) 업무를 영위하는 금융기관이다. 그러나 세계 금융시장에 세계화, 규제완화, 증권화의 조류가 확산되면서 투자은행의 업무에는 전통적인 증권인수업무외에 기업이나 투자자의 특성과 니즈(needs)에 맞는 새로운 증권을 개발(securities design)하는 기능이 추가되었다. 그리고 M&A 측면에서 투자은행은 대리인으로서의 자문 및 주선업무의 주체에서 자기거래의 주체(principal)자로 등장하였다. 또한 IT가 발달하면서 대리인 기능의 자동화에 따른 수익성 약화를 극복하기 위해 다양한 차익거래, 자산관리, 청산업무, 리서치업무 등으로 업무영역이 확대되고 있다. 그리고 1980년대 이후 금융공학(financial engineering)의 발달에 따라 각종 선물과 옵션 등의 파생상

12) 금융투자협회. 일본투자은행 비즈니스의 현황, 2016.7.18.

품(financial derivatives)을 취급하게 되었다.

투자은행의 업무는 증권인수업무, 금융자문업무, 위탁매매업무, 자산관리업무, 자기거래업무 등인데 이를 요약·정리하면 다음 〈표 16-1〉과 같다.

표 16-1 투자은행업의 업무 범위

구분	기 능	주요 업무 내용
협의	자본시장 형성	• 유가증권인수(underwriting) • 증권분배업무(distribution)
	금융자문	• M&A, 기업구조조정 자문 • 기업재무관련 컨설팅 및 정보제공(advisory)
광의	위탁매매	• 위탁매매 중개업무(시장조성의 업무 포함)
	자산관리	• 펀드판매를 통한 자산운용 • 개인고객의 종합자산관리(private banking 업무)
	자기자본투자	• 주식 : 상장·비상장주식 • 채권 : 국공채, ABS, MBS, 정크본드 등 • 파생상품 : 선물, 옵션, 스왑, 신용파생상품 등 • 부동산투자(REITs, 직접투자)
	기타	• 벤처캐피탈, Project Financing, 리서치 등

자료 : 자본시장연구원, 현대경제연구원, KB금융지주경영연구소 자료에서 작성

1) 증권인수업무

투자은행은 기업공개(IPO), 유상증자, 채권, ABS, MBS 등의 발행을 통해 자금을 조달하려는 기업을 위해서 다양한 증권설계(security design)기법을 활용하여 유가증권인수업무를 수행한다. 여기에는 어떤 형태의 증권(기초증권, 구조증권 등)을 어떤 모집방법(공모, 사모 등)으로 택하는 것이 유리한지도 자문한다. 따라서 발행회사 증권에 대한 인수업무의 성패는 투자은행의 축적된 노하우에 따라 결정된다. 그리고 투자은행은 기업의 증권인수 과정에서 기업의 가치를 평가하고 이를 자본시장에 알리는 역할을 결과적으로 하게 된다. 그리고 기업의 요구와 상황에 맞는 자금조달 상품을 디자인하여 증권이나 채권 같은 전통적인 증권을 통해 자금을 조달할 수 없는 기업의 자금조달도 가능하게 한다.

2) 금융자문업무

투자은행은 기업의 M&A, 기업구조조정에 대해 타당성, 절차, 자금조달 방법, 기업가치 평가 등을 포함한 자문업무를 수행한다. M&A나 기업구조조정 분야는 투자

은행의 전문적인 지식과 대내외의 네트워크, 인적자원에 따라 성패가 좌우되고 부가가치도 높은 분야이다.

3) 위탁매매업무

투자은행은 발행회사의 증권이 유통시장에서 원활하게 거래될 수 있도록 일련의 서비스를 제공한다. 여기에는 시장조성의 업무도 포함된다. 그러나 IT의 발달로 위탁매매업무와 관련해서는 투자은행의 수익성이 악화되고 있다.

4) 자산관리업무

투자은행은 연금기금이나 기관투자자의 자산을 운용하거나 투자신탁 등 개인 투자대상의 펀드를 직접 운용한다. 투자은행이 자신의 방대한 네트워크와 정보를 이용해 고객의 자산을 관리하는 은행의 PB(private banking) 기능도 행하고 있다.[13)] 미국의 투자은행은 자산운용업, 투자자문 및 일임업, 랩어카운트업도 수행한다.

5) 자기거래업무

투자은행은 자기매매(principal trading)와 자기계정거래(propriatory trading)를 행한다. 자기매매란 스왑시장에서 스왑딜러나 ELW(equity linked warrants) 시장에서 유동성공급자처럼 증권의 수요와 공급 간에 존재하는 시간적·공간적·수량적 불일치를 조정하여 수급을 합치시키기 위해 자기자신이 매매당사자가 되어 거래의 중개자가 되는 것을 의미한다(한국 증권회사의 dealing 업무). 자기계정거래란 자기자본(own account)투자 또는 모험투자라고도 하는데 자금조달의 우위적 위치를 이용하여 수익의 극대화를 위해 M&A, 부동산 프로젝트 지분투자 등에 참여하여 고위험·고수익을 추구하는 투자를 의미한다. 최근에는 투자은행들이 구조조정시장에서 직접 위험을 부담하고 기업에 투자하는 주체(principal)로서 참여하기도 한다. 예를 들면, 일반 상업은행의 부서 또는 유한책임사원(limited partnership) 형태의 자회사를 통해 구조조정기업에 투자하기도 한다.

---

13) 자본시장법에 의해 한국의 금융투자회사도 자체적으로 집합투자업(자산운용업), 투자자문업 및 투자일임업도 수행할 수 있다.

(2) 금융위기 이후 투자은행에 대한 글로벌 규제

2008년 글로벌 금융위기 이후 글로벌 투자은행은 규모면에서 크게 위축되었다. 2013년 주요 8개 글로벌 투자은행업(IB) 매출액은 약 1,904억달러였는데, 이는 2009년 고점(2,800억달러) 대비 68% 수준에 불과하였다. 이러한 시장의 위축은 글로벌 금융위기 이후 투자은행에 대한 글로벌 규제에 기인한다고 하겠다. 2008년 이후 현재까지 투자은행에 대한 국제기구 등을 통한 글로벌 금융규제를 요약하면 다음 〈표 16-2〉와 같다.

표 16-2 투자은행업에 대한 글로벌 금융규제 현황

구분		시행시한	주요 규제 내용
자본 및 유동성규제 (바젤 Ⅲ)	자본규제	미국/유럽 (2014년)	• 보통주 자본비율≧4.5%, • 기본자본비율≧6.0%, 총자본비율≧8.0%, • 완충자본 0~2.5% 추가적립
	유동성규제	LCR(2019년) NSFR(미정)	• LCR[1] : 30일간 순현금유출액≧100% • NSFR[2] : 가용자금조달액/필요자금조달액≧100%
	레버리지 규제	2018년	• 총익스포져에 대해 최소 3% 이상의 자기자본 보유 • 미국, 5~6%(2017년 시행), 스위스 4.5% 수준으로 상향적용
IB비즈니스 규제	미국 볼커 룰	2015년 7월	• 은행의 자기계정거래 금지 • 헤지펀드 및 PEF 투자금지
	영국 Ring-fence rule	2019년	• 소매와 도매금융을 구조적으로 분리 • Ring-fencing된 은행자본요건 강화(바젤 Ⅲ 10.5%→17.0%)
	EU Bank Structural Reforms	자기계정거래 (2017년) RTM(2018년 7월)	• 대상 : EU소재 금융회사, 자회사, 지점 • 대형은행 자기계정거래 금지 • 고위험트레이딩 사업 분리
	미국 외국계 은행 자본규제	2016년 7월	• 대상 : 미국 내 자산규모 500억달러 이상 대형 외국계 은행 • 미국 내 중간지주회사 설립 의무화(본사와 미국간 자금이동 제한) • 미국 은행과 동일한 자본규제 및 유동성비율 규제 적용

주1) LCR : 유동성 커버리지 비율
주2) NSCR : 순안정자금조달 비율
자료 : 우리금융경영연구소, 금융위기 이후 글로벌 투자은행업 동향과 전망, 주간 금융경제 동향, 2014.2.26

(3) 금융위기 이후 금융겸업에 대한 논의

2008년 글로벌 금융위기 이전까지는 세계 각국은 금융의 대형화, 겸업화, 세계화 전략을 추진해왔다. 그러나 금융위기 이후 금융위기의 재발을 방지하기 위해 FSB[14], BCBS(Basel Committee on Banking Supervision) 등 국제기구는 그간의 금융 자유화 기조를 재평가하고 금융시스템에 대한 규제강화를 논의하게 되었다. 미국과 영국 등에서의 금융겸업을 근본적으로 제한하기보다는 겸업에 대한 규제를 강화하는 방향으로 추진되고 있다.

미국에서 금융위기를 수습하는 과정에서 Goldman Sachs, Morgan Stanley 등 전업 투자은행들은 자회사나 지주회사 방식을 통해 상업은행업무를 겸영하는 겸업은행(소위 CIB)으로 전환되었다. 그러나 이는 금융위기 이전과 같은 금융겸업의 확대가 아닌 FRB의 구제금융[15] 요건을 충족하는 과정에서 소속 자회사인 산업대부회사(Industrial Loan Company)를 은행으로 전환해 은행지주 회사가 되거나 여타 은행지주회사들에 매각되었기 때문이다[16].

한편으로, 금융위기가 서브프라임 모기지 부실 발생을 계기로 신용파생상품, 보험상품 등의 사적 보호장치에 의존해온 비은행금융회사의 Shadow Banking System(그림자금융)에 대한 규제가 강화되었다. 비금융회사가 CP, ABCP, RP 등 비예금성 부채를 이용해 자금을 조달하여 기업에 대출을 하는 경우 비은행금융회사가 실제로 겸업을 통해 은행업을 영위하는 것으로 볼 수 있어 규제가 강화되고 있다.

금융겸업화에 대한 논의로 미국에서는 볼커[17] 룰(Volker Rule), 영국에서는 소매

---

14) FSB(Financial Stability Board)는 1999년 국제 금융 시스템의 안정성을 증대하고 국제적 수준의 금융 감독을 위해 설립된 FSF(Financial Stability Forum, 금융안정포럼)가 확대 개편된 조직이다. 2008년 미국발 금융 위기를 극복하는 과정에서 신흥 경제국의 목소리가 커지면서 2009년 4월 런던에서 개최된 제2차 G20 정상회의에서 G7이 주축이었던 FSF는 G20 국가를 포함하고 더 강화된 임무를 수행하는 FSB로 확대개편되었다. FSB의 운영위원회(Steering Committee)는 한국의 금융위원회를 비롯하여 G7, 네덜란드, 호주, BRICs, 멕시코 등 16개국의 대표와 IMF, BIS, IOSCO, IAIS 등 10개 기준설정기구의 대표 등 총 24명으로 구성된다.

15) 2008년 미국 재무부는 대형은행의 부도를 막기 위해 부실자산구제프로그램(TARP)을 시행하여 3,425억달러의 공적자금을 투입했다.

16) 한국은행, 글로벌 금융위기 이후의 금융겸업 논의와 시사점, Issue Paper No. 2012-5, 2012.8.22 또는 금융투자협회 미 볼커룰 제정현황 및 시사점(보도자료), 2012.3.8

17) Paul Adolph Volker(1927년 생)는 1979~1987(민주당 집권) 기간에 미국 FRB의 이사장을 역임하고, 오바마 행정부에서 경제회복자문위원회 의장을 맡았다.

은행업 분리(ring-fence) 등 겸업을 제한하는 조치가 취해졌다. 미국은 2010년 7월 도드-프랭크법(Dodd-Frank Wall Street Reform and Consumer Protection Act)을 제정하여, 은행・은행지주회사 및 소속 자회사에 대해 고객서비스와 관련없는 자기계정거래(proprietary trading)를 금지하고, 투자대상펀드(covered fund)인 헤지펀드 및 PEF(사모펀드)에 대한 투자 및 운용 등의 업무를 자기자본의 3% 이내로 제한하였다. 이를 볼커 룰[18]이라 한다.

Volker Rule(도드-프랭크법 제619조에 해당)은 2013년 12월 10일 승인되었고, 2015년 7월 21일 시행되었다[19]. 그런데 이 볼커 룰은 은행업과 증권업의 겸업을 전면 금지했던 글래스-스티걸법에로의 복귀를 의미하는 것이 아니라, 금융회사 파산 시 금융시장에 대한 과도한 위험을 줄이는데 취지가 있다. 볼커 룰이 적용되는 은행(banking entity)의 범위는 부보대상(insured) 예금취급기관(depository institute), 부보대상 예금취급기관의 지배회사(controlling company), 은행지주회사, 상기 회사들의 자회사 및 관계회사 등이다[20].

영국은 1987년 Big Bang으로 자회사 방식을 통한 은행업과 증권업의 겸업을 도입하였다. 그러나 금융위기 이후 Northern Rock, RBS, HBOS 등의 대형은행 파산을 겪으면서, 은행업과 증권업 겸업제한을 강화하는 방향으로 규제하고 있다. 2010년 6월 정부에 의해 설립된 은행개혁위원회는 소매, 도매, 투자금융업으로, 모자회사방식으로 구성된 겸업금융시스템에서 소매은행업을 분리(retail ring-fence)하였다(2011년 9월 발표). 이는 소매금융업을 겸업은행 내 자회사(legal entity)로 두되, 독립된 이사회와 별도의 자본금을 보유하여 여타부문과 분리하였다.

18) Volker Rule은 도드-프랭크법 제619조의 내용(① 금융회사에 대한 규제 강화, ② 금융감독기구 개편, ③ 금융회사 정리정차 개선, ④ 금융지주회사 감독강화, ⑤ 지급결제시스템 감독강화)을 의미하며, 이 조항은 은행지주회사법의 제13조에 추가되었다.

19) 은행들은 보유하고 있는 CLO 자산은 2017년까지 처분해야 한다. 은행권이 보유하고 있는 CLO규모는 1200억~1300억달러 규모로 추정되는데, 이 CLO를 만기 전에 팔면 약 36억달러의 손실을 보게 된다며 은행권은 예외 규정을 마련할 것을 요구해 왔다.

20) 2017년 공화당의 트럼프 대통령은 취임 이후 과도한 금융규제로 인한 미국 경제 성장의 저해 가능성을 언급하며, 금융규제완화와 도드-프랭크 법을 대체할 수 있는 법안 마련을 추진하겠다고 발표했다. 공화당 의원들은 대체법안으로 Financial Choice Act를 작년에 이어 재발의할 것으로 보인다. 이 법안의 주요 내용은 은행들이 단순 자기자본비율 10% 이상이며, 적정한 신용등급 조건을 충족시킬 경우 스트레스 테스트를 면제해주는 것이다(자본시장연구원, 자본시장포커스, 2017.2.27.)

(4) 금융위기 이후 투자은행들의 경영전략 변화

글로벌 금융위기 이후 미국과 유럽의 투자은행들은 그룹재편 등을 통해 레버리지가 높은 투자은행업무를 점차적으로 축소하고, 강점이 있는 사업과 지역에 자원을 집중하는 전략으로 이행해왔다. 현재 세계 대형 투자은행이 재구축하고 있는 비즈니스모델은 ① 글로벌 유니버설뱅킹 IB, ② 투자은행부분의 비중을 축소하고 자산운용/WM 부분을 강화하는 업무한정형 IB, ③ 유니버설뱅킹형태를 취하면서 지역을 한정하는 지역한정형 IB의 3가지 형태로 분류할 수 있다. 미국계 IB들과 일부의 유럽계 IB들은 여전히 글로벌 유니버설뱅킹을 지향하고 있고, 일부 유럽과 영국의 IB들은 업무한정형전략을, 대부분의 유럽과 영국의 IB들은 지역한정현 전략을 취하고 있다([그림 16-2]).

그림 16-2
글로벌 투자은행의 경영전략 변화

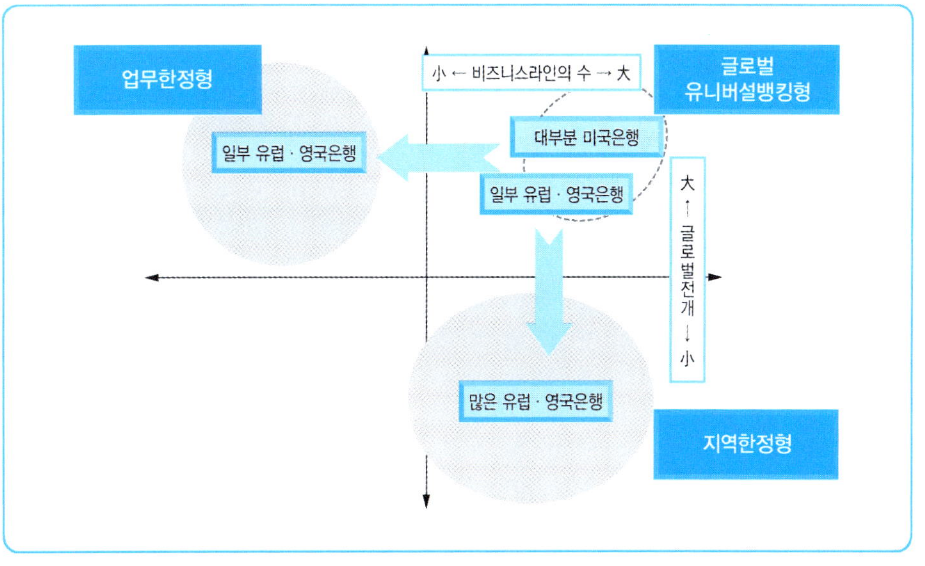

자료 : 금융투자협회, 일본투자은행 비즈니스의 현황, 2016.7.18.

(5) 금융위기 이후 투자은행들의 경영전략 변화

세계 주요 투자은행을 요약하면 〈표 16-3〉과 같다. 그런데 종합서비스를 제공하는 대형 IB들과는 달리 중소형 IB들은 투자은행업무 중 경쟁력이 있는 분야에 특화

표 16-3
세계 주요 투자은행

대형 투자은행		중소형 투자은행
미국계 IB	미국 이외의 IB	미국계 부티크 IB
Goldman Sachs	Credit Suisse(스위스)	Broadpoint Gleacher
Morgan Stanley	UBS(스위스)	Evercore Partners
JPMorgan Chase	HSBC(영국)	FRB & Co.
Merrill Lynch	Barclays(영국)	Greenhill & Co.
Citigroup	StandardCharteredBank(영국)	Houlihan Lokey
BOA	Deutchbank(독일)	Jefferies Group
Wells Fargo	Societe Generale(프랑스)	JMP Group
	BNP Paribas(프랑스)	Keefs, Bruyette & Woods
	ING(네덜란드)	Lazard
	RBS Capital Markets(캐나다)	Moelis & Co.
	Macquarie Bank(호주)	Perella Weinberg Partners
	Nomura(일본)	PJT Partners
	Daiwa(일본)	Piper Jaffray Companies
	Mizho(일본)	Rothchild
	Smitomo Mitsui(일본)	Stifel Financial
		William Blair

자료 : 자본시장연구원, 미국 증권회사의 특화·전문화 전략 : 브티크IB 사례 중심으로, 2015.5.15.

표 16-4
브티크 IB의 주요 업무

브티크 IB	Primary Market			Secondary Market				
	기업 자문	자본조달		리서치	트레이딩		자산관리	
		기업여신	인수주선		고객	자기	기관	개인
Jefferies Group	O		O	O	O	O	O	
Stifel Financial	O			O	O	O	O	O
Piper Jaffray	O				O		O	
Lazard	O			O	O	O	O	
Greenhill&Co.	O							
Evercore	O		O				O	
FRB & Co.	O		O	O	O	O	O	
JMP Group	O	O	O	O	O	O	O	

자료 : 자본시장연구원, 미국 증권회사의 특화·전문화 전략 : 브티크IB 사례 중심으로, 2015.5.15.

하는 전략을 구사하고 있다. 이러한 중소형 IB들을 브티크(Boutique)IB라 한다. 브티크IB에 대한 일반적인 정의는 없으나 여러 투자업무 중 전문화 또는 특화된 업무를 서비스하는 IB를 의미한다. 브티크IB들은 발행시장과 유통시장에서 특별한 업무에 특화하는데, 일부 브티크IB들의 주요 업무를 요약하면 〈표 16-4〉와 같다[21].

3 투자은행의 수익 현황

글로벌 IB들의 최근 영업실적은 호전되고 있는 것으로 나타났다([그림 16-3]). JP Morgan Chase, Wells Fargo, BOA, Citigroup은 분기당 200억달러~250억달러의 영업이익을 기록하고 있다. 이러한 실적개선은 미국을 비롯한 글로벌 주가의 상승, 미국 연준의 금리인상(2017년 6월 FRB는 기준금리를 1.00%~1.25%로 인상) 등과, FICC(채권, 환율, 상품) 투자부문의 수익이 개선된데 영향을 받았다고 할 수 있다. 그러나 유럽계 IB들의 2015~2016 영업이익은 브렉시트의 영향을 받았고, 도이치방크의 경우 2015년 영업실적 악화가 두두러졌다.

그림 16-3 최근 글로벌 대형 투자 은행들의 영업이익 추이

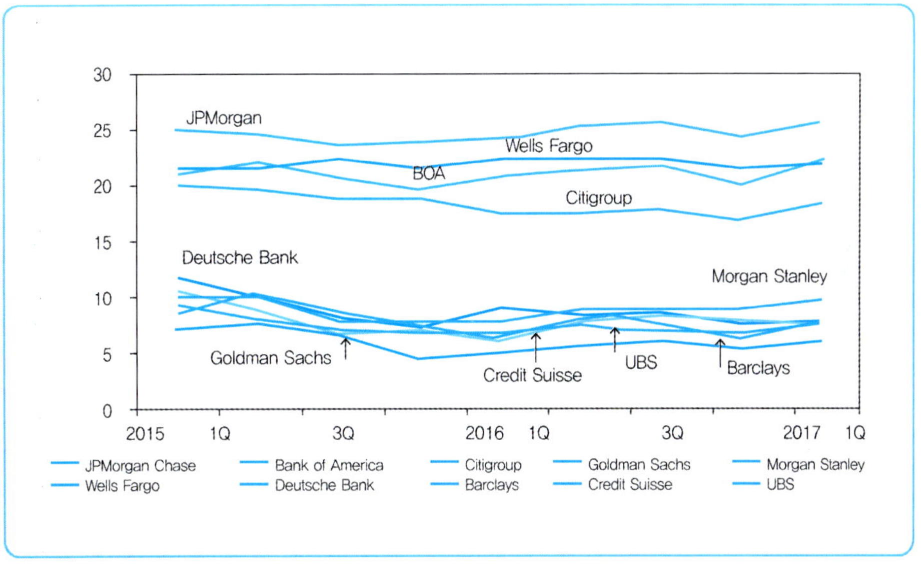

자료 : 자본시장연구원, 글로벌 대형투자은행들의 실적 개선, 자본시장 포커스, 2017.5.15.

21) 자료에서 상세히 언급된 브티크IB들의 전문화 내지 특화전략들은, 핀테크의 확산, ICT 활용 등 경영환경의 변화에 적응해야 하는 우리나라의 중소형 증권사들이 참고할 가치가 있다고 생각된다.

다음으로 글로벌 투자은행들의 수수료수입 추이를 보면([그림 16-4]) M&A관련 수수료, 대출관련 수수료, 채권관련 수수료 그리고 주식관련 수수료 수입으로 구성되는데, 글로벌 금융위기 기간(2008년~2010년)에는 자금시장 경색을 반영하여 대출관련 수수료 수익의 비중이 크게 감소했음을 할 수 있다. 최근에는 주식관련 수수료 수익 비중이 증가하여, M&A, 대출, 주식, 채권의 네 가지 부문의 수수료 수익이 비슷한 비중을 차지하고 있다. 이러한 현상은 한국의 증권회사들의 수익원이 주식관련 위탁수수료 수익(40~60%)에 크게 의존하고 있는 현상과는 대조적으로, 글로벌 IB들은 수익원 다변화가 이루어지고 있음을 알 수 있다.

그림 16-4
글로벌 투자은행의 수수료 수익구조

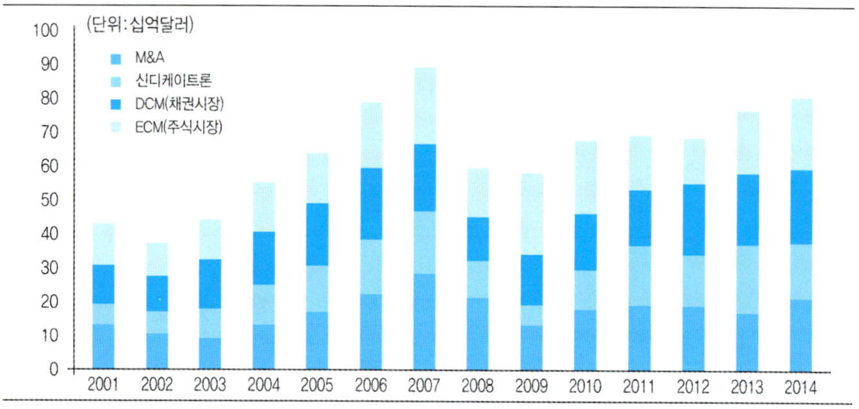

자료:Dealogic

자료 : 금융투자협회, 글로벌 주요 IB의 최근 전략 동향 및 시사점, 2016.1.26.

다음으로 국내 5대 증권사(미래에셋대우, NH농협, 삼성, KB국민, 한국투자)와 글로벌 9대 IB들과의 총자산과 ROE를 비교하면([그림 16-5]), 총자산은 글로벌 9대 IB들의 평균자산이 한국의 5대 증권사의 25배에 달했다. 그리고 ROE는 도이치방크를 제외하고는 모든 IB들의 ROE가 한국 IB들의 ROE보다 높았다.

| 그림 16-5
글로벌 IB 및 국내 5대 투자 은행의 비교(2014년 기준)

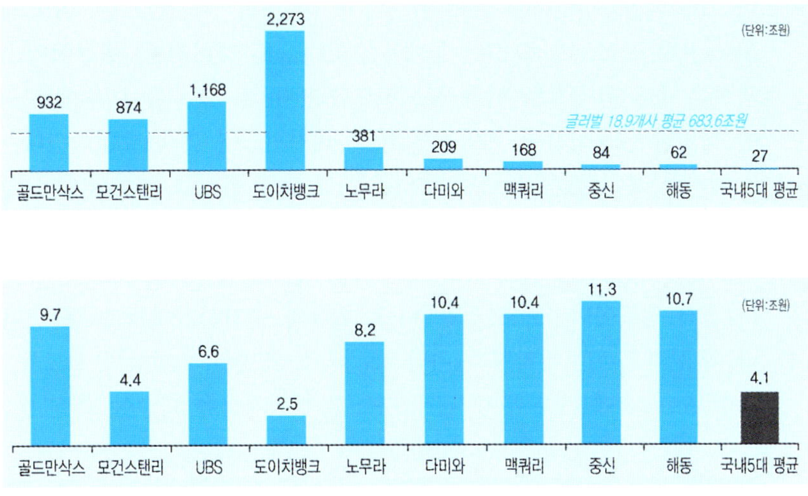

자료 : 금융투자협회, 글로벌 주요 IB의 최근 전략 동향 및 시사점, 2016.1.26.

Ⅱ 헤지펀드

1 헤지펀드 개념

헤지(hedge)의 사전적 의미는 '내기에서 양다리를 걸치다'이다. 금융분야에서는 위험을 회피한다는 의미로 사용된다. 따라서 원래의 헤지펀드는 투자위험을 줄이기 위해 매도와 매수를 동시에 하거나, 현물과 선물에 분산해서 투자하는 펀드를 의미했다. 그러나 헤지펀드의 귀재라고 일컫는 George Soros가 등장하면서 다양한 금융기법을 이용해 전 세계 각국을 넘나들며, 적대적 M&A, 환투기, 파생상품거래 등으로 투자위험을 감수하면서 단기투자수익을 추구하는 단기투기자본의 통칭이 되었다. 그리고 헤지펀드는 세금부담을 줄이기 위해 역외금융센터나 조세피난처(tax heaven)[22]에 본사를 두는 경우가 많다.

헤지펀드는 특정 소수의 투자자로부터 사모방식(private placement)으로 자금을 모아 고수익을 추구하는 사모펀드다.[23] 최초의 헤지펀드는 미국의 펀드매니저인 Alfred W. Jones가 1949년 공매도(short sale), 레버리지, 실현이익 20%, 고율의 성과보수 등을 특징으로 하는 사모펀드였다. 1970~80년대 이후에는 금융공학을 이용한 다양한 금융상품이 개발됨에 따라 헤지펀드가 더욱 발달하였다.

헤지펀드는 민간유한책임회사 또는 조합의 형태로 설립되며, 일반파트너(general partner)와 유한파트너(limited partner)로 구분된다. 일반파트너는 상당한 정도의 자기자산과 투자자의 자금을 모아 펀드를 설정한다. 펀드규모는 대략 5백만달러에서 1억달러 정도이며, 보통 성과수수료 20%와 순자산가치의 1%를 운용수수료로 받는다. 유한파트너는 투자자의 자금으로 최소 25만달러 이상의 펀드를 설정하고, 봉쇄조항(lock-up)에 따라 투자기간(보통 1년) 투자자금을 회수할 수 없는 것이 원칙이다.

표 16-5 헤지펀드 역사 및 시기별 특징

시 기	특 징
1949~1968	– Alfred Jones 최초의 헤지펀드 – Equity Long/Short(공매도 사용)
1969~1974	– 1960년대 강세장으로 공매도전략의 수익률 저조로, 레버리지를 높여 매수포지션 구축 – 1969년에 시작된 장기침체(오일 쇼크, 브레튼우즈 체제 붕괴)로 헤지펀드 암흑기
1975~1997	– 1986년 타이거펀드의 성과 부각 – 글로벌 거시경제 환경은 Global Macro전략에 유리 – 1987년 블랙먼데이에 의한 손실을 회복하며 부흥기 진입
1998~2007	– 1998년 러시아 부도선언에 따른 LTCM 파산 – IT 버블 해소과정에서 다수의 헤지펀드 청산 – 헤지펀드 전략의 다양화
2008~	– 서브프라임 모기지 보도 사태로 인한 금융위기로 헤지펀드 자산규모 감소 – 투자자들의 헤지펀드 환매 및 청산요구 – EU와 미국을 중심으로 헤지펀드 규제 논의 시작 2008년 금융위기와 2012년 남유럽재정위기 이후 행동주의 헤지펀드 확산

자료 : KB금융지주경영연구소, 헤지펀드 운용전략과 한국형 헤지펀드의 성공조건, KB CEO Report 2012-05, 2012. 5.

22) 미국의 헤지펀드 설립지로는 미국과 지리적으로 가까우면서도 조세피난처인 카리브해의 케이만군도, 버진 아일랜드 바하마와 북대서양의 버뮤다 등이 있다.

23) 미국의 경우는 100인의 투자자를 기준으로 100인 이하의 투자자로부터 자금을 모집하면 사모로 간주되어 펀드운용이 자유롭다.

그러나 경우에 따라 매월 1회 추가투자가 가능하고, 혹은 분기 1회에 한해 투자자금회수가 가능하기도 한다.[24] 일부 투자은행들과 사모펀드는 자신들이 설립하여 운용하는 헤지펀드에 대한 개인당 최소투자규모를 2만5천달러로 낮추었다(WSJ, 2005.4.27). 헤지펀드는 보통 1년을 투자단위로 하는데 반해 사모투자펀드는 보통 3~5년간을 투자단위로 한다.

2008년 글로벌금융위기와 2012년 남유럽 재정위기 이후 헤지펀드들의 행동주의가 확산되었다[25]. 2016년 현재 약 1만여개의 헤지펀드가 약 3조달러의 자산을 운용하는 헤지펀드의 역사와 시기별 특징을 요약하면 〈표 16-5〉와 같다.

2 헤지펀드의 투자전략

헤지펀드는 '투자이익의 극대화', '비용의 최소화', '위험의 민감화'라는 3대 원칙을 철저히 지킨다. 이를 위해 다양한 투자기법을 구사하고 있는데, 전통적인 자산운용회사와는 다음과 같은 점에서 차이가 있다. 헤지펀드는 ① 레버리지를 이용하고, 대규모의 매도포지션을 과감히 보유하는 등 이익극대화를 위해 high risk-high return의 적극적인 전략을 구사한다. ② 투자전략이 자산구성이나 투자시장 선택보다는 실현가능한 성과(performance)에 중점을 두고, 따라서 높은 성과보수를 추구한다. ③ 공매도, 파생상품거래 등을 활용하여 시장위험을 회피할 수 있는 헤지기법을 병행하기도 하며, 차익거래를 통해 시장상황과 관계없는 투자수익을 추구하기도 한다.

헤지펀드의 투자전략은 크게 Equity Hedge전략, Event-driven전략, Macro전략 Relative Value전략으로 구분된다([그림 16-6]). 그런데 헤지펀드의 운용전략은 시대와 시장상황에 따라 전략을 달리해 왔다. 예를 들면 1990년대만 해도 헤지펀드의 70% 이상이 Global Macro 전략을 사용했으나 1999년 IT버블 붕괴로 전 세계 경제가 어려움을 겪으면서 인기가 감소했다. 대신에 펀더멘털 분석에 기초한 Long/Short 전략이 부상하였고, 저금리 기조에 따른 M&A 활성화로 이벤트를 활용하는 Event-driven 전략의 비중이 높아졌다[26].

---

24) 폐쇄형의 헤지펀드의 환매는 분기마다 분기말 전에 30일에서 45일 사이에 환매를 신청할 수 있다. 그러면 헤지펀드는 1달 정도의 시간적 여유를 두고 펀드를 환매해서 투자자의 환매에 응한다. 헤지펀드는 투자자금이 해외 주식에 투자된 경우 수익률이 가장 높은 국가에서 주식을 팔아 환매자금을 마련하기도 한다.

25) 최근의 헤지펀드 행동주의에 대해서는 앞의 제10장에서 설명되었음

그림 16-6 헤지전략의 분류

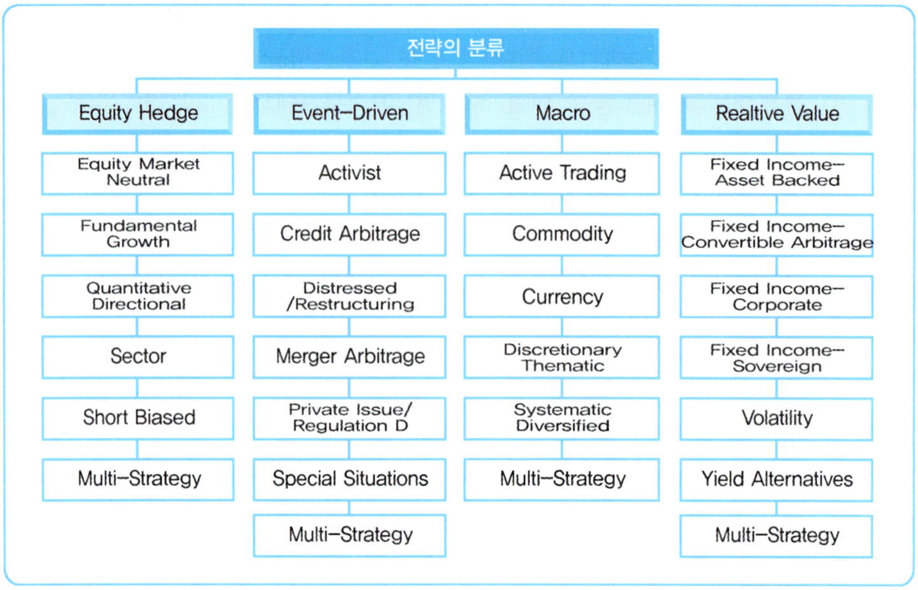

자료 : KB금융지주경영연구소, 헤지펀드 운용전략과 한국형 헤지펀드의 성공조건, KB CEO Report 2012-05, 2012. 5.

① Equity Hedge전략

이 전략은 다양한 계량적 분석 또는 정성적 분석을 통해 주로 주식과 주식관련파 생상품에 매수/매도(long/short) 포지션을 구축하여 수익 추구하는 전략이다. 이 전략은 펀더멘털에 기초하여 저평가된 종목은 매수하고 동시에 고평가된 종목은 매도한다.

② Event-driven전략

이 전략은 기업 합병, 구조조정, 공개매수, 자사주매입, 부채교환, 유상증자, 혹은 그 외 재무구조 조정 등 기업의 비경상적인 이벤트에서 투자기회를 포착하며, 주로 정성적 분석을 이용한다. 다른 전략들에 비해 많은 시간이 소요되고 해당 이벤트가 발생하지 않을 경우와 같은 상당한 리스크를 감내해야 하는 전략으로, 2000년대 이후 글로벌 저금리 기조로 부상하게 된 전략이다. 즉, 기업과 관련된 수익기회 극대화 전략으로, 지분 매입 후 기업경영 간섭 등 적대적 M&A, 부실채권 매입 등의 전략이다(예를 들면 2006년 칼 아이칸의 KT&G 공략)

26) KB금융지주경영연구소, 헤지펀드 운용전략과 한국형 헤지펀드의 성공조건, KB CEO Report 2012-05, 2012. 5.

③ Macro전략

이 전략은 금융위기, 외환위기 등 거시경제 변화를 적극적으로 이용하는 전략으로, 상대국 평가절상을 전망한 환투기, 원자재 투기적 거래, 재정위기 국가의 국채 매입 등을 통해 이익을 창출한다. 이론적으로는 시장이 불균형상태에 있는 경우, 불균형상태가 장기간 지속될 수 없고, 시장은 결국에는 균형상태로 회귀한다는 전제하에 이용되는 전략이다. 기본적으로는 거시경제를 중장기적으로 분석하여 이러한 불균형 상태가 있는 글로벌 시장을 찾아 투자한다. 구체적으로는 Top-down 또는 Bottom-up 접근으로 계량적·정성적 분석을 통해 거시경제지표의 변화와 그로 인한 주식, 채권, 외환, 상품시장의 가격변동을 예측하여 수익을 추구한다. 향후 가격 전망에 따라 개별주식의 펀더멘털이 아닌 거시경제 지표에 집중하여 포지션을 취하고 수익을 창출하는 전략으로 주로 상품 및 통화에 대한 노출을 사용한다.

④ Relative Value전략

이 전략은 상대적으로 저평가된 유가증권을 발굴하여 투자하는 전략으로, 차익거래이익 추구, 저PER 및 저PBR 종목 발굴, 기술적 분석 등이 여기에 속한다. 이론적으로는 다양한 펀더멘털, 계량적 분석을 통해 연관성이 입증된 유가증권 사이에서 발생한 가격괴리를 이용 투자기회를 모색한다. 이 전략에 크게 의존했던 LTCM이 1998년 파산하자, 이 전략은 유행에서 한동안 밀려났다. 글로벌 금융위기와 남유럽 재정위기 이후 중앙은행들의 양적 완화정책으로 채권시장의 가격이 왜곡되면서 다시 주목받고 있다. 이 전략은 소폭의 스프레드 차이를 이용하여 수익을 극대화하기 위해 다른 전략에 비해 높은 레버리지를 사용하는 특징이 있다.

⑤ 기타 전략

Distressed전략은 부실채권(distressed debt)에 투자한 후 채권을 주식으로 전환, 기업을 회생시켜 수익을 추구한다. Directional Credit전략은 컴퓨터 모델을 주로 이용하여 파악한 시장의 방향과 변동성을 이용한 투자전략으로, 지수 선물 및 옵션, 롱/숏 등을 구사한다. Broad Multi-strategy는 이상에서 언급된 여러 가지 투자전략을 복합적으로 이용하는 전략이다.

3 레버리지

헤지펀드의 경우 레버리지 활용도가 높아 투자전략에 따라 통상 2~20배까지 투자자산규모가 확대될 수 있다. 따라서 금융시장에 대한 영향력도 확대될 수 있다.

헤지펀드의 경우 레버리지는 ① 자기자본(자산-부채)을 초과하는 자금을 외부에서 차입하거나 주식 공매도, ② 브로커 회사에 있는 신용거래계좌를 통해 자금을 차입, ③ 선물계약, 파생상품 등을 이용한 방법 등을 통해 레버리지를 확대할 수 있다. 그리고 거래전략에 따라 레버리지 비율이 달라질 수 있다.

일반적으로 헤지펀드의 레버리지는 투자수단과 시장상황에 따라 신축적이다. 예를 들면 1998년 LTCM(Long Term Capital Mgt.)사태 당시 LTCM의 레버리지는 28배 수준이었다. 2000년 이전에는 헤지펀드의 평균 레버리지는 약 10배 정도였다. 그러나 2000년 들어 전반적인 투자수익률이 낮아지자 레버리지 비율도 평균 3배 미만으로 감소하였다. 2003년 이후 평균 레버리지는 세계 주식시장의 활황에 따라 다소 증가하는 추세를 보였으나, 2008년 글로벌 금융위기 이후 다시 낮아지는 추세를 보였다.

4 헤지펀드와 리스크

헤지펀드는 속성상 고수익을 추구하는 펀드이기 때문에 태생적으로 고위험을 내포하고 있다. 그리고 헤지펀드는 사모펀드여서 금융당국의 규제와 감독이 강하지 않다. 또한 레버리지비율이 여타 투자전략보다 높아 투자손실이 커질 가능성이 높다. 따라서 세계 금융시장의 불안이 발생할 때마다 헤지펀드의 대형 투자손실이나 파산이 관련되어 있는 것이 보통이다. 최근에 발생한 대형 헤지펀드의 위험을 살펴보자.

1998년 10월, 러시아 국채에 1조달러를 투자했다가 러시아의 모라토리움 선언으로 파산한 미국 LTCM(Long Term Capital Management)사건은 헤지펀드의 위험을 그대로 설명해주는 사건이다. 당시 LTCM의 파산으로 국제 금융시장이 큰 충격을 입었다. 2005년 5월의 'GM쇼크'도 유수한 헤지펀드를 파산하게 한 사건이다. 2005년 3월부터 미국 GM과 Ford 자동차회사의 판매부진과 근로자 복지관련 지출에 대한 부담으로 파산설이 나돌았다. 5월 무디스사와 S&P사가 GM과 Ford사에 대해 신용등급을 투자부적격인 B등급으로 하향조정하자 헤지펀드들이 엄청난 손실을 입었고,[27] 이에 따라서 헤지펀드발 6월 금융위기설이 미국을 비롯하여 세계 금융시장을 강타했다.

27) 당시 도이치방크는 헤지펀드와 은행권의 손실규모가 320억달러에 이를 것으로 추정했다.

'GM쇼크'로 헤지펀드들이 상반기에 대규모 손실을 입었고,[28] 세계 유수의 대형 헤지펀드의 파산이 이어졌다. 예를 들면 기업차입인수(Leverage Buy-out)에 정평이 있는 스페인 마드리드와 미국 뉴욕에 본사를 둔 Vega Asset Mgt.사는 2005년 6월 한달동안 6억달러의 손실을 입었다(CNN Money, 2005.6.14.). 20억달러를 운용하며 CB차익거래에 정평이 있던 미국 Marine Capital이 GM쇼크로 6월 파산했다. 최근 2007년 6월에는 미국 5위의 투자은행인 Bear Sterns가 운영하는 헤지펀드 2개(100억달러 펀드규모)가 파산하였다.

영국의 헤지펀드인 베일리 코우츠는 13억달러를 운용했으나, 2005년 들어 GM채권에 투자한 손실을 포함하여 20%의 투자손실로 투자자에게 파산을 통보했다(FT, 2005.6.14.). 싱가포르를 대표하는 헤지펀드인 아만 캐피탈 매니지먼트는 전 세계의 외환, 주식, 채권, 파생상품 등에 투자했는데, 2005년 상반기 파생상품 투자에서 22%의 손실을 입어 펀드를 청산했다.

다른 한편으로 투자은행에서 신용거래를 통해 투자자금을 조달하거나 금융기관으로부터 투자자산을 담보로 대출을 받아 투자한 경우에, 헤지펀드가 수익성이 떨어지고 투자원금이 줄어들어 투자밸런스가 일정한 유지증거금 이하로 낮아지게 되면 금융기관으로부터 부족한 자금을 추가하라는 마진콜(margin call)을 당한다. 헤지펀드가 수익률이 떨어져 마진콜을 당하면 증거금을 보전해야 시장에서 신뢰를 유지할 수 있다. 이 경우 헤지펀드는 마진콜이 있을 경우 증거금 부족분을 보전하기 위해서 기존에 투자한 자산을 회수(매수의 경우 전매, 매도의 경우 환매)하는데 이를 디레버리지(deleverage)라 한다. 만일 이 과정에서 신용경색(credit crunch)이 발생할 경우 주가와 부동산 가격이 하락하여 국제금융시장에 큰 충격을 주게 된다.[29]

헤지펀드들은 신흥시장에 투자한 자금을 우선적으로 회수한다. 따라서 신흥시장에서는 외국인 투자자금의 이탈에 따라 통화가치와 주가가 폭락하기도 한다. 선진국에서 헤지펀드 위기가 발생할 때마다, 선진국 시장에는 별 영향이 없다가 신흥시

28) 헤지펀드들은 2005년 3월과 4월에 평균 -0.9%와 -1.75%의 수익률을 기록했다. 한편 미국 플로리다주 팜비치의 부호들을 상대로 투자를 유치한 한국계 "KL Finance Group"이란 헤지펀드가 2억달러의 투자손실로 펀드기금이 고갈상태에 빠지자 SEC는 2005년 2월 자산동결 조치를 취했다(WSJ, 2005.3.2).

29) 2008년 3월 14일 미국의 서브프라임 모기지 사태가 악화되어 미국 5대 투자은행인 베어 스턴스가 금융기관으로부터 마진콜을 당하자, 유동성부족을 위해 FRB는 베어 스턴스에 수십억 달러의 구제금융을 투입했고, 베어 스턴스가 보유한 MBS와 FRB 보유의 미국 국채를 맞교환 해주어 베어 스턴스가 미국 국채를 매각해 유동성 문제를 해결하게 하였다. 그러나 베어 스턴스는 FRB의 주선으로 JP Morgan Chase에 인수되었다.

장에는 커다란 파장을 가져오는데, 이를 나비효과(butterfly effect)라 한다. 이렇듯 헤지펀드는 고위험·고수익을 추구하는 속성에서 잠재적 위험을 가지고 있다.

5 헤지펀드에 대한 규제

공모펀드 경우는 감독당국의 규제를 받는 것은 세계적인 관행이다. 그러나 사모펀드나 헤지펀드는 규제를 받지 않는 것이 원칙이다. 1997년 아시아 금융위기를 겪고 나서, 헤지펀드에 대해서 제도권 금융처럼 직접적인 규제를 해야한다는 신흥국들의 주장과 간접규제를 해야 한다는 선진국들의 주장이 대립하다가, 결국에는 선진국들의 주장이 받아들여져서 헤지펀드에 대한 직접규제는 무산되었다. 헤지펀드에 대한 직접규제는 헤지펀드에 대한 인허가제 도입, 필요인력과 물적자원 등의 요건 부여, 최소자본금 기준, 투자관련 위험관리 및 통제지침 마련 등이 있다. 간접규제는 헤지펀드와 거래하는 제도권 금융회사를 통한 규제를 의미한다. 예를 들면 헤지펀드와 거래하는 금융기관의 자본금 요건을 강화하여, 레버리지가 높은 헤지펀드와 거래를 할 경우 자본금기준을 높여 위험에 대비하는 것이다. 또는 헤지펀드와 거래하는 금융기관의 동일인 대출한도를 줄인다거나, 금융당국은 헤지펀드와 거래하는 금융기관에 대해 보다 강화된 감독기준을 적용하거나, 거래내용을 투명하게 공개하는 것 등이다.

2008년 금융위기 이후, 헤지펀드의 과도한 파생상품투자와 레버리지 확대, 금융위기 과정에서 디레버리징(자금회수)이 위기를 증폭시켰다는 분석이 나오면서, 헤지펀드의 감독당국에 등록, 투자자료 공개, 헤지펀드 운용업계의 관행 개선 등의 조치가 이루어 졌다. 그러다가 2009년 4월 런던 G20 정상회의에서 헤지펀드를 포함하여 대형 금융기관, 금융시장, 금융상품뿐만 아니라 헤지펀드 등 사모펀드와 그림자금융(shadow banking)[30]에 대한 광범위한 직접규제가 도입되었다. 즉, 금융기관의 영업과 관련된 시스템적 리스크 등 거시건전성 위험의 파악과 이를 관리하기 위한 규제시스템을 마련하기로 하였다. 이를 통해 각국의 금융당국이 금융시스템 전반에 대한 광범위한 정보수집 권한을 갖게 되었다[31].

30) 그림자금융은 은행과 유사한 기능을 하지만, 중앙은행의 유동성 지원이나 예금자 보호도 원활하게 받을 수 없어 시스템적 위험을 유발할 가능성이 높은 금융상품과 영역을 의미한다. 투자은행, 헤지펀드, 구조화투자회사(SIV) 등의 금융기관과 머니마켓펀드(MMF), 환매조건부채권(RP), 자산유동화증권(ABS) 등의 금융상품 등이 그림자금융 상품에 속한다.

헤지펀드에 대해서는 펀드 및 펀드운용자에 대한 등록의무 부과, 시스템 리스크를 평가하기 위한 레버리지 현황 등 필요한 정보를 의무적으로 공개하기로 하였다. G20 산하 금융안정위원회는 헤지펀드와 운용자의 법적 관할이 다른 경우 관련 당국과의 긴밀한 업무 협조 및 정보공유를 위한 제도를 구축하고, 금융당국은 헤지펀드와 거래하는 상대방 금융회사들이 헤지펀드 외의 거래애서 발생하는 위험관리를 강화하기로 하였다.

미국은 2009년 6월 1일 헤지펀드 산업에 대한 규제를 포함한 금융감독규제에 대한 개혁안을 발표하였고, 의회의 승인을 거쳐 2010년 7월 1일부터 발효되었다. 이 규제에 의해 1억 5,000만달러 이상의 헤지펀드와 사모펀드를 운용하는 자산운용회사는 SEC 등록을 의무화했다. 그리고 SEC는 헤지펀드를 운용하는 자문회사에게 영업활동 관련 문서의 보존과 보고를 요구할 수 있다. 그리고 은행들도 헤지펀드 및 사모펀드 등 특정 펀드에 대한 투자지분이 3%를 넘지 못하게 했고, 투자금액도 핵심자본[32)]의 3% 이내로 제한하였다.

6 글로벌 헤지펀드 현황

글로벌 헤지펀드 시장은 2008년 글로벌 금융위기로 한해 주춤하기는 했으나 1990년 이후 운용자산규모는 지속적으로 꾸준한 성장세를 보이고 있다([그림 16-7]). 2016년 3분기 현재, 2015년 이후 헤지펀드의 수익률 저조에 따른 자금유출에도 불구하고, 헤지펀드 운용자산은 2.97조달러로 사상 최대치를 기록했다. 최근에는 아시아 및 태평양지역의 시장에서 헤지펀드가 성장세를 지속하고 있고, 세계적으로 헤지펀드에 투자하는 재간접펀드가 크게 늘어났기 때문이다. 2016년 3분기 현재 글로벌 헤지펀드 수는 9,925개이다([그림 16-8]).

투자전략별 자금흐름을 보면, 2015년 이후 주식투자자금이 가장 많이 감소했음을 알 수 있다([그림 16-9]). 특히 2016년 중반 이후 Multi전략과 Relative Value 전략에서 자금유출이 많았다. 2016년 3분기 현재 투자전략별 투자비중이 가장 큰 전

31) 이러한 맥락에서 각국의 중앙은행들은 그 기능에 금융안정을 추가하였다. 한국은행의 경우도 2011년 9월 한국은행법 제1조에 제2항을 신설하여 한국은행 기능에 금융안정 목표를 추가하였다.

32) 핵심자본(core capital) 또는 기본자본은 BIS기준 자기자본비율의 분자인 자기자본의 핵심이 되는 자본으로서 ① 주주에 의해서 조성되고 ② 상환불능, 만기불확정 ③ 확정이자 지급배제의 요건을 갖추어야 한다. 우리나라의 경우 자본금, 자본준비금, 이익잉여금, 연결자회사의 외부주주 지분이 이에 해당된다.

략은 Macro전략으로 30%, Equity 26%, Multi 13%, Relarive Value 11%, CTA (commodity trading advisor, 상품선물 트레이딩) 8%, Credit 7%의 순이었다([그림 16-10]).

그림 16-7
글로벌 헤지펀드 운용자산 추이

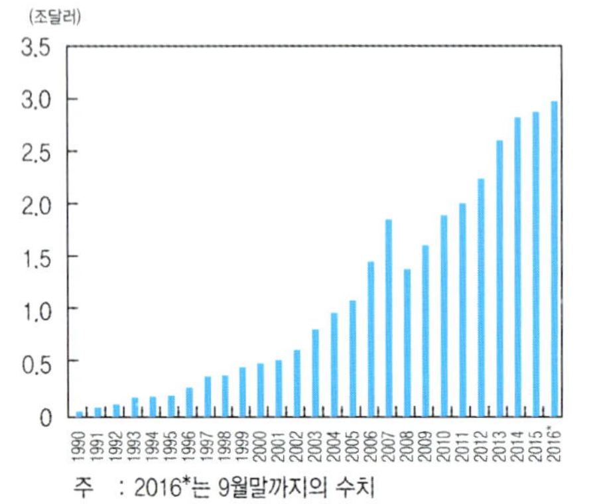

그림 16-8
글로벌 헤지펀드 신규설정 및 청산 추이

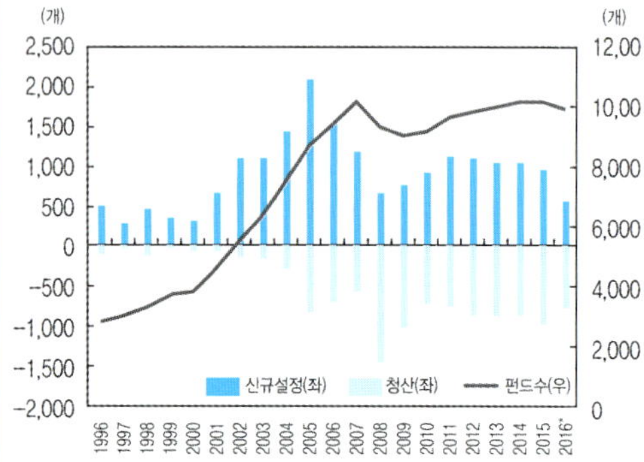

자료 : 자본시장연구원, 자본시장리뷰, 2017년 봄호.

그림 16-9
투자전략별 자금흐름

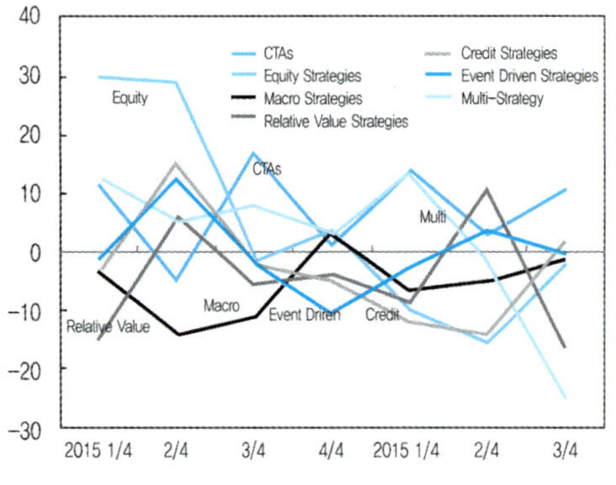

그림 16-10
투자전략별 비중(2016.3/4)

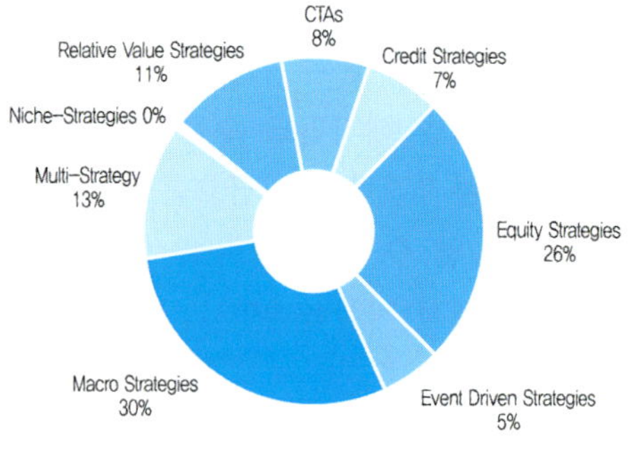

자료 : 자본시장연구원, 자본시장리뷰, 2017년 봄호.

Ⅲ 국부펀드

1 국부펀드의 개념과 종류

국부펀드(Sovereign Wealth Fund : SWF)란 정부가 공적 외환보유액과는 별도로, 재정흑자 등의 잉여자금을 재원으로 조성하여 다양한 종류의 자산에 수익성 위주로 운용하는 국가기금펀드를 의미한다. 쿠웨이트가 1953년 석유판매수입을 재원으로 쿠웨이트 투자위원회를 설립하고 런던에 투자사무소를 개설한 것이 국부펀드의 시작이다. 이러한 의미에서 국부펀드를 민간 금융자본과 비교하면, 민간자본과는 달리 국부펀드에는 자원의 민족주의 등 정부의 전략적 동기가 개입되며, 운용목적에는 수익성 이외에 전략적 자원의 확보, 선진기술의 도입 등이 투자 목표가 될 수 있다. 이러한 차이점을 요약하면 〈표 16-6〉과 같다.

표 16-6 국부펀드와 민간 금융 펀드의 비교

구분	민간 금융자본	국부펀드	국부펀드의 특징
운용주체	영리법인	정부	- 투자운용상 정부의 전략적 동기가 개입 - 정보공개 의무가 없음
자금조달	외부 (일반투자자)	내부 (정부재원)	- 수익상환의 부담이 적음 - 장기투자 가능
운용목적	수익성	수익성+α	- 수익성 이외에 경제력 확충, 성장동력 확충, 전략적 목적 달성
펀 드 수	1만개 이상	40여개	- 자금투입의 집중력, 투자위험성이 높음 - 경쟁강도는 낮음

자료 : LGERI, "국부펀드가 몰려온다", LG Business Insight, 2007. 11. 14.

2 글로벌 국부펀드 현황과 전망

2016년 12월말 현재 전 세계 국부펀드의 자산규모는 약 7조 3,111억달러에 이른다. 글로벌 국부펀드의 규모는 글로벌 금융위기 여파를 겪었던 2009년을 제외하고는 매년 꾸준히 증가하는 추세를 보였다. 세계 국부펀드는 중동국가들의 Oil Money에 바탕을 둔 국부펀드가 큰 비중을 차지하고 있다. 다음으로는 중국을 비롯한 아시아 국가들이 중요한 위치를 차지하고 있다. 국부펀드의 주요 재원에 있어서, 2016년의 경우 세계 총 국부펀드 약 7.4조달러 중 57%에 달하는 4.2조 달러는 상품수출을 기반으로 재원을 두고 있으며, 비상품(외환보유액, 민영화 수익 등)을 기반으로 하는 국부펀드는 3.2조달러로 나머지 43%를 차지했다. 그리고 원유와 가스관련 자원이

표 16-7 세계 주요 국부펀드(2016년 말 현재)

국 가	펀드 명칭	자산규모(억달러)	설립연도	주요재원
노르웨이	Gov't Pension Fund-Global	9,211	1990	원유
사우디 아라비아	(Saudi Arabian Monetary Agency Holdings	5,824	1952	원유
	Public Pension Fund	1,830	2008	원유
아랍에미레이트	Abu Dhabi Investment Authority(ADIA)	8,280	1976	원유
	Investment Corp. of Dubei	2,005	2006	원유
	Mubadala Development Company	1,250	2002	원유
중국	China Investment Corp.(CIC)	8,138	2007	비상품
	SAFE Investment Company	4,410	1997	비상품
	National Social Security Fund	2,950	2000	비상품
쿠웨이트	Kuweit Investment Authority)	5,240	1953	원유
홍콩	Hong Kong Menetary Authority	4,566	1993	비상품
싱가포르	Gov't of Singapore Investment Corp.(GIC)	3,500	1981	비상품
	Temasek Holdings	1,800	1974	비상품
카타르	Qatar Investment Authority(QIA)	3,500	2005	원유
호주	Austrailia Future Fund	994	2006	비상품
러시아	Nation Welfare Fund	722	2008	원유
	Reserve Fund	162	2008	원유
카자흐스탄	Samruk-Kazyna JSC	647	2008	비상품
	Kazakhstan Nation Fund	609	2000	원유
한국	Korea Investment CorpOration	1,108	2005	비상품
이란	National DEvelopment Company	620	2011	원유, 가스
미국(알라스카)	Alaska Permanent Fund Corp.	548	1976	원유
세계 총계		73,111		

자료 : Soverign Wealth Find Institute(SWFI)/SWF Ranking

약 4.3조달러, 기타 재원이 3.1조달러였다[33].

단일 국가의 국부펀드로는 노르웨이의 Government Pension Fund-Global이 9,221억달러로 가장 큰 규모이다. 국가별로는 중국이 3개펀드에 15,498억달러, 아랍에미레이트가 3개 펀드에 11,535억달러 그리고 사우디아라비아가 2개 펀드에 7,564억달러의 규모를 가지고 있다. 한국의 KIC(Korea Investment Corporation)은 1,080억달러의 국부펀드를 운용하고 있다(〈표 16-7〉).

3 한국의 국부펀드 KIC

한국의 국부펀드인 KIC(Korea Investment Corporation, 한국투자공사)은 2005년 3월 한국투자공사법이 공포되고, 이어 7월에 설립되었다. 2006년 6월에 한국은행과 자산위탁계약을 체결하고, 한국은행의 외환보유액 중 200억달러를 받아 운용을 시작하였다. 이어 10월에는 기획재정부와 자산위탁계약을 체결하고 위탁받은 자산을 글

표 16-8 KIC의 자산배분

구분		순자산가치	투자비중**
전통자산	주식	456	41.2
	채권	365	33.0
	기타*	120	10.7
	소계	941	84.9
대체자산	헤지펀드	42	3.8
	사모주식	46	4.2
	부동산, 인프라스트럭처	58	5.1
	현금등가	6	0.6
	소계	151	13.7
전략적 투자(BoA)		16	1.4
합계		1,108	100.0

* : 기타는 물가연동채권, 원자재, 현금, 혼합형 등으로 구성
** : 순자산가치 기준
자료 : KIC, 2016 연차보고서

33) 한국투자공사(KIC), 국부펀드 안내 자료

벌 채권에 투자하기 시작했다. 2007년 7월에는 글로벌 주식에 투자를 확대하였고, 2009년 9월에는 대체투자를 개시하였다. 2012년에 운용자산 500억달러를 돌파하고, 2016년 말 1,108억달러를 기록했다. 이는 한국은행과 정부로부터 위탁받은 총 950억달러와 그 동안의 누적투자수익 158억달러를 합친 규모이다. KIC의 자산운용을 보면 2016년 1,108억달러 중 전통자산에 84.9%를 투자하고, 대체자산에 13.7%를 투자하고 있다. 전통자산에서도 글로벌 주식에 41.2%를 투자하고 채권에 33.0%를 배분하여 투자하고 있다(〈표 16-8〉).

연.습.문.제

1 투자은행과 상업은행의 차이점은?

2 1934년의 Glass-Steagall Act와 1999년의 Gramm-Leach-Bliley Act의 역할은?

3 글로벌 금융위기 이후 금융산업의 겸업제도에 대한 변화는?

4 미국의 금산분리와 한국의 금산분리의 차이점은?

5 미국의 Citigroup, 독일의 Deutsche Bank, 프랑스의 BNP Paribas, 스위스의 UBS 등의 공통점은?

6 볼커 룰이란

7 글로벌 금융위기 이후 금융소비자 보호에 관한 제도 변화는?

8 미국헤지펀드와 뮤추얼펀드의 차이점은?

9 미국헤지펀드의 주요 투자전략은?

10 최근 글로벌 헤지펀드에 대한 규제동향은?

11 2008년 3월 18일 미국의 5대 투자은행이었던 베어 스턴스는 서브프라임 모기지 사태로 자금을 차입했던 은행으로부터 마진콜을 당했다. 마진콜의 의미와 베어 스턴스가 마진콜을 당하게 된 이유는?

12 국부펀드의 종류는?

13 한국의 국부펀드에 대해 설명하면?

CHAPTER 17 자본시장의 미래

2008년 9월 15일 당시 미국의 5대 투자은행 중 하나인 리먼 브라더즈(Lehman Brothers)가 파산신청을 하였다는 뉴스가 세계 금융시장을 강타하였다. 그 전날인 14일에는 메릴 린치가 BOA에 인수되었다는 뉴스가 있었고, 그 다음 날인 2008년 9월 16일 미국 정부는 미국 최대 보험회사인 AIG에 구제금융을 지원한다는 발표를 하였다. 2007년 봄부터 시작되어 오던 서브프라임 주택대출로 초래된 금융위기가 절정에 도달하였다(금융위기의 자세한 내용은 〈부록〉 참조). 한편, 금융위기의 원인으로는 금융혁신(financial innovation)에 의한 증권화(securitization) 및 다양한 파생상품시장의 등장과 규제완화(deregulation)에 따른 주택대출 붐을 지적한다.

과거 글로벌 금융시장을 뒤흔든 소위 서브프라임 모기지 문제는 2007년부터 미국에서 시작되었다. 금융위기를 인지한 초기에 미국 정부는 일부 모기지회사의 파산과 투자은행 및 상업은행의 유동성 부족을 시장원리에 따라 해결하려 했었다. 그러나 시간이 흐를수록 주택대출 시장에서의 문제는 증권화 과정을 통해 팔려나간 MBS(mortgage backed securities)의 문제가 되었고, 이는 다시 MBS를 기초로 합성된 금융상품인 CDOs(collateralized debt obligations)에 문제를 일으키게 되고, 나중에 가서는 CDS(credit default swap) 시장에 문제가 발생하게 되었다. 이런 일련의 과정에서 모기지회사, 주택대출 유동화 기관, 투자은행 및 상업은행과 같은 금융기관은 물론 MBS, CDO, CDS 같은 자본시장에서 금융혁신으로 탄생한 자산유동화 상품과 파생금융상품 시장이 문제로 부각되었다. 이에 미국 정부는 서브프라임 금융위기가 과거 대공황(Great Depression)보다 더 무서운 결과가 초래될 것을 우려해 대규모 정부개입을 의회가 승인하였고, 즉각적인 정부의 개입을 통해 무사히 위기에서 벗어날 수 있었다.

글로벌 금융위기 이후 미국을 비롯한 EU지역 국가들과 금융시장이 발달한 나라들은, 새로운 패러다임에 의한 시장구조를 개조하고 새로운 규제를 만들어 냈다. 글로벌 금융위기 이후 지금까지 우리는 시장에서 발생한 여러 문제들을 치유하고 금융시장을 안정시키려고 계속 노력을 기울이고 있다.

I 금융감독의 변화

1 선진국의 대응

미국은 2010년 도드-프랭크법으로 불리는 "월 스트리트 개혁 및 소비자보호법(The Dodd-Frank Wall Street Reform and Consumer Protection Act)"을 제정하였다.[1)] 이 법은 대공황 이후 개정된 글래스-스티걸법 이후 대규모로 금융시장을 변화시킬 법으로 일컬어질 만큼 규모도 방대하고 많은 사항을 포함하고 있다. 이 법에 따라 SEC, CFTC, FRB 등 미국의 다양한 금융감독기구들은 각 기관이 담당하는 분야의 규제를 1년 동안 점검하고 규제를 작성하여 다음해부터 시행하도록 하였다. 이에 따라 새로 만들어진 규제를 살펴보면 과거 완화한 규제를 다시 규제한 경우, 과거에는 없었는데 새로 규제하는 경우와 기존의 규제를 더욱 강화하는 부분 등 세 가지로 구분할 수 있다. 여기에서는 도드-프랭크법을 전반적으로 망라하여 검토를 하는 것이 아니라 자본시장과 관련된 대표적인 부분만 골라 논의를 진행하기로 한다.

첫째로, 미국에서 규제완화(deregulation)에서 재규제(re-regulation)로 전환한 부분은 금융회사의 겸업에 관한 사항이다.

미국의 강력한 대표 금융규제는 1933년 소위 글래스-스티걸법으로 알려진 은행법의 개정에 따라 분업주의를 채택한 것이다. 즉, 1928년 대공황 이후 미국은 대공황이 발생한 원인의 하나로 은행이 투자은행업무를 하는 것이라고 지적하고, 향후에는 은행이 정부 채권을 제외한 주식과 채권의 인수(underwriting), 딜링(dealing),

1) 2010년 7월 21일 제정된 도드-프랭크 월 스트리트 개혁 및 소비자보호법은 미국의 금융시스템을 근본적으로 개혁하는 법률로써 총 16타이틀로 구성되어 있으며, 각 타이틀은 고유한 법명을 가지는 옴니버스 형태의 법률이다. 이 중에서 장외파생상품시장과 직접 관련된 것은 제7타이틀로 2010년 월 스트리트 투명성 및 신뢰성에 관한 법(Wall Street Transparency and Accountability Act of 2010)으로 불리운다. 장외파생상품시장과 관련된 이 법은 2008년 9월 리만 브라더스사의 파산 이후 파생상품시장에 대한 불투명성 및 감독실패가 제기되면서 규제개혁 논의가 본격적으로 시작되었다. 곧 이어 대통령 직속 금융시장 실무 그룹에서 CDS 시장의 투명성 제고를 위해 중앙청산소활용, 장외파생상품 위험관리 및 인프라 강화를 위한 정책목표가 동년 11월 14일 제시되었고, 미국 행정부는 2009년 6월 17일 "Financial Regulatory Reform : A New Foundation"을 발표하면서 장외파생상품시장에 대한 규제방향을 구체화하였다. 그리고 8월 11일에 Over-the-counter Derivatives Markets Act of 2009를 의회에 제출하였다. 미국 행정부가 규제안을 제출한 이후 의회의 상하원은 금융개혁법 관련 법률안을 각각 통과시키는데, 후에 상하원 통과법안을 조율하여 의회를 최종통과('10.6.25)하고, 오바마 대통령의 서명으로 2010년 7월 21일 Dodd-Frank Act가 제정된 것이다.

위탁매매(broking) 등과 같은 투자은행업무를 할 수 없게 조치한 것이다. 은행을 투자은행업무를 하지 못하는 상업은행과 예금업무를 하지 못하는 투자은행으로 나눈 것이다.

1980년대 이후 이러한 규제를 점차 완화하여 상업은행이 자회사를 통하여 투자은행업무를 상업은행업무의 일정 범위 내에서(최초에는 10% 나중에는 50%까지 완화) 겸업할 수 있도록 허용하였다. 그후 1999년 금융서비스근대화법(Financial Services Modernization Act)에 의거 완전히 겸업을 허용하게 된다. 즉, 동 법에 의거 금융지주회사를 설립할 경우 상업은행은 투자은행을 소유할 수 있으므로 동 금융지주회사는 상업은행업무는 물론 투자은행업무도 제한 없이 100% 향유할 수 있게 되었다. 이를 두고 분업주의 규제가 사라진 것이라고 평가하였다.[2)]

그렇지만 서브프라임 금융위기 이후 미국에서는 다시 분업주의로 되돌아가는 볼커 룰(Volker rule)이 채택되었다. 즉, 2010년 도드-프랭크법에 의해 상업은행의 경우 적어도 자기자산으로 위험자산을 거래할 경우 반드시 별도의 자회사를 통해서만 할 수 있도록 다시 규제하였다.

둘째로, 미국에서 규제되지 않다가 새롭게 규제의 대상이 된 부분은 무엇인지 알아보자. 이것은 대표적으로 헤지펀드(hedge fund) 분야와 파생상품시장 분야이다.

미국에서 헤지펀드는 참여자가 소수이면 공모가 아니어서 전혀 증권관리위원회(SEC) 규제의 대상이 아닌 투자회사 형태를 말한다. 금융위기 이후 헤지펀드는 일정 규모 이상일 경우 SEC에 등록하도록 규제가 시작되었다.

그리고 파생금융상품시장에서는 투명성을 제고하는 규제의 대전환이 이루어졌다. 상품선물거래위원회(CFTC)는 장외파생상품시장의 투명성 강화, 거래위험 감소 등을 위해 대부분의 장외 스왑거래[3)]를 거래소(exchange) 또는 스왑실행기구(Swap Execution Facility)를 통해 수행하고, 결제는 중앙청산소(Central Counterparty : CCP)를 통해 할 것을 요구하고 있다. 도드-프랭크법은 CFTC가 다음 사항에 대한 규제를 할 수 있도록 권한을 부여하고 있는데, (1) 스왑딜러에 대한 자본금 및 증거금 요건, 기록보관 및 보고의무 등을 부과하고, (2) 표준화된 파생상품들이 거래소나 스왑실행기구를 통해 거래되게 함으로써 보다 개선된 가격 결정을 유도하며, (3) 거래상대방 위험을 줄이기 위해 표준화된 파생상품들의 청산 및 결제를 중앙청산소(CCP)를 통해 이루어지도록 하는 것 등이다.

2) 1933년 글래스-스티걸법에서 정한 분업주의가 완전히 사라진 것은 아니다. 왜냐하면 1999년 금융서비스법에 근거해 설립된 금융지주회사가 아니면 여전히 분업주의의 규제는 유효한 것이기 때문이다.

3) 도드 프랭크법에서 "스왑거래"라 함은 선물, 스왑 등 일반적으로 지칭되는 파생상품거래를 망라한다.

한편 EU에서는 2010년 9월 15일 "Regulation on OTC derivatives, central counterparties and trade repositories"를 발표하였다. 미국에서와 마찬가지로 EU도 금융위기 이후 OTC 파생상품시장에서 투명성 제고, 거래에 수반되는 거래상대방 위험과 운영위험 축소 그리고 시장의 온전성과 감독을 향상시키기 위해 여러 방안들을 검토하였다. 기본적으로 EU는 장외파생상품이 현대 금융활동에서 아주 중요한 부분을 차지하는 바 장외파생상품은 금융상품으로서 위험을 거래하고 재분배하는 기능을 수행한다는 인식을 가지고 있다.

이에 따라 금융위기 이후 EU 규제당국은 OTC 파생상품시장 특히 CDS 시장에 대해 주의를 집중하고 2008년 금융위기 사태의 재발 방지를 위해 여러 대안을 제시하였는데 주로 1) OTC 파생상품 포지션에 대한 종합적이고 완전한 정보 획득을 위해 시장참가자에게 보유하는 모든 OTC 파생상품 포트폴리오에 대한 필요한 정보를 거래보고기구(trade repository : TR)에 보고하도록 요구하고(혹은 가능하지 않다면 규제당국에 보고하도록 요구), 동시에 시장참가자의 총 포지션에 대한 정보를 공표하도록 요구하고, 2) 장외파생상품은 중앙청산소(CCP) 청산 이용 증대를 위해 미리 기준을 정한 CCP를 이용하도록 요구하며, 3) 장외파생상품의 상대거래의 경우에는 특별한 정책을 정하고, 4) 거래대상 장외파생상품의 표준화를 위한 구체적 목표를 마련하는 것 등으로 미국이 제시하고 있는 부분과 파생상품거래기구를 제외하고는 거의 유사하다.

마지막으로, 규제강화가 이루어진 분야는 대표적으로 소비자보호 분야이다. 미국 도드-프랭크법의 이름에서 보는 바와 같이 투자자보호에 주안점을 두고 있다. 도드-프랭크법에서 미국은 그 동안 여러 기관에 산재해 있던 투자자보호 기능을 한 군데로 집중하여 강력한 금융소비자 보호국(Consumer Financial Protection Bureau : CFPB)을 설립하였다. CFPB의 수장은 대통령이 임명하고 상원의 추인을 받아야 하고 독립적이며, 독자적으로 규칙을 제정하고, 검사를 하고 집행을 할 수 있다. 특히 CFPB는 금융소비자 교육을 위해 금융교육실(Office of Financial Literacy)을 설립하였다.

2 우리나라의 대응

선진국의 동향과 마찬가지로 우리나라도 대책을 마련하였다. 미국이나 다른 나라와는 달리 우리나라 금융회사의 경우 투자은행업무의 겸업은 완전한 자회사를 통해서만 가능하기 때문에 미국과 같은 재규제의 경우는 없었다.

그리고 우리나라에는 헤지펀드가 없었기 때문에 헤지펀드를 도입하기 위해 헤지펀드에 관한 규제를 새로 만들었다. 이 부분을 좀 더 설명하자면, 우리나라는 법에 정하지 않으면(positive listing) 금융회사가 업무를 못하는데, 헤지펀드에 대한 규정이 없기 때문에 공식적으로 헤지펀드는 없었다. 따라서 우리나라는 다른 나라에서는 법에서 정하지 않은 헤지펀드를 인정하기 위해서는 법을 개정하여 헤지펀드를 도입해야 했던 것이다. 그래서 한국의 헤지펀드 규제 경우는 규제가 없어 헤지펀드라고 부르는 미국의 경우와 사뭇 다른 규제체계이다. 우리나라와 같이 분업주의를 택하고 있는 미국의 경우는 하지 못한다는 규제(negative listing)가 없으면 할 수 있기 때문에 헤지펀드가 얼마든지 누구에 의해서든 만들어질 수 있는 반면, 우리는 규제가 없으면 아예 존재할 수 없었던 것이다.[4)]

그러나 파생상품시장의 경우 선진국과 유사하게 새로운 규제를 도입하는 논의가 있었다. 그러나 우리나라의 경우에는 이미 장외파생상품의 거래에 대한 모든 금융회사가 금융감독원에 보고하고 있었으므로 보고체계의 규제는 새로울 것이 없었다. 다만 자본시장법 개정으로 새로운 규제의 대상이 된 내용은 장외파생상품의 경우에도 거래소를 통하게 하고 중앙청산소(CCP)를 설립하는 등의 조치를 취하였다.

우리나라의 경우 투자자보호를 더 강력하게 하기 위하여 2012년에 금융감독원장 직속으로 금융소비자보호처를 설립하였다. 글로벌 금융위기 이후 우리나라도 금융소비자 보호를 위해 미국과 같이 독립된 강력한 금융소비자보호기구를 만들어야 한다는 논의가 활발하였지만 현재로는 금융소비자보호처를 설립하는 것으로 결론이 난 셈이다.

3 최근의 추이

2016년 미국에 새로 선출된 공화당 정부는 앞에서 언급한 도드-프랭크법의 수정을 통한 금융시장에서의 규제완화를 최우선 과제로 들고나왔다. 가장 먼저 앞에서 논의한 볼커 룰을 완화하겠다고 나섰다. 이 정책이 추구되면 다시 금융의 중심이 상업은행으로부터 투자은행으로 이동하면서, 자본시장이 중심이 되는 정책이 추진될 것으로 예견할 수 있을 것이다.

4) 우리나라에도 여러 사람들이 모여 자금을 모으고 그 자금으로 투자를 하는 집단이 실제로 존재하는 것으로 알려지고 있다. 하지만 이들 집단의 형태는 집단투자기구로서 미국의 헤지펀드와 동일하지만 공식적으로 금융회사가 될 수 없으므로 펀드란 이름을 쓰지 못하고 있다. 그러므로 우리나라에는 공식적으로 규제의 대상이 아닌 헤지펀드는 존재할 수가 없다.

Ⅱ 금융회사의 변화

금융회사는 신뢰가 무너지는 순간 유리잔과 같이 부서진다. 서브프라임 금융위기 때 미국 정부가 직접적으로 금융시장에 개입하여 대규모 구제금융을 실시하고 무제한 유동성을 공급하는 양적완화 정책을 취한 이유는 단 하나, 유동성부족으로 인한 금융회사의 연쇄도산이 금융시스템 전체로 전이되고, 이로 인해 금융시스템 전체가 붕괴되는 것을 사전에 극적으로 차단하는 긴급 응급조치이었던 것이다. 유동성이 있는 금융회사에게도 강제로 긴급자금을 배분해서 금융시장을 안심시키는 사전예방 조치를 취하였다.

1 비윤리적인 의사결정 사례

금융에서는 윤리적이고 자타가 공인하던 미국에서도 우리는 금융위기가 금융회사의 비윤리적 행동에서 시작되었음을 관찰할 수 있다. 미국의 6대 대출 중 하나를 차지하던 주택대출 전문 금융회사인 Countrywide Financial이 그랬고, "Too Big to Fail(대마불사)"의 주인공의 하나인 미국 최대 보험회사 AIG가 그랬다.[5)] 그들 모두 근사한 윤리강령과 행동강령을 가지고 있고 준법감시(Compliance) 부서가 있었다. 그럼에도 불구하고 수뇌부와 일부 부서의 비윤리적인 욕심에 찬 행동으로 회사가 파산지경이 되어 다른 금융회사에 팔렸거나 정부로부터 구제금융을 받게 된 것이다.

서브프라임 모기지 사태의 발단이라 할 수 있는 Countrywide Financial은 1992년 "House America" 프로그램을 만들고 더 많은 소비자가 더 적은 계약금(down payments)을 내고 쉽게 대출받을 수 있게 하였다. 2003년에는 "We House America"라는 프로그램을 만들어 2010년까지는 저소득 및 소수인종(minority) 채무자에게 1조 달러 이상을 공급한다는 계획을 세웠다. 이런 공격적인 경영의 결과로 Countrywide는 포춘(Fortune)지로부터 "23,000% 주식"이라 불렸다. 1982년부터 2003년 사이 주식투자 수익률이 23,000%였던 것이다. Countrywide의 급격한 성장에 주요한 공신 중 하나가 서브프라임 대출이었고, 이는 저소득 개인들을 돕기 위한 대출이었지만, 이것이 결국 Countrywide가 몰락한 원인이 된 것이다.

---

5) 미국 서브프라임 금융위기와 관련하여 미국의 공영방송인 PBS가 만든 프로그램 중 하나인 "Inside the Meltdown"과 2011년 영화로 만들어진 "Too Big to fail"을 참조하기 바람.

Countrywide는 어떤 비윤리적인 경영을 하였을까? Countrywide의 계속적인 고도성장 뒤에는 위험이 높은 거래에 대해 인센티브를 지급하는 Countrywide의 정책이 결정적 역할을 했다고 지적되고 있다. 2008년 Countrywide는 서브프라임 부분에서 70억달러가 넘는 7%에 달하는 채무불이행을 기록하는데 업계 평균 4.67%보다 훨씬 높았던 것이다. 그리고 Countrywide는 소득이나 다른 재산에 대한 증빙도 없이 대출한 거짓 대출(liar loans)이 업계 최고 수준이었고, 거짓 대출자들과 분쟁 중인 탐욕적 대출(predatory lending) 문제도 있다. 그리고 Countrywide는 대출자들이 잘못된 정보를 조작할 수 있도록 도운 의심도 받아 조사 중이었다. Countrywide의 CEO이던 Angelo Mozilo는 2009년 6월 SEC로부터 내부자거래로 피소되었으나, 2010년 10월 SEC와 합의를 보고 사상 최고액인 벌금 69.5백만달러와 영구히 공공기업의 이사직을 맡을 수 없다는 처분을 받아들였다.

미국 정부가 대규모 구제금융을 베푼 AIG는 어떨까? 2005년까지 38년간 CEO를 역임한 Morris "Hank" Greenberg는 2000년대 초에 SEC로부터 규모가 정해지지 않은 뜻밖의 손실이 아닌 특정 금액을 보전해 주는 계약인 "제한적 보험거래(finite insurance)" 및 위험 할당 기법이 아닌 대출을 했다는 혐의로 조사가 진행되었다. 그리고 2005년 강제로 CEO를 하차하게 되었다. Greenberg가 AIG에 재직할 당시 금융상품부서가 창설되었는데, 이 부서에서 CDO를 사들인 금융회사들과 CDS 계약을 맺기 시작하면서 AIG는 수십억달러를 벌었고, 금융상품부서의 직원들은 수백만달러의 보너스를 받았다. 그러나 AIG는 모기지 시장의 몰락으로 인한 위험에 대한 대비는 전혀 없었다. AIG에서 금융상품부서는 헤지펀드와 마찬가지로 위험을 추구하는 거래를 하고 이에 대해 상당한 인센티브를 지급받았지만, 이로 인해 부담한 위험에 대한 대비는 거의 없었던 것이다.

AIG가 정부의 구제금융을 받은 다음 AIG는 직원들에게 여전히 높은 보너스를 지급하였고, 미리 계획되어 있었다고 하지만 AIG가 주최한 3일짜리 컨퍼런스에서 34만3천달러를 지불하였다는 뉴스에 납세자들이 흥분하기도 하였다. 국민의 돈으로 비윤리적이고 욕심에 찬 일부 금융회사들을 도운 것이 옳은 결정인가?

2 한국의 비윤리적 사례

한국도 예외는 아니다. 2011년 저축은행 사태 때에도 우리가 목격하였듯이 도덕적 해이가 도를 넘어섰고, 그 때문에 국민의 혈세를 동원하는 공적 자금이 투입되었다. 감독기관의 부실감독은 이해상충이란 비윤리적 행동으로 나타났다.

저축은행 영업정지 사건은 2011년 2월 금융위원회의 결정에 따라 부산저축은행 등의 여러 상호저축은행이 집단으로 영업이 정지된 사건이다. 이후 대주주의 비리와 영업정지 전날 마감 시간 후 VIP 고객들에 대한 사전 인출 등이 확인되는 등 비윤리적 의사결정에 대한 논란이 있었다. 영업정지의 주된 원인은 부동산 등 리스크가 큰 사업들에 대해 제대로 된 심사과정 없이 프로젝트 파이낸싱의 형태로 무분별하게 불법적인 대출을 제공하고, 이로 인해 부실채권을 떠안은 저축은행의 사업운용이 어려워졌기 때문이다.[6)]

특히 부산저축은행은 예금자들 예금의 절반인 4조5942억원을 불법적으로 각종 프로젝트 파이낸싱에 대출했다. 현행법상 저축은행이 부동산에 직접 투자하는 것은 불법인데도, 대규모 건설공사 등에 뛰어들어 막대한 손실을 입고, 또 그 대금의 일부를 비자금으로 조성하는 등 다양한 불법행위를 자행했다. 이때 예금자보호법의 보호를 받지 못하게 된 예금자들의 상당수가 저소득층임이 알려져 부산의 국회의원들이 이와 같은 손실을 국가가 보전해 주는 예금자보호법 개정안을 주장했으나 형평성 및 법리상의 문제로 잊혀지게 되었다.

3 새로운 윤리경영의 틀

아무리 금융이 선진화된 국가일지라도 금융위기를 당한다. 그리고 비윤리적인 의사결정에 의해 금융소비자들이 손실을 입게 되고, 그로 인해 위기를 더 키우게 된다는 사실을 지나간 글로벌 금융위기에서 배웠다. 따라서 위기에 직면한 금융회사의 소유주나 경영진이 마치 침몰하는 여객선의 선장이 반드시 실천해야 할 윤리적 의사결정을 하지 않는 것처럼 행동한다면, 우리 금융시스템에 대한 신뢰도 같이 침몰해 버릴 위험이 있다.

다시 말하면, 금융회사에 국한된 의견은 아니지만 금융위기에 대응한 의사결정은 반드시 윤리적이어야 하며, 윤리적 의사결정이야말로 한 국가의 금융시스템을 지킬 수 있는 가장 강력한 역량이다. 윤리적 의사결정을 위해 우리는 이미 준법감시제도를 도입하여 운영하고 있으며, 윤리강령(code of ethics) 혹은 행동규범(code of conduct)을 만들어 어느 정도 윤리경영의 모습은 갖추고 있다. 그러나 이러한 장치들이 2014년 4월에 어린 학생들을 안고 침몰해버린 인천-제주간 여객선에서 있었던 것처럼 장식에 불과하고, 여객선을 움직이는 선장을 포함한 선박직원들처럼 경

6) 위키백과에서 인용

영진들이 숙지하고 따르지 않는다면 아무 소용이 없을 것이다.

윤리적 의사결정이 이 나라에 뿌리를 내리기 위해서는 새로운 패러다임으로 금융회사의 모든 영업활동이 윤리강령에 따라야 하고, 의사결정이 이루어질 때에는 그 결정이 정말 윤리적인지에 대해 근본적인 질문을 하고 명확한 대답이 될 경우에만 행동으로 옮겨야 할 것이다. 예를 들어, 미국의 텍사스 인스트루먼트사에서 요구하는 것처럼 의사결정을 할 경우 몇 가지 간단한 질문에 확실히 답을 할 수 있을 경우만 채택하는 방법이다. 첫째로, 이 행위가 합법적인가? 둘째, 우리가 추구하는 가치와 일치하는가? 셋째, 이 행위를 하면 기분이 나쁠까? 넷째, 이 행위가 신문에서는 어떻게 비칠까? 다섯째, 잘못이라고 알고 있을 때 하지말 것! 여섯째, 잘 모르면 반드시 물어볼 것! 마지막으로, 대답을 얻을 때까지 계속 물어볼 것!

무엇보다 중요한 것은 금융회사의 최고경영자부터 말단에 이르는 모든 직원들이 이러한 윤리적 의사결정을 생활화하는 기업문화를 유지해 가는 것이다. 이를 위해서는 윤리경영을 책임질 수 있는 책임자를 임명하고 윤리강령과 행동규범을 다듬고 모든 임직원이 윤리적 의사결정을 생활화할 수 있도록 기업문화를 가꾸어야 한다는 것이다. 특히 금융회사가 위기에 봉착했을 때 일찍 위기를 벗어날 수 있도록 위기관리의 가장 중요한 요소 중 하나로 윤리적 의사결정을 꼽아야 한다.

예를 들어, 금융회사가 금융상품을 소비자에게 판매할 경우 충분한 설명을 해야 하는데, 때때로 눈앞의 판매만을 목적으로 충분한 설명을 하지 않고 종종 불완전판매를 하는 경우가 있다. 그리고 "팔자"의견이 거의 없는 종목추천 리포트, 일부 종목에만 편중된 추천 리포트, 뒷북치는 신용등급 변경, 상장비용절감 및 규제완화라는 이름으로 줄어든 공시내용, 전달정보를 알아보기 어려운 공시서식 등등 정보의 불균형을 해소하지 못하는 것은 어느 정도 윤리적인 의사결정을 할 의지만 있다면 고칠 수 있는 부분이다. 업계 스스로에 의한 자율규제를 강화하고 금융회사 스스로는 모든 직원들이 윤리적인 의사결정이 가능하도록 매뉴얼을 만들고, 그 매뉴얼에 어긋나는 행위를 할 경우 매우 엄격한 페널티가 주어지는 체계를 갖추어야 할 것이다.

Ⅲ 자본시장의 변화

1 투자은행업무의 변화

분업주의를 선택하고 있는 우리나라의 경우 기업의 자금조달 방안을 살펴보면, 은행을 중심으로 하는 은행시장에서의 대출과 금융투자회사를 중심으로 하는 자본시장에서 주식 혹은 회사채를 발행하여 자금을 조달하는 방안이 있다. 이와 같이 금융투자회사를 통해 주식과 회사채를 발행하여 자금을 조달할 수 있게 하는 업무를 투자은행업무의 하나로 볼 수 있다.

최근 원자로와 같은 대형 설비프로젝트의 수출과 관련하여 우리나라에서도 대형 투자은행이 필요하다는 의견이 힘을 받아, 한때 금융투자회사의 대형화에 대한 논의가 진행된 경우도 있었다. 여기서 중요한 것은 투자은행업무의 요체가 거대한 자본력에 있는 것이 아니라, 대규모 자금을 모을 수 있는 능력이라는 점이다. 다시 말하면, 외국의 유명 투자은행은 대규모 자금을 가지고 있는 것보다 그 자금을 조달할 수 있는 채널을 다양하게 보유하고 있다.

따라서 우리나라 금융회사가 투자은행업무를 본격적으로 하기 위해서는 자본의 대형화 이전에 먼저 투자은행업무를 제대로 할 수 있는 능력을 국내에서라도 배양해야 한다는 점이다. 아직 우리나라에서는 주식인수 업무 때에도 소위 총액인수(firm commitment)를 한 경험도 없다고 할 수 있다. 또한 투자은행업무의 꽃이라고 할 수 있는 가격결정(pricing)도 사실상 마찬가지이다. 그리고 자금을 국제적으로 배분하기 위해서는 국내 투자은행 독자적으로 하기 어렵기 때문에 거의 외국계를 앞세워 같이 주관하게 된다.

우리 금융투자회사가 투자은행업무에 대한 실력을 본격적으로 배양하기 위해서는 계속 글로벌 자본시장에서 투자은행업무를 확대해 나가야 한다. 우리보다 선진화된 시장보다 덜 발달한 시장부터 진출해서 서서히 그 영역을 넓혀야 할 것이다. 물론 투자은행업무는 그 규모가 크고 위험이 수반되는 업무이기 때문에 대단히 신중한 접근이 필요하므로 위험관리 수단의 구축을 동시에 추진해야 한다.

2 펀드시장의 변화

우리나라 자본시장에서의 가장 급격한 변화는 펀드시장의 변화이다. 펀드시장의 변화를 보면, 먼저 수요측면에서 한국 경제의 저성장 지속으로 투자자들의 가처분

소득 증가율이 둔화되면서 펀드 투자수요 증가가 둔화되었다. 그리고 글로벌 금융위기 이후 8년간 주식시장이 2000포인트 내외에서 오래 동안 횡보함에 따라 주식형펀드의 시장이 크게 위축되었다. 반면에 인구 고령화는 은퇴 대비 금융수요를 증대시켜 보험, 연기금 등으로의 자금유입을 촉진시켜, 보험, 연기금 등 기관투자자들의 펀드 투자 확대를 가져왔다. 그리고 저금리의 지속과 인구 고령화, 그리고 위험상품인 주식형펀드의 위축 등으로 투자위험에 대한 선호도를 변화시켜 중(中)위험·중(中)수익 펀드의 비중확대를 가져왔다. 다음으로 공급측면에서는 펀드 투자자에 대한 신뢰 재구축을 위한 정책당국의 투자자 보호제도 강화는, 단기적으로는 자산운용사들의 상품개발 및 적극적인 마케팅 활동을 제한해 결과적으로 펀드시장을 위축시켰다. 또한 주식채권혼합형 펀드, 롱숏펀드, 가치주 펀드 등에 대한 펀드의 쏠림 현상은 자산운용사들의 이들 펀드에 대한 따라 하기 현상을 초래하기도 하였다.

펀드시장은 화폐의 자산화를 통한 자산증식의 기능은 물론, M&A 등을 통해 자본시장의 역동성 제고, 건강한 기업금융 등을 가능하게 하여 경제 활성화에 기여하고 있다. 정부도 펀드시장을 통한 자본시장의 활성화를 위해서 2004년 12월 PEF, 2005년 12월 퇴직연금(2013년 말 84조원의 기금조성), 2011년 12월 헤지펀드 등의 굵직한 제도를 도입하였다. 이러한 펀드 이외에 국민연금을 비롯한 연금기금들도 펀드시장에서 중요한 기관투자자의 역할을 하고 있다.

향후 세계 펀드시장은 고령화와 저금리기조가 지속되는 한 펀드시장도 양적으로 성장할 것이고, 수익률게임은 한층 심화될 것이다. 펀드상품 공급자들은 펀드 수요자들의 다양한 수요를 충족시키기 위해 주식, 파생상품 등 고수익·고위험 펀드상품이 지속적으로 개발될 것이다. 그리고 펀드 투자 대상상품으로 위험자산인 주식형펀드에 대한 수요는 점진적으로 확대될 것이다. 또한 헤지펀드, 사모펀드 등의 기업구조조정 촉진과 경제적 역할도 지속될 것으로 보인다. 따라서 이들 선진국의 공적·사적 펀드가 신흥국가의 자산시장과 금융시장에 미칠 영향도 더욱 커질 것으로 전망된다.

한국의 펀드시장은 선진국의 경험처럼 펀드시장에서 기관투자자의 역할이 제고될 것이고, 저금리, 고령화 시대를 대비한 투자자들의 펀드수요는 꾸준히 성장할 것으로 전망된다. 한국의 펀드시장은 언제까지 선진국의 펀드에 투자를 하는 수동적 시장이어야 하는가? 언제나 한국의 자산운용사들은 펀드상품 시장의 리더가 될 수 있나? 한국의 펀드시장이 글로벌 수익률 게임시장에서 승자는 될 수 없는가? 기관투자자의 역할이 중요시 되는 시점이다.

기관투자자의 역할이 긍정적으로 제고되기 위해서는, 우선 자산운용사나 국민연금 등의 연기금이 의결권행사에 보다 적극적으로 참여함이 필요하다. 기관투자자의 의결권행사에 대해서는 찬반의 양론이 있을 수 있으나, 기관투자자의 기업지배구조 감시와 기업윤리의 확립을 위해서는 그 중요성이 아무리 강조되어도 지나치지 않다. 이러한 맥락에서 스튜어드십코드가 평가되어야 하고, 정치권의 영향력이 배제되어야 할 것이다. 다음으로 자산운용사, 헤지펀드, PEF 등이 펀드시장의 수요자들에 적합한 상품을 제공할 수 있도록 제도적 보완과 더불어 펀드상품과 운용에 대한 규제가 대폭 완화되어야 할 것이다. 특히 퇴직연금, 우체국보험, 국민연금 등을 비롯한 각종 연기금의 운용에서 투자자보호도 중요한 가치이나, 주식 투자제한 등 자산운용에 대한 지나친 규제는 오히려 펀드시장의 건전한 발전을 저해할 것이다. 마지막으로, 펀드상품을 공급하는 금융기관과 자산운용사도 펀드시장의 구조적 변화에 적극적으로 대응하기 위해서, AI(인공지능) 및 로보어드바이저 등 첨단 과학기법을 적극 도입하여 리스크가 관리된 펀드 신상품 개발로 국내외 투자자의 다양한 펀드상품 수요를 충족시켜야 할 것이다.

3 파생상품시장

2013년 선물업협회(Financial Industry Association : FIA) 통계에 의하면 2011년까지 세계 랭킹 1위를 차지하던 한국거래소가 2012년 5위, 2013년에는 9위로 떨어졌다(제6장 파생상품 참조). 2012년부터 KOSPI200 주가지수옵션의 거래승수를 5배 올려 계약단위당 거래대금이 많아지면서 거래량이 급감한 것이 원인이다. 최근에는 Mini 상품을 상장하고, 거래승수를 다시 내리는 등 과거의 위상을 되찾으려는 노력을 하고 있지만, 2016년에도 거래소 순위가 12위를 기록하는 등 한번 잃어버린 지위는 되찾기가 힘든 형편이다. 물론 상기 통계는 거래대금 위주가 아니라 거래량, 즉 계약단위당 기본금액에 상관없이 계약수를 기준으로 하는 통계이어서 금액으로 하면 비교가 달라질 소지도 있다.

그러나 소위 선진국이라는 미국이나 유럽의 거래소는 선물시장에서 한국거래소가 1위를 하는 지위를 빼앗기 위해 거래승수를 낮추는 소위 Mini상품을 상장하거나, 2006년 이후에는 다른 거래소를 인수 합병하는 전략도 감행하며 세계 랭킹 1위를 탈환하려고 무진 애를 썼었다. 그러나 2012년 이후에는 우리 스스로 1위 자리를 그들에게 양보하고 물러나고 있는 것이다.

우리는 왜 소위 명품이라고 다른 세계 거래소 관계자들이 칭찬하고 부러워하던 KOSPI200 옵션을 손질해야만 했을까? 1980년대 초 파생상품시장에 대해 공부하던 학생들은 제목이 투기시장(Speculative Markets)이라는 교과서로 공부를 하였다. 그 속에는 선물, 옵션, 스왑 등 파생상품시장에 대한 설명이 있었다. 이 파생상품시장에서 거래를 하는 자는 영어로 speculators, 즉 투기거래자로 되어 있다. 파생상품시장에서는 헤저(hedger) 아니면 모두 투기거래자이다. 불행히도 우리나라에서는 투기거래자를 위법과 탈법을 감행하는 '투기꾼'으로 인식해서 이 시장을 인정하지 못하는 것이 아닌가?

주식시장을 예로 들어 보자. 모든 주식보유자들이 장기 보유를 한다고 가정하면 오늘 당장 시장은 성립하지 않을 것이다. 오늘 당장 주가가 변동하면 차익을 얻을 목적으로 주식을 매매하려는 거래자, 즉 투기거래자가 없으면 시장이 성립하지 않는다. 시장을 이해하고 시장원리를 논하는 사람들은 응당 speculators, 즉 투기거래자의 존재가 자본시장에서는 필요불가결한 존재라는 사실을 알고 있다. 따라서 투기거래자라는 말이 우리나라에서는 마치 위법과 탈법을 일삼는 '투기꾼'과 같이 취급되고 있는 것이 사실이라면 그 인식을 하루라도 빨리 바꿔야 할 것이다.

글로벌 금융위기의 매개체가 된 금융상품으로 증권화의 결과로 나타난 MBS 그리고 CDS로 대표되는 장외 파생상품을 지적한다. 그러나 아무도 CDS 그 상품자체가 잘못된 거라서 그 거래를 줄여야 한다는 의견을 내지는 않았다. 다만 그 거래의 투명성을 높이기 위한 거래체계 및 거래정보시스템을 구축하는 방안을 제시하였다. 파생상품은 위험을 관리하기 위해 개발된 최고의 상품이다. 특히 거래소에서 거래되는 장내 파생상품은 투명성이나 결제의 안정성 확립이 잘 되어 있다. 글로벌 금융위기 시에도 전혀 문제가 없었고, 그 이후에도 아무도 제도 개혁에 대한 논의를 하지 않았다.

파생상품시장은 일반 금융상품을 거래하는 곳이라기보다는 '위험'을 거래하는 곳이다. 위험을 거래하기 때문에 명백히 일반적인 투자보다 더 투기적인 거래이다. 그렇다고 파생상품시장에서 거래하는 투기거래자가 '투기꾼'은 아닌 것이다. 따라서 투기적인 거래를 하는 시장이라고 그 시장을 축소하려는 의도는 정말 잘못된 선택이다.

IV 금융 소프트웨어 업그레이드

우리가 글로벌 금융시장의 일원이 된지도 오래되었다. 그래서 이따금 글로벌 스탠다드(국제 표준)에 대해서도 들어 보았을 것이다. 그런데 우리나라 금융시장의 스탠다드는 글로벌 금융시장에서의 스탠다드와 같을까, 아니면 어떻게 다를까?

금융시장을 이야기하기 전에 먼저 운동경기에 대해 이야기를 해보자. 전 세계 사람들이 열광하는 월드컵 축구는 FIFA라는 단체에서 운동장 크기, 축구공의 크기, 참가할 수 있는 선수들의 수 등 여러 가지 규칙들을 만든다. 모든 나라에서 이 규칙에 따라 동일한 축구장을 만들고, 축구선수들은 이 규칙을 따르고, 심판들도 이 규칙에 따라 판단을 하며 경기를 진행한다. 관중들이 좋아하는 경기는 좋은 경기장, 훌륭한 선수와 함께 좋은 심판들이 필수 조건이다. 우리는 명백하게 축구의 글로벌 스탠다드가 어떻다는 것을 경기장과 같은 하드웨어도 알고 있고, 개인기와 같은 기술도 볼 수 있다.

다음으로 자동차들과 사람들이 통행하는 교통시스템을 보자. 교통시스템도 축구와 유사하게 지켜야 하는 규칙(도로교통법)이 있고, 도로에는 차선과 신호등이 마련되어 있고, 차들이 규칙을 준수하는지 감시하는 교통경찰이 있는 등 시스템 자체는 모든 나라가 비슷하다. 그러나 조금 자세히 보면, 영국을 중심으로 영연방의 여러 나라(캐나다는 제외하고)와 일본과 태국 등의 나라는 자동차도 사람들도 좌측통행을 하는 반면에, 미국과 유럽의 여러 나라와 한국은 자동차도 사람도 우측통행을 한다. 글로벌 스탠다드가 크게 다른 두 시스템이 있는 셈이다. 그런데 잘 생각해 보면 우리나라는 과거(실제로 2010년 7월 이전) 자동차는 우측통행을 하고, 사람은 좌측통행을 하였다. 앞에서 언급한 두 가지 글로벌 스탠다드 어느 쪽에도 속하지 않았던 거다. 왜 그랬을까?(각자 그 이유를 찾아보자. 우리 금융시장에도 아직까지 이와 유사한 흔적이 아주 많다.)

마지막으로 앞의 두 시스템과는 다른 금융시장을 보자. 여기에도 분명히 축구경기에서의 운동장과 규칙, 교통시스템에서의 도로와 교통법규와 같이, 금융거래가 발생하는 시장을 구성하는 거래소, 금융기관, 규제 등 하드웨어적인 요소가 있다. 차이가 있다면 경기장이나 도로 같이 눈에 확실하게 보이지 않는다는 점이다. 금융 하드웨어 측면에서는 각국 금융기관 협회나 감독기구들이 모여 규제를 논의하고 감독을 논의하는 등 글로벌 스탠다드를 만드는 노력을 꾸준히 해오고 있다. 그러나 금융 소프트웨어인 운영 시스템은 더욱 복잡한데 글로벌 스탠다드를 모색하기가 힘들다. 나라마다 법체계가 다르고, 나라마다 금융시스템을 운영하는 능력이 다르다. 금융 소프트웨어 측면에서도 글로벌 스탠다드가 있을까? 있다면 어떻게 글로벌 스탠다드를 갖출 수 있을까?

월드컵 축구경기를 보면 같은 규칙 하에 선수 11명이 경기를 한다. 그런데 경기 운영 능력은 모든 팀이 다르다. 선수들의 역량도 다 다르다. 심판의 역량도 다 다르다. 선진국에 가보면 비로소 우리는 우리나라의 교통시스템과 그들의 시스템을 비교해 볼 수 있다. 모두 비슷한 환경으로 보이지만 운전을 난폭하게 하는 나라도 있고 조용한 나라도 있다. 시끄럽게 경적을 울려대는 나라가 있는 반면, 조용히 기다리는 나라가 있다. 도로 정비가 잘 된 나라가 있는 반면에 엉망인 나라도 있다. 시스템의 하드웨어는 비슷하지만 소프트웨어 측면에서는 많은 차이를 발견할 수 있다. 축구경기의 규칙이 서로 다른 나라가 경기를 하는 것을 상상할 수 있을까? 만약 축구 심판이 글로벌 스탠다드와 다르게 심판을 본다면 어떻게 될까? 교통시스템이 다른 영국이나 일본 등에서의 운전은 단기적으로는 한국에서보다 어려운 것이 사실이다.

서울의 지하철 1호선은 좌측통행을 하는데, 왜 뒤에 개통된 서울의 2~9호선과 부산, 대구 등의 지하철은 우측통행을 하는 등 운영방법이 다를까? 그렇다고 그 이유 때문에 지금까지 문제가 있었던 건 아니다. 앞으로도 문제는 없을 것이다. 그러나 만약에 글로벌 금융시장처럼 한 열차만 타면 승객이 환승 없이 1호선을 포함한 모든 지하철과 철도, 특히 해외 철도도 서로서로 연결되는 시대가 온다고 상상해 보면 어떻게 될까?

일반인들은 모르겠지만(사실 모른다고 해서 문제가 될 건 없지만), 금융시장에서 매일 살아가는 전문가들의 눈에는 축구경기나 철도망과 같이 금융시장이 보인다. 전문가의 눈에 보이는 우리 금융시장은 분명히 우리가 금융선진국이라고 부르는 나라의 금융시장과 차이가 있다. 하드웨어 측면에서도 다르고 특히 소프트웨어 측면에서는 더 차이가 많음을 본다. 가장 큰 차이는 앞에서도 조금은 언급했지만, 우리는 규칙을 만들 때 선수(특히 금융회사)에게 할 수 있는 행동만 알려주는데(positive system), 선진국 특히 우리가 많이 닮고 싶어 하는 미국은 선수에게 할 수 없는 행동만 알려 준다(negative system)는 것이다. 그러니까 가끔 우리는 글로벌 시장에서 유행하고 있는 금융기법을 우리 금융회사가 알고 있어도 취급하지 못하는 경우를 경험한다. 선진국에서는 금지된 금융기법을 제외하고는 언제든지 취급할 수 있는데, 우리는 취급할 수 있다고 얘기할 때까지 못한다. 결론적으로 현재의 규제체계로는 금융선진국을 지향하는 우리나라가 글로벌 스탠다드를 선도하는 미국이나 다른 금융선진국과 동일한 스탠다드를 만드는 것이 기본적으로 불가능하다.

우리가 금융선진국들과 어깨를 나란히 하기 위해서는 기본적으로 네가티브 시스템으로 규제체계를 바꾸고, 금융 소프트웨어도 업그레이드해야 한다. 이러한 대전환이 불가능하다면, 최소한 시장에 참가하는 모두가 글로벌 스탠다드를 제대로 이해하고 동시에 우리의 상황을 이해하면서 미래를 대비하여 우리의 규칙을 잘 다듬고, 금융 소프트웨어 측면에서도 글로벌 경쟁이 가능한 금융시스템을 만들어 가는 노력을 계속해야 할 것이다.

2008년 글로벌 금융위기

1 서브프라임 모기지 위기의 배경

2007년 이후 세계 금융시장은 서브프라임 모기지(subprime mortgage : 비우량 주택담보대출) 쇼크로 전 세계 금융시장은 금융위기를 겪게 되었다. 1997년의 아시아 외환위기, 1998년 롱텀캐피탈매니지먼트(LTCM)의 파산과 중남미의 외환위기에 이은 2008년의 글로벌 금융위기는 세계화와 증권화라는 세계금융시장의 변화를 그대로 반영하는 사건이다.

2008년의 글로벌 금융위기는 전 세계 금융시장은 물론, 금융위기가 글로벌 실물경제의 침체까지 전이되는 1929년의 대공황에 버금가는 역사적 금융사건이라고 할 수 있다([그림 부1]). 이러한 미국발 글로벌 금융위기의 원인으로는 ① 세계적인 저금리기조와 유동성 과잉, ②, 미국 금융기관의 주택을 담보로 한 모기지 대출 급증, ③ 미국 투자은행들의 과도한 레버리지(leverage)와 파생상품화, ④ 금융당국의 금융시장에 대한 감독 및 규제의 미흡 등을 들 수 있다.

그림 부1 미국 발 금융위기의 원인과 확산

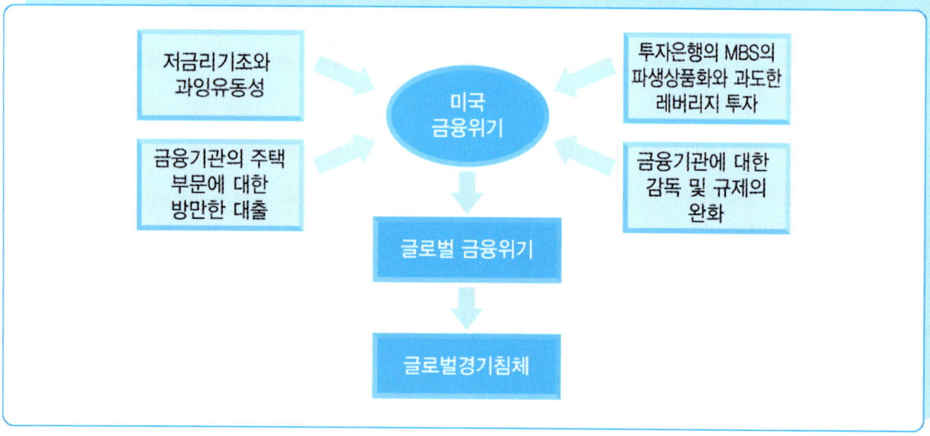

(1) 저금리기조와 과잉유동성 공급

미국은 2000년 들어 IT 버블의 붕괴와 2001년 9.11테러의 발생으로 금융시장이 불안하게 되고 실물경제가 악화되자 2001년 이후부터 2004년까지 정책금리(FR)를 2001년 6.0%에서 1.0%로 지속적으로 인하하였다. 그러다가 2004년 이후 미국 경기가 회복되고 국제원자재가격의 상승으로 인한 물가상승압력이 높아지자 정책금리를 2006년 4월까지 5.25% 수준으로 인상하였다. 그러나 2007년 들어 서브프라임 모기지 사태로 인한 금융시장불안이 실물경제 침체로 파급되는 것을 차단하기 위해서 정책금리를 2008년 11월 현재 1.0% 수준으로 낮추었다([그림 부2]). 이러한 정책금리의 조정에 따라 모기지 금리(30년 만기)도 1990년대 평균 8.1%에서 2000~2006년 연평균 6.4%로 낮아졌다.

그림 부2 **미국의 정책금리와 20대 도시 주택가격 변동추이(2000.1~2008.10)>**

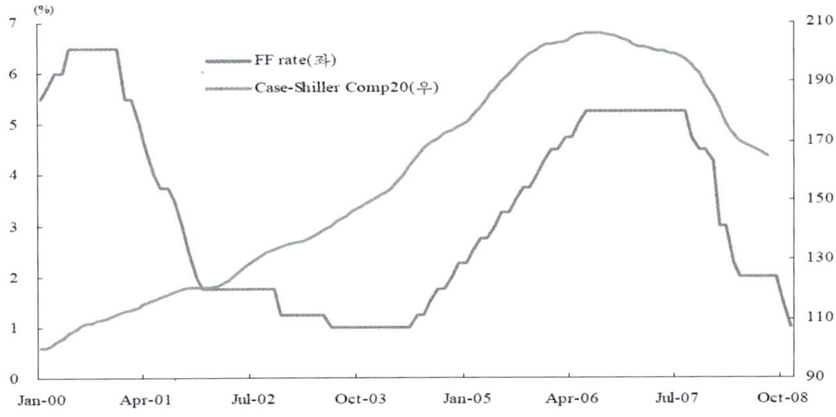

* 자료: Bloomberg

(국제금융센터, "2009년 글로벌 금융환경 점검과 전망"(2008.11.13)에서 재인용)

(2) 주택부문에 대한 대출확대

미국 가계의 모기지 론은 낮은 모기지 금리로 모기지 대출이 급증해 1990년대에 연평균 6.8% 증가했으나, 2001년 이후에는 연평균 12.1% 증가했다([그림 부3]). 아울러 주택가격도 급증해 미국 20대 도시의 주택가격지수도 2006년 7월 정점을 이룬다([그림 부2]). 그리고 주택담보금융의 수단인 모기지담보증권(Mortgage-Backed Securities : MBS) 발행규모는 2003년과 2007년의 경우 2000년에 비해 각각 3.7배와 3.9배가 상승했다. 그러나 2004년 하반기 이후 지속적인 정책금리의 인상(2006년 5.25%)은 미국 주택가격 하락과 맞물려 미국 가계의 리스크 증가를 가져왔다.

그림 부3 **미국의 모기지 대출 추이**

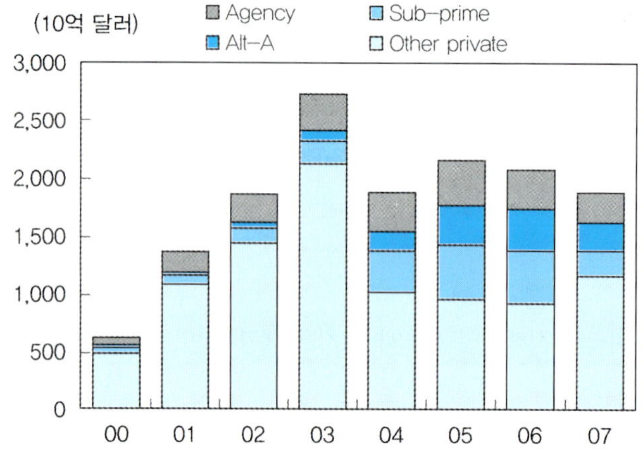

자료 : Korea Institute of Finance, "글로벌 금융위기의 영향 및 전망", 2008. 11. 5.

미국에서 금융기관의 주택부문에 대한 대출이 확대되면서 신용등급이 낮은 서브프라임 모기지의 대출도 급증했다. 서브프라임 모기지는 신용등급이 낮은 저소득층들을 대상으로 주택자금을 빌려주는 미국 주택담보대출상품이다. 신용도가 낮기 때문에 당연히 우대금리보다는 높은 금리가 적용된다[1]. 미국의 주택담보대출은 개인의 신용등급에 따라 세 종류의 대출로 분류된다. 신용등급이 높으면 프라임(prime), 낮으면 서브프라임(subprime), 그 중간은 알트에이(Alt-A : Alternative-A) 모기지다[2]. 미국의 주택가격이 정점을 이루는 2006년 9월말 현재 프라임 모기지는 6조 3,700억달러, 서브프라임은 1조 1,900억달러, 알트에이는 7,500억달러 정도였다. 1조 7,200억달러 규모의 기타 모기지까지 포함하면 총 모기지 대출은 대략 10조 300억달러에 달했다. 그러나 서브프라임 모기지 대출이 급증하는 가운데 2004년 중반 이후 지속적인 정책금리의

1) 한국의 경우는 비우량 주택담보대출에 해당된다. 미국에서 일반적으로 30년이 만기인 서브프라임 대출은 처음 2~3년은 낮은 고정금리로, 이후에는 높은 변동금리가 적용되어 "2-28" 또는 "3-27" 대출로 불린다.

2) 모기지 신용등급은 신용평가회사인 FICO(Fair Issac and Company)가 대출신청자의 과거 대출실적과 대출잔액, 거래기간, 신용대출실적과 신용조회 수, 적정수준 대출유지여부 등 5개 부문을 기준으로 점수화 한다. 거래기간이 길수록, 신용점수와 비교할 때 기존대출이 적을수록, 신용조회수가 많지 않을수록, 연체가 없고 적정수준의 대출을 유지할수록 신용점수가 높다. 점수는 최저 300점부터 최고 850점까지 분포된다. 일반적으로 신용점수가 620점 미만이면 서브프라임 모기지에 해당된다. 알트에이 모기지는 신용점수 620점은 넘지만, 소득증명이 불완전하거나 두 번째 주택을 구입하는 경우가 해당된다.

인상, 원자재가격의 급증, 특히 원유가격의 폭등은 실물경기의 후퇴와 소비의 위축을 가져왔다. 따라서 서브프라임의 연체율이 2006년 이후 급증([그림 부4])하기 시작하여 서브프라임 모기지 사태를 야기시켰다.

그림 부4 **미국 서브프라임 모기지 연체율 및 주택차압률 추이**

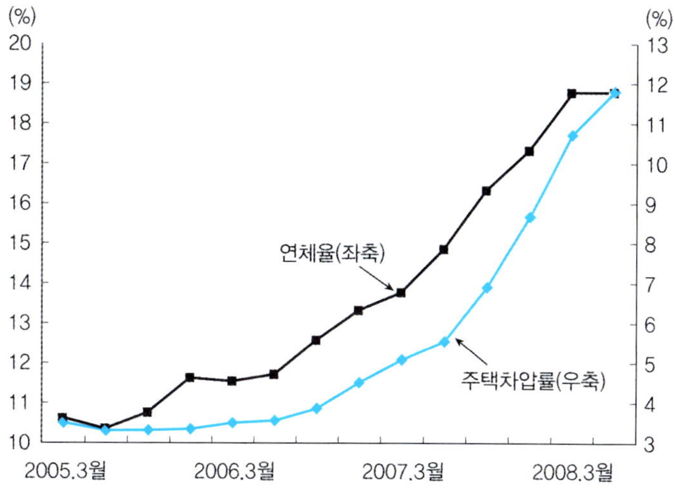

자료 : KIF, "금융위기 이후 선진국 대응방안과 전망", 2008.11.26.

(3) 투자은행의 MBS의 파생상품화와 과도한 레버리지투자

모기지(주택담보대출)회사들은 주택대출상품을 통해 주택매입 자금을 고객에게 제공해주는 대신 매월 일정액의 원리금을 받는다. 그러나 금리가 상승하거나 주택가격이 하락할 경우 주택자금상환에 문제가 발생한다. 금리가 오르면 원리금 상환부담이 그만큼 늘어나고, 주택가격마저 하락하면 대출연장이나 추가대출에서 문제가 발생할 수 있어 신용등급이 낮은 채무자일수록 타격을 받게 된다.

더욱이 이러한 서브프라임 모기지를 기초자산으로 한 유동화증권인 다양한 파생증권이 발행되었는데, 모기지를 1차 유동화 한 것이 MBS이다. 이 MBS, 일반대출, 채권 등을 담보로 2차 유동화 한 것이 CDO(collateralized debt obligations)이다. 메릴린치, 베에스턴스 등 글로벌 투자은행들이 CDO를 유동화 할 때 여러 채권을 한데 묶은 뒤, 부도가능성을 기준으로 재분류해서 구조화하였고[3], 이를 다른 투자은행, 헤지펀드, 연기금, 보험회사 등의 투자자들에 따라 다시 다양한 소규모의 증권으로 분할·판매하였다([그림 부5]). 한편 MBS, CDO는 CDS(Credit Default Swap)[4]와 연계되어 판매가 늘어났다.

그림 부5 **모기지대출의 유동화 구조**

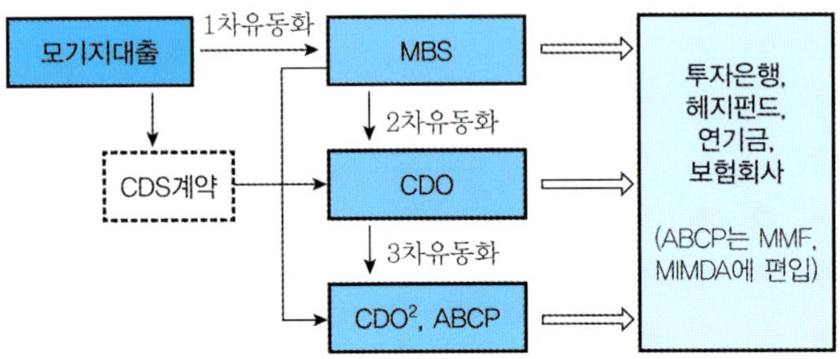

한편 저금리기조가 정착되고 경제가 발달하면서 투자은행, 펀드, 헤지펀드 등의 "고수익-고위험 선호"가 증대되었다. 특히 상업은행과는 달리 수신기능이 없는 투자은행들은 다른 금융기관에서의 차입을 통한 투자와 파생상품거래에서의 증거금률을 이용한 높은 레버리지(leverage)투자에 적극적이었다. 2007년까지는 세계적으로도 은행과 펀드 등의 투자자가 고수익을 얻기 위해 서브프라임이 다수 포함된 CDO에 투자를 많이 했다[5]. 또한 증권화와 파생상품의 발달로 불특정 다수의 투자자들이 복잡한 네트워크로

3) CDO를 구조화 하는 과정을 보면, CDO는 담보가 되는 기초 자산들을 신용등급(AAA~unrated)별로 묶어 분할(1차 유동화)해서 발행(tranche)하는데, 신용등급 정도에 따라 신용등급 순으로 낮은 위험(A급 이상)의 Senior tranche, 중간위험(BB~BBB급)의 Mezzanine tranche, 높은 위험(B급 이하)의 Equity tranche로 구분한다(2차 유동화). 이 CDO가 포함된 또 다른 CDO가 발행(CDO-Squared)되기도 하였다(3차 유동화).

4) CDS는 신용파생상품의 일종으로 예를 들어, 은행(A)이 B기업이 발행한 회사채에 투자(또는 대출)를 할 경우, 또 다른 금융기관(C)이 은행에 대해 만일 B기업이 파산할 경우 B기업을 대신해서 채무의 일부 또는 전부를 갚아 줄 것을 약속하며 은행으로부터 프리미엄(일종의 보증수수료)을 받기로 하는 계약을 CDS라 한다. 이 경우 은행은 B기업의 부도위험에서 자유롭고, C는 프리미엄을 수익으로 얻을 수 있다. 그러나 C가 부실화되면 A은행까지 부실화될 가능성이 있다. CDS프리미엄은 B기업의 부도가능성에 따라서 결정된다. 여기서 A는 보장매수자(은행 또는 구조화투자기구 등)이고, C는 보장매도자(보험사, 투자은행 등)라 한다.

5) 세계 파생상품 투자규모는 2007년 말 현재 676.6조달러에 달했다. 이는 2007년 세계 GDP 54조 5,850억달러의 12배, 세계 상품과 서비스 교역량 17조 1,300억달러의 약 40배에 달하는 수준이었다. 이러한 세계 파생상품의 투자 급증은 주택담보대출 상품을 중심으로 MBS, CDO 등 파생금융상품시장의 급성장에 기인한다.

연결되어, 이 네트워크 중 어느 한 시장참가자의 부실이 다른 투자자들에게 큰 피해를 주는 거래구조가 형성되어 거래상대방위험(counterparty risk)이 높아지게 되었다.

파생상품 중 이번 글로벌 금융위기와 관련된 MBS, ABS, CDS의 규모 추이를 보면, 파생상품의 대표적인 상품인 MBS의 경우 2007년 말 현재 5조 9,477억달러에 달했고, 미국 정부보증기관이 발행한 것만 2008년 2/4분기 말 4조 8,920억달러에 달했다. 자동차할부금융, 크레딧카드, 대학생 학자금 대출 등을 포함한 ABS의 규모도 2007년 말 현재 2조 4,724억달러, 2008년 2/4분기 말 2조 4,980억달러에 달했다. 그리고 CDS는 2007년 말 현재 6조 2,100억달러에 달했고, ISDA(세계 스왑딜러 협회)에 따르면 2008년 2/4분기 말 현재 54조달러에 달하는 것으로 추정된다.

(4) 금융당국의 감독 및 규제의 미흡

금융기관과 일부 펀드들의 위험선호 투자행태로 자산유동화에 대한 위험의 성격과 규모가 정확하게 파악되지 않는 가운데, 파생상품을 이용한 증권화가 재생산되면서 레버리지도 크게 증가하였다. 더욱이 금융기관의 파생상품거래가 부외거래(off-balance)로 처리되면서 일부 금융기관과 펀드의 회계투명성이 부족한 가운데, 세계 각국 금융당국의 리스크관리를 위한 규제와 감독이 미흡하였다. 증권화는 불특정 다수의 투자자에게 위험을 분산시키는 특성을 가지고 있어 금융당국의 감독과 규제가 약화되기도 하였다.

2 서브프라임 모기지 위기의 진행

미국의 서브프라임 모기지 사태에서 비롯된 글로벌 금융위기의 진행은 2000년부터 2008년까지 4단계로 나누어 생각할 수 있다. 1단계는 2000년 5월~2007년 7월로 서브프라임 사태가 잉태되는 기간이다. 이 단계에서는 장기간의 금융완화와 급격한 긴축정책으로 주택가격 하락과 연체율이 증가하였다. 제2단계는 2007년 8월~12월로 증권화 상품의 디레버리지가 발생하는 단계이다. 제3단계는 2008년 1월~8월로 서브프라임 모기지부실화가 증권화 상품 전체로 확산되는 단계이다. 제4단계는 2008년 9월~12월로 일부 금융기관의 파산과 유동성 부족이 전 세계 실물경제의 악화로 파급되는 단계이다. 미국의 서브프라임 모기지의 부실우려가 대두되기 시작한 2007년 이후 2008년 말까지 글로벌 금융위기의 진행과 이에 대한 각국의 주요 대응정책을 요약하면 다음 〈표 부1〉과 같다.

[표 부1] 서브프라임 모기지 사태의 진행과정(2007년 1월~2008년 12월)

시 기	주요 사건 및 대응책
2007년 2~3월	서브프라임 모기지 부실우려 대두 – HSBC, 2006년 모기지사업관련 손실규모(105.6억달러) 발표 – 미국 New Century Financial(2위의 서브프라임 모기기 회사), 신규대출 및 환매중단
6월	서브프라임 모기지 부실 본격화 – Bear Stearns 계열 헤지펀드가 CDO 등 투자손실로 파산 – IKB(독일), Commerz(독일), Macquarie(호주), 신세이(일본) 등에 부실여파 확산
8월	BNP Paribas 쇼크(소속계열 3개 펀드의 가격환산 및 환매 중단) – 영국 Northern Rock(모기지회사) 파산위기
10~12월	미국 주요 투자은행의 실적부진 발표 – Citicorp, 서브프라임 모기지 투자관련 손실규모 발표로 신용시장 불안 확산과 12월 이후 주택지표 및 고용지표 악화로 미국 경기침체 우려 고조
2008년 1~2월	미국 채권보증사(Monoline) 부실 심화 및 신용등급 하향 – MBIA, Ambac 등 채권보증사 2007년 4/4분기 실적악화와 Moody's사가 FGIC사의 신용등급을 Aaa에서 A3로 6단계 하향조정
5~8월	JP Morgan의 Bear Stearns 인수(FRB의 290억달러 구제금융) 후 거래상대방(counter party) 위험고조 – 일부 금융회사의 단기 유동성 악화 및 margin call 압력 증가
9월	Leman Brothers파산, 신용위기의 미국외 지역 확산, 경기침체우려 확산 – BOA의 Merrill Lynch 인수(440억달러), AIG(850억달러) 및 GSEs구제금융 등 미국 정부개입 확대 – Fannie Mae와 Freddie Mac에 각각 1,000억달러씩 긴급자금 투입 – 미국 MMF 보증, 금융주 공매도금지 등 금융안정화 대책 발표와 6개국 중앙은행이 통화스왑을 통해 달러화 유동성 공급(총 4,940억달러) – 미국 골드만 삭스 및 모건스탠리의 은행지주회사 전환 승인
10월	– 미국 $7,000억 규모의 긴급 경제안정법안(EESA) 국회 통과 – 주요국 정책금리 동시 인하 – 유로 및 영국 1.3조 유로(1.8조달러) 공적자금투입계획 발표, FRB, ECB BOE, 스위스 중앙은행간 통화스왑한도 철폐 – IMF 아이슬랜드, 우크라이나에 금융지원 발표 – FRB, 한국 브라질, 멕시코, 싱가포르 중앙은행과 통화스왑 발표
11~12월	– 주요국(일본, ECB, 영국, 스위스, 덴마크 등) 정책금리 인하 (미국 : 1.0% → 0~0.25%, 일본 : 0.3% → 0.1%, – 미국 재무부 및 FRB, AIG에 대한 구제금융 추가(구제금융 1,525억달러로 확대, AIG 400억달러 우선주 매입 등), 신용카드회사 AMEX의 은행지주회사 전환 승인 – 미국 워싱턴 D.C.에서 G20국가 정상회의(11월 14~15일) – 미국 Citigroup에 구제금융실시(200억달러 투입, 3,060억달러 규모의 자산에 대한 보증) – 미국 3대 자동차회사 위기(지엠에 134억달러, 크라이슬러에 40억달러 지원, 12월)

3 서브프라임 모기지 사태와 글로벌 금융위기의 영향

(1) 세계 금융기관의 손실 확대

2007년 이후 2008년 10월까지 서브프라임 모기지 사태 이후 글로벌 금융위기로 인한 금융기관의 손실규모는 1조달러 이상이다(블름버그 추산, IMF의 추정은 1조 4,050억달러). 특히 손실이 2008년 하반기에 들어 급증(5월~10월 동안 48% 증가)하여 금융기관의 유동성 부족과 신용경색을 초래하였다. 미국 금융기관의 경우 2008년 3분기까지 투자손실에 대한 총 상각규모는 6,197억달러인 반면에[6] 자산상각을 보완하여 금융기관의 자산건전성을 높이기 위한 신규 자본확충 규모는 3,936억달러에 그쳐 금융기관의 유동성 부족이 심각했음을 알 수 있다. 그러나 10월 들어서는 미국의 FRB의 구제금융과 정부의 공적자금투입 등으로 3,020억달러의 신규 자본확충이 이루어져 금융기관의 신용경색과 유동성부족은 어느 정도 완화되었다(〈표 부2〉).

[표 부2] 세계 주요 금융회사의 손실 현황(2007~2008년 10월)

(단위 : 억달러)

구 분	세계	미주	유럽	아시아
자산상각과 신용손실	10,051	6,782	2,959	309
자본조달	9,206	5,448	3,199	519

자료 : 블름버그

(2) 글로벌 금융시장에 대한 영향

가. 미국 주식시장에 대한 영향

금융시장의 불안을 나타내는 VIX지수는 미국 의회가 "긴급 경제안정화법"을 10월 3일 통과시켰음에도 불구하고 시장의 불안심리가 안정되지 않아, 10월 27일 사상 최대치인 80.06을 기록했다([그림 부6]).

6) Bianco는 은행, 증권 등의 금융회사 이외에도 GSE, 채권보증사, 캐피탈사, 헤지펀드, PEF, 보험, 연기금 등을 포함한 총 상각규모는 약 8,000억달러를 상회한다. 2008년 10월까지 총 상각규모에 대한 추정규모는 골드만삭스의 1조달러, IMF의 1.4조달러 정도였다.

그림 부6 VIX지수 추이

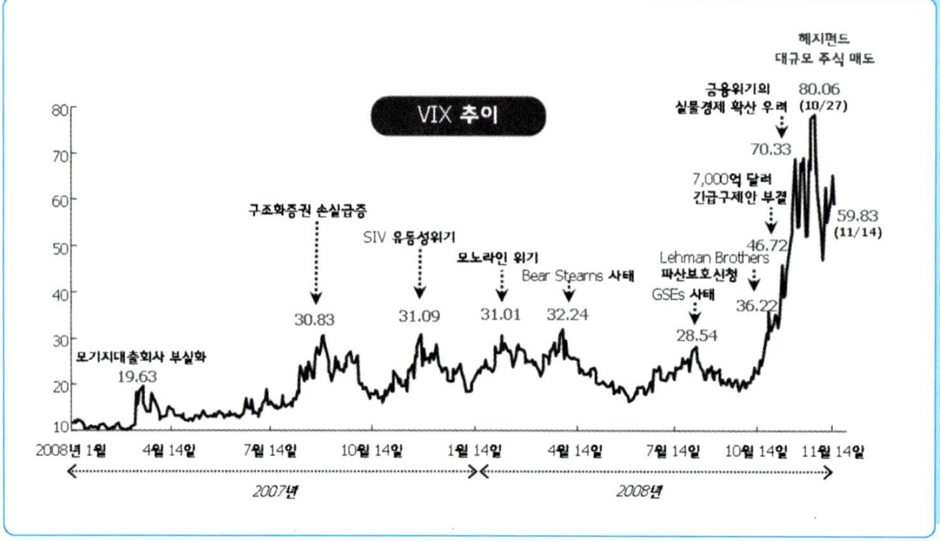

자료 : SERI, '최근 현황 및 2009년 경제전망', 2008. 11. 27.

VIX지수의 급등과 더불어 세계 주식시장도 크게 하락했다. 미국의 다우지수의 경우 서브프라임 모기지 사태가 시작된 2007년 2월 5일 12,653P에서 10월 8일 14,198P를 기록한 후 하향 조정을 보였다. 2008년에는 연초 지수 13,364P로 시작했으나 금융위

그림 부7 미국 금융위기와 다우지수 추이(2007.1~2008.12, 주간데이터)

기의 확산으로 11월 17일 7,450P까지 하락했다가 다소 회복되어 12월 31일 8,776P로 연초 대비 34%P의 하락률을 기록했다([그림 부7]).

나. 외환시장에 대한 영향

미국 달러화는 글로벌 금융위기가 진행되는 가운데 2007년 7월까지는 유로화에 대해서는 약세를 보여 1.6달러까지 하락했으나, 11월에는 1.28달러까지 하락하는 강세를 보였다. 일본 엔화에 대해서는 2008년 10월 90엔대까지 하락하여 1995년 이래 최대 약세를 보이다가 11월 말에는 98엔대를 유지하였다([그림 부8]).

그림 부8 **엔/달러 및 유로/달러환율 추이(2006. 6~2008. 11)**

* 자료: Bloomberg

(KIF, "금융위기 이후 선진국 대응방안과 전망"(2008.11.26)에서 재인용).

다. 단기 금융시장의 신용경색에 대한 영향

2008년 5월 이후 Bear Sterns의 파산 이후 거래 상대방의 리스크가 증가하면서 글로벌 신용경색이 은행의 단기자금시장으로 확산되었다. LIBOR(3개월물) 금리는 2008년 9월 리만브라더스의 파산신청 이후 6.0%에 육박하는 급등을 보여 T-bill(3개월물)과의 스프레드가 크게 확대되었다. 그러다가 FRB의 통화스왑 등을 통한 달러 유동성의 공급확대로 LIBOR 금리가 하락 안정세를 회복하였다([그림 부9]).

그림 부9 **LIBOR금리 및 T-bill(3개월)금리의 스프레드(%) 추이**

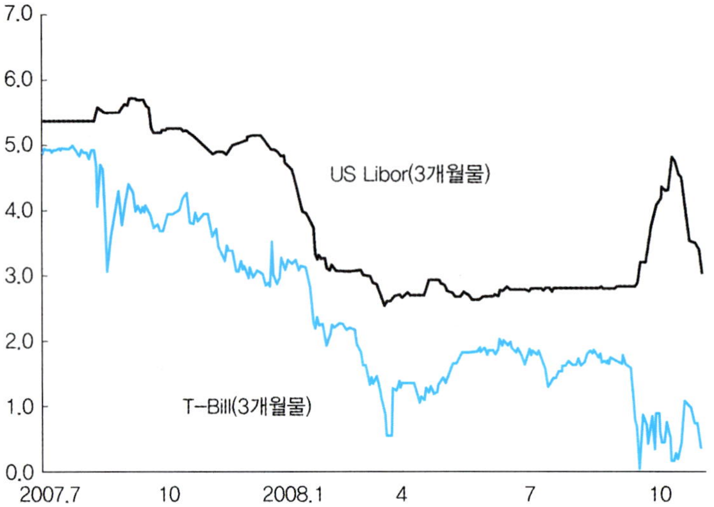

(3) 세계 경제에 대한 영향

2008년 9월 리만 브라더스 사태를 계기로 미국의 금융위기가 글로벌 금융위기로 확대되어 글로벌 신용경색이 본격화되고, 세계 주요국의 경제성장이 부진할 것으로 전망되었다. 2009년에 주택버블의 붕괴로 미국, 영국, 스페인 등이 (-)의 경제성장을 기록할 것으로 전망되고, 내수부진으로 유로국가와 일본도 소폭의 (-)경제성장을 기록할 것으로 전망되었다. 신흥국가에 있어서도, 국제 원자재가격의 급락으로 중남미, 중동, 러시아 등의 경제둔화와 중국, 인도 등의 국가도 수출 증가세 둔화로 경기 하락이 전망될 뿐만 아니라 내수진작을 통한 경제성장에도 한계가 있을 것으로 전망되었다(〈표 부3〉). 한편 한국의 경제성장에 대한 전망도 2008년 4.0~4.3%의 성장을 예상하였지만, 2009년에는 3.0%대의 낮은 수준의 성장을 할 것으로 전망되었었다.

[표 부3] IMF의 주요국 2008년 및 2009년 경제성장률 전망

국가	미국	유로존	일본	영국	중국	인도	러시아	중남미
2008	1.4	1.2	0.5	0.8	9.7	7.8	6.8	4.5
2009	-0.7	-0.5	-0.2	-1.3	8.5	6.3	3.5	2.5

(2008년 11월 당시)

(4) 한국에 대한 영향

서브프라임 모기지 사태 이후 한국의 금융시장은 불안한 세계 금융시장의 영향을 크게 받지는 않았었다. 그러나 2008년 9월 리만 브라더스의 파산보호신청(9월 14일) 이후 한국의 금융시장은 "검은 10월"을 경험하게 된다. 서브프라임 모기지 사태가 한국 주식시장에 대한 영향은 2007년 11월 1일 사상최고치인 2,064P를 기록할 때까지는 미미하였다. 그러나 11월 들어 하락세로 전환된 후 2008년부터는 세계 주가의 움직임에 동조하면서 하락세를 지속하다가 리만 브라더스의 파산보호신청 이후 국내 주식시장은 급락하여 2008년 10월 27일에는 946P를 기록했다([그림 부10]).

서브프라임 모기지 사태 이후 미국과 유럽의 금융기관이 유동성 부족과 신용경색을 겪자 외국인 투자자는 한국의 주식시장과 채권시장에서 보유 증권의 매도를 통해 유동성을 확보하여 본사의 유동성 부족을 보충하였다. 외국인의 주식 매매추이를 보면 2007년에 291억달러의 순매도를 기록하여 아시아 주요국에서 순매수를 보인 것과는 대조를 이루었다. 2008년 들어 12월까지 외국인 투자자들은 한국을 비롯하여 아시아 여타국에서도 순매도를 기록했으나 한국에서의 순매도는 −366억달러로 여타국의 순매도 규모에 비해 대규모의 순매도를 보여 한국의 코스피 하락에 결정적인 영향을 미쳤음을 알 수 있다(〈표 부4〉).

그림 부10 **한국의 주가추이(2007.1~2008.12, 주간데이터)**

[표 부4] 아시아 주요국의 외국인 주식 순매수 비교

구분	대만	인도	한국
시가총액(억달러)	3,452	5,488	4,582
외국인 보유비중(%)	30.2	9.7	29.4
2007년 순매수(억달러)	20.6	174	-291
2008년 순매수(억달러)	-147	-133	-366

글로벌 금융위기로 한국의 외환시장은 크게 불안하였다. 2008년 4월 이후 한국의 원화는 지속적인 외국인 투자자의 주식 및 채권 매도를 통한 자금의 본국 송금, 경상수지의 적자폭 확대 등으로 원/달러 환율은 급등하여 10월에는 1,500원에 육박하기도 하였다. 그러다가 한국은행과 미국 FRB 간의 300억달러 통화스왑 체결로 다소 안정되는 추세를 보였다. 한편 원화는 일본의 엔화에 대해서도 약세를 보였다([그림 부11]).

그림 부11 원/달러 및 엔/달러 환율 추이(2003.1~2008.12)

한편 한국의 금융시장이 불안해지자 신용위험도 커졌다. 신용위험을 나타내는 5년 만기 CDS프리미엄은 2008년 9월 Lehman Brothers의 파산신청 이후 큰 폭으로 상승해 아시아 신흥국가의 CDS프리미엄보다 높았다[7]. 한국의 경우 2008년 10월까지 경상

7) 한국의 CDS프리미엄을 아시아 여타국과 비교하는 것은, 이들 국가의 CDS 거래규모가 작기 때문에 이들 국가와의 직접적인 비교는 무리라는 지적도 있다.

수지적자의 지속, 총 외채 중 단기외채의 비중확대 등에 따른 단기 외화자금의 부족에 대한 우려로 10월 24일 CDS프리미엄이 668bps까지 상승했으나 10월 30일 한국은행과 미국 FRB간의 300억달러 규모의 통회스왑 체결 이후 크게 하락하여 안정되는 모습을 보였다(〈표 부5〉).

[표 부5] 신흥국가의 CDS 프리미엄 추이(2008년 8~11월)

(단위 : bps)

국가	8월 말	9월말	10월 24일	10월말	11월 21일
중국	65	87	276	164	215
말레이시아	128	168	492	235	322
태국	135	170	490	233	313
한국	116	175	668	381	430

4 글로벌 금융위기와 경기 침체에 대한 세계 각국의 대응책

(1) 세계 주요국의 대응책

미국에서 주택가격의 하락과 금리의 인상에서 비롯된 서브프라임 모기지의 부실화는 다른 자산들의 가격하락을 초래했다. 그리고 이 모기지를 증권화한 상품에 투자한 금융기관들의 손실이 커지고, 헤지펀드 등의 파산이 가능해져 증권화 관련 상품에 대한 전반적인 불신이 고조되었다. 따라서 이들 유가증권에 투자한 투자자들은 불안이 커져 투자자금을 회수(펀드의 환매)한다. 그러면 이들 상품을 판매한 금융기관들은 유동성 부족에 직면하게 된다. 그러면 금융기관은 자금을 차입하거나, 기존의 대출을 회수하거나, 보유 유가증권을 매각하여 투자자의 투자자금회수에 응하게 된다. 또한 자산가격하락은 (−)의 자산효과를 가져와 미래에 대한 불안심리가 확산되어 소비자들은 소비를 축소하고, 따라서 기업의 매출이 감소되고 투자마저도 위축되어 실물경제에 부정적인 영향을 미치게 된다. 그러면 각국의 경기둔화를 가져올 수 있고, 나아가 세계 금융시장에 복합불황에 대한 불안도 증폭될 수 있다([그림 부12]).

그림 부12 **서브프라임사태의 세계경제 파급구조**

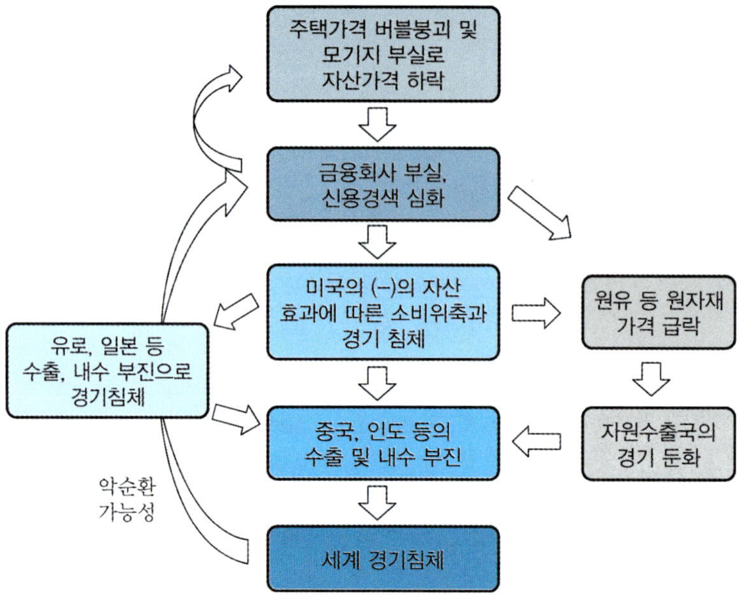

그런데 세계 각국은 2008년 9월 미국 리만 브라더스의 실질적 파산이 있기 전에는 금융위기에 대해 소극적으로 국가별로 대응해왔다. 예를 들면 은행권에 유동성을 공급하고, 일부 국가에서는 예금보장을 실시하고, 은행권의 부실에 대해서는 부실 건별로 대응을 하였다. 그리고 세계 원자재가격의 상승(원유 경유 2008년 7월 $147/bl로 고점 기록)에 따른 인플레이션의 우려로 금리인하에 소극적이었다. 반면에 주식시장의 하락을 방지하기 위해 공매도를 금지하는 등의 증시 부양책을 실시하는 한편, 외환시장에서는 자국화폐의 약세를 방어하기 위해 외환시장에 개입하기도 하였다[8].

그러나 리만 브라더스의 실질적 파산과 메릴린치의 BOA 피합병 등을 계기로, 금융위기의 실물경제 둔화조짐이 확산되자, 세계 각국의 금융위기 대응도 방향도 달라졌다. 실물경제에 대한 파급을 선제적으로 차단하기 위해 적극적인 경기부양 정책과 아

8) 세계 각국이 금융위기를 진정시키기 위해 실시한 정책적 대응은 4단계로 요약된다. 제1단계로 신용경색 완화를 위해 중앙은행은 금융기관에 유동성을 공급하고, 제2단계로 공적자금을 투입해서 금융회사의 부실자산을 매입하고, 제3단계로 부실 금융회사의 자본확충을 위해 공적자금을 투입하고, 마지막 제4단계로 부실금융회사를 국유화하게 된다.

울러 글로벌 정책공조가 이루어졌다. 각국은 은행권의 부실에 포괄적으로 대응하고, 공적자금의 투입 등 유동성공급 확대와 달러의 무제한 공급이 이루어졌다(〈표 부6〉 및 〈표 부7〉). 그리고 예금자의 뱅크런(bank-run)을 막기 위해 예금보장을 하는 국가가 늘어났다. 그리고 금융위기가 실물경제의 침체를 가져올 것이라는 우려에서 국제 원자재가격이 하락하여 과거 인플레이션의 조짐이 오히려 디플레이션의 우려로 전환되자 각국은 정책금리인하에 대해 글로벌 공조 내지 금리인하 폭을 확대하기도 하였다. 그리고 주식과 채권 등 증권시장의 하락을 방지하기 위해 규제를 완화하고, 기금을 조성하는 등 증권시장의 부양책을 확대하였다. 또한 구제금융과 공적자금 투입을 통한 금융시장과 외환시장에 대한 정부의 개입이 강화되었다.

[표 부6] 미국 정부의 금융기관에 대한 공적자금 지원 내역(2008. 10 현재)

(단위 : 억 달러)

기관	지원대상	내용	지원금액
FRB	베어스턴스	JP모건 체이스에 인수자금 지원	290
	AIG	구제금융	1,100
	단기금융시장 지원	머니마켓투자펀드기구(MMIFF)를 통한 만기 90일 이내 CP, CD매입	5,400
미국 재무부	패니메이, 프레디맥	일시적 국영화	2,000
	미국내 전 금융사	MMF 지불 보증	500
	미국 내 전 금융사	모기지 관련 부실자산 인수	7,000
합 계			16,290

주 : AIG에 대한 구제금융 1,500억달러 중 400억달러는 구제금융 7,000억달러에 포함
자료 : 현대경제연구원, "미국 금융위기와 국내외 경제지표", 2008.11.12.

[표 부7] 유럽 주요 국가별 금융기관에 대한 공적자금 투입 규모(2008. 10 현재)

(단위 : 억 유로)

구 분	독일	프랑스	스페인	네덜란드	오스트리아	포르투갈	영국	합계
지급 보증	4,200	3,200	1,000	2,000	850	200	–	11,450 (14,720억 유로)
자본 확충	800	400	–	–	150	–	473	1,823 (2,344억 유로)
합 계	5,000	3,600	1,000	2,000	1,000	200	473	13,273 (17,064억 유로)

자료 : 현대경제연구원, "미국 금융위기와 국내외 경제지표", 2008.11.12.

한편 세계 각국은 금융위기에 따른 실물경제의 침체를 선제적으로 막기 위해 2008년 9월 이후 대규모의 경기부양책을 발표하였다. 이를 요약하면 다음 〈표 부8〉과 같다. 한편 미국과 유럽국가의 금융위기 대책은 미국의 경우 금융기관의 부실을 공적자금으로 bad-bank설립해 인수하는 반면에 유럽은 금융기관을 국유화한다는 점에서 해결책의 차이를 보였다.

[표 부8] 주요국의 경기부양책 규모(2008년 9~12월)

국가	부양책 규모	GDP 대비 비중	내용
미국	7,250억달러	5.0%	도로, 교량, 학교, 청정에너지프로그램, IT보급 확대 등 신뉴딜정책 추진
EU	2540억달러	1.5	친환경・에너지프로젝트 추진, 인프라투자확대, 중소기업 및 건설업계 지원
일본	14조엔(1,320억달러) (공적자금 9조엔 별도)	2.8%	중소기업 융자 및 지원확대, 생활안정자금 2조원 지원 (1인당 1만2천엔(어린이와 고령자는 2만엔)씩 상품권 지급)
중국	4조위안(5,842억달러)	14%	도로, 항만, 철도 및 농업기반시설 건설에 대규모 자금투입, 주거환경개선과 저소득층 지원확대
러시아	200억달러	2.0%	감세 및 신규주택 건설
호주	255억달러	2.6%	SOC시설확충 및 교육, 보건 분야에 재정 투입

(2) 한국의 대응책

글로벌 금융위기는 세계 경제의 둔화와 더불어 한국의 금융시장의 불안을 확산시키고, 외화차입 여건을 악화시켜 국내 금융기관의 신용경색을 야기했다. 다른 한편으로는 미국을 위시한 선진국에 대한 수출 감소는 물론, 선진국의 수입수요 감소에 따른 중국의 수출 위축은 한국의 대 중국 수출의 감소를 가져와, 한국 수출의 위축을 가중시키게 된다. 국내 은행의 유동성 부족은 기업에 대한 대출 축소로 이어져, 국내 한계기업의 부실을 촉진시킨다. 국내 기업의 구조조정은 실업을 유발하고, 위축된 소비자의 소비는 기업의 수익감소와 투자위축을 가져와 국내 경기의 둔화를 초래하게 된다([그림 부13]).

그림 부13 **글로벌 금융위기의 국내 실물경제 파급 경로**

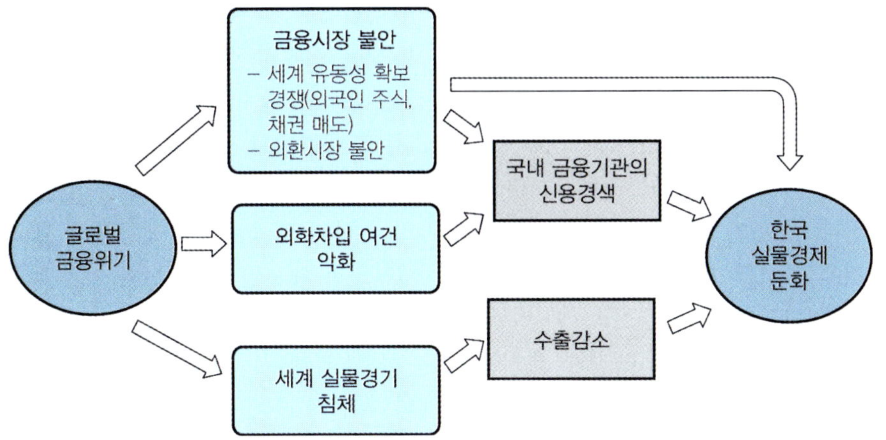

이와 같은 국내 금융시장의 불안과 경기의 위축 가능성이 대두되자 정부는 정책금리의 인하, 은행 등 금융기관에 유동성 공급과 금융기관의 외화차입에 대한 지급보증, 자본확충을 통한 중소기업 신용확대 등의 조치를 발표하였다(〈표 부9〉).

[표 부9] 한국의 대응정책(2008년 10월 이후 2009년 1월까지)

정책	내용
금리인하	– 정책금리를 10월 9일 5.25%에서 2009년 1월 9일 2.50%로 4차례에 걸쳐 인하
유동성공급	– 외평기금(100억달러)와 수출입은행(210억달러)을 통해 달러를 외환시장에 투입 – 300억달러 추가로 유동성 공급, 공개시장조작 대상증권에 은행채 및 일부 특수채 포함 – 미국 FRB와 300억달러 통화스왑 체결 일본, 중국과 통화스왑(한국과 중국은 평상시 38조원–1800억위안, 비상시 40억달러, 한국과 일본은 평상시 200억달러, 비상시 100억달러) – 10조원 규모의 채권안정펀드 조성(한국은행이 5조원 출자)으로 기업의 채권매입
중소기업 신용확대	– 기업은행에 대한 1조원 정부 현물출자로 기업은행의 자본확충을 통해 중소기업 신용확대
감세	– 10조원
경기부양	– 23조원(공공건설 등 재정지출 확대)

5 향후 과제

2007년 시작된 서브프라임 모기지 사태가 2008년 9월 이후 글로벌 금융위기로 확산되고, 이어서 실물경기의 침체로 파급되자 1929년 이후의 세기적 최대의 사건으로 회자되고 있다. 글로벌 금융위기와 경제의 둔화는 1980년대 이후 세계 금융시장을 풍미했던 세계화, 증권화, 규제의 완화 등 3대 조류로 대변되던 자유주의 시장경제에 대한 반향을 불러오고 있다. 일예로 Milton Friedman은 죽었고 Keynes가 다시 살아났다고 한다. 글로벌 금융위기와 경기 침체를 막기 위한 구제금융과 공적자금 등의 투입으로 정부의 역할이 강화되는 가운데 자연히 케인즈적 해법인 큰 정부의 역할론이 힘을 받고 있다.

이번의 사태로 우리가 생각해 볼 수 있는 향후 과제로는 첫째로 패러다임 전환(paradigm shifts)과 새로운 국제 금융질서체제의 확립에 관한 것이다. 우선 패러다임 전환은 ① Leveraging에서 Deleveraging으로의 전환, ② Deregulation에서 Re-regulation으로의 전환, ③ Unipolar에서 Multipolar로의 전환을 생각해 볼 수 있다. 다음으로 새로운 국제금융질서를 모색하는 것은 IMF와 IBRD로 대변되는 Bretton Woods System을 확대 개혁해서 New Bretton Woods System을 구축하는 것이다.

(1) 패러다임 전환

① Leveraging에서 Deleveraging으로의 전환

이 과제는 이번의 금융위기를 촉발한 투자은행의 미래와 파생상품에 관한 것이다. 투자은행이 파생상품과 차입투자(borrowed money)를 통해 과도한 성과급을 추구하는 과정에서 전략적으로 선택한 "high-risk, high-return"의 투자행태가 금융위기의 계기를 가져왔다는 비난을 받고 있다. 그리고 금융위기의 수습과정에서 살아남은 골드만 삭스와 모건 스탠리는 은행지주회사로 전환하여 상업은행과 투자은행이 결합된 "상업투자은행(CIB)"이 되었다. 이들 두 CIB는 SEC의 규제와 감독에서 FRB의 규제와 감독을 받게 되었다. 따라서 CIB가 업무를 영위하는데 있어서 과거의 Leveraging에서 Deleveraging으로 전환되면 수익극대화(high-risk, high-return)와 직결되던 업무인 Property Investment(PI)는 자연히 위축되고 전통적인 IPO 및 M&A 중개, 자산운용업무 등의 비중이 커질 것으로 전망된다. 이에 따라 저금리의 환경에서 투자수익률도 낮아질 것으로 전망된다. 그러면 2009년 2월 자통법의 시행으로 미국의 투자은행을 벤치마킹하려던 한국의 투자금융회사들이 채택할 수 있는 전략적 대안이 무엇인가 하는

과제가 우리에게 던져진다([그림 부14]).

그림 부14 **상업투자은행의 대두**

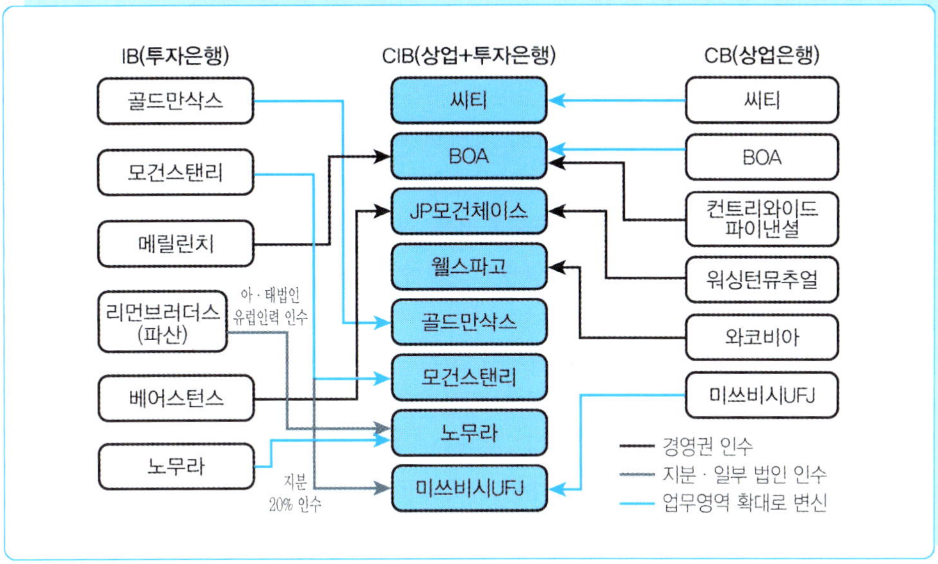

② Deregulation에서 Re-regulation으로의 전환

금융위기를 극복하는 과정에서 많은 국가들이 정부의 공적자금과 중앙은행의 구제금융을 통해 부실한 금융기관들이 국유화되었고, 따라서 전통적인 은행, 증권, 보험 등의 금융기관에 대한 정부의 영향력이 강화될 것으로 보인다. 규제의 완화가 헤지펀드, 사모펀드 등의 시장확대와 파생상품시장의 발전에 지대한 역할을 한 것은 사실이다. 그러면 이번의 금융위기를 통해 금융기관의 시장리스크, 신용리스크, 운영리스크 등 각종 리스크관리에 대한 감독과 규제의 강화는 필연적일 것이다. 그리고 파생상품과 관련해서는 파생상품관련 회계의 투명성 제고방안이 논의될 것이다. 그리고 기존의 전통적인 상품과 파생상품을 결합한 새로운 파생상품 또는 파생상품과 파생상품을 결합하여 만들어내는 또 다른 파생상품의 개발에 있어서 상품에 내재된 리스크를 관리와 투자자를 고려한 감독·규제가 강화될 것으로 전망된다. 그러면 재규제(re-regulation)의 범위와 정도는 어디까지일까? 그리고 어느 선까지 정부가 금융시장에 관여해야 하는가?[9] 다른 한편으로 신상품개발과 리스크관리를 주된 과제로 하고 있는 금융공학의 유용성이 없어지는 것인가? 아니면 더욱 금융공학이 필요하게 될 것인가?

우리가 풀어야 할 과제이다.

② Unipolar에서 Multipolar로의 전환

이 과제는 기축통화에 관한 것이다. 제2차 세계대전 이후 미국의 달러는 세계 유일의 기축통화역할을 해 왔다. 그러나 이번의 글로벌 금융위기가 재정적자와 경상적자의 확대로 인한 약달러 시기[10]가 진행되는 가운데 미국에서 발생했다. 미국의 경상수지 누적적자의 확대는 여타국의 외환보유액 증가로 나타났다. 달러의 약세가 지속되자 세계 각국은 외환보유액 중 달러표시 자산의 비중을 축소해왔다. 글로벌 금융위기로 세계 각국이 유동성 부족과 신용경색을 겪자 미국은 달러의 공급을 확대하였다. 한편, 글로벌 금융위기로 달러의 기축통화체제를 결정했던 브레튼 우즈 체제의 개혁과 맞물려 유일한 달러기축통화에 대해 프랑스, 중국, 러시아 등은 달러 이외의 복수 기축통화체제를 주장하고 있다.

어느 한 국가의 통화가 세계 기축통화가 되기 위해서는 다음의 세 가지 요건이 충족되어야 한다. 첫째, 통화의 미래가치에 대한 광범위한 신뢰가 형성되고 기축통화국의 물가가 장기적으로 안정되어야 한다. 둘째로, 세계 어디에서나 통화의 교환이 용이하고, 기축통화 표시 자산의 가치에 대한 예측 가능성이 보장되어야 한다. 셋째로, 기축통화국의 경제가 대규모이어서 세계 경제에 대한 영향력이 커야 한다. 그러면 현재 미국의 달러 이외에 이러한 조건을 갖춘 통화가 있는가? 만일 있다면 복수의 기축통화제도를 미국과 세계가 용인할 수 있는가? 다른 한편에서 그리고 기축통화의 세녀리지 이점[11]을 누리고 있는 미국이 현재의 연성권력(soft power)과 경성권력(hard power)을 쉽게 양보할 수 있을까? 현재 시작되고 있는 New Bretton Woods System의 개편과 아울러 풀어야 하는 장기과제이다.

(2) 새로운 국제 금융질서의 확립

글로벌 금융위기가 확산되고 세계 경제의 둔화조짐이 보이는 가운데 2008년 11월

---

9) "Change"를 주장하던 버락 오바마가 미국의 44대 대통령으로 당선되었다. 그런데 오바마 대통령의 경제팀을 보면 티머시 가이스너 재무장관, 로렌스 서머스 선임경제보좌관, 제이슨 퍼머 경제보좌관, 피터 오스자그 예산국장 등이 모두 자유무역주의와 강한 달러를 주장하고 규제완화를 실행했던 과거 클린턴 정부시절의 관료 출신이다.

10) 제2차 세계대전 이후 미국의 달러는 세 차례의 약달러 시기를 맞았다. 1차는 1971~1978년, 2차는 1985~1995년, 3차는 2002년 이후 현재까지이다. 약달러 시기는 미국의 쌍둥이 적자의 확대로 비롯되었다.

11) 기축통화의 이점으로는 화폐발행 차익(경상적자의 무이자 차입효과), 화폐발행을 통한 해외 자산 매입, 통화 및 재정적책의 유효성 등이 있다.

14~15일에 미국의 워싱턴 D.C.에서 개최된 IMF와 IBRD 연차 총회에 G20국가의 정상들이 초청되었다. 이 G20회의에서 세계 금융시장 개혁을 위한 5대 액션 프로그램이 채택되었다. 5대 액션플랜에는 ① 투명성과 책임성의 강화(금융상품 가치평가 기준 개선, 단일 국제회계기준 수립, 부외 금융상품 회계와 공시기준 개선 등), ② 금융규제 및 감독 강화(금융상품별 차별화된 신용평가기준 도입, 신용평가사에 대한 준법 감독체제 적용 검토, 금융회사의 과도한 임원 보수체계 개선 등), ③ 국제협력 강화(다국적 금융회사 감시 강화), ④ 금융시장 신뢰성 제고(정책 당국간 규제협력 강화, 시장위험 요소 정보공유 등), ⑤ 국제금융기구 개혁(브레튼 우즈 체제 포괄적 개혁, IMF, IBRD 재원확충 및 지배구조 개선, 금융안정화 포럼(FSF)에 주요 신흥국가 참가)등이 포함되었다.

그러나 글로벌 금융위기에 대한 해법에 대해서는 미국, 유럽, 신흥국 간에 차이가 많다. 우선 미국은 금융개혁을 위한 과도한 시장규제에 대해서는 신중한 입장을 취하고, 글로벌 유동성 확보를 위해 새로운 기구보다는 기존의 IMF 재원을 확충하고, 글로벌 금융감독체제를 구축하자고 주장하고 있다.

이와 달리 유로국가들은 달러를 기축통화로 정한 브레튼 우즈 체제를 대폭 개편하고, 과도한 금융시장 규제를 철폐하고, 미국 달러화 중심의 기축통화체제에 반대하여 복수의 기축통화체제를 주장하고 있다. 그리고 미국의 이해를 대변하고 있다는 비판을 받고 있는 미국의 S&P사와 Moody's사 등 신용평가기관의 투명성을 제고하고, 국제투기자본과 조세피난처로 이용되는 국가에 대한 규제가 가해져야 한다고 주장하고 있다.

또한 신흥국가들은 선진국 투기자본에 대한 규제강화의 필요성을 강조하고, G7 주도의 세계 경제질서에서 벗어나 신흥국가를 포함한 다자간 협력체제를 구축하기를 주장하고 있다. 그리고 달러화 단일 기축통화체제에 반대하면서 기축통화의 다양화를 주장하고 있다. 또한 IMF와 IBRD의 개발도상국에 대한 지원 기능을 강화하고, 신흥국의 IMF 지분확대와 출연금 규모에 걸 맞는 역할을 요구하고 있다. 이렇듯 글로벌 금융위기 해법과 새로운 국제 금융질서에 대해 이해가 엇갈리고 있다.

이러한 여건에서 향후 과제로는 초국가적 금융감독기구의 창설이 가능할 것인가? 국제적 단일 회계기준이 채택될 수 있는가? 다국적 대형 금융회사에 대한 감시 강화가 과연 가능할 것인가? 등을 들 수 있다. 어느 것도 풀기 쉬운 과제는 아니다.

참고문헌

강종만, 「내부자거래규제에 관한 연구」, 한국증권경제연구원 연구자료 93-4, 1993.

강효석·권석균·이원흠·조장연, 『기업구조조정론』, 홍문사, 1998.

고광수, 「자산운용업의 바람직한 방향에 관한 연구」, 한국증권연구원 연구보고서 03-07, 2003.

_____, 「채권의 시가평가에 관한 연구」, 한국증권연구원 연구보고서 099-01, 1999.

김갑래, 미국 주식 자본이득 과세제도의 주요 내용 및 시사점, 자본시장연구원 조사보고서 16-06, 2016.9.

김근수·변진호, 「시장간 경쟁과 그 대응: NYSE와 Nasdaq을 중심으로」, 한국증권경제연구원 조사보고서 02-02, 2002.

김문겸, "현행 기업정보 공시제도와 문제점에 대한 소고", 자유기업원 「기업소송연구」, No. 5, 2003.

김석진, "한국선물시장제도의 문제점과 개선방안", 「생산성논집」, 한국생산성학회, 1996.12.

김석진·김태혁·차명준, 『선물·옵션의 기초와 거래전략』, 삼영사, 1997.

김용재, "자본시장법상 과당매매규칙의 개선에 관한 제언", 「증권법연구」, 제8권 2호, 2007.

김은집, "사모투자전문회사제도에 대한 법적 고찰", 「증권법연구」, 제8권 1호, 2007.

김정호, 『자생적 기업지배구조와 글로벌 스탠더드』, 자유기업원 신회사법 도서, 2000.

김정호·박양균, "증권집단소송제도에 대한 경제학적 검토," 「증권법연구」, 제1권 1호, 2000.

김주영·김태선, "주가조작에 따른 손해배상청구사건에 있어서 배상액의 산정방법에 관한 고찰," 「증권법연구」 제2권 2호, 2001.

김형태 등, 「거래소 주식회사화 : 한국주식시장에의 적용」, 한국증권연구원 연구보고서 03-03, 2003.

김홍기, "자본시장법상 파생상품 규제의 내용과 제도적 개선과제", 「증권법연구」, 제9권 1호, 2008.

김화진, "투자은행의 역사", 한국금융투자협회, 「증권」, 제134호, 2008년 봄호

_____, "투자은행의 역사", 한국증권업협회 「증권」 제134호, 2008년 봄호

김흥식, "대리인이론과 정보불균형 및 금융기관," 「경영학연구」, 1987.2.

노태악, "증권거래법상 미공개 내부정보에 관하여," 「증권법연구」 제2권 2호, 2001.

문영배(NICE평가정보), 금융혁신과 핀테크, IT융합이 불러온 변화와 향후 과제, 2016.8.26.

변진호 등, 「주식거래 ATS의 의미와 전망 : ECN을 중심으로」, 한국증권경제연구원 조사보고서 02-06, 2002.

송종준, "미국의 헤지펀드 규제와 법적 시사점", 「증권법연구」 제7권 1호, 2006.

_____, "예측정보의 부실공시와 민사책임구조," 「증권법연구」 제1권 1호, 2000.

송치승·박연정, 「전자증권제도의 도입환경과 효과분석」, 한국증권경제연구원 연구보고서 03-06, 2003.

신영무, “미국의 내부자거래규제 제도에 관한 고찰,” 증권감독원, 「증권조사월보」, 1987.
신장섭, “경제민주화가 불러온 헤지펀드 행동주의 : 미국의 실패와 교훈”, 한국경제연구원, 경제민주화 기업지배구조 정책의 쟁점과 과제 세미나 발표 자료, 2016.11.7.
오성근, “부당투자권유행위에 대한 불법행위책임론”, 「증권법연구」 제6권 1호, 2005.
오승현, 「신용평가제도의 바람직한 방향」, 한국증권연구원 연구보고서 01-02, 2001.
오승현 · 유윤주, 「채권의 전자거래에 관한 연구」, 한국증권경제연구원 연구보고서 03-02, 2003.
우영호, 「OECD 가입과 한국의 증권산업」, 1995년도 한국금융학회 추계 및 특별심포지움 발표, 1995. 11. 24.
_____, 「기업신용위험 모니터링 강화방안」, 대통령자문 정책기획위원회 2000년도 정책과제 보고서, 2000.
_____, 「채권시장 활성화방안」, 한국증권경제연구원, 1995. 2.
_____, 「채권시장구조 및 제도 - 외국 제도와의 비교를 중심으로」, 연구자료 93-3, 한국증권경제연구원, 1993.
우영호 등, 「회사채 시장 개선방안」, 한국증권연구원 연구보고서 02-01, 2002.
우영호 · 최범수, 「채권시장 개방 방안」, 연구자료 93-1, 한국증권경제연구원, 1993.
유석호, “증권거래법상 공시제도의 문제점과 개선방안,” 「증권법연구」, 제3권 2호, 2002.
윤계섭, “증권산업의 경영자율화와 감독,” 「금융연구」, 제9권 별책.
윤계섭 외, 『신경제와 증권시장의 진로』, 매일경제신문사, 1994.
이덕훈 · 최범수 · 우영호 · 김서경, 「증권관련산업 개편방안」, 증권산업개편 연구반 정책연구자료, 1995.
이상빈, “증권금융의 단계적 발전방향에 관한 소고,” 「증권금융」, 1993.5.
_____, “회사채 유통시장 활성화에 대한 연구,” 「상장협」, 한국상장회사협의회, 1991, 춘계호.
_____, 「금융신상품 개발전략」, 한국선물학회, 1995.2.
이원흠, “투자자문회사 업무영역 점검과 확대방안에 관한 연구,” 「증권학회지」, 1989.
이원흠 · 최수미, “공정공시제도 시행이후 기업의 공시행태 및 증권사 애널리스트의 투자등급 변경정보효과 변화에 관한 연구,” 「증권학회지」, 2004.
이정범, 「패러다임 2000과 증권거래시장의 변화」, 한국증권경제연구원 연구보고서 00-04, 2000.
이철송, “내부자거래 규제-판례를 중심으로,” 자유기업원 「기업소송연구」, No. 4, 2003.
이해룡, “빅뱅이후 자본시장의 구조와 금융기관의 대응방향,” 「경제브리프스」, 1990.1.
임병철 · 구정한 · 서병호 · 강종만, 「국내 금융회사의 투자업무 활성화방안」, 한국금융연구원, 2008.2.
임채율, “주요국의 통합금융법 추진방향 및 현황,” 전국은행연합회, 「월간금융」, 2006.2.
전삼현, 『사외이사와 감사위원회』, 자유기업원 신회사법 도서, 2000.
전춘옥 · 윤계섭 · 장범식 · 강창희 · 손근상 · 정준영, 「일반공모증자제도의 도입과 대책」, 한국상장회사협의회, 1995.

전홍열, 『증권거래법해설』, 넥서스, 1997.
정일호, "미국 내부자거래규제의 최근 입법동향," 증권감독원, 「증권조사월보」, 1989.9.
차명준, 『선물거래』, 형설출판사, 1994.
_____, 『증권과 펀드투자의 이해』, 삼영사, 2008.
차명준・정무권, 『증권투자』, 한티미디어, 2009
최경렬, 「해외증권발행 및 권리행사에 관한 고찰」, 예탁결제원, 2001.3.
최승진, "미국 증권거래위원회의 공정공시규정(Regulation FD)에 대한 소고," 「증권법연구」, 제3권 1호, 2002.
최운열・우영호, "증권회사의 대형화와 전문화," 「금융연구」, 제10권 별책, 1996.8.
최운열・우영호・양호철, "우리나라 증권산업의 국제경쟁력 강화방안," 민상기・이동기 공편, 『서비스 사업의 국제경쟁력』, 서울대학교출판부, 1995.
최정식, "증권관련집단소송의 소송허가에 관한 연구", 「증권법연구」 제6권 2호, 2005.
최흥식, 「채권 시장의 미시 구조 개편 방안」, 조세 연구원, 1994.7.

IBK경제연구소, 로보어드바이저에 관한 오해와 진실, 2016.8.
KB금융지주경영연구소, 국내 헤지펀드 현황과 대체뮤츄얼펀드의 성장 가능성, KB지식비타민, 2014.2.27
__________________, 타깃데이트펀드의 이해와 시사점, 2015.1.5.
__________________, 헤지펀드 운용전략과 한국형 헤지펀드의 성공조건, KB CEO Report 2012-05, 2012.5.
KIC, 2016 연차보고서.
SERI, "펀드자본주의의 명과 암", CEO Information, 제571호, 2006.9.20.
공정거래위원회, "2009년 글로벌 금융환경 점검과 전망", 2008.11.13.
____________, 「공정거래백서」.
국민연금관리공단, 2013 국민연금 기금운용보고서, 2014.1.13
국제금융센터, "헤지펀드의 국제금융시장 영향력 확대에 따른 위험요인 점검", 2005.5.20.
국회예산정책처, 『한눈에 보는 대한민국 재정 2014』, 2014.2.
____________, 『한눈에 보는 대한민국 재정 2017』, 2017.3.
금융감독원, 2013년 신탁업 영업 현황, (보도자료) 2014.3.14.
_________, 2013년 신탁업 영업 현황, 2014.3.14.
_________, PEF Handbook, 2016.12.28.
_________, 『금융감독관련규정집』, 1998.4.
_________, 『금융통계월보』, 각 호.
_________, 『금융통계월보』.
_________, 『알기쉬운 금융용어』, 2003.2.

________, 2016년 기업의 직접금융 조달실적, 2017.1.20.
________, 「퇴직연금시장 질서 확립을 위한 개선대책」 추진실적 및 향후계획, 보도자료, 2017.2.28.
________, 자산운용회사의 2016년중 영업실적, 보도자료, 2017.3.8.
________, 2016년 PEF 동향 및 시사점, 보도자료, 2017.5.10.
금융연구원, 로보어드바이저 서비스의 기능과 한계, 주간금융브리프, 2016.4.1.
금융위원회, 사모펀드제도 개편방안, 2013.12.4.
________, 초대형 투자은행 육성을 위한 종합금융투자사업자 제도 개선방향, 2016.8.2.
________, 표준투자권유준칙, 2009.2.12.
금융투자협회, "알기 쉬운 신탁상품 이야기", 2012.2
__________, 2013년 2분기 세계 펀드시장동향
__________, 2016년 4분기 세계 펀드시장동향, 보도자료, 2017.4.12.
__________, 글로벌 주요 IB의 최근 전략 동향 및 시사점, 2016.1.26.
__________, 일본투자은행 비즈니스의 현황, 2016.7.18.
기획재정부, "자본시장과 금융투자업에 관한 법률안 설명자료", 2006.12.28.
________, M&A 활성화 방안, 2014.3.6.
보건복지부, 국민연금 2018~2022 운용계획, 보도자료, 2017.5.25.
________, 국민연금 향후 5년간 전략적 자산배분 마련, 보도자료, 2014.5.23.
보험개발원, 보험통계연보, 2013.
________, 『2012년 보험통계연감』, 2013.
삼성경제연구소, "최근 현황 및 2009년 경제전망", 2008.11.27.
____________, "펀드자본주의의 명과 암", CEO Information 제571호, 2006.9.20.
생명보험협회, 2013 생명보험 Fact Book.
__________, 2016 생명보험 Fact Book.
엘지경제연구원, "M&A 시장의 큰손으로 부상한 국제 투기자본", 「LG주간경제」, 2007.4.4.
예탁결제원, 『증권예탁결제제도』, 1995.
우리금융경영연구소, 국민연금의 주주권 행사 강화를 위한 주요 이슈 및 과제, 주간금융경제 동향, 2014.5.7.
_______________, 금융위기 이후 글로벌 투자은행업 동향과 전망, 주간 금융경제 동향, 2014.2.26.
_______________, 프라임브로커리지 서비스(PBS) 시장 동향 및 주요 이슈, 주간 금융경제 동향, 2013.9.25
자본시장연구원, "국내 투자은행의 현위치와 과제, 『자본시장 weekly』, 2008-25호, 2008.6. 17-23.
___________, AI가 금융투자업에 미치는 영향과 대응과제, 한국증권법학회 세미나, 2016.9.8.
___________, 글로벌 대형투자은행들의 실적 개선, 자본시장 포커스, 2017.5.15.
___________, 미국 TDF 시장의 성장사례 및 시사점, 자본시장포커스, 2017.3.27.

______________, 미국 증권회사의 특화·전문화 전략 : 브티크IB 사례 중심으로, 2015.5.15.

______________, 사모펀드에 대한 규제완화 발표, 자본시장 Weekly, 2014-08호.

______________, 자본시장리뷰, 2017년 봄호.

______________, 포켓몬-고(Poketmon-go) 사례를 통해 본 최근 행동주의 헤지펀드의 일본시장 진출 확대 및 시사점, 자본시장리뷰, 2016년 가을호, 2016.9.

자본시장통합법연구회, 『자본시장통합법 해설서』, 한국증권업협회, 2007.12.

좋은기업지배구조연구소, "한국의 SRI펀드 : 현황, 평가, 제안" 기업지배구조연구, 2007년 봄호, 2007. 3. 13

증권감독원, 『미국 증권거래법』, 1989. 11.

___________, 『자본시장관계 주요시책 총람』, 1993. 12.

___________, 『증권감독원 20년사』, 1997. 2.

___________, 『증권거래법 연혁집』, 1990. 5.

증권거래소, 『주요국의 증권거래 및 결제제도』, 1995.

하나금융경영연구소, 기관투자자의 비즈니스호텔 투자 확대, 2014.3.31.

한국거래소, 2016 ETF 결산과 전망, 2017.1.5.

한국금융연구원, "국내 금융회사의 투자은행업무 활성화 방안", 2008.2.

______________, "국부펀드의 성장에 따른 국제금융 시장 변화와 우리의 과제," 「자본시장 weekly」 26호, 2008.6.24 ~ 6.30.

______________, "자본시장법하의 투자자구분제도 현황 및 시사점", 「주간금융포커스」 17권 9호, 2008. 3.1 ~ 3.7.

______________, 「금융제도개편연구」, 1993.

______________, 「비은행금융기관의 발전방향」, 1994.

한국은행, "미국 투자은행과 우리나라 관련 금융기관의 업무현황", 「조사통계월보」, 2005.4.

_________, "사모투자펀드(PEF)의 현황과 과제", 「한은조사연구」 27-12, 2007.3.

_________, "세계 국부펀드의 확대 배경과 향후 전망", 「해외경제정보」 제2007-70호, 2007.10.2.

_________, "최근 헤지펀드의 동향과 규제논의", 「외환금융리뷰」, 2004.12.30

_________, 2016년 중 자금순환, 2017.3.29.

_________, 디지털혁신과 금융서비스의 미래, 2017.1.18.

_________, 우리나라의 외환시장, 한은금요강좌, 2014.6.20.

_________, 『금융안정보고서』, 2016.12.27.

_________, 『비은행금융기관 업무해설』, 1994.

_________, 『우리나라의 금융제도』, 2006.1.

한국증권연구원, "헤지펀드의 국내도입방안", 2007.11.20.

한국증권제도연구회 편역, 『이사회 대변혁』, 21세기북스, 2000.

현대경제연구원, "국내 금융위기와 국내외 경제지표", 2008.11.12.

國見和史, "ラップアカウントと證券會社經營," 『財界觀測』, 野村總合研究所, 1997.6.1.
大藏星內證券取引研究會, 『金融制度改革』, 東京 : 財經詳報社, 1993.
西條信弘, 『金融制度の改革と證券業－グローバル化時代の證券市場』, 東京 : 中央經濟社, 1994.

Arthur Anderson, *European Banking and Capital Markets : A Strategic Forecast*, 1993.
BIS, *Quarterly Review : International Banking and Financial Market Developments*, 각 호
FAIR, *Japan's Financial Markets, Foundation for Advanced Information and Research*, Japan, 1991.
Fisher, Frederick G., Ⅲ, "Global Market Integration : An International Perspective," *The Investment Banking Handbook*, Edited by J. Peter Williamson, John Wiley & Sons, 1988.
IMF, *Global Financial Stability Report*, 2008. 10.
Japan Bond Research Institute, *JBRI Ratings*, 1996.
Kocherlakota, Narayama R., "The Equity Premium Puzzle : It's Still Puzzle", J. of Economic Literature, Vol. 34, No. 1, 1996.
Marshall, J. and M. Ellis, *Investment Banking & Brokerage*, Probus Publishing Co., 1994.
Merrill Lynch, *Size & Structure of the World Bond Market : 2001*, 2001. 4.
Monks, R. and N. Minow, *Corporate Governance*, LENS Inc., 1995.
OECD, *Financial Market Trends*, 각호.
Shull, Bernard, *Economic Efficiency, Public Regulation, and Financial Reform : Depository Institutions*, Edited by Murray E. Polarkoff, Thomas A. Durkin, and Others, 2nd Ed., Houghton Mifflin Company, 1981.
Smidt, Seymour, "Economic Efficiency and financial Reform in the Securities Markets," in *Financial Institutions and Markets*, Edited by Murray E. Polarkoff, Thomas A. Durkin, and Others, 2nd Ed., Houghton Mifflin Company, 1981.
Smith, Roy C., *Comeback－The Restoration of American Banking Power in the New World*, Massachusetts, Havard Business School Press, 1993.
The "CalPERS Effects" on Targeted Company Share Prices(Sept., 24, 2013)
Thomas S.Y.Ho, *Strategic Fixed-Income Investment*, Dow Jones－Irwin, 1990.
Tonks, Ian and David Webb, *The Reorganization of the London Stock Market : the Causes and Consequences of 'Big Bang,'* 1996.
U.S. Securities and Exchange Commission, *Annual Report*, 1995.

Van Hedge Fund Advisors International, "Hedge Fund Demand and Capacity 2005–2015", August 2005.

Valdez, Stephen, *An Introduction to Western Financial Markets*, The Macmillan Press Ltd., 1993.

Woo, Yeong–Ho, "*Korean Capital Market : Agenda for Change*," presented at the Asia Forum 2000 on May 23–28, Thessaloniki, Greece, 2000.

Woo, Yeong–Ho, "Korean Fixed Income Market," *Asia–Pacific Fixed Income Markets*, Edited by Jonathan A. Batten and Thomas A. Fetherston, John Wiley & Sons (Asia) Pte Ltd., 2002.

Woo, Yeong–Ho and Woon–Youl Choi, "Two Years After Financial Reform : Capital Market Developments in Korea," *International Financial Review*, Vol. 1. 2000.

한글색인

ㅅ

ㅇ

ㅈ

ㅎ

영문색인

저 · 자 · 약 · 력

■ 김 석 진(金石鎭)

- 서울대학교 경영학과 졸업
- 미국 Georgia State University 경영학 박사(Ph.D.)
- 미국 North Dakota State University 경영대학 조교수, 한국재무관리학회장, 한국재무학회장, 한국금융학회장
- 현) 경북대학교 경상대학 경영학부 교수

■ 김 주 현(金注鉉)

- 서강대학교 영문학과 졸업
- 미국 Arizona State University 경영학 박사(Ph.D.)
- 현대경제연구원 원장
- 현) 파이낸셜뉴스 사장

■ 우 영 호(禹英浩)

- 서울대학교 경영학과 졸업
- 미국 State University of New York at Buffalo 경영학 박사(Ph.D.)
- 한국증권연구원 부원장
- 한국거래소 파생상품시장본부 본부장

■ 이 원 흠(李元欽)

- 서울대학교 경영학과 졸업
- 미국 UCLA 경영학 박사(Ph.D.)
- LG경제연구원 상무, LG투자신탁운용 상무
- 현) 홍익대학교 경영대학 교수

■ 장 범 식(張汎植)

- 서울대학교 영어과 졸업
- 미국 University of Texas at Austin 경영학 박사(Ph.D.)
- 숭실대학교 부총장, 한국증권학회장, 금융감독위원회 비상임위원
- 현) 숭실대학교 경영대학 교수, 현) 금융위원회 금융발전심의회 위원장

■ 차 명 준(車明準)

- 국민대학교 경제학과 졸업
- 미국 Iowa State University 경제학 석사 및 박사(Ph.D.)
- 산업연구원, 한국투자증권그룹, 한일종합경제연구소(현, 우리은행), 고려종합경제연구소 소장
- 국민대학교 경영대학 교수 역임

한국자본시장론 [제4판]

2009년 4월 10일 제1판 1쇄 발행
2011년 2월 25일 개정판 1쇄 발행
2014년 2월 10일 개정판 3쇄 발행
2014년 8월 30일 제3판 1쇄 발행
2017년 8월 11일 제4판 1쇄 인쇄
2017년 8월 18일 제4판 1쇄 발행

저 자 김석진 · 김주현 · 우영호
이원흠 · 장범식 · 차명준
발행인 고 성 익
조 판 플 러 스

05027
발행처 서울특별시 광진구 아차산로 335 삼영빌딩
도서출판 三英社
등 록 1972년 4월 27일 제2013-21호
전 화 737-1052 · 734-8979 FAX 739-2386

정가 36,000원

ISBN 978-89-445-0436-5-93320